W0188027

Leonardo Padura
Wie Staub im Wind

Leonardo Padura

Wie Staub
im Wind

Roman

Aus dem Spanischen
von Peter Kultzen

Unionsverlag

Die Originalausgabe erschien 2020 bei Tusquets Editores, Barcelona.
Deutsche Erstausgabe
Die Übersetzung dieses Werkes wurde unterstützt von
Acción Cultural Española, AC/E.

AC/E
ACCIÓN CULTURAL
ESPAÑOLA

Motto S. 9: Aus José Samarago, *Das Evangelium nach Jesus Christus.*
Aus dem Spanischen von Andreas Klotsch. Rowohlt, Reinbek 1993.
Motto S. 11: Aus Paul Auster, *Die New-York-Trilogie, Stadt aus Glas.*
Aus dem Englischen von Joachim A. Frank. Rowohlt, Reinbek 2012.
Alle übrigen Motti wurden von Peter Kultzen ins Deutsche übertragen.

Im Internet
Aktuelle Informationen, Dokumente und Materialien
zu Leonardo Padura und diesem Buch
www.unionsverlag.com

© Leonardo Padura 2020
Diese Ausgabe erscheint in Vereinbarung mit Tusquets Editores, Barcelona, Spanien
Originaltitel: Como Polvo en el Viento
© by Unionsverlag 2022
Neptunstrasse 20, CH-8032 Zürich
Telefon +41 44 283 20 00
mail@unionsverlag.ch
Alle Rechte vorbehalten
Umschlagfoto: Daniel Korzeniewski (Alamy Stock Photo)
Umschlaggestaltung: Peter Löffelholz
Satz: Greiner & Reichel, Köln
Druck und Bindung: GGP Media GmbH, Pößneck
ISBN 978-3-293-00579-2

Der Unionsverlag wird vom Bundesamt für Kultur mit einem
Verlagsförderungs-Strukturbeitrag für die Jahre 2021–2024 unterstützt.

Auch als E-Book erhältlich

Inhalt

Für meine Lucía, Kind der Diaspora

*Für den lieben Elizardo Martínez, der im Exil
bis zum letzten Atemzug ein aristokratischer
Junge aus El Vedado blieb*

Du wirst den Krieg verlieren, unabwendbar,
aber alle Schlachten gewinnen.

JOSÉ SARAMAGO,
Das Evangelium nach Jesus Christus

Endlich war der Erwartete da,
die Türen des Hauses wurden geöffnet,
erneut die Lichter entzündet. (…)
Wir haben das Haus aufs Neue bezogen.
Wir kannten uns seit eh und je.
Alle hatten sich eingefunden.

JOSÉ LEZAMA LIMA,
El Esperado

Dust in the wind
All we are is dust in the wind
Dust in the wind
Everything is dust in the wind
The wind …

KANSAS,
Dust in the Wind

Adela, Marcos und die Zärtlichkeit

Nichts ist wirklich,
außer dem Zufall.

PAUL AUSTER,
Mond über Manhattan

Adela Fitzberg hörte die Fanfare, die zu erkennen gab, dass jemand aus der Familie anrief, und erblickte das Wort *Mutter* auf dem Display ihres iPhone. Ohne lange zu überlegen – sie wusste aus Erfahrung, dass es besser war, darauf zu verzichten –, wischte sie über den grünen Knopf. »Loreta?«, fragte sie, als könnte jemand anders als ihre Mutter am Apparat sein.

Drei Stunden zuvor hatte sie zum Frühstück ihren angeblich »original griechischen« Joghurt mit Haferflocken und Obst in sich hineingelöffelt – lustlos wie jeden Morgen, aber vielleicht stimmte ja wirklich, dass er wenig Kalorien hatte –, dazu den belebenden Duft des Kaffees eingesogen, dessen Zubereitung normalerweise Marcos übernahm, und war dann der Versuchung erlegen, mit ihrem Handy herumzuspielen. Als sie das Verzeichnis der eingegangenen Anrufe durchsah, stellte sie fest, dass *Mutter* es in den vergangenen sechzehn Monaten kein einziges Mal bei ihr versucht hatte. Während dieser gesamten Zeit hatte stets sie die Mutter angerufen, hatte nach innerem Ringen schließlich Loretas Nummer gewählt, im Schnitt zwei Mal pro Monat.

Und nun kam ihr Anruf! War etwas geschehen? War das Telepathie? Wohl eher ein Zufall. Sie würde schon sehen, was dahintersteckte. Falls sie es überlebte.

»Na, Cosi, wie gehts?«

Der dunklen Stimme war regelmäßiger Alkohol im Verbund mit viel Nikotin anzuhören – da konnte ihre Mutter noch so oft schwören, dass sie von Zigaretten die Finger ließ. Und auch dass sie in Adelas Gegenwart niemals etwas Stärkeres als eine Bloody Mary oder einige Gläschen Rotwein getrunken hatte, bewies nicht das Gegenteil. Dass sie sie »Cosi« nannte, verhieß ebenfalls nichts Gutes. So hatte sie sie als kleines Kind angesprochen. »Adela« sagte sie nur, wenn sie verärgert, und »Adela Fitzberg«, also den kompletten Namen, wenn sie hochgradig empört war. Klarer Fall: Dass Loreta nach so vielen Monaten von sich aus anrief, diente nur dem Zweck, ihr den Tag zu versauen.

»Alles gut hier … Soeben bei der Arbeit angekommen …«

Ihrerseits zu fragen, wie es ging, oder gar, ob etwas passiert sei, wagte Adela nicht. Und zu sagen, dass ihr der Anruf gerade nicht so gut passte, erst recht nicht. Sie war im Verkehrschaos stecken geblieben und schon wieder zu spät gekommen. Aber das würde Loreta nur einmal mehr zum Anlass nehmen, um über den verfluchten Autowahn unserer Zeit und den Schaden für unser aller Lungen, insbesondere die ihrer Tochter, herzuziehen.

»Schön für dich. Mir gehts miserabel …«

»Bist du krank? Was ist passiert? Wie spät ist es denn bei euch?«

»Jetzt? Sechs Uhr achtzehn. Aber es ist noch dunkel. Stockdunkel und ziemlich kalt … Nein, ich bin nicht krank. Jedenfalls nicht körperlich … Ich rufe bloß an, weil ich deine Mutter bin und dich lieb habe, Cosi. Und weil ich mit dir reden muss. Glaubst du, das ginge?«

»Natürlich. Was hast du denn, Loreta?«

Adela schloss die Augen und hörte, wie ihre Mutter den altbekannten dramatischen Stoßseufzer von sich gab. Dass sie sie »Loreta« und nicht »Mama« genannt hatte, war wahrscheinlich eine unbewusste Rache für das hartnäckige Beharren auf dem Kindernamen »Cosi«. »Mama« sagte Adela tatsächlich nur, wenn sie von der Lust befallen wurde, ihre Mutter umzubringen.

»Wie läufts mit deinem Freund?«

Diesmal war es Adela, die seufzte. »Hast du nicht schon längst klargestellt, dass du darüber nichts wissen willst? Nein, deswegen rufst du nicht an, gibs zu.«

Noch ein langer Seufzer. Ob der ernst zu nehmen war? Bei ihrem letzten Telefonat hatte die Mutter ihr ins Ohr geschrien, sie könne ihretwegen gerne noch tiefer in der Scheiße versacken, und geschworen, sie werde nie mehr über das Liebesleben ihrer Tochter ein Wort verlieren und wolle auch nie wieder etwas darüber hören. Und Adela wusste, dass ihre Mutter zu den Leuten gehörte, die ein Versprechen halten.

»Ringos Zeit ist abgelaufen«, verkündete die übernächtigte Stimme schließlich.

»Was sagst du da, Mama?«

Schlagartig schob sich das Bild eines Pferdes mit glänzend braunem Fell vor das ihrer Mutter. Von dem weißen Stern auf der Stirn hatte das Tier seinen Namen: Ringo Starr. Als Loreta ihre Arbeit auf dem großen Gestüt »The Sea Breeze Farm« in der Nähe von Tacoma im Nordwesten der USA angetreten hatte, hatte sie sich sofort und unwiderruflich in diesen wunderschönen Cleveland-Bay-Zuchthengst mit den blassen und stets ein wenig verweint wirkenden Augen verliebt, die an einen gleichermaßen melancholischen wie scharfsinnigen Menschen denken ließen. Auch Ringo erkannte diese Seelenverwandtschaft und erwiderte sie.

Zehn, zwölf Jahre war das jetzt her – und Loreta bestand seither darauf, sich persönlich um den Hengst zu kümmern, was sie auch so gründlich und gewissenhaft tat, wie sie es bisher mit nichts und niemandem sonst getan hatte. Auch Adela war schon auf Ringos breitem Rücken durch die Wälder rings um das abgelegene Gestüt geritten, auf dem ihre Mutter sich vor der Welt zurückgezogen hatte, und hatte seinen energischen Schritt und die ungewöhnliche Gelassenheit genossen. Immerhin waren seine Artgenossen als Kutschpferde des englischen Königshauses im Einsatz.

»Zwing mich nicht, es zu wiederholen, Cosi.«

»Aber was ist mit ihm? Als wir das letzte Mal telefoniert haben … Na ja, das ist natürlich schon eine Weile her«, sagte Adela. Jetzt tat es ihr leid, dass sie angenommen hatte, ihre Mutter rufe wieder einmal aus einer bloßen Laune heraus an.

»Er hat Koliken. Rick und ich, wir versuchen schon seit Tagen alles Mögliche. Auch der beste Tierarzt aus der Gegend war hier und hat ihn sich angesehen. Vor zwei Tagen gab es dann eine endgültige Diagnose. Sein Bauch ist punktiert worden. Für eine Operation ist er zu alt, andererseits ist er immer noch sehr stark, und wir wollen nicht, dass er … Mir war es sowieso klar, aber der Tierarzt hat noch einmal bestätigt, dass es bloß eine Lösung gibt.«

»O Gott. Hat er schlimme Schmerzen?«

»Schon seit Tagen. Ich habe ihn stark sediert.«

Adela schluckte. »Kann man gar nichts mehr machen?«

»Nein. Wunder gibt es nicht.«

»Wie alt ist er jetzt?«

»So alt wie du, sechsundzwanzig. Er sieht nicht so aus, aber er ist tatsächlich ein Greis …«

Adela zögerte, bevor sie fortfuhr. »Dann hilf ihm, Loreta.«

Als Antwort war ein erneutes Seufzen zu hören. »Ja, das werde ich tun. Aber ich weiß nicht, ob ich es selbst machen oder Rick überlassen soll. Oder dem Tierarzt.«

»Mach du das. Aber liebevoll.«

»Das wird hart …«

»Natürlich. Du bist schließlich wie eine Mutter für ihn«, sagte Adela.

»Das ist ja gerade das Schlimme. Du hast keine Vorstellung davon, was es heißt, Mutter zu sein. Was man als Mutter alles durchmachen muss.«

»Du hast viel mit mir durchgemacht, stimmts?«, erwiderte Adela unwillkürlich. Und hatte das Gefühl, schon wieder in die Falle gegangen zu sein, wie immer. Umso überraschter war sie, als Loreta nun nicht zu dem üblichen Schwall von Vorwürfen ansetzte.

»Mehr wollte ich eigentlich gar nicht. Ich wollte bloß wissen, dass es dir gut geht. Und ich wollte dir sagen, dass ich dich sehr, sehr lieb habe, und … Cosi, ich kann jetzt nicht weitersprechen. Ich glaube, ich …«

»Tut mir leid«, sagte Adela, der erst jetzt bewusst wurde, wie unangebracht ihre Äußerung gewesen war und wie sehr ihre Mutter jetzt litt. Dass sie zum Schluss einfach aufgelegt hatte, zeigte, dass sie am Boden zerstört und nicht in der Lage war, sich auf die üblichen Wortgefechte einzulassen.

Eine Weile saß Adela reglos mit ihrem iPhone in der Hand da und stellte sich vor, wie Loreta mit einer Furcht einflößenden Metallspritze auf Ringo zutrat, um ihn mit einem Stich in den braunen Hals in ewigen Schlaf zu versetzen. Die Augen des Tieres blickten sie aus der Erinnerung sanft und gleichzeitig misstrauisch an. Adela ließ das Telefon in die oberste Schreibtischschublade fallen und schloss sie mit einem leisen Knall. Sie stand auf und ging zum Ausgang der Universitätsbibliothek, wo sie in der Sonderabteilung eine Stelle als Spezialistin für kubanische Literatur ergattert hatte. Als sie am Tisch ihrer Kollegin

15

Yohandra vorbeikam, erklärte sie, sie müsse ein bisschen an die frische Luft, außerdem brauche sie einen Kaffee.

»Ist irgendwas?«, fragte Yohandra.

»Ja, das heißt, nein, nichts«, murmelte Adela, die keine Lust hatte, Erklärungen abzugeben. Stattdessen fragte sie:»Schenkst du mir eine Zigarette?«

Yohandra sah sie erstaunt an und zog eine Zigarette aus ihrer Packung.»Ist es so schlimm?«, fragte sie und reichte ihr die Zigarette und ein Feuerzeug.

Adela bedankte sich leise, versuchte zu lächeln und nickte anschließend bloß zustimmend, als die Kollegin auf den Bildschirm ihres Computers deutete und sagte, Präsident Obama habe offenbar wirklich vor, nach Kuba zu fahren, der sei ja echt ein Wahnsinnstyp …

Adela ging hinaus in den Bibliotheksgarten, wo ihr die feuchte Wärme Miamis entgegenschlug. Im Norden standen Wolken am Himmel, höchstwahrscheinlich würde es am Abend einen heftigen Regenguss geben, was die Rückfahrt zur reinsten Tortur machen würde.

Dem Duft nach frisch gekochtem kubanischem Kaffee folgend, steuerte sie den Imbiss im Erdgeschoss der geisteswissenschaftlichen Fakultät an. Mit einem vollen Plastikbecher in der Hand ging sie wieder hinaus in den Garten und suchte sich eine möglichst abgeschiedene und schattige Bank, um in Ruhe den Kaffee trinken und möglichst ungesehen die erste Zigarette seit Monaten rauchen zu können. Scheiß drauf, genau das Richtige für einen so bekackten Tag wie heute, sagte sie sich und genoss die Wirkung des Nikotins, das sich in ihr ausbreitete. Gleich darauf befiel sie die Gewissheit, dass ihre schlechte Stimmung nicht bloß dem bevorstehenden Tod des alten Ringo geschuldet war. Loreta hatte ihr nicht nur mit einer schlechten Nachricht den Tag versauen wollen, sie musste noch einen anderen Grund für ihren Anruf gehabt haben.

Als Adela auf dem »Palmetto«, der zehnspurigen Autobahn, die sie an jedem Arbeitstag mindestens zwei frustrierende Stunden ihrer Lebenszeit im Stau von Abertausenden Autos kostete, nach Hause fuhr, brach das erwartete Unwetter los. Das unangenehme Gefühl, das die Vorstellung von der Nadel, die sich unaufhaltsam in Ringos Hals bohrte, in Adela ausgelöst hatte, steigerte sich noch einmal gewaltig, als sie plötzlich den unverkennbaren Druck im Unterleib spürte, der anzeigte, dass sie dabei war, ihre Tage zu bekommen. Abrupt schaltete sie den CD-Player aus, in dem gerade Musik der Gruppe Habana Abierta lief, die Marcos so gut gefiel. Sich mitten in diesem nervtötenden Stau auch noch anhören zu müssen, dass jedermann happy zu sein habe, überstieg ihre Leidensfähigkeit. Sie war noch drei Ausfahrten von ihrem Ziel entfernt, stop and go, und hätte vor Wut und Hilflosigkeit am liebsten zu heulen angefangen.

Fast eineinhalb Jahre war es jetzt her, dass sie sich darauf eingelassen hatte, mit Marcos nach Hialeah zu ziehen. Der Entschluss hatte hitzige Diskussionen mit ihrer Mutter ausgelöst, die nicht einen Funken Verständnis für diese Entscheidung ihrer Tochter zeigte. Dass Adela nicht in New York, sondern in Miami studieren wollte – ausgerechnet in Miami –, ließ sie noch als typisch jugendlichen Unsinn durchgehen. Dass sie dann aber ein paar Jahre später mit einem Bachelor der Florida International University in der Tasche eine schäbige Stelle bei der Universitätsbibliothek antrat und gleichzeitig einen Masterstudiengang in einem so nutzlosen Dritte-Welt-Fach wie »Lateinamerikastudien« begann, qualifizierte ihre Erzeugerin als skandalöse Zeit- und Talentvergeudung. Dass sie sich zum krönenden Abschluss auch noch in einen kubanischen Bootsflüchtling verliebte und nur wenige Monate später mit ihm in ein schmuddeliges Appartement im noch viel schmuddeligeren Hialeah zog, war für die Mutter der endgültige Beweis ihrer unheilbaren Geistesverirrung, für die sie, wie sie nun endlos klagte, noch teuer würde bezahlen müssen.

Als Loreta bei einer dieser endlosen Strafpredigten erschöpft Atem holen musste, schrie Adela, sie ziehe um, weil ihre Arbeit und überhaupt ihre Zukunft nun einmal im Süden Floridas lägen, außerdem sei sie sich zum ersten Mal in ihrem Leben sicher, dass sie wirklich verliebt sei. Woraufhin Loreta lachend fragte, was das denn heißen solle, verliebt sein, und ob ihre Entscheidung in Wirklichkeit nicht einfach nur mit der Schwanzgröße ihres kubanischen Liebhabers zu tun habe. »Als ob es nicht mehr als genug lange Schwänze auf dieser Welt gibt, Adela Fitzberg«, versetzte sie. Dann legte sie schlagartig auf, nur um zwanzig Sekunden später erneut anzurufen und ihre Tochter zu fragen, ob sie sonst noch jemanden kenne, der bereit sei, freiwillig seine Wohnung in Coconut Grove aufzugeben und nach Hialeah zu ziehen. »Nach Hialeah, das gibts ja nicht«, kreischte sie und legte wieder auf.

Nach diesem Anruf meldete sie sich nicht wieder, und auch Adela blieb starrsinnig. So vergingen Wochen ohne irgendeinen Austausch zwischen den beiden.

Kennengelernt hatten sich Adela und Marcos in The Hunter, einer Diskothek in der Nähe von Adelas Wohnung in Coconut Grove, wo sie manchmal freitagabends mit Yohandra und noch ein paar allein lebenden Freundinnen tanzen ging. Das entspannte kubanische Ambiente dort gefiel ihr auf Anhieb, und auch die H.-Upmann-Zigaretten, die Yohandra sich aus Kuba schicken ließ, rauchte sie gern, wie sie sich auch bereitwillig mit der Kollegin aus der Bibliothek auf die Tanzfläche begab, wenn der DJ die passende Musik von der Insel auflegte, über die die dort versammelten Exilanten pausenlos herzogen, ohne dass sie sich jemals endgültig von ihr hätten lossagen wollen (oder können). Wenn Adelas Kräfte nachließen, setzte sie sich eine Weile und genoss es, von ihrem Tisch aus der Freundin beim Tanzen zuzusehen, die sämtliche Stile samt den dazugehörigen Schritten perfekt beherrschte. Dazu bewegte sie sich mit einer Sinnlichkeit und Natürlichkeit, die für Adela unerreichbar blieben, sosehr sie sich auch bemühte.

Sie fühlte sich dermaßen wohl in diesen in Yohandas Gesellschaft durchtanzten Nächten, dass sie sich irgendwann verunsichert zu fragen begann, ob hier nicht doch eine versteckte lesbische Neigung im Spiel sein könnte. Als sie dann zur Feier des sechzigsten Geburtstages ihres Vaters nach New York fuhr – wie in den Jahren zuvor war Loreta nicht mit von der Partie –, nutzte sie die Gelegenheit, mit der einzigen Person, an die sie sich in einer so heiklen Angelegenheit wenden konnte, darüber zu reden. Wie immer aßen sie in dem Restaurant Blue Smoke in der East 27th Street, und als Adela ihrem Vater anschließend ihre Sorgen vortrug, lächelte Bruno Fitzberg nur, ganz der Psychoanalytiker, als der er schon in seinen Jahren in Argentinien gearbeitet hatte. Ihr einziges Problem sei, dass sie noch so jung sei und den Richtigen bislang nicht gefunden habe, den Mann, der, anders als ihre bisherigen wenig erfahrenen Liebhaber, imstande wäre, ihr als Frau wirkliche Erfüllung zu geben.

»Lass dir Zeit«, sagte er. »Irgendwann wird er schon auftauchen.«

»Das hört sich ziemlich nach der guten alten Geschichte vom Märchenprinzen an, Papa«, erwiderte Adela.

Bruno Fitzberg nahm ihre Hände und sah ihr über den Tisch hinweg in die Augen. »Genau den hast du verdient, mein Mädchen. Du weißt selbst, wie schön und anziehend du bist. Der Richtige wird kommen. Einer, mit dem alles ganz anders ist. Was du aber erst merken wirst, wenn du es erlebst. Andererseits: Und wenn du doch lesbisch wärst? Was wäre denn dabei? Deine Freundin ist wunderschön. Und wirklich attraktiv. Allerdings steht sie nicht auf Frauen, mach dir da nichts vor. Die ist scharf auf Kerle.«

»Woher weißt du das so genau?«, fragte Adela. Wie immer, wenn sie mit Bruno sprach, war sie in den argentinischen Akzent gefallen.

»Man hat so seine Erfahrungen«, erwiderte er mit einem kleinen Lächeln.

»Soll das heißen, dass du bei deinem Besuch in Miami …?«

»No comment.«

Ihr Vater sollte recht behalten: Nur wenige Monate später lernte Adela in ihrer Lieblingsdiskothek Marcos kennen.

Zunächst sah es nach einem langweiligen Abend aus, da Yohandra mit einer fiebrigen Halsentzündung zu Hause geblieben war. Adela hatte letztlich nur deshalb dem Drängen der übrigen Freundinnen nachgegeben und war mitgekommen, weil sie auch unabhängig von Yohandra und ihren kubanischen Zigaretten imstande sein wollte, sich zu amüsieren. Allerdings schien es, als sei ihre Mühe vergebens.

Obwohl sie mit dem Auto unterwegs war, bestellte sie ein zweites und dann auch noch ein drittes Glas Wein, während sie, die meiste Zeit allein, mit aufgestützten Ellbogen am Tisch saß und mit sich, ihrer langweiligen Art und ihrem ereignislosen Dasein haderte. Sie sah den Kubanern zu, die in bester Feierlaune die Tanzfläche in Besitz genommen hatten. Und da sprang schließlich der Funke über.

Der Typ, den sie hier noch nie gesehen hatte, sah aus wie die Karikatur eines Schauspielers aus einem Hollywood-Film der Fünfzigerjahre. Er trug eine weit geschnittene Hose und ein langärmeliges Hemd, beides aus weißem Leinen. Das Hemd war ziemlich weit aufgeknöpft, und vor der unbehaarten, vielleicht auch rasierten Brust baumelte an einer goldenen Kette ein blitzendes Medaillon der Barmherzigen Jungfrau von Cobre. Auf seinem Kopf saß ein offensichtlich falscher Panamahut – vielleicht hatte er ihn, samt Kette und Medaillon, auf dem Flohmarkt von Miami erstanden –, den er, sooft er es für nötig hielt, als Teil seiner extravaganten Selbstinszenierung einsetzte: Er nahm ihn ab und schwenkte ihn wie ein Stierkämpfer seine Capa, warf ihn in die Luft und fing ihn nach einer eleganten, offenkundig gut eingeübten Drehung wieder auf. Das pechschwarze gewellte Haar glitzerte von Pomade und Schweiß. Die nackten Füße, die in dünnsohligen braunen Slippern steckten, führten mit millimetergenauer Präzision, doch fast ohne sich vom Boden zu heben, die Tanzschritte aus, während die Arme umso ausladendere Bewegungen vollzogen und die Schultern im Rhythmus des wummernden Bassrhythmus zuckten.

Gebannt von seiner Aufmachung und dem ungezwungenen Auftreten, sagte sich Adela, dass die Betreiber der Diskothek wahrscheinlich einen Profi engagiert hatten, der für Stimmung sorgen sollte, was ihm, wie zu sehen war, auch bestens gelang. Als die Musik dann auf ihren Höhepunkt zusteuerte und Trommeln und Timbales die Führung übernahmen, hörten die übrigen Paare auf zu tanzen und bildeten einen Kreis um den jungen Mann und seine Partnerin, eine Schwarze mit dichten Locken in einem äußerst knappen, grün glänzenden Kleid. Verführerisch die Hüften schwingend und sich, breit lächelnd, anzügliche Blicke zuwerfend, präsentierten die beiden schweißnassen Tänzer ein Schauspiel von explosiver Sinnlichkeit.

Am Ende applaudierten die Zuschauer begeistert, während der junge Mann aus voller Brust rief:»I love you, Miami!« Was wegen seines starken spanischen Akzents jedoch nicht ohne Weiteres zu verstehen war.

Als Adela sich anschließend ihr drittes Glas Wein vornahm, wurde der Stuhl neben ihr plötzlich ein Stück zurückgezogen, und im nächsten Augenblick ließ sich der ganz in Weiß gekleidete junge Mann darauf nieder.

»Was ist denn mit dir los, Mädchen? Hat dich dein Freund abserviert, oder kannst du nicht tanzen?«

Er roch nach Rasierwasser und Schweiß. Männergeruch, dachte Adela, als der Tänzer es sich unaufgefordert neben ihr bequem machte und einen langen Schluck aus dem Glas Heineken trank, das er in der einen Hand hielt. Mit der anderen nahm er den Panamahut ab, legte ihn auf den Tisch, wischte sich mit einem roten Taschentuch die Stirn trocken und präsentierte lächelnd eine Reihe makellos weißer Zähne.

»Weder noch«, war das Einzige, was Adela darauf einfiel.

»Ich würde dir nämlich, wenn du erlaubst, gerne bei der Lösung beider Probleme behilflich sein.« Sein Lächeln wurde noch breiter, während er eine Braue in die Höhe zog, als wollte er Adela genauer in den Blick nehmen.

»Seit wann bist du hier?«, fragte Adela, die sich über die Ungeniertheit des jungen Mannes wunderte.

»Seit zwei Monaten.« Er senkte die Stimme. »Merkt man es mir sehr an?«

»Und wie! Du benimmst dich wie der letzte Hinterwäldler.«

»Hast du Angst vor mir?«, konterte er lächelnd.

»Nein, eher schon Mitleid.«

»Du machst mich fertig, Mädchen. Mitleid? Oje, wenn ich so weitermache, schicken die mich noch zurück.«

Jetzt musste Adela doch lächeln. »Sorry. Du tanzt wirklich gut«, sagte sie versöhnlich.

»Und du? Jetzt mal im Ernst, kannst du wirklich nicht tanzen?«

»Wer hat das gesagt?«

»Egal. Beweis mir das Gegenteil.« Er fuhr sich noch einmal mit dem roten Tuch übers Gesicht, griff nach seinem Hut, stand auf – war er auf einmal größer geworden? – und hielt Adela die rechte Hand hin.

Adela betrachtete ihn nachdenklich – immerzu dachte sie nach, das hatte ihr Vater schon gesagt, als sie noch ein Kind war, aber nie hatte er dazugesagt, ob er das gut oder schlecht fand. In jedem Fall hatte sie es hier mit einer dermaßen überholten Form von Anmache zu tun, dass es fast schon komisch war. Vielleicht gerade deshalb beschloss sie, nicht länger nachzudenken, und ließ sich stattdessen auf das Spiel ein. Was hatte sie schon zu verlieren? Sie ergriff also seine Hand, stand auf, sprach aber noch eine Warnung aus, bevor sie ihm folgte: »Wenn du irgendwelchen Quatsch machst, gehe ich sofort.«

»Kein Quatsch«, versprach er.

»Hast du den Hut vom Flohmarkt?«

Er legte lächelnd den Finger an die Nase und visierte Adela an. »Woher kommst du? Du bist nicht von hier, stimmts?«

»Na ja, Amerikanerin bin ich schon. US-Amerikanerin, aus New York. Warum?«

»Ihr Gringos glaubt, überall ist Disneyland. Nein, Mädchen, der Hut ist aus Ecuador, echter und besser geht nicht. Den hat mir ein Kumpel mitgebracht, der vor zwei Wochen hier angekommen ist. Heute habe ich ihn zum ersten Mal auf, irgendwas hat mir nämlich am Morgen gesagt, dass ich, keine Ahnung …«

»Eine Vorahnung, meinst du«, fiel ihm Adela ins Wort.

»Oder Changó hat mir einen Tipp gegeben. Auf jeden Fall wusste ich, dass heute etwas Gutes passieren würde …«

»Glaubst du an Santería?«

»Ich glaube eigentlich an alles. Kann nicht schaden«, sagte er und hielt ihr das rote Taschentuch und das Medaillon entgegen.

Dann schleifte er sie fast an der Linken hinter sich her auf die Tanzfläche, wo er ihr die Rechte an die Hüfte legte, sie zu sich herzog und gleich darauf wieder zurückstieß, als wäre er unsicher. »Moment. Meine Mama hat gesagt, ich darf nicht mit Mädchen tanzen, deren Namen ich nicht kenne. What's your name, baby?«

Wieder empfand Adela eine Mischung aus Mitleid und Rührung. Ein totaler Hinterwäldler, hundertprozentig. »Adela Fitzberg.« Er streckte ihr die Hand entgegen. »Freut mich, Adela Fitz, oder wie auch immer. Mein Name ist Marcos Martínez Chaple, auf Kuba haben mich alle immer Marcos der Schlaufuchs genannt, manchmal auch Magier Mandrake. Du bist also in New York geboren. Aber woher kommst du? Sind deine Eltern richtige Amis? Oder bist du Halbargentinierin? Oder Kubanerin, und willst es bloß nicht sagen?«

»Von allem etwas.«

»Aha, der reinste Molotowcocktail. Los, jetzt wird getanzt!«

Gleich bei den ersten Schritten zeigte sich, dass Adela eigentlich nicht richtig tanzen konnte. Sie zog sich aus der Affäre, indem sie sich einfach von ihm führen ließ. Was sich im Nachhinein als genau die richtige Entscheidung erweisen sollte. Sie staunte selbst über ihre Fügsamkeit gegenüber diesem Fremden, an dem sie ja durchaus allerlei auszusetzen hatte. Doch dann wurde sie tiefer und tiefer in die schrankenlose und schwindelerregende Welt dieses Marcos Martínez Chaple, genannt Marcos der Schlaufuchs, hineingezogen. Was damit geendet hatte, dass sie nur wenige Monate später nach Hialeah übersiedelte, in die selbst ernannte »Stadt des Fortschritts«.

Jetzt war sie endlich auf der West 49th Street dieses Gettos angekommen und fuhr die sogenannte Palm Spring Mile entlang, immer noch im Schneckentempo, mitten in einem endlosen, ohrenbetäubenden Hupkonzert, durch riesige Pfützen, die der Regen hinterlassen hatte, vorbei an mehr Reklameschildern, als irgendein Mensch aufnehmen konnte, für tausend Produkte, die zweifellos ebenso geschmacksfrei wie gesundheitsgefährdend waren.

Zwei Mal hatten sie sich getroffen, bevor sie zum ersten Mal zusammen ins Bett gingen – was sie komplett durchrüttelte und alles bisher Erlebte übertraf. Dieser 18. August 2014 würde ihr für immer unvergesslich bleiben. Ihr Vater würde hochzufrieden feststellen, dass er mit seiner Vorhersage recht gehabt hatte.

Schon bei den ersten beiden Treffen entdeckte Adela, dass die Masken, hinter denen Marcos sich versteckte, nur ein Schutzschild waren. Dass sein überdrehtes Gehabe ein durchaus authentisches Wesen verbarg. Dass hinter den bald mehr, bald weniger originellen Sprüchen dieses gerade erst hier eingetroffenen jungen Mannes aus Havanna eine Person steckte, in der sich grenzenlose Unschuld mit unvergleichlicher Gewitztheit verband, in einer Mischung, die es so nur in jener Stadt gab. Mitleid oder vielmehr zärtliche Rührung überschwemmten sie. So kam es, dass Adela sich schließlich in diesen Marcos Martínez Chaple verliebte.

Im September 2007 war die Stimmung im Land euphorisch. Die Wirtschaft florierte, man hielt den endgültigen Sieg über den Terrorismus und einen grundlegenden Wandel für greifbar nahe. Während sich in New York nach dem heißen Sommer bereits die ersten melancholischen Vorboten des Herbstes zeigten, ließ in Miami die Sonne immer noch das Pflaster schmelzen, und das Meer präsentierte sich in seiner glasklar schillernden Pracht. Adela beschloss, die schönen Dinge des Lebens zu genießen und sich die Laune nicht durch das schwierige Verhältnis zu ihrer Mutter verderben zu lassen, das damals wieder einmal einen Tiefpunkt erreicht hatte. Sie hatte eine Entscheidung getroffen: Sie würde nach Kräften die Wahlkampagne des vielversprechenden, charismatischen Senators Barack Obama unterstützen und sich auch künftig für die Friedensbewegung und die Besserstellung der Einwanderer einsetzen. Und sie würde in den Süden ziehen, um an der Florida International University zu studieren.

Im April war Adela siebzehn geworden. Ihr ganzes bisheriges Leben hatte sie in Hamilton Heights, West Harlem, gewohnt, in einer Wohnung, die ihr Vater Bruno Fitzberg seit fast zwanzig Jahren gemietet hatte. Dort war Anfang 1989, nur wenige Monate nach ihrer Ausreise aus Kuba, auch ihre Mutter Loreta untergeschlüpft. Ursprünglich hatte Loreta damals bloß an einem mehrtägigen Kongress über Tiermedizin in Boston teilnehmen wollen. Als der zu Ende war, beschloss sie jedoch, nicht auf die Insel zurückzukehren, obwohl sie genau wusste, dass es in den USA leichter war, eine Ausbildung zum Astronauten zu machen, als den Doktortitel einer kubanischen Universität, in ihrem Fall in Tiermedizin, anerkennen zu lassen.

Die fulminante Liebesgeschichte zwischen der Frau, die sich aus Kuba abgesetzt hatte, und dem argentinischen Psychoanalytiker, begann mit einer beiläufigen Unterhaltung in der Impressionismusabteilung des Metropolitan Museum, setzte sich in einem Café und anschließend einem Restaurant fort und erfuhr eine erste Krönung, als Loreta Aguirre Bodes und Bruno Fitzberg noch am selben Abend in ebenjener Wohnung in Hamilton Heights miteinander ins Bett gingen. Loreta hatte Adela immer wieder erzählt, dass sie damals vollkommen auf sich allein gestellt war, was vielleicht auch ihre grenzenlose Sorglosigkeit erklärte, die dazu geführt hatte, dass sie fast augenblicklich schwanger und bald darauf Bruno Fitzbergs Ehefrau geworden war. Wenige Monate später, im April 1990, war dann Adela Fitzberg zur Welt gekommen.

Als Loreta und Bruno sich 2005 trennten, vereinbarten sie, dass Adela bis zu ihrem Schulabschluss und dem Ende ihrer gleichzeitigen künstlerischen Ausbildung in der Wohnung in Hamilton Heights bleiben sollte. Anschließend, hofften die Eltern, würde es ihr ein privates Stipendium oder ein staatlicher Kredit ermöglichen, ein Studium an der Columbia University aufzunehmen. Die freien Sommermonate sollte sie mit ihrer Mutter verbringen, entweder gemeinsam durchs Land reisend oder in deren Wohnung in Union City, wohin sie mit ihren Büchern, Räuchergefäßen, ihrem Karma und ihren Neurosen nach der Trennung gezogen war.

Später beschäftigte sich Adela vertieft mit ihren kubanischen Wurzeln, von denen Loreta sich so radikal losgesagt hatte. Vielleicht war das auch nur ein Versuch, sich von der Mutter abzusetzen, jedenfalls fühlte die junge Adela, die eigentlich nichts anderes sein konnte als eine waschechte New Yorkerin – falls es so etwas gibt –, sich von allem, was mit Kuba zu tun hatte, heftig angezogen. Warum nicht vom Heimatland ihres Vaters oder auch der Kultur der Dominikaner, die gerade ihre Wohngegend in Besitz nahmen? Jahre später würde sie sich diese Frage stellen.

Adela war wie eine Pflanze ohne Wurzeln großgezogen worden. Ihr Vater, ein argentinischer Jude, hatte als junger Mann wegen politischer Aktivitäten fliehen müssen und hasste so unausgesprochen wie verbissen alles, was mit seinem Herkunftsland zu tun hatte – bis auf die Fußballnationalmannschaft, das Rindfleisch, die Romane von Osvaldo Soriano und Ricardo Piglia und das Bandoneon von Astor Piazzolla. Kaum weniger verachtete er die »Tyrannei« der jüdischen Kultur seiner Eltern, die ihm von der unguten – ja »faschistoiden«, wie er sie zuweilen nannte – Politik der Zionisten manipuliert schien. Adelas Mutter wiederum hatte wohl noch entschiedener die Verbindungen zu ihrem Geburtsland gekappt, das sie als ein Sammelbecken unwürdiger Nichtsnutze betrachtete, Leute, die grundlos stolz waren und zugleich aus vielerlei Gründen frustriert. Ebenso heftig kritisierte sie den britischen Lebensstil, unter dem sie als Tochter kubanischer Diplomaten in London gelitten hatte, inmitten von Leuten, die beim Reden so grotesk den Mund verzogen, »dass er aussah wie ein Hühnerarsch«, und auf diese Weise die Sprache malträtierten, die sie selbst geschaffen hatten. Und New York? Na ja, das war nicht übel, aber so umwerfend auch wieder nicht. Das Wetter, Dreck und Drogen überall, und diese ständige Großtuerei …

Obwohl Adelas Mutter also gegen fast alles revoltierte, selbst ihre familiäre Herkunft, drängte sie ihre Tochter dazu, sich anzupassen. Sie sprach vorzugsweise Englisch mit ihr, mit dem britischen Akzent, den sie nie ganz abgelegt hatte oder nie hatte ablegen wollen, und ließ sie nordamerikanische Schriftsteller lesen. Sie vermittelte ihr das Gefühl, der angelsächsischen Kultur anzugehören – allerdings befreit von den religiösen und moralischen Traditionen, die sie als heuchlerisch bezeichnete. Darüber hinaus versuchte sie, ihr andere – edlere, wie sie erklärte – Formen der Weisheit wie etwa den Buddhismus nahezubringen. Sie hatten nun einmal das Glück, in New York zu leben, und mussten das Beste daraus machen, obgleich einem hier, wo es alles gab, nichts geschenkt wurde, wie sie zu sagen pflegte. Über Kuba dagegen weigerte sie sich, auch nur zu reden.

Zum Glück sprach Adela dank der Hartnäckigkeit ihres Vaters ein korrektes Spanisch, wenn auch manchmal mit einem leichten Buenos-

Aires-Akzent. Weil sie sich mit dem Schreiben anfangs ein wenig schwergetan hatte, wählte sie an der Schule absichtlich Spanisch als ein Hauptfach. Zusätzlich stürzte sie sich, und sei es nur aus Widerspruchsgeist, auf eigene Faust auf Romane und Geschichtsbücher, die von der Insel ihrer Vorfahren mütterlicherseits handelten, über die sie bis auf die unabänderlich harschen und abschätzigen Urteile ihrer Mutter kaum etwas wusste. Sobald sie alt genug war, ging sie zu Konzerten, bei denen Musiker und Tänzer aus allen Ländern Lateinamerikas zusammenkamen, unter denen sich jedes Mal auch der eine oder andere Kubaner einfand. Ihre engste Freundin war ein gleichaltriges Mädchen mit Namen Anisley, die mit elf aus Kuba nach New York gekommen war und die Adela kubanischer als die berühmte Guantanamera vorkam, die viel besungene Bäuerin aus Guantánamo.

Anisleys Vater war Baseball- und Softball-Trainer, die Mutter Kinderärztin. Sie konnte in den USA aber nur als Krankenschwester arbeiten. Die beiden lehrten Adela kubanische Lebensart. Hinzu kam ein Intensivkurs mit einem Vetter von Anisley, mit dem Adela ein paar Wochen herumknutschte, bevor sie pflichtgemäß, wenn auch mit sechzehn Jahren relativ spät, gemeinsam die Unschuld verloren, Adela allerdings mehr aus Neugier denn aus Leidenschaft. An den Wochenenden, die sie glücklich bei der Familie ihrer Freundin in Queens verbrachte, wurde sie in die feinsten Verästelungen von Haltungen, Denkweisen und Redewendungen eingeführt und mit der komplexen Struktur einer Gesellschaft vertraut gemacht, die – so ihre Gastgeber – sie ins Exil getrieben hatte.

Im Gegensatz zu den Rundumschlägen ihrer Mutter und der verstockten Weigerung der Politiker in Miami oder New Jersey, dem neuen Kuba auch nur einen Funken Verständnis entgegenzubringen, zeigte Anisleys Familie, dass man die Sache auch differenziert angehen konnte. Sosehr sie das neue System ablehnten, waren sie insgeheim doch dankbar für die Möglichkeiten, die sich ihnen zunächst innerhalb und, später dann, erst recht außerhalb ihres Landes geboten hatten. Denn Kubaner genossen aus politischen Gründen Vorteile, die den meisten anderen lateinamerikanischen Emigranten in den USA verwehrt blieben, diesem Land der Wunder, in dem sie nun lebten und kämpften ...

Mit größter Selbstverständlichkeit zelebrierten diese Leute ihre Zugehörigkeit zu ihrer Gemeinschaft. Bei jeder sich bietenden Gelegenheit bekräftigten sie es, etwa durch die Art, wie sie schwarze Bohnen zubereiteten oder das Lied von den ebenso schwarzen Tränen sangen, das durch das Trío Matamoros berühmt geworden war. Oder indem sie keine Gelegenheit ausließen, sich bei einem der vielen New Yorker Filmfestivals neue Produktionen aus Kuba anzusehen. Oder durch die Lektüre zeitgenössischer kubanischer Schriftsteller. Oder auch, indem sie sich gemeinsam halb totlachten bei den Radiosendungen des Komikers Guillermo Álvarez Guedes, in dessen schelmischen Geschichten die Kubaner stets durch ihren Einfallsreichtum wie auch ihre unflätige Ausdrucksweise hervorstachen. Außerhalb der eigenen vier Wände lebte Anisleys Familie, genau wie viele ihrer ebenfalls kubanischen Freunde, das offene und multikulturelle Leben New Yorks, zu Hause jedoch oder wenn sie zu Festen zusammenkamen, suchten diese Leute ihre eigenen Wurzeln zu behalten, ganz so, als befänden sie sich immer noch auf ihrer längst verlorenen Insel. Warum blieb die Welt, von der ihre Mutter berichtete, dagegen so ungreifbar, nebulös und verschwommen? Das fragte sich die junge Adela immer wieder.

In der Gesellschaft dieser Kubaner, die so glühend ihre Eigenheiten bewahren wollten, lernte Adela auch deren Religion besser verstehen. Sie kam ohne Gott aus, hatte dafür jedoch einen Apostel, der nicht nur José hieß wie der biblische Urvater, sondern auch ein dichtender Prophet oder prophetischer Dichter war. Adela konnte gar nicht anders, sie bewunderte Anisley und die Ihren, die unbedingt bleiben wollten, wie sie seit jeher gewesen waren. Dabei war sie sich aber auch sicher: Sie konnte es ihnen nicht einfach nachtun, dafür fehlte ihr schlichtweg etwas – oder aber sie hatte zu viel anderes in sich.

Als sich schließlich die Frage stellte, an welcher Universität sie sich einschreiben solle, teilte Adela ihrer Mutter, ohne zu zögern, mit, dass sie einen Bachelorstudiengang an der Florida International University belegen wollte. Dort hatte man ihr aufgrund ihrer hervorragenden Noten ein Stipendium angeboten, das ein Drittel der Studiengebühren abdeckte.

Für die Mutter war das natürlich eine Kriegserklärung. Der Vater erklärte sich alsogleich für neutral, sicherte jedoch zu, Adela finanziell zu unterstützen. Die Mutter versuchte verzweifelt, die Tochter von diesem Irrweg abzubringen, und überredete sie, ein paar Tage mit ihr auf dem wunderschönen Gestüt bei Tacoma zu verbringen, wo sie inzwischen lebte und arbeitete. Dort kam es nach einer viertägigen Waffenruhe, als Adela bereits zu hoffen wagte, für diesmal unversehrt davonzukommen, doch noch zu einem sehr unschönen Streit, in dessen Folge Adela von ihrer Mutter eine ziemliche Weile nicht mehr Cosi genannt, sondern als »Adela Fitzberg« tituliert wurde. Doch die junge Frau bewies eine Charakterstärke, die niemand ihr zugetraut hätte. Sie überstand den Hurrikan Stärke fünf, den Loreta Fitzberg – oder kam hier die alte Loreta Aguirre Bodes wieder zum Vorschein? – entfesselte, indem sie ihre Tochter mit Argumenten überschüttete, die Adela überzeugen sollten, dass sie sich in diesem politischen und kulturellen Misthaufen mit Namen Miami unweigerlich selbst in einen Haufen Mist verwandeln würde.

Im September 2007, zwei Monate nach diesem bitteren Streit, stieg Adela in der Southwest 35th Street im Stadtteil Westchester von Miami vor dem Haus von Miguel und Nilda Vasallo aus dem Taxi. Hier würde sie wohnen, bis sie ihr Zimmer im Studentenheim beziehen konnte. Die beiden Sechzigjährigen warteten schon am Eingang des Haupthauses und boten ihr zur Begrüßung einen selbst gemachten Guavensaft, einen ebenfalls selbst gemachten köstlich süßen Flan und einen – bereits gesüßten – frisch gebrühten kubanischen Kaffee an. Sie machten Adela klar, dass sie nicht nur eine wunderschöne Unterkunft bezog, sondern dass diese Unterkunft sich in einem wunderschönen Viertel einer wunderschönen Stadt in einem wunderschönen Bundesstaat befand. Sie überreichten ihr die Schlüssel der Gästewohnung, ohne zu unterlassen, auf sehr kubanische Art und Weise mehrfach zu wiederholen, dass ihr Haus – das Haus von Miguel und Nilda Vasallo – ab sofort auch Adelas Haus war.

Adela parkte ihren Toyota Prius an der Ecke West 53rd Terrace und West 10th Avenue. Dort hatten sie und Marcos vor einigen Monaten ziemlich günstig ein Haus angemietet, dessen Besitzer, die letzten in der Gegend verbliebenen weißen US-Amerikaner, in ein »ruhigeres« Viertel fortgezogen waren. Das ein wenig heruntergekommene Anwesen sah inzwischen dank Marcos' Anstrengungen wieder recht akzeptabel aus. Der Vorgarten, um den Marcos sich ebenfalls kümmerte – was die Miete noch ein wenig günstiger machte –, blitzte im wiedererstarkten Sonnenschein, der keine zehn Minuten nach dem Regen der feuchten Erde schon wieder wabernde Dämpfe entlockte. Hialeah mit seinen Einfamilienhäusern, Giebeldächern und meist gut gepflegten Gärten war eine Oase inmitten des buntscheckigen kubanischen Gettos, das in fünfzig Jahren hartnäckiger Ausdehnung entstanden war.

Der Marcos' Auto vorbehaltene Platz in der Auffahrt war leer, ihr Freund war also noch nicht zu Hause. Worüber sie ausnahmsweise Erleichterung empfand, sie wollte erst einmal eine Weile allein sein, ungestört einen Kaffee trinken und danach die Zigarette rauchen, die sie sich in weiser Voraussicht von Yohandra erschnorrt hatte, als sie die Bibliothek verließ. Bevor sie ins Haus ging, richtete sie das Schild mit dem Foto von Hillary Clinton wieder auf, das der Sturm, vielleicht aber auch ein fanatischer Anhänger der Republikaner umgeworfen hatte. Adela war sich darüber im Klaren, dass das Plakat für manche Leute ein Ärgernis darstellte, doch im Land der Meinungsfreiheit wollte sie sich diese keinesfalls nehmen lassen, auch wenn sie mit ihrer Hoffnung auf einen Sieg der Demokraten bei den Wahlen im November in dieser Gegend wohl ziemlich allein dastand. Marcos, der daran gewöhnt war, dass bei solchen Fragen andere für ihn entschieden, hatte verkündet, ihm sei egal, wer ins Weiße Haus einziehe, Hauptsache, er mische sich möglichst wenig in sein Leben ein.

Im Haus stellte sie sofort die Klimaanlage an und ging ins Bad, wo sie feststellte, dass ihr Slip, wie erwartet, Blutflecken aufwies. Sie steckte ihre gesamte Kleidung in einen Beutel, wusch sich gründlich – es war ihr schon immer unangenehm gewesen, ihre Tage zu haben – und führte einen extra starken Tampon ein. Auf diese Weise in ihrem weiblichen Selbstgefühl etwas reduziert, stellte sie sich vor den an der Badezimmertür befestigten Spiegel und musterte ihren nackten Körper, die breiten Hüften, den dunklen, dicht behaarten und zugleich sorgfältig zurechtgestutzten Schamhügel, die kleinen straffen Brüste mit den zimtfarbenen Warzen, den glatten Bauch, die festen Oberschenkel und, sich ein wenig umwendend, die prallen Pobacken. Marcos sagte, er finde sie schön, ließ sie nackt durchs Haus laufen, und behauptete, gewiss gebe es in ihrem Blut »einen Anteil schwarzer Blutkörperchen«, von irgendeiner dunkelhäutigen Großmutter, der sie, neben anderen attraktiven Eigenschaften, auch die vollen Lippen und den knackigen Hintern verdanke. Als wollte sie diese Theorie überprüfen, fuhr Adela sich mit der Hand über die vorspringenden Rundungen, die ihr seit dem Einsetzen der Pubertät so viele begehrliche Blicke beschert hatten.

Nur mit knappen Shorts und einem dünnen T-Shirt bekleidet, machte sie sich anschließend einen Espresso und setzte sich damit auf die Terrasse, deren Dach Marcos ebenfalls vor Kurzem repariert hatte. Sie durchwühlte die Schale voller Muscheln und Schneckenhäuser, bis sie das vor Monaten dort deponierte Feuerzeug fand, und zündete sich die Zigarette an. Auf einmal wurde ihr bewusst, wie verspannt ihre Schultern waren, und auch das dumpf drückende Gefühl im Unterleib, das sie mindestens während der nächsten vierundzwanzig Stunden begleiten würde, verstärkte sich. Da sprang sie, von einem plötzlichen Drang getrieben, auf, ging noch einmal ins Wohnzimmer und entnahm dem Kästchen mit der Notreserve einen schlanken Joint, den sie, wieder auf der Terrasse, entzündete, kaum dass sie die Zigarette zu Ende geraucht hatte.

Die Spannung, die sich während der eineinhalbstündigen Autofahrt aufgebaut hatte, ließ nach, sie genoss die friedliche Ruhe, die sich in ihr ausbreitete. Die Last der schlechten Gefühle, die das morgendliche Telefonat noch gesteigert hatte, fiel von ihr ab. Hatte die Mutter wirklich angerufen, weil sie über das kranke Pferd sprechen wollte? Oder war da noch etwas anderes, vielleicht noch Unangenehmeres? So wie sie ihre Mutter zu kennen glaubte, wäre das durchaus denkbar.

Gedankenverloren zog Adela am Joint, bis die Hitze der Glut an ihren Fingern sie aus dem Dämmer riss. Sie brachte den Stummel im Rest ihres Kaffees zum Erlöschen und sah sich nach einer Stelle um, wo sie ihn verschwinden lassen konnte, obgleich ihr klar war, dass der Geruch sie verraten und sie sich Marcos' Vorwürfe würde anhören müssen, weil sie sich nicht an ihre Absprache gehalten hatte, diese Glimmstängel nur zu besonderen Anlässen zu rauchen, um sich gemeinsam zu vergnügen. Sie schämte sich für ihre Schwäche. Und hatte auf einmal das seltsame Gefühl, sich von außen zu sehen – eine junge Frau, die Marihuana rauchte, aber nicht, weil sie es brauchte, sondern weil sie allein sein wollte, obwohl sie wusste, dass sie sich in guter Gesellschaft befand. Die mit Überzeugung ihre Zukunft plante, jedoch in einer zäh sich hinziehenden Gegenwart feststeckte. Sie und ihr Gegenstück, sie und ihre Doppelgängerin. Was, zum Teufel, war los mit ihr? Was beunruhigte sie? Und vor allem, wovor hatte sie Angst? Vor dem Gnadenschuss für ein krankes Pferd? Oder ging es um die Tatsache, einen so komplizierten Menschen zur Mutter zu haben? Oder fürchtete sie, einen Fehlentscheid für ihre berufliche, akademische und wirtschaftliche Zukunft gefällt zu haben? Sie wusste es nicht. Nein, dachte sie schließlich, sie würde sich keine Fragen mehr stellen und keine Erklärungen für die wachsende Unruhe suchen, die sie seit dem Morgen erfasst hatte.

Da nahm sie einen starken Geruch nach Erde und Schweiß wahr. Und hörte gleich darauf eine Stimme: »Du hast geraucht, alte Kifferin!«

Der erste große Traum, der in Marcos Martínez Chaples Leben unerfüllt blieb, war es, ein berühmter Baseballspieler zu werden. Ein sehnlicher Wunsch, den er mit dermaßen vielen Kubanern teilte, dass man von Scheitern hier eigentlich nicht sprechen konnte – viel zu groß war die Zahl derjenigen, die die gleiche Niederlage hinnehmen mussten, und viel zu gering die derjenigen, deren Traum sich erfüllte.

Im Lauf der Jahre sollten noch andere Abstürze und Misserfolge dazukommen. Verglichen mit dem, was andere Menschen um ihn herum durchmachen mussten, die auf den verschiedensten Gebieten schwer gebeutelt wurden, kamen sie ihm aber geradezu vernachlässigenswert vor. Von der Enttäuschung abgesehen, verdankte Marcos dem Baseball jedoch viele seiner schönsten Erinnerungen sowie einen antrainierten Kampfgeist, der ihn zeitlebens begleiten und ihm so manche Tür öffnen sollte.

Er war in den Jahren der verheerenden Wirtschaftskrise herangewachsen, die um 1990 eingesetzt hatte, und hatte die wachsenden Nöte durch den Abstieg des Landes am eigenen Leib erfahren – die ständigen Stromausfälle, dass es manchmal an einem ganzen Tag nicht mehr als ein Stück säuerliches trockenes Brot zu essen gab, oder einfach dieses ständige Gefühl von Überhitzung und Erschöpfung. Vor allem jedoch litt er unter der schier unüberwindlichen Schwierigkeit, Bälle für seinen heiß geliebten Sport aufzutreiben.

Eine seiner Lieblingserinnerungen aus jener dunklen Zeit war der Tag, an dem er, Marcos Martínez Chaple, eine Partie zwischen der Mannschaft aus seinem Viertel und dem so mächtigen, um nicht zu sagen, übermächtigen Gegner aus Boyeros entschied. Die beiden Teams waren schon x-mal gegeneinander angetreten, und fast immer hatte die Neun aus Boyeros gewonnen. Doch diesmal standen die Sterne günstig, und kurz bevor der Gegner einen erneuten Sieg einfuhr, betrat Marcos die Batter's Box. Zwei Rundowns und zwei Outs sprachen zu diesem Zeitpunkt bereits gegen seine Mannschaft, er war folglich, wie man so sagt, ihre letzte Hoffnung. Woher er in diesem Augenblick die Kraft, Koordinationsfähigkeit und Reaktionsgeschwindigkeit nahm, konnte Marcos sich später nie erklären, er führte jedenfalls einen Swing gegen den mit voller Wucht auf ihn zufliegenden Ball aus und traf ihn so perfekt mit seinem Schläger, dass die mit Leder umhüllte Kugel im Gegenschlag bis weit über die Büsche hinausflog, die das Spielfeld begrenzten. Sieg für sein Team! Es war wie im Himmel.

Noch zwanzig Jahre später war Marcos imstande, wenn er die Augen schloss und sich konzentrierte, diese gnadenerfüllte Mikrosekunde zu durchleben. Wieder hörte er dann den Aufprall des Balles, spürte die Vibration, die sich durch das Holz des Schlägers auf seine Arme übertrug, und sah, wie die Kugel davonflog, immer höher stieg und schließlich in der Ferne verschwand. Ein Zustand vollkommener Glückseligkeit, überbordenden Jubels und durch nichts getrübter Zufriedenheit mit sich und der Welt. Für einen Augenblick überschritt er die Schwelle zum Land seiner Träume, das sich schon bald wieder in Luft auflösen sollte.

Auf einem ungenutzten Stück Land an der Ausfahrt aus Fontanar, ganz in der Nähe des Elternhauses, hatte er die ersten Schritte zur Erfüllung seines großen Baseballtraums unternommen. Hier trafen sich schon seit Jahren die Jungen aus den angrenzenden Vierteln zum Spielen. Bis eines Tages – Marcos absolvierte damals bereits den Vorbereitungskurs für den Übertritt in die Universität – jemand auf die Idee kam, ausgerechnet diese Fläche umzupflügen, um irgendwelche aus Argentinien importierte Knollen anzupflanzen, die angeblich reich an Proteinen waren und Millionen Stück Rindvieh ernähren sollten, die wiederum die Insel mit Fleisch und Milch »überschwemmen« würden (wie man sich damals in Bezug auf nahezu alles ausdrückte). Wie so oft gab es am Ende weder ein Baseballfeld noch irgendwelche Knollen und erst recht keine Viehschwemme. Im Gegenteil, wie Onkel Horacio, ein Freund seiner Eltern, es formulierte, gehörten Kühe inzwischen auf Kuba zu den vom Aussterben bedrohten Tierarten, was zumindest gut für den Cholesterinspiegel der Nation war.

Die begabtesten Baseballeleven landeten mit etwas Glück bei einem der Trainer, die auf dem Gelände gleich beim psychiatrischen Krankenhaus von Havanna arbeiteten. Hier stand ein richtiges Stadion, wo Turniere abgehalten wurden und Mannschaften unterschiedlicher Alters- und Qualitätsstufen einander abwechselten. Marcos sollte nie vergessen, wie bei einem der Trainings, an denen er dort teilnehmen durfte, auf einmal ein ernst dreinblickender kräftiger Mulatte mit kahl geschorenem Schädel auftauchte. Sie erkannten den Mann sofort, hatten sie doch seit Jahren im Fernsehen seine Auftritte inner- und außerhalb Kubas bewundert, bald im Trikot der Industriales, bald im Nationaltrikot, aber stets mit der Rückennummer 26. Mit vor Staunen offen stehenden Mündern verfolgten sie, wie kein Geringerer als

Orlando Hernández, der inzwischen in Ungnade gefallene »Duque«, zu dem gerade anwesenden Trainer trat, der Jahre früher sein Lehrer gewesen war, und sich leise mit ihm unterhielt. Später erfuhren sie: Der einstige Olympiasieger und bis zu seinem erzwungenen Abschied erfolgreichste kubanische Baseballspieler aller Zeiten – er hatte wegen angeblicher Fluchtpläne aufhören müssen, oder auch, wie andere sagten, weil man ihm unterstellte, gewusst zu haben, dass sein Bruder sich während eines Mexikoaufenthaltes absetzen würde – bat um die Erlaubnis, mit ein paar Freunden auf dem Gelände spielen zu dürfen, wenn alle anderen fertig seien. Woraufhin sein ehemaliger Lehrer, aus Angst vor möglichen Folgen, erwiderte, dass er darüber erst mit seinen Vorgesetzten sprechen müsse.

Mit sechzehn musste Marcos sich eingestehen, dass er trotz seiner hoch aufgeschossenen und drahtigen Gestalt nicht einmal genug Talent hatte, um bei der Jugendmannschaft seines Viertels mitzuspielen. Doch das tat seiner Liebe zum Baseball keinerlei Abbruch. Seine Begeisterung nahm allerdings eine andere Form an, bei der es auch nach seiner Ankunft in den USA bleiben sollte – er lebte sie als Zuschauer oder Helfer am Spielfeldrand aus.

Nach dem ersten halben Jahr in Hialeah hatte sich seine wirtschaftliche Lage so weit gefestigt, dass er sich die Zeit nehmen konnte, montags, mittwochs, freitags und samstags jeweils zwei Stunden am späten Nachmittag in einem Fitnessstudio gleich bei der Westland Mall zu trainieren, umsonst, da dort ein ehemaliger Baseballkollege aus Fontanar arbeitete, der ihm eine kostenlose Gästekarte beschafft hatte. Dienstags und donnerstags wiederum war er, zur selben Uhrzeit, und manchmal auch noch am Sonntagvormittag, als Hilfstrainer der Baseballmannschaft der Tigres de Hialeah im Einsatz. Der eigentliche Trainer und die Seele des Teams war kein Geringerer als Agustín Casamayor, einst First Baseman der Industriales, der, auch wenn seine Karriere damals schon ihren Zenit überschritten hatte, ebenfalls zu Marcos' Kindheitsidolen gezählt hatte.

Das Trainingsgelände lag zwischen wenig ansehnlichen Wohnblocks an der West 76th Street. Casamayor hatte sein Projekt für zehn- bis vierzehnjährige Jungen nicht nur ins Leben gerufen, um ihnen auf korrekte beziehungsweise »wissenschaftliche« Weise – wie er es nannte – die Grundregeln dieses Sports und seiner Philosophie beizubringen, vor allem wollte er dazu beitragen, dass sie nicht, weniger vornehmen Versuchungen ausgesetzt, so viel Zeit auf der Straße zubrachten.

Die meisten dieser etwa zwei Dutzend Jungs aus kürzlich eingewanderten Familien konnten sich einen regulären Sportverein nicht leisten. Ihre kubanischen Väter und Mütter arbeiteten oftmals bis in den Abend hinein, während die Kinder sich die Zeit zu Hause vor dem Computer oder aber auf Streifzügen durchs Viertel vertrieben, wo sie nur zu leicht auf Abwege gerieten. Mit der Unterstützung mehrerer bei US-Vereinen tätiger kubanischer Spieler und einiger bessergestellter Eltern hatte Casamayor die nötige Ausrüstung besorgt und sogar von einer der wenigen Textilfabriken, die es vor Ort noch gab, Trikots anfertigen lassen. Als Marcos dazustieß, spielte das Team bereits in einer der unteren Kreisligen, nicht übermäßig erfolgreich, aber dennoch mit großer Leidenschaft und vom Trainer befeuertem Stolz darauf, die ärmste Gegend der »Stadt des Fortschritts« zu vertreten, die schon bessere Zeiten gesehen hatte.

Während Marcos sich als ehrenamtlicher Jugendtrainer betätigte, lebte nicht nur seine alte Baseballleidenschaft wieder auf, er konnte auf diese Weise auch hervorragend von all den Belastungen entspannen, die das Ein- und Überleben in einer Welt mit sich brachte, die ihm ständiges Zähnezusammenbeißen und Wachsamsein abverlangte. Sobald er die Baseballhose anzog, in seine Spikes schlüpfte – die besten, die er je besessen hatte –, das weiße, fast immer übel riechende und verdreckte Oberteil mit den orangefarbenen Ärmeln überstreifte, die Mütze aufsetzte und das rötliche Gras des Spielfelds betrat, hatte er das Gefühl, in eine andere Welt einzutauchen. Hier war das Leben wohltuend einfach, man musste nur so gut wie möglich tun, was es auf einem Baseballfeld zu tun gibt, also laufen, werfen, schlagen, fangen und, vor allem, denken wie ein richtiger Baseballspieler. Und seine Schüler hatten ja auch seinen einstigen Traum: große Spieler zu werden, Stadien zu füllen und sich dafür feiern zu lassen, dass sie mit vollendeter Meisterschaft fortführten, was so viele Kubaner schon seit mehr als hundert Jahren betrieben. Und vielleicht würde es dem einen oder anderen ja sogar gelingen, diesen Traum zu verwirklichen und ein Baseballkönig zu werden wie der Duque, mehrfacher kubanischer Meister, Gewinner einer Goldmedaille bei der Olympiade und, nach seiner Flucht von der Insel, triumphaler Sieger in den großen US-amerikanischen Baseballligen.

Nach einem der ersten Trainings lud Casamayor Marcos auf ein Bier zu sich nach Hause ein. Am Sonntag davor waren seine Söhne zu Besuch gewesen, ein paar Flaschen hatten ihren Ansturm jedoch ungeöffnet überlebt.

»Weißt du, dass meine Jungs keine Lust haben, Baseball zu spielen?«, gestand der Trainer, als er Marcos eine Flasche Corona hinhielt. Sie saßen auf dem winzigen Balkon von Casamayors Wohnung. Von dort aus sah man einen auf der anderen Straßenseite liegenden ebenso klotzigen Wohnblock, der allerdings in noch schlechterem Zustand war. Auf den Balkons waren Wäscheleinen aufgespannt, die Wände bröckelten, und die Grünanlagen wirkten völlig vernachlässigt. Insgesamt war das Gebäude so hässlich und heruntergekommen wie die Häuser, die Marcos' Architektengroßeltern in Fontanar entworfen hatten.

»Manchmal gehen die Kinder eben eigene Wege«, war das Einzige, was Marcos dazu einfiel.

»Das Problem ist, dass sie auch sonst zu kaum etwas Lust haben. Trotzdem wollen sie tausend Dinge besitzen, und zwar sofort. Sie haben keine Ahnung vom Leben. Sie haben die Regeln nicht kapiert. Selbst der, der Ingenieur ist, so wie du. Sie haben ihm hier sein Diplom nicht anerkannt, und da er sich gut mit Computern und diesem Zeug auskennt, kopiert er jetzt Kreditkarten, um sich damit Sachen zu beschaffen und sie anschließend privat weiterzuverkaufen.«

Marcos sagte lieber nichts und nickte bloß. Er hatte Casamayors Sohn schon mehrfach geklautes Benzin abgekauft.

»Und bei dir läufts gut?«, fragte Casamayor.

»Ich kann mich nicht beklagen. Schließlich bin ich erst seit Kurzem hier.«

»Hast du vor, dir wieder ein Diplom zu besorgen?«

»Vorläufig geht das nicht, ich müsste noch mal ganz von vorn anfangen. So viel Zeit und Geld habe ich nicht. Die Universitäten hier sind

Mist. Das funktioniert bei den Amis nicht wie auf Kuba. Hier kostet dich ein Abschluss ein Schweinegeld.«

Casamayor nickte, trank einen Schluck und starrte zu dem anderen Wohnblock hinüber. »Zum Kotzen, noch einer, der Ingenieur ist, aber nie als Ingenieur arbeiten wird. Wie viele Ärzte und Ingenieure deines Alters sind wohl schon aus Kuba weggegangen?«

»Ich schätze mal, die Hälfte von denen, die mit mir studiert haben. Mein Bruder ist weg, bevor er den Abschluss gemacht hat. Er hat in Frankreich zu Ende studiert, der Schuft.«

Casamayor schwieg nachdenklich und sagte schließlich: »Warum bist du aus Kuba weg, wenn ich fragen darf? Heutzutage machen sich ja alle davon, irgendeinen Grund hat jeder, aber du?«

»Ich musste einfach … Na ja, ich wollte ein eigenes Haus und ein Auto, und all das kannst du dort bekanntlich vergessen.«

»Ja, das kann ich verstehen. Ich bin gegangen, als meine Kinder weg sind. Sie wollten auch ein Haus und ein Auto. Unbedingt, ein Haus und ein Auto. Aber du bist anders, das merke ich.«

»Nein, Casamayor, ich bin nicht anders. Ich bin auch nur ein Kubaner, der in Hialeah gelandet ist und …«

»Warum trainierst du mit den Jungs? In der Zeit könntest du Geld verdienen oder studieren.«

Das Gespräch schlug eine Richtung ein, die Marcos nicht gefiel. Immer wenn jemand so viele Fragen stellte, spürte er einen Druck im Bauch. Ob er das von seinem Vater geerbt hatte? Der war berühmt für seinen Verfolgungswahn. Oder hatte er sich bei Irving angesteckt, dem besten Freund seiner Mutter, der ständig Angst hatte? Der behauptete sogar, er werde vom Geheimdienst überwacht. Aber er, Marcos, war ja völlig harmlos, sagte er sich. Alles lag offen zutage, er konnte eigentlich mit jedem darüber sprechen.

»Ich brauche Geld, wie jeder. Und ich hab auch gern Geld, das geht allen so. Aber immer nur ranklotzen, von früh bis spät, das ist nichts für mich. Ich möchte auch was mit anderen machen, oder für andere, das ist das Beste, was meine Mutter mir beigebracht hat. Die Ärmste, sie ist die letzte Romantikerin der Welt. Dabei bin ich eigentlich nicht wie sie, ganz und gar nicht. Ehrlich gesagt, komme ich vor allem meinetwegen zum Training, nicht nur wegen dir oder den Jungs, verstehst du? Einmal habe ich einen Film gesehen, da hat ein Mann zu seinem Sohn gesagt: Ein Baseball, der steht eigentlich für die ganze Welt. Und als ich das gehört habe ... Na ja, wenn du das nicht kapierst, ist es auch egal, ich kapiers vielleicht selbst nicht. Auf dem Platz fühl ich mich jedenfalls gut, da ist mir der Rest scheißegal ... Und jetzt gib mir noch ein Bier und mach mich nicht verrückt mit diesen Fragen. Reden wir lieber über Baseball, einverstanden? Ich hab dir, glaube ich, noch nie von dem Homerun erzählt, mit dem ich mal ein Spiel entschieden habe. Ich war damals zehn, und ich spüre bis heute, wie ich damals drauflosgedroschen habe, das schwöre ich dir!«

Zu Wasser, zu Lande und in der Luft. Im Norden, Süden, Westen und Osten. Über die Floridastraße, die Niagarafälle, die mexikanische Grenze, oder via Moskau und dann über die Beringstraße und durch das verschneite Alaska ... In den letzten Jahren, die er in Havanna zubrachte, verwandelte Marcos, der Schlaufuchs, sich in eine wandelnde Enzyklopädie sämtlicher Methoden und Tricks, mit deren Hilfe ein Kubaner in die USA gelangen und den Status erlangen konnte, der es nach einem Jahr und einem Tag ermöglichte, die unbegrenzte Aufenthaltsgenehmigung zu erhalten. So viele seiner Freunde hatten es schließlich auf die eine oder andere Weise versucht und oftmals auch geschafft.

Er selbst hatte es, wenigstens vorläufig, mit dem Fortgehen nicht so eilig. Doch als es dann auch für ihn so weit war, wusste er genau, was er zu tun hatte. Vor allem keine Zeit verlieren. Woraufhin er es zunächst auf die schnellste, aber auch komplizierteste Weise probierte, nämlich indem er auf direktem Weg eine der Florida Keys ansteuerte, um sich dort »trockenen Fußes« als flüchtiger Kubaner bei der nächstgelegenen Polizeistation zu melden. Die Gefahr dabei war, dass man von einem Schiff der US-Küstenwache abgefangen und, den Abmachungen gemäß, postwendend nach Kuba zurückgeschafft wurde. Der große Vorteil bestand darin, dass es so schnell ging und man nur auf wenige Mittelsmänner angewiesen war, zumeist üble Gestalten, von denen man sich normalerweise möglichst fernhielt. Wie jedermann wusste, hing der Erfolg überwiegend davon ab, wie gut das Boot war. Der Rest war Glückssache.

Beim ersten Versuch, Mitte 2013, verabschiedete er sich nicht von seiner Mutter, weil er ihr das bange Warten ersparen wollte, bis sie wusste, ob ihr Sohn lebendig oder tot, frei oder im Gefängnis war. Mit ihm gingen der Vater eines Freundes sowie zwei weitere Söhne dieses Mannes, echte Baseballtalente, die sich Hoffnungen machen konnten, es in die großen US-Ligen zu schaffen und dort viel Geld zu verdienen. Diesmal fehlte allerdings das nötige Quäntchen Glück, denn das in Miami von seinem Freund angeheuerte Boot war zwar sicher, aber nicht schnell genug, als die Küstenwache sie entdeckte. Damit der Besitzer des Bootes sich davonmachen und nicht wegen Menschenhandels angeklagt werden konnte, mussten Marcos und seine Begleiter – so war es ausgemacht – ihre Schwimmwesten anlegen, von Bord springen und sich von der Küstenwache aus dem Meer fischen und nach Kuba zurückbefördern lassen.

Marcos gab sich nicht geschlagen und machte sich umgehend an die Planung des nächsten Versuchs. Da teilte ihm Maikel, ein Studienkollege, mit, er habe einen überraschenden neuen Weg entdeckt, auf dem es ebenfalls schnell gehe, man sich allerdings nicht der Gefahr aussetze, von Haien attackiert oder von Mittelsmännern reingelegt zu werden.

Zwei Tage waren Marcos und sein Freund damit beschäftigt, das nötige Geld aufzutreiben. Marcos brachte sogar seine Mutter dazu, ihm mit Tränen in den Augen einen Teil des Schmucks ihrer verstorbenen Architektenmutter zu überreichen, den er innerhalb weniger Stunden veräußerte. Früh am Morgen des dritten Tages begaben die beiden sich zu dem Reisebüro, das auf die verrückte Idee verfallen war, eine Pauschalreise für Kubaner zusammenzustellen, die zehn Tage in Italien verbringen wollten. Wer kam nur auf so etwas? Kubanische Touristen in Italien? Obwohl die beiden Freunde das Gefühl hatten, sich im falschen Film zu befinden, flogen sie neun Tage später mit einem

Schengenvisum im Pass nach Italien. Wie ihre auf Facebook geposteten Fotos bewiesen, verbrachten sie eine großartige Zeit in Rom, Florenz, Siena, Venedig und Mailand, wo sie alle möglichen Sehenswürdigkeiten besichtigten, Wein tranken, echte Pizza aßen und sogar eine venezianische Liebesnacht in Gesellschaft zweier verzweifelter spanischer Touristinnen genossen.

Wieder in Kuba – gerade einmal ein Drittel der Landsleute war von der Reise zurückgekehrt –, gingen die beiden jungen Männer sogleich ins Büro von Aeroméxico und erstanden Hin- und Rückflugtickets nach Mexiko Stadt – Marcos mit dem Geld, das sein Bruder Ramsés ihm nach Italien geschickt hatte. Durch das grandiose Schengenvisum in ihrem Pass stand dem nun nichts entgegen.

Nur zwei Tage später flogen sie »ins Land der Azteken«, wie Marcos sich ausdrückte, und machten sich mit dem Bus auf den Weg ins so ungemütliche wie ungastliche Tijuana. Am dortigen Busbahnhof suchten sie ein Taxi, mussten allerdings einem Polizisten, der sie aufhalten wollte, pro Kopf zweihundert Dollar aushändigen, damit er sie ziehen ließ – das war nun einmal der übliche Preis. Dafür besorgte ihnen der zuvorkommende Polizist das Taxi, das sie ganz in die Nähe des Grenzübergangs brachte, den sie alsbald mithilfe der Zauberworte »Wir sind Kubaner und kommen gerade aus Kuba«, dazu ihre Pässe und Personalausweise vorzeigend, überqueren durften. So einfach war das. Vier Tage später stiegen die beiden, jeder mit einer vorläufigen Aufenthaltserlaubnis ausgestattet, in Miami aus dem Greyhound-Bus.

Während Maikel zu einem Cousin in Fort Lauderdale weiterreiste, schlüpfte Marcos bei Laura, der Schwester seines Onkels Horacio, in South West Miami unter. Genau genommen war Horacio nicht sein Onkel, aber er hatte mit seinen Eltern Darío und Clara studiert und war eng mit ihnen befreundet und während Marcos' Kindheit auch fast ständig bei ihnen zu Gast gewesen. Dem kleinen Marcos hatte er immer so geheimnisvolle Dinge erklärt wie den Grund, warum reife Mangos vom Baum fallen, oder wie die Flugzeuge, die sie vom Garten in Fontanar aus am Himmel sahen, es schafften, sich von der Erde zu erheben. Vielleicht deshalb hatte der kleine Marcos ihn immer »Onkel« genannt, was nun unerwartet hilfreich war.

1994, Marcos war damals zehn Jahre alt, hatte Onkel Horacio zusammen mit vielen Tausend anderen Bootsflüchtlingen Kuba verlassen. Schon seit Langem lebte er in Puerto Rico, war mit einer Frau von dort verheiratet und arbeitete als Physikprofessor an der Universität. Mehrere Monate vor seiner eigenen Flucht hatte Marcos in weiser Voraussicht Onkel Horacio über Facebook gebeten, ihm seine sämtlichen Telefonnummern zu geben.

Trotzdem rief er ihn, aus Sorge, abgehört zu werden, erst von Mexiko aus an, um nach einer Adresse in Miami zu fragen, wo er für ein paar Tage unterkommen könne. Woraufhin Horacio ihm unverzüglich die Adresse seiner Schwester Laura gab, die ihn, wie er versicherte, bei sich aufnehmen und ihm für die erste Zeit Geld geben werde, das er ihr schicken werde, sobald Marcos in die USA eingereist sei. Außerdem fragte er, ob er nicht Lust habe, sich in Puerto Rico niederzulassen. Um ihn nicht zu kränken, erwiderte Horacio, er könne ja mal darüber nachdenken, in Wirklichkeit wusste er jedoch genau, wo und wie er künftig leben wollte. Denn er war nicht nur eine wandelnde Enzyklopädie der Fluchtrouten, sondern auch aller Tricks, mit deren Hilfe ein Kubaner sich im Exil ein neues Leben aufbauen konnte. Dass die Welt »groß und fremd« ist, wie der Titel des berühmten Romans von Ciro Alegría besagte, stand außer Frage. Aber wenn sie schon so groß war, musste sie ja nicht zwangsläufig auch noch ganz und gar fremd sein, verdammt.

Gerade einmal zwei Wochen nach der Ankunft in den USA mietete Marcos seine erste eigene Wohnung, ein kleines Appartement auf dem Gelände der Hialeah Club Villas, ganz in der Nähe der einst attraktiven, jetzt aber heruntergekommenen Westland Mall. Ramsés und Onkel Horacio hatten dafür gesorgt, dass sein Vater Darío – der, wie Ramsés sagte, inzwischen sehr gut verdiente, deshalb aber noch lange nicht mit Geld um sich warf, beziehungsweise, nach den Worten

Horacios, ein elender Knauser war – ihm aus Barcelona eine kleine Summe überwies, die, von Marcos sorgfältig verwaltet, zumindest reichte, um mehrere Monate eine bescheidene Miete zu bezahlen und außerdem ein spottbilliges gebrauchtes Auto zu erwerben, konnte man in Florida doch unmöglich ohne eigenes Fahrzeug existieren.

Und so kam es, dass Marcos eines Morgens mit einem Honda Civic Baujahr 2005 vor dem Gebäude vorfuhr, in dem sich seine neue Unterkunft befand. In das Auto hatte er bereits eine für wenig Geld auf dem Kubaner-Flohmarkt erstandene neue Lichtmaschine eingebaut. Außerdem hatte er mit von einem Bastler-Freund geliehenem Werkzeug eine Delle im Kotflügel ausgebeult, die er zudem, als Perfektionist durch und durch, anschließend mit Reparaturlack kaschierte. Als er seinen Koffer sowie eine Kiste mit ein paar Küchenutensilien, die Horacios Schwester ihm überlassen hatte, vor der Tür abstellte und diese öffnete, schlug ihm ein Gestank nach Nikotin und Teer entgegen, der offensichtlich von etwas ausging, was einmal ein Teppich gewesen war.

Er riss sämtliche Türen und Fenster auf, kippte Chlor in Toilette, Waschbecken und Spüle, versprühte Unmengen von Desinfektionsspray, schleppte den Teppich und die alte Matratze ins Freie und ersetzte sie durch eine neue, die er sich gekauft hatte. Außerdem versprach er sich, an diesem Ort nicht einen Tag länger als unbedingt nötig auszuharren. Darüber hinaus gelangte er zu der Einsicht, dass im Land der allgegenwärtigen Klimaanlagen und des Gesundheitskults Rauchen zwangsläufig nur als schlimmes Laster angesehen werden konnte, weshalb er, nachdem er zum ersten Mal in seine neue Toilette gepinkelt hatte, kurz entschlossen seine sämtlichen Zigaretten hinterherwarf und mit Nachdruck die Spülung betätigte.

Freunde und Bekannte, die sich in den letzten Jahren, aus Kuba kommend, in Hialeah niedergelassen hatten, halfen ihm, sich mit der Funktionsweise dieser Stadt vertraut zu machen, die in vieler Hinsicht an ein riesiges Dorf erinnerte. Zwei Wochen nach dem Einzug in die kleine Wohnung fand er über seinen Bastler-Freund einen ersten Job als »Hilfsmechaniker« beziehungsweise Mädchen für alles. Die Werkstatt war auf die Reparatur von Lkw-Getrieben spezialisiert und wurde von einem gewissen Alipio el Narizón betrieben, einem

Kindheitsfreund seines Vaters, die beiden waren im selben Viertel aufgewachsen. Manchmal fragte Marcos sich, ob sich eigentlich alle hier von irgendwoher kannten. Passenderweise hatte Alipio gerade einen Mann aus El Salvador entlassen, der wenig Einsatz, aber großes Geschick in der Kunst bewiesen hatte, auf wundersame Weise Zangen, Schraubenzieher und anderes Werkzeug zum Verschwinden zu bringen. Der Stundenlohn von zehn Dollar war zugegebenermaßen ziemlich bescheiden, doch allemal besser als nichts, wie Marcos befand. Außerdem vertraute er darauf, dass er mit seiner Ingenieursausbildung und der jahrelangen Erfahrung im kubanischen Überlebenskampf diese Werkstatt schon bald hinter sich lassen oder aber ihre Leitung übernehmen würde.

Warum zog es so viele Kubaner nach Hialeah?, fragte er sich. Die erste Antwort, die er sich gab, war vielleicht ein wenig oberflächlich, traf aber zu: Man konnte dort auf ganz und gar kubanische Art und Weise leben. In vielerlei Hinsicht ging es dort genau so zu wie auf der Insel. Nur dass man alle zwei Querstraßen einen Supermarkt mit vollen Regalen vorfand, war doch ein merklicher Unterschied. Viele der im Supermarkt angebotenen Waren, insbesondere Fleisch, Konservendosen und Süßigkeiten, ließen sich allerdings – wiederum ganz wie auf Kuba –, wenn man wusste, wo, auch auf offener Straße zum halben Preis erwerben, wobei es sich empfahl, einen Blick auf das Haltbarkeitsdatum zu werfen.

Zudem fanden die in Hialeah gelandeten Kubaner hier recht einfach Arbeit in einer der vielen Billigfabriken. Außerdem waren die Mieten hier günstiger als in den anderen kubanisch geprägten Gegenden im Süden Floridas. Vor allem aber konnte man hier im Alltag zurechtkommen, ohne erst mühsam Englisch zu lernen, nicht einmal für den Erwerb der amerikanischen Staatsbürgerschaft. Aber die Gegend war heruntergekommen und wurde zunehmend hässlicher, weshalb die meisten, sobald sie einen gewissen Wohlstand erreichten, in attraktivere Gebiete der Region oder gleich in einen anderen Bundesstaat weiterzogen.

In den Restaurants von Hialeah gab es kubanisches Essen und in den Cafés kubanischen Kaffee, in den Kneipen hörte man kubanische

Musik, und in den Friseursalons arbeiteten ausschließlich Kubanerinnen und Kubaner, die mit ihren Kunden kubanischen Tratsch tratschten, vorzugsweise über das bevorstehende Ende des Kommunismus auf der Insel. Auch in den Krankenhäusern war die Verkehrssprache Spanisch. Die katholischen oder protestantischen Kirchen mit ihren oftmals spanischsprachigen Priestern standen neben kubanischen »Kräuterläden«, in denen alles zu bekommen war, was man für ein waschechtes Santería-Ritual benötigt, Opfertiere eingeschlossen, zum Entsetzen der ach so zivilisierten weißen US-Amerikaner, die ja selbst gerne der Jagd frönten und stets eine schussbereite Waffe im Handschuhfach ihrer Autos liegen hatten. Der Polizeipräsident, der Chef der Feuerwehr und der Bürgermeister von Hialeah – alle waren sie Kubaner. Die kubanische Vorherrschaft ging so weit, dass die kubanische Kellnerin einer amerikanischen Restaurantkette sich einmal weigerte, eine Kundin zu bedienen, die kein Spanisch sprach. »Das hier ist Hialeah, Kleine!«, schrie sie die Frau an.

In einem der vielen Bücher, die seine Mutter hortete, hatte Marcos einmal von einem Emigranten gelesen, der seine Lebensweise mit sich herumgeschleppt habe wie eine Schnecke ihr Haus. Warum hatte sich ihm diese Stelle so eingeprägt? Würde auch er sich irgendwann ganz in das Schneckenhaus seiner alten Kultur zurückziehen wie seine Mutter Clara?

Marcos fiel auf, dass angesichts der kubanischen Invasion die meisten weißen nordamerikanischen Familien Hialeah verlassen hatten. Die wenigen, die vor Ort ausharrten, brachten häufig gut sichtbar eine Südstaatenflagge an ihren Häusern oder Wohnungen an, vermutlich um sich in ihrem Heimatland weiterhin heimisch zu fühlen. Auch die Leute aus Mittelamerika, Puerto Rico oder Venezuela ergriffen so bald wie möglich die Flucht, denn die Anmaßung und Großtuerei der Kubaner, die sich wie höhere Wesen benahmen, selbst wenn sie kaum genug zu essen hatten, war für sie nur schwer zu ertragen. Die Afroamerikaner aus dem Ostteil der Stadt dagegen – Marcos lernte schnell, sie politisch korrekt so zu bezeichnen, anders als auf Kuba, wo Schwarze seit jeher Schwarze hießen, weil sie nun einmal schwarz waren, genauso wie Mulatten ohne böse Hintergedanken Mulatten genannt werden – näherten sich den Kubanern, oder die Kubaner ihnen, nur, um alle möglichen düsteren Geschäfte abzuwickeln. Danach zog sich jede Seite in ihr jeweiliges Stammland zurück, denn es war wenig ratsam, in einer Stadt, wo der Verkauf oder Verleih von Schusswaffen zu den Hauptgeschäftszweigen gehörte, irgendwelche Reibereien zu riskieren.

Die zweite Antwort, die Marcos sich auf die selbst gestellte Frage gab, warum es so viele Kubaner nach Hialeah zog, ging mehr in die Tiefe, über das bloß unmittelbar Wahrnehmbare hinaus. Hier konnte man mit einem Bein in dieser den USA abgerungenen Kolonie und mit dem anderen weiterhin in Kuba leben. Wer hierher floh, wollte Flüchtling bleiben. Eine Einsicht, aus der sich überraschende Geschäftsperspektiven ergaben: Wenn man in dieser spanischsprachigen Enklave fließend und korrekt Englisch sprechen konnte, boten sich große Chancen.

Vier Monate nach seiner Ankunft war Marcos bereits mit Adela zusammen und stand kurz davor, bei Agustín Casamayor als Hilfstrainer der Tigres de Hialeah einzusteigen. Außerdem war er zum Geschäftspartner von Alipio el Narizón avanciert. Der rasante Aufstieg hatte damit begonnen, dass der Chef ihn aufgefordert hatte, die Kommunikation mit den Lieferanten zu übernehmen. Anders als Alipio konnte Marcos sich mühelos mit diesen unterhalten, wobei ihm zusätzlich seine Ingenieurskenntnisse zugutekamen. So gelang es ihm, viele Ersatzteile um bis zu fünfzehn Prozent billiger zu bekommen als bisher. Darüber hinaus fing er zum Erstaunen seines Chefs schon bald an, im Internet noch günstiger einzukaufen.

Gänzlich unersetzlich machte er sich jedoch, als er die Computeranlage der Werkstatt vor der Zerstörung durch einen Virus rettete, den sein Chef eingeschleppt hatte, indem er, um fünfhundert Dollar zu sparen, einem Dominikaner die Raubkopie einer neuen Prüfsoftware für Lkw-Getriebe abgekauft hatte. Alipio stand kurz vor dem Herzinfarkt und wollte sich bereits mit dem Computer unterm Arm zu einem Bekannten aufmachen, der Informatiker war. Marcos bat, erst einmal ihn ranzulassen. Mithilfe des Laptops von Alipios Frau rettete er sämtliche Dateien, beseitigte den Virus und lud, wo er schon dabei war, ebendas Programm, das sein Chef zuvor eingekauft hatte, aber ohne Virus, von einer Webseite in Ecuador runter, die ihm ein in Stockholm lebender Freund, der ebenfalls Ingenieur war, empfohlen hatte. Das nötige gefakte Passwort nannte ihm dieser gleich dazu. Eine Woche später wurde der bisherige Hilfsmechaniker mit der Buchhaltung, der Auftragsannahme sowie der Durchführung wichtiger technischer Checks betraut, zusätzlich zu den Bereichen Logistik und Informatik, wo er sich schon längst als äußerst beschlagen und effizient erwiesen hatte. Die Stelle des Mädchens für alles übernahm dafür ein Mann aus Honduras, der nun für acht Dollar die Stunde für die Reinigung der Werkstatt und das Schleppen sämtlicher schwerer Teile zuständig war. Marcos' Stundenlohn dagegen stieg auf fünfundzwanzig Dollar, außerdem wurde er zu einem kleinen Prozentsatz am wachsenden Umsatz beteiligt. Der Chef wusste, was er an ihm hatte, auch wenn er es mit der Wertschätzung nicht übertreiben wollte.

Als Marcos ihm bald darauf ein Geschäft vorschlug, zögerte Alipio nicht lange. Er hatte gesehen, wozu der junge Ingenieur imstande war, und steuerte das nötige Startkapital bei. Woraufhin Marcos in Zusammenarbeit mit einem anderen ehemaligen Studienkollegen, der mittlerweile in Moskau lebte, anfing, aus Russland Ersatzteile für Ladas, Moskwitschs sowie ostdeutsche und sowjetische Motorräder zu importieren, mit dem Plan, sie nach Kuba weiterzuverkaufen. Für den Transport über die Floridastraße tat er sich mit einer zwielichtigen Figur zusammen, einem gewissen Gordo Téllez, der früher für den kubanischen Geheimdienst gearbeitet hatte, eines Tages jedoch trotz oder auch wegen seiner Tätigkeit fluchtartig das Land hatte verlassen müssen. Was Téllez nicht daran gehindert hatte, zusammen mit in Kuba gebliebenen Kollegen einen gut funktionierenden Lieferdienst eben dorthin aufzuziehen.

Ein halbes Jahr später lief das Geschäft bestens und wurde noch mit Ersatzteilen amerikanischer Limousinen aus den Fünfzigerjahren erweitert. Marcos verdiente jetzt an die dreitausend Dollar im Monat. Um seinem sozialen Aufstieg Ausdruck zu verleihen, zog er in einem ersten Schritt aus der heruntergekommenen Siedlung der Hialeah Club Villas aus, wo mindestens einmal pro Woche aus unterschiedlichsten

Gründen – Schlägereien, Drogen, donnernd laute Musik – die Polizei vorbeikam.

Seine neue Wohnung befand sich in der West 17th Avenue und war größer, komfortabler und mit einer besseren Klimaanlage ausgestattet. Dort hängte er im Wohnzimmer an unübersehbarer Stelle sein vom Bildungsministerium der Republik Kuba ausgestelltes Ingenieursdiplom an die Wand, das er sich hatte nachschicken lassen. Zwei Monate später schaffte er auch Adelas Sachen sowie Adela selbst hierher, die junge Frau, die weder Kubanerin noch Argentinierin, noch aus Miami war, sich aber auch nicht als New Yorkerin betrachtete … In deren Gesellschaft er sich jedoch so wohl und geborgen fühlte, dass er nur zu gerne in ihr jene zärtliche Rührung auslöste – zusammen mit einem Schuss Mitleid. Marcos der Schlaufuchs, manchmal auch der Magier Mandrake genannt, hatte sich nämlich in diese Adela Fitzberg verliebt.

Seit dem 18. August 2014, als sie zum ersten Mal miteinander schliefen – was Adela komplett durchrüttelte und ihre sämtlichen bisherigen Vorstellungen über den Haufen warf –, liebten die beiden sich wie besessen, zu jeder Tages- und Nachtzeit und an jedwelchem Ort und in allen Stellungen. Am liebsten jedoch im Schlafzimmer von Adelas kleiner, aber sehr gemütlicher Wohnung im Stadtteil Coconut Grove. Durchs große Fenster konnte man über die Stadt und den Hafen hinweg das Meer sehen und mit ein wenig Einbildungskraft in weiter Ferne die Strände Kubas, das Marcos seiner neuen Freundin als das Paradies auf Erden beschrieb. Dort oben hatten die zwei Liebenden das Gefühl, über der Welt zu schweben. Gemeinsam stellten sie fest, dass sie über einen schier unerschöpflichen Vorrat an Kräften, Begierden und auszutauschenden Flüssigkeiten verfügten. Dort oben wurde ihnen auch nach und nach klar, auf welch seltsam verschlungenen Pfaden das Schicksal sie zusammengeführt hatte, um auf diese Weise – aber das wussten sie zu diesem Zeitpunkt noch nicht – eine schier unglaubliche Geschichte sich runden zu lassen, eine Erkenntnis, die Adela schon bald ein weiteres Mal komplett durchrütteln sollte.

Vier Monate nach der Entfesselung dieses Gefühlssturms meldete sich die Bank, bei der Adela einen Kredit in Höhe fast eines Drittels ihrer Studienkosten aufgenommen hatte, um mitzuteilen, dass sie mit der Ratenzahlung auf besorgniserregende Weise in Verzug geraten sei. 2007, vor Ausbruch der großen weltweiten Finanzkrise, hatte dieselbe Bank ihr das Geld zu sehr günstigen Bedingungen angeboten. Was sie nun allerdings nicht daran hinderte, eigens jemanden vorbeizuschicken, der sie unverblümt darauf hinwies, dass ihr Zahlungsverzug mit dem Mietpreis ihrer Wohnung zu tun haben könnte, die sich in einer der teuersten Gegenden der Stadt befand.

Diese Einmischung in ihr Privatleben empfand Adela als grobe Aggression. Marcos, der in Kuba aufgewachsen war und folglich über so gut wie keine Erfahrung mit den Winkelzügen der Finanzwelt verfügte, schlug ihr vor, sich noch mal mit dem Arschloch von der Bank zu verabreden. Er würde den Kerl bei der Gelegenheit nach Strich und Faden verprügeln.

Als sie die Lage mit klarem Kopf noch einmal durchgingen, kam Marcos schon bald mit der Idee, Adela könne doch einfach ihre Wohnung in Coconut Grove aufgeben und zu ihm nach Hialeah ziehen, wo die Mieten erschwinglicher seien, er seinen Job habe und sich außerdem sehr wohlfühle. Nach einigem Zögern stimmte Adela schließlich zu. Das schien ihr nicht die schlechteste Lösung. Und der Bruch mit ihren anerzogenen US-amerikanischen Verhaltensmustern war verlockend. So würde sie sich Freiheit zurückerobern. Abgesehen davon, dass sie ihren Geliebten fortan jede Nacht an ihrer Seite haben würde.

Yohandra war die Erste, die, kaum hatte Adela ihre Umzugspläne bekannt gegeben, fragte, ob sie verrückt geworden sei. Von Coconut Grove ins schmuddelige Hialeah? Ohne von Adelas wirtschaftlichen Schwierigkeiten zu wissen, gab sie ihr jedoch sogleich eine elegante Ausrede an die Hand: Tja, ja, wenn man so richtig verknallt ist, ist man zu den größten Spinnereien imstande …

Die Reaktion von Adelas Mutter fiel dagegen, wie zu erwarten, um einiges heftiger aus:»Nur weiter so, Cosi, bald hast du's geschafft und bist ganz unten angekommen. Offensichtlich fühlst du dich wohl in der Gosse. Hast du eigentlich vergessen, aus was für einer Familie du stammst?«, sagte sie empört.»Denk daran, Dunkles erzeugt Dunkelheit«, mit dieser buddhistischen Weisheit schloss sie ihren Redeschwall.

Adela kämpfte gegen den Drang, ihre Mutter daran zu erinnern, dass sie ihr seit dem Entschluss, zum Studium nach Florida zu gehen, keinerlei finanzielle Unterstützung mehr hatte zukommen lassen. Doch sie wusste auch, dass die Mutter im Grunde nicht ganz unrecht hatte. Trotzdem hätte sie in diesem Augenblick jemanden gebraucht, der sie bestätigte und ihren Entschluss guthieß, schließlich war das, was sie vorhatte, keine Kleinigkeit.

Um ihr Masterstudium zu finanzieren, hatte sie bereits eine schlecht bezahlte Stelle bei der Sondersammlung der Universitätsbibliothek angenommen, wo sie wegen ihrer Abschlussarbeit ohnehin viel Zeit zubringen musste. In dieser Arbeit ging es um eine sozialgeschichtliche Analyse von Briefwechseln und Tagebüchern kubanischer Schriftsteller des 19. Jahrhunderts, genauer gesagt um die Art, wie dort die Begriffe Nation, Souveränität und Identität verhandelt wurden. Ihre Untersuchung hatte sich immer mehr ausgeweitet und den geplanten Umfang längst überschritten. Aber Adela wollte das Vorhaben nicht abbrechen, denn sie war sich sicher, dass daraus eine viele neue Einsichten liefernde Publikation entstehen würde, was ihr wiederum eine akademische Karriere eröffnen und ihr schließlich die ersehnte Professorinnenstelle einbringen sollte. Dann konnte sie auch ihre Schulden zurückzahlen … Aber all das war Zukunftsmusik, und der Druck in der Gegenwart war sehr konkret.

Noch gravierender aber war die Tatsache, dass sie zum ersten Mal mehr oder weniger fest mit einem Mann zusammenleben würde. Zudem war sie offenkundig zum ersten Mal richtig verliebt und entsprechend angreifbar und verletzlich. Noch dazu hatte zum ersten Mal auch ihr Vater zu erkennen gegeben, dass er über ihre Entscheidung nicht besonders glücklich war. Er hatte ihr Geld angeboten, woraufsie sich aus Stolz nicht hatte einlassen wollen. Die Freiheit hat ihren Preis, sagte sie sich, und den musste sie auch bereit sein zu zahlen.

Bald erzählte sie Loreta auch mehr über ihre Beziehung zu Marcos. Bis dahin hatte sie, um Auseinandersetzungen zu vermeiden, immer nur von einem jungen Kubaner gesprochen, mit dem sie gelegentlich ausgehe. Jetzt berichtete sie ausführlich, wie sie ihn kennengelernt hatte und wie überrascht sie von sich selbst und ihrem zunehmenden Gefühl der Abhängigkeit sei.

»Schon gut, das reicht. Schwer zu glauben, aber mir scheint, ich verstehe dich. Manche Leute haben nun mal einen schwachen Charakter, du zum Beispiel. Du bist ganz einfach deinem Liebhaber hörig«, versetzte Loreta und lachte boshaft. Jetzt hätte Adela sie umbringen können.

Irgendwann im Verlauf dieses giftigen Streits erwähnte Adela den Namen Marcos Martínez. Woraufhin ihre Mutter nach kurzem Schweigen irritiert zurückfragte: »Wie heißt dein Freund? Mit Nachnamen, meine ich …«

»Martínez, Marco Martínez.«

Erneutes Schweigen, bis ihre Mutter mit ernster Stimme nachhakte: »Marcos Martínez. Und der zweite Nachname?«

»Warum interessiert dich das, Loreta?«

Wiederum langes Schweigen, gefolgt von einem der typischen Telefonseufzer ihrer Mutter. »Ach, nur so. Also, Martínez, und wie weiter?«

»Martínez Chaple«, versetzte Adela.

»Das gibts ja nicht, Adela Fitzberg!«, rief Loreta ungläubig.

»Was ist denn los, Loreta?«

»Du tust dich mit einem dieser ausgehungerten Bootsflüchtlinge aus Kuba zusammen, die hier ankommen, ohne auch nur das Geringste vorzuweisen zu haben, und …«

»Fang nicht wieder damit an! Ich hab dir schon gesagt, dass er nicht auf einem Floß hier gelandet ist, aber du hörst mir ja nicht zu. Außerdem ist er Ingenieur. Und er verdient gut. Er verkauft Sachen nach Kuba und … Aber das findest du wahrscheinlich erst recht schlimm.«

Aus dem Hörer kam ein heftiges Schnauben. »Es reicht, ich kann nicht mehr. Du machst mich fertig, das schaffst du noch jedes Mal.

Ich muss jetzt meditieren, irgendwie zur Ruhe kommen. Ich glaube, ich gehe eine Runde reiten, mit Ringo«, sagte sie und legte ohne weitere Erklärungen auf.

Am nächsten Tag rief sie erneut an, und das sollte bis zu jenem Frühlingsmorgen 2016, als sie mit der Nachricht von Ringos schwerer Erkrankung kam, ihr letzter Anruf sein. »Ich muss dir etwas sagen, Cosi«, verkündete sie. »Und ich möchte, dass du mir einfach nur zuhörst und keine Fragen stellst. Also, das Leben ist eine ziemlich komplexe Angelegenheit, du hast immer machen können, was du wolltest, und darum beneide ich dich, ganz ehrlich. Nicht alle haben so viel Glück. Ich jedenfalls nicht. Manchmal gibt es Umstände, die dein Leben bestimmen, und die fragen nicht, ob du einverstanden bist. Dafür verändern sie womöglich alles. Außerdem kann es vorkommen, dass etwas völlig anders ausgeht, als du es dir gedacht hast …«

Adela fiel ihr ins Wort: »Wovon sprichst du? Fängst du jetzt schon wieder mit dieser Geschichte vom Karma und der Dunkelheit an?«

»Ich spreche von mir. Ja, von meinem Karma. Von meinem beschissenen Leben und von den Entscheidungen, die ich treffen musste. Von meiner Schuld und meinen Sünden. Und das tue ich, um dich an etwas zu erinnern, was du vielleicht vergessen hast, oder was ich dir vielleicht nie habe zeigen können. Dass du nämlich der wichtigste Mensch in meinem Leben bist, und dass ich alles tun würde, nur damit du glücklich bist. Ich habe eine Menge Dinge in meinem Leben getan, und manche davon waren wirklich schlimm …«

»Mach mir keine Angst.«

»Tut mir leid. Aber ich bin gleich fertig. Gestern habe ich mit deinem Vater gesprochen, und er hat mir von deinen Geldproblemen erzählt. Wie viel brauchst du, um die Sache zu erledigen und nicht zu diesem Mann zu ziehen?«

Adela spürte, wie ihr das Blut ins Gesicht stieg. Ihr Vater hätte das niemals weitersagen dürfen. »Keine Sorge, das bekomme ich hin.«

»Ich kann dir helfen, Cosi. Wirklich, ich verdiene hier gut, und ich habe fast keine Ausgaben.«

»Danke, nein. Das kommt für mich nicht infrage. Lass mich mein Leben leben. So wie du es mit deinem Leben gemacht hast.«

Die Mutter schwieg. Adela fürchtete schon den nächsten Wutausbruch, zu ihrer Erleichterung sagte Loreta jedoch: »Einverstanden, Cosi, tu, was du willst. Ich habe am allerwenigsten das Recht, dir etwas vorzuwerfen. Viel Erfolg! Hauptsache, du wirst glücklich. Ich liebe dich mehr, als du dir vorstellen kannst.« Dann legte sie auf.

Adela spürte wieder den Kloß im Hals. War ihre Mutter verrückt geworden? Oder hatte der »Wegweiser«, dem sie sich seit einiger Zeit bei ihrem Eintauchen in den Buddhismus anvertraute, sie in einen anderen Menschen verwandelt? Schuld? Sünden? Und dann diese Liebeserklärung? Ohne zu überlegen, drückte sie die Rückruftaste, hörte aber bloß eine metallische Stimme, die verkündete, dass dieser Anschluss derzeit nicht erreichbar sei, sie könne jedoch auf der Mailbox eine Nachricht hinterlassen.

Sie wollte schon auflegen, irgendetwas hielt sie aber zurück, und so sprach sie in den Hörer: »Ich liebe dich auch, Loreta Fitzberg. Aber du machst es einem verdammt schwierig …«

In den ersten Monaten ihres Lebens mit Marcos kam Adela nicht aus dem Staunen heraus. Alles, was sie über Kuba gelernt, an lebenden Vertretern des Landes wahrgenommen, in den Texten, mit denen sie seit Beginn ihres Studiums arbeitete, gelesen, und natürlich, was sie 2010 während ihres zehntägigen Studienaufenthaltes vor Ort erlebt hatte, nützte ihr in ihrem neuen Alltag so gut wie nichts. Aber dass sie es auf einmal mit etwas so fundamental Kubanischem wie einem kubanischen Liebhaber zu tun hatte, bescherte ihr eine überwältigende Fülle neuer Erfahrungen und Erkenntnisse. Der Umzug nach Hialeah war hierbei ein Intensivkurs, denn sie befand sich nun mitten in einer Umgebung, die ihr das ganze Ausmaß ihrer Ahnungslosigkeit offenbarte.

Seit sie bei Marcos wohnte, einmal in der Woche Großeinkauf machte, so oft wie möglich joggte, ihren Freund bei Erledigungen oder Besuchen alter und neuer Freunde und gelegentlich zu Sonntagsspielen der Tigres begleitete, wurde ihr zunehmend klar, dass die Blutsverbindung ihres Geliebten zu seinem Herkunftsland offensichtlich gegen jeden Einfluss der Welt, in der er jetzt lebte, gefeit war, erst recht hier in Hialeah. Warum aber verließ so jemand seine Heimat? Oder besser: Warum verließ jemand sein Heimatland, ohne es zu verlassen? Zugegeben, auch Heredia, Martí, Saco, Varela, Cirilo Villaverde und viele andere waren im Exil die unauslöschliche Verbundenheit mit ihrer Heimat nie losgeworden, wie die Briefwechsel und Tagebücher zeigten, mit denen Adela sich in ihrer Masterarbeit beschäftigte. Andererseits wusste sie aus ihrer eigenen Familie, dass niemand den Ort verlässt, an dem er glücklich ist, es sei denn, er wird dazu gezwungen. Loreta und Bruno waren fortgegangen, weil sie in ihrer jeweiligen Heimat nicht glücklich waren, da war sie sich sicher, und entsprechend heftig hatten sie den Bruch vollzogen, Loreta vielleicht auf noch radikalere Weise als Bruno. Was Adela durchaus nachvollziehen konnte. Marcos und viele seiner Landsleute, vor allem derselben Generation, die sie im Lauf der Zeit kennenlernte, entzogen sich dagegen völlig diesem Muster.

Inzwischen kannte sie Marcos ziemlich gut und glaubte zu wissen, dass er nicht aus politischen Gründen, auch nicht auf der Suche nach einer anderen Lebensweise, ja, nicht einmal aus Abenteuerlust ins Exil gegangen war. Trotz des allgegenwärtigen Mangels, unter dem er gelebt hatte, erinnerte er sich sehnsüchtig an seine Kindheit und Jugend in Fontanar wie auch an seine Universitätsjahre zurück, die von einem Wissensdurst geprägt waren, den er und seine Mitstudenten in diesem Land, wo es an allem fehlte, auch und gerade an Informationen, oft nur auf abenteuerlich verschlungenen Wegen hatten stillen können. Und dennoch schienen die Leute dort, wenn man seinen Erzählungen folgte, ein nahezu normales Leben zu führen, ja, er selbst schilderte seine Tage und Nächte in Havanna als ein nie endendes großes Fest.

Während viele Leute sich in winzigen Wohnungen zusammendrängten und auch sonst unter äußerst prekären Bedingungen lebten, bewohnten Marcos und seine Mutter ein Haus mit mehreren Zimmern, dessen Schönheit er stets voller Stolz beschrieb. Außerdem hatte er dort offenbar über viel Geld verfügt, falls stimmte, was er über seine Unternehmungen, Feste, Kleidung, Motorräder und Ferien an Traumstränden berichtete. So verrückt, wie es dort offenbar zuging, erschien er an seinem offiziellen Arbeitsplatz, einem Bauunternehmen, dessen Reparaturwerkstatt er leitete, bestenfalls ein paar Stunden pro Tag. Falls er sich überhaupt blicken ließ. Und sein Chef gehörte zu den Kumpanen, mit denen er abends jeweils ausging.

Adela hörte diese Geschichten, stellte jedoch fest, dass sie daraus nicht wirklich ein Bild gewann. Wie funktionierte eine Gesellschaft, in der nahezu alles verboten oder illegal war, wo die Leute aber dennoch stets irgendwelche Schlupflöcher fanden, und man den Staat beklaute, ohne sich als Verbrecher zu betrachten? Ja, wo man, ohne zu arbeiten, besser leben konnte, als wenn man arbeitete.

Sie wusste zum Beispiel, dass ihr Freund durch einen glücklichen Umstand zu einem wichtigen Käse-Lieferanten für die privaten Restaurants und Pizzerien von Havanna geworden war. Die Nachfrage war groß, und Marcos hatte einen Weg gefunden, ein Beschaffungs- und Vertriebssystem auf die Beine zu stellen, mit dessen Hilfe der Käse aus Camagüey, wo er hergestellt wurde, in einer Art Geheimfächern offizieller Fernbusse verborgen, zu den Kunden nach Havanna transportiert wurde. Dennoch leuchtete Adela nicht ein, warum man für simplen Käse ein Schmuggelnetz aufziehen musste, als ginge es um Kokain. Noch weniger begriff sie, warum Marcos, wo seine Geschäfte offenbar so gut liefen, auf die Idee gekommen war, aus Kuba abzuhauen, und das auch noch auf dem so gefährlichen Weg über die Floridastraße, auf deren Grund die Leichen unzähliger Kubaner liegen.

Die schlechte Stimmung begleitete sie nun schon den ganzen Morgen. Der Anruf ihrer Mutter, die Neuigkeiten über Ringo, die einsetzende Menstruation – eins war zum anderen gekommen. Darum hatte sie ganz für sich allein einen Joint geraucht. Jetzt hatte sie den Impuls, von Marcos Aufklärung über Dinge einzufordern, die er ihr, davon war sie überzeugt, schon seit Monaten vorenthielt. Stattdessen schwadronierte er über Kubas fehlende Perspektive, Langeweile, finanzielle Unwägbarkeiten, wirtschaftliche und rechtliche Unsicherheit und »kein Auto und keine eigene Wohnung« …

Als Marcos sie in ihrer Marihuanawolke überrascht hatte, wusste sie sich angesichts seiner vorwurfsvollen Worte nur mit einem schuldbewussten Lächeln zu behelfen.

»Schon gut«, versetzte er. »Einmal im Jahr kann nicht schaden. Aber im Fall des Falles möchte ich gerne mit von der Partie sein, einverstanden?« Er beugte sich vor, um sie zu küssen, schob eine Hand in den Ausschnitt ihres T-Shirts und zwickte sie in die Brustwarze, die sich, obwohl es ein bisschen wehtat, sogleich aufrichtete.

»Und ich möchte, dass du es nicht jedes Mal sofort ausnutzt, wenn du merkst, dass ich schwach werde«, erwiderte Adela, sobald sie die Zunge wieder zum Sprechen benutzen konnte.

Marcos lächelte, legte die Hände auf seinen prallen Schritt und sah sie fragend an.

»Heute nicht ... Nicht jetzt.« Es klang fast wie eine Bitte. »Ich bin fix und fertig von der Rückfahrt auf dem Palmetto. Außerdem habe ich meine Tage. Und du stinkst wie die Pest. Wie wärs, wenn du das Sweatshirt mal waschen würdest?«

Marcos nickte und ließ sich in einem Sessel nieder, den er vor einiger Zeit am Straßenrand aufgelesen und mit zwei Schrauben und einem neuen Anstrich in einen respektablen Zustand zurückversetzt hatte. Gleich darauf schlug er sich an die Stirn, stand wieder auf, ging ins Haus und erschien wenig später mit zwei Flaschen Bier. Aus der einen trank er bereits, während er die andere Adela hinhielt.

»Ich bin auch ganz schön kaputt«, räumte er ein, zog das verdreckte Baseballshirt aus und legte es über die Lehne seines Sessels. »Dabei haben wir heute wegen dem Regenguss nicht mal trainiert. Kaum waren wir auf dem Spielfeld, hat es angefangen zu schütten. Und am Sonntag müssen wir gegen die Scheiß-Maristas spielen. Die bilden sich ein, sie sind besser als wir, pah.«

»Ich habe dafür heute über alles Mögliche nachgedacht, unter anderem darüber, dass du mir nie wirklich erklärt hast, warum du aus Kuba weggegangen bist.«

»Das habe ich doch schon tausend Mal erzählt.«

»Nein. Erzählt hast du mir alles Mögliche. Aber nicht das, was wirklich mit dir zu tun hat. So seid ihr Kubaner, alle, du, meine Mutter, Yohandra. Den ganzen Tag am Reden, aber immer lasst ihr irgendwas weg ...«

Marcos sah ihr erstaunt in die Augen, trank einen großen Schluck Bier, stellte die Flasche auf den Tisch und massierte sich die Kopfhaut, als wollte er etwas unter seinem Haar hervorholen. »Auf Kuba lassen die Leute immer was weg. Alle. Und das lernt man von früh auf. Willst du die ganze Wahrheit wissen? Na gut. In Wirklichkeit habe ich gerade noch im richtigen Moment abhauen können. Wir haben es bei unseren Geschäften ein bisschen übertrieben.«

»Von was für Geschäften redest du? Von der Sache mit dem Pizzakäse?«

Marcos schüttelte den Kopf. »Nein, die Firma, bei der ich gearbeitet habe. Ein bisschen was habe ich dir davon ja erzählt. Aber letztlich wurde dort alles geklaut und weiterverkauft, Baumaterial, Benzin, Lkw-Ersatzteile, Holz, Armaturen, was auch immer. Alles, was reinkam. Das war schon so, bevor ich dort anfing. Und zwar seit Jahren. Das war einfach normal, deswegen habe ich es nicht extra erwähnt. Dazu kam, dass manche Firmen uns mehr geschickt haben, als auf dem Lieferzettel stand. Andere wiederum haben überhaupt nichts geschickt, aber trotzdem wurde ein Liefereingang verzeichnet. Wir haben das dann an verschiedene Zwischenhändler weitergereicht, und die haben es gezielt an Baubrigaden oder Werkstätten abgegeben, keine Ahnung ... Das Benzin haben wir an Typen verkauft, die es an Leute mit eigenen Lkws oder Privattaxis weiterverkauft haben. Das Geld floss in Strömen, es war der totale Wahnsinn. Alle haben sich die Taschen vollgestopft, das konnte auf Dauer nicht gut gehen. Deshalb habe ich auch ständig Angst gehabt. Aber trotzdem habe ich weiter mitgemacht und es in vollen Zügen genossen. Der Colorao, mein Chef, von dem ich dir erzählt habe, hatte zwei Geliebte, und jede hat er mit einem eigenen Haus ausgestattet. Und den beiden Söhnen, die er von seiner offiziellen Ehefrau hatte, hat er neue Autos gekauft, für ein Wahnsinnsgeld. Aber er hat natürlich auch die Inspekteure geschmiert, und die anderen Chefs, die Polizisten. Immer nach dem Prinzip, eine Hand wäscht die andere.«

»Das verstehe ich nicht, wie kann das sein?«, unterbrach ihn Adela.

»Da gibt es nichts zu verstehen, das ist einfach so. Und es war auch schon immer so. Oder was glaubst du, wie die Leute dort leben?« Er zeigte mit dem Daumen hinter sich, als läge da irgendwo Kuba. »Aber irgendwann hat der Wind gedreht. Ich habe eine Nase für so was. Und, na ja, mein Name tauchte zwar nirgendwo in den Papieren auf, meine Aufgabe war es ja nur, wegzusehen und anschließend meinen

Anteil einzustreichen. Aber ich habe trotzdem gemerkt, dass was im Busch war. Und dann ist mir klar geworden: Nichts wie weg, und zwar schnell. Da habe ich mitbekommen, dass der Vater von einem Freund abhauen wollte, und für zehntausend Dollar war ich mit von der Partie. Zehntausend Dollar, das war fast alles, was ich damals hatte. Weißt du, was das heißt, zehntausend Dollar, auf Kuba? Das ist ungefähr so wie zehn Millionen hier! Du musst dir klarmachen, dass ich damals vierzig Dollar im Monat verdient habe. Aber trotz meiner ganzen Ausgaben hatte ich tatsächlich zehntausend Dollar zusammen. Na ja, das mit der Seereise ist schiefgegangen, wie du weißt. Das Geld habe ich buchstäblich im Meer versenkt. Sie haben mich nach Kuba zurückverfrachtet, aber gleich am nächsten Tag habe ich weitergesucht. Und da hat Gott mir geholfen. Maikel hat angerufen und das mit Italien erzählt.«

»Da war die Polizei schon hinter dir her?«

»Noch nicht, aber die Sache konnte jeden Augenblick auffliegen, wie es dann ja auch passiert ist.«

»Ich verstehs immer noch nicht. Warum bist du dann nicht in Italien geblieben, wie die meisten anderen. Warum bist du das Risiko eingegangen und noch mal nach Kuba zurück? Du hättest doch von Italien nach Spanien fahren können, zu deinem Vater, oder zu deinem Bruder in Frankreich.«

»Hätte ich, ja, aber mein Bruder ist ein Ordnungsfanatiker. Und mein Vater total durchgeknallt. Seit er aus Kuba weg ist, spielt er den Klassenkämpfer und Held des Sozialismus des 21. Jahrhunderts oder was auch immer, aber in jedem Fall mit Zweitwohnsitz am Meer und einer Geliebten, die auf progressiv macht. Das musst du dir mal vorstellen: Als ich noch in Kuba war, hat sie mir von Barcelona aus erklärt, dass wir durchhalten sollen, bis zum Sieg. Und mein Bruder Ramsés hat mir gleichzeitig erzählt, dass sie japanische Designerkleidchen trägt und italienische Schuhe, und dass sie sich ein gelbes Halstuch von Dolce und Gabbana umbindet, wenn sie die Internationale anstimmt. Kapierst du das?«

»Jedenfalls war es ganz schön riskant, noch mal nach Kuba zurückzukehren.«

»Letztlich habe ich dort bloß den Koffer neu gepackt. Und jetzt bin ich hier, Baby. Irgendwas hat mir nämlich eingeflüstert, dass du in Amiland auf mich wartest.«

Adela musste lächeln. »Und, wie ist die Sache aufgeflogen?«

»Ungefähr zwei Monate nach meiner Ankunft hier ist der Colorao endgültig zu weit gegangen, und sie sind ihm draufgekommen. Mein Name ist zwar angeblich nirgendwo erschienen, aber das glaube ich nicht. Den Colorao hats jedenfalls voll erwischt, obwohl er noch alle möglichen Spuren beseitigt hatte. Sie haben ihm drei Jahre Knast aufgebrummt und ihn bis auf die Unterhosen gepfändet. Ich bin mir allerdings sicher, dass er irgendwo noch eine Menge Kohle gebunkert hat. Tut mir leid für dich, aber wie du dir vorstellen kannst, werde ich das Risiko, noch mal nach Kuba zurückzukehren, nicht eingehen können, selbst wenn ich endlich meinen amerikanischen Reisepass habe. So siehts aus, Mädchen: Für Johnny gibts keinen Weg zurück nach Haus. Ich bin zum ewigen Exil verdammt. Aber zum Glück gibts ja Paris oder Casablanca … oder Hialeah.«

Adela hatte sich aufs Bett gelegt, neben sich den Roman von Paul Auster, den sie vor Kurzem angefangen hatte. Doch sie verspürte keine Lust, die Lektüre wieder aufzunehmen. Durch die offen stehende Badezimmertür konnte sie Marcos sehen, der nackt unter der Dusche stand. Sie wartete darauf, dass er seine Geschlechtsteile einseifen würde, mit beiden Händen, wie immer. Anschließend spülte er die Seife jedes Mal mit einer Unmenge Wasser ab. Ihre Mutter hatte recht – auch in sein sehniges Glied war sie verliebt, es war ziemlich lang und dick, und die Eichel an der Spitze erinnerte sie manchmal an eine Rosenknospe, manchmal an eine Erdbeere.

Als er sich mit dem Handtuch abrieb – wiederum war er eine ziemliche Weile mit seinem Schritt beschäftigt –, sagte er: »Weißt du was? Weil es dir heute nicht so gut geht, übernehme ich mal das Kochen. Was würdest du gern essen?«

Warum hatte ausgerechnet jetzt ihre Menstruation eingesetzt, dachte Adela. Der Anblick ihres nackten Geliebten und die Wirkung des Joints hatten sie diese lästige Tatsache für einen Augenblick vergessen lassen. Aber sie wusste, dass auch Marcos nicht mochte, wenn sie blutete, und versuchte, das in ihr aufsteigende Begehren zu verdrängen.

»Keine Ahnung, was Leichtes. In meinem Zustand ...«

Marcos tat, als würde er nachdenken, während er in die Unterhose schlüpfte, mit einem Deostift über die Achselhöhlen strich und versuchte, seine widerspenstigen Locken zu bändigen. »Was Leichtes«, wiederholte er leise, hängte sich die goldene Kette mit dem Medaillon der Barmherzigen Jungfrau von Cobre um, klatschte sich Rasierwasser auf die Wangen und zog die Bermudashorts an, die er über die Badezimmertür gehängt hatte. Dann kam er ins Schlafzimmer. »Gut, wird erledigt. Und du kannst jetzt duschen, und dann ruh dich schön aus.«

»Danke. Bekomm ich einen Kuss?«

Marco trat ans Bett und küsste sie auf den Mund. »Mehr geht jetzt nicht, ich muss kochen.«

»Du riechst gut ...«

»Schmecken tu ich auch nicht schlecht«, sagte er schmunzelnd. »Aber noch mal zu dem, was ich vorhin erzählt habe. Mach dir keinen Kopf deswegen. Auf Kuba leben mindestens eine Million Menschen auf diese Weise. Man muss sich eben was einfallen lassen. Manche verdienen einen Haufen Geld, andere kommen bloß gerade so durch, aber alle müssen sich was einfallen lassen. Meine Generation ist in einer Zeit aufgewachsen, als es nichts gab, und geglaubt haben wir dabei auch an nichts. Höchstens daran, dass man eben irgendwie durchkommen muss. Es gibt natürlich immer noch überzeugte Linke vom alten Schlag. Aber die meisten wissen nicht mal mehr, dass es in Berlin früher eine Mauer gab und die Sowjets unsere Brüder waren. Diese Leute interessieren sich nicht für Politik und nehmen den Politikern ihre Geschichten auch nicht mehr ab, von wegen in der Zukunft wird alles besser. Sie hören ihnen nicht mal mehr zu und machen sich lieber selbst auf die Suche, so gut es eben geht. Wer in Kuba bleiben will, muss sich also was einfallen lassen, und die anderen hauen ab, da bin ich nur einer von vielen. Und es werden immer mehr. Was meinst du, wie viele Baseballspieler wie der Duque in den letzten zwei, drei Jahren abgehauen sind? Und wie viele Ingenieure ...«

»Warum erzählst du mir das? Das weiß ich doch selbst.«

»Dann ist ja gut. Ich geh jetzt jedenfalls mal los.«

Er zog sich einen ärmellosen Pullover über und schlüpfte in ein Paar Birkenstock-Imitate. Anschließend steckte er die Schlüssel seines Chevrolet-Van Baujahr 2014, sein Handy und die Brieftasche ein und setzte sich, bereits an der Tür, seine blaue »Ausgeh-Basecap« auf. Sie war mit einem großen weißen gotischen I verziert, das für sein Team, die Industriales aus Havanna, stand. Zurück am Kleiderhaken blieben sein Panamahut und seine ebenfalls blaue, allerdings etwas dunklere und schon ein wenig verblichene »Glücks-Basecap« mit dem großen N und Y der New York Yankees, die Onkel Horacio ihm vor Jahren bei einem Besuch auf Kuba geschenkt und die ihn bei seinem Fluchtversuch über die Floridastraße begleitet hatte.

Santas Imbiss »El Pilón« befand sich an der Ecke 12th Avenue und 68th Street, gegenüber der letzten Filiale der Morro-Castle-Kette, die Hialeah jahrelang mit kubanischen Hamburgern überschwemmt hatte. Zum ersten Mal war Marcos auf Empfehlung Alipio el Narizóns hierhergekommen. Seitdem war El Pilón sein Ziel, wenn ihm der Sinn nach frisch zubereiteten kubanischen Spezialitäten stand. Das Angebot war grundsolide, verlässlich und überwältigend: Weißen Reis mit Bohnen gab es immer; zwei Arten Bohnensuppe ebenso, außerdem mehrmals die Woche eine hammerharte Suppe aus Rinderknorpel; Fleisch in allen Variationen, von Kalbssteak bis Schweinegeschnetzeltes – angeblich das leckerste und saftigste weit und breit, da das Fleisch von einem Züchter aus Homestead stammte, der seine Schweine auf kubanische, also die beste Art der Welt fütterte. Das Steak auch aus dem Schmortopf, ebenso Rindfleischeintopf, Ochsenschwanzeintopf, Hackfleisch mit Oliven, Rosinen und Kapern. Auch Fisch, aber nicht ganz so empfehlenswert. Gebratenes oder gegrilltes Huhn. Gekochtes oder gebratenes Gemüse – Maniok, Kartoffeln, Süßkartoffeln, Tannia-Knollen, Kochbananen. Und Salate, die immer auch Avocado enthielten. Ebenso klassisch war die Auswahl an Nachspeisen: Guavenkompott, geraspelte Kokosnuss mit Sirup, Brotpudding oder Flan. Auch die Kundschaft war grundsolide und treu – zu neunzig Prozent Kubaner, unter ihnen viele Rentner, die keine Lust hatten, selbst zu kochen, Glücksritter, die ihr Heil in Rubbellosen suchten, und Angestellte der umliegenden Geschäfte. Besonders voll war es um die Mittagszeit, also dann, wenn auch Marcos oder der Narizón hier vorbeikamen, vorzugsweise an den Tagen, wenn es Rinderknorpelsuppe gab.

Immer waren auch Freunde der Besitzer aus alten kubanischen Zeiten da. Tito, Santas Ehemann, hatte einen gewaltigen Bauch und ein Pinguingesicht und stand, wenn er nicht gerade betrunken oder mit Loserubbeln beschäftigt war, an der Kasse oder kümmerte sich um die Lieferanten, die manchmal mit für hiesige Gewohnheiten ziemlich ungewöhnlichen Dingen erschienen: Austern, frisch aus Kuba eingetroffene Zigarrenkisten, Kanister mit griechischem Olivenöl oder, mitten im August, spanischer Turrón.

Während er auf seine Bestellung wartete, trank Marcos ein Heineken und unterhielt sich mit Tito, der sich an diesem Tag in Gesellschaft seiner Kumpane El Bizco und El Mongo befand, beide längst vom Alkohol benebelt. Tito verkündete, dass er beschlossen habe, das Geschäft zu verkaufen und sich mit einer Jacht nach Key West zurückzuziehen:»Ich hab genug von der Schinderei, Alter.« Seit mindestens zwanzig Jahren redete Tito davon, den Laden aufzugeben und gegen eine Jacht und ein Haus in Key West, Palm Beach oder meinetwegen auch Kalifornien einzutauschen, ohne mit seinem Vorhaben jemals einen Schritt weitergekommen zu sein.

Marcos warf ein, ob es nicht besser wäre, nach Kuba zurückzukehren und dort mehr oder weniger das gleiche Geschäft wie hier aufzuziehen und ab und zu Urlaub in Key West zu machen.

»Nach Kuba? Ich bin doch nicht verrückt!«, empörte sich Tito, wie immer, wenn das Gespräch auf die Insel kam und unabhängig vom Grad seiner Betrunkenheit. »Bei diesen linken Spinnern kannst du dir nie sicher sein. Bei der erstbesten Gelegenheit machen sie dich fertig. Deshalb sieht es heute auf Kuba auch so aus, Kumpel.«

Marcos lachte und machte sich mit dem eingepackten Essen auf den Heimweg. Adela hatte den Tisch gedeckt und war nun dabei, Eiswürfel und braunen Zucker in einen Krug mit Limonade zu geben. »In

Kaffee und Limonade kommen mir weder Stevia noch Splenda noch sonst irgendwelches künstliches Zuckerzeug«, verkündete Marcos regelmäßig. »Nur brauner Zucker, und sonst nichts.« Während er die mitgebrachten Speisen auf Tellern anrichtete, durchflutete ihn ein warmes Wohlgefühl von Häuslichkeit. Das also war sein neues Leben. Auf halbem Wege allerdings erst, denn da waren noch eine Menge zusätzliche Träume: Kinder. Genug Geld, um ein besseres Auto für Adela zu kaufen, und ein Kredit für ein eigenes Haus – aber nicht in Hialeah. Adelas Doktortitel und wiederum genug Geld, um die durch ihr Studium angesammelten Schulden zu begleichen. Und irgendwann vielleicht doch für ein paar Tage nach Kuba zurückzukehren, um seine Mutter und den armen Bernardo, der inzwischen schwer krank war, wiederzusehen. Eine Reise nach Italien, um seiner Freundin die Orte zu zeigen, an denen er gewesen war. Und die Anerkennung seines kubanischen Ingenieursdiploms, worauf besonders Adela drängte. Gut fühlt es sich an, dieses neue Leben, dachte er und hatte auf einmal das Gefühl, wie in weiche Watte gepackt dahinzuschweben.

So kam es, dass er, einem plötzlichen Drang folgend, demütig zu Adela trat, ihr die Hände auf die Hüften legte, sie in den Nacken küsste und sich von dem Duft nach Seife, Shampoo und Festiger berauschen ließ, der ihren Geruch nach Frau, nach seiner Frau, noch verstärkte. Hier in Hialeah, wo so viele Leute bloß wegwollten, wo andere festsaßen und für immer Exilanten blieben und sich in ihrem Hass und ihrer Sehnsucht suhlten – hier also hatte Marcos seinen ureigenen Platz in der Welt gefunden, von dem aus er den Blick in die Zukunft richten konnte.

Bevor er sich zum Essen setzte, legte er seine Lieblings-CD ein, die mit seinem absoluten Favoriten begann, seiner persönlichen Kriegshymne: »Siempre happy.«

In einer halben Stunde würde die nächste Folge von *Better Call Saul* beginnen. Adela machte es sich in ihrem Lieblingssessel bequem und schlug den Roman von Paul Auster auf. Marcos holte den Laptop aus dem Schlafzimmer und stellte ihn auf den inzwischen abgeräumten Esstisch, auf dem jetzt bloß noch eine Vase mit getrockneten schwarzen Rosen und mehreren aus dem Meer gefischten dunklen Zweigen stand, eine Kreation Adelas, die auch darauf bestand, dass Marcos jedes Mal ein dickes Tuch unter den Laptop legte, damit dieser nicht die Tischplatte verkratzte. Er ging als Erstes auf seine Facebook-Seite, wo er auf eine Freundschaftsanfrage stieß, und zwar von Clara Chaple – seiner Mutter. Er lächelte in sich hinein, beschloss aber, Adela nicht bei der Lektüre ihres geliebten Paul Auster zu unterbrechen. Er nahm die Anfrage sofort an und öffnete ihr Profil. Dort prangte ein großes Gruppenfoto, bei dessen Anblick Marcos nicht mehr an sich halten konnte.

»Boah, super! Schau mal, Adela!«

Vor zwei Wochen hatte Marcos sich darangemacht, für seine Mutter eine Facebook-Seite einzurichten. Wie alles, was mit Kuba zu tun hatte, war das ein überaus komplizierter Vorgang gewesen. Als er damals in Kuba für die Reise nach Italien alles zu Geld machte, hatte er seinen Computer nicht verscherbelt. Denn damit kommunizierte seine Mutter per E-Mail mit Ramsés, ihrem anderen Sohn, der inzwischen in Toulouse lebte, und Freunden wie Irving in Madrid und Horacio in Puerto Rico. Telefonate waren unglaublich teuer, und per E-Mail konnten sie sich außerdem Fotos schicken, vorausgesetzt, sie reduzierten sie auf die Pixelgrößen, die die schwachbrüstigen kubanischen Server verarbeiten konnten. Um die Kommunikation zu erleichtern, wollte er zusätzlich eine Facebook-Seite für die Mutter einrichten. Die dafür in Kuba – in Devisen – zu entrichtenden Kosten hatten er und zum Teil auch Ramsés per Überweisung aus dem Ausland übernommen. So konnte Clara nun von einer der inzwischen über Havanna verteilten WLAN-Zonen aus über den Messenger mit ihren Söhnen und Freunden chatten. Sogar, aber nur, falls unbedingt nötig, mit seinem Vater Darío, dessen obsessiv politische Botschaften Claras Zugang zum stark kontrollierten kubanischen Internet möglicherweise gefährdet hätten. Den endgültigen Ausschlag für Marcos' Entscheidung hatte jedoch die Krankheit Bernardos gegeben. Er machte sich große Sorgen und wollte auf dem Laufenden gehalten werden.

Jeden Abend öffnete Marcos nun seine Facebook-Seite in der Hoffnung, seine Mutter habe die Anmeldung geschafft. Wie fast alle kubanischen Akademiker ihrer Generation war sie in ihrem Fach hoch qualifiziert, aber doch eine technologische Analphabetin. Weshalb er sie gedrängt hatte, den immer schwächer werdenden Bernardo um Hilfe zu bitten, der sich auf diesem Gebiet durchaus auskannte. Und tatsächlich, das Wunder war eingetreten.

Als Profilbild hatte Clara ein Foto des Hauses in Fontanar gewählt, und ihr erster Post war das alte Gruppenfoto, mit folgendem Begleittext: »Unser Clan vor dem Ausbruch des Sturms. 21. Januar 1990.« Marcos erinnerte sich genau an das Bild, eine Zeit lang hatte es bei ihnen im Regal gestanden, bis Clara es, nachdem sein Vater Kuba verlassen hatte, irgendwann wegräumte. Alle waren sie darauf vereint, lächelten jung und ausgelassen in die Kamera.

Adela war aufgestanden und stützte sich, ebenfalls lächelnd, auf Marcos' Schulter. »Bist das du? Und Ramsés?«

»Na klar. Ramsés war acht und ich sechs, und ich habe lauter Zahnlücken, sieh mal, schrecklich.«

»Und hinter euch stehen Clara und Darío?«

»Von links nach rechts sind das Fabio und Liuba, die Eltern von Fabiola. Sie sind beide bei einem Autounfall in Buenos Aires umgekommen. Daneben sind Irving und Joel, das Schwulenpärchen, du kennst sie, sie leben in Spanien. Dann kommen Elisa und ihr damaliger Ehemann Bernardo, er ist jetzt mit meiner Mutter verheiratet, wie du weißt. Und hier mein Vater und meine Mutter, und das ist Onkel Horacio und seine damalige Freundin Guesty, sie sah super aus, ich war total in sie verknallt. Später hat übrigens irgendwer behauptet, sie sei ein Spitzel. Und das ist Margarita, die war damals mit Walter zusammen, dem Maler. Sie hatte die Weißfleckenkrankheit, und Walter, der Arsch, hat gesagt, sie gefällt ihm, weil sie zweifarbig ist. Das Foto wurde am dreißigsten Geburtstag meiner Mutter gemacht, bei uns im Hof.«

»Guesty war Spitzel? Wen sollte sie denn überwachen?«, fragte Adela nach einer Weile. Sie musterte die junge Elisa auf dem Foto – den Pagenschnitt, die halb geschlossenen Augen. Sie stand leicht nach links gebeugt da und trug ein langes Kleid, das sich auf Bauchhöhe unübersehbar ein wenig vorwölbte.

»Na ja, direkt vom Geheimdienst war sie wohl nicht, sie hat einfach ein bisschen rumspioniert, für wen auch immer. Vielleicht war das aber nur eine der fixen Ideen meines Vaters, der Ärmste war wirklich ein wandelnder Paranoiker. Na ja, das gilt für jede Menge Kubaner ... Gemacht hat das Foto übrigens Walter.«

»Der Freund deiner Eltern, der sich umgebracht hat?«

»Ja, am Tag nach der Geburtstagsfeier wurde er tot aufgefunden.«

»Am Tag danach? Das hast du mir nie erzählt.«

»Na gut, vielleicht nicht genau am nächsten Tag, aber so ungefähr ... Er ist von einem Hochhaus gesprungen. Warum er das gemacht hat, ist nie ganz klar geworden. Horacio hat immer gesagt, es könne nicht sein, dass Walter sich umgebracht hat. Aber mein Vater hat gesagt, das könne sehr wohl sein, denn ...«

»Marcos, wann hat deine Mutter das Bild hochgeladen?«

»Vor zwei Tagen, und, weißt du ...«

»Warte mal. Und die Frau da, diese Elisa?« Adela zeigte auf die junge Frau mit dem leicht vorgewölbten Bauch. Sie war etwa fünfundzwanzig, dreißig Jahre alt, hatte schwarzes oder dunkelbraunes Haar und schmale Lippen. Während Adela sie ansah, verstärkte sich ihr Gefühl, dass die unguten Ahnungen, die Loretas Anruf in ihr ausgelöst hatten, begründet sein könnten, sosehr sie sich auch gegen die Erkenntnis wehrte.

»Wie gesagt, Elisa war die Frau von dem da, von Bernardo.«

»War sie schwanger?«

»Ja. Und mit ihr passierte etwas total Seltsames.«

»Wie heißt diese Elisa denn mit Nachnamen?«

»Mit Nachnamen? Also ...« Marcos schaute eine Weile nachdenklich aufs Foto und verkündete schließlich: »Correa! Elisa Correa!« Offensichtlich war er begeistert von seinem Erinnerungsvermögen. Die Leute auf diesem Bild waren während seiner Kindheit und Jugend bei ihnen ein und aus gegangen, bis die Gruppe sich allmählich aufgelöst hatte. Manche waren gestorben, andere hatten Kuba verlassen, so auch sein Vater und sein Bruder Ramsés. Nur seine Mutter Clara und Bernardo, der nun seit fast zwanzig Jahren mit ihr zusammen war, lebten noch auf der Insel. Als das Foto aufgenommen wurde, war Bernardo allerdings noch Elisas Ehemann.

»Und Elisa ist eines Tages in den Himmel aufgefahren«, sagte Marcos abschließend.

»Was soll das heißen? Was ist denn mit ihr passiert?«, fragte Adela drängend und zunehmend beunruhigt.

»Das mit der Himmelfahrt hat sich mein Vater ausgedacht. Eines Tages ist sie einfach verschwunden, und niemand hat jemals wieder von ihr gehört. Keiner weiß, ob sie weggegangen ist oder gestorben oder untergetaucht.«

Adela trat einen Schritt zurück und sagte nach einer Weile: »Sie ist nach dem Foto verschwunden? Anfang 1990?«

»Das war wirklich sehr seltsam. Ich weiß nichts Genaues. Meine Mutter wollte nie über die Sache reden. Horacio hat mir ein bisschen was erzählt, aber das ist schon viele Jahre her. Irving weiß offenbar am meisten, ihm haben nämlich immer alle ihre Geheimnisse erzählt, na ja, wahrscheinlich weil er schwul ist, du weißt ja, wie das ist. Der arme Irving, ich mochte ihn total gern, ein wahnsinnig netter Typ. Ob Elisa verschwunden ist, bevor sie ihn verhaftet haben, oder danach, weiß ich nicht mehr. Das muss jedenfalls eine ziemlich scheußliche Geschichte gewesen sein. Wenn ich Elisa jetzt so sehe, kommt sie mir irgendwie bekannt vor.«

Marcos drehte sich um und stellte erstaunt fest, dass Adela Tränen übers Gesicht liefen. »Was ist los? So schlimm ist das doch auch wieder nicht. Außerdem ist es schon lange her.«

»Sechsundzwanzig Jahre. Und genauso alt bin ich. Sieh sie dir doch mal an. Diese Elisa kommt dir nicht einfach so bekannt vor, Elisa Correa ist meine Mutter! Wenn das Foto vom Januar 1990 ist, dann bin ich die Tochter von dieser Elisa, auch wenn sie heute Loreta heißt. O Gott, Marcos, was da in ihrem Bauch ist, das bin ich!«

Zwei Stunden lang presste Adela aus Marcos alles heraus, was er wusste. Danach hatte sie das Gefühl, man habe ihr den Boden unter den Füßen weggezogen. Nur ein einziges Mal in ihrem Leben war sie ähnlich durcheinander und aufgewühlt gewesen – am 11. September 2001. An diesem Tage wurde die Welt eine andere. Aber das hatten viele so empfunden, ja, die gesamte Weltordnung war damals durcheinandergewirbelt worden. Und dennoch war es weniger schlimm für sie gewesen als die Flut an Erkenntnissen und Fragen, die jetzt über sie hereinbrach. Dieser Angriff kam nicht von außen, sondern aus ihrem tiefsten Inneren. Zudem war ihr klar, dass sie erst am Anfang der Erkenntnisse stand, da kam noch viel mehr, und Schlimmeres, auf sie zu. Erst als die Müdigkeit sie überwältigte und sie in einen apathischen Dämmer verfiel, der über kurz oder lang in Schlaf übergehen würde, wurde ihr bewusst, dass sie vollkommen vergessen hatte, sich die nächste Folge von *Better Call Saul* anzusehen.

Geburtstag

Die Szene wirkte wie von einem Maler oder Fotografen arrangiert: Die Frau im smaragdgrün bezogenen Sessel hatte die Arme um die angezogenen Beine gelegt und stützte das Kinn auf das eine Knie, während die obere Gesichtshälfte von dem in die Stirn fallenden dunkelbraunen Haar verdeckt wurde. Die Terrassenbeleuchtung ließ ihre Gestalt deutlich hervortreten, während die Umgebung wie auf einem Gemälde von Caravaggio in fast undurchdringlicher Dunkelheit versank.

Von der Küche aus betrachtete Clara durch den breiten Gang, der die überdachte Terrasse und den hinteren Teil des Gartens verband, Elisas Gestalt. Der Türrahmen und die gusseisernen Säulen, die das Terrassendach trugen, verstärkten noch den Eindruck einer Inszenierung. Die fötusartige Haltung, in der Elisa sich gegen die frühmorgendliche Kälte zu schützen versuchte, ließ sie verletzlich und unendlich einsam erscheinen. In dieser Stellung waren ihre Oberschenkel leuchtend blass sichtbar, wie auch der dunkle Stoff ihres sich am Damm spannenden Slips. Clara hatte jedes Zeitempfinden verloren und spürte in sich unterdrückte Instinkte rumoren. Es hätte bloß eines Wortes bedurft, damit sie sich aus ihrer Zuschauerrolle löste, zu Elisa ging und vor ihr niederkniete, ihr sanft über die Arme strich, ihre Hände streichelte und schließlich die Beine auseinanderdrückte, um das Gesicht in ihrer Mitte versinken zu lassen.

Diese so lockende wie verbotene Vorstellung, der heftige Wunsch, eine Grenze zu überschreiten, und das bedrohliche Gefühl, unumkehrbar auf Abwege zu geraten, brannten sich in Claras Erinnerung unauslöschlich ein. Denn hier offenbarte sich ihr tieferes, seit Jahren verschüttetes Ich, das sie schon überwunden glaubte, von dem sie sich aber wohl niemals ganz würde frei machen können.

Das verzweifelte Pfeifen der italienischen Kaffeemaschine löste den Bann. Clara drehte das Gas ab und fuhr sich mehrmals mit der Hand übers Gesicht, als wollte sie möglicherweise sichtbare Spuren ihrer Begierde fortwischen, die durch Elisa ausgelöst worden war.

»O Gott, warum passiert mir so was?«, flüsterte sie und schob ihre Fantasien auf die Erschöpfung und den Alkohol. Wie automatisch gab sie zwei Löffel braunen Zucker in den Kaffee, füllte zwei Plastiktässchen und stellte sie auf ein Tablett. Schon unterwegs zur Terrasse, merkte sie, dass sie etwas vergessen hatte, konnte aber nicht sagen, was. Erst als sie wieder in der Küche stand, fiel es ihr ein – sie griff nach einer kleinen dunkelblauen Decke und legte sie sich über den Unterarm.

Elisa saß unverändert da, doch Clara versuchte, ihr jetzt ins Gesicht zu blicken und die vorausgegangenen Gedanken zu verscheuchen. Noch immer das Tablett haltend, beugte sie sich vor und bot ihrer Freundin den Arm, über dem die Decke hing. Am roten Besatz war zu erkennen, dass sie aus den Beständen der staatlichen Fluggesellschaft stammte. Lächelnd griff Elisa danach und legte sie sich über die Schulter. Mit der Rechten hielt sie sie am Hals zusammen, mit der Linken breitete sie sie über ihre Beine und verbarg damit auch ihre Oberschenkel.

»Ich bin schon halb erfroren. So kenne ich mich gar nicht, ich glaube, ich habe mich noch nie dermaßen fertig gefühlt«, sagte sie.

»Hier in Fontanar wird es vor Tagesanbruch immer ganz schön kühl. Und wenn in der Region überhaupt mal ein Tropfen Regen fällt, dann bestimmt hier«, erwiderte Clara, froh, irgendetwas sagen zu können. Konnte der Klang ihrer Stimme sie verraten? Sie hielt Elisa das Tablett hin. Die Tassen waren vom gleichen Blau wie die Decke. »Eigentlich solltest du lieber schlafen gehen, statt um diese Uhrzeit Kaffee zu trinken. Am Ende erkältest du dich noch.«

In diesen ersten Morgenstunden des jungen Jahres 1990 war es tatsächlich ungewöhnlich kalt geworden. Am Abend des 31. Dezember war es noch angenehm warm gewesen, deshalb hatten die Gäste des bereits traditionellen Silvesteressens im Hof von Claras und Daríos Haus sich nicht entsprechend angezogen.

Elisa zuckte die Achseln, nahm eine Tasse und betrachtete sie neugierig. »Wie kommst du eigentlich an diese Sachen, Clara? Die Decke, die Servietten, die Nachtischschälchen. Und diese scheußlichen Plastiktassen! Ist das alles geklaut?«

»Das habe ich von den Nachbarn.« Clara lächelte. »Hier im Viertel arbeiten mehrere Leute auf dem Flughafen, und die beschaffen dir sogar Flugzeugbenzin.«

»Flugzeugbenzin?«

»Sie klauen alles, was sie in die Finger bekommen. Die Piloten und Stewardessen bringen außerdem noch jede Menge Zeug von ihren Auslandsreisen mit, um es hier zu verkaufen.« Sie trank einen Schluck Kaffee. »Hast du Interesse an einem Videorekorder oder an einem Ventilator, der ordentlich bläst? Diese Tassen sind aus Russland und gehen nie kaputt.«

Die beiden Frauen lächelten sich an, und Clara fühlte sich wieder im Innersten berührt. Nur noch sie beide waren auf der Terrasse. Darío, Claras Ehemann, hatte sich längst todmüde ins Bett geschleppt, nachdem er mit letzter Kraft ihre beiden von dem Fest völlig aufgedrehten Söhne Ramsés und Marcos dazu gebracht hatte, sich schlafen zu legen, und sei es ausnahmsweise mit ungeputzten Zähnen. Bernardo, Elisas Mann, lag wie tot auf einem Sofa im vorderen Zimmer. Das Rumglas noch in der Hand, schlief er seinen Rausch aus, was ohne Weiteres bis zum übernächsten Tag dauern konnte. Die übrigen Clan-Mitglieder waren nach dem mitternächtlichen Anstoßen und den Küssen und Glückwünschen nach und nach aufgebrochen – in ein neues Jahr, das wenig Gutes verhieß, ja, das schon bald selbst die schlimmsten Vorhersagen weit übertreffen sollte.

Als Erste waren Horacio und seine neueste Eroberung gegangen, die blonde Guesty, die mehrere Jahre jünger als die übrigen anwesenden Frauen war und ebenso vollbusig wie alle ihre Vorgängerinnen. Mit Bedauern waren Irving und Joel ihnen wenig später gefolgt, um noch bei Irvings Mutter vorbeizusehen, die ständig darüber klagte, dass sie so einsam sei. Gegen halb zwei gingen dann auch der recht beschwipste Walter und Margarita, seine Lebensgefährtin seit einiger Zeit. Margarita hatte dank ihrer Weißfleckenkrankheit den Spitznamen »die Bemalte« und war eine hartnäckige Spielverderberin, die sich jedes Mal auf ihre Müdigkeit oder Kopfschmerzen berief, um aufzubrechen, bevor die vom Alkohol bewirkte gute Laune Walters in ebenfalls vom Alkohol bewirkte Aggressivität umschlug.

Als Letzte hatten sich schließlich Fabio und Liuba mit ihrer schlafenden Tochter Fabiola auf den Weg gemacht. Der kämpferische Optimismus und Zukunftsglaube der beiden schien ungebrochen, ja, noch verstärkt durch den blitzenden Moskwitsch Aleko, den man Liuba kürzlich im Ministerium zugewiesen hatte. Das hässliche, unbequeme, schwerfällige, aber nagelneue Auto war Teil der, nach Ansicht vieler, womöglich letzten Fahrzeug- oder überhaupt Warenlieferung, die das aufgewühlte Land der Sowjets der sozialistischen Insel aus Solidarität zukommen ließ. Als alle gegangen waren, hatte Clara den Kaffee aufgesetzt und die von Elisa erbetene Decke aus dem Wandschrank genommen. Während sie darauf wartete, dass das Wasser heiß wurde, hatte sie schließlich, ohne es zu wollen, den verlockenden, verstörenden Blick auf Elisas intimsten Körperbereich werfen können.

»Geh ruhig schlafen, wenn du möchtest«, sagte Clara, die sich auf einmal danach sehnte, allein zu sein.

»Willst du denn schlafen?«, fragte Elisa.

»Ich bin todmüde, aber schlafen kann ich jetzt trotzdem nicht.«

»Geht mir genauso, und nicht nur heute. Ich bin müde und lege mich hin, aber ich schlafe einfach nicht ein.«

Die Zeit zwischen Silvester und ihrem Geburtstag am 21. Januar zog sich für Clara jedes Mal unerträglich lange hin. Seit ihrer Entscheidung, in das Haus in Fontanar zurückzukehren, war es für sie und mehrere ihrer engsten Freunde, die zusammen mit ihr zu studieren begonnen hatten, zu einer Art gemeinsamer Zuflucht geworden. Natürlich verabschiedete man hier das alte Jahr, und natürlich feierte man auch drei Wochen später gemeinsam den Geburtstag der Besitzerin des Anwesens. Und auch sonst galt es, jede sich bietende Gelegenheit zu nutzen, um zu feiern.

Ein Traumhaus war es, von weiten, unbebauten Flächen umgeben. Hier am Stadtrand konnte der Clan jederzeit zusammenkommen, sich frei fühlen und über alles sprechen, worüber man anderswo nicht sprechen konnte. Aber jeder konnte es sich auch allein in einer Ecke mit einem Buch bequem machen. Und den Paaren stand es frei, sich in trauter Zweisamkeit in eins der vier Zimmer im Obergeschoss zurückzuziehen, um altes oder frisch erwachtes Begehren auszuleben.

Clara tat sich jedoch schwer damit, diese Zusammenkünfte so zu genießen wie ihre Freunde. Zum einen, weil sie sich als Gastgeberin verantwortlich fühlte, aber auch, weil sie eher zu Melancholie neigte und mit ihren Gefühlen zu diesem Haus noch keineswegs im Reinen war. Immerhin hatte sie sich damit inzwischen abgefunden, denn ihr Ehemann Dario schätzte es so sehr. Noch vor ihrer Heirat war er mit seiner vorsintflutlichen Schreibmaschine, seinen Büchern und der wenigen Kleidung, die er besaß, erschienen und hatte sich für immer und ewig hier eingegraben. Er war in einer schäbigen Mietskaserne in der Calle Perseverancia zur Welt gekommen und hätte dort den Rest seines Erdenlebens zubringen müssen. Gab es ein größeres Geschenk im Leben als die Möglichkeit, ein so weitläufiges Haus mit eigenem Bad, Schlafzimmer, Arbeitszimmer und sogar Terrasse und Garten zu bewohnen?

Das Aroma des Kaffees, den Clara jeden Abend trank, bevor sie sich ins Bett legte, löste unwillkürlich den Griff nach der Zigarette aus. Eigentlich hatte sie vorgehabt, dieses Laster im neuen Jahr aufzugeben, aber der Kaffee verlangte unerbittlich nach seiner Ergänzung in Form von Nikotin.

»Gib mir auch eine, bitte«, sagte Elisa und streckte eine Hand unter der Decke hervor.

Clara hielt ihr eine Zigarette hin. »Müsstest du nicht eigentlich aufhören?«

»Mach ich auch«, versicherte Elisa, während sie ihre Zigarette entzündete.

»In der wievielten Woche bist du jetzt?«

»In der fünfzehnten, glaube ich. Es sind inzwischen ungefähr dreieinhalb Monate. Den Bauch spüre ich jedenfalls schon. Und die Brüste werden auch immer größer, ich komme mir vor wie eine Kuh, schrecklich.«

»Stimmt nicht, du siehst wunderschön aus. Was hältst du davon: In drei Wochen werde ich dreißig, und du bist im vierten Monat, da könnten wir doch beide aufhören, zu rauchen?«

»Meinst du, du schaffst das?«

»Ich bin stärker, als du denkst.«

»Weißt du was? Ich höre jetzt sofort auf«, sagte Elisa, zog noch einmal kräftig an der gerade erst entzündeten Zigarette und ließ sie dann in die Plastiktasse mit dem Rest Kaffee fallen. »Das wars. Aber du musst dein Versprechen auch einhalten!«

Clara schmunzelte. Sie wusste, dass Elisa zu den Leuten gehörte, die ihre Vorsätze in die Tat umsetzen. Unter anderem dafür hatte sie sie schon immer beneidet. Außerdem fürchtete sie sich vor manchen ihrer Reaktionen, obwohl sie sie als ihre engste Freundin betrachtete.

Kennengelernt hatten sie sich vor fünfzehn Jahren, im Vorbereitungskurs für die Universität in El Vedado, in dem Clara sonst kaum jemanden kannte. Elisa hatte mit ihren Eltern, die Diplomaten waren, mehrere Jahre in London gelebt und war gerade nach Kuba zurückgekehrt. Obwohl Elisa ihre Auslandserfahrung und die Privilegien, die ihre Familie genoss, nicht zur Schau stellte, eilte ihr der sagenhafte Ruf voraus, dass sie in einem Rolling-Stones-Konzert wie auch im Haus von Sherlock Holmes gewesen sei und darüber hinaus in einer Vorführung von Jesus Christ Superstar. Davon abgesehen, faszinierte sie durch ihre Intelligenz, war an allem interessiert und legte ein enormes Selbstbewusstsein sowie einen energischen Widerstandsgeist an den Tag. Umso erfreuter und auch ein wenig überrascht war die schüchterne und eher unauffällige Clara, dass Elisa sie als ihre Freundin auserwählte. Sie wurden unzertrennlich und bildeten den Kern einer Gruppe, zu der auch Irving gehörte – »ein Freund aus Kindertagen, der schon schwul zur Welt gekommen ist«, wie Elisa ihn vorstellte –, und der sich bald Liuba, ebenfalls eine alte Freundin Elisas, und wenig später deren neuer Geliebter Fabio anschlossen.

»Diese Schwangerschaft bringt mich ganz schön durcheinander«, gestand Elisa. »Ich glaube, ich bin dabei, mich komplett zu verändern. Ich fühle mich irgendwie, ich weiß nicht …«

»Das ist ja auch eine Riesenveränderung. Ich habs jedenfalls heil überstanden, und meine zwei kleinen Jungs halten mich die ganze Zeit auf Trab. Vor allem Marcos.«

»Ramsés ist süß, aber Marcos ist irgendwie besonders. Das sieht man ihm sofort an.«

»Ja, das stimmt«, gab Clara zu, ihre Augen glänzten liebevoll. »Ich mag gar nicht daran denken, aber ich habe das Gefühl, Ramsés ist Daríos Sohn, und Marcos meiner.«

»Ich habe Angst, Clara. Was für ein Wesen trage ich da in mir?« Sie deutete auf ihren Bauch. »Was für einen Charakter wird es haben? Und wem wird es ähneln?«

»Denk nicht an so was. Du warst doch immer die, die nur die gute Seite der Dinge sieht.«

»Ich denke einfach zu viel nach.«

»Elisa, wenn du meinst, du bist nicht vorbereitet, warum hast du dich dann darauf eingelassen? Na ja, ich habe mich auch nicht richtig vorbereitet gefühlt, als es passiert ist.«

»Du weißt, warum ich mich darauf eingelassen habe ...«

»Ja, aber ihr hattet euch getäuscht. Bernardo war wider Erwarten nicht unfruchtbar. Das ist ein Geschenk Gottes.«

»Ich glaube nicht an Gott, das weißt du doch. Ich als Tierärztin glaube an die Biologie. Samt ihren Launen und Spinnereien. Und du, Genossin, glaubst du etwa nicht mehr an den Marxismus-Leninismus?«

»Ach, Elisa ... Ich weiß nur, dass die Biologie sagt: Eins der zehn Spermien pro Quadratmeter, die Bernardo produziert, ist dahin gelangt, wohin es gelangen musste.« Doch dann beugte sie sich vor und flüsterte: »Wars ein Spermium von Bernardo?«

»Ein Geschenk Gottes, ganz wie du sagst. Ein Wunder. Gott ist nun mal groß und allmächtig ...«

In den ersten zwanzig Jahren ihres Lebens hatte Clara Chaple Doñate ihr Haus gehasst, um es in den darauffolgenden zehn Jahren als unvermeidliches Übel hinzunehmen. Eine Obsession war und blieb das Haus jedoch während der gesamten Zeit, und das änderte sich erst, als ihr Lebensentwurf, beziehungsweise die Vorstellung davon, die man ihr aufgedrängt hatte, ins Wanken geriet, wachsende Risse bekam und schließlich einzustürzen drohte. Da wurde das treue und verlässliche

Haus zu ihrer großen Zuflucht. Sie erkannte, wie ungerecht ihre Gefühle gewesen waren, und wie sehr sie dieses Haus, ihr Haus, in Wirklichkeit doch liebte – ihr Schneckenhaus, das sie zunächst als Fluch, dann als Segen mit sich herumschleppte, wie sie viele Jahre später zu ihrem Sohn Marcos sagen sollte.

Gründe für Claras langjährigen Hass hatte es viele gegeben. Es lag doch sehr ungünstig zur Stadt, und weil sie nicht überblicken konnte, was für sie im Leben tatsächlich von Bedeutung war, fühlte sie sich hier schrecklich verlassen. Erst mit den Jahren erkannte sie, schmerzhaft genug, die tieferen Gründe dafür: ihr Bedürfnis, die Sehnsucht, der Drang, ganz normal und durchschnittlich zu sein, ein einfaches Mitglied einer Gruppe, die ihr Gesellschaft, Ergänzung, ja, Schutz gewährte. Diese so lange verschüttete Erkenntnis erwachte genau in dem Moment, als sie sich tatsächlich von der schrecklichen Einsamkeit und Verlorenheit bedroht sah, vor der sie zeitlebens geflüchtet war. Als es schien, ihr Leben habe seinen Höhepunkt überschritten, als die meisten ihrer Freunde wie auch ihre beiden Söhne fortgegangen waren, überfiel sie ein Gefühl des Verwaistseins. Zum Glück stand ihr da ein Mann zur Seite, der sich unerwartet als idealer Gefährte erwies und ihr auch helfen sollte, spät zwar, aber umso nachhaltiger zu entdecken, was Liebe bedeuten konnte.

In ihren jungen Jahren war Clara sich in Fontanar wie in einem goldenen Käfig vorgekommen. Die kleine Siedlung, weit vom Stadtzentrum, stellte ihre Modernität extravagant zur Schau, und ihr speziell gestaltetes Haus weckte darin noch zusätzlich die Bewunderung sämtlicher Besucher. All das verstärkte für Clara erst recht das peinliche Gefühl, etwas Besonderes zu sein. Wenn jemand aus der wachsenden Zahl ihrer Freunde sich begeistert zeigte, empfand sie das geradezu als Angriff. So kam es, dass sie sich während des Vorbereitungskurses für die Universität zu Hause kaum blicken ließ. Und, als der Übertritt in die Universität bevorstand, versuchte sie sogar, die Adresse ihrer Großmutter mütterlicherseits in El Vedado als Wohnsitz anzugeben, um Anspruch auf einen Platz im Studentenheim zu erlangen, obgleich dieses bloß zwei Kilometer von Fontanar entfernt war. Dieser Trick scheiterte jedoch am Verrat eines Studienkollegen, sodass sie wohl oder übel in ihr fremd gewordenes Zuhause zurückkehren musste. Dass sie dann

Darío bei sich einziehen ließ, geschah vielleicht zum guten Teil, um ihrer Einsamkeit abzuhelfen.

Das Haus war 1957 erbaut worden, nach einem Entwurf seiner Eigentümer, der Architekten Vicente Chaple und Rosalía Doñate. Selbst in einem Viertel wie diesem, das seine Modernität zur Schau stellte, wo sich erfolgreiche Freiberufler, aus Radio oder Fernsehen bekannte Künstler und der eine oder andere wohlhabende Geschäftsmann niederließen, fiel das Traumhaus, das Rosalía und Vicente für sich errichteten, aus dem Rahmen. Der Grundriss war sechseckig und hatte drei Ein- beziehungsweise Ausgänge. Durch den einen gelangte man in einen Empfangssaal, den große, von einem befreundeten Maler gestaltete Glasflächen an der Stirnwand in vielfarbiges Licht tauchten. Der andere führte von der zweckmäßig angelegten Küche auf eine Terrasse mit einem Ofen aus Schamotteziegeln, wo man auch essen konnte; außerdem kam man von hier auf die große Rasenfläche im hinteren Teil des Gartens. Und durch den dritten trat man in einen weitläufigen, fast dreieckigen Salon mit Wänden aus unverputzten Ziegeln, die teilweise stufenförmig oder vorspringend angeordnet waren, sodass sie Regale und Nischen verschiedener Größe und Tiefe bildeten, in denen man Bücher, Schallplatten, Rollen mit Plänen oder gerahmte Bilder unterbringen konnte. Genau in der Mitte des Raums standen jahrelang einander gegenüber die beiden Zeichentische Vicentes und Rosalías, eine schon fast sakrale Anordnung, die geradezu an Altare denken ließ. Im Obergeschoss war jedes Zimmer unterschiedlich gestaltet, das der Eheleute als eine Art gläserner Würfel mit Blick auf den hinteren wie den vorderen Garten.

Mehrere Künstler aus dem Umkreis von Vicente und Rosalía, die fast alle der revolutionären »Gruppe der Elf« angehörten, hatten zu diesem Haus beigetragen. Sein besonderer Reiz lag zuallererst in seinem ungewöhnlichen Grundriss, dann in der gewagten Verwendung von Glas, Stahl und Holz, die gleichermaßen funktional und ornamental eingesetzt waren. Seine einzigartige Anziehungskraft dagegen, so versicherten die beiden in allem Ernst, bezog es aus verschiedenen im Fundament verborgenen Elementen, als da waren: ein Glück bringendes Hufeisen; eine kleine, von Taíno-Ureinwohnern gefertigte Tonfigur, die Huracán darstellte, den Gott des Windes; zwei von Rosalías Milchzähnen und die zerriebenen Überreste von Vicentes Nabelschnur; ein Eisenschlüssel, der, wie die beiden Architekten schworen, zu den Fußfesseln gehörte, die man dem jungen José Martí bei der Zwangsarbeit im Steinbruch von San Lázaro angelegt hatte; und ein glänzender Stein aus der Kupfermine in der Nähe der Wallfahrtskirche der Barmherzigen Jungfrau von Cobre, der zum Erstaunen der am Bau beteiligten Architekten, Gestalter und Bauleute wie auch eines befreundeten Geologen über eine ungewöhnliche, starke magnetische Anziehungskraft verfügte.

Als Clara geboren wurde, gehörten ihre Eltern zu den gefragtesten jungen Architekten des Landes und waren auf dem besten Weg, reich und berühmt zu werden. Die durchgedrehte, sich auflösende Diktatur wusste, dass ihr Ende nahe war, und schlug als Reaktion darauf wütend um sich, und die beiden standen mittendrin in der radikalen Erneuerungsbewegung von Kunst und Kultur auf der Insel. Als 1959 nach dem Sieg der Revolution manche ihrer Freunde aus dem Exil zurückkehrten, während andere sich angesichts der sich abzeichnenden Entwicklung davonmachten, beschlossen die beiden, wie so viele damals, sich an der Arbeit für einen gesellschaftlichen Wandel im Land zu beteiligen. Ihr romantischer Überschwang half ihnen, sich ohne größere Traumata von vielen ihrer bürgerlichen Avantgardevorstellungen zu verabschieden und ihre Begabung fortan für die Verwirklichung funktionaler Zweckbauten einzusetzen, die den Bedürfnissen des Kollektivs dienen sollten.

Die verschiedensten Institutionen und Ministerien betrauten sie mit immer verantwortungsvolleren Aufgaben. So entstanden mehrere Gebäude im Osten der Bucht von Havanna wie auch eine Reihe von Supermärkten an verschiedenen Stellen der Stadt nach ihren Entwürfen. Doch bald hatten sie kaum mehr Zeit, ihrer eigentlichen Berufung nachzugehen, waren dafür umso häufiger auf der revolutionär entflammten Insel unterwegs, um ihr Wissen weiterzugeben, und reisten durch die sozialistischen Länder, um deren Erfahrungen wiederum in die Umwälzungen auf Kuba einzubringen. Die Fotos von diesen Reisen hingen an den Wänden ihres Arbeitszimmers, waren allerdings einer gewissen Rotation unterworfen. So wurde die Aufnahme, auf der sie mit Mao Tse-Tung zu sehen waren, eines Tages durch ein Bild ersetzt, auf dem sie Ho Chi Minh die Hand schüttelten. Jean-Paul Sartre wiederum musste eines Tages der Aufnahme von einem Gespräch mit Salvador Allende Platz machen. Und der lächelnde Juri Gagarin nahm irgendwann die Stelle ein, an der bis dahin ihre Begegnung mit Nikita Chruschtschow zu sehen war. Der Preis für so viel gesellschaftlichen Einsatz war, dass ihre Zeichentische irgendwann in einer Ecke der Garage landeten, während die Betreuung ihrer Tochter nahezu vollständig von den Großeltern mütterlicherseits übernommen wurde, in deren Haus in El Vedado Clara bald mehr Zeit zubrachte als im heimischen Fontanar.

Nachdem die beiden Architekten sich 1971 mehrere Monate an der berühmten Zuckerrohr-Kampagne beteiligt hatten, die dem Land zehn Millionen Tonnen Rohrzucker hätte einbringen sollen, legten sie schließlich die Macheten beiseite und machten sich mit schwieligen Händen an die Ausarbeitung ihres ersten Projekts seit Jahren, das zugleich ihr letztes werden sollte: eine Siedlung, die Wohnraum für eine möglichst große Anzahl von Familien schaffen sollte. Unter den gegebenen Voraussetzungen musste das Projekt sehr bescheiden, sehr zweckmäßig und sehr billig ausfallen. Ihr Entwurf orientierte sich folglich streng an den elementaren menschlichen Bedürfnissen und folgte der sozialistischen Ästhetik, wie es sich gehörte in einem unterentwickelten Land, das als höchste und letzte Stufe der Menschheitsentwicklung den Kommunismus errichten wollte, der versprach, allen, aber auch wirklich allen Bürgern würdigen Wohnraum zur Verfügung zu stellen. Vicente und Rosalía beugten sich zwei Monate lang über ihre wieder aus der Garage geholten Zeichentische, wobei sie sich, auf diskrete Anregung aus höchsten Kreisen hin, von in Moskau gebauten Siedlungen inspirieren ließen, die sie mit einiger Anstrengung an tropische Klimaverhältnisse anpassten. Als sie ihre Pläne und Modelle ablieferten, beglückwünschte man sie für die gelungene Umsetzung der Zielvorgaben. Die Siedlung wurde daraufhin just in Fontanar errichtet, wo ein wenig mehr proletarische Präsenz dringend erforderlich war, um dem Ort seinen ausgeprägt bürgerlichen Charakter zu nehmen. Sie stellte das genaue Gegenteil zu ihrem eigenen so prachtvollen – wie ausgeprägt bürgerlichen – Haus dar. Bei der Umsetzung verwarfen die Baumeister allerdings der geforderten Schnelligkeit und Kostengünstigkeit zuliebe Elemente des Plans, die ihnen verzichtbar erschienen. Außerdem beschränkten sie sich auf die einfachen Materialien, die gerade verfügbar waren. So entstand eine Ansammlung dunkler kantiger Wohnblocks, deren Treppenstufen ungleich hoch waren, während durch die Dächer schon bald das in Fontanar durchaus öfters vom Himmel fallende Regenwasser drang.

Vicente Chaple und Rosalía Doñate, die bereits als mögliche Kandidaten für höhere politische Ämter gehandelt wurden, setzten ihre Arbeit mit unverminderter Hingabe bis zum September 1974 fort. Bei der Rückfahrt von einem Besuch auf der Baustelle eines landwirtschaftlichen Projekts im Escambray-Gebirge, in dem neue Erdbeer- und Trauben-Anbaumethoden erprobt werden sollten, schlief Vicente jedoch am Steuer seines nagelneuen argentinischen Ford Falcon ein, und das Paar erlitt einen tödlichen Unfall. Clara sollte sich später immer wieder fragen, worüber die beiden Architekten sich zuletzt wohl unterhalten hatten. Vielleicht über das Glück, am Aufbau einer besseren Welt beteiligt zu sein, in welche die Menschheit nach den strengen Gesetzen des dialektischen Materialismus schon bald eintreten würde? Clara war damals fünfzehn, und dieser Tod der Eltern war ihr ein weiterer Grund, das Haus zu hassen, das anschließend zeitweilig völlig unbewohnt war.

Claras Großeltern hatten sich stets bemüht, ihrer Enkelin die Zuwendung zukommen zu lassen, die ihre Eltern nicht aufbringen konnten. Doch schon als Kind hatte sie zusätzlich bei Freunden und Schulkameraden den Schutz und die Wärme gesucht, die ihr helfen sollten, ihre Schüchternheit und Einsamkeit zu überwinden. Als sie nach dem Tod ihrer Eltern ganz zu ihren Großeltern zog und im Vorbereitungskurs für die Universität schließlich die strahlende und rundum beliebte Elisa kennenlernte, die außerdem die Texte all dieser auf Englisch gesungenen Stücke verstehen konnte, hatte sie das Gefühl, endgültig ihr Glück gefunden zu haben. Später – als es zu spät war – sollte sie sich jedoch vorwerfen, dieses Glück von ihrer Freundin nicht sehr viel radikaler eingefordert zu haben.

Mit verärgertem Gesichtsausdruck erschien Irving in der Küche: »Weißt du, wie lange ich auf den verfluchten Bus gewartet habe? Über eine Stunde, und als er dann kam, war er so voll, dass ich kaum einsteigen konnte. Die Lage ist wirklich beschissen.«

»Sie sagen, es wird noch schlimmer«, erwiderte Clara, stellte die 1958 von ihren Eltern bei der Sears-Filiale in Havanna erworbene Espressokanne auf den Herd und zündete die Gasflamme an. »Die Sowjetunion zerfällt, wer hätte das gedacht?«

»Meine Mutter hat es schon lange vorausgesagt. Meine Schwester hat doch dort studiert, und als sie wiederkam, war sie noch dümmer und grober als vorher. Außerdem ist sie seitdem mehr oder weniger Alkoholikerin. Dass die Russkis im Weltraum rumfliegen und Riesenkanäle graben, ist ja schön und gut, meint meine Mutter, aber wenn man Rasierklingen herstellt, die nicht schneiden, und Zahnpasta, von der du den ganzen Mund voller Schaum hast, kann irgendwas nicht stimmen.«

»Gorbatschow hat den Karren an die Wand gefahren.«

»Meinst du nicht, dass der Karren schon längst kaputt war? Gorbatschow hat bloß erlaubt, dass die Zeitungen darüber schreiben, sagt Walter. Wirklich, Clara, glaubst du im Ernst, man kann eine gerechte Gesellschaft schaffen, indem man den Leuten ständig in den Arsch tritt? Statt ihnen wenigstens beizubringen, ein Deodorant zu benutzen? Schau doch, was in Berlin passiert ist. Wir haben geglaubt, den Deutschen dort ginge es gar nicht so schlecht. Weißt du, dass sie nicht bloß die Mauer eingerissen haben? Sie haben auch die Stasiarchive gestürmt, und jetzt kann jeder nachlesen, von wem er bespitzelt und verpfiffen wurde. Grauenvoll! Da wird einem richtig mulmig. Wer wohl über uns rapportiert?«

»Heute bist du ja richtig in Fahrt, schlimmer als Darío. Pass auf, was du sagst.« Clara nahm die Kanne vom Herd und goss den Inhalt wie immer in einen Tonkrug, in den sie bereits braunen Zucker gegeben hatte. »Gib mir mal die zwei Tassen da.«

Irving griff nach den dunkelblauen Plastiktassen, stellte sie dann aber wieder zurück. Wortlos ging er ins angrenzende Esszimmer, öffnete den

Schrank mit den Überresten des Familiengeschirrs und erschien wenig später mit den letzten beiden Art-Nouveau-Porzellantassen, die noch vorhanden waren.

»Und warum bist du heute nicht in der Arbeit, Clarita?«

»Wir sollen Treibstoff sparen. Die Werkstatt ist jetzt bloß von Montag bis Donnerstag geöffnet, tja ...«

»So ein Scheiß. Bei uns im Verlag gibts kein Papier. Wir nehmen nicht mal mehr Manuskripte an. Aber, komm, setzen wir uns raus. Es ist so schön heute Nachmittag. Zumindest das Wetter kann man in diesem Land nicht kaputt machen.«

»Der Spruch stammt aber nicht von dir, du Stänkerer«, sagte Clara, und beide lachten. Sie gingen auf die Terrasse und ließen sich in zwei durchgesessenen Sesseln nieder. Die nach einem schwedischen Entwurf in England angefertigten und in Miami erworbenen Möbel gehörten zur Originalausstattung des Hauses und leisteten folglich seit mehr als dreißig Jahren ihren Dienst, was man ihnen auch anmerkte.

Clara sah zu, wie Irving mit vollendeter Eleganz seinen Kaffee trank, in kleinen Schlucken und mit halb geschlossenen Augen. Sie kannten sich seit fünfzehn Jahren, und Clara wusste genau, wie das Ritual ablief – Irving würde erst zu sprechen anfangen, wenn er den letzten Tropfen Kaffee getrunken hatte.

»Köstlich«, sagte er schließlich und stellte die Tasse auf den niedrigen Terrassentisch.

Irving war einer von Claras ersten Freunden aus dem Vorbereitungskurs. Im Unterschied zu anderen homosexuellen Studenten verbarg er seine Neigungen nicht – oder war schlichtweg unfähig dazu – und nahm die Folgen tapfer auf sich: die Verachtung der Kommilitonen und die schrägen Blicke mancher Professoren, die ihn, den uralten Mustern des Machismo folgend, als schwache, wenig vertrauenswürdige und körperlich wie geistig kranke Persönlichkeit ansahen. Dass Elisa ihn gewissermaßen unter ihre Fittiche nahm, machte es für ihn immerhin erträglicher. Anders als er, war Elisa stark, schön, kämpferisch und verführerisch. Und zugleich fest entschlossen, wie sie wiederholt verkündete, jeden, der sich danebenbenahm, falls nötig, einen Kopf kürzer zu machen. Jahre später erzählte Darío den anderen von

den Diskussionen, die Elisa wegen Irving im Jugendkomitee durch-
gefochten hatte, und dass man ihr sogar mit Sanktionen gedroht habe,
weil sie sich für Schwule und andere »Schädlinge« einsetzte.

»Und, hilfst du mir?«, fragte Clara jetzt.

»Was glaubst du, warum ich hier bin, Süße? Meinst du, ich habe
zum Spaß eine Stunde auf den Bus gewartet?«

Vielleicht die größte Tugend dieses Mannes, der seit seiner Kindheit
Verachtung, Gewalt und Ausgrenzung erlitten hatte, bestand in seiner Fähigkeit zum uneingeschränkten Einsatz für andere. Er war weder der Intelligenteste noch der Gebildetste noch der Einnehmendste
von ihnen, erwies sich jedoch stets als der Solidarischste und Zuver-
lässigste und darüber hinaus auch als der Verschwiegenste. So kam es,
dass manche männlichen und sämtliche weiblichen Clanmitglieder ihn
sich zum Vertrauten ihrer geheimen Sehnsüchte und Sorgen auserkoren. Und immer rechtfertigte er dieses Vertrauen, denn wer ihm etwas
über andere zu entlocken versuchte, biss auf Granit.

»Ich bin immer noch fix und fertig von der Silvesterfeier. Wenn ich
da an meinen bevorstehenden Geburtstag denke, weiß ich gar nicht,
woher ich die Kraft für irgendwelche Vorbereitungen nehmen soll.«

»Immer mit der Ruhe, Clarita. Ich habe schon mit deinem Mann
gesprochen, er übernimmt die Getränke. Er hat einen Patienten, der
ihn beliefern kann. Fabio schicke ich mit seinem neuen Auto nach
Pinar del Río. Genug Benzin hat er. Er kann auf dem Hof von Joels
Vetter ein Ferkel abholen. Sie geben es ganz billig, das ist dann das Ge-
burtstagsgeschenk von Joel und mir. Bernardo und ich kochen, was
wir auftreiben können, Reis, Maniok, irgendwas findet sich immer.
Liubas Eltern können wahrscheinlich etwas aus dem Militärladen bei-
steuern, da ist für sie alles superbillig. Und Elisa macht ihre klassischen
Brownies.«

»Also alles genau wie an Weihnachten und an Silvester?«

»Das gleiche Ausgangsmaterial, mehr ist nicht zu bekommen. Aber
diesmal mit ganz neuen Rezepten!«

»Sehr witzig, Irving!«

»Schließlich ist es dein dreißigster Geburtstag! Ach so, eins habe ich
noch vergessen. Walter, das Scheusal, hat eine Kiste mit zwölf Filmen

aufgetrieben. Die letzten Orwo-Filme, die aus der untergehenden DDR zu uns gelangt sind. Wir können Fotos machen! Ob das mit der Stasi wirklich so schlimm war?«

Clara beugte sich vor und nahm seine Hände. »Du bist wirklich der Größte, Irving, das weißt du selbst.«

»Natürlich weiß ich das. Sag mal, Bernardo hat nicht zufälligerweise ein bisschen was von dem guten Rum von neulich übrig gelassen?«

Clara nickte und stand auf. »Ich habe das Zeug heute Morgen vor ihm versteckt. Er wollte gleich zum Frühstück damit weitermachen. Es wird immer schlimmer mit seiner Sauferei.« Sie holte zwei kleine Gläser aus der Küche, wo sie die noch halb volle Flasche Ron Caney unter der Spüle versteckt hatte. Wieder auf der Terrasse, goss sie beiden ein und reichte Irving eins der Gläser. »Du weißt doch immer über alles so gut Bescheid. Ist irgendwas zwischen Walter und Elisa?«

Verwundert zog Irving die Brauen hoch. »Nicht, dass ich wüsste. Warum?«

»Vielleicht bilde ich es mir bloß ein, aber ich habe den Eindruck, dass Elisa nicht mit ihm redet. Neulich wollte ich sie darauf ansprechen, aber dann habe ich es doch lieber gelassen.«

»Liebe Clara, leg dich nicht mit Walter an. Er ist wirklich unerträglich. Er war immer schon ein Arsch, aber zurzeit legt er noch mal eins drauf. Andererseits weißt du selbst, wozu unsere Mutter Courage, falls nötig, imstande ist ...«

Wider Willen musste Clara lächeln. »Na gut. Aber ich wollte noch über etwas anderes mit dir sprechen. Die Jungs sind heute bei meiner Großmutter, und Darío hat eine Parteisitzung im Krankenhaus.«

»Ständig halten die irgendwelche Sitzungen ab. Und, kommt was dabei raus?«

»Lass gut sein, bitte. Das eigentliche Problem ist Darío.« Clara verstummte und sah Irving abwartend an. Von dem kam jedoch nichts. Beide tranken einen Schluck Rum, dann holte Clara Zigaretten und Feuerzeug aus ihrer Rocktasche. »Es läuft nicht gut zwischen uns, ich weiß auch nicht, was los ist. Ich bin komisch drauf, er auch, und ich habe ein ungutes Gefühl. Nein, eigentlich einen Verdacht.« Sie zündete eine Zigarette an, trank ihr Glas leer und goss sich erneut ein.

»Willst du mit Bernardo um die Wette trinken?« Irving deutete mit dem Kinn auf die Rumflasche. »Ich verstehe jedenfalls kein Wort …«

»Das andere Problem ist Bernardo. Du hast ihn ja selbst erlebt.«

»Er trinkt viel und redet wirres Zeug. Das ist nichts Neues.«

»Ich meine, die Sache mit Elisas Schwangerschaft. Die Ärzte hatten gesagt, er sei unfruchtbar.«

»Nicht ganz«, verbesserte Irving sie.

»Aber so gut wie. Jedenfalls hat er viel zu wenig Sperma.«

»Worauf willst du hinaus, Clarita? Darío oder Bernardo? Was meinst du mit Verdacht?«

»Na ja, eben die Tatsache, dass Elisa schwanger ist. Und Darío so seltsam. Und Bernardo eigentlich zeugungsunfähig.«

Irving legte theatralisch kopfschüttelnd die Hände an die Schläfen. »Du meinst also, Elisa und dein Mann könnten womöglich … Du spinnst ja. Überlege lieber, was mit dir und deinem Mann los ist. Da muss etwas anderes dahinterstecken.«

Clara trank noch einen Schluck Rum und zog an der Zigarette. »So einfach ist das nicht. Du weißt selbst, dass Elisa allen schon immer sehr gut gefallen hat, Darío, Fabio, Walter, sogar Horacio. Selbst dir, verdammt.«

»Aber sie sind alle mit Bernardo befreundet und würden ihm so was nie antun. Außerdem sind zurzeit alle, wenn, dann scharf auf Guesty, Horacios Freundin, kein Wunder, bei dem Hintern und den Titten und ihrem Getue. Ist dir schon mal aufgefallen, dass sie ständig die Augen aufreißt, als würde sie sich über alles total wundern? Oder vielmehr, wie der Wolf bei Rotkäppchen: damit ich dich besser sehen kann … Und was mich angeht, mir gefallen jede Menge Männer, das heißt aber noch lange nicht, dass ich mit ihnen ins Bett gehe. Das ist nicht dasselbe, und das weißt du auch.«

»Ja, das weiß ich. Hat dir denn schon irgendwann mal eine Frau gefallen? Vielleicht doch Elisa?«

»Also wirklich … Worauf willst du hinaus?«

Clara trank noch einen Schluck Rum, zog erneut an der Zigarette und drückte sie dann im Aschenbecher aus. »Keine Ahnung, ich frag bloß. Und wenn ich jetzt sage, dass mir eine Frau gefällt?«

Irving, der gerade trinken wollte, stellte sein Glas wieder auf den Tisch. »Jetzt wirds wirklich lustig. Dir gefällt also eine Frau?«

»Ich weiß nicht. In der letzten Zeit fällt es mir jedenfalls schwer, mit Darío zu schlafen.«

»Dir gefällt eine Frau, Clara?«

»Ich weiß nicht, verdammt! Manchmal ja, manchmal nein. Auf jeden Fall weiß ich, dass ich nicht lesbisch bin.«

»Und seit wann geht dir das so?«

»Ehrlich gesagt, schon seit Jahren. Ich hab aber nie …«

Irving biss sich auf die Oberlippe und fragte schließlich: »Clarita, gefallen dir Frauen im Allgemeinen, oder gefällt dir diese eine Frau?«

Clara sah ihm in die Augen. »Diese eine Frau«, sagte sie und spürte, wie ihr eine ungeheure Last von den Schultern fiel. Sie wollte ihr Leben nicht ändern, für niemanden Schwierigkeiten heraufbeschwören, ihr graute vor den Folgen, kein Mensch sollte ihretwegen leiden, erst recht nicht ihre Söhne, und schon gar nicht jetzt, wo die Welt um sie herum einzustürzen drohte und ihre Nächsten so dringend auf sie angewiesen waren. Aber die Last war für sie unerträglich geworden, weshalb sie jetzt auch so erleichtert war, nachdem sie sich endlich offenbart hatte. Sie konnte sich nicht mehr zurückhalten und ergriff Irvings Hände, drückte sie mit aller Kraft und fing zum ersten Mal seit vielen Jahren an zu weinen.

Drei Jahre vor dem Jahr, in dem George Orwell seinen berühmten Zukunftsroman spielen ließ, entdeckten mehrere Clan-Mitglieder das Buch. Der Clan hieß schon damals der Clan. Elisa, die das (hinter dem Umschlag eines anderen Romans getarnte) Exemplar zu einem ihrer Treffen mitbrachte, war über Irving daran gelangt, dem es ein Freund von Joel geliehen hatte, der es wiederum von einem Freund geerbt hatte, der einige Monate davor bei der Massenflucht von El Mariel aus Kuba verschwunden war. Aufgewühlt von der Lektüre, hatte Elisa, assistiert von Horacio, Clara dazu bewegt, es ebenfalls zu lesen. Viele Jahre später, als nur noch Reste des Clans in Kuba waren und der Roman endlich auch dort erschien, beschloss Clara, sich ihn noch einmal vorzunehmen.

Kaum hatte sie die ersten Seiten der kubanischen Ausgabe beendet – die Veröffentlichung kam unerwartet, hatten sowjetische wie kubanische Kulturkommissare den Text doch stets als subversiv betrachtet –, musste Clara an die zweiundsiebzig Stunden zurückdenken, die man ihr 1981 zugestanden hatte, um das Buch zu verschlingen. Es war wie die qualvolle Durchquerung eines bedrückend engen Tunnels gewesen. Von dem blendend hellen Licht, in dem Elisa sie am Ausgang erwartete, gingen ihr Augen und Seele auf. Zugleich enthielt dieses Licht eine Warnung – war Orwell ein hemmungsloser Fantast, oder beschrieb er die Welt, wie sie wirklich war?

Horacio war im Jahr vor dem Übertritt in die Universität auf die Idee gekommen, ihre Gruppe als »Clan« zu bezeichnen. Trotzdem glaubten später alle, Clara habe diesen Namen erfunden, vielleicht weil sie mit Elisa und Irving die Keimzelle der Gruppe gebildet hatte. Liuba und Fabio waren später dazugestoßen. Zudem hatte sich Claras Haus in Fontanar trotz der großen Entfernung vom Stadtzentrum zum Anziehungspunkt ihrer verschworenen Gemeinschaft entwickelt.

Auch Horacio hatte sich ihnen schon früh angeschlossen, allerdings wie immer auf seine Art und Weise. Er erschien zum ersten Mal nach seiner Rückkehr von einem zweimonatigen Arbeitseinsatz auf dem Land, wo er einen von allen anderen Brigademitgliedern verschmähten Schlafplatz in einem Stockbett eingenommen hatte – den unter Irving. Schon damals war er auf bestem Wege, sich in den klassischen zerstreuten Professor zu verwandeln, und verschlang in frühreifem Alter Unmengen Bücher, die ihm den Kopf verdrehten und von denen kein Mensch wusste, wie er in ihren Besitz gelangt war – Camus, Ortega y Gasset, Burroughs und alle übrigen Beat-Autoren, Solschenizyn, Burgess' *Clockwork Orange*. Vor allem aber waren ihm die sexuellen Neigungen Irvings egal, war er sich seiner eigenen doch mehr als gewiss. So hatte er die Gelegenheit – zu einer Zeit, zu der man Homosexuelle noch mit abfälligen Ausdrücken wie Schwuchtel, Tunte,

Fräulein, Schwuli, warmer Bruder, Arschficker, Pupe und dergleichen bedachte –, diesen offen homosexuellen Kameraden näher kennenzulernen, und akzeptierte ihn keineswegs bloß aus Mitleid. Irving erwies sich als so offen und einnehmend, dass sich eine Freundschaft zwischen ihnen entwickelte, über die Horacio auch zu den übrigen Mitgliedern der Gruppe Zugang bekam. Ganz so fest wie die anderen untereinander war er allerdings mit ihnen nicht verbunden, denn wenn es darum ging, Frauen zu erobern, zog er es stets vor, andere Kreise aufzusuchen. Und er machte viele Eroberungen, wobei er eine Vorliebe für reife erfahrene Endzwanzigerinnen an den Tag legte, egal, ob ledig, geschieden oder verheiratet.

Nach Horacio stieß auch dessen Freund Darío zu ihnen. Er ging in die Klasse über ihnen und hatte schon seit Längerem ein Auge auf Clara geworfen. So schüchtern, wie er damals war, brauchte er jedoch über ein Jahr, bevor er einen ersten Schritt machte, und ein weiteres, um erfolgreich zu werden. Von Horacio abgesehen, gehörte Darío als Einziger nicht der Schicht an, die in eleganten und gut ausgestatteten Wohnungen in Kohly, Miramar oder El Vedado wohnte. Elisa, Liuba und Bernardo zum Beispiel waren Sprösslinge einflussreicher Eltern, die regelmäßig ins Ausland reisten und ihren Kindern Kleidung, Schuhe oder Tonbandgeräte mitbrachten, die auf Kuba nirgendwo zu finden waren. Sie hatten auch immer Geld, um spätnachmittags im Coppelia ein Eis essen zu gehen oder sich im El Carmelo oder im Potín einen Imbiss zu genehmigen. Darío entstammte einer anderen Welt. Er war in einer Mietskaserne in Centrohabana geboren und lebte immer noch dort mit seiner Mutter, die als Köchin arbeitete. Auf Partys erschien er notgedrungen mit denselben Schuhen, die er auch in der Schule trug – »mein Ein und Alles«, wie er zu sagen pflegte. Die anderen kümmerte es nicht, dass dieser glänzende und umgängliche Mitschüler ihnen gegenüber finanziell und gesellschaftlich so im Nachteil war, aber ihn schmerzte diese Tatsache. Von Kindesbeinen an kämpfte er dagegen an, indem er versuchte, stets der Beste zu sein, was ihm auch gelang.

Bernardo wiederum tauchte auf, als sie bereits im zweiten Studienjahr waren. Dass er zu ihnen stieß, war Elisa zu verdanken. Bernardo war an der Escuela Vocacional Lenin eingeschrieben, die die begabtesten Studenten der Stadt versammelte. Die zwei hatten sich in den Sommerferien nach dem ersten Studienjahr kennengelernt, beide hatten sie mit ihren Familien in den exklusiven Strandhäusern in Varadero verbracht, die der Nomenklatura vorbehalten waren: Elisas Vater hatte mit dem Außenministerium zu tun, Bernardos Vater war Vizegesundheitsminister, seine Mutter leitete eine medizinische Einrichtung. Bernardo studierte mit Leidenschaft Kybernetik, man hielt ihn für eine mathematische Ausnahmebegabung. Er war ein lockerer, selbstbewusster Typ und sah außerdem hervorragend aus: groß, gut genährt, mit kupferfarbenem Haar und dunkelgrünen Augen, die ihm eine geheimnisvolle Ausstrahlung verliehen. Obendrein war er ein geschickter Basketball- und Volleyballspieler. Genau der Freund, den jemand wie Elisa verdiente.

Seit Bernardo mit von der Partie war, verfügte die Gruppe über den idealen Ort, um an den Wochenenden zusammenzukommen und zu feiern. Das Haus seiner Familie im Stadtteil Altahabana besaß einen riesigen Hof und dazu im Wohnzimmer eine Bar, die sich gelegentlich um die eine oder andere Flasche schottischen Whisky erleichtern ließ, sowie eine ultramoderne, aus Japan importierte Musikanlage, auf der sie in voller Lautstärke seine, Elisas und Liubas – aus allen Teilen der Welt, sogar den USA mitgebrachten – Platten und Kassetten abspielen konnten. Und wenn es noch höher herging, standen meist mehrere Zimmer zur freien Verfügung, da Bernardos Eltern häufig auf Reisen im In- oder Ausland waren.

Als Jahre später auch die dicksten Mauern rissig und die Verhältnisse brüchig wurden, als die Vergangenheit sicht- und die Zukunft erahnbar wurde, machte Clara sich bewegt klar, in welch selig jugendlichem Unschuldszustand sie sich um die Mitte der Siebzigerjahre befunden hatten. Selbst Elisa, Bernardo und Horacio, die fast an allem etwas auszusetzen hatten – an der offiziell vorgeschriebenen maximalen Haarlänge, der ständigen Bierknappheit, der Unmenge von Filmen aus der Sowjetunion, mit denen man sie zuschüttete –, blickten voller Vertrauen in die Zukunft. Es konnte nur aufwärtsgehen. Sie fügten sich ins Bild des »neuen Menschen«, ließen keine der politischen

Aktivitäten, freiwilligen Arbeitseinsätze und kämpferischen Aufmärsche aus, wollten das Studium erfolgreich abschließen und danach ihren Beruf ausüben. Bis es so weit war, vergnügten sie sich auf Festen, bei denen sie manchmal mit einer einzigen Flasche Rum oder geklautem Whisky auskommen mussten. Das Stärkste, was damals geraucht wurde, waren tiefschwarze lange Vegueros-Zigarren. Doch es gab viel Tanz und Musik, heftiges Rumgeknutsche und gelegentliche Ausflüge der Paare, die bereits eine höhere Stufe der Intimität erreicht hatten, in eins der freien Zimmer. Die Vorhut bildeten hier Elisa und Bernardo.

Elisa, Horacio, Irving und Bernardo erschienen regelmäßig mit schwer aufzutreibenden oder gerade erst erschienenen Werken. Hinzu kamen Kassetten, Theater- und Konzertbesuche sowie gemeinsame Übernachtungen unter freiem Himmel an irgendwelchen abgelegenen Orten, wo sie Spam, russisches Büchsenfleisch oder bulgarisches Hühnerfrikassee mit Gemüse aus der Dose aßen und in Schlauchbooten oder auf dem Strand oder im Gras ausgebreiteten Decken schliefen.

Der geografischen wie geistigen Isolation, der sie unterworfen waren, war sich nur Elisa, die »Britin« unter ihnen, in ihrem ganzen Ausmaß bewusst. Die Weltkarte war für sie zwangsläufig in zwei Gebiete unterschiedlicher Farbe geteilt – die sozialistischen, guten, und die kapitalistischen, schlechten Länder. In den sozialistischen Ländern, in die man sogar reisen konnte, war man mit dem mühevollen Aufbau der perfekten Zukunft beschäftigt – besonders erfolgversprechend geriet die nach Irvings Ansicht allerdings nicht. Hier herrschte Gleichheit und die wahre Demokratie der proletarischen Diktatur, deren Führung in den Händen der politischen Avantgarde, der Partei, lag. Dies war der Weg in die Erfüllung der Geschichte, in eine glückliche Welt. In den dekadenten Staaten des Kapitalismus dagegen herrschten Raubrittertum und Ausbeutung des Menschen durch den Menschen, Gewalt, Rassismus und bürgerliche Scheinheiligkeit, die zu Kriegen wie in Vietnam und Skandalen wie Watergate führten und blutige Diktaturen wie in Chile an die Macht brachten. Allerdings mussten sie Bernardo recht geben, der darauf hinwies, dass aus manchen dieser Länder die Musik kam, die sie am liebsten hörten, die Kleidung, die sie am liebsten trugen, und sogar die meisten der Bücher, die sie am liebsten lasen.

Die Zukunft hielt für sie ein großes, glasklares Versprechen bereit: Wenn sie gute, oder vielmehr, wenn sie bessere Menschen waren, würden sie für ihren Einsatz und ihre Opfer mit persönlicher, gesellschaftlicher und geistiger Erfüllung belohnt – erklärten Darío und Liuba. In ihrem Land würden sie ein gutes Leben genießen können. Wurden die vorgegebenen Entwicklungs- und Wohlstandsziele nicht bis auf wenige Ausnahmen – die oftmals ausländischer Subversion geschuldet waren, wie Fabio versicherte – täglich, wöchentlich, monatlich, jährlich und mit jedem Fünfjahresplan übererfüllt? Die offiziellen Reden bestätigten es, die in voller Länge in den Zeitungen abgedruckt und anschließend, zur ideologischen Bestärkung, in den Unterrichtsstunden analysiert wurden. So fügten sie sich alle, voran der vorbildliche Darío, in diesen Wachstumsprozess ein. Rückhaltloser Einsatz und Bereitschaft zu Beschränkungen, Opfern und Aufgaben jeglicher Art gehörten dazu. Und dabei träumten sie und träumten und träumten … Weil sie glaubten.

Als Irving, wie die anderen auch, schließlich auf der Universität war, wo der Druck nicht ganz so stark zu sein schien, stellte er ihnen eines Tages öffentlich seinen Freund Joel vor, einen stattlichen schwarzen und sehr männlich wirkenden Grafiker. Er präsentierte ihn wie eine Zirkussensation: »Ein schwarzer Asthmatiker, der kein bisschen tanzen kann!« Damals nannten sie sich bereits »der Clan«, ihr Treffpunkt bei Bernardo hatte inzwischen jedoch seinen Reiz verloren, denn man hatte Bernardos Vater aus nie geklärten Gründen mit einer Strafe belegt, woraufhin seine Privilegien wie auch sein Stolz sich in Luft auflösten, was womöglich der Grund für seinen frühen Tod war. Die Gruppe war im Haus in Altahabana nicht mehr gern gesehen, zudem gab es dort auch keinen Whisky mehr zu klauen. Clara wiederum studierte Wirtschaftsingenieurswesen an einer technischen Hochschule in der Nähe von Fontanar. Da sie keinen Platz im dazugehörigen Studentenheim bekam, beschloss sie, das Haus ihrer Eltern wieder instand zu setzen und dort ein möglichst freies Leben ohne familiäre Einschränkungen zu genießen. Seitdem versammelte der Clan sich hier bei jeder sich bietenden Gelegenheit.

So kam es, dass Clara und Darío an einem kühlen Sonntagnachmittag des Jahres 1981 Horacio, Bernardo und die von der beunruhigenden Orwell-Lektüre so begeisterte wie verstörte Elisa in dem Haus in Fontanar empfingen. Die anderen, deren Semester noch nicht zu Ende war, hatten versprochen, später dazuzustoßen. Sie wollten den Tag zum Lernen nutzen und am Abend ihr Hirn auslüften, indem sie Spaghetti aßen und Quatsch redeten, wie Irving es ausdrückte.

Ob auch Walter auftauchen würde, das frei schwebende Elektron, das seit einigen Monaten auf einer Umlaufbahn kreiste, die sich nur gelegentlich mit der des Clans überschnitt, war dagegen wie immer ungewiss. Walter, der Maler, lebte, wie Maler seiner Ansicht nach zu leben hatten. Alkohol gehörte dazu, manchmal in Flaschen, manchmal bereits in seinen Adern, bald kam er allein, bald in Begleitung einer der verrückten Freundinnen, die sich regelmäßig abwechselten, ziemlich hippiehafte Malerinnen, die meist eher füllig oder aber sehr mager waren.

Als sie auf der Terrasse saßen, vor sich die Reste des Rums, die noch von Claras nicht lange zurückliegendem Geburtstag übrig waren, holte Elisa das stark abgegriffene Exemplar von *1984* aus ihrer mit einem lateinamerikanischen Webmuster verzierten Tasche und übergab es Clara.

»Ihr habt drei Tage zum Durchlesen«, sagte sie und meinte damit auch Darío. »Ich muss es nämlich Irving zurückgeben, und der hätte es auch schon längst zurückgeben müssen. Aber ihr müsst das einfach lesen!«

»Ich kann mit Science-Fiction nicht viel anfangen«, sagte Darío beim Blick auf den schon abgewetzten Titel auf dem Umschlag.

»Das ist keine Science-Fiction. Jedenfalls nicht die Art Science-Fiction, die du meinst«, erklärte Elisa.

»Das ist subversive Literatur«, meldete sich Bernardo zu Wort. »Antikommunismus in Reinform.«

»Jetzt spiel mal nicht den Dogmatiker, Compadre«, erwiderte Horacio. »Das ist eine Geschichte über Kontrolle und Überwachung.

Darüber, wie Menschen manipuliert werden, wie man ihr Gehirn ausschaltet.«

»Und wo spielt das Ganze?«, wollte Clara wissen.

»In einer zukünftigen Gesellschaft«, sagte Horacio. »Einer scheinbar vollkommenen Welt.«

»Ist die kommunistisch oder kapitalistisch?«, fragte Darío.

Elisa ging dazwischen: »Viel schlimmer! Das Problem ist, dass das Buch dich zum Nachdenken bringt. Davon kann man ganz schön Angst bekommen ...«

»Ebendeshalb ist es gute Literatur«, ergänzte Horacio. »Und es kennt kein Erbarmen. Es erzählt metaphorisch von einer Gesellschaft, in der absolute Kontrolle herrscht und den Einzelnen alle Freiheit genommen ist. Jeder überwacht jeden, und jeder kann ein Denunziant sein.«

»Dann handelt das Buch also nicht vom Kommunismus und von der Sowjetunion?«, fragte Bernardo sarkastisch, nachdem er einen großen Schluck Rum getrunken hatte.

»Deiner Ansicht nach kann der Kommunismus sehr wohl so aussehen, ja?« Horacio beugte sich vor. »Überwachung, Kontrolle, Angst, Denunziation?«

»Natürlich nicht. Aber feindliche Propaganda und ideologisches Abweichlertum, das gibt es schon, oder?« Bernardo blickte bekümmert in sein leeres Glas und schüttelte den Kopf. »Bringt Irvings Liebling Rum mit? Und was ist mit Walter, kommt der heute nicht?«

»Mich interessiert dieses Buch nicht«, meldete sich Darío zu Wort. »Ich muss noch jede Menge medizinische Fachliteratur durcharbeiten, da bleibt mir keine Zeit für solchen Blödsinn.«

»Das ist kein Blödsinn. Ich schwöre es euch, mir gehts richtig schlecht nach der Lektüre«, verkündete Elisa. »Wenn Darío nicht will, braucht er es ja nicht zu lesen. Aber lies du es, Clara! Wirklich, das musst du lesen. Und danach unterhalten wir uns ...«

Elisa war die Anführerin der Gruppe, also gehorchte ihr Clara. Für Clara war sie zudem ein Vorbild, von dem ein blendend helles Licht ausging. So hell und blendend wie jenes Licht, das ihr dann nach der Orwell-Lektüre, beim Verlassen des Tunnels entgegenschlug, in jenem milden kubanischen Winter des Jahres 1981. Damals hätte niemand aus dem Clan sich auch nur im Entferntesten vorstellen können, was aus ihren Träumen werden würde, wie diese sich verändern oder ganz und gar auflösen und wie sie alle schließlich auf dramatische Weise auseinandergetrieben würden.

Als Clara über dreißig Jahre nach dieser ersten aufwühlenden Lektüre die frisch erschienene kubanische Ausgabe des Romans in die Hände fiel, musste sie an jene Zeit der Unschuld zurückdenken, und sie fragte sich einmal mehr, was besser ist: Zu wissen oder nicht zu wissen? In der Dunkelheit zu leben oder zu entdecken, dass nicht nur die Schatten, sondern auch das Licht existieren? Zu glauben, ohne zu zweifeln, oder zu zweifeln und daraufhin den Glauben zu verlieren? Oder den Glauben allen Zweifeln zum Trotz aufrechtzuerhalten? Von derselben Unruhe getrieben, die Orwells Fabel – oder sein Realismus, wie Elisa gesagt hätte – bei der ersten Lektüre ausgelöst hatte, verspürte die Clara des Jahres 2014, die sich soeben von ihrem Sohn Marcos verabschiedet hatte, das Bedürfnis, in den verloren gegangenen Erinnerungen und Einsichten zu wühlen. Was hatte sie durch die Erfahrungen so vieler Jahre gewonnen? Was hatte sie verloren? Oder hatten die Einsichten sie nur dazu gebracht, noch mehr Fragen zu stellen, um eine wie auch immer geartete Erklärung für so viel Niedergang zu finden?

Clara stand vor einem der aus Ziegelsteinen geformten Regale, vor sich, als sähe sie sie zum ersten Mal, die beiden Gefäße aus dickem Glas, in denen Daríos bereits ziemlich unansehnlich gewordene Studienhirne in Formaldehyd trieben, Zeugen der Besessenheit des Neurochirurgen, aber auch seiner Zugehörigkeit zu diesem Haus. Schon seit Langem wollte Clara sie wegwerfen, konnte sich aber nie dazu durchringen. Als sie die kubanische Ausgabe von *1984* gerade in eines der Büchern vorbehaltenen Fächer gestellt hatte, geschah, was offensichtlich geschehen sollte – wie aus einem plötzlichen Bedürfnis griff sie nach der abgewetzten Ausgabe von Kunderas *Die unerträgliche Leichtigkeit des Seins,* die Horacio ihr vor der Abreise geschenkt hatte. Mehr als fünfzehn Jahre war es her, dass sie dieses Buch gelesen hatte.

Das Buch in der Hand haltend, erinnerte sie sich daran, dass sie den Unfalltod der beiden Hauptfiguren Tomas und Teresa wie ein Abbild des Todes ihrer Eltern empfunden hatte, die ebenfalls durch einen Unfall ums Leben gekommen waren. Tomas und Teresa, die irgendwann bloß noch sich selbst besaßen, hatten an einem abgelegenen Ort ein prekäres Glück gefunden. Waren ihre, Claras, Eltern, die ihr Leben dem Aufbau einer neuen Gesellschaft gewidmet und stets behauptet hatten, alles zu besitzen, was sie brauchten, auch glücklich, soll heißen: überzeugt vom Wert ihrer Anstrengungen, gestorben? Ganz von dem Gefühl der Verlassenheit erfüllt, das die Abreise aus Kuba ihres Sohns Marcos in ihr ausgelöst hatte, musterte Clara das Gemälde von Max Ernst auf dem Umschlag, eine nackte Frau ohne Kopf, die in einer unbestimmbaren gasförmigen oder flüssigen Substanz dahintreibt. Vorsichtig den Staub von den Kanten wischend, sah sie nun sich in dieser verstümmelten, ganz auf sich selbst gestellten Frau. In diesem Augenblick glitt ein Foto zwischen den Seiten hervor und fiel zu Boden – das verloren geglaubte Bild vom Clan bei seinem letzten gemeinsamen Abendessen. Da wusste sie, dass sie tatsächlich Max Ernsts ohne Kopf im Nichts treibende Frau war. Und ihre Eltern hatten, anders als Tomas und Teresa, zuletzt kein ausgleichendes Glück gefunden.

Darío liebte das Haus wirklich. Für ihn war es, als hätte er hier sein Xanadu gefunden, einen Ort, wie er ihn sich selbst in seinen kühnsten Träumen nicht hätte ausmalen können.

Seit Clara und er beschlossen hatten, zusammen nach Fontanar zu ziehen – damals waren sie noch nicht verheiratet und hatten gerade erst ihr Studium aufgenommen –, war für ihn klar, dass dies der für ihn bestimmte Ort auf der Welt war. Fortan nutzte er jede freie Stunde nach den langen Tagen an der Universität und im Krankenhaus – wo er sich in die unergründlichen Geheimnisse der Neurologie versenkte, bis sich seine Geschicklichkeit immer mehr herumsprach und er zum gefragten Spezialisten wurde –, um sein irdisches Paradies hingebungsvoll zu pflegen und immer weiter zu verbessern, was ihm wie selbstverständlich von der Hand ging und zugleich eine geradezu heilsame Wirkung auf sein Gemüt auszuüben schien.

Obwohl Darío nur ungern über seine Vergangenheit sprach, wussten alle, dass er in früheren Zeiten schlimme Verletzungen erfahren hatte. Von deren wahrem Ausmaß hatte jedoch nur Horacio, später dann auch Clara, eine ungefähre Vorstellung. Daríos Mutter, die kaum lesen und schreiben konnte und als Köchin eines schäbigen Restaurants gerade einmal das Nötigste zum Überleben verdiente, war mit sechzehn vergewaltigt worden. Ihren Sohn hatte sie trotz allem zur Welt gebracht und in einem heruntergekommenen Mietshaus im Zentrum von Havanna großgezogen, in dem ein lautstarkes und ungezügeltes Durcheinander herrschte. Nur wenige waren hier in der Lage, ein halbwegs anständiges Leben aufrechtzuerhalten, die Übrigen waren durch die von Generation zu Generation weitergegebene Armut von Grund auf gezeichnet. Hier war er ein Außenseiter gewesen, ein in sich gekehrter Loser, der Bücher las und nie die Schule schwänzte. Also musste er oftmals Verachtung, Spott, ja, Gewalt über sich ergehen lassen. Trotz seiner vielfach geflickten Hosen wurde er aufgrund seiner guten Leistungen bei den Pionierwettbewerben regelmäßig als Jahrgangsbester ausgezeichnet und durfte außerdem das vierte Schuljahr überspringen.

Horacio drückte es einmal so aus: Während die Mutter ein schwarzes Kreuz auf der Stirn trug, leuchtete auf der ihres Sohns ein heller Stern. Fragte man Bernardo, war die Mutter das typische Opfer kapitalistischer Verhältnisse, während ihr Sohn die Vorzüge des Sozialismus hatte erfahren dürfen. Für Irving wiederum, der einen mystisch angehauchten Materialismus pflegte, zeigte sich an Daríos Werdegang, dass Gott manchmal eben doch existiert. Darío selbst dagegen sah es weniger kompliziert – seinen Erfolg hatte er sich selbst erkämpft durch seine Energie und seinen Lebenswillen. Aber nie ließ er sich genauer darüber aus, die wirklich schlimmen Erfahrungen seiner jungen Jahre offenbarte er nicht einmal Horacio und Clara.

Er sah immer nur unbeirrt nach vorne und setzte sich Ziele, die ihm alles abverlangten. Oft genug übertraf er sie, dank seiner Intelligenz und grimmigen Entschlossenheit, notfalls aber auch mit seinen Fäusten. Letztere waren ein durchschlagendes Argument, um sich in seinem Viertel, wo es für gewöhnlich hoch herging, Respekt zu verschaffen. So verlor der in sich gekehrte und fleißige Junge jede Angst vor körperlichen Schmerzen und konnte, falls jemand es darauf anlegte, durchaus gewalttätig werden.

Er liebte dieses Haus, aber auch den Garten pflegte er, Büsche und Bäume beschneidend und Unkraut jätend, mit derselben Hingabe und Sorgfalt, die er bei seinen Schädeloperationen an den Tag legte. Er setzte den Zaun instand, säuberte Wassertanks und Zisternen, strich die Wände und betätigte sich, soweit seine Kenntnisse es zuließen, als Klempner, Elektriker, Zimmermann und Maurer. Wenn er mit sicherer Hand und großer Umsicht einen Hirntumor entfernen konnte – dann war er doch, verdammt noch mal, auch fähig, eine undichte Wasserleitung zu flicken oder eine bröckelnde Wand neu zu verputzen. So gelang es ihm, das jahrelang vernachlässigte Anwesen in seinen harmonischen Urzustand zurückzuversetzen, nachdem dessen ursprüngliche Besitzer sich lieber einer besseren Welt gewidmet hatten und die eigene darüber verfallen ließen. Clara, ihre Kinder und die übrigen Clanmitglieder profitierten davon, bis zum Eintreten der Katastrophe und sogar noch darüber hinaus.

In den Tagen vor Silvester 1989 und der danach anstehenden Feier von Claras dreißigstem Geburtstag hatte Darío sich noch einmal ganz besonders ins Zeug gelegt. Um alles in Ordnung zu bringen, rief er sogar ein eigenes Spezialkommando ins Leben, mit seinen damals acht- beziehungsweise sechsjährigen Söhnen Ramsés und Marcos als Unteroffizieren. Clara dagegen wurde, wie immer, wenn größere Festlichkeiten nahten, von Mutlosigkeit befallen – ihrem Mann schien es angemessener, von einer leichten Depression zu sprechen. Also durfte sie sich in die Reserve zurückziehen und im Hintergrund für Notfälle bereithalten. Darío hoffte, mit seinem Eifer das Gemüt seiner Frau aufzuhellen. Andererseits brauchte er dringend das Erlebnis eines selbst bewirkten, konkreten, sicht- und messbaren Erfolgs, denn die allgemeine Ungewissheit um ihn herum drohte seinen eisernen Willen zu untergraben und seine Zuversicht zu verdüstern.

In Berlin hatte sich der Staub, den der überraschende Fall der Mauer aufgewirbelt hatte, noch nicht gelegt, als er aus Leipzig im November 1989 die Mitteilung erhielt, dass die Verteidigung seiner Doktorarbeit in Neurochirurgie ebenso ausgesetzt werde wie alle übrigen akademischen Aktivitäten an der medizinischen Fakultät der berühmten Karl-Marx-Universität. Dank eines Abkommens im Rat für gegenseitige Wirtschaftshilfe hätte er sich im März 1990 in Leipzig einfinden und ein in nahezu allen Ländern Europas und Lateinamerikas anerkanntes Diplom erhalten sollen. Doch auf einen Schlag wurden die Arbeit der Leipziger Universität wie auch sämtliche Regierungsvereinbarungen eingefroren. Viele Menschen standen nun vor dem Nichts, aber der Doktorand Darío Martínez empfand das als ganz besonders heimtückischen Hieb. Der Wissenschaftsrat des Gesundheitsministeriums bot ihm immerhin als Ersatz einen Promotionsstudiengang am Institut für Neurowissenschaften der Universität Barcelona an.

Drei Tage vor Claras Geburtstag gelang es ihm, über einen ehemaligen Patienten, der als Geschäftsführer eines Hotels arbeitete, vier Kästen Bier zu kaufen. Seine Mutter wiederum brachte aus der Kantine, wo sie beschäftigt war, zehn Pfund Reis, einen Sack Zwiebeln und Knoblauch mit. In seiner Begeisterung über die kostbare Beute beschloss Darío, vor der Rückkehr nach Fontanar im Krankenhaus vorbeizuschauen, um den Operationsplan für den nächsten Tag durchzusehen. In seinem Fach fand er eine Mitteilung des Direktors: Bedauerlicherweise sei die Kooperation mit Leipzig seitens der deutschen Universität endgültig aufgekündigt worden. Ferner könne eine Promotion an der Universität Barcelona nicht bewilligt werden, denn angesichts der sich abzeichnenden wirtschaftlichen Situation sei es unzulässig, öffentliche Mittel für derartige Zwecke zu verwenden. Sämtliche Mittel würden jetzt benötigt, um das Gesundheitssystem in Gang zu halten. Zudem seien die Bauvorhaben für die Panamerikanischen Spiele im nächsten Jahr besorgniserregend im Rückstand und erforderten zusätzliche Mittel. Er begreife sicher, dass Kuba bei diesem historischen Ereignis die Überlegenheit des sozialistischen Sports unter Beweis stellen wolle. »Tut mir leid, das Wichtigste hat nun einmal Vorrang. In jedem Fall«, fuhr der Direktor, nicht mehr ganz so rhetorisch, fort, »besteht die Hoffnung, dass die Katalanen die gesamten Kosten übernehmen. Am besten, du betest also zur Schwarzen Madonna von Montserrat. Aber Titel hin, Titel her – du bist sowieso der Beste. Darum gib die Hoffnung nicht auf. Erst recht nicht die auf die Schwarze Madonna.«

Zum ersten Mal in seinem Erwachsenenleben hatte Darío das Gefühl, vor einer unüberwindlichen Wand zu stehen. Er war jetzt einunddreißig, anerkanntermaßen der Beste, und für den nächsten Tag hatte man ihn gleich für zwei heikle Hirnoperationen eingeteilt. Und dennoch löste sich sein großer Zukunftstraum gerade in Luft auf. Sein Talent, all seine Anstrengungen – nichts zählte mehr.

Als er anschließend in seinem Lada sein privates Paradies in Fontanar ansteuerte, konnte er an nichts anderes denken als die beunruhigende Unterhaltung, die er wenige Tage zuvor mit Walter, dem großen Unangepassten ihrer Gruppe, geführt hatte.

Walter Macías hatte sich dem Clan als Letzter angeschlossen, obwohl ihn alle schon seit einigen Jahren kannten. Walter hatte zusammen mit Fabio die Grundausbildung an einer Kunstschule absolviert. Fabio war klar geworden, dass ihm das geheimnisvolle Talent der Kreativität abging, weshalb er sich schließlich für ein Architekturstudium entschied. Walters Kreativität und dämonische Vorstellungskraft schien dagegen grenzenlos, wie auch seine Neigung zu einem ausschweifenden Leben, also war er offensichtlich zum Künstler geboren. Fabio und Liuba sprachen stets voller Bewunderung von ihm. Bei den Treffen und Festen des Clans tauchte er hin und wieder auf, falls er nicht gerade mit den Kollegen von der Kunsthochschule unterwegs war.

Eine wundersame Fügung – oder war es eine in höchstem Maße unverantwortliche Entscheidung irgendeines Gremiums? – bewirkte dann, dass Walter Macías an die Surikow-Akademie nach Moskau geschickt wurde, die sich auf das Erbe der großen Meister des russischen Realismus und der späteren Avantgarde berief. Hier sollte er

Wandmalerei und Monumentalplastik studieren. Wie Walter später stolz versicherte, besaß diese Kunsthochschule trotz des dort vorherrschenden Sozialistischen Realismus aufgrund ihres strengen Ausbildungsprogramms weltweit einen hervorragenden Ruf. Zwei Jahre trieb sich der Malerstudent in der Sowjetunion herum, widmete sich weniger seiner Ausbildung als vielmehr seinen freizügigen Vergnügungen, die sich nun allerdings auf russische Weise abspielten – Wodka, Sex mit der halben Akademie und Ausflüge mit einem brasilianischen Kumpan, dem das Geld zu den Ohren herauskam, bis nach Samarkand, an die Strände von Sotschi und in ein ehemaliges Straflager bei Anadyr an der Beringstraße. Während seines ersten Heimaturlaubs, so erzählte Walter lächelnd, beschlossen die für die kubanischen Auslandsstudenten Zuständigen jedoch, dass eine dermaßen undisziplinierte Persönlichkeit, die sich zudem im Ausland mit anderen Ausländern zusammentat, nicht in die Sowjetunion zurückkehren dürfe.

Walter fand daraufhin eine Arbeit als Umschlaggestalter für einen Verlag und betätigte sich daneben als Maler und Fotograf, wenn sich die Gelegenheit ergab. Ein Überschuss an Talent, ein ebenso großer Mangel an Selbstkontrolle und insgesamt ein irgendwie nicht ganz stimmiger Charakter – die Gruppe akzeptierte ihn damals trotzdem, als hätte er schon immer dazugehört. Seine wüsten Geschichten waren ja wirklich unterhaltsam, auch wenn die anderen vermuteten und manchmal genau wussten, dass es sich um reine Erfindungen handelte. Was die von ihm an den Tag gelegte Respektlosigkeit anging, konnte sich einzig Elisa mit ihm messen, die ihrerseits auf eine ziemlich ungewöhnliche, wenn auch anders geartete Vorgeschichte zurückblickte. Und beim Trinken konnte ausschließlich Bernardo mit ihm mithalten – und musste sich zuletzt doch jedes Mal geschlagen geben.

Walter hatte Darío im Krankenhaus aufgesucht, weil er seine häufigen Kopfschmerzen als Anzeichen eines Hirntumors deutete. Darío war auf den ersten Blick klar, dass von einem Tumor nicht die Rede sein konnte. Trotzdem führte er eine Reihe von Tests mit ihm durch, die genau das erwartete Ergebnis brachten.

»Das heißt also, ich habe keinen Tumor und stehe nicht kurz davor zu sterben. Na gut, dann werde ich mich jetzt sofort betrinken, damit ich wenigstens weiß, warum mein verfickter Schädel so wehtut. Außerdem brauche ich dann nicht so viel nachzudenken«, verkündete Walter, nachdem Darío erklärt hatte, dass es sich bloß um Probleme mit den Halswirbeln handle, weshalb er ihn an einen Orthopäden überweisen werde. Außerdem riet er ihm, ab sofort bei der Arbeit eine Halskrause zu tragen.

Davon abgesehen, fuhr Darío fort, sei womöglich Stress der Grund für seine Schmerzen, es sei unglaublich, was Stress alles bewirken könne …

»Was heißt hier Stress?«, hatte Walter lachend erwidert. »Du weißt doch, dass mir das Leben im Grunde total am Arsch vorbeigeht. Und wenn's mir wirklich mal schlecht geht, ziehe ich einfach einen Joint durch, und schon ist die Welt wieder schön bunt und in Ordnung.«

Da Walter an diesem Tag sein letzter Patient war, nahm Darío seine Einladung auf ein Bier im Restaurant Rancho Luna an, mit dessen Barmann Walter befreundet war, weshalb er dort jederzeit auf ein paar Flaschen gut gekühltes Bier rechnen konnte. Im Gegenzug überließ Walter dem Barmann kleine Aquarelle oder Tuschezeichnungen im Stil Servando Cabreras, die der seinen russischen oder bulgarischen Gästen als angebliche Originale des kubanischen Meisters verkaufte.

Darío war im Nachhinein nicht recht klar, wie aus einer ärztlichen Beratung und einer anschließenden Plauderei in einer Bar ein so belastendes wie gefährliches Gespräch hatte werden können. Nach den tragischen Ereignissen, in die Walter später verwickelt wurde, musste Darío immer wieder daran zurückdenken.

»Ich muss dir was sagen«, hatte der Maler unversehens angesetzt. »Dass es mir scheißegal ist, ob ich an einem Tumor sterbe, weißt du ja. Ich wollte bloß wissen, wie schlimm es tatsächlich um mich steht, bevor ich mich an das mache, was ich vorhabe. Eigentlich bekomme ich nämlich *da*von diese verfickten Kopfschmerzen.«

»Heute bist du wirklich in Hochform. Hundert Prozent abstrakter Konzeptualismus. So nennt man das doch? Horacio würde sagen: sich auflösende dynamische Systeme. Ich sags anders: Keine Ahnung, wovon du sprichst«, hatte Darío, immer noch lächelnd, erwidert.

Walter hatte sich einmal kurz umgesehen und dann flüsternd verkündet: »Ich hau ab … Ich muss … Es geht nicht anders.« Dass er damit meinte, dass er Kuba verlassen werde, oder das zumindest vorhatte,
war klar.

»Wie? Und wohin willst du?«, fragte Darío, nachdem er sich seinerseits vergewissert hatte, dass keine unerwünschten Zuhörer in der
Nähe waren.

»Weiß ich noch nicht, aber auf jeden Fall hau ich ab. Und das sage
ich dir nur, weil ich deine Hilfe brauche. Du darfst mit niemandem
darüber sprechen, du weißt ja, wie es hierzulande zugeht. Genau deshalb will ich weg.«

»Ich sags noch mal: Ich verstehe kein Wort. Warum erzählst du mir
das, verdammt?«

»Ich werde schon seit Monaten überwacht. Das ist keine Paranoia.
Ich weiß, dass manchen Leuten nicht gefällt, wie ich lebe und wie ich
bin. Sie wollen mich fertigmachen. Aber nicht nur das, ich glaube …
Schwörst du, dass du niemandem ein Wort erzählst? Los, schwöre es
mir!«

»Walter … Einverstanden, ich schwöre es.«

»Ich glaube, dass sie Horacios Freundin, diese Guesty, auf mich angesetzt haben. Sie soll mich ausspionieren. Und wo sie nun mal dabei
ist, liefert sie auch über alle anderen Berichte ab. Auch über dich, bestimmt. Was man eben so Planübererfüllung nennt.«

»Wie bitte? Das soll keine Paranoia sein? Das soll kein Stress sein?
Sag mal, was hast du denn heute geraucht, Walter? Eine Informantin
extra nur für dich? Du hältst dich wohl für Solschenizyn, oder wie der
Typ heißt.«

»Du brauchst mir nicht zu glauben. Mir doch egal, deine Sache. Ich
bin ein Spinner, einverstanden, aber hilf mir.«

»Wie soll ich dir denn helfen, von hier abzuhauen? Soll ich dir meine
blaue Jacht leihen, oder willst du lieber die weiße?«

»Dieser tschechische Diplomat, den du am Rücken operiert hast,
mit dem bist du doch seitdem befreundet. Sag ihm, du willst ihm ein
Bild schenken, dann stellst du mich ihm vor, und den Rest erledige ich
selbst. Sag ihm, es geht um einen Servando.«

Darío schluckte. Sie waren dabei, sich auf heikles Terrain zu begeben. »Ich weiß nicht ... Willst du weg, weil du verfolgt wirst?«

»Deshalb auch. Ich passe einfach nicht hierher, Alter. Sie wollen nicht, dass ich so bin, wie ich bin. Ich soll anders sein. Und davon ersticke ich. Daher kommen meine Kopfschmerzen! Und wenn passiert, was irgendwann passieren muss, wird die Sache knallhart, darauf verstehen sie sich. Wenn es wirklich schlimm kommt, ziehen sie die Schrauben erst recht an. Und darauf lasse ich mich nicht ein. Ich hab die Schnauze voll. Also, stellst du mich dem Tschechen vor oder nicht?«

»Das ist eine verdammt heiße Sache. Wenn Guesty etwas mitkriegt und es weitersagt, machen die mich fertig.« Darío zwang sich zu einem Lächeln. »Bist du sicher, dass du wegwillst? Muss das wirklich sein? Und obwohl du zu wissen glaubst, dass Horacios Busenwunder uns alle ausspioniert, willst du, dass ich dir helfe?«

»Sicher bin ich mir nicht, ich weiß bloß, dass ich was unternehmen muss. Ich muss mich von diesem Druck befreien. Und ich will, dass endlich diese Kopfschmerzen aufhören.«

»Was hast du im Ausland vor? Willst du als Maler leben?«

»Vielleicht. Vielleicht rühre ich aber auch nie wieder einen Pinsel an. Was mich am meisten nervt, ist dieses Eingeschlossensein und die ständige Überwachung. Hier ist einfach alles Scheiße. Darío, was soll ich sagen? Ich will weg, weil ich wegwill. Reicht das etwa nicht?«

War sein Verhalten egoistisch?, fragte sich Darío. Er wäre auch gern weggegangen, allerdings um zu lernen, seine Kenntnisse zu erweitern und dann wiederzukommen. Er träumte davon, an Kongressen teilzunehmen, eines Tages vielleicht die Leitung des Instituts zu übernehmen und dann auch ein neues Auto zugeteilt zu bekommen. Warum sollte Walter nicht die Möglichkeit haben, anderswo zu leben und ein besserer Maler, ja vielleicht sogar ein besserer Mensch zu werden? Kam sein zwanghaftes Benehmen möglicherweise daher, dass er stärkere Drogen konsumierte als Marihuana? Dass er sich ausgerechnet ihn zum Erfüllungsgehilfen auserkoren hatte, nervte ihn aber. Und es machte ihm Angst.

»Ja, das reicht«, räumte Darío ein, der in diesem Augenblick am liebsten weit weg gewesen wäre.

»Das ist doch alles totaler Wahnsinn, Mann. Nur weil einer woanders leben will, gilt er gleich als Verbrecher. Als ob man kein Recht darauf hätte! Sollte man das nicht jedem selbst überlassen? Warum maßt der Staat sich an, darüber zu entscheiden? Ich bin kein Kämpfer, ich bin ein Künstler, und ich bestehe auf meinem verdammten Recht, Fehler zu machen. Wenn ich mir den Schädel einrenne, ist das mein Problem, dann habe ich das eben so gewollt. Also, hilfst du mir, Darío? Ich weiß, dass sie es auf mich abgesehen haben, sie wollen mich fertigmachen. Das weiß ich ganz genau.«

Darío hatte ihn um Aufschub gebeten, um die Sache in Gang zu bringen, obwohl er schon wusste, dass er die Verbindung zu dem Tschechen nicht herstellen würde. Walter drängte ihn dazu, mit dem Feuer zu spielen, doch er war nicht bereit, sich auf das Risiko einzulassen. Guesty sollte eine Informantin sein? Sie waren hinter Walter her? Aus Kuba fliehen? Was der Maler brauchte, war ein Psychologe, kein Neurochirurg. Oder einen Reisepass mit einem Visum ...

Immer noch kreiste dieses Gespräch durch Daríos Erinnerung, als er, beladen mit Bier, Reis, Zwiebeln, Knoblauch und der ganzen Last seiner Frustration, in Fontanar eintraf. Es war Winter und wurde schon früh dunkel, verstärkt wurde der Eindruck von Finsternis aber noch dadurch, dass der Strom ausgefallen war, was in letzter Zeit immer häufiger vorkam. Obwohl Darío auf seinen klapprigen Lada 1600 normalerweise mindestens so gut aufpasste wie auf seine Chirurgenhände, ließ er ihn in seiner bedrückten Stimmung einfach vor der Garage stehen, statt hineinzufahren, und machte sich nicht einmal die Mühe, die Fenster hochzukurbeln. Man hatte ihm den Wagen vor drei Jahren als Ruine überlassen. Sein rhetorisch begabter Chef hatte damals ein neues Auto zugewiesen bekommen, einen Aleko, wie auch Fabio ihn fuhr. Mithilfe der Teile, die Clara auf die eine oder andere Weise bei sich in der Werkstatt beschaffte, und dank den Wiederbelebungskünsten eines Mechanikers aus ihrem Viertel war der alte Lada zu einem halbwegs akzeptablen fahrbaren Untersatz geworden, den Darío liebevoll hegte und pflegte.

Er ging ums Haus herum in den Hof, wo Ramsés, Marcos und ein paar Jungs aus der Nachbarschaft im letzten Licht des Tages eine Fußballpartie zu Ende zu spielen versuchten, und sagte seinen Söhnen, sie sollten die Sachen aus dem Kofferraum holen und reinbringen. Noch bevor sie Widerspruch erheben konnten, fügte er hinzu: »Bloß nicht meckern!« Sein barscher Tonfall überraschte die Kinder. Durch den Hintereingang trat er in die Küche, wo Clara damit beschäftigt war, das Abendessen vorzubereiten. Dabei behalf sie sich mit dem alten, aber durchaus effektiven Licht einer chinesischen Öllampe.

Er ging auf sie zu, und die beiden sahen sich wortlos an. Ihre Mienen reichten völlig aus, um auszudrücken, was ihnen zu schaffen machte – die Dunkelheit, die Moskitos, die Unruhe, Angst, Ungewissheit. Darío trat noch näher, legte die Arme um Claras Hüfte und küsste sie auf den Hals.

»Ich habe mich noch nicht frisch machen können«, sagte sie warnend.

»Ist egal«, sagte Darío. »Ich brauche dich. Und wie. Ich bin total kaputt.« Sie drehte sich ihm mit geöffneten Lippen zu. So normal und leidenschaftlich küssten sie sich, dass es ihnen völlig unnormal vorkam. Beiden gefiel es, und sie machten einfach weiter, wobei Darío durch den Stoff des Kleides hindurch Claras Brüste streichelte.

»Ich habe noch nicht geduscht, das Essen ist nicht fertig, gleich machen unsere beiden verschwitzten Söhne ein Riesenspektakel, weil sie vor Hunger umkommen …«, warnte Clara.

»Vergiss es. Und hör jetzt bloß nicht auf«, sagte Darío fast flehend.

»Du siehst völlig fertig aus. Was ist denn los?«

»Was los ist? Zwing mich nicht, darüber zu reden«, bat er, konnte es dann aber selbst nicht lassen. »Die Sache mit Barcelona hat sich so gut wie erledigt. Die Gelder dafür sind eingefroren, das heißt, es gibt überhaupt kein Geld mehr.«

»Ja, kein Geld für nichts. Und auch kein Öl und keinen Strom. Aber das ist doch schon lange so.«

»Aber ich habe dich. Und unsere zwei hungrigen Wilden. Und das Haus hier. Und bald feiern wir ein Fest. Eins muss ich dir aber noch erzählen.«

»Was denn?«

»Es hat mit Walter zu tun, und mit Guesty, und den Mauern, die überall einstürzen … Aber lassen wir das für später.« Wieder und noch leidenschaftlicher küsste er seine Frau.

An die nun folgende Vereinigung sollten Darío und Clara sich noch viele Jahre erinnern. Nie wieder sollten ihre Körper so ineinander verschmelzen, beidseitig gebend und empfangend. Vielleicht weil beide endlich einmal sämtlichen Teufeln in ihrem Inneren freien Lauf ließen.

Zwei Tage danach wurde Clara dreißig. Und noch einmal fünf Tage später brach der Sturm los, der die Leben aller Clan-Mitglieder so überraschend und endgültig verändern sollte.

Eine Kaltfront, der ein feiner Regen vorausging, fegte über den Golf von Mexiko und traf am 20. Januar auf die Insel. Sofort sanken die Temperaturen, und der bedeckte Himmel wurde von einem grauen und dennoch glänzenden Licht erfüllt. Am Nachmittag des 21. zeigte das Thermometer im Hof von Fontanar sechzehn Grad, was die Bewohner als arktische Kälte empfanden.

Clara hatte in der Nacht davor kaum geschlafen. Zwar war sie eine Viertelstunde, nachdem sie sich hingelegt hatte, vor Müdigkeit eingeschlafen, aber morgens um halb drei schreckte sie aus einem Traum auf – sie suchte nach mehreren Kindern, die ihre Kinder und zugleich nicht ihre Kinder waren, beugte sich über einen Abgrund, aus dem undurchdringlicher, erstickender Dampf quoll, der ihr die Sicht nahm. Schlagartig war sie hellwach, starr vor Kälte und wusste, dass sie so bald nicht wieder würde einschlafen können. Lauter unangenehme Gedanken gingen ihr durch den Kopf: das Fest, das sie am nächsten Tag organisieren musste, in dessen Mittelpunkt sie zudem stand; die seltsame

Mischung aus Begierde und Abwehr, die sie während der Liebe mit Darío empfand; die rätselhafte Unruhe, die Elisas Nähe mittlerweile in ihr hervorrief; die sich ankündigenden, zum Teil schon spürbaren materiellen und geistigen Schwierigkeiten, die ihrer aller Zukunftsaussichten verdüsterten. Als ob das nicht genügt hätte, waren da noch Walters paranoide Geschichten und die Frage, ob das, was er über Guesty behauptete, tatsächlich wahr sein könnte.

Sie beobachtete die eigenwilligen Formen, die das an der Fensterscheibe hinablaufende Regenwasser bildete, und so gelang es ihr allmählich, sich zu entspannen. Kurz vor dem Morgengrauen versank sie in einen bleiernen Schlaf, aus dem sie, ganz gegen ihre Gewohnheit, erst gegen neun Uhr wieder erwachte, um an diesem Tag den wohl denkwürdigsten Geburtstag ihres Lebens zu feiern.

Am Nachmittag trafen nach und nach die Clan-Mitglieder in Fontanar ein. Der Geruch ihrer Regenmäntel verriet, dass sie lange Zeit an verschlossenen Orten aufbewahrt worden waren. Zuerst erschienen Bernardo und Elisa, gefolgt von Fabio und Liuba. Fabio hatte den Auftrag, Darío beim Grillen des Spanferkels zu unterstützen, während Bernardo und Liuba sich um den Reis, die schwarzen Bohnen und die widerspenstigen Maniokknollen kümmern sollten. Die zu schälen, fiel Elisa und Clara zu. Zur Einstimmung servierte Bernardo sich erst einmal ein Glas Rum, woraufhin die anderen sich vielsagend ansahen – dass er noch vor Abschluss der ihm zugewiesenen Küchenarbeiten ausfallen würde, schien offensichtlich. Zum Glück standen Irving und vor allem Joel bereit, um ihn zu ersetzen, während weder auf Horacio noch auf Walter – die zudem stets als Letzte eintrafen – ernsthaft zu zählen war. Und erst recht nicht auf die blonde Guesty mit ihren manikürten Nägeln oder auf Margarita, »die noch unsympathischer ist als ihre grässliche Mama«, wie Irving sich wohlmeinend ausdrückte.

Zwischendurch gönnte sich Clara eine ausgiebige heiße Dusche und schloss sich, noch ungeschminkt, wieder den Festvorbereitungen an. Bevor sie sich die Maniokknollen vornahm, rauchte sie jedoch, an die Spüle gelehnt, noch eine Zigarette. Ob es ihr tatsächlich gelingen würde, mit dem Rauchen aufzuhören? Von dort, wo sie stand, hatte sie – dank dem raffinierten Bauplan ihrer Eltern – einen weiten

Blick über die Terrasse und den Hof. In dessen Zentrum, auf dem großen Esstisch, prangte die von Elisa beigesteuerte Schokoladentorte, in der bereits dreißig kleine rote Kerzen steckten. Um die Feststimmung noch zu steigern, hingen an der Decke Papiergirlanden sowie vier aufgeblasene Kondome – Luftballons gab es auf Kuba nun einmal nicht. Als Clara schließlich die erste Maniokknolle ergriff, tauchte inmitten der gleichermaßen fröhlichen und surrealen Szenerie unwillkürlich wie ein boshafter Bumerang das Bild der am Boden kauernden Elisa, die mit den Armen ihre Beine umschlang, vor ihr auf. Und als hätte es die echte Elisa herbeigerufen, kam diese im selben Augenblick auf sie zu und bat um ein Messer, um sich am Schälen beteiligen zu können.

»Zieh dir eine Schürze an, die Knollen sind voller Erde«, sagte Clara, während sie ihr das Messer hinhielt.

Bevor Elisa die neben der Spüle hängende Schürze vom Haken nahm, zog sie ihren englischen Wollpullover aus. Als sie nach der Schürze griff, entdeckte Clara den blauen Fleck an ihrem linken Oberarm.

»Was ist das denn?«

Elisa schüttelte lächelnd den Kopf. »Was der Beruf eben so mit sich bringt. Das ist von einem Pferdehuf.«

»Du musst vorsichtig sein! Und wenn er dich am Bauch getroffen hätte?«

Elisa nickte. »Keine Sorge. Ich habe heute unbezahlten Urlaub beantragt, und dann fängt ja sowieso der Mutterschutz an.«

»Ein Glück«, sagte Clara seufzend und wandte sich ihrer Arbeit zu. Doch dann nahm sie Elisas Geruch wahr, sie machte sich nicht weit von ihr ebenfalls ans Schälen. Und wieder fühlte sie sich verloren, als wäre sie auf einmal jemand anders, ohne dass sie hätte sagen können, wer diese neue Person war und was sie ausmachte. Sie zwang sich, an etwas anderes zu denken.

»Was ist eigentlich mit Bernardo? Übertreibt er es nicht ein bisschen mit dem Trinken?«

»Er trinkt so viel wie immer.«

Clara schüttelte den Kopf. »Und was ist mit Walter? Habt ihr ein Problem mit ihm, du und Bernardo?«

Elisa starrte unverwandt auf die Knolle in ihrer Hand. »Nein, wir können ihn bloß nicht ertragen, das ist alles, und … Au! So ein Mist! Scheißmaniok!«

Mit metallischem Klirren schlug ihr Messer im Spülbecken auf. Clara sah, wie sich Elisas Daumenspitze blutrot färbte. »Schnell, halt den Finger unters Wasser«, rief sie und drehte den Hahn auf. »Ist nicht schlimm«, verkündete sie nach einem Blick auf die Wunde. Sie zog eine Schublade auf, holte ein frisches weißes Tuch hervor und wickelte es um den Daumen. »Immer schön nach oben halten.«

»Kühe besamen und Stiere kastrieren, das kann ich, aber wie man eine verdammte Maniokknolle schält, werde ich wohl nie lernen«, sagte Elisa mit schmerzverzerrtem Gesicht.

»Du bist eben für Höheres geboren«, erwiderte Clara, und beide lächelten. Vorsichtig entfernte sie das Tuch. An der Daumenspitze war bloß noch eine schmale Schnittwunde zu erkennen, die aber jeden Augenblick wieder zu bluten anfangen konnte. »Ich hol dir ein Pflaster«, sagte Clara, zog die Schürze aus und lief hinauf ins Bad. Zwei Pflaster waren noch im Verbandskasten im Spiegelschrank. Sie machte sich damit auf den Rückweg. Elisa war bereits die Treppe hochgekommen und erwartete sie im angrenzenden Zimmer, mit erhobenem Daumen, als wollte sie per Anhalter durch die Galaxie reisen.

»Du hättest nicht extra raufzukommen brauchen«, sagte Clara.

»Ich bin vor Margarita geflohen. Sie und Walter sind angekommen. Ich kann ihn einfach nicht ertragen. Musstest du ihn unbedingt mit einladen?«

»Der braucht keine Einladung, der kommt von selbst, wie es ihm gerade passt. Zeig mal«, sagte sie und setzte vorsichtig das Saugkissen des Pflasters auf die kaum mehr blutende Wunde, zog die Schutzstreifen ganz ab und drückte die Klebefläche behutsam fest. Dabei spürte sie, wie Claras bereits leicht vorstehender Bauch den ihren berührte. Gierig sog sie die Düfte von Parfüm, Shampoo und Make-up ein – Frauengerüche. Als sie fertig war, behielt sie Elisas Hand einen Augenblick zwischen den ihren. Wie lange dauert ein Augenblick? Wie viel passt in einen Augenblick? Irgendwann in diesem aus der Zeit gefallenen oder sich über alle Zeit erhebenden Augenblick, in dem Clara weiterhin den leisen Druck des sich wölbenden Bauchs der anderen an ihrem eigenen, flachen Bauch spürte, setzte eine Bewegung ein. Ging sie von ihr aus? Von Elisa? Von beiden? Die Lippen der beiden Frauen berührten sich. Claras Beine fingen an zu zittern, hellwach nahm sie den fruchtigen Geschmack des Speichels der anderen wahr, ihre vollen Lippen, das Drängen ihrer sanften spitzen Zunge, den Druck ihrer kräftigen Zähne. Was dachte sie dabei, was empfand sie, was schmeckte und schluckte sie, was gab und empfing sie? Wer von ihnen beiden war aus dem Gleichgewicht geraten? All das sollte sie sich später fragen, doch ein plötzlicher Ruf ließ sie erstarren und beendete schlagartig diese Sekunden einer aufwühlenden Vereinigung, der sie sich mit allen Sinnen und heftig schlagendem Puls hingegeben hatte.

»Mami!« In der Tür stand Marcos.

Clara hielt immer noch Elisas verletzte Hand in der ihren und brauchte womöglich länger als einen Augenblick – war das immer noch der Augenblick von davor? –, um sich zu fassen und sich, mit leisem Schwindel, ihrem jüngeren Sohn zuzuwenden.

»Schrei nicht so!«, fuhr sie ihn aufgebracht an. Was hatte der Kleine gesehen?

»Was ist los mit Elisa?«, fragte Marcos.

»Nur ein kleiner Schnitt. Ist schon wieder gut«, sagte Elisa, löste sich aus Claras Händen und trat auf Marcos zu, um ihm den frisch verarzteten Finger zu zeigen. Im Vorbeigehen brachte sie mit der unverletzten Hand sein Haar durcheinander. In Wirklichkeit, dachte Clara sofort, will sie seine Gedanken durcheinanderbringen. Was hatte ihr sechsjähriger Sohn gesehen? Und falls er etwas gesehen hatte, was dachte er sich dabei? Den ganzen Abend wartete sie auf eine Bemerkung ihres Kleinen, doch es kam nichts, weder an diesem Abend noch in den folgenden Tagen. Antworten auf ihre Fragen sollte sie erst fast dreißig Jahre später erhalten, als diese Fragen ihr kaum noch etwas bedeuteten oder sie auf ganz andere Weise berührten.

Auch Clara schloss sich den Feiernden an, hielt sich dabei aber von Elisa möglichst fern. Sie begrüßte Horacio und Guesty, die als Letzte eingetroffen waren. Als die Blondine mit den stets überrascht blickenden Kulleraugen sie auf die Wange küsste, musste Clara sofort an

Walters Verdacht, aber auch an Elisas Kuss denken. Sie stellte den Topf mit den Maniokknollen aufs Feuer, gab Salz dazu und goss sich zuletzt ein Glas vom Rum »Flor de Caña« ein, den Walter mitgebracht hatte. Sie brauchte etwas, um sich zu betäuben. Sie wollte an nichts denken, konnte es sich nicht erlauben, an irgendetwas zu denken – sie hätte nicht mehr mit dem Denken aufhören können.

Als sich schließlich alle Gäste eingefunden hatten und sich, Rum und Bier trinkend, über Gott und die Welt unterhielten, während die Maniokknollen im riesigen Aluminiumtopf vor sich hin brodelten, der Reis langsam in drei Wärmebehältern garte, die Bohnen sich in mehreren Schnellkochtöpfen, deren Deckel bereits abgenommen worden waren, auf kleiner Flamme köchelnd mit der nach Kreuzkümmel duftenden Soße zu einer zähen Masse verbanden und das sich über der Grillkohle drehende Spanferkel einen immer verheißungsvolleren Geruch aussandte, bat Bernardo mit erhobenem Glas um Aufmerksamkeit. Mit lauter Stimme verkündete er, es sei an der Zeit für einen kleinen Trinkspruch. Er gab Ramsés ein Zeichen, der daraufhin die Platte abstellte, auf der Pablo Milanés jene berühmten Boleros sang, die Elisa jedes Mal zu Tränen rührten.

Mit vom vielen Rum bereits unsicheren Beinen steuerte der Mathematiker eine Stelle auf der Terrasse an, von wo aus er den Garten überblicken konnte. Clara tat, als bemerkte sie die leicht spöttischen Blicke nicht, die die anderen sich zuwarfen. Auch sie selbst spürte bei Bernardos Anblick einen leisen Stich im Herzen. Das Blitzlicht von Walters Kamera flammte auf, anschließend räusperte Bernardo sich und wartete, bis der Lärm eines vom nahe gelegenen Rancho-Boyeros-Flughafen abhebenden Flugzeugs sich gelegt hatte.

»Auf gehts, Ramsés«, sagte Bernardo, und der Junge drückte lächelnd auf die Starttaste des Plattenspielers, auf den er eine andere Platte gelegt hatte.

Mehrere unverwechselbare Gitarrenakkorde, die von allen sofort erkannt wurden, erfüllten den Hof. Manche lächelten, andere schüttelten den Kopf und richteten den Blick neugierig auf Bernardo, der mit geschlossenen Augen reglos dastand, während die durchscheinende Stimme von Steve Walsh, dem Sänger von Kansas, einsetzte:

I close my eyes, only for a moment,
And the moment's gone
All my dreams pass before my eyes, a curiosity
Dust in the wind
All they are is dust in the wind.

Bernardo schlug die Augen auf und sah alle der Reihe nach an. Clara fragte sich besorgt, was wohl als Nächstes passieren werde. Sie wusste, dass Bernardo dieses Stück abgöttisch liebte, aber war das die passende Musik für eine Feier? Nach Robby Steinhardts melancholischem Geigensolo setzte das Stück zu seinen letzten Zeilen und Akkorden an:

Dust in the wind
All we are is dust in the wind
Dust in the wind
Everything is dust in the wind
The wind …

Noch einmal ließ Bernardo den Blick über die anderen gleiten, die ihrerseits erwartungsvoll schwiegen.

»Ist das nicht eins der schönsten Stücke, die je geschrieben worden sind? Und eins der wahrsten? Ja, verdammt, alles ist Staub im Wind … Und deshalb, bevor ihr euch jetzt alle den Bauch mit gebratenem Spanferkel und Reis mit Bohnen vollschlagt, möchte ich etwas sagen.« Er lächelte, und seine Augen leuchteten wieder geheimnisvoll und verführerisch tiefgrün. »Ich weiß nicht, ob ihr es euch klargemacht habt, aber ich bin hier ja der Kybernetiker, und deshalb bin ich auch für die Zahlen zuständig. Also, die Zahlen sagen, dass wir uns heute zum elften Mal hier versammeln, um den Geburtstag unserer geliebten Clara zu feiern. Das erste Mal war 1980, da waren wir schon fast alle dabei, bis auf Walter, das Scheusal, wie manche ihn nennen, der war damals noch in Sibirien auf Bärenjagd. Joel war auch nicht dabei, der wurde zu der Zeit noch versteckt. Und von Margarita wussten wir gar nicht, dass sie existiert. Das gilt auch für Guesty, die war nämlich noch in der

Grundschule. Aber alle anderen wissen genau, wie wir 1980 drauf waren, oder? Scheiße, was? Und jetzt schaut euch an, wie wir heute drauf sind, 1990. Fast alle sind wir inzwischen dreißig, aber wir sind nicht mehr dieselben wie früher, wie José Martí gesagt hat ...«

»Idiot! Das war Neruda«, rief Irving.

»Ein Dichter jedenfalls! So oder so werden wir nie wieder dieselben sein. Wir sind nämlich Staub im Wind, genau ... Und jeder von uns hat Schrammen und Narben davongetragen. Trotzdem sind wir hier beisammen, und genau das wollte ich sagen. Wir sind hier beisammen, weil Clara uns wie ein Magnet zusammengehalten hat, als der Clan, der wir sind.« Er nickte, trank und lächelte. »Clara und dieses Haus hier. Clara, die so viel aushält. Denn es braucht einiges, uns auszuhalten. Aber bevor ich jetzt auf die heilige Clara der Freundschaft anstoße, auf Mama Clara, will ich auf meine Frau Elisa anstoßen, Elisa, vida mía ... Wie geht das Gedicht von Garcilaso de la Vega noch mal weiter, Irving?«

»Als wir im kühlen Wind / einst zarte Blumen pflückten dort im Tale ...«

»Danke. Kühl ist vielleicht ein bisschen untertrieben, es ist ganz schön kalt heute, oder?«, sagte Bernardo, und alle, bis auf Walter, Elisa und Clara, lächelten. »Wie gesagt, auf Elisa, mein Leben, meine Frau, für die ich imstande wäre, zu töten, weil in ihrem Bauch ein Kind heranreift, für das wir, wie ihr alle wisst, lange haben kämpfen müssen. Ein Kind, dass wir durch Gottes Hilfe, wie manche meinen, also durch ein Wunder, endlich bekommen werden. Ich meine jedoch, dass meine Frau und ich dafür verantwortlich sind. Drum wird es, wenn es ein Mädchen wird, Clara Elisa heißen, das verspreche ich. Aber wenn es ein Junge wird, nenne ich ihn Attila.« Er lächelte, und fast alle anderen lächelten auch. »Damit er ein richtiger Wilder wird. Deshalb sorge ich später auch dafür, dass er Baseballspieler oder Boxer oder Musiker wird, das ist nämlich das Beste, was man in diesem Scheißland sein kann. Auf Elisa, die Mutter! Und auf den endlich errungenen Sieg! Prost!« Er hob sein Glas, und die anderen folgten seinem Beispiel. »Und auf Clara, die noch viele, viele Geburtstage feiern soll. Und immer sollen wir alle dabei sein und auf sie anstoßen!

Prost, Clara! Herzlichen Glückwunsch!« Schreiend, klatschend, pfeifend und mehr Rum und Bier fordernd, stimmten die Übrigen mit ein.

Selbst Margarita war die Rührung anzumerken, als die langjährigen Freunde sich in die Arme fielen und küssten, lachend anstießen und einander beglückwünschten. Clara hielt sich auch jetzt von Elisa fern, beobachtete dafür aber umso besorgter, dass Elisa ihrerseits Walter – oder Walter ihr? – aus dem Weg ging. Und als Clara sah, wie Elisa und Irving, nachdem sie sich geküsst hatten, leise ein paar Bemerkungen austauschten, befiel sie Furcht – bestimmt ging es um Bernardos seltsame Ansprache, in der er sich bereit erklärt hatte, für die Frau zu töten, die, wie die meisten von ihnen annahmen, in ihrem Bauch das Kind eines anderen Mannes trug. Oder doch nicht?

»Und jetzt ein Foto vom ganzen Clan!«, rief Horacio schließlich, legte Clara den Arm um die Schulter und griff gleichzeitig nach Guestys Hand, damit sie sich nicht ausgeschlossen fühlte. »Auf gehts!«

»Alle in den Garten! Hier auf der Terrasse müsste ich gegen das Licht fotografieren«, schrie Walter und schwenkte die Arme, als würde er eine Herde zusammentreiben.

Fabio stellte sich ganz nach links und legte den Arm um Liubas Schulter. Irving ergriff die Hand des schüchternen Joel und postierte sich mit ihm an der Seite des Architektenpaars. Bernardo und Elisa bezogen neben ihnen Stellung. Clara hakte sich bei Darío unter und rückte so nahe an Elisa, dass ihre Schultern sich unwillkürlich berührten. Horacio, der unentwegt Guestys Hand hielt, nahm zusammen mit ihr den Platz neben den Hausherrn ein. Und ganz rechts postierte Margarita sich so, dass ihre X-Beine möglichst nicht auffielen. Ramsés und Marcos gingen vor den Erwachsenen in Position. Nur Fabiola erschien nicht, so laut Fabio auch nach ihr rief.

»Ich glaub, die ist auf'm Klo«, verkündete der kleine Marcos, und alle lachten. Walter, der die Gruppe durch den Sucher in den Blick nahm, befahl: »Enger zusammenrücken!« Da ergriff Bernardo Elisa an den Schultern und drehte sie so zu sich, dass sie ihn anblickte und für die Kamera von der Seite zu sehen war. Zugleich war sie dadurch ein kleines Stück von Clara entfernt.

»Alle lachen, verdammt! Fabiola ist auf'm Klo-ho!«, rief Walter, das Auge an die Kamera gepresst. Das Blitzlicht flammte auf. »Und noch mal, alle stillgestanden!« Erneutes Aufblitzen.

Und gleich darauf Horacios Ruf: »Mist, das Ferkel brennt an!«

Während Walter den vollgeknipsten Orwo-Film zurückspulte und anschließend aus seiner Zenith-Kamera nahm, löste der Clan sich lächelnd in seine Bestandteile auf. Wie Staub im Wind.

Ist es heiß in Havanna?

Irving wusste es längst, aber die Wirklichkeit bestätigte es ihm stets aufs Neue: Jeder schleppt seine Ängste mit sich herum. Manche tragen allerdings schwerer daran als andere.

Als er endlich aus dem Flughafengebäude trat und ihm die feuchte Hitze ins Gesicht schlug, hatte er das Gefühl, gleich in Ohnmacht zu fallen. Was war das denn? Fast fünfzehn Jahre war er nicht in Kuba gewesen. Hatte er darum diese Art Wärmeerlebnis glorifiziert? Oder schlichtweg vergessen, wie es wirklich war? Sämtliche Poren öffneten sich und ließen den Schweiß nur so an ihm hinabströmen. Auch in die Augen trat ihm die brennende Flüssigkeit und verstärkte seinen Drang zu weinen. Trotzdem lag es nicht nur an der klebrigen Hitze. Dass er dermaßen schwitzte und die Tränen kaum zurückhalten konnte, war auch seiner Angst geschuldet. Das war ihm klar. Dieser ewigen Angst, der er sich nicht entziehen konnte, weil sie ein Bestandteil der Luft war, die man auf der Insel einatmete, ein stets wirksames Gift, das ihn schließlich dazu gebracht hatte, wegzugehen. Nach all den Jahren hatte er sich eingebildet, diese Angst abgeschüttelt zu haben, doch wie ein tückischer Bumerang war sie unversehens aus irgendeiner vierten Dimension zurückgekehrt, um ihn wieder in ihren Würgegriff zu nehmen. Deshalb hatte er sich auch, ohne jeden Appetit, während des Flugs an die Armlehnen seines Sitzes geklammert, wenn ihn nicht die nächste Durchfallattacke zwang, hastig die Toilette aufzusuchen.

Nach der Landung musste er zunächst an drei Uniformierten vorbeigehen. Sie musterten jeden, als hätte er sich der schlimmsten Dinge schuldig gemacht, und seine Beklemmung steigerte sich zur lähmenden Panik, die noch wuchs, während er die überfüllten Einreiseschalter ansteuerte. Sein Herz klopfte so laut, dass er fürchtete, sich dadurch bei den Grenzbeamten erst recht verdächtig zu machen.

Dreißig Minuten warten, allein für die Passkontrolle. Kaum bist du in Kuba, heißt es sich anstellen. Willkommen im Land der langen Schlangen, dachte er beim Blick auf ein Werbeplakat, das die

Ankommenden wissen ließ, sie befänden sich nunmehr »im Paradies auf Erden«. Leise »guten Abend« murmelnd, überreichte er schließlich mit zitternder Hand seinen kubanischen Reisepass, den das Konsulat in Madrid mit einer gestempelten Einreisegenehmigung für sein eigenes Land verziert hatte.

Der Beamte fing an zu lesen: »Ir…«

»Irving Castillo Cuesta«, kam der Heimkehrer ihm ängstlich zuvor.

»Schauen Sie mal hier in die Kamera«, forderte der Beamte ihn auf, und Irving tat wie befohlen. Klick. »Mit welcher Fluggesellschaft sind Sie gekommen?«

»Cubana.«

»Woher?«

»Aus Madrid …«

»Haben Sie auch einen spanischen Pass?«

»Ja.«

»Zeigen Sie mal her.«

»Hier, bitte, Genosse.«

»Wo werden Sie wohnen?«

»Bei meiner Mutter, die Ärmste ist krank. Ihre Adresse ist El Vedado, Calle K 312, zwischen der 15. und der 17. Straße. Zweiter Stock. Wohnung 24!«

»Ihr Rückflugticket?«

»Hier …«

Während Irving sprach, sah der andere ihn nicht an. Irving spürte, dass seine Knie immer weicher wurden, als der Beamte sich mit wissenschaftlicher Akribie seine beiden Pässe und das Ticket vornahm. Dabei kniff er leicht die Augen zu und glich die Informationen, die er Irvings Papieren entnahm, mit Daten ab, die offenbar auf dem Bildschirm seines Computers erschienen. Ob dort auch stand, dass er im Gefängnis gesessen hatte? Oder hieß das offiziell »in Haft«? Schreckliche Tage der Einkerkerung, das war es für ihn gewesen.

Der Zöllner schaute zu ihm hoch, dann wieder zurück auf die Papiere.

Warum dauert das so verdammt lange? Ja, da steht bestimmt, dass ich in Haft war. Sie haben meine Akte schließlich digitalisiert, meine dicke, fette Akte, dachte der Heimkehrer und spürte, wie es in seinem Darm wieder bedrohlich zu rumoren begann und ihm der Schweiß aus allen Poren trat.

Fast wünschte er, man möge ihm die Einreise in sein Land verweigern und ihn mit demselben Flugzeug nach Spanien zurückschicken. Fünfzehn Jahre lang hatte er geschworen, nie wieder nach Kuba zurückzukehren. Fünfzehn Jahre hatte er immer wieder diesen Albtraum, den offenbar alle ins Exil gegangenen Kubaner hatten: Er kam auf die Insel zurück und man ließ ihn nicht wieder weg. Alle Erklärungen, man habe nichts Böses getan, nützen nichts. Man bittet und fleht, aber man sitzt in der Falle, und es gibt keinen Ausweg. Alle Exilanten, die er kannte, hatten ihm von genau dieser Angst berichtet, die ihn jetzt überfiel. In diesem Moment, wo er eigentlich glücklich über die – zeitlich begrenzte – Rückkehr in die Heimat hätte sein sollen.

»Wann, sagen Sie, sind Sie aus Kuba ausgereist?«, attackierte der Grenzbeamte ihn erneut.

»1997, nein, Entschuldigung, 96. Fast fünfzehn Jahre ist das jetzt her.«

»In der ganzen Zeit waren Sie nicht hier?« Der Mann sah ihn noch durchdringender an, und Irving schüttelte verlegen den Kopf, als würde er sich, indem er zugab, dass er ein Drittel seines Lebens außer Landes gewesen war, einer schweren Sünde für schuldig bekennen.

»Warum kommen Sie jetzt?«

Irving hatte über die Antwort auf diese Frage lange nachgedacht. Es gab zwei Möglichkeiten, die eine erforderte Mut, die andere war bloß vernünftig, beide waren wahr. Am liebsten hätte er mutig herausgeschrien: Weil ich, verdammt noch mal, Lust habe, in mein Heimatland zu fahren! Vernünftig, wie er war, entschied er sich jedoch für die zweite: »Wie gesagt, meiner Mutter geht es sehr schlecht. Meine Schwester hat mich deshalb gebeten ...«

Der Beamte ließ sich keine Reaktion anmerken, griff aber schließlich zu einem Stempel und drückte ihn auf Irvings kubanischen Pass. Dann gab er ihm alle Papiere zurück. »Willkommen in Kuba«, sagte er. Und – war das ein Lächeln?

Die Angst ließ ein klein wenig nach, verschwand aber nicht. Im Bereich, wo man auf das Gepäck warten musste, wanderten zahllose

Zollbeamte umher, in Begleitung kleiner schlappohriger Hunde, die man unter anderen Umständen sogar nett hätte finden können. Das Gepäck kam und kam nicht. Die Uniformierten beäugten die Reisenden, überprüften die Kofferanhänger, ließen sich erneut Pässe zeigen, und stellten allen, die den Raum verlassen wollten, Fragen, Fragen und noch mehr Fragen. Haben Sie elektronische Geräte dabei? Nahrungsmittel? Geschenke? Bücher? Darf ich bitte Ihren Pass sehen? Die Zöllner in Spanien stellten nie irgendwelche Fragen, es sei denn, man wäre mit zwei blau gestrichenen Elefanten erschienen. Die hiesigen dagegen konnten gar nicht genug davon bekommen. Eine Frau in weißem Kittel fragte ihn, ob er Fieber habe oder kürzlich gehabt habe, ob er aus Afrika einreise, und ähnliche Seltsamkeiten, worauf Irving am liebsten geantwortet hätte, er habe sich auf dem Flug fast in die Hosen gemacht. Doch er verkniff es sich und verneinte sämtliche Fragen mit einem Lächeln. Anschließend musste er allerdings tatsächlich einen eiligen Zwischenhalt auf der verdreckten Flughafentoilette einlegen. Während er eine beißende Flüssigkeit ausschied, merkte er, dass kein Klopapier vorhanden war. Also blieb ihm nichts anderes übrig, als sich den von den vielen Sitzungen unterwegs bereits wunden Hintern mit seinem Taschentuch zu säubern. Wie hatte er bloß so dumm sein können, sich freiwillig in die Höhle des Löwen zu begeben?

Eine Klimaanlage hatte das Taxi, das ihn in die Stadt brachte, nicht, weshalb Irving auf beiden Seiten die Fenster herunterkurbelte, um wenigstens durch den Fahrtwind ein wenig Kühlung zu bekommen. Draußen war es stockfinster und drückend schwül. Doch als der Wagen dann an der kaum beleuchteten Tankstelle von Fontanar vorbeifuhr, hatte Irving zum ersten Mal das Gefühl, sich auf vertrautem Terrain zu befinden. Er versuchte, sich vorzustellen, wie es wäre, nach so langer Zeit Clara und Bernardo wiederzusehen, die letzten Mitglieder des einstigen Clans. Und wieder befiel ihn die Angst. Der Gedanke an die Begegnung mit seiner Mutter löste sogar panischen Schrecken in ihm aus.

Tatsächlich, so war es: Jeder schleppt seine Ängste mit sich herum. Manche tragen allerdings schwerer daran als andere.

Wo man glücklich ist, da bleibt man auch.« So hatte Horacio, gestützt auf die Lektüre einer Vielzahl beunruhigender Bücher, bedeutsam verkündet. Ob das stimmte? Und was, wenn man an dem Ort, wo man lebt, nicht glücklich ist, aber trotzdem zu Hause, und deshalb nicht auf den Gedanken kommt, wegzugehen? Und kann man den genauen Moment bestimmen, in dem jemand aus der Bahn geworfen wird, in dem ein Menschenleben unerwartet eine völlig andere Richtung einschlägt? Und – wie Clara die Frage formuliert hätte – wie lange dauert solch ein Moment, welches Gewicht kommt ihm zu, worüber entscheidet er? Nimmt man diesen Moment wahr, oder geht er unbemerkt vorüber? Und das Glück, wie lange hält es an? Und wenn alles zusammengebrochen ist, kann es dann am Ende trotzdem noch einen Sieg geben, wie Bernardo behauptete? Andererseits, wie Darío einmal erwidert hatte: Soll man sich solche Fragen, auf die es keine befriedigenden, ja, vielleicht nicht einmal tröstliche Antworten gibt, überhaupt stellen?

Jahrelang hatte Irving sich mit diesen Überlegungen herumgequält, die im Grunde seine Lebensfragen waren. Den 27. Januar 1990, einen Sonntag, an dem er morgens auf so scheußliche Weise aus dem Schlaf gerissen wurde, sollte er jedenfalls nie vergessen. Es war der Auslöser, der letzte Anstoß seiner Entscheidung, wegzugehen. Nicht das Glück, aber doch wenigstens heilsame Erleichterung hoffte er zu finden. Wie es dann ja auch geschehen war.

Wie so oft zu jener Zeit hatte er die Nacht von Samstag auf Sonntag in der winzigen Wohnung seines Geliebten Joel im Stadtteil Cerro verbracht. Er hatte ruhig und sanft geschlafen, was zweifellos auch dem Feiern am Vorabend mit Kollegen aus dem bereits dahinsiechenden Verlag geschuldet war. Bei einem von ihnen hatten sie nach einem Theaterbesuch noch etwas getrunken. Obwohl jedermann klagte, dass es an allem mangelte, hatte bei ihrem Zusammensein nichts gefehlt, was es zum Glück brauchte: Rum, Erdnüsse und mit irgendeiner Paste bestrichene Kekse. Das Glück dieses Abends war Irving besonders willkommen, wollte er sich doch von der Anspannung der letzten Tage befreien. Deren Grund war ein sehr unangenehmer Zwischenfall, von dem noch eine grünliche Platzwunde in seinem Gesicht zeugte. Ein Zwischenfall, der wohl auch die Folge haben würde, dass die Mitglieder des Clans sich nie wieder vollständig versammeln würden. Nie wieder – was für eine makabre Bedeutung diese Worte haben konnten. Aber das wurde ihm erst später klar.

Das Klingeln des Telefons hatte ihn also aus einem wohligen Schlummer gerissen, dem er sich an Sonntagen wie diesem überließ, wenn er sich in Frieden mit sich selbst fühlte. Als er die Augen aufschlug, merkte er, dass sein Hirn noch in den Resten des Alkohols vom Vorabend dahintrieb. Unsicher kletterte er aus dem Bett und stieß auf dem Weg zum Telefon einen Stuhl um. In Joels winziger Behausung rannte er ständig gegen irgendwelche Möbel. Mühsam unterdrückte er den Schmerz und einen Fluch und griff nach dem Hörer des schrill klingelnden Apparats, während Joel leisen Protest vernehmen ließ.

»Ja«, flüsterte er in den Hörer, um Joel nicht endgültig zu wecken, der tatsächlich wieder tief und gleichmäßig zu atmen anfing.

»Ich bins, Horacio ...«

»Horacio? Quintus Horatius Flaccus?« Selbst in seinem gegenwärtigen Zustand konnte Irving sich den kleinen Witz nicht verkneifen. »Warum rufst du an einem Sonntagmorgen so früh an, du Vollarsch?«

Horacio antwortete erst nach kurzer Pause. »Es ist fast elf. Aber weißt du es nicht? Na ja, wie auch ...«

Irving verstand kein Wort. Vor dem ersten Kaffee war er außerstande, auch nur einen klaren Gedanken zu fassen. Doch rückte er jetzt immerhin mit dem Telefon so weit wie möglich weg von Joel.

»Was soll ich denn wissen?« Sein Blick wanderte von der rissigen Zimmerdecke zur Uhr, die zehn vor elf anzeigte, dann zum Stuhl, den er gerade umgestoßen hatte, und weiter zu Joel, der wieder ergeben schlafend dalag, mit einer grandiosen Erektion, die sich am darüber aufgespannten Laken ablesen ließ. Diesem harten Stück schwarzen Fleisch würde er sich gleich widmen, dachte Irving. Auch dafür sind schläfrige Sonntagmorgen schließlich da, dachte er außerdem noch, mit schweifendem Blick und abschweifenden Gedanken. Doch dann war es für immer vorbei mit dem, was man Normalität nannte. Denn sein Freund ließ die Bombe platzen.

»Walter ist tot.«

»Was?«

»Walter ist tot, verdammt.«

»O Gott!«

»Er hat sich heute Nacht umgebracht.«

Nichts hätte das neue Leben in Madrid getrübt, wären da nicht die Albträume gewesen. Nacht für Nacht floh er vor etwas, erwachte schweißgebadet und mit heftig klopfendem Herzen und hätte manchmal am liebsten einfach losgeheult und sich irgendwo verkrochen.

Die ersten Wochen waren allerdings nervenzehrend und kompliziert. In der kleinen Wohnung im Stadtteil Embajadores, in der Joels Schwester mit ihrem spanischen Mann und den zwei in Spanien geborenen Kindern lebte, musste er auf dem Wohnzimmersofa schlafen. Ins Bad ging er immer erst, wenn die anderen zu ihren täglichen Pflichten aufgebrochen waren. Und an den Wochenenden betete er insgeheim, dass die Familie spazieren oder einkaufen ging, und gönnte sich dann eine ausgiebige heiße Dusche. Eine kleinere Summe Peseten, die Darío ihm von Barcelona aus hatte zukommen lassen, ermöglichte es ihm, sich an den Kosten für Wasser und Strom zu beteiligen. Und, wenn er auf Arbeitssuche von Mutlosigkeit befallen wurde – er ging jedem noch so vagen Hinweis nach –, in die nächste Bar zu flüchten und sich einen Milchkaffee und ein paar Scheiben Toast servieren zu lassen, die er dick mit Butter und Marmelade bestrich. Transportkosten sparte er sich und legte, den Stadtplan in der Hand, kilometerlange Strecken zurück. Das machte ihn, als Nebeneffekt, mit der Stadt vertraut, in der er, auch wenn er sich das damals nicht vorzustellen wagte, den Rest seines Lebens zubringen sollte.

Wenn er sich irgendwo vorgestellt hatte, fieberte er der Antwort entgegen. Nicht jeder Arbeitgeber wollte das Risiko eingehen, jemanden einzustellen, der seine Papiere noch nicht beisammenhatte. Zudem konnte er sich mit fast vierzig und angesichts der Lage auf dem spanischen Arbeitsmarkt keine großen Hoffnungen machen. Das rieb ihm jeder unter die Nase, allen voran Darío, wenn er sich telefonisch aus Barcelona meldete. Trotzdem gab er die Hoffnung nicht auf und wurde schon bald mit einem Quäntchen Glück belohnt. Bereits zwei Wochen nach seinem Eintreffen in Spanien konnte er ein erstes bisschen Geld verdienen, indem er sich um die alte Mutter einer Bekannten von Joels Schwester kümmerte. Die beiden wohnten im obersten Stockwerk desselben Hauses in Embajadores, die Tochter war jedoch aus beruflichen Gründen regelmäßig drei oder vier Tage außerhalb von Madrid unterwegs. Da er die Wohnung der beiden außerdem gründlicher putzte als die Ukrainerin, die bis dahin dafür zuständig war, und darüber hinaus eine Reihe von Gerichten zuzubereiten verstand, die die alte Dame mit Begeisterung aß, wurde sein Gehalt schon bald verdoppelt und seine Beschäftigung regelmäßiger. Ein paar Wochen später fand Irving durch Vermittlung eines Grafikers, der einst auf Kuba sein Arbeitskollege gewesen war, eine halbwegs feste Anstellung bei einer Druckerei. Für einen lächerlichen Lohn überwachte er den gesamten Herstellungsprozess. Trotzdem verbrachte er weiterhin so oft wie erbeten die Nacht in der Wohnung der alten Dame, was für ihn den zusätzlichen Vorteil hatte, dass er dann weder auf das Sofa noch das Badezimmer von Joels Schwester angewiesen war.

Von diesen beiden winzigen Einkommen legte er trotz allem einen Teil zurück, um damit so bald wie möglich eine eigene Wohnung zu beziehen. Darum versagte er sich, beim Vorbeigehen den Blick in die Schaufenster der Kleidergeschäfte zu richten, selbst wenn diese ihre prachtvolle Ware im Schlussverkauf zu Schleuderpreisen anboten. Im Supermarkt begutachtete er zunächst sorgfältig das gesamte Sortiment, machte sich mit den Speisen vertraut, die er gelegentlich nicht einmal dem Namen nach kannte, und verglich die Preise. Nur dem Lockruf der Konditoreien konnte er nicht widerstehen und erlaubte sich den einen oder anderen Luxus. Etwa ein knuspriges Croissant, das erste seines Lebens. Zusammen mit einer Tasse Kaffee versetzte es ihn in den Himmel. Unablässig war er am Beobachten, Kalkulieren und Sparen. Er wollte die innere Mechanik dieser Stadt begreifen, die ihn zwang, alles von Grund auf neu zu lernen. Er fühlte sich, als wäre er von einem anderen Planeten hier gelandet.

Um ihm diese Eingewöhnung zu erleichtern, schenkte Joels Schwester – eine wunderschöne Schwarze, die weibliche Version Joels – ihm ein Handy. Ihr spanischer Ehemann durfte davon nichts erfahren. Sie half ihm dabei, das erste Bankkonto seines Lebens zu eröffnen, wo er umgehend die bis dahin zusammengesparten dreitausendzweiundsiebzig Peseten deponierte. Um die Ausgaben für einen angesichts der immer noch sehr frischen Madrider Frühlingsnächte dringend benötigten Mantel war er herumgekommen, weil Darío ihm aus Barcelona nicht nur einen weiteren Scheck, sondern auch eine dicke Jacke sowie mehrere Pullover und Hemden hatte zukommen lassen, alles nahezu ungetragen, da es seinem Freund, wie der gestand, aufgrund seiner Leibesfülle nicht mehr passte.

Was ihn während den ersten Monaten des Exils am meisten quälte, war die hartnäckige Erinnerung an seine sechs Tage und fünf Nächte dauernde Untersuchungshaft infolge von Walters Tod. Irgendwie war der Verdacht auf ihn gefallen, oder von jemandem auf ihn gelenkt worden, als könnte er in diese Tragödie verwickelt sein, in der so vieles uneindeutig, rätselhaft und von Feindschaften bestimmt war. Auch die übrigen Freunde bekamen es mit der Polizei zu tun, keiner jedoch so intensiv wie Irving. Weder die Zeit noch die räumliche Entfernung hatten die traumatische Erfahrung heilen können, diese immer gleichen Fragen beantworten zu müssen, die man ihm bald behutsam gestellt, bald ins Ohr gebrüllt hatte. Seither hatte ihn die Angst fest im Griff.

Joel, der vorerst in Kuba geblieben war und hoffte, mithilfe des einen oder anderen europäischen Konsulats ihm nachzufolgen, forderte ihn früher, als er gedacht hatte, auf, die Suche nach einer eigenen Bleibe zu beschleunigen. Seine so großmütige Schwester hatte Joel nämlich beschworen, seinen »Verlobten« – so hatte sie ihn bezeichnet, erklärte Joel lachend am anderen Ende der Leitung beziehungsweise der Welt – möglichst diskret dazu zu bewegen, bei ihr auszuziehen. Sie fürchte, ihren Mann zu verlieren, der herzensgut und dennoch ein leicht reizbarer Griesgram sei wie alle Spanier seit den Tagen von El Cid. »Verstanden«, erwiderte Irving und verkündete seinen Gastleuten noch am selben Abend – kaum acht Wochen nach seiner Ankunft in Spanien –, dass er vorhabe, so bald wie möglich umzuziehen.

Begeistert von der guten Nachricht, empfahl Joels spanischer Schwager ihn einem Freund, der sich mit billigen, aber guten Wohnungen im Zentrum auskannte. Und nur wenige Tage später bezog Irving ein helles Zimmer mit eigenem Bad, als Untermieter einer unternehmungslustigen lesbischen Designerin aus Andalusien, die nicht nur standesgemäß Macarena hieß, sondern dafür, dass er fortan das Putzen der gesamten Räumlichkeiten übernahm, die Miete noch ein wenig reduzierte. Und obendrein wurde Irving damit zu einem Bürger der Demokratischen Republik Chueca.

In diesem sogenannten Madrider Stadtteil verbrachte er seinen ersten spanischen Sommer und machte Bekanntschaft mit der gnadenlosen Madrider Sonne, die ihm die Haut verbrannte. Vor allem aber erlebte er in Chueca jene unvorstellbare, geradezu unerträgliche Leichtigkeit des Seins. Eine solche Freiheit von Vorurteilen hatte er sich niemals vorstellen können. Auf offener Straße küssten sich Männer, wahre Muskelprotze mit üppigen Schnauzern. Anderseits konnte er den entsetzten Blick nicht von den jungen Kerlen wenden, die sich mitten auf dem belebten Platz im Zentrum des Viertels Heroin spritzten. Hatte er hier vielleicht seinen Ort in der Welt gefunden – konnte es sein, dass er durch die Vertreibung aus dem Paradies sein eigenes Paradies entdeckt hatte?

B eim Betreten der Stadt, die einst die seine gewesen war, befiel den Heimkehrer das Gefühl, in eine Welt vorzudringen, deren Grundriss und Wegzeichen er kannte, aber nicht wiedererkannte. Im Prinzip befand sich alles am vorgesehenen Platz – das Meer jenseits der Mauer am Malecón, diesseits die Straße, auf der die Autos entlangfuhren. Ebenso die hohen Gebäude des Stadtteils El Vedado mit seinem reichen Baumbestand und den vielen Parks. Hier war er zur Welt gekommen, hier hatte er bis zum Aufbruch ins Exil gelebt. In manchen Straßen sah er noch das Kopfsteinpflaster aus der Zeit seiner Kindheit. Er begegnete leicht bekleideten Menschen, die sich harmonisch bewegten, lächelnden jungen Leuten, die ein ganz normales Leben zu führen schienen, wie es auch ihm hätte vergönnt sein können oder sollen. In geheimnisvollem Widerspruch hierzu nahm er jedoch gleichzeitig eine Anspannung wahr, einen Zustand großer Erschöpfung, etwas wie einen bevorstehenden Zusammenbruch, weniger aus Altersschwäche als vielmehr aus chronischer Vernachlässigung. Er stieß auf stinkenden, verdreckten Zerfall, den nur noch ein wundersamer Retter vor dem Untergang hätte bewahren können. Auf einmal sah er auch Leute, die einen abgerissenen, völlig heruntergekommenen Eindruck machten. Sie kamen ihm vor wie Zerrbilder der Menschen, mit denen er die ersten sechsunddreißig Jahre seiner Existenz geteilt hatte. Doch nun, nach so vielen Jahren der Abwesenheit und Distanz, schienen sie getaucht in ein düsteres Licht von Fremdheit, Vergessen, Verdrängung und Verlassenheit.

Was war aus seiner Welt geworden? Was war mit ihr passiert? Wo verbarg sie sich? War all das noch seine Welt, oder war das eine bösartige Halluzination, die ihm den Ort bloß vorspiegelte, dem er sich zugehörig glaubte? Hatte er sich in zwei unversöhnliche Hälften aufgespalten? War es ihm, mit seinen mittlerweile fünfzig Jahren, unmöglich, sich an dem Ort zurechtzufinden, der sechsunddreißig Jahre sein Zuhause gewesen war? Während gleichzeitig die Welt, in der er seit bald fünfzehn Jahren lebte, niemals ganz und gar die seine werden würde?

Das Wiedersehen mit seiner Mutter war niederschmetternd gewesen. Obwohl sie nur über die typischen Beschwernisse des Alters geklagt hatte – als hätte sie alles wirkliche Leid, alle Hoffnungen und Erwartungen längst hinter sich gelassen –, hatte er das Gefühl gehabt, einen noch warmen Leichnam – einen gerade noch warmen Leichnam – zu umarmen, als er sie weinend küsste und an sich presste. Sie war winzig klein geworden, ganz in sich zusammengeschrumpft, als wäre kaum noch etwas von der Frau übrig, die sie einmal gewesen war. Das Schuldgefühl, die vergangenen Jahre, die vielleicht ihre letzten waren, nicht mit ihr geteilt zu haben, hatte ihm die Tränen in die Augen getrieben.

Noch elender war das Wiedersehen mit seiner vier Jahre älteren, einzigen Schwester. Sie sah seiner Mutter zum Verwechseln ähnlich, war vorzeitig gealtert, hatte nur mehr spärliches weißes Haar und kaum noch Zähne im Mund, der zudem von einem zwei Jahre zurückliegenden Schlaganfall leicht verzogen war. Sie konnte nur noch jammern und wehklagen, schimpfen und fluchen. Wenn sie ihre immer gleichen Vorwürfe und Beschwerden ausstieß, sprühte der Speichel, und übel riechende Atemwolken kamen aus ihrem Mund. Ihre endlosen Litaneien drehten sich endlos im Kreis. »Zweihundertzwanzig Pesos, zweihundertzwanzig Pesos ...«, war ihr Favorit, die Höhe ihrer Rente, also monatlich zehn Dollar. Hatten seine Mutter und seine Schwester gehungert?

Am Abend seiner Ankunft hatte er die beiden kaum wiedererkannt. Die Wiederbegegnung kam ihm gleichzeitig wie ein Abschied vor. Ihm war, als hätten sie sich all die Jahre nur mithilfe seiner Unterstützung über Wasser gehalten, um nun aufzugeben und sich endgültig fallen zu lassen. Seine bescheidenen Einkünfte reichten nicht weit, aber er hatte dafür gesorgt, dass die beiden Frauen in der winzigen Wohnung überlebt hatten. Er hatte sie durchaus reizvoll in Erinnerung, ein Zuhause, aber jetzt wirkte alles verkommen. Überall standen leere Medizinfläschchen herum, alle Elektrogeräte waren kaputt, die Möbel abgenutzt, die Bücher verstaubt, und von den Wänden blätterte die Farbe. Und wie es hier stank. Das reinste Totenhaus. Es war noch viel schlimmer, als er aufgrund der düsteren Schilderungen Claras und Bernardos, die ihn in Madrid erreicht hatten, vermutet hatte. Schlimmer auch als im Bericht von Joel, der die beiden besucht hatte.

Beschämt hatte Irving festgestellt, dass er, der so viele Nächte seines Lebens bei Ernteeinsätzen in schäbigen Stockbetten auf fleckigen Matratzen und unter Jutesäcken hatte schlafen müssen, Ekel empfand, als er sich schließlich auf dem grauen Laken ausstreckte. Das Bett hatten sie für ihn mit dem besten, was sie besaßen, bezogen, hörte er von seiner Schwester, die einst in Moskau Kerntechnik studiert hatte, wegen ihrer Polyneuritis und Gesichtslähmung, verbunden mit Angstzuständen und Depressionen, aber vorzeitig pensioniert worden war. »Zweihundertzwanzig Pesos, zweihundertzwanzig Pesos ...« Zerrissen von all den widersprüchlichen Eindrücken und Empfindungen, hatte er in dieser ersten Nacht nach der Rückkehr in die Heimat stundenlang geweint, bis ihn irgendwann die Erschöpfung überwältigt hatte. Kaum erwacht, stahl er sich davon, auf der Flucht vor sich selbst und der unerträglichen Litanei seiner Schwester. »Zweihundertzwanzig Pesos, zweihundertzwanzig Pesos ...« Er stürzte sich in die ihm gleichermaßen fremde und vertraute Stadt, auf die Schauplätze seiner schönsten und schlimmsten Erinnerungen.

Vor einem Hotel, das es bei seiner Ausreise aus Kuba noch nicht gegeben hatte, bestieg er ein Taxi. »Nach Fontanar, bitte. Wie viel kostet das?«

»Sie sind Kubaner, stimmts?«

»Ja ...«

»In dem Fall zehn Dollar. Oder zweihundertzwanzig Pesos ...«

W̋äre Walter nicht schon drei Tage nach der Geburtstagsfeier mit den Fotos in Fontanar erschienen – ganz bestimmt auch in der Absicht, Darío erneut wegen der Sache anzugehen, um die er ihn gebeten hatte ... Wäre er dort nicht Irving begegnet und mit ihm in heftigen Streit geraten. Wären in den Tagen rund um den 26. Januar 1990 nicht so viele schlechte Nachrichten eingetroffen und seltsame Dinge passiert, die ein ganzes Knäuel schmerzhafter Ereignisse und Reibungen heraufbeschworen ... Wäre Walter vor allem nicht in der verfluchten Nacht des 26. Januar vom achtzehnten Stock eines Hochhauses in den Tod gestürzt ... Aber so war die Stimmung aufgeheizt, und jeder Schritt, jede Geste des Verstorbenen wie auch der Menschen in seinem Umkreis wurde unter die Lupe genommen. Gab es da versteckte Dramen, Auffälliges, Ungewohntes? Unter normalen Umständen hätte niemand Aufhebens davon gemacht, alles wäre schlichtweg in Vergessenheit geraten.

Ganz gegen seine Gewohnheit – Walter war für seine Nachlässigkeit und Säumigkeit bekannt – erschien er bereits drei Tage nach der

Geburtstagsfeier, am späten Nachmittag des 24. Januar, mit zwei Dutzend Fotos, die er gemacht hatte. Die frischgebackene Dreißigjährige könne als Erste auswählen, verkündete er, den Rest werde er danach unter den anderen verteilen. Überrascht von so viel Effizienz – Walter hatte sich nicht nur Filme beschafft, sondern auch Fotopapier, und er hatte die Filme nicht nur vollgeknipst, sondern die Bilder auch entwickelt –, entschied Clara sich für mehrere Schnappschüsse sowie das Gruppenbild, auf dem sämtliche Clanmitglieder in die Kamera lächelten.

Anschließend tranken sie einen Kaffee, woraufhin Walter und Darío auf den Hof gingen, wo Letzterer gerade mit einer Reparatur des Zauns begonnen hatte. Dort unterhielten die beiden sich lange. Eindeutig: Walter hatte sich nur deshalb so sehr mit den Fotos beeilt, weil er unbedingt mit Darío sprechen wollte, dachte Clara, während sie die zwei von der Küche aus beobachtete. Oder kam sie zu diesem Schluss erst, als sie im Nachhinein über die Ereignisse nachdachte?

Irving hatte seinen Besuch, anders als Walter, angekündigt und traf ein, als die beiden noch im Hof waren. Er setzte sich mit Clara ins Wohnzimmer und trank aus einer Porzellantasse lauwarmen Kaffee, denn es war kein Pulver mehr da, um frischen zu kochen. Dabei sah er sich die Fotos an. Zunächst witzelte er über die abgelichteten Gäste – die Art, wie Guesty die Augen zusammenkniff, Bernardo betrunken in die Kamera stierte –, doch dann verstummte er.

Irving war gekommen, weil ihm während der Geburtstagsfeier die In-sich-Gekehrtheit, ja Verschlossenheit Claras aufgefallen war. Dass sie sich so benahm, war eigentlich nichts Neues – Clara hatte sich noch nie viel aus lärmenden Festivitäten gemacht. Irving befürchtete jedoch, diesmal könnten die beunruhigenden Dinge, die sie ihm einige Tage zuvor gestanden hatte, die Ursache gewesen sein. Dinge, die womöglich verheerende Folgen nach sich ziehen konnten. Oder vielleicht auch nicht, hatte sich Irving nach einigem Überlegen gesagt und daraufhin beschlossen, Clara aufzusuchen und mit ihr darüber zu sprechen. Schließlich wäre es nicht das erste Mal, dass zwei scheinbar vollkommene Ehen unter dem Druck einer unversehens auftretenden und nicht zu beherrschenden Beziehung zu Bruch gingen. Hatte nicht jeder Mensch – so wie er – das Recht, sein Begehren auszuleben, wie er wollte, auch wenn das zu schmerzhaften und vielleicht unheilbaren Verletzungen und Trennungen führte? Das bringt keinen um, dachte er. Um schon bald feststellen zu müssen, dass er sich möglicherweise getäuscht hatte.

Vielleicht ging ihm solches durch den Kopf, während er das Gruppenfoto musterte, das einzige, auf dem alle Freunde, Guesty und Margarita eingeschlossen, zusammen zu sehen waren, bis auf Walter, der hinter der Kamera gestanden hatte.

»Irgendwie macht mich das Bild traurig«, sagte er schließlich und gab es Clara mit dem Rest der Fotos zurück.

»Ich finde es eher ein bisschen lächerlich. Sieh doch mal, wie Bernardo den Bauch seiner Frau zur Schau stellt. Was ist los mit ihm? Warum hat er so eine Show abgezogen?«

»Ich würde sagen, dieses Foto wird sich jedenfalls niemals wiederholen lassen. Horacio hat mir nämlich an dem Abend gesagt, Clara …, dass er weggehen will.«

»Horacio?«, fragte Clara aufgeregt. Sie zögerte einen Augenblick und sagte dann: »Walter will auch weg. Er spricht gerade mit Darío darüber. Deshalb ist er hergekommen, das mit den Fotos war nur ein Vorwand.«

Irving betrachtete erneut das Gruppenbild. »Siehst du? Auf einmal wollen alle weg. Irgendwas ist schiefgelaufen, oder vielleicht lief es schon immer schief, und auf einmal fliegt alles in die Luft …«

»Du sagst doch seit jeher, dass jeder mit seinem Leben machen darf, was er will. Und wenn einer weggehen will, dann soll er das auch tun. Aber dass Walter Darío dermaßen zusetzt, gefällt mir nicht. Darío soll ihm helfen, an ein Visum zu kommen.« Sie erzählte Irving von dem Gespräch, das vor zwei Wochen zwischen Walter und ihrem Mann stattgefunden hatte. Sie selbst hatte erst kurz vor ihrem Geburtstag davon erfahren, auch von Walters paranoidem Verdacht in Bezug auf Guesty.

»Das ist doch der reinste Wahnsinn, Clara«, sagte Irving. »Wenn Walter weiß, dass Guesty ein Spitzel ist, warum sagt er dann Horacio nichts davon? Der hat sie schließlich mitgebracht, und jetzt will er offenbar weg … Weiß Walter etwa nicht, was es bedeuten würde, wenn jemand mitkriegt, dass Darío seinetwegen Kontakt zu einem Diplomaten aufnimmt? Dass er damit das Leben deines Mannes ruinieren kann? Und deins und das deiner Kinder auch, nebenbei gesagt. Hierzulande ist mit so was nicht zu spaßen, da missbraucht er doch Daríos Vertrauen und seine Freundschaft.«

Clara nickte. »Ja. Außerdem weiß er, dass Darío zurzeit alles versucht, um in Barcelona seinen Doktor zu machen. Das ist wahrscheinlich seine letzte Möglichkeit. Und wenn bis dahin irgendwas schiefläuft, schicken sie ihn aufs Schafott.«

Irving seufzte. »Was ist nur mit uns los, verdammt? Sind wir jetzt alle verrückt geworden? Auch diese Sache mit Bernardo, von der du gesprochen hast ... So ein schlauer Kerl, und dann so was. Was bezweckt er damit? Das kommt nicht nur vom Saufen, da steckt mehr dahinter.«

»Irgendwie geht grad alles schief. Und da ist noch was, was ich mir noch nicht mal selbst richtig eingestanden habe. Wenn das mit Barcelona klappt, kehrt Darío nicht nach Kuba zurück, da bin ich mir sicher.«

»Was sagst du da?« Irving sah sie fassungslos an.

Clara strich sich mit den Händen über den Rock, bevor sie antwortete. »Dauernd sagt er, dass er es nicht mehr aushält. Dass er nur wegen seinen Patienten ins Krankenhaus geht, weil die ihn brauchen, aber dass er eigentlich das Gefühl hat, dass nicht viel fehlt, und er stürzt ab. Und mit uns beiden klappt es auch nicht mehr, wir sind bloß noch am Streiten. Keine Ahnung, wie lange wir das noch durchstehen. Manchmal haben wir richtig Krach, und dann fängt Darío an zu weinen und sagt, ich soll ihm verzeihen. Es geht uns wirklich nicht gut, Irving.«

Irving sah kopfschüttelnd zu Darío und Walter, die weiterhin diskutierend an dem zu reparierenden Zaun standen. »Und was du neulich über Elisa gesagt hast, spielt das nicht auch eine Rolle?«, murmelte er schließlich.

»Keine Ahnung«, erwiderte Clara. »Ich glaub, ich weiß überhaupt nichts mehr. Aber lassen wir das Thema ...«

»Denk drüber nach, bevor es zu spät ist. Auch du kannst mit deinem Leben machen, was du willst, aber sieh dich vor. Elisa ist zu allem imstande, heute rettet sie dich, und morgen bringt sie dich um. Manchmal ist sie ganz schön seltsam …«

»Wie meinst du das?«

Irving tippte sich mit dem Finger an die Schläfe. »Du weißt schon. Deshalb ist sie mit Horacio ins Bett gegangen, und mit Walter offenbar auch, und dabei hat sie sich schwängern lassen, von wem auch immer, und dann hat sie beschlossen, das Kind zur Welt zu bringen, obwohl sie weiß, dass ihr Mann unfruchtbar ist. Eigentlich habe ich geglaubt, ich würde sie kennen, aber du siehst ja selbst …«

Clara sah ihn mit aufgerissenen Augen an. Hatte sie richtig gehört? »Wovon sprichst du?«

»Von Elisas diversen Katastrophen. Du solltest auch Bescheid wissen. Mit beiden ist sie ins Bett gegangen, mit beiden! Aber vielleicht sind da noch mehr. Hast du nicht mitbekommen, wie Liuba Fabio angegiftet hat, als neulich die Rede auf Elisas Schwangerschaft kam?«

Clara schüttelte verstört den Kopf. »Hör auf, Irving! Das kann nicht sein. Hat Elisa wirklich mit beiden gevögelt, mit Walter und mit Horacio?«

»Nachher erzähle ich dir genauer, was Horacio gesagt hat. Aber jetzt beruhig dich, unsere beiden Zaunbauer kehren zurück«, sagte Irving, der bemerkt hatte, dass Walter und Darío auf das Haus zukamen.

Draußen brach ein angenehm kühler Januarabend an, der jedoch bald aus dem Ruder laufen und das Schicksal des Clans für immer verändern sollte. In diesem Augenblick zog ein Flugzeug über den Himmel über Fontanar und ließ die Insel hinter sich zurück.

Mit vier Gläsern und der Flasche Rum, die Walter mitgebracht hatte, betraten Darío und Walter das Wohnzimmer. »Damit du nicht wieder behauptest, wir würden im Elend leben«, sagte Darío zu Irving, stellte die Gläser ab und fing an, Rum auszuschenken.

»Für mich heute nicht«, hielt Clara ihn zurück. »Ich glaube, ich bekomme Kopfschmerzen. Außerdem muss ich jetzt kochen. Bleibt ihr zum Essen?«, fragte sie und sah die Besucher an.

»Ich nicht. Ich trinke einen Schluck, und dann mache ich mich auf den Weg«, sagte Irving. »Ich komme ein andermal wieder, Clarita.«

»Wenn genug da ist, bleibe ich«, meldete sich Walter zu Wort. »Ich habe keine Lust, Margarita über den Weg zu laufen. Neulich hätte ich sie fast erwürgt.«

»Was war denn los?«, fragte Clara.

»Ich ertrag sie einfach nicht, und dann verliere ich die Kontrolle. Ich hab gesagt, sie soll gehen, und sie hat gesagt, sie geht aber nicht, und ist hysterisch geworden und hat sich auf mich gestürzt. Gestern Abend ist sie endlich abgehauen. Hoffentlich kommt sie nie wieder.«

»Pass auf, was du tust, Walter«, sagte Clara warnend. »Also gut, dann bleib zum Essen hier, es reicht auf jeden Fall. Alle bekommen ein bisschen weniger, aber genug ist es trotzdem.« Nach diesen Worten ging sie in die Küche, von wo aus sie rief: »Bleib du auch hier, Irving, komm, ich muss nachher noch was mit dir besprechen.«

Die drei Männer standen ohne sie eine Weile in angespanntem Schweigen da.

»Walter, nimms mir nicht übel, wenn ich mich in etwas einmische, was mich nichts angeht. Oder vielleicht gehts mich ja doch was an«, sagte Irving schließlich. Dann konnte er nicht mehr an sich halten: »Keine Ahnung, in was für Problemen du steckst, aber findest du es nicht selbst ziemlich unfair, was du da mit Darío veranstaltest?«

Walter sah ihn bloß lächelnd an. Genau diese Art zu reagieren konnte Irving an ihm nicht ausstehen. Der eingebildete Kerl, dachte er, spielt wieder mal das Künstlergenie. Als wären alle anderen nur dazu da, ihn zu bedienen ...

Dann folgte eine schneidende Bemerkung Walters, scheinbar ruhig dahingemurmelt, dadurch aber nur umso bedrohlicher. »Und wer hat dich um deine Meinung gefragt, du Arsch?«

Darío erstarrte, Irving dagegen schluckte und konterte: »Ich hab hier sehr wohl was zu sagen, ich kenne Clara und Darío seit fast zwanzig Jahren. Außerdem weiß ich, was sich gehört, und ich habe einen gesunden Menschenverstand. Und von deiner beschissenen Überheblichkeit habe ich schon lange genug. Für wen hältst du dich eigentlich, du Obermacker?«

Walter verzog keine Miene und lächelte noch immer. Dann platzte er los: »Für Macker hast du doch was übrig, du Scheißschwuler.

Hauptsache, die schieben dir den Schwanz in den Arsch. So sprichst du nicht mit mir, kapiert?«

Darío, der aus Erfahrung besser als alle seine Freunde wusste, wie Gewalt hochkocht, sollte sich später immer wieder fragen, warum er nicht merkte, was sich in diesem Augenblick zusammenbraute, warum er nicht eingriff, sondern wie gelähmt den giftigen Schlagabtausch der beiden verfolgte.

Da erschien, von den Stimmen alarmiert, Clara. Sie hatte sich eine Schürze umgebunden und hielt ein Messer in der Hand. Erst jetzt reagierte Darío und versuchte zu vermitteln: »Schluss jetzt, meine Herren! Ich bitte euch ...«

»Was ist denn hier los?«, fragte Clara.

»Was hier los ist? Die penetrante Schwuchtel hier kann es einfach nicht lassen, ihre Nase ...«

Irving unterbrach Walters Antwort, indem er ihm den Rest aus seinem Glas Rum ins Gesicht kippte.

Diese Minuten sollte Irving im Lauf der Jahre immer wieder vor seinem inneren Auge ablaufen lassen. War das der Moment gewesen, in dem sein Leben entzweiging? Er sah sich selbst, von außen und wie in Zeitlupe, und versuchte, sich sein und Walters Verhalten zu erklären. Was das seine anging, gelang es ihm nahezu, es zu verstehen: Eine geballte Ladung Trauer, Kummer, Frustration über all das, was er damals durchlebte, hatte ihn dazu gebracht, zu handeln, wie er es niemals sonst tat und auch nie wieder tun würde. Er konnte ironisch und spöttisch sein, ja, um sich auf diese Weise gegen die Aggressionen zu wehren, die ihm wegen seiner sexuellen Neigungen entgegenschlugen. Oder schüchtern und zurückhaltend, weil er wusste, dass er unter ständiger Beobachtung stand. Aber niemals war er gewalttätig und aggressiv gewesen bis zu dem Moment, in dem er Walter – als hätte er sich seit Jahren danach gesehnt – den Rum ins Gesicht gekippt hatte. Oder war ihm plötzlich aufgegangen, dass der Maler bewusst provozieren wollte und in Wirklichkeit selbst derjenige war, der sie alle überwachte, und deshalb nicht nur den Verdacht auf Guesty lenkte, sondern auch versuchte, Darío zu etwas zu bewegen, das ihn aufs Schafott bringen konnte, wie Clara sich ausgedrückt hatte?

Walter betrachtete überrascht mehrere angespannte Sekunden lang sein Glas, als könnte er darin die angemessene Antwort entdecken. Dann stellte er es behutsam auf einen Couchtisch und wischte sich mit der Hand das Gesicht ab. Anschließend sah er auf und richtete die vom Alkohol und Zorn geröteten Augen auf seinen Gegner. Mit einer raschen Bewegung holte er weit aus und verpasste Irving eine brutale Ohrfeige, die dessen Kopf zur Seite schnellen ließ. Unmittelbar darauf trat er ihm in den Unterleib, und als Irving sich vor Schmerz zusammenkrümmte, nutzte Walter die Gelegenheit, um ihn mit einem beidhändigen Hieb in den Nacken zu Boden zu befördern.

Clara stand mit vor den Mund geschlagenen Händen da – das Messer berührte ihre Wange – und schrie auf, während Darío endlich reagierte und sich auf Walter stürzte, der sich anschickte, auf den am Boden Liegenden einzutreten.

»Verdammte Scheiße!«, brüllte Darío. »Bist du verrückt?« Er konnte gerade noch verhindern, dass Walter mit dem Fuß gegen Irvings Kopf trat. Durch den Stoß, den Darío ihm versetzte, verlor Walter das Gleichgewicht, stieß gegen den Tisch, auf dem er sein Glas abgestellt hatte, stolperte und stieß mit dem Gesicht an die Wand, ohne dass irgendetwas seinen Sturz hätte abmildern können. Das Glas zersplitterte.

Mehrere Sekunden schien die Szene wie eingefroren. Außer Daríos keuchendem Atem und Irvings Wimmern war nichts zu hören. Dann jedoch setzten die Beteiligten sich wie auf Befehl wieder in Bewegung. Irving rappelte sich verzweifelt hoch und lief zu Clara, entriss ihr das Messer und ging auf Walter los, der betäubt die Platzwunde an seiner Braue befühlte. Clara packte Irving instinktiv am Hemd, aber der stürmte so heftig davon, dass der Stoff riss und er freikam. Darío gelang es jedoch, ihm ein Bein zu stellen, sodass Irving abermals das Gleichgewicht verlor und im Stürzen das Messer fallen ließ, das über den Boden auf Claras Füße zuschlitterte. Als Nächstes umklammerte Darío Walter von hinten und schleifte ihn aus dem Haus. Clara wiederum warf das Messer in die Küche, raffte, totenbleich und tränenüberströmt, in ihrer Verzweiflung den Rock und setzte sich rittlings auf Irvings Brust, um ihn so auf dem Boden zu halten oder ihm wenigstens das Aufstehen zu erschweren.

Als er ihre Oberschenkel in der Nähe seines Gesichts spürte, gab Irving nach und fing an zu weinen. Dumpf schluchzte er in sich hinein, mehr aus Schmerz und Scham als aus Wut.

»O Gott, Irving«, sagte Clara, legte die Hände an sein Gesicht, beugte sich über ihn und stimmte in sein Weinen ein.

In dieser gleichermaßen lächerlichen wie verfänglichen Stellung fand Darío sie vor, als er wieder hereinkam, um zu verkünden, dass Walter jetzt weg sei. »Manolo, der Nachbar, bringt ihn ins Krankenhaus, damit sie sich die Wunde ansehen. Zwei, drei Stiche werden sie wohl machen müssen«, verkündete er. Um mit lauter Stimme fortzufahren: »Was ist hier eigentlich passiert? Was zum Teufel ist mit uns los?«

Dann beugte er sich über seine Frau und den Freund. Als er versuchte, schützend die Arme um beide zu legen, hätte er am liebsten selbst zu weinen angefangen. Ja, was, verdammt noch mal, was, zum Teufel, war mit ihnen los?

An den beiden letzten Tagen seines Lebens hatte Walter Macías Albear sich in ein Gespenst verwandelt.

Die kurze Totenwache konnte erst achtundvierzig Stunden nach seinem Tod abgehalten werden, und die Beerdigung fand am verregneten, dunklen und sehr kalten Nachmittag des 29. Januar 1990 statt. Vielleicht lag es am schlechten Wetter, dass so wenige Menschen zur Beisetzung erschienen. Vielleicht hatte es auch andere Gründe. Walters Mutter und die beiden Schwestern – sein Vater, ein Reserveoffizier, war einige Jahre davor in Angola gefallen – wirkten weniger traurig als wütend. Ob auf den jungen Mann, der sich das Leben genommen hatte, oder auf die Welt, die ihn zu dieser schrecklichen Entscheidung bewegt hatte, war nicht recht klar. Vielleicht grollten sie auch dem Leben an sich, das einer Familie so verheerende Schläge versetzen kann.

Der Leichnam war eineinhalb Tage von der Polizei und den Gerichtsmedizinern unter Beschlag gehalten worden, wofür es in den

Augen seiner fassungslosen Freunde nur einen Grund geben konnte – es liefen Ermittlungen. Es gab Zweifel, ob es sich bei diesem so sinnlos wirkenden Ereignis wirklich um einen Selbstmord handelte.

Einige Umstände ließen sich nach und nach rekonstruieren. In der Nacht des 26. Januar hatte Walter ein achtzehnstöckiges Hochhaus in der Calle E im Stadtteil El Vedado betreten. Wie er hineinkam, war ein Rätsel. Wegen der vielen Einbrüche, zu denen es seit einiger Zeit im ganzen Land kam, war der Eingang zweifellos verschlossen gewesen. Niemand hatte ihn reinkommen sehen. Unerklärlich blieb auch, wie er es geschafft hatte, das Vorhängeschloss zu öffnen, das nach Aussage der Hausbewohner die Eisentür zur Dachterrasse sicherte, von der er in die Tiefe gestürzt war. Noch rätselhafter und beunruhigender wurde das Ganze durch die Information, dass die Polizei das Schloss offenbar am vorgesehenen Ort – auf der Innenseite und vorschriftsmäßig eingehakt – vorgefunden hatte. Hätte man nicht draußen auf der Dachterrasse auf einer Bank ein Päckchen Zigaretten und auf den Fliesen eine zertretene Kippe entdeckt, hätte man sich durchaus die Frage stellen können, ob der angebliche Selbstmörder überhaupt dort oben gewesen war. Und ob er allein oder in Begleitung war, konnte natürlich auch niemand sagen. War jedoch beides wahr – dass er von der Dachterrasse gestürzt und das Schloss an der Innenseite vorgehängt war –, dann hatte ihn jemand begleitet, was das Ganze in ein äußerst düsteres Licht rückte. Irgendein Zettel, letzter Gruß oder sonst etwas, was Aufschluss über die Absichten des Mannes hätte geben können, der um kurz nach acht auf dem Straßenpflaster aufgeschlagen war, wurde nicht gefunden. Und nach Aussage der Gerichtsmediziner wies sein Blut zwar einen gewissen Alkoholgehalt auf, jedoch keine Spuren anderer Drogen.

Keiner der ihm nahestehenden Menschen hatte Walter an den zwei Tagen vor seinem Tod gesehen, viele seiner engsten Bekannten schon seit Claras Geburtstagsfeier nicht mehr. Seine Künstlerkollegen wiederum, etwa die Leute aus der Werkstatt, wo er seine Radierungen drucken ließ, hatten schon seit Wochen nichts mehr von ihm gehört. Und Margarita, die die letzten Monate mehr oder weniger seine Begleiterin gewesen war, hatte ihn in der Nacht des 23. Januar das letzte Mal gesehen. Von einem vorausgegangenen Streit erwähnte sie nichts, nur dass Walter deprimiert und reizbar beziehungsweise noch verrückter als sonst gewesen sei. Sie hatte sich nicht einmal verabschiedet, sondern war einfach gegangen, während Walter sich in der Dunkelkammer zu schaffen machte, die er in der ehemaligen Garage seines Hauses eingerichtet hatte. Seitdem hatte sie angeblich keinen Kontakt mehr zu ihm gehabt. Zum Zeitpunkt seines Todes befand sie sich in der Wohnung ihres Bruders am anderen Ende der Stadt, in Guanabacoa, wo sie Unterschlupf gefunden hatte.

Die zwei Tage nach der Schlägerei in Fontanar und der anschließenden Behandlung im Krankenhaus, wo man seine Wunde über der rechten Braue mit zwei Stichen genäht hatte, blieben also in ein geisterhaftes Dunkel getaucht, das sich erst durch den tödlichen Sturz von dem achtzehnstöckigen Hochhaus blitzartig aufhellte.

Schon eine ganze Weile war der Verstorbene, wie mehrere Bekannte berichteten, des Öfteren durch seltsames Verhalten aufgefallen – die Schlägerei mit Irving gehörte selbstverständlich dazu. Doch nichts davon erklärte eine dermaßen drastische Entscheidung. Der junge Mann war schon immer ungestüm gewesen und hatte wie ein Tropensturm alles um sich herum verwüsten können.

Manche erfuhren erst durch Darío, dass Walter das Gefühl gehabt habe, er werde verfolgt – von wem, habe er nicht gesagt –, weswegen er versucht habe, aus Kuba zu verschwinden. Aber wenn er anderswo ein neues Leben hatte anfangen wollen, warum hätte er sich dann umbringen wollen? Nur weil sein Vorhaben so schwer zu verwirklichen war? Das wusste schließlich jeder, auch für Walter war das nichts Neues. Oder war er in die Tiefe gestürzt – oder gesprungen –, weil er betrunken war? War er wirklich betrunken gewesen? So viele offene Fragen, und am Schluss mussten sich sämtliche Beteiligten zuletzt unweigerlich die eine Frage stellen: »Was ist eigentlich mit uns los?«

Alle Clan-Mitglieder wurden in jenen Tagen von der Polizei verhört, bald allein, bald zu zweit oder zu dritt, zunächst zur Klärung des Falls, später auch wegen möglicher Verwicklungen in das rätselhafte Ereignis.

Jeder im Clan reagierte auf seine eigene, teils überraschende Art auf die angespannte Situation. Elisa weigerte sich schlichtweg, über das

Thema zu sprechen, es gehe ihr viel zu nahe. Bernardo ließ sich, wie nicht anders zu erwarten, hemmungslos volllaufen. Margarita hatte mehrere Nervenzusammenbrüche und kam in psychologische Behandlung – sie gab sich die Schuld an dem Vorfall. Walter sei immer seltsamer geworden, sie hätte es ahnen müssen. Auch Darío fühlte sich schuldig, zog sich ganz in sich zurück, wollte mit niemandem sprechen und nahm zwei Wochen frei – in seinem Zustand sei er nicht in der Lage zu operieren, erklärte er. Fabio und Liuba gehörten zwar zu den ältesten Freunden des Verstorbenen und waren auch mit dessen Familie befreundet, hielten sich jedoch betont abseits und erschienen, ganz wie es ihrer feinen Art entsprach, nicht einmal zur Beerdigung. Joel wiederum schämte sich wegen der Wut, die ihn gepackt hatte, als er von der Prügelei zwischen Walter und seinem Geliebten erfuhr, während der so kämpferische Irving in einen depressiven Dämmer verfiel. Zugleich wuchs seine Angst, sah er sich doch als den Einzigen von Walters Freunden, der ein Motiv gehabt hätte, dessen Tod herbeizusehnen oder sogar zu bewirken. Und er sollte mit seiner Befürchtung recht behalten.

Guesty wiederum sagte Horacio, er solle sich nicht mehr bei ihr blicken lassen, und als Clara und Darío ihr einige Wochen später begegneten – zu diesem Zeitpunkt wussten sie bereits von Irving, dass sie offenbar wirklich als Spitzel tätig war –, schrie sie wütend, sie wolle mit ihnen allen nie wieder etwas zu tun haben.

Horacio machte sich heftige Vorwürfe, weil er die heraufziehende Katastrophe nicht vorhergesehen hatte. Anders als die anderen beließ er es jedoch nicht dabei, sondern machte sich auf eigene Faust auf eine geradezu obsessive Suche nach den Gründen für Walters tragische Entscheidung. Falls es wirklich seine eigene Entscheidung gewesen war.

Zwei Wochen später hatte er in der Tat ein wenig Licht in die Dunkelheit der Ereignisse gebracht. Den in Fontanar zu einer tristen Sankt-Valentins-Feier versammelten Freunden, denen sich diesmal auch Fabio und Liuba wieder angeschlossen hatten, berichtete er, dass man ihn ins Hauptquartier der Kriminalpolizei bestellt hatte, in die scheußliche Kaserne aus der Kolonialzeit. Am Abend hätten ihn außerdem nochmals zwei Polizisten zu Hause aufgesucht. In beiden Fällen seien die Beamten jedoch anders vorgegangen als bei den früheren Verhören. Sie hätten bloß noch nach Walters Charakter und seinem Verhalten gefragt und Gründe für seinen inzwischen offenbar nicht mehr angezweifelten Selbstmord gesucht. Über seine Beziehungen zu den Mitgliedern des Clans oder zu seinen Maler-Kollegen hätten sie dagegen nichts mehr wissen wollen. Waren sie zum Schluss gekommen, dass Walters Tat nichts mit einem von ihnen zu tun hatte? Hatten sie das Rätsel ums Vorhängeschloss gelöst? Hatte es womöglich ein besonders pingeliger oder auch zerstreuter Bewohner des Hauses angebracht? (Wer hatte eigentlich zuerst von dem verflixten Schloss erzählt?) Horacio wusste auf all das keine sichere Antwort.

Dafür meldete sich nun Elisa, die sich in den vorausgegangenen Tagen so verschlossen und abweisend gezeigt hatte, mit lauter Stimme zu Wort. Was sie sagte, ließ die anderen erstarren. »Ist doch klar, Horacio. Die haben endlich kapiert, dass Walter ein verdammtes Arschloch war, drogensüchtig und versoffen, ein hysterischer Spinner und völlig skrupellos. Dass solche Typen solche Sachen machen, ist nur normal«, verkündete sie, als wäre sie auf einmal wieder ganz die Elisa, die sie alle kannten. Um gleich darauf, als wäre diese Elisa schon wieder verschwunden, in Tränen auszubrechen. Dies war das erste und einzige Mal, dass die Freunde sie weinen sahen.

Schon am nächsten Morgen lösten sich Horacios Gewissheiten jedoch in Luft auf. In Irvings Wohnung erschienen zwei Polizisten und forderten ihn auf, aufs Kommissariat mitzukommen. Das war bereits das vierte Mal, dass man ihn zum Verhör einbestellte, nur ging es diesmal nicht um eine Befragung. Laut einer richterlichen Anordnung waren die Beamten vielmehr befugt, Irving Castillo Cuesta in dem laufenden Untersuchungsverfahren zum Tod von Walter Macías Albear für unbegrenzte Zeit festzuhalten.

Nie wieder konnte Irving Joaquín Sabinas Song »19 Tage und 500 Nächte« ertragen – der Refrain versetzte ihn zurück in die sechs Tage und fünf Nächte seiner Haft in der ehemaligen Kaserne in der belebten Calle Ejido. Sie kamen ihm vor wie mindestens hundert Tage und Nächte. Von diesem Aufenthalt in der Hölle sollte er sich nie ganz erholen, danach litt er an Bluthochdruck und Angstzuständen. Körperliche Gewalt erfuhr er allerdings nicht, zumindest wenn man dem wenigen glauben durfte, was er einigen Freunden gleich nach der Freilassung erzählte. Im Gegenteil, jedes Mal, wenn man ihn in eine der Verhörzellen brachte, geschah dies mit undurchdringlicher Freundlichkeit. Zwei Beamte, mit Namen Rodríguez beziehungsweise Fernández, führten mehr als zwanzig Befragungen mit ihm durch, einzeln oder zu zweit. Manchmal dauerten sie bloß zehn Minuten, manchmal mehrere Stunden. Am Ende stand er regelmäßig kurz vor einem Nervenzusammenbruch.

In seiner Zelle stand ein Bett mit einem Drahtrost, darauf eine nackte Matratze. Zu dieser Jahreszeit war es dort feucht und kalt. In einer Ecke hing eine Neonlampe, die nie ausgeschaltet wurde, sodass er schon bald jedes Zeitgefühl verlor. Essen erhielt er in unregelmäßigen Abständen, aber immer das Gleiche: einen Plastikteller voll Reis, ein Schälchen Erbsen- oder Bohnensuppe, zwei Kroketten und ein Stück Brot. Er hätte also nicht sagen können, ob er gerade frühstückte oder zu Mittag aß. Kaffee gab es nie, vom Koffein-Mangel bekam er Kopfschmerzen.

Die ersten Verhöre liefen genauso ab wie die vor der Inhaftierung: Er musste mehrmals hintereinander schildern, wo er in der Nacht des 26. Januar überall gewesen war, also im Theater – das nur sieben Querstraßen von dem Gebäude entfernt war, von dem Walter in den Tod stürzte – und danach in der Wohnung eines Freundes, wo sie Rum tranken. Die ganze Zeit über war er in Gesellschaft anderer gewesen. Offensichtlich, dachte Irving, suchten sie nach einer Schwachstelle in seinem Alibi oder suchten Widersprüche zu den Aussagen der anderen, als handelte es sich um eine regelrechte Verschwörung.

Bei einem dieser Verhöre forderte der Beamte Rodríguez ihn nach der x-ten Wiederholung seiner Geschichte auf, reglos sitzen zu bleiben, bis er etwas anderes befehle. Die Hände auf den Oberschenkeln, den Blick geradeaus, die Füße fest auf dem Boden, spürte Irving nach zwanzig Minuten seinen ganzen Körper steif werden, als gehörte er nicht mehr zu ihm. Halb tot vor Angst, wagte er jedoch nicht, sich zu rühren. Nach vierzig Minuten erstarrte auch sein Hirn, und noch einmal geschätzte zehn Minuten später wurde Irving ohnmächtig. Jahre danach – Irving lebte schon lange in Spanien – schickte Horacio ihm die Textstelle aus dem Roman eines gewissen Wassili Grossman. Darin wurde genau diese Verhörmethode beschrieben. Die Männer, die Irving verhörten, hatten offensichtlich die gleiche Ausbildung durchlaufen wie die Romanfiguren dieses sowjetischen Schriftstellers, der verbittert und verunglimpft, ganz an den Rand des Systems gedrängt, gestorben war.

Auch die Schlägerei mit Walter musste Irving wieder und wieder schildern. Selbstverständlich verwies er zu seiner Verteidigung darauf, dass Walters Obsession, Kuba zu verlassen, den Streit ausgelöst hatte, was diesen, wie er annahm, in ein äußerst schlechtes Licht setzte. Dabei vertraute er darauf, dass Darío nichts von Walters Versuchen, ihn und seine diplomatischen Kontakte einzuspannen, erzählen werde, da es unangenehme Folgen für Darío haben konnte, weil er dies ja nicht von sich aus bei den Behörden angezeigt hatte. Irgendwann erwähnten es die Polizeibeamten aber selbst, sodass Irving schlussfolgern konnte, dass Darío diese Tatsache gestanden hatte, womöglich in der Annahme, es spräche für ihn, dass er auf Walters Ansinnen nicht eingegangen war. Oder hatte jemand anderer da etwas verraten?

Ein ähnlich heikles Thema, dem Irving aus dem Weg zu gehen versuchte, war Walters Drogenkonsum. Die Polizisten waren aber offensichtlich so genau darüber im Bilde, dass Irving schließlich begriff, dass es Unsinn war, diesbezüglich den Ahnungslosen zu spielen. Also räumte er ein, dass der Verstorbene gelegentlich erzählt habe, Marihuana geraucht zu haben. Das habe er aber nie in seiner Anwesenheit getan, betonte Irving, und verwies erneut auf Walters enormen Alkoholkonsum. Selbstverständlich hatte er auch keine Ahnung, wie

Walter, falls er tatsächlich Drogen konsumiert hatte, an diese gelangt war.

Am meisten war er überrascht über die Fragen nach einer angeblichen sexuellen Beziehung Elisas und Walters. Hatte womöglich jemand aus dem Clan, also Darío, Clara, Horacio oder Elisa selbst, etwas preisgegeben? Oder quetschten sie ihn aus, um einem andern Mitglied ihrer Gruppe auf die Schliche zu kommen? Alles war denkbar, und aus Angst sagte er immer wieder, ja, er habe von so etwas gehört, allerdings nie von Elisa und erst recht nicht von Walter selbst. Mehr wisse er hierüber nicht. Wem hatte Horacio wohl von der Sache erzählt, und woher wusste er selbst davon? Wer hatte diese dunkle Verbindung zwischen dem Verstorbenen und der schwangeren Elisa der Polizei verraten? So schwer lastete der Druck dieser Verhöre auf Irving, dass ihm klar war: Jeder oder jede konnte solche Informationen weitergegeben haben.

Soweit es ihm vertretbar schien, gab er nach und nach eine Reihe vertraulicher Dinge preis. Doch das verschaffte ihm keine Erleichterung, im Gegenteil, er fühlte sich danach noch leerer, blinder und isolierter. Irgendwann gab es nichts mehr, was er hätte verbergen können. Nun war er nackt in seiner Ohnmacht und Angst, und als einziger Schutzschild blieb seine Unschuld. Doch die Befragungen hörten deshalb nicht auf.

Die ständige Wiederholung der gleichen Fragen, wenn auch in unterschiedlichem Tonfall und wechselnden Formulierungen gestellt, war besonders zermürbend. Ständig musste er überlegen, was er bis dahin darauf geantwortet hatte, um sich bloß nicht in Widersprüche zu verwickeln. Bis es ihm irgendwann egal wurde: Er war unschuldig, weil er nun einmal unschuldig war! Und wenn sie durch ihn Elisa oder Bernardo auf die Spur kamen, konnte er etwas dafür? Der Polizist mit Namen Rodríguez bestand darauf, dass bei Walters Tod eine andere Person mit im Spiel gewesen sei, dass es sich folglich um einen Mord handele, und dass sie nicht aufgeben würden, bevor sie den Schuldigen gefunden hätten. Fernández dagegen wiederholte unermüdlich, es handle sich um eine bloße Routineangelegenheit, in manchen Fällen müsse nun mal zweifelsfrei nachgewiesen werden, dass ein Selbstmord tatsächlich ein Selbstmord war, erst recht bei einem Künstler – er wisse ja selbst, wie die seien. Und Rodríguez machte ihm Mut: Sobald alles aufgeklärt sei, könne er augenblicklich nach Hause und zu seiner Arbeit zurückkehren. Wenn Irving sich recht erinnerte – obwohl er es nicht hätte beschwören können –, wurde ihm persönlich niemals, von keinem der Polizisten, vorgeworfen, er habe Walter ermordet. Warum hielten sie ihn dann fest und bedrängten ihn? Hatten sie sich ihn zum Opfer gewählt, weil sie ihn, im Wissen um seine sexuelle Orientierung, für schwach und ängstlich hielten? Oder für besonders durchtrieben und willig, mit dem Finger auf andere zu zeigen?

Als er am fünften oder auch hundertsten Tag seiner Haft wieder einmal in den Verhörraum geführt wurde, hatte Irving eine flüchtige Vision, von der er nicht hätte sagen können, ob sie seiner Einbildung oder aber der Wirklichkeit entsprungen war. Als er durch den tunnelartigen Gang ging, öffnete sich unversehens eine Tür zu seiner Seite. Er wendete den Kopf und erblickte eine blonde junge Frau, die mit einem Stapel Papiere in der Hand an einem Bürotisch saß. Hatte er das wirklich gesehen? Oder war es ein Traum? Ihre Augen – aber hatte er wirklich ihre Augen gesehen? – schauten erstaunt. War das nicht Guesty? Horacios Freundin, von der kein anderer als Walter behauptet hatte, sie sei als Polizeispitzel auf den Clan angesetzt? Vor Schreck fingen seine Beine so stark an zu zittern, dass er nicht weitergehen konnte. Was hatte er selbst in Guestys Anwesenheit alles gesagt? Was hatte Horacio ihr erzählt? Was wusste sie über ihn und seine Freunde? Kurz bevor er zusammensackte, half Rodríguez ihm, sich auf den Boden zu setzen, und rief einen Arzt. Der prüfte seinen Puls und ließ ihn ins Krankenzimmer bringen, wo er ihm eine Tablette unter die Zunge legte und eine Spritze verpasste, die ihn in einen mehrstündigen Erholungsschlaf versetzte.

Als er wieder erwachte, kreisten seine Gedanken unaufhörlich um die Frage, was es zu bedeuten hatte, wenn die Frau, die er im Vorbeigehen erblickt hatte, tatsächlich Guesty war. Wenn sie für die Polizei arbeitete, konnten er und seine Freunde davon ausgehen, dass diese genauestens über sie alle Bescheid wusste und auch auf vieles, was man ihn bei den Verhören gefragt hatte, längst die Antwort hatte. Ganz davon abgesehen, dass natürlich auch über jeden von ihnen eine pralle Akte geführt wurde. Erleichterung verschaffte ihm einzig die Gewissheit, dass weder er noch seine Freunde gravierende – oder allzu gravierende – Dinge zu verbergen hatten, und das in einem Land, wo mehr oder weniger alle irgendetwas zu verbergen hatten. Außerdem hatte er bei den Gesprächen mit den Polizisten im Lauf der schwärzesten sechs Tage und fünf Nächte seines Lebens nichts als die Wahrheit gesagt.

Irving sollte nie mit absoluter Gewissheit herausfinden, ob die blonde Frau, die er im Vorbeigehen gesehen hatte, tatsächlich Guesty war, und den anderen im Clan, selbst dem hartnäckigen Horacio, ging es nicht anders. Viel später begegnete Darío ihr zufällig auf dem Ponte Vecchio in Florenz und fragte sie unverblümt, ob sie einst den Clan bespitzelt habe – aber auch das brachte ihnen keine Klarheit.

Am Tag nach dem Zusammenbruch – oder war es tausend Tage später? – und nach einem weiteren, diesmal weniger aggressiven Verhör erschien ein unbekannter Beamter in Irvings Zelle, teilte ihm mit, er könne nach Hause gehen, und bat um Entschuldigung für etwaige Unannehmlichkeiten. Bei der Entlassung aus dem Gefängnis werde man ihm ein Dokument aushändigen, das seine Abwesenheit vom Arbeitsplatz rechtfertige, sodass ihm nichts vom Gehalt abgezogen werde. Irving möge bitte Verständnis dafür haben, dass man ihn in die Untersuchung dieses möglichen Mordfalles einbezogen habe, eine Untersuchung, die allerdings noch nicht abgeschlossen sei. Außerdem vertraue er darauf, dass seine Kollegen ihn rücksichtsvoll und korrekt behandelt hätten. Inzwischen sei bekannt, wie der Verstorbene auf die Dachterrasse des Gebäudes gelangt sei, das erkläre vieles, fügte er ohne weitere Erläuterungen hinzu. Erst als der Beamte ihm daraufhin die Hand hinhielt, wurde sich Irving, der dieser bürokratischen Rechtfertigung bis dahin bloß heftig nickend gefolgt war, seiner unendlichen Wehrlosigkeit bewusst und fing an, herzzerreißend zu schluchzen. Zugleich wusste er, dass er sich von der scheußlichen Angst, die er in diesen letztlich bloß sechs Tagen und fünf Nächten durchlebt hatte, nie würde befreien können. So wie auch der chronische Bluthochdruck ihn zeitlebens begleiten sollte.

Immer, bis zuletzt, ja, sogar bis über das Ende hinaus, sollte ihnen Fontanar bleiben, als realer Treffpunkt, in den Erinnerungen, in der Nähe oder aus der Ferne. Claras Schneckenhaus. Das Aleph. Das magnetische Zentrum, das, wer weiß, seine Anziehungskraft womöglich aus dem kupferhaltigen Magnetstein bezog, den jemand einst aus der Erde geholt und ihr dann wieder übergeben hatte.

Am Tag nach der Freilassung überwand Irving seine Angst, er könne erneut vorgeladen und in die Hölle zurückbefördert werden, und machte sich mit Joel auf den Weg in das Haus, das Clara zeitweilig so gehasst hatte und wo sie alle oftmals so glücklich gewesen waren. Schließlich schuldete er seinen Freunden einen Bericht über den Aufenthalt im Gefängnis, wo er nicht nur fünf Kilo abgenommen hatte, sondern auch gnadenlos darüber aufgeklärt worden war, dass alle ihre Schritte, Gedanken und Taten seit Monaten, vielleicht sogar Jahren für alle, die es wissen wollten, offen zutage lagen.

Neben Irving und Joel fanden sich bei Clara und Darío an diesem Nachmittag Horacio, die wiederaufgetauchten Fabio und Liuba sowie Elisa ein, die verkündete – was womöglich bloß eine Ausrede war –, dass Bernardo eine fiebrige Grippe habe und nicht kommen werde. Horacio hatte auf verschlungenen Wegen ein fettes kanadisches Huhn aufgetrieben, das Clara mit Reis servierte und so zerlegte, dass für jeden ein Stück abfiel. Liuba wiederum steuerte mit Fleisch gefüllte Kroketten made in Vietnam bei, die man im Ministerium als Prämie für die Erfüllung von Zielen verteilt hatte, an deren Auslobung sich kein Mensch erinnern konnte. Da Daríos Geheimvorrat an Flaschen, die dankbare Patienten ihm geschenkt hatten, all seinen anderslautenden Warnungen zum Trotz zum Glück unerschöpflich schien, konnte er seinerseits mit einem ganzen Liter White Horse aufwarten. Es gebe nichts Besseres, sagte er, um die Ängste und Sorgen der Anwesenden zu kurieren, selbst wenn sie unter Bluthochdruck litten. Jetzt, wo Bernardo mit seinem unstillbaren Durst krank und Walter endgültig aus dem Rennen war, standen zudem die Aussichten gut, dass es für alle reichte.

Als sie schließlich auf der Terrasse versammelt waren, kümmerte sich

keiner um das grandiose Farbenspiel, das die untergehende Winter-
sonne am Abendhimmel in Szene setzte, waren sie doch alle gefesselt
von Irvings Bericht. Der machte kunstvollen Gebrauch von dramatischen Zuspitzungen und Pausen und sparte sich den Höhepunkt bis
zuletzt auf: die Schilderung seines flüchtigen Blicks auf Guesty – hatte
sie Uniform oder Alltagskleidung getragen? – und seines darauf folgenden körperlichen und seelischen Zusammenbruchs.

»Ich hab sie bloß im Vorbeigehen gesehen, höchstens zwei Sekunden,
aber ich schwöre bei meiner Mutter, dass sie es war. Diese Augen …«,
bekräftigte Irving mit einem Blick auf Horacio.

»Angst essen Seele auf, wie es bei Fassbinder heißt«, versetzte dieser
kopfschüttelnd.

»Fass-was?«, fragte Fabio.

»Egal, ein Typ, der Filme macht. Und …« Horacio schien den Faden
verloren zu haben. »Ja, eben, wer Angst hat, fängt an, Gespenster zu sehen. Dass Guesty ein Spitzel ist, ist eins der Märchen von Walter. Aber
wisst ihr was? Ich habe lange darüber nachgedacht, und ich glaube,
wenn hier jemand Polizist oder vielmehr Spitzel war, dann Walter.«

»Ich machs jetzt mal wie du«, mischte Fabio sich ein. »Angriff ist
die beste Verteidigung, wie jemand anders gesagt hat, der eine Menge
Sprüche von sich gegeben hat.«

»Napoleon?«, versetzte Darío im Versuch, die Situation zu entschär-
fen, während er einen großen Schluck Whisky aus dem Glas in seiner
einen Hand trank und in die vietnamesische Krokette in der anderen
biss. Deren unbestimmbarer Geschmack löste eine Assoziationskette
in seinem Gedächtnis aus. »Oder war es der Guerillero Nguyen Sun?«
Er lächelte bei dem Gedanken an den Helden einer Radioserie, der mit
den Pfeilen seiner unfehlbaren Vietcong-Armbrust Yankee-Flugzeuge
vom Himmel holte.

»Jetzt mal im Ernst, Leute«, meldete Fabio sich wieder zu Wort. »Ich
kenne Walter seit vielen, vielen Jahren. Alles hätte er sein können, bloß
eins nicht, Polizeispitzel.«

»Aber hat er nicht alle ganz bewusst provoziert?«, wandte Irving ein.

»Er war einfach nur ein Riesenarschloch!«, versetzte Joel. »Ihr habt
doch gesehen, wie er auf Irvings Vorwürfe reagiert hat. Und warum?

Weil er ein Riesenarschloch war, und dabei bleibe ich, auch wenn ihr noch so oft sagt, dass man über Tote nicht schlecht reden soll. Ein totales Arschloch.«

Horacio schüttelte immer noch den Kopf. »Ich will niemanden verteidigen, Fabio. Ich versuche bloß, logisch zu denken. Warum zum Teufel sollte jemand uns überwachen wollen?«

»Keine Ahnung, aber …«

»Vielleicht einfach aus Gewohnheit, für alle Fälle, weil er es nicht lassen konnte. Oder weil es ihm Spaß machte«, sagte Elisa, die bis dahin ungewohnt still gewesen war. »Vergiss deine Logik, Horacio. Die Dinge sind manchmal einfach komplett unlogisch, und fertig. Jeder könnte der Spitzel sein. Guesty, Walter oder sonst wer.«

»Lass das«, unterbrach Liuba sie. »Das macht mich total nervös.«

»Dann macht dich das eben nervös«, erwiderte Elisa. »Ich kenne mich da aus. Durch meinen Vater weiß ich Bescheid. Hier kann jeder ein Scheißspitzel sein. Ich glaube jedenfalls, dass Walter der Spitzel war. Warum hätte die Polizei sonst so intensiv rumgeschnüffelt?«

»Ist gut, Elisa«, flehte Liuba geradezu. »Reden wir über was anderes!«

»Einverstanden. Wie wärs mit Baseball?«, schlug Horacio vor. Ihm war es letztlich nicht unrecht, dieses schlüpfrige Terrain hinter sich zu lassen, auf dem er ohne Weiteres böse ausrutschen konnte. Aber da gab es doch vieles, worüber er weiter nachdenken musste. Warum etwa wehrte sich Liuba dermaßen heftig gegen dieses Thema? War am Ende sie der Spitzel? Dass Irving tatsächlich Guesty gesehen hatte, war jedoch ebenso gut möglich. Keinerlei Zweifel hegte er dagegen, wie er Wochen später Irving gestehen sollte, als die Gruppe von noch viel schrilleren Warnsignalen aufgeschreckt wurde, dass hinter dem Ganzen etwas ungleich Düstereres steckte als eine simple und stets bezweifelbare Überwachung durch wen auch immer. Ja, irgendwo gab es da einen riesigen Haufen stinkende Scheiße, versteckt zwar, aber man konnte ihn riechen. Er musste und er würde ihn finden.

»Und wisst ihr, was der Beamte, der mich freiließ, zuletzt gesagt hat?«, verkündete Irving, und die anderen schauten neugierig. »Dass sie inzwischen wissen, wie Walter auf die Dachterrasse gelangt ist.«

»Von wem, wenn man fragen darf?«, sagte Elisa.

»Hatte er etwa den Schlüssel für das Vorhängeschloss?«, fragte Fabio verwundert.

»Das nehm ich doch an«, sagte Irving.

»Und woher?«, fragte Clara, woraufhin Irving mit den Achseln zuckte.

»Das heißt, sie haben dich gehen lassen, weil sie glauben, dass er sich umgebracht hat?«, folgerte Fabio.

»Haben sie dir auch gesagt, ob das Schloss tatsächlich an der Innenseite eingehängt war?«, hakte Horacio nach, doch da Irving darauf keine Antwort hatte, blieb dieser Punkt offen.

Irving, der sich wegen seiner neuen Erkrankung keinen Whisky nachschenken ließ, und Elisa, die aufgrund ihrer Schwangerschaft weder trank noch rauchte, zogen sich irgendwann von der immer stärker angeheiterten Gruppe ins Halbdunkel des Hofs zurück. Vielleicht hatten sie beide das Bedürfnis, sich auszutauschen, vielleicht lag es auch an der gegenseitigen Anziehung, die sie seit jeher verspürten. Oder aber sie waren schlichtweg der erneut aufgenommenen Diskussion über Walters wahren Charakter und die möglichen Gründe für seinen inzwischen nahezu zweifelsfrei nachgewiesenen Selbstmord überdrüssig.

Seit einigen Wochen war Elisas Bauch deutlich gewachsen, doch dafür, dass sie bereits im fünften Monat war, schien er ihr klein. Dass die Schwangerschaft sie immer dicker und langsamer werden ließ, empfand sie als eine aggressive Beeinträchtigung. Irving dagegen fand, dass sie dadurch nur noch schöner werde, was er ihr auch gestand, während er ihr liebevoll über den Bauch strich.

»Das Schlimme ist nicht die Wirkung auf meinen Körper«, sagte Elisa. »Viel schlimmer ist, was hier drin passiert.« Sie tippte sich an die Stirn. »Ich habe das Gefühl, ich bin ein völlig anderer Mensch.«

»Bist du ja auch, deine Hormone spielen jetzt verrückt. Außerdem gibt es noch ein Problem, das du lösen musst.«

Elisa nickte. »Mehr als eins ... Aber reden wir erst mal von dir. Ich verstehe nicht, warum die Polizei dich so lange dabehalten hat, wo sie doch angeblich überzeugt sind, dass Walter sich umgebracht hat. Ich habe die ganze Zeit an dich denken müssen, an das, was du da drinnen durchmachen musstest ...«

»Vorhin habe ich bloß ganz oberflächlich davon erzählt. Das Schlimmste habe ich weggelassen.« Irving wischte sich mit der Hand über die Augen. Die Nacht schien ihm plötzlich schwarz und bedrohlich. »Ich hatte den Eindruck, dass die Polizisten vor allem darauf aus waren, etwas über dich und Bernardo zu erfahren. Ob ihr Streit mit Walter hattet. Irgendwas wissen die.«

»Um Himmels willen, Irving, einen Scheiß wissen die! Weil es zwischen uns und Walter nichts gab. Freigelassen haben sie dich, weil sie nichts wissen.«

»Da bin ich mir nicht so sicher, wirklich nicht.«

»Aber was sollen sie deiner Meinung nach denn wissen?«

»Mehr oder weniger dasselbe wie wir, aber viel mehr Einzelheiten, Elisa, vida mía ... Dass irgendwas Finsteres hinter Walters Selbstmord steckt. Diese Sache mit dem Vorhängeschloss ...«

»Hör auf mit dem Scheißschloss, Irving. Wenn irgendwas finster war, dann Walters Hirn, außerdem war es vom Alkohol völlig vernebelt. Deswegen ist er von da oben runtergesprungen, oder meinetwegen auch runtergefallen, der Vollidiot.«

»Und wenn Walter doch für die Polizei gearbeitet hat und die sich deswegen solche Sorgen machen? Das hast du selbst gesagt.« Irving sah sie durchdringend an. »Du sagst, dass er kein Spitzel war. Aber das meinst du, weil du mit ihm geschlafen hast, stimmts?«

Elisa erwiderte seinen Blick und versuchte ein verkrampftes Lächeln. »Wovon redest du?«

»Horacio glaubt, dass das so ist. Warum, weiß ich nicht, aber er ist dieser Meinung. Und vielleicht hat er oder jemand, dem er es weitererzählt hat, der Polizei davon berichtet. Jedenfalls haben sie es im Verhör erwähnt. Vielleicht weiß es auch Bernardo. Hat er dir irgendwas davon gesagt? Elisa, glaubst du, Bernardo wäre imstande gewesen, Walter ...?«

Elisa erbleichte, schüttelte den Kopf und schloss für einen Moment die Augen. »Was soll der Quatsch? Nein, ich habe nicht mit ihm geschlafen. Nie und nimmer. Ich schwöre es dir, bei meinem Bauch. Außerdem weiß jeder, dass Bernardo in der Nacht, als dieser Idiot sich umgebracht hat, bei mir war. Stockbesoffen. Lasst Bernardo in Ruhe.«

»Und woher kommt dann deine Schwangerschaft?«

Elisa zögerte, bevor sie antwortete. »Das ist ein Geschenk Gottes, das habe ich dir schon gesagt.«

»Elisa, ich bitte dich … Ich habe viel an dich gedacht, als ich da drin war. An deine Kraft. Die hätte ich gern gehabt, um das alles besser durchzustehen.«

Wieder schüttelte Elisa den Kopf. »Kraft bringt da drinnen nichts. Oder nur die Kraft, die du sowieso hattest, die Kraft, zu wissen, dass du nichts getan hast. Etwas anderes hilft dort nicht.«

»Gegen die Angst hat mir das nicht geholfen.«

»Angst haben wir jetzt alle.«

»Und Bernardo?«

»Er hat auch Angst, obwohl er nicht weiß, ob ich mit jemand anderem geschlafen habe. Umgebracht hat er niemanden. Wie oft soll ich das noch sagen, verflucht? Hältst du Bernardo wirklich für imstande, jemanden zu ermorden? Ich selbst habe jedenfalls auch Angst. Das hier«, Elisa berührte ihren vorgewölbten Bauch, »macht mich angreifbar. Ich sag doch, ich habe das Gefühl, ich bin ein völlig anderer Mensch. Manchmal sehe ich mich im Spiegel und erkenne mich selbst nicht wieder. Aber wenn das alles vorbei ist, bring ich Horacio um, das schwöre ich dir.« Sie schluchzte auf und brachte mit erstickter Stimme hervor: »Nie im Leben hätte ich mit Walter geschlafen. Aber ich bin mit Horacio ins Bett gegangen …«

»Elisa! Was sagst du da?«

»Du hast mich richtig verstanden, verdammt.« Wieder schluchzte sie auf.

Erschüttert schloss Irving sie in die Arme. Dass er seine geliebte Freundin Elisa Correa an diesem kühlen Abend in Fontanar für lange Zeit zum letzten Mal umarmte, konnte er nicht wissen.

Und wieder das Meer. Hier, vom vierten Stock des Gebäudes aus, das auf dem Hang eines bescheidenen Höhenzugs stand, hatte er das verwaschene Blau des gezähmten Mittelmeers in seiner ganzen hypnotisierenden Weite vor sich. Das Meer, endlich wieder das Meer. Seit genau einem Jahr hatte er es nicht mehr gesehen, er, der früher stets den Ozean auf Sichtweite hatte. Dieses majestätische Bild löste einen Tumult von Empfindungen in ihm aus: inneren Frieden, Wohlgefühl, aber auch das Bewusstsein seiner Entbehrungen und Verluste. Sein Geliebter, seine Mutter, seine Freunde, seine Welt, all das war vielleicht unwiederbringlich dahin. Beim Anblick dieses Meeres, das er als das seine empfand, und das doch nicht das seine war, wurde ihm zudem schmerzhaft klar, dass er an seiner Entwurzelung, nicht anders als an seinem Bluthochdruck, lange Zeit, ja, vielleicht für immer zu leiden haben würde.

Am Abend davor war er von Madrid nach Barcelona geflogen, wo Darío ihn mit seinem nagelneuen, angenehm nach Leder duftenden Citroën Xantia am Flughafen abgeholt hatte. Sie waren über dunkle Landstraßen nach Calafell gefahren, ein ehemaliges Fischerdorf, das zunehmend von Ferienwohnungen und Badegästen überflutet wurde. Dort hatten der glückliche Darío und seine katalanische Frau Montse sich vor Kurzem einen Zweitwohnsitz zugelegt.

Die prachtvolle Wohnung erstreckte sich über die gesamte oberste Etage eines Gebäudes, in dem es ebenso frisch und neu roch wie in Daríos Citroën. Der Freund war stolz auf die prachtvolle Neuerwerbung und ließ es sich nicht nehmen, dem Besucher sämtliche Räumlichkeiten vorzuführen – die Zimmer und Bäder, die geräumige Wohnküche und sogar ein Büro, an dessen Wand ein Wimpel des FC Barcelona und eine Katalonienflagge drapiert waren. Die Besichtigungstour endete auf der großen Balkonterrasse. Das Meer präsentierte sich um diese Uhrzeit als dunkler Vorhang, doch hinter ihm war die Verheißung jener berückenden Weite zu ahnen, die Irving nun, vor seinen Gastgebern erwacht und auf die Terrasse getreten, mit einer Tasse Kaffee in der Hand ganz für sich allein genoss.

Seit der Ankunft in Spanien hatte Irving immer wieder mit Darío telefoniert, der ihn zudem mit einigen zu eng gewordenen Kleidungsstücken und sporadischen Geldanweisungen unterstützt hatte. Jetzt trafen sie sich zum ersten Mal. Irvings alter Freund, dessen Aufbruch aus Kuba mittlerweile fünf Jahre zurücklag, hatte immer über Madrid geschimpft, diese »Reichshauptstadt«, wie er sich ausdrückte, mit ihrer bevormundenden und diktatorischen Art. Wovon redete er? War das noch der Darío von früher? Was sollte das für eine Diktatur sein, über die er sich, selbst am Telefon, so leidenschaftlich und wütend ereiferte?

Als Montse anrief, um ihn einzuladen, das bevorstehende lange Wochenende mit ihnen in der neuen Wohnung in Calafell zu verbringen, war Irving nicht allzu überrascht gewesen. Darío wolle ihn endlich sehen, und sie würde ihm noch heute das Flugticket zuschicken. Erstaunt war Irving dann aber doch, als er erfuhr, was die Einladung alles umfasste. Sie würden nicht nur Tarragona und seine römischen Ruinen besichtigen, sondern ihn selbstverständlich auch einen ganzen Tag durch Barcelona führen. Welch eine verlockende Reise! Nie hätte er sie aus eigener Tasche bezahlen können. Allerdings auch ein wenig beängstigend …

Noch am Flughafen erlebte Irving die erste große Überraschung: Es erwartete ihn ein bekannt aussehender, jedoch unvertrauter, völlig kahlköpfiger – oder kahl geschorener – Herr mit kreisrundem Gesicht in einem eleganten Burberry-Mantel. An seiner Seite stand eine etwa zehn Jahre jüngere blonde Frau. Vielleicht ein wenig übertrieben lächelnd streckte er ihm die ausgebreiteten Arme entgegen. War das wirklich sein liebster Freund, den er, als bis auf die Knochen abgemagerte Gestalt, Jahre zuvor am Flughafen von Havanna verabschiedet hatte? Dessen Kopf mit einem gerade erst ergrauenden Haarschopf bedeckt gewesen war? Damals hatte er Tränen in den Augen gehabt, Tränen über eine Abreise, die, ohne dass es jemand auszusprechen gewagt hätte, als Reise ohne Wiederkehr geplant war.

Erst recht überraschte ihn, dass sein alter Freund auf einmal mit einem katalanischen Akzent sprach, als wäre er in einem Dorf der Provinz Gerona zur Welt gekommen. Und hatte sich nicht auch seine Art, zu gehen und beim Sprechen die Hände zu bewegen, verändert?

Verwirrt hatte Irving das unbehagliche Gefühl, einen Menschen zu umarmen, den er kannte und der ihm doch fremd war.

Als Darío ihn dann durch die Wohnung führte, Montse an der Hand haltend, als wären die beiden ein frisch verliebtes junges Paar – untereinander sprachen die zwei ausschließlich Katalanisch –, befiel Irving plötzlich die Vorstellung, Darío habe ihn nur eingeladen, weil er einen Zeugen und Verkünder seines Erfolgs benötigte, der sich in dieser spektakulären Traumwohnung verkörperte. Darío, der seit jeher versucht hatte, in schönen Häusern Abstand zu der düsteren und von Gewalt beherrschten Mietskaserne zu gewinnen, in der er aufgewachsen war.

Ja, das musste es sein, dachte Irving, als er am Morgen allein auf der Terrasse stand. Ein Lächeln überzog sein Gesicht: Damit erwies Darío dann doch seiner Herkunft alle Ehre. Schließlich ist es einem kubanischen Mann wichtiger, dass die anderen wissen, dass er mit einer begehrenswerten Frau ins Bett gegangen ist, als diese Tatsache selbst …

»Dein Kaffee ist gut! Allerdings ist er schon fast kalt.« Daríos Stimme riss Irving aus seinen Gedanken. Der Freund kam in einem geblümten Morgenmantel aus Seide und mit einer Tasse in der Hand auf ihn zu. Nach einem Schulterklopfen ließ Darío sich neben ihm in einem Sessel nieder. »Mit dem Frühstück warten wir, bis Montse aufwacht. Das kann allerdings ein Weilchen dauern, die Kleine schmeißt nämlich zum Einschlafen immer ganz schön was ein.«

Erneut fühlte Irving sich seltsam fehl am Platz, oder vielmehr endlich wieder da, wo er hingehörte: Darío war immer noch kahlköpfig und dick wie am Abend davor und trug außerdem jetzt diesen äußerst bourgeoisen Morgenrock, immerhin von klassischer Eleganz. Doch auf einmal sprach er wieder mit der Stimme und dem Tonfall des Darío, den er auf Kuba gekannt hatte.

»Dann warten wir eben«, erwiderte Irving lächelnd. »Soll ich noch mal Kaffee aufbrühen?«

»Ja, gerne. Aber nimm von der Illy-Packung. Die steht links im Regal. Mann, hätte ich Lust, mal wieder nach Italien zu fahren …«

Irving ging in die Küche und füllte die italienische Espressomaschine mit italienischem Espressopulver. Dass Darío nicht gern selbst Kaffee kochte, wusste er noch von früher. Die Erinnerung an die nahezu geschmacklose Bohnenmischung stieg in ihm auf, mit der sich Clara und Daríos Söhne in Fontanar, auch auf die Gefahr hin, dass der Espressokocher verstopfte, in diesem Augenblick würden behelfen müssen. Falls überhaupt Kaffee vorhanden war.

»Ich habe mich gerade gefragt …«, sagte Irving, als er mit zwei herrlich duftenden Tassen auf die Terrasse zurückkehrte.

»Was Clara in diesem Augenblick für Kaffee trinkt«, fiel Darío ihm ins Wort.

»Wie hast du das erraten?«

»Ich kenne dich doch. Es geht mir ja auch nicht anders. Verdammt, ich muss dir unbedingt ein paar ordentliche Porzellantassen kaufen, du Schuft!«, sagte Darío und stand dann, statt von seinem Kaffee zu trinken, auf, stellte die Tasse, die Irving ihm gerade erst übergeben hatte, ab und schloss den Freund fest in die Arme. »Das ist wirklich wie im Traum, Irving!«

Irving war überrascht vom plötzlichen Gefühlsausbruch des sonst so zurückhaltenden Darío, fasste sich jedoch schnell und reagierte, wie nur er es konnte und durfte: »Pass bloß auf, gleich fang ich an zu träumen«, flachste er, »du bist schließlich splitternackt unter diesem oberschwulen Fummel.«

Beide lachten laut auf, aber nicht nur laut, sondern auch so herzlich, wie sie schon lange nicht mehr gelacht hatten.

Nach dem Frühstück schlug Darío einen Spaziergang an der Uferpromenade des Ortes vor. Montse, die an der Universität beschäftigt war, entschuldigte sich. Sie müsse Arbeiten ihrer Studenten durchsehen. Außerdem musste sie wegen eines Wohnungsverkaufs telefonieren – den größten Teil ihrer Einnahmen verdiente sie als Immobilienmaklerin.

»Wir treffen uns um zwei und fahren dann zum Mittagessen nach Tarragona, einverstanden?«, schlug sie vor. »Ich habe Irving versprochen, ihm die römischen Ruinen zu zeigen.«

»Ist gut, Schatz. Adéu«, verabschiedete Darío sie auf Katalanisch.

Für den Spaziergang zog Darío eine elegante weiße Leinenhose und ein ebenso schneeweißes Hemd an, dazu modische Ledersandalen und, als Sonnenschutz, einen Strohhut – »aus Kreta«, wie er erklärte.

Dennoch bestand Montse darauf, ihm Wangen, Stirn und Hals mit einer duftenden Creme einzuschmieren. So ausstaffiert, erschien er Irving plötzlich wieder wie ein Fremder. Oder war der Mensch, der er früher einmal war, mit dem neuen, der er offensichtlich unbedingt sein wollte, bereits untrennbar zusammengewachsen? Irving sah den alten Darío noch vor sich: Wenige Wochen vor dem Aufbruch ins Exil hatte er im Garten von Fontanar ohne Hut und Hemd unter der erbarmungslosen kubanischen Sonne eine Handvoll mickriger Süßkartoffeln für das Mittagessen ausgegraben. Von der Existenz irgendwelcher Pflegeprodukte der Marke L'Occitane en Provence, die ihn nun wie eine domestizierte Raubkatze aussehen ließen, hatte er damals nicht die geringste Ahnung. Von der lächerlichen Maisonne über Calafell bekam man also Hautkrebs, und von der, die auf Kuba niederbrannte, nicht? Irving ließ sich jedenfalls nicht einschüchtern und beließ es bei Shorts und kurzärmligem Hemd.

Auf dem Weg ans Meer schilderte Darío, jetzt wieder in reinstem Kubanisch, wie zufrieden er mit seinem neuen Leben war. Er machte die gleiche Arbeit wie auf Kuba – öffnete Schädel und befummelte die vor ihm ausgebreitete Hirnmasse, schlitzte Rücken auf und brachte mithilfe von Schrauben Wirbel in die vorgesehene Position. Dafür erhielt er ein Gehalt, wie er es sich niemals hätte träumen lassen.

»Etwas Besseres hätte mir nicht passieren können, Alter. Du weißt gar nicht, wie dankbar ich den Leuten bin, die mich damals dazu gedrängt haben, fortzugehen. Keine Ahnung, wie es mir heute dort ergehen würde, höchstwahrscheinlich von Tag zu Tag schlechter. Ich kann mir jedenfalls nicht vorstellen, dass die die Sache dort jemals in den Griff bekommen.«

Irving nickte und verzichtete darauf, Daríos – vielleicht ja auch nur gespielte – Begeisterung zu schmälern, indem er das Gespräch auf Clara und die beiden auf Kuba zurückgelassenen Söhne Ramsés und Marcos brachte.

»Außerdem siehst du ja selbst, was für eine Frau ich hier gefunden habe. Sie vergöttert mich geradezu. Ein bisschen überdreht ist sie schon, aber im Grunde ein Engel. Und kein bisschen knausrig. Und im Bett erst … Mit Clara war schon seit Langem nicht mehr viel los.«

Irving musste daran denken, wie er seinerzeit mit Clara eben darüber gesprochen hatte. Es kam ihm vor, als sei das tausend Jahre her, und er beschloss, die Vergangenheit ruhen zu lassen. »Schön«, sagte er und konnte es dann doch nicht lassen, nachzufragen: »Sprecht ihr beim Vögeln auch Katalanisch?«

Darío lachte. »Ganz der Alte!«

Die Strandpromenade war auf der einen Seite von Palmen, auf der anderen von einem gepflegten Streifen Sand gesäumt, hinter dem sich das friedliche, aber eiskalte – und damit für sie unbetretbare – Meer erstreckte.

»Du hast ja keine Ahnung, wie sehr die Katalanen haben leiden müssen, nur weil sie Katalanen sein wollen«, setzte Darío an. »Ich kann sie verstehen, ich habe lange genug auf Kuba gelebt und gesehen, wie die Amerikaner aus der Ferne die Zähne gefletscht haben. Darum unterstütze ich ihre Bewegung. Früher oder später gibt es hier eine Explosion, glaub mir. Ich lebe und arbeite hier und fühle mich wohl, warum soll ich dann nicht auch so empfinden wie die Leute von hier? Diese feinen Pinkel aus Madrid bilden sich ein …«

»Komisch«, unterbrach ihn Irving. »In Kuba hast du nie über Politik gesprochen.«

»Weil man dort nicht über Politik sprechen konnte. Da hieß es gehorchen, und basta. Das weißt du genau, spiel jetzt bloß nicht den …«

»Wir haben sehr wohl über Politik gesprochen. Leise, aber darüber gesprochen haben wir. Und du warst in der Partei.«

»Stimmt«, räumte Darío ein. »Und was ist bei dem vielen Reden rausgekommen? Habt ihr irgendwelche Probleme gelöst? Hat sich durch das Gejammer irgendwas geändert? Weißt du, was mir hier am besten gefällt, Irving? Dass ich sprechen kann, worüber ich will und mit wem ich will. Dass ich mir keine Maske aufsetzen muss. Und nicht ständig unter Verfolgungswahn leide! Komm mir jetzt bitte nicht mit diesen alten Geschichten, bitte!«

Irving nickte. Er selbst hatte genau diese Dinge immer für sich eingefordert und konnte Darío jetzt keine Vorwürfe machen, wenn er seine neuen Freiheiten in vollen Zügen genoss. »Freut mich für dich, Darío. Wirklich. Und entschuldige, wenn ich manchmal ein bisschen nerve.«

»Weißt du was, Irving? Du brauchst dich für nichts zu entschuldigen. Gestern habe ich dir am Gesicht abgelesen, was du gedacht hast. Außerdem kenne ich dich schon so lange. Ja, stimmt, ich habe dich eingeladen, damit du siehst, wie ich lebe. Und bevor du wieder zurückfährst, zeige ich dir noch Montses Wohnung in Barcelona, und meine Bibliothek. Und in das Krankenhaus, wo ich arbeite, nehme ich dich auch mit, da glaubst du, du bist in einem Fünf-Sterne-Hotel. Die Leute dort sprechen mich mit Herr Doktor an oder Herr Professor. Nix mit Genosse! Und das hier wollte ich dir auch zeigen!« Er breitete die Arme aus, als gehörten Strand, Promenade und die Häuser ebenfalls ihm. »Aber nicht, weil ich inzwischen ein noch größeres Arschloch bin, als ich immer schon war. Das ist unmöglich …«

»Pah, hast du die Parole vergessen, die wir in der Sekundarschule immer brüllen mussten? Mehr geht immer!«

»Du kannst es nicht lassen, was … Also gut, jetzt mal ehrlich. Diese Wohnung muss ich die nächsten dreißig Jahre lang abstottern. Und ohne Montse und ihr Geld wäre ich nicht an diesem wunderschönen Ort, und du auch nicht, nebenbei gesagt. Ich habe trotzdem nicht vergessen, was für Schweinereien in der Vergangenheit dafür gesorgt haben, dass es ausgerechnet hier so schön ist und nicht in Bolivien oder im Kongo. Ja, ich habe Montse gebeten, dich einzuladen, damit du all das zu sehen bekommst, Irving. Weil du weißt, dass ich mein ganzes Leben dafür gekämpft habe, die Scheiße, in der ich groß geworden bin, hinter mir zu lassen, auch wenn du keine Ahnung hast, was ich tatsächlich alles habe durchmachen müssen. Du hast mir die Hälfte von deinem Besitz überlassen, als ich aus Kuba fort bin. Das werde ich nie vergessen, auch wenn ich jetzt Katalanisch spreche, verdammt. Deine Reise hierher habe ich also organisiert, damit du, mein Bruder, mir jetzt sagst, dass ich mich nicht geirrt habe. Denn die Vorteile meines neuen Lebens habe ich dir jetzt aufgezählt, aber natürlich gibt es auch beschissene Seiten. Wenn ich mir nämlich ansehe, was ich jetzt alles habe und noch bekommen kann, sag ich mir manchmal, kommt es überhaupt darauf an? Spielt es überhaupt eine Rolle? Manchmal denke ich dann wieder: Was du verloren hast, oder was man dir weggenommen hat, ist das nicht viel mehr wert gewesen? Und dazu gehören auch die Raumpflegerinnen, pardon, die Genossinnen Raumpflegerinnen, die dort die Böden gewischt und mir Kaffee gekocht haben, den Kaffee, den mir Patienten manchmal geschenkt haben, oder sie haben mich gefragt, ob sie ein paar von den Tannia-Knollen abhaben können, die ich manchmal auch von Patienten bekommen habe … Verstehst du, Irving?«

»Allerdings verstehe ich dich, Darío. Und wer dich nicht versteht, der soll zur Hölle fahren.«

»Genau, den sollen sie so richtig in den Arsch ficken.«

»Also, wie auch immer«, sagte Irving mit einem Blick aufs Meer, das so anders war als sein Meer und trotzdem unermesslich weit und verführerisch. »Ich glaube jedenfalls nicht, dass du dich geirrt hast. In Kuba ist zu viel passiert, was uns das Leben zur Hölle gemacht hat. Denk bloß an Walter, oder an Elisa, an das ständige Gefühl, dass dich jemand überwacht, oder an deine Schwierigkeiten mit Clara. Du hast getan, was dir nötig schien, und fertig. Ach so, übrigens, tut mir leid, aber ich muss dich daran erinnern, dass es Leute gibt, die es mögen, wenn man sie in den Arsch fickt.«

Am Morgen des 15. Februar 1990 war Irving wieder einmal zum Nichtstun in den dahinsiechenden Verlag gegangen, der wegen des allgemeinen Papiermangels auf unbestimmte Zeit keine Bücher herausbringen würde. Mittags saß er vor seinem Tablett mit Reis, wässriger Erbsensuppe, ein wenig faserigem Kohl und zwei Kroketten aus einer undefinierbaren Substanz, die von einer Art aufgeplatzten Pusteln bedeckt waren. Während seiner Haft hatte er Tag für Tag nahezu das Gleiche serviert bekommen. Das ganze Land ernährte sich mittlerweile hiervon, nur dass es anstelle der Kroketten manchmal gekochte Eier oder übel riechendes Sojahack gab. Er wollte gerade zu essen anfangen, als man ihm mitteilte, dass an der Rezeption ein Anruf auf ihn warte. Diesen zu ihm durchzustellen, war nicht möglich, seit dem letzten Stromausfall funktionierte die Telefonzentrale nicht mehr. Fluchend ging Irving mit dem Löffel in der Hand nach unten. Aus dem Hörer schlug ihm eine Orkanbö entgegen.

»Irving, endlich. Ich bins, Clara. Hast du was von Elisa gehört?«

»Ich habe sie gestern Abend zuletzt gesehen, genau wie du.«

»Und dann?«

»Was heißt, und dann?« Irving hatte das Gefühl, dass irgendwo ein Warnsignal zu blinken anfing. »Was ist denn los, Clara?«

»Bernardo weiß nicht, wo Elisa ist. Ihre Eltern auch nicht. Bei der Arbeit ist sie nicht aufgetaucht, und in irgendeinem Krankenhaus ist sie ebenso wenig zu finden. Kein Mensch weiß, wo sie steckt.«

»Du kennst doch Elisa, die macht doch immer, wozu sie gerade Lust hat. Also wirklich, Clara, mach dir keinen Kopf. Wenn sie in keinem Krankenhaus liegt, ist auch nichts passiert«, erwiderte er, in dem Versuch, seine Sorge zu überspielen.

»Aber sie ist gestern völlig durchgedreht, Irving. Als ihr gestern weg wart, und nur noch sie, Darío und ich zu Hause waren, erschien auf einmal Bernardo. Halb betrunken, der Ärmste, wie zu erwarten. Doch da hat Elisa ihm ins Gesicht gesagt, dass sie nicht von ihm schwanger ist.«

Irving schloss die Augen und schrie in den Hörer: »Mir hat sie geschworen, dass sie ihm nichts sagen würde. Davor wollte sie mir einreden, dass Bernardo sehr wohl der Vater sein könnte.«

»Gestern hat sie genau das Gegenteil behauptet.«

»Hat sie gesagt, wer der Vater ist?«

»Nein, hat sie nicht. Aber weißt du, was am seltsamsten war? Bernardo hat so getan, als wäre nichts. Ich glaube, er wusste schon lange Bescheid. Er hat jedenfalls in aller Ruhe sein Glas geleert, und dann ist er aufgestanden und gegangen, ohne ein Wort zu sagen. Ach, Irving, glaubst du, er könnte Elisa etwas angetan haben, und sie taucht deshalb nicht auf?«

Irving spürte, wie es ihm eiskalt über den Rücken lief. »Wo ist Bernardo denn jetzt?«

»Keine Ahnung! Vor einer Weile hat er angerufen, ob ich etwas erfahren habe.«

»Ich rufe ihn gleich an. Oder ich gehe zu ihm. Und du mach dir keine Sorgen.«

»Was heißt hier, mach dir keine Sorgen?«, rief Clara empört. »Natürlich mache ich mir Sorgen, Irving. Ich habe Angst«, fuhr sie, wieder leiser, fort.

»Beruhige dich, bitte. Ich suche jetzt Bernardo, mal sehen, was er sagt. Nachher komme ich zu euch.« Irving legte auf.

Um kurz nach vier traf Irving niedergeschlagen bei Clara und Darío in Fontanar ein. Auch er hatte Bernardo nicht finden können. Fabio, Liuba und Horacio waren bereits da, Joel wollte ebenfalls kommen.

Die Februarsonne setzt gerade zu ihrem raschen Untergang an, als Horacio Irving beiseitenahm und mit ihm vors Haus ging. Er sah sich um, um sicher zu sein, dass niemand sonst zuhörte. »Hat Elisa dir in den letzten Tagen Sachen über mich erzählt?«

Irving hatte es inzwischen satt, für alle seine Freunde den Beichtvater zu spielen, und erwiderte unwillig: »Ja, sie hat mir erzählt, dass du mit ihr geschlafen hast. Wie oft, hat sie allerdings nicht gesagt.«

Horacio schnaubte. »Zweimal. Wobei es eigentlich umgekehrt war – sie hat mit mir geschlafen. Du weißt, dass ich einem Freund so etwas niemals antun würde.«

»Dass dein Pimmel so keusch ist, bezweifle ich. Du hast sie gebumst, und fertig!«

»Ich schwörs dir, die Sache ist nicht von mir ausgegangen. Sie hat mich angemacht. Aber das spielt jetzt keine Rolle mehr. Hat sie gesagt, dass sie glaubt, dass sie von mir schwanger ist?«

»Von wem sonst? Bernardo kommt schließlich nicht infrage, er ist unfruchtbar, wie du weißt.«

»Komplett verrückt bin ich trotzdem nicht. Ich habe mir jedes Mal ein Kondom übergezogen.«

»Dann ist es also doch ein Geschenk Gottes?«

»Oder von Walter«, erwiderte Horacio.

»Elisa hat mir geschworen, dass sie mit ihm nicht geschlafen hat.«

»Und das hast du ihr geglaubt?«

»Was willst du damit sagen, Horacio?«

»Dass … Nichts, gar nichts. Ich werde überhaupt nichts mehr sagen«, murmelte Horacio und machte sich auf den Weg zurück ins Haus.

»Elisa hat gesagt, sie bringt dich um, weil du behauptest, sie hätte mit Walter geschlafen«, rief Irving ihm warnend hinterher. Was war nur mit Elisa geschehen? Mit der angriffslustigen Elisa, die sich von niemandem einschüchtern ließ und sich nie verstellte. Wie konnte solch ein Mensch sich dermaßen in Widersprüche, ja, Lügen verstricken? Ihrem Mann zu gestehen, dass das Kind, das in ihrem Bauch heranwuchs, nicht von ihm war, wäre normal gewesen – andernfalls hätte sie für immer mit einer absurden und grausamen Lüge leben müssen. Aber warum ausgerechnet vor Clara und Darío? Was war da geschehen? Mittlerweile hatte er wirklich das Gefühl, dass etwas Schreckliches im Anzug war.

Es war jetzt acht Uhr. Die Freunde saßen auf der Terrasse und sprachen alle Möglichkeiten durch, da erschien auf einmal Bernardo.

Clara stürzte sich als Erste auf ihn: »Und, was hast du herausgefunden?«

»Nichts. Niemand weiß irgendetwas.«

»Hast du getrunken?«, fragte Irving.

»Nur einen kleinen Schluck. Man kommt ja nicht mal dazu, sich volllaufen zu lassen. Ich bin fix und fertig. Lasst mir eine Minute Zeit, ich muss erst mal was trinken. Und was essen. Das Einzige, was ich heute zu mir genommen habe, war eine Tasse Kaffee. Könnte ich außerdem bei euch duschen? Ich bin völlig verdreckt, oder jedenfalls fühle ich mich so.«

Irving beobachtete, wie Clara, Horacio und Bernardo sich in dieser Situation verhielten. Sie standen Elisa am nächsten und waren deshalb womöglich auf die eine oder andere Weise für deren Verschwinden mit verantwortlich. Allerdings gab es noch jede Menge anderer Kandidaten »mit besonderen Beziehungen« zu Elisa – mit wie vielen war sie tatsächlich ins Bett gegangen?

Während Bernardo im Bad war, stellten Clara und Liuba aus den Resten vom Vortag schnell etwas für das Abendessen zusammen. Zwei Flaschen Rum waren von der tristen Sankt-Valentins-Feier übrig geblieben. Die Nächte wurden wieder wärmer, es war angenehm, draußen auf der Terrasse zu sitzen. Doch man konnte die Spannung unter den Freunden mit Händen greifen.

Irgendwann erschienen Ramsés und Marcos, und Letzterer fragte seine Mutter, ob etwa noch jemand gestorben sei, wofür er sich eine barsche Zurechtweisung Claras einhandelte.

Kaum hatte Bernardo den ersten Schluck Rum getrunken, legte er das Handtuch, mit dem er aus der Dusche gekommen war, auf einen Nebentisch und fing an zu sprechen. »Ihr wisst, was Elisa gestern Abend zu mir gesagt hat. Du hast es ihnen erzählt, Clara, oder?« Clara nickte. »Mich hat das nicht überrascht. Dass sie nicht von mir schwanger ist, war mir klar, und ich habe erwartet, dass sie es mir irgendwann gestehen würde. Aber dass es so abgelaufen ist, vor anderen, vor Clara und Darío … Das war schäbig.«

»Ich glaube, sie war ein bisschen durcheinander«, sagte Darío. »Das sind wir alle, schon seit Tagen. Und sie, in ihrem Zustand …«

»Nein, sie wollte, dass es alle mitkriegen. Um mich zu demütigen.«

»Ich bitte dich, Bernardo«, ging Irving dazwischen. »Wusstest du etwa nicht, dass sie nicht von dir schwanger ist?«

Eisiges Schweigen machte sich breit. Bernardo trank erst sein Glas aus, bevor er antwortete. »Doch, ich wusste es, aber nicht von ihr. Ich habe sie tausend Mal gefragt, und sie hat jedes Mal gesagt, das Kind könne von niemandem sonst sein. Das hat sie wirklich behauptet! Darum wäre ich am liebsten mit den Fäusten auf sie losgegangen, als sie hier das Gegenteil verkündet hat, das will ich nicht bestreiten. Vielleicht bin ich ein Säufer, und zeugungsunfähig, aber ich habe meinen Anstand. Darum habe ich draußen auf sie gewartet, und wir sind zusammen nach Hause gegangen. Bei uns vor der Haustür habe ich zu ihr gesagt, dass ich jetzt verschwinde, und dass ich am nächsten Tag ein paar Sachen von mir abhole. Und dass ich sie in meinem ganzen beschissenen Leben nie wiedersehen will, und dass sie nur Unglück bringt. Als ich heute Morgen so um zehn wiedergekommen bin und sie nicht da war, war ich froh. Ich wollte sie wirklich nicht sehen, und ich wollte auch nichts von ihr hören, sonst wäre ich am Ende noch ausgerastet. Dann habe ich mich auf die Suche nach einem Lederkoffer von uns gemacht, aber ich habe ihn nicht finden können, was mich nicht gewundert hat, bei uns geht ständig was verloren. Dann habe ich ein paar Sachen von mir zusammengesucht, aber das Kruzifix, das ich mal in Mexiko gekauft habe, war auch nicht da. Es stand auf meinem Schreibtisch, und ihr hat es schon immer gut gefallen. Darum habe ich gleich bei ihren Eltern angerufen und gefragt, ob sie dort ist, und sie haben gesagt, nein, und dass sie keine Ahnung haben, wo sie steckt. Als Nächstes habe ich Clara angerufen, aber die hatte auch nichts von ihr gehört. Dann habe ich mich noch mal auf die Suche nach dem Koffer gemacht, aber er war nirgendwo. Beim Suchen ist mir aber aufgefallen, dass manche Sachen von ihr nicht da waren. Ein Teil der Unterwäsche, ganz sicher, und noch ein paar Dinge.«

»Das heißt, sie hat sich irgendwo versteckt«, sagte Horacio.

Irving hörte ihm die Erleichterung an, musste ihm aber trotzdem widersprechen: »Elisa würde sich niemals vor irgendwem verstecken, Horacio. Ich glaube, dass sie abgehauen ist.«

»Aber wohin?«, rief Clara. »Weißt du da etwas, Irving?«

»Keine Ahnung. Ich spekuliere bloß.«

»Irving hat recht«, sagte Bernardo. »Vor wem sollte sie sich verstecken? Nicht vor mir jedenfalls. Elisa ist abgehauen. Bestimmt.«

Fabio räusperte sich und sagte: »Ist sie nicht vielleicht doch in einem Krankenhaus?«

»Ich habe überall nachgefragt. Auch Doktor Mojena habe ich angerufen, der hat mit uns studiert hat. Er betreut jetzt Elisa bei ihrer Schwangerschaft. Aber bei ihm hat sie sich auch nicht gemeldet«, erwiderte Bernardo.

»Gestern hat sie mir noch erzählt, dass alles gut läuft mit ihrer Schwangerschaft«, flüsterte Liuba.

»Ich glaube immer noch, dass sie irgendwo abgetaucht ist. Wer weiß, ob sie im nächstbesten Moment wieder erscheint«, beschwichtigte Dario. »Einfach so aus Kuba verschwinden geht ja nicht.«

»Als Nächstes bin ich zu ihrem Vater«, fuhr Bernardo fort, ohne auf die Kommentare einzugehen. »Ihr wisst ja, dass Roberto Correa jede Menge Verbindungen hat. Er hat sie seit Tagen nicht gesehen. Ihre Mutter wusste erst recht nichts, sie ist von Tag zu Tag mehr durch den Wind«, sagte er und tippte sich an die Stirn. »Da habe ich ihrem Vater vorgeschlagen, sie bei der Polizei als vermisst zu melden.«

»Spinnst du?«, rief Irving.

»Was heißt hier, spinnst du?«, erwiderte Bernardo aufgebracht.

»Dann haben wir schon wieder die Polizei am Hals. Am Ende heißt es, sie ist entführt worden! Was hat denn ihr Vater zu dem Vorschlag gesagt? Der Gauner kennt sich schließlich aus«, sagte Irving.

Sie alle hatten den Verdacht, dass Elisas Vater Roberto seinerzeit mehr gewesen war als ein einfacher Diplomat, beziehungsweise, während der letzten Jahre, als ein Leiter verschiedener Unternehmen. Bei dem im vergangenen Sommer gegen Angehörige des Militärs und des Geheimdienstes eröffneten Prozess hatte sich das bestätigt. Die Anklagepunkte lauteten unter anderem auf Drogenhandel und Landesverrat. Roberto Correa wurde daraufhin in den vorzeitigen Ruhestand versetzt und von seiner Tätigkeit fürs Außenministerium entbunden, die häufige Auslandsreisen mit sich gebracht hatte, insbesondere nach Panama, bekanntermaßen ein Zentrum von Geldwäsche und Drogenhandel.

»Er wollte gleich mal ein paar Leute anrufen. Außerdem, zu deiner Beruhigung, Irving, hat er mich gewarnt, zur Polizei zu gehen, davon würde alles nur noch schlimmer werden. Er hat versprochen, dass er mir Bescheid gibt.«

»Bist du anschließend zur Polizei oder nicht?«

»Nein, bin ich nicht. Inzwischen ist es mir, glaube ich, sowieso egal, wo Elisa steckt. Soll sie doch zum Teufel gehen.«

»Du brauchst dir auf jeden Fall keine Vorwürfe zu machen, Bernardo«, meldete sich Joel zu Wort. »Wenn hier jemand Scheiße gebaut hat, dann Elisa.«

»Also hör mal«, protestierte Irving.

»Ich weiß, was ich sage. Und ich ertrage es nicht, wenn sich jemand so mies verhält«, erwiderte Joel, schob seinen Teller zurück und entfernte sich in den hinteren Teil des Gartens.

»Dafür ist jemand von der Polizei bei mir erschienen«, fuhr Bernardo fort.

»Hat Elisas Vater etwa selbst die Polizei benachrichtigt?«, fragte Irving aufgeregt.

»Der Mann war ein Freund von ihm. Er hat mir alle möglichen Fragen gestellt, über Elisa, und uns. Er ist ungefähr eine halbe Stunde geblieben, dann hat er gesagt, ich soll mir keine Sorgen machen, sie kümmern sich um die Sache. Deswegen bin ich so spät gekommen. Und deswegen bin ich auch noch so gut wie nüchtern.«

Am Tisch machte sich Schweigen breit. Bernardo leerte sein Glas und schob es Fabio hin, der ihm erneut Rum nachschenkte.

»Elisa ist weg aus Kuba«, sagte Fabio schließlich. Bis auf Bernardo sahen die anderen ihn erwartungsvoll an.

»Weißt du etwa mehr?«, fragte Liuba erstaunt.

»Woher denn? Aber ich glaube, Bernardo und Irving haben recht. Elisa hat sich nicht versteckt. Sie ist abgehauen. Und ihr Vater hat ihr dabei geholfen.«

»Ach ja? Aber wie?«, erwiderte Liuba. »Auf zum Flughafen und ins nächste Flugzeug steigen? Warum hätte sie das überhaupt tun sollen? Sie hat ja noch nicht mal vor Bernardo Angst, wie du siehst.«

»Ein Boot hat sie wohl nicht genommen, in ihrem Zustand«, versetzte Clara.

»Ich kann mir sehr wohl vorstellen, dass sie mit dem Flugzeug abgehauen ist«, sagte Fabio. »Sie hat doch einen Reisepass, oder?«

Irving nickte. »Egal, ob per Schiff oder Flugzeug, das hat sie jedenfalls nicht spontan entschieden. Sie muss sich die Sache überlegt und gut vorbereitet haben. Drum hat sie gestern zu Bernardo gesagt, dass sie nicht von ihm schwanger ist. Sie wollte dich nicht demütigen, Bernardo, sie wollte, dass du die Wahrheit weißt. Ihren Plan hat sie niemandem verraten, weil sie nicht wollte, dass wir Bescheid wissen. Und weil sie vor irgendwas Angst hat. Ja, seht mich nicht so an, selbst jemand wie Elisa ist imstande, Angst zu haben. Das hat sie mir selbst gesagt!«

Die folgenden Tage brachten keinerlei Klarheit darüber, wie, warum und wohin Elisa verschwunden sein könnte, was schließlich sogar der zunächst verworfenen Befürchtung Auftrieb gab, sie könne tot sein.

Vor allem Horacio, der ohnehin immer für alles einen logischen Grund suchte, grübelte weiter über einen Zusammenhang zwischen Walters Tod und Elisas Verschwinden nach. Zur Empörung insbesondere Irvings und Claras stellte er dann die Frage: War Elisa vielleicht direkt oder indirekt in Walters tragisches Ende verwickelt?

Die Clantreffen in Fontanar hatten dem inneren und äußeren Druck nur mehr wenig entgegenzuhalten, die Stimmung war angespannt und zusätzlich vergiftet durch die weiterhin unbeantwortete Frage nach einem möglichen Spitzel unter ihnen. Guesty? Walter? Oder am Ende noch jemand anders?

Irving litt darunter am meisten. Das Trauma seiner Haft und der Verlust der geliebten Freundin, die nicht nur ihrer aller Anführerin, sondern auch seine ganz persönliche Beschützerin in schwierigen Zeiten gewesen war, setzten ihm zu. Bernardo ergab sich nach der erlittenen Demütigung hemmungslos dem Alkohol. Clara stand ihre Bestürzung und Trauer ins Gesicht geschrieben. Der sonst so unermüdlich kämpfende Darío wies alle Kennzeichen einer Depression auf. Horacio verstrickte sich in fieberhaften Nachforschungen. Fabio und Liuba zogen sich so leise wie unaufhaltsam aus der Gemeinschaft zurück. Sie alle litten.

Was Irving jedoch am meisten zu schaffen machte, war die Angst, die seit Walters Tod Besitz von ihm ergriffen hatte. Sie war noch zerstörerischer als seine alte Furcht vor den gesellschaftlichen, politischen und auch persönlichen Reaktionen auf seine sexuelle Orientierung und seine Art und Weise, das Leben zu verstehen und zu genießen. Diese neue Angst war allgegenwärtig. Er hütete sich vor jedem falschen Wort, achtete sorgsam auf jeden einzelnen Schritt, ja, sah sich, wenn er auf der Straße unterwegs war, immer wieder furchtsam um. Die Lebensfreude, Unbekümmertheit und schlagfertige Ironie, die alle an ihm so geschätzt hatten, waren verloren. Er schien sich in einen anderen Menschen zu verwandeln.

Dazu kam, dass sich nicht nur über ihnen, sondern über der ganzen Insel düstere Wolken der Ungewissheit zusammenzogen, weil sich die starren Konturen der Welt, wie sie sie kannten, zusehends auflösten. Das Land verlor nicht nur seine politischen Verbündeten, sondern verfügte schon bald kaum noch über Nahrungsmittel, Benzin, Strom, Medikamente, Papier. Selbst Zigarren und Rum gab es irgendwann nicht mehr. Dafür wurde, mit einem Euphemismus, die »Sonderperiode zu Friedenszeiten« verkündet. Wie lange dauert eine Periode? Augenblicke, Tage, Jahre, Jahrzehnte, Jahrhunderte? Wie viel unseres flüchtigen, unwiederholbaren Lebens passt in eine Periode, deren Ende nicht absehbar ist? Waren das Paläolithikum und das Neolithikum, die Jahrtausende dauerten, nicht auch Perioden?

Ein Licht am Ende des Tunnels, in den die Insel geraten war, war jedenfalls nicht zu erkennen. Der Verlag, in dem Irving und Joel arbeiteten, wurde vorläufig geschlossen und die beiden samt ihren Kollegen in eine Werkstatt geschickt, in der seltsame Makramee-Wandbehänge angefertigt wurden, ob zu kommerziellen – falls solche existierten – oder psychotherapeutischen Zwecken, ließ sich nicht sagen. Liuba und Fabio, die beiden Architekten, wurden zur Erfassung von Wohnungen aufgeboten, welche größere Schäden aufwiesen oder sogar vom Einsturz bedroht waren. Auf diese Weise wurde ihnen zum ersten Mal das ganze Ausmaß der Krise des Wohn- und Bausektors bewusst, die, wie sie flüsternd berichteten, jahrelang befördert und zugleich verschwiegen worden war. Es war offensichtlich, dass die Stadt kurz vor dem Kollaps stand, wie auch für das Land galt, dass jedes vierte Gebäude nur noch dank Stützbalken und Hilfskonstruktionen aufrecht stand.

Clara wurde angesichts der Unmöglichkeit, die laufenden Bauvorhaben fortzuführen, von ihrem Unternehmen »freigestellt« und mit siebzig Prozent ihres Gehalts nach Hause geschickt. Da die lokalen Preise aber nach dem Wechselkurs des Peso zum Dollar berechnet wurden, blieb von einhundertzwanzig Pesos gerade mal ein Dollar übrig. Andererseits durfte man die Feindeswährung offiziell gar nicht besitzen und musste bei Verstößen gegen dieses Verbot mit langen Gefängnisstrafen rechnen. Clara verdiente nun monatlich drei Dollar. Ein Huhn, das man irgendwo auf dem Schwarzmarkt auftrieb, kostete, je nach Größe, zwischen einem und eineinhalb Dollar. Clara verdiente jetzt also zwei Hühner pro Monat.

Irgendwann war in den offiziellen Verlautbarungen dann sogar vom nationalen Widerstand in Form einer sogenannten »Nulllösung« die Rede. Diese sollte im Wesentlichen darin bestehen, dass man sämtliche Stadtbewohner aufs Land verschickte, wo sie sich im Rahmen einer Subsistenzwirtschaft betätigen sollten, die der Lebensweise indigener Jäger-und-Sammler-Gemeinschaften – während des Paläolithikums oder doch eher Neolithikums? – ziemlich nahekam. Bei derlei Aussichten, zu denen noch das ganze Bündel seiner sonstigen Lasten kam, beschloss Irving eines Tages, in Absprache mit Joel und ohne sonst jemandem etwas zu verraten, dass es auch für ihn wohl das Beste sei, sich aus dem Staub zu machen, obgleich er in diesem Augenblick nicht sagen konnte, wie und wohin.

Obwohl die Krise sich zusehends vertiefte, trafen sich die überlebenden Mitglieder des Clans, selbst Fabio und Liuba, Anfang 1992 zu einem Fest in Fontanar. Es gab einen Grund zum Feiern: Wie durch ein göttliches Wunder hatte die katalanische Ärztekammer beschlossen, Darío ein Stipendium in Barcelona zu gewähren. Sämtliche Kosten wurden übernommen, um ihm seine Ausbildung in den neuesten chirurgischen Techniken sowie die Abschlussprüfung zu ermöglichen.

Da Daríos Abreisedatum und Claras Geburtstag nahe beieinanderlagen, entschieden sie, die Tradition wiederaufzunehmen, die im Vorjahr, als das Treiben der ruhelosen Geister der verschwundenen Elisa und des verstorbenen Walter keine Feierlaune aufkommen lassen wollte, unterbrochen worden war.

Sie ließen sich einiges einfallen, um Claras zweiunddreißigsten Geburtstag den Einschränkungen zum Trotz angemessen zu begehen. Darío steuerte mehrere magere Hühner bei, die er im Hof von Fontanar aufgezogen hatte. Joel ließ sich aus Pinar del Río mehrere Pfund Tannia- und Maniok-Knollen sowie Süßkartoffeln schicken. Aus alldem sowie mehreren Schweinefüßen und -ohren, die Horacio hatte erstehen können, bereiteten sie einen kräftigen Eintopf zu. Bier gab es nicht, Wein nur ganz wenig und zudem aus Eigenproduktion, ein bisschen Rum trieben sie dagegen auf, und Darío beförderte aus seinem Zauberkoffer zusätzlich eine weitere Literflasche White Horse hervor. Hiermit, schwor er, griffen sie allerdings tatsächlich auf die allerletzte Kriegsreserve zurück.

Ramsés, der inzwischen zehn Jahre alt war und eine erstaunliche Durchsetzungsfähigkeit an den Tag legte, hatte über den Vater eines Klassenkameraden eine Filmrolle besorgt, die sie in Fabios Kamera einlegten. Anschließend sollte er, zuvor von Joel eingewiesen, die Aufgabe übernehmen, den Geburtstag seiner Mutter und den

Abschied seines Vaters in Bildern festzuhalten. So feierten sie also ihr Fest, betranken sich, sangen und lachten, weil sie sich betrinken, singen und lachen mussten, um nicht zu weinen oder sich die Adern aufzuschneiden.

Zwei Wochen später hatte Darío tatsächlich das Flugticket in der Hand, und seine Abreise stand bevor. Da traf, atemlos und halb ohnmächtig vor Erschöpfung, Irving auf dem chinesischen Fahrrad, mit dem er sich inzwischen fortbewegte, in Fontanar ein. Er wollte sich unbedingt von Darío verabschieden und ihm ein ganz besonderes Geschenk überreichen.

Als er sich atemlos in einen Sessel sinken ließ, teilte Clara ihm mit, dass sie allein zu Hause sei. Darío war von den letzten der unendlich vielen Gänge, die nötig waren, um die Reisegenehmigung zu erhalten, noch nicht zurückgekehrt. Marcos und Ramsés wiederum waren mit ihren Rädern ins Nachbarviertel gefahren, wo es um diese Uhrzeit Strom gab, um sich die Übertragung eines Baseballspiels anzusehen. Während Irving auf einem krümeligen Keks herumkaute und dazu von dem Zuckerwasser trank, das Clara ihm in der Not serviert hatte, fiel ihm auf, wie unglaublich still es im Haus war. Nicht eine Stimme, keinerlei Motorenlärm, ja, nicht einmal ein Radio waren zu hören – Fluch oder Segen der ständigen Stromausfälle.

Clara hatte in der Zwischenzeit einen ebenfalls stark gesüßten Tee aus Orangenblättern zubereitet, der seinerseits dazu beitrug, dem ausgelaugten Großstadtradler neue Kräfte zu verleihen.

»Was hast du denn für ein Überraschungsgeschenk im Gepäck, mein Lieber?«, fragte Clara, die ein Lächeln nicht unterdrücken konnte, das Irving, so gut es ging, erwiderte.

»Du wirst es nicht glauben, Schätzchen«, sagte er, zog ein Päckchen aus der Hosentasche und wickelte es aus. »Vorgestern, auf dem Heimweg von unserer schrecklichen Makramee-Werkstatt, bin ich um die Ecke gebogen und entdeckte auf einmal ... Tja, eine Geldbörse, die auf der Straße liegt. Ich habe sofort gebremst, mich sorgfältig umgesehen, und da weit und breit niemand war, habe ich sie aufgehoben und eingesteckt. Und was war drin?« Er wedelte mit einem Bündel Zwanzig-Dollar-Scheinen vor Clara in der Luft.

»Aber Irving!«

»Gott hat es so gewollt, er hat die Geldbörse dort hingelegt, damit ich sie finde. Denn weißt du, was außer den Dollar noch darin war? Ein Muttergottes-Bildchen. Kein Ausweis, keine Adresse, keine Telefonnummer, aber die Mutter Gottes. Und hundertzwanzig Dollar, natürlich.«

»Na gut, meinetwegen. Und was ist mit dem Geschenk?«

»Nachdem mir dies direkt von der Mutter Gottes übersandt worden ist, gebe ich Darío die Hälfte ab, damit er ein bisschen mehr in der Tasche hat, wenn er in Spanien ankommt.«

»Bist du verrückt? Er bekommt ein Stipendium, und hier kannst du mit diesem Geld ...«

»Clarita, mit Joel habe ich schon darüber gesprochen, und er ist einverstanden. Mit diesem Geld können wir hier nur Sachen kaufen, die zwei Tage später als Kacke im Klo landen. Darum nimm das jetzt und gib es nachher Darío, damit er in Barcelona was Schönes damit machen kann.«

Clara nahm die drei Scheine entgegen und musterte sie fast ehrfürchtig und mit einem Schuss Begierde. »Mein Gott, du bist wirklich ...« Ihr versagte die Stimme angesichts dieser so ungemein großzügigen Geste.

Als sie aus ihrem Zimmer zurückkehrte, hielt sie zwei Umschläge in der Hand. Ramsés hatte ihr am Tag davor die Fotos von der Geburtstags- beziehungsweise Abschiedsfeier gebracht. Den dickeren der beiden Umschläge gab sie Irving, der ihn öffnete und anfing, sich die Bilder anzusehen.

»Eine große Zukunft als Fotograf sehe ich für deinen Sohn nicht, liebe Clara«, sagte er lächelnd, als er feststellte, dass mehrere Bilder unscharf und bei anderen die Köpfe abgeschnitten waren.

»Das Gruppenfoto ist aber nicht schlecht, oder?«, erwiderte Clara.

»Ich würde sagen, es ist das beste.«

»Genau. Und jetzt sieh dir mal das hier an.« Sie zog ein Foto aus dem anderen Umschlag.

Es handelte sich um das Porträt des Clans, das Walter zwei Jahre davor gemacht hatte. Darauf waren auch Elisa, Guesty und Margarita zu sehen. Der Anblick löste Trauer und die altbekannten Ängste in Irving aus.

»Scheiße …«, flüsterte er.

»Vergleich mal. Was siehst du? Scheiße ist, glaube ich, ziemlich milde gesagt …«

Irving schlug sich eine Hand vor den Mund. »Was ist nur mit uns passiert?«, rief er.

Zwischen den Aufnahmen lagen bloß zwei Jahre. Aber sie waren so intensiv und zerstörerisch gewesen, dass die Folgen überdeutlich abzulesen waren. Obwohl fast alle auf beiden Bildern lächelten, hatten ihre Gesichter sich stark verändert. Zudem waren sie extrem abgemagert. Bernardo schien dunkelviolett angelaufen, Horacios Augen waren tief eingesunken, Liubas Kleid wirkte viel zu groß, Fabios früheres Bäuchlein hatte sich geradezu nach innen umgestülpt, und auf Irvings und Claras Stirn und Wangen hatten die überstandenen Schlachten dunkle Furchen hinterlassen. Und Daríos einst üppiger und stets sorgfältig gekämmter schwarzer Haarschopf war unübersehbar dabei, auszudünnen und an Farbe zu verlieren.

Irving, der seit seiner Gefängniserfahrung nah am Wasser gebaut war, spürte, wie ihm die Tränen über die ausgezehrten Wangen liefen.

»Womit haben wir das verdient?«, stammelte er.

»Ich hätte auch am liebsten geweint, als ich die Bilder zum ersten Mal nebeneinander gesehen habe«, erwiderte Clara.

»Elisas Kind, wenn sie es denn zur Welt gebracht hat, müsste inzwischen eineinhalb Jahre alt sein. Ob es wohl ein Junge oder ein Mädchen ist?«, sagte Irving nach einer Weile.

»Daran habe ich neulich auch gedacht. Seit Walter gestorben und Elisa verschwunden ist, ist es mit uns allen bergab gegangen.«

»Ich muss ständig an Elisa denken. Wie es ihr wohl geht? Wo mag sie inzwischen leben?«

»Mir hat sie jedenfalls das Leben versaut«, versetzte Clara. »Obwohl, vielleicht hat sie mich auch gerettet. Ich muss dir nämlich was sagen. Aber du darfst es niemandem weitererzählen.«

»Du weißt, dass du dich auf mich verlassen kannst, ich bin verschwiegen wie ein Grab.«

»Entschuldige, Irving. Ich glaube, ich leide inzwischen auch unter Verfolgungswahn.«

»Angst essen Seele auf, wie irgendwer neulich gesagt hat. Aber egal, jetzt erzähl mal.«

»An dem Tag, an dem dieses Foto gemacht wurde …« Clara deutete auf das Bild von 1990. »Da haben wir uns geküsst, Elisa und ich.«

»Ich habs gewusst!«, rief Irving und schlug sich mit der Hand an die Stirn.

Clara sah ihn erstaunt an. »Hat sie es dir erzählt?«

Irving schüttelte den Kopf.

»Oder Marcos?«

Irving schüttelte noch heftiger den Kopf. »Marcos, wieso denn Marcos?«

»Er kam ins Zimmer, als wir uns küssten, und ich weiß nicht, was genau er gesehen hat. Aber woher weißt du es dann?«

»Einfach so. Ich habs dir angesehen, und Elisa auch. Schau dir doch noch mal das Foto an, meine Liebe.«

»Merkt man mir wirklich was an?«

»Ich habe auf jeden Fall etwas bemerkt. Aber ich war ja auch im Vorteil, wie du weißt.«

»O Gott«, murmelte Clara. »Es war der schönste und der schlimmste Abend meines Lebens. Und als sie dann verschwunden ist … Du kannst es dir ja ausmalen. Als Elisa vor Bernardo gesagt hat, dass sie nicht von ihm schwanger ist, habe ich gedacht: Jetzt wirds richtig kompliziert. Und dass sie mich womöglich fragen würde, ob sie zu mir ziehen kann, hierher, nach Fontanar. Ich hab mir vor Angst fast in die Hosen gemacht. Du weißt ja, wie Elisa war.«

»Wie Elisa ist, meinst du. Ja, sie ist zu allem fähig.«

»Dass alles aber dermaßen durcheinandergeraten würde, hätte ich mir nicht träumen lassen. Zuerst habe ich gedacht, Elisa wäre wegen dem untergetaucht, was zwischen uns beiden passiert war.«

»Nein, das glaube ich nicht. Du weißt, wie gern ich sie habe. Aber manchmal habe ich mir gesagt, dass der Teufel in ihr steckt. Und dass wir sie nie richtig kennengelernt haben. Aber du wolltest eigentlich etwas anderes sagen.«

Clara sah sich unwillkürlich um. Ja, auch sie war längst von Verfolgungswahn besessen. »Also, es ist so … Darío geht auch weg.«

»Er geht weg?«, fragte Irving, als wüsste er nicht, was diese Worte bedeuteten.

»Ja, er geht weg. Er will in Spanien bleiben.«

Ich will nicht weg. Nein, ich will nicht weg«, hatte Irving gesagt.

»Wie?«, hatte Clara gefragt. »Du gehst also nicht?«

»Doch, natürlich gehe ich. Aber ich will nicht. Und das ist nun mal nicht dasselbe.«

Den letzten Tag seines früheren Lebens verbrachte Irving, wie es nicht anders sein konnte, in Fontanar, ganz in der Nähe des Flughafens, von dem er, falls nichts dazwischenkam, am Abend dieses Tages des Jahres 1996 in eine Zukunft aufbrechen sollte, die, bei aller Ungewissheit, womöglich weniger ungewiss war als seine Gegenwart. Jedenfalls sollte sie, das erhoffte er sich, aller Dunkelheit, allem Trennungsschmerz, allen Schuldgefühlen und Ängsten zum Trotz, befreiend sein. Aber würde er die Trauer über die Entfernung und das Heimweh, das er schon jetzt spürte, tatsächlich aushalten können?

Dass nur noch ein dezimierter Rest des einst so bunten Clans übrig war, eine Handvoll Exemplare dieser vom Aussterben bedrohten Spezies, machte den Abschied noch schwieriger, aber auch berührender. Irving hatte bereits den Aufbruch Daríos, Horacios, Fabios und Liubas mit durchgestanden, die sich teils unter Getöse, teils wie auf Zehenspitzen davongemacht hatten. Dazu kamen das traumatische Verschwinden Elisas und Walters Selbstmord. Alles zusammen ein schier nicht enden wollender Epilog einer langen gemeinsamen Geschichte.

Bei seinem eigenen Abschied begleiteten ihn nur Clara, Joel und Bernardo, der zum Glück nüchtern war. Was ihm am stärksten in Erinnerung bleiben sollte, war die Angst. Die Angst, dass man ihn nicht gehen lassen werde, und die Angst vor dem Gehen. Die Angst davor, zurückkehren zu wollen und nicht zurückkehren zu können. Ja, sogar die Angst davor, einmal mehr seinen sich verdächtig häufenden Durchfallattacken zum Opfer zu fallen und die demütigende Erfahrung durchleben zu müssen, sich in die Hose zu machen, noch bevor das Flugzeug abhob, das ihn, vermutlich für immer, außer Landes bringen sollte.

Vier Jahre hatte Irving mit allen nur erdenklichen Mitteln und Wegen seinen Aufbruch vorbereitet. Vor dem dramatischen Bruch in seinem Leben und im Leben der Freundesgruppe hatte er niemals ernsthaft die Möglichkeit erwogen, anderswo hinzugehen. Wie jeder normale, neugierige Mensch hatte er die Möglichkeit, zu reisen, stets verführerisch gefunden. Aber reisen und emigrieren sind zwei völlig verschiedene Dinge. Erst recht eine Emigration mithilfe eines Passierscheins, auf dem »Endgültige Ausreise« vermerkt ist. Sie macht einen vom Bürger zum Heimatlosen und liefert ihn für immer dem Schrecken der Verbannung aus. Den Ausschlag gab jedoch, allen Sorgen vor der Entwurzelung und der Trennung von Familie und Freunden zum Trotz, seine Sehnsucht, endlich ohne Angst leben zu können. Irving war also von einer explosiven Mischung aus Glückseligkeit und Trauer erfüllt gewesen.

F̲ür Irving war der Sonntagvormittag die freie Zeit für sich selbst. Und als Ort, um dieses Ritual zu genießen, wählte er den Parque del Retiro.

Als Joel 1999 endlich auch nach Madrid gekommen war und wenige Monate später durch Beziehungen seines Schwagers eine Stelle beim Telefondienst der Madrider Kommunalverwaltung fand, hatte das Paar sich von der liebenswürdigen lesbischen Designerin aus Andalusien verabschiedet und eine bescheidene Wohnung in der Calle Santa Brígida bezogen, ebenfalls in Chueca, wo Irving sich so wohlfühlte. Irving und Macarena weinten beim Abschied, waren sie doch beide ausgeprägte Heulsusen, die zu dramatischen Gefühlsausbrüchen neigten. Die neue Wohnung verfügte über ein ausreichend großes Bad, ein geräumiges Schlafzimmer, eine großzügige Wohnküche und einen kleinen Balkon zur Straße. Dank Irvings Einfallsreichtum und Joels Geschick war das neue Heim schon bald nicht wiederzuerkennen. In der Wohnküche empfingen sie kubanische oder spanische Freunde, die Irving halfen, gegen sein Heimweh anzukämpfen, und Joels uralte Trauer eines Schwarzen abmilderten, den man seiner angestammten Welt entrissen hat.

Unabhängig davon, ob Joel, je nach Schicht, arbeiten musste oder zu Hause war, machte sich Irving also jeden Sonntagmorgen auf einen gewundenen, aber ruhigen Weg, der ihn nach einiger Zeit zur Calle del Barquillo führte, die wiederum fast auf Höhe des Cibeles-Brunnens in die Calle de Alcalá mündete. Auf der Plaza de Vázquez de Mella legte er einen Halt ein und aß in einer Bar einen Croissant und eine Portion Churros, die er in eine Tasse Kaffee tauchte. Außerdem kaufte er an einem Kiosk an der Plaza del Rey die Sonntagsausgabe von El País. Die Zeitung unterm Arm und den Geschmack des Kaffees noch im Mund, ging er die Calle de Alcalá hinauf bis zum gleichnamigen Tor, wo er den Parque del Retiro betrat.

Im Lauf vieler Spaziergänge hatte Irving seinen Lieblingsplatz in diesem Park gefunden: Vom großen Teich aus gelangte man auf einem Weg, der bezeichnenderweise Paseo de Cuba hieß, zu einem kleinen Platz, in dessen Mitte sich die Fuente del Ángel Caído erhob, ein nach dem »gefallenen Engel«, also keinem Geringeren als dem Teufel benannter Brunnen, mit einer Bronzeskulptur, deren dramatische Komposition der klassischen Laokoon-Gruppe nachempfunden war. Im Sommer ließ Irving sich hier auf einer schattigen Bank unter Bäumen nieder, während er im Winter eine frei stehende Bank bevorzugte, um die Sonne zu genießen. Eine Weile schaute er den Leuten zu, hing seinen Gedanken nach und ließ die Zeit an sich vorüberziehen. Dann öffnete er die dicke Sonntagszeitung, blätterte sie einmal durch und las dann für gewöhnlich eine Reihe von Hintergrundartikeln. Berichten oder Kommentaren zu aktuellen Ereignissen widmete er nur in Ausnahmefällen seine Aufmerksamkeit. Die meisten, dachte er, sind für gewöhnlich schon am nächsten Tag wieder bedeutungslos und müssen anderen brandaktuellen Neuigkeiten Platz machen – wie es eben so zugeht auf der Welt.

Immer wieder ruhte sein Blick auf der eigenartigen Skulptur, die der Bildhauer Ricardo Bellver 1885 geschaffen hatte. Sie stand auf einem nicht weniger eigentümlichen Sockel des Architekten Francisco Jareño. Irving gefiel die dramatische Bewegtheit der Komposition, das schreckverzerrte Gesicht des für seinen Hochmut in die Tiefe gestürzten Engels, die sich ihm um Arme und Beine windenden Schlangen, die ihm buchstäblich höllische Schmerzen bereiten, die gewagte Form seiner Flügel, der eine zum verlorenen Himmel hin ausgebreitet, der andere zum Inneren der Erde, dem Ort seiner Verbannung, und die teuflischen Fratzen der Wasser speienden Ungeheuer rings um den achteckigen Sockel.

Das Ganze zog ihn magisch an, als liege darin eine Botschaft für ihn, die er aber nicht entschlüsseln konnte. Irving betrachtete sich als nicht religiös und neigte deshalb keineswegs zu irgendwelchen mystischen Spekulationen. Doch es hieß, die französischen Handwerker, die den Guss ausführten, hätten an einer Stelle die Zahl 666 angebracht, die Teufelszahl par excellence. Es sollte eine Weile dauern, bis Irving sie entdeckte. Und der Brunnen befand sich auch nachweislich auf einer Höhe von genau sechshundertsechsundsechzig Metern über dem Meeresspiegel. Eine innere Stimme sagte ihm jedoch, dass dieses Kunstwerk, diese Darstellung des höchsten Verrats und der schlimmsten Bestrafung, des Verlusts der himmlischen Glorie und der Verdammung zu endlosem Leiden ihn in seinem Kern ansprach. Die wahre Strafe für die aus dem Himmel Verstoßenen lag darin, wie er einmal gelesen hatte, dass sie sich für immer und ewig, bis zum Jüngsten Gericht, zwischen den Menschen umherbewegen mussten.

Zunächst versunken in die Skulptur, schweiften seine Gedanken jedes Mal unweigerlich zu anderen Dingen ab, die ihn begleiteten oder, besser gesagt, verfolgten. In Madrid hatte er bislang gute Erfahrungen gemacht. Höhepunkt war natürlich die Wiedervereinigung mit Joel, der Liebe seines Lebens. Im Lauf der Jahre hatte er Kubaner, Spanier wie auch Menschen aus anderen Ländern kennengelernt, in deren Gesellschaft er sich so wohlfühlte, dass er sie geradezu als Freunde betrachtete. Und er hatte Orte sehen können, die ihm früher als unerreichbare

Träume erschienen waren: Berlin, Genf, Paris, Aix-en-Provence, oder die katalanische Küste, wo Joel und er jederzeit für ein Wochenende in Daríos Ferienwohnung unterschlüpfen konnten, was sie vor allem im Sommer ausnutzten, wenn Madrid zu einem Backofen wurde. Täglich stand ihm die Cuesta de Moyano zur Verfügung, gleich neben dem Park, wo er für wenig Geld alle gebrauchten Bücher kaufen konnte, die er gerne lesen wollte, ja, sogar Bücher, von denen er gar nicht gewusst hatte, dass er sie gerne lesen würde.

Dennoch wurde er das Gefühl, an einem fremden Ort zu leben, nie los. Und in einer Zeit zu leben, die eigentlich nicht die seine war. Er war ein Exilant, ein Emigrant, jemand, der sein Heimatland verlassen hatte – die Namen waren ihm egal, aber er war verurteilt, nie ganz von seiner Vergangenheit los- und im Gegenzug nie endgültig in seiner neuen Gegenwart anzukommen.

Inzwischen hatte er viele seiner Ängste überwinden können. Die große Herausforderung blieb jedoch, sich an die hiesige Wirklichkeit anzupassen, in ihr aufzugehen. In dieser Hinsicht beneidete er Darío, der sich – behauptete er wenigstens – von Tag zu Tag mehr als Katalane fühlte und sich jeden Gedanken an Kuba verbot. Oder Horacio, der verkündete, mittlerweile schon fast ein waschechter Puerto Ricaner zu sein. Er selbst dagegen war immer noch auf der Suche, wie man sich das Fremde zu eigen machen konnte. Mit dem Eigenen war das nicht nötig gewesen, denn damit – oder auch dagegen oder sogar ihm zum Trotz – kam man schließlich auf die Welt.

Das Schwimmen gegen den Strom war ihm so zu Gewohnheit geworden, dass ihm der Trost, sich so richtig im Hass zu suhlen, verwehrt blieb. Er war außerstande, unaufhörlich irgendwelche Schuldigen auszumachen und mit Vorwürfen um sich zu werfen, wie es manche seiner exilierten Landsleute taten, die in ewigem Gejammer über tatsächliche oder vermeintliche Verluste und Verletzungen verstrickt blieben. Ihr chaotisches Wüten schien ihm oft nicht mehr als ein verzweifeltes Anrennen gegen die Entwurzelung. In anderen Fällen verdienten diese Leute sich den Lebensunterhalt, indem sie das Martyrium, das sie durchlitten oder einfach nur erfunden hatten, zur Schau stellten, wie etwa eine Schriftstellerin von sehr bescheidener literarischer

Ausdrucksfähigkeit, die, um sich einen Platz zu erobern, behauptete, alle möglichen und unmöglichen Verfolgungen erfahren zu haben, obwohl sie – wie jedermann genau wusste – vor ihrer selbst gewählten Verbannung jede Menge Privilegien genossen und im Schutz der Macht gelebt hatte, von der sie sich zu allem Überfluss auch noch beim Gang ins Exil helfen ließ.

Irving dagegen war immer auf der Suche nach den guten Erfahrungen und Erlebnissen, um diese nach Kräften zu genießen. Er kostete sie aus wie sein sonntägliches Ritual und schaffte es auf diese Weise, nicht dem Groll zu verfallen. In seinem Fall wäre er durchaus gerechtfertigt gewesen, hätte ihm jedoch in keiner Weise geholfen, ja, ihn bloß krank gemacht. Nur ganz ab und zu klagte er Joel oder auch Darío sein Leid oder gab in Briefen an Clara, Horacio oder den inzwischen wiedergeborenen Bernardo einen kleinen Hinweis. Im Innersten seines Herzens allerdings blieb eine unheilbare Trauer. Denn die Wärme, die er hier empfing, war nicht seine Wärme. Die neuen Freunde, die er hier fand, waren letztlich bloß das: neue Freunde, aber nicht seine Freunde. Und die Mangos und Avocados hier schmeckten einfach nicht … Die alte Frage war also immer noch nicht beantwortet: Was ist nur mit uns passiert, verdammt? Wie sind wir bloß in diese Lage geraten?

An einem heißen Julimorgen des Jahres 2004 saß Irving wieder einmal auf seiner schattigen Bank im Park, den Blick bereits ein wenig länger als sonst auf den gefallenen Engel gerichtet. Seine Gedanken kreisten um unerfreuliche Nachrichten aus Kuba. Die Gesundheit seiner Mutter hatte sich verschlechtert, die Verwirrtheit seiner Schwester hatte zugenommen. Sollte er zu ihnen fahren? Würde er es aushalten, wieder dort zu sein?

Da fiel sein Blick auf einmal, warum auch immer – man sagt ja, es gebe für alles und jedes einen Grund –, auf eine Gestalt, die ihm gegenüber auf der anderen Seite des Brunnens stand. Sein Herz fing heftig an zu klopfen – ja, er hatte sie seit fast fünfzehn Jahren nicht mehr gesehen, aber das war sie, kein Zweifel. Die blonde Frau, die dort drüben einem jungen Mädchen mit dunklem Haar den Arm um die Schulter legte, um sich von einem kräftigen, kahlköpfigen, lächelnden Mann fotografieren zu lassen, diese Frau war Elisa Correa!

Irving sprang auf, ohne den Blick von den dreien abzuwenden, die offensichtlich eine Familie waren und jetzt wieder die Skulptur betrachteten. Das Pochen in seinen Schläfen zeigte ihm an, dass der Blutdruck in die Höhe schoss. Und das Mädchen mit dem schwarzen Haar und den vollen Lippen, war das ihre Tochter? Das Geschenk Gottes?

Kaum hatte er den ersten Schritt in ihre Richtung getan, wandte die Frau, die niemand anders sein konnte als seine geliebte Elisa, die Augen von der Skulptur ab, und ihre Blicke trafen sich. Irving legte lächelnd die Hände an die Wangen und wollte schon auf sie zurennen, doch da schüttelte die blonde Frau kaum merklich den Kopf. Gleich darauf wiederholte sie die Geste, offensichtlich um jeden Zweifel auszuschließen, und entzog ihm dann den Blick. Irvings Lächeln erstarrte, er hatte das Gefühl, seine Trommelfelle würden gleich platzen.

Da drehte Elisa – denn diese Frau war Elisa Correa, seine Elisa, seine »Elisa, vida mía« – sich um und entfernte sich von dem Brunnen, gefolgt von diesem kräftigen kahlköpfigen Mann, der nun seinerseits dem Mädchen mit dem pechschwarzen Haar den Arm um die Schulter legte, dem Mädchen, dessen Gesichtszüge Irving seltsam vertraut vorkamen. Schon bald mischten die drei sich unter die anderen Spaziergänger, die an diesem Sonntagmorgen im Parque del Retiro unterwegs waren, und nach einer Weile waren sie in der Ferne und der flirrenden Helligkeit der Madrider Sonne nicht mehr auszumachen. Als wären sie nie da gewesen.

In seinem Schockzustand machte Irving einen Schritt zurück und ließ sich wieder auf die Bank fallen, auf der er zuvor gesessen hatte. War es möglich? Hatte diese Frau, die seine vertrauteste Freundin und in schlimmen Zeiten seine Beschützerin gewesen war, ihm verboten, sich ihr zu nähern? Wie hieß es doch im Gedicht: »Ich weiß noch, einst, als ich erwacht aus tiefem Schlaf, sah ich Elisa, hier, an meiner Seite ...«

Vor ihm auf dem Boden lag die in der Mitte gefaltete Sonntagsausgabe von El País mit der Schlagzeile »Griechenland gewinnt die EM« und darunter die denkwürdige Textzeile: »Seite an Seite wie ein Mann widerstanden die griechischen Hopliten während der ersten Halbzeit dem Ansturm der Portugiesen, um ihrem Gegner in der zweiten Spielhälfte den Todesstoß zu versetzen.«

Niemands Tochter

Am 11. September 2001 um zwei Minuten nach neun – damals war Adela elf Jahre und vier Monate alt – fing ihr zweites Leben an. Seitdem wusste sie, was unkontrollierbare Angst ist, aber auch, was Hass, hilflose Wut und der Wunsch, zu fliehen, ohne zu wissen, wie und wohin, aus einem Menschen machen können.

Ihr Vater Bruno war kurz vor acht in seine Praxis in Lower Manhattan aufgebrochen. Loreta, ihre Mutter, konnte dagegen diesen Tag ruhig beginnen. Dienstags fing ihre Arbeit in der Tierarztpraxis erst am Mittag an. Adela wiederum hatte sich am Vortag aus der Schulbibliothek alle Bücher für die Arbeit mitgebracht, die sie bis zum Ende der Woche abgeben musste. Sie wollte zu Hause arbeiten, weil sie sich dort besser konzentrieren konnte.

Loreta war noch im Bademantel und hatte gerade die zweite Espressokanne auf die Flamme gestellt. Adela war auf dem Weg in das kleine Zimmer, in das ihr Vater sich zurückzog, wenn er ungestört arbeiten wollte. Da drangen auf einmal ungewöhnlich laute Geräusche und seltsame Schreie von der Straße zu ihnen in den dritten Stock hinauf. Auf Englisch wie auch auf Spanisch kamen Schreie: Was ist da los? Die Fernseher anstellen!

»What the hell is going on with these lunatics now? Von diesen Dominikanern habe ich wirklich die Nase voll, Cosi!«, murmelte Loreta, fasste ihren Bademantel am Kragen zusammen und trat auf den kleinen Balkon. Gleich darauf kehrte sie ins Wohnzimmer zurück, griff nach der Fernbedienung, stellte den unverwüstlichen Sony Trinitron an und suchte einen Lokalsender. »Oh, my God! Oh, my God«, rief sie immer wieder.

Im Fernsehen sahen die beiden den Nordturm des World Trade Centers, der sich in eine grausige Fackel verwandelt hatte. Fassungslos starrten Mutter und Tochter auf den Bildschirm und verfolgten den Text der Laufschrift, der verkündete, dass um 8.46 Uhr eine Boeing in das Gebäude gerast war. Nur wenig später mussten sie mit eigenen

Augen mit ansehen, wie ein zweites Flugzeug – live! – in den Süd-
turm krachte. Vor Angst wie gelähmt und mit vor den Mund geschlagenen Händen, um nicht laut loszuschreien, stand Adela zitternd da
und spürte, wie ihr der Urin an den Beinen hinablief. Und ihr Vater?
Wo war ihr Vater in diesem Augenblick?

Als sie fünfzehn Jahre später das Foto sah, das Marcos' Mutter auf
Facebook gepostet hatte, begriff sie, dass Elisa Correa genau die Frau
war, die für sie bis dahin Loreta Fitzberg oder auch, vor ihrer Heirat,
Loreta Aguirre Bodes gewesen war. Ihre Mutter. Und ihr wurde klar,
dass in diesem Augenblick ihr Leben ein weiteres Mal neu begonnen
hatte. Wieder war ein Flugzeug in etwas unerschütterlich Scheinendes
gerast. Diesmal in ihr innerstes Wesen, es hatte den Kern ihrer Identität getroffen.

Endloses Blau. Erneut sah sie auf. Hatte sie jemals zuvor einen so
blauen Himmel gesehen? Nirgends auch nur die kleinste Wolke. Auf
einmal schien es geradezu plausibel, dass an einem solchen Ort der
Schöpfer des Universums zu Hause sein sollte. Bei früheren Aufenthalten in dieser Gegend waren es die dichten Wälder, Fjorde und
schneebedeckten Berge gewesen, die ihr das Gefühl vermittelt hatten,
unendlich klein und zerbrechlich zu sein. So war es einst auch dem berühmten Dichter José María Heredia beim Anblick der Niagarafälle ergangen. Auf einer dort angebrachten Gedenktafel hatte sie seinerzeit die
dem grandiosen Schauspiel gewidmeten Verse des Kubaners gelesen.

Unter diesem so friedlichen, aus irgendeinem Grund aber auch beunruhigenden Himmel überquerte Adela auf der jedes Mal wieder
beindruckenden und inzwischen verdoppelten Hängebrücke die Ta-
coma-Narrows. Sie war auf dem Weg nach Gig Harbor, wo sie schon
mehrfach mit ihrer Mutter in einem Restaurant am Rand der Henderson Bay gegessen hatte.

Bis dorthin fand sie sich alleine zurecht, anschließend jedoch wäre sie auf ihr GPS angewiesen. Zunächst Richtung Minter, dann zum Ort The Home. Der lag bereits ganz in der Nähe der Sea Breeze Farm, dem Gestüt, auf dem Loreta seit mittlerweile zehn Jahren beschäftigt war. Beziehungsweise »am wunderschönen Arsch der Welt«, wie ihre Mutter sich ausdrückte. Also an einem Ort, der so abgelegen war, dass dort nur hinkam, wer das auch wirklich wollte.

Bei ihren früheren Besuchen – der letzte lag zwei Jahre zurück, Marcos kannte sie damals noch nicht – hatte ihre Mutter sie immer am Flughafen Sea-Tac abgeholt. Loreta wusste, dass sie ihre Tochter in dieser Beziehung ein wenig verwöhnen musste, war diese doch seit dem 11. September von einer Vorstellung besessen, die sie nie ganz loswurde: In jedem Flugzeug sah sie eine fliegende Bombe, weshalb sie nach jedem Flug so erschöpft war wie nach einem Dauerlauf. An diesem Tag jedoch war die Mutter nicht mit ihrem alten Ford Pick-up erschienen, weshalb Adela sich mit einem Mietauto behelfen musste. Zur üblichen Anspannung durch den Flug war diesmal die Angst vor den bevorstehenden Enthüllungen hinzugekommen.

Noch in Hialeah hatte sie das Foto gesehen und fühlte sich zunächst außerstande, mit der Mutter darüber zu reden. Als sie es dann am nächsten Tag versuchte, hatte das Handy ihrer Mutter nicht reagiert. So ging das einige Tage weiter, bis sie schließlich ihren Vater anrief. Sie weihte ihn zunächst nicht in ihre Entdeckung ein und fragte bloß, ob er einen anderen Weg wisse, sich mit Loreta in Verbindung zu setzen – womöglich über die Nummer des Gestüts oder die Besitzerin Miss Miller? Ihr Vater, der nur noch sporadisch Kontakt zu seiner Ex-Frau hatte, konnte ihr nicht weiterhelfen. Dass etwas Besonderes in der Luft lag, merkte er aber sofort.

»Gehts dir gut, meine Liebe?«, fragte der Mann, den Adela bis dahin für ihren Vater gehalten hatte.

»Ich bin bloß ein bisschen müde, das ist alles.«

»Und warum willst du auf einmal unbedingt deine Mutter sprechen? Du kennst sie ja …«

»Ich kenne sie nicht, das ist es ja. Deswegen muss ich mit ihr sprechen. Wenn ich sie gefunden habe, gebe ich dir Bescheid, Papa.« Bei dem letzten Wort schrak sie zusammen. »Mit dir muss ich auch sprechen. Aber keine Sorge, das hat Zeit«, sagte sie und legte auf, kurz davor, in Tränen auszubrechen.

Kurz entschlossen buchte sie gleich für den nächsten Morgen im Internet einen Flug nach Sea-Tac. Als sie Marcos von ihrem Vorhaben berichtete, schlug er vor, seine Mutter in Havanna anzurufen, die womöglich Licht in die rätselhafte Angelegenheit bringen konnte, oder es bei Horacio in Puerto Rico zu versuchen, oder, vielleicht noch besser, bei Irving in Madrid, der wusste in diesen Dingen schließlich immer am genauesten Bescheid. Adela lehnte das jedoch ab. Hier ging es um eine Sache zwischen ihr und ihrer Mutter, und sie wollte nicht, dass sich jemand von außen einmischte. Anschließend rief sie ihre Vorgesetzte in der Universität an, erbat sich eine Woche unbezahlten Urlaub und suchte zusammen, was ihr für die um diese Jahreszeit dort oben im Norden noch sehr kühlen Nächte nötig schien.

Marcos stand in der Zimmertür und sah ihr beim Packen zu.

»Seit ich das Foto gesehen habe, gehen mir meine letzten Begegnungen mit Elisa auf Kuba nicht mehr aus dem Kopf. Auf dem Foto hat sie ein Pflaster an einem Finger. Den hatte meine Mutter ihr verbunden, oben, im Schlafzimmer. Wenn ich die Augen zumache, sehe ich die beiden wieder vor mir, ganz nahe beieinander … Das hatte ich völlig vergessen.« Mit aufgerissenen Augen schüttelte er den Kopf, als wolle er diese Erinnerung abwerfen.

»Und wie war diese Elisa?«

»Damals war ich, wie gesagt, gerade mal sechs. So blond wie Loreta war sie nicht, ihre Haare waren irgendwie anders. Deshalb habe ich sie auch nicht mit der Frau auf den Fotos in Verbindung gebracht, die du von ihr hast. Wie hätte ich auch, verdammt? Das ist schließlich Jahre her. Meine Mutter, Onkel Horacio, meinen Vater, die solltest du fragen. Von Elisa war bei ihnen ständig die Rede. Oder rede mit Bruno!«

»Nein, zuerst möchte ich mit Loreta sprechen. Bitte …«

»Und wenn Elisa deiner Mutter einfach nur sehr ähnlich sieht?«

»Nein, das ist sie, Marcos! Sie weiß auch, wer du bist, das habe ich dir doch schon gesagt.«

»Vielleicht ist ihr was zugestoßen und sie reagiert deswegen nicht auf deine Anrufe? Vielleicht ist sie gar nicht mehr auf der Farm?«

»Ich werde sie schon finden. Lass gut sein, ich fahre auf jeden Fall hin.«

»Wie du meinst. Aber eins muss ich dir noch sagen.« Marcos zögerte. »Bernardo, Elisas Mann, konnte keine Kinder zeugen. Ich habe mehrmals gehört, dass Elisa nicht von ihm schwanger war.«

Adela brauchte eine Weile, um Marcos' Worte zu verarbeiten. »Von wem dann?«

»Keine Ahnung. Ich glaube, das wusste niemand. Wenn du möchtest, rufe ich an.«

»Nein, nein. Verdammt, im Augenblick komme ich mir vor, als wäre ich die Tochter von niemandem.«

Als das Eisentor vor ihr auftauchte, durch das man auf das Gelände des Gestüts gelangte, atmete sie auf. Schon immer hatte Adela bei der Ankunft ein Gefühl von Frieden und Ausgeglichenheit empfunden. Die Wiesen und Wälder, der nahe gelegene Meeresarm, der von der Juan-de-Fuca-Straße bis hier hinab reichte, die Holzhäuser mit den bemoosten Schieferdächern, die Ställe und Silos, all dies bildete ein harmonisches Ganzes, von dem eine ungeheuer besänftigende Wirkung ausging. Glaubte man Loreta, verfügte dieser Ort über eine besondere Anziehungskraft, die sich unmittelbar auf das Gemüt und das Bewusstsein der hier Lebenden auswirkte. Vielleicht, weil sein Boden von einem unbekannten Mineral durchsetzt war, vielleicht auch nur wegen der Nähe zum Tahoma-Berg, »der einst Gott war«. Der Name des Gestüts – The Sea Breeze – verdankte sich zum einen der Nähe des Meeres, zum anderen hieß der erste Cleveland-Bay-Zuchthengst so, den Miss Miller vor vielen Jahren gekauft hatte. Mittlerweile war sie über sechzig und zweimal verwitwet, wurde aber von allen immer noch »Miss Miller« genannt.

Als Mädchen war Miss Miller mit ihren Eltern, die Anwälte waren, an die Westküste der USA gezogen und hatte dort eine ziemlich wilde

Hippie-Jugend verbracht. Sie hatte sich in der Bürgerrechtsbewegung engagiert, gegen den Vietnam-Krieg demonstriert, Strandpartys gefeiert und nach eigener Auskunft Unmengen Marihuana geraucht und auch mit LSD experimentiert. Als ihr damaliger Freund nach Kanada ging, um sich dem Militärdienst zu entziehen, hatte sie, die damals noch den Nachnamen ihrer Eltern verwendete – Sanders –, auf der abgelegenen Farm eine zunächst als vorläufig gedachte Zuflucht gefunden. Die Farm war damals in ziemlich heruntergekommenem Zustand, aber Kanada schien gleich um die Ecke. Vielleicht lag es an der geheimnisvollen Anziehungskraft des Ortes, jedenfalls blieb sie und bewohnte eine Blockhütte in der Nähe des Haupthauses, die die damaligen Eigentümer ihr für wenige Dollar vermieteten.

Die kanadische Grenze sollte Miss Miller nie überqueren. Die erste und letzte Nachricht, die sie, zwei Monate nach seinem Verschwinden, über ihren Geliebten erhielt, besagte, dass er in Vancouver ums Leben gekommen war, bei einer Schlägerei mit einem Vietnamesen, ausgerechnet, dem er offenbar Drogen hatte abkaufen wollen. Schwer getroffen verabschiedete Margaret Sanders sich von ihren bisherigen Idealen und ihrem politischen Engagement und beschloss, sich künftig Miss Miller zu nennen. Außerdem bemühte sie sich, das nötige Geld zusammenzubekommen, um die Farm zu kaufen. Was nicht lange dauerte, denn ihre reichen Eltern stellten die Summe bereitwillig zur Verfügung. Sie hofften, ihre widerspenstige Tochter aus dem gefährlichen Dunstkreis einer zu allem entschlossenen anarchistischen Gruppierung zu befreien und ihr auf den rechten Weg zurückzuhelfen.

Fräulein Miller heiratete dann den jungen Engländer Tom Foster, der ebenfalls ein Pferdenarr war, und verwandelte die Farm in einen Ort, der sich im harmonischen Einklang mit der Natur, ja dem gesamten Universum befinden sollte. Als ihre wertvollste Erwerbung erwiesen sich zwei junge Cleveland-Bay-Stuten. Diese Pferderasse war damals vom Aussterben bedroht. Die Stuten stießen zum Zuchthengst Sea Breeze, den Tom Foster aus dem englischen Manchester hatte herbringen lassen.

Adela ließ den Wagen langsam den Kiesweg entlangrollen, darauf bedacht, keinen der zur Begrüßung der Fremden krächzenden Pfaue anzufahren. Wo der Pfad zu den Weideflächen abzweigte, hielt sie an. Als sie ausstieg, umfing sie ein intensiver Geruch nach Gras, Wald, Meer, Tieren und Dung. Da sah sie Rick Adams aus dem nahe gelegenen Stall kommen. Der junge, attraktive Pferdetrainer war ein Arbeitskollege ihrer Mutter. Adela fand seit jeher, dass er aussah wie Brad Pitt in *Fight Club*. Neben Rick liefen zwei riesige Labrador-Retriever und schauten mit ihrem typisch sanften Ausdruck in die Welt.

Als Rick Adela erkannte, lächelte er. Seit ihrer ersten Begegnung hatte Adela den Verdacht, dass er, obwohl er um einiges jünger war und zudem mit Frau und Kindern in Gig Harbor lebte, ein Verhältnis mit ihrer Mutter hatte.

»Was führt dich denn zu uns?«, fragte er, ohne sie richtig zu begrüßen.

»Na, was wohl? Ich will meine Mutter besuchen.«

»Hat sie es dir nicht gesagt? Sie ist vor zwei Tagen weggefahren.«

»Ach so. Und wohin? Für wie lange?«

Rick schüttelte den Kopf. Irgendwas stimmte hier nicht. »Komm, trinken wir erst mal einen Kaffee«, sagte er und steuerte das »Dorf« an, wie die vier Blockhütten jenseits der Ställe genannt wurden. Hier lebten die Angestellten des Gestüts, so auch Loreta, die die größte und am besten ausgestattete bewohnte. Adela wusste, dass Miss Miller ihrer Mutter wiederholt angeboten hatte, in einen Flügel des Haupthauses umzuziehen, der früher für Gäste bestimmt, seit dem Tod ihres Mannes jedoch ungenutzt war. Loreta hatte es aber vorgezogen, ihre gewohnten Räumlichkeiten beizubehalten.

In einiger Entfernung sah sie die beiden Knechte, den Mexikaner Andrés und »Wapo«, den Puyallup-Indigenen, den die anderen so nannten, weil sie seinen für sie unaussprechlichen Namen kurzerhand auf die beiden ersten Silben verkürzt hatten. Von Wapo hatte Loreta zuerst erfahren, dass der Ort, an dem sich The See Breeze befand, über besondere Kräfte verfüge, sei es durch seinen Magnetismus oder spirituelle Energien. Wapo hatte das von seinen einst nomadisch lebenden Vorfahren gehört. Andrés begrüßte sie auf Spanisch, während Wapo lächelnd versuchte, seine Worte nachzusprechen.

Rick führte Adela in seine Hütte, bot ihr einen Stuhl an und machte sich dann an der Kaffeemaschine zu schaffen. »Loreta hat mir erzählt, dass sie dir gesagt hat, wie es um Ringo steht.«

»Habt ihr ihn schon eingeschläfert? Hat sie das gemacht?«

»Hat sie dir das nicht gesagt? Ja, sie selbst hat es gemacht. Mir wollte sie es nicht überlassen. Der arme Ringo hat wirklich gelitten. In seinem Alter solche Beschwerden … Es gab keine andere Lösung.«

Kaffeeduft zog durch den Raum. Dass das, was man ihr gleich servieren würde, trotzdem nicht wie Kaffee schmecken würde, war Adela klar. Zumindest nicht wie die zähe schwarze Flüssigkeit, die die Kubaner in Miami zu sich nahmen und die auch für sie mittlerweile den einzig wahren Kaffee darstellte.

»Wann hat sie es gemacht?«

»Vor drei Tagen.«

»An dem Tag hat sie mich angerufen. Zum ersten Mal seit eineinhalb Jahren. Ich wollte zurückrufen, aber da hatte sie das Telefon schon wieder abgestellt.«

»Sie wollte mit niemandem sprechen. Die Sache hat ihr sehr zugesetzt. Sie hat die ganze Zeit gesagt, Ringo sei wie ein Sohn für sie gewesen.«

»Das hat sie zu mir auch gesagt.«

»Danach hat sie mit Miss Miller gesprochen. Weißt du, wie lange deine Mutter schon hier arbeitet?«

»Zwölf Jahre.«

»Es sind elf, aber seit neun Jahren hat sie keinen Urlaub genommen. Weiter als nach Seattle oder Portland ist sie in der ganzen Zeit nicht weggefahren, und das auch nur aus beruflichen Gründen, und fast immer mit Miss Miller. Jetzt hat sie gefragt, ob sie eine Weile wegkann, und Miss Miller hat gesagt, so lange wie nötig.«

»Was heißt das?«

»Wie lange haben sie, glaube ich, nicht festgelegt. So lange wie nötig eben …«

»Wo wollte sie hin?«

»Das wusste sie nicht. Oder sie wollte es mir nicht sagen. Manchmal hat sie von Alaska geredet. Angeblich träumt sie davon, seit jemand, ein Graf oder so, sie in einem ihrer anderen Leben – du weißt ja, wie sie denkt – auf die Idee gebracht hat. Deshalb meine ich, dass sie vielleicht nach Alaska ist.«

»Ohne Telefon?«

»Ohne Telefon. Ihr Handy liegt auf dem Tisch in ihrer Hütte. Sie hat einen Rucksack vollgepackt und ist mit ihrem Auto davongefahren. Hat sie auch deinem Vater nicht Bescheid gesagt?«

»Nein«, sagte Adela nach einer Weile. Zur Verwirrung der letzten Tage kam inzwischen ein Gefühl der Verlassenheit – und Wut. Loreta war auf der Flucht, aber nicht aus Schmerz über den Tod des Pferdes. Sie floh vor ihrer Tochter, die sie betrogen hatte, so wie sie einst vor Elisa Correa und wer weiß wem sonst noch geflohen war.

»Rick, hat meine Mutter überhaupt einen Pass? Als wir einmal nach Spanien gefahren sind, hat sie sich einen besorgt, aber das ist lange her, ich weiß nicht, ob sie ihn danach hat verlängern lassen. Und als ich später mit meinem Vater nach Argentinien gefahren bin, ist sie nicht mitgekommen.«

»Vor ein paar Jahren hat sie sich einen besorgt. Schließlich wollte sie irgendwann mal nach Tibet oder Japan, du weißt schon. Aber frag Miss Miller. Und in Tacoma lebt außerdem ihr geistiger Führer, Chaq. Vielleicht weiß der mehr. Mit Buddhismus und Meditation beschäftigt sie sich ja schon seit Langem, das ist mit der Zeit immer mehr geworden.«

Adela nickte. »Hat sie dir wirklich überhaupt nicht gesagt, wo sie hinwill?«

Rick schüttelte nur den Kopf und nahm einen Schluck aus seinem großen Kaffeebecher.

»Obwohl ihr ein Verhältnis habt?«

»Wer hat denn das behauptet?«, sagte Rick lächelnd.

»Ich habe da so meine Wahrnehmungen. Aber ist ja auch egal.«

»Zwischen uns ist nichts, meine Liebe. Deine Wahrnehmungen kannst du vergessen.«

»Bei Loreta weiß man nie. Sie hat also nichts gesagt?«

»Sie hat bloß gefragt, ob ich hier eine Weile ohne sie zurechtkomme. Sie müsse einfach mal allein sein. Als ich mich von ihr verabschieden wollte und zu ihr in die Hütte kam, war sie gerade im Bad. Auf dem Tisch waren verschiedene Sachen, unter anderem der Reisepass, in einer Hülle. Und daneben lag noch einer, ein roter, in den habe ich aus Neugier reingeschaut. Er war aus Kuba.«

»Auf welchen Namen war er denn ausgestellt?«

»Elisa L. stand da. L für Loreta, nehme ich an. Und ihr kubanischer Nachname. Klar, auf Kuba war sie ja noch nicht verheiratet.«

»Wie lautete der Nachname?«

»Das habe ich mir nicht gemerkt. Irgendwas Spanisches eben. Auf dem Foto sah sie übrigens ganz anders aus.«

»Jünger?«

»Natürlich jünger. Aber das war es nicht.«

»Ich glaube, dass sie dort weder Loreta hieß noch blond war«, erwiderte Adela, die spürte, wie ein Ruck durch sie hindurchging. »Rick, genügt es, wenn du zustimmst, oder muss ich Miss Miller fragen, ob ich ein paar Tage hierbleiben kann? In der Hütte meiner Mutter, meine ich.«

Auf dem Tisch lag das Handy, ohne Akku und ohne SIM-Karte. Daneben ein Kruzifix, das Adela sogleich wiedererkannte, eine bunt bemalte Handarbeit aus Mexiko, die ihre Mutter immer an ihrem Arbeitsplatz oder neben dem Bett aufbewahrte. Ihr Talisman, wie sie behauptete. Davon abgesehen war der Tisch leer und geradezu klinisch sauber, keine Tasse, kein Glas, nicht ein einziger Krümel. Als hätte sie die symbolische Bedeutung des ausgeweideten Telefons noch hervorheben wollen: »Ich möchte mit niemandem sprechen, und niemand soll versuchen, mit mir zu sprechen. Ich möchte auch von niemandem gefunden werden. Und von meiner Vergangenheit möchte ich erst recht nichts wissen.« Nach wem suchte sie dann? Nach Loreta Fitzberg oder Elisa Correa oder Loreta Aguirre Bodes? Nach Elisa L., mit L. wie Loreta? Und wovor, vor wem, warum war diese Frau auf der Flucht?

Auf einmal spürte Adela, wie sehr die Anspannung, Wut und Ungewissheit der letzten drei Tage auf ihr lasteten. Das mexikanische

Kruzifix noch in der Hand, ging sie aufs Bett zu. Es war frisch bezogen, als hätte man sie erwartet. Sie ließ sich darauf fallen, streifte die Winterstiefel ab und bedeckte das Gesicht mit einem Kissen, um den Wunsch zu ersticken, vor Zorn und Machtlosigkeit in Tränen auszubrechen. Aus dem Kissen strömte der Geruch Loretas. Irgendwann schlief sie ein, das Kruzifix noch in den Händen.

Als sie aufwachte, war es dunkel. Die frühe Nacht des Nordens war bereits angebrochen. Sie tastete nach der Leselampe am Kopfende des Betts, schaltete sie ein, stand auf und ging ins Bad. Unterwegs machte sie ein Licht nach dem anderen an. Sie hatte brennenden Durst, als hätte sie vor dem Hinlegen zu viel Alkohol getrunken. Auf dem Weg in die Wohnküche entdeckte sie einen Zettel, den jemand unter der Eingangstür durchgeschoben hatte. Rick teilte ihr mit, dass Miss Miller sie um sieben zum Abendessen erwarte. Adela sah auf die Uhr, es war Viertel vor sieben. Ihr blieb also kaum Zeit, um zu duschen, wenn sie nicht so schmutzig und ungepflegt, wie sie sich fühlte, erscheinen wollte. Außerdem hoffte sie, dass es zum Abendessen keinen der Lachse gab, die man in der Bucht herumschwimmen sehen konnte, und erst recht keinen aus der nahe gelegenen Lachsfarm, wo die Tiere sich unter anderem von ihrem eigenen Kot ernährten.

Als sie zum Haupthaus kam, erwartete Rick sie schon vor dem Eingang. Auch er hatte offensichtlich geduscht, außerdem hatte er ein frisches Cowboyhemd angezogen. Lächelnd wie immer öffnete er ihr die Tür und führte sie durch den Empfangssaal ins Esszimmer. Am Kopfende eines langen Tischs, um den herum acht Stühle standen, saß Miss Miller. Ihr weißes Haar fiel bis auf die Schultern des Jeanskleides hinab, das sie womöglich auch bei Adelas letztem Besuch angehabt hatte.

Die Besitzerin des Gestüts, das mittlerweile mehrere Millionen Dollar wert war, stand auf und hielt Adela, als machte sie ihr ein Geschenk, zum Kuss die Wange hin.

Anschließend wies sie Adela an, sich zu ihrer Linken zu setzen, während Rick sich auf dem Stuhl rechts von ihr niederließ. Bevor sie sich selbst wieder setzte, zog sie einen gefalteten Umschlag aus der Tasche und überreichte ihn Adela. »Das hat mir deine Mutter gegeben, für den Fall, dass du kommst.«

»Danke«, sagte Adela und betrachtete unschlüssig ihren Namenszug, der auf dem Umschlag stand. Auf ein Nicken Miss Millers hin öffnete sie ihn. Er enthielt nichts außer einem auf sie ausgestellten Scheck über vierzigtausend Dollar. Allzu überrascht war sie nicht.

Miss Miller hatte offenbar nichts von ihrer alten Entschlussfreude und Radikalität verloren – das Abendessen war vegetarisch, ja, vielleicht sogar vegan, ganz ohne Fleisch und Fisch, weder Butter noch Käse. Adela musste unweigerlich an Marcos und seinen unersättlichen kubanischen Heißhunger auf Fleisch denken. Gleichzeitig fiel ihr ein, dass sie ihn noch gar nicht angerufen hatte. Was er wohl im warmen Hialeah gerade machte? Ob er schon mit seiner Mutter telefoniert hatte?

»Was hast du jetzt vor?«, fragte Miss Miller, als sie, nach ein wenig einleitender Konversation, beim zweiten Glas Wein angekommen waren.

»Ich will sie unbedingt finden. Ich muss mit ihr sprechen«, erwiderte Adela. »Ich weiß bloß noch nicht, wie. Könnte ich ein paar Tage hierbleiben?«

»Solange du willst«, sagte Miss Miller. »Aber ich glaube nicht, dass Loreta so bald zurückkommt.«

»Danke, Miss Miller. Hat sie irgendwelche Andeutungen gemacht, was sie vorhat?«

»Sie hat nur gesagt, was du schon weißt. Dass sie Ferien braucht, und die hat sie weiß Gott verdient. Ich wollte ursprünglich, dass Rick oder der Tierarzt aus Tacoma die Sache mit Ringo übernimmt, und sie schien damit einverstanden. Aber auf einmal hat sie es sich anders überlegt. Deine Mutter war schon immer mutig, Adela. Leute wie sie weichen Schwierigkeiten nicht aus. Trotzdem war das mit Ringo furchtbar für sie.«

Adela nickte und wechselte ein Blick mit Rick, der daraufhin das Wort ergriff: »Loreta macht schon seit einer Weile bei einem Umweltschutzprojekt mit, es soll dafür sorgen, dass unser gesamtes Abwasser geklärt wird. Überall in der Gegend macht sie Werbung dafür. Vor zwei Monaten hat sie sogar ein Spendenkonzert organisiert. Mit den Lachszüchtern hat sie sich auch angelegt. Sie nimmt das Ganze sehr ernst.«

»Sie nimmt solche Dinge immer sehr ernst«, erwiderte Adela. »Sie wollte also bloß wegen Ringos Tod eine Weile weg?«

»Ich würde sagen, ja«, sagte Miss Miller ein wenig überstürzt.

»Ich bin mir da nicht so sicher«, verkündete Rick. »So aufgewühlt habe ich sie noch nie erlebt. Aber vielleicht bilde ich mir das auch nur ein.«

Aus dem Blick, den Miss Miller Rick daraufhin zuwarf, glaubte Adela lesen zu können, dass ihre inzwischen sechsundfünfzig Jahre alte Mutter sehr wohl ein Verhältnis mit Rick hatte, der nur wenige Jahre älter als Marcos sein konnte. Und dass sie ihn erbarmungslos verlassen hatte, wie zuvor Bruno Fitzberg und in gewisser Hinsicht auch sie selbst, ihre »Cosi«. Und außerdem eine junge Kubanerin mit Namen Elisa L. Correa …

Worüber sprach sie wohl mit Rick, wenn sie mit ihm im Bett war oder sie gemeinsam im Stall arbeiteten oder in Tacoma einkaufen gingen? Hatte sie ihm jemals von ihrer kubanischen Vergangenheit erzählt? Wer war ihre Mutter eigentlich? Gab es irgendjemanden auf dieser Welt, der sie wirklich kannte? Mit einem gequälten Lächeln leerte sie ihr Weinglas.

Nach dem Essen führte Rick sie zu der Stelle, wo sie Ringo, neben seinem Vater Sea Breeze und seiner Mutter Paloma, begraben hatten. Loreta war nicht dabei gewesen, erzählte Nick. Dafür hatten Wapo und Andrés ihm geholfen.

»Als Ringo tot war, ist sie noch ziemlich lange bei ihm geblieben. Bevor sie gegangen ist, hat sie eine Strähne von seiner Mähne abgeschnitten und ihm eine Decke über den Kopf gelegt.«

Trotz des Zeitunterschieds und ihrer bedrückten Stimmung rief Adela, als sie wieder in ihrer Hütte war, Marcos an. An diesem Abend spielte eins seiner Lieblingsteams, die New York Yankees, zu deren Mannschaft einst auch sein Idol, der Duque Hernández, gehört hatte. Adela erzählte, was sie bis jetzt herausgefunden hatte, und kündigte an, dass sie noch ein paar Tage auf dem Gestüt bleiben werde.

»Lass mich nicht zu lange allein, meine Süße. Heute hat übrigens Onkel Horacio angerufen. Du glaubst es nicht, aber er kommt tatsächlich morgen für mehrere Tage nach Miami! Natürlich treffe ich mich mit ihm, und ich würde sagen, du solltest auch mit ihm reden, meinst du nicht?«

»Recht hast du«, räumte Adela ein. »Hast du ihn nach meiner Mutter gefragt?«

»Du hast doch gesagt, dass ich das nicht tun soll. Horacio hat das Foto allerdings schon gesehen, und wir haben uns ein bisschen darüber unterhalten. Auch Irving hat auf der Facebook-Seite meiner Mutter einen langen Kommentar verfasst. Adela, die beiden haben das Foto gesehen, warum soll ich sie da nicht fragen, ob sie was von Elisa wissen? Oder von Loreta?«

»Bitte nicht. Zuerst muss ich mit ihr sprechen, ich muss wissen, warum sie das alles getan hat.«

»Wie du meinst. Du kommst mir auf einmal wie eine typische Ami-Frau vor. Eine Kubanerin hätte längst eine Riesenszene gemacht und würde wie verrückt rumtoben.«

»Ach, Marcos …«

»Ist einfach so. Sag mal, vermisst du mich eigentlich?«

»Ich bin doch erst heute Morgen in Miami abgeflogen, Schatz!«

»Also, ich vermiss dich wahnsinnig, und … Wow, was für ein Schlag!«, rief er unvermittelt. Adela beschloss, ihn seiner Baseballpartie zu überlassen. Über den Scheck und was sie sich sonst noch überlegt hatte, konnten sie auch später sprechen.

Ihr Organismus war noch auf die Zeit an der Ostküste eingestellt, wo es kurz vor Mitternacht sein musste. Aber am Nachmittag hatte sie so lange geschlafen, dass sie sich jetzt hellwach fühlte. Mit schlechtem Gewissen kramte sie aus ihrem Rucksack das Päckchen Zigaretten hervor, das sie noch am Flughafen Miami gekauft hatte, und ging in die pechschwarze Nacht hinaus, auf der Suche nach einem guten Ort zum Rauchen. Der Pfad führte zwischen den Bäumen zum Meer hinab, das eigentlich ein Seitenarm der Henderson Bay war, die wiederum in der Ferne mit dem Pazifik in Verbindung stand. Sie ließ sich unter dem sternenübersäten Himmel auf einem Stein nieder und lauschte auf das Rauschen der steigenden Flut. Sie wusste, dass die Lachse, ihrem Instinkt folgend, Hunderte von Seemeilen zurücklegen, um an ihrem Geburtsort – also auch in dieser Gegend – in vermeintlich sicherer

Umgebung zu laichen. Wie verlorene Kinder kehren sie nach langem Umherschweifen durch die Welt heim und überbrücken mit energischen Sprüngen alle Hindernisse. Wenn die Ebbe einsetzt, lassen sie sich dann erschöpft wieder Richtung Meer gleiten. Manche verfangen sich jedoch zwischen den vom abziehenden Wasser freigelegten Steinen und werden zur leichten Beute von Bären und Adlern.

Adela zündete sich eine Zigarette an und überprüfte, ob ihr iPhone hier Empfang hatte. Es funktionierte, und so öffnete sie auf dem Umweg über Marcos' Facebook-Seite die seiner Mutter und betrachtete erneut das Foto, das ihr Leben auf den Kopf gestellt hatte.

Darunter standen inzwischen mehrere, meist knappe Kommentare. Horacio, zum Beispiel, hatte ein simples Like-Zeichen gesetzt, Darío wiederum ein Emoji, das gespieltes Entsetzen ausdrücken sollte. Claras Freund Irving dagegen hatte einen langen Eintrag hinterlassen. Auf seinem aktuellen Porträtfoto wirkte er, im Vergleich zum Bild von 1990, nicht um sechsundzwanzig, sondern mindestens tausend Jahre gealtert.

»Meine liebe Clara, herzlichen Glückwunsch, dass du, die computerfeindlichste Ingenieurin der Welt, es nun auch zu einer Facebook-Seite gebracht hast! Warum schockierst du uns aber gleich zu Beginn mit einem solchen Bad in der Vergangenheit? Wer in der Ferne lebt, muss lernen, zu vergessen. (Das gilt manchmal auch, wenn man nah beieinanderlebt.) So viele Jahre ist das her – wie weh das trotzdem tut, und wie sehnsüchtig das macht! Mir ist erst jetzt so richtig klar geworden, dass unser Clan über die ganze Welt verstreut ist. Wie konnte das geschehen? Und warum? Wer ist schuld daran? Bringt es überhaupt etwas, jemandem die Schuld zu geben? Fabio und Liuba, die Ärmsten, sind schon gestorben. Andere haben es tatsächlich zu etwas gebracht. Und Elisa? Wo ist meine liebe Elisa? Elisa, vida mía, vielleicht liest du dies, während du irgendwo ohne mich Blumen pflückst ... Ich weiß, dass du noch am Leben bist. Und du weißt, dass ich es weiß, weil ein gefallener Engel es mir verraten hat. Soll ich dir was sagen? Ich glaube, inzwischen könnte ich dir alles vergeben, selbst wenn ich nicht kapiere, was dich angetrieben hat. Weißt du, warum? Weil ich dich seit jeher geliebt habe und immer noch liebe. Das weißt du. Und dich liebe ich auch, Clara. Und dich, lieber Bernardo. Pass auf dich auf, alles wird gut! Und sogar dich liebe ich, Horacio, obwohl du mich nie anrufst, du treulose Tomate!«

Adela las den Text zwei Mal. Sie konnte nicht alles entschlüsseln. Was war mit dem gefallenen Engel gemeint? Offensichtlich gab es so viele Geheimnisse um diese Elisa, die ihre Mutter stets vor ihr geheim gehalten hatte. Warum nur? Ihre Mutter und Marcos' Mutter waren eng befreundet gewesen, und sie, Adela, und Marcos hatten sich gefunden und ineinander verliebt, ohne etwas von dieser Verbindung zu ahnen. Die Welt war wirklich nicht größer als ein Taschentuch, wie die Kubaner sagten.

Was hatte er gesehen? Oder war das eine Täuschung gewesen? Marcos wollte nicht darüber nachdenken. Nachdenken nervte ihn, brachte ihn aus dem Gleichgewicht. Schon als Kind hatte er sich immer nur ums unmittelbar Anstehende gekümmert, etwa um die Frage, was es an diesem Tag zu essen geben würde, um sich am nächsten Tag dieselbe Frage erneut zu stellen. Übertriebenes Nachdenken war reine Zeit- und Kraftverschwendung. Doch das von seiner Mutter gepostete Foto hatte ihn völlig aus dem Gleichgewicht gebracht.

Schon beim Abschied von Adela an diesem Morgen hatte er ein seltsam unbehagliches Gefühl gehabt. Im Lauf des Tages hatte der Druck seiner sich überstürzenden Ideen und Zweifel dann stetig zugenommen. Was hatte er gesehen, verdammt? Nur mit Mühe hatte er sich auf seine Arbeit konzentrieren können. Und während des nachmittäglichen Trainings mit den Tigres de Hialeah rannte, warf und schlug er, als ginge es um sein Leben. In Wirklichkeit diente die Schinderei jedoch dem Zweck, sich durch Verausgabung zu betäuben. Ohne sein stinkendes Baseballshirt mit den orangefarbenen Ärmeln auszuziehen, hatte er sich anschließend in Santas Imbiss etwas zum Abendessen besorgt. Nachdem er zu Hause geduscht hatte, nutzte er die Tatsache, dass Adela nicht da war, und wusch das Shirt einfach im Handwaschbecken aus, da er den Gestank selbst nicht mehr ertrug. Anschließend aß er, trank dazu zwei Heineken, putzte sich die Zähne und ließ sich vor dem Fernseher nieder, um sich ein Baseballspiel anzusehen. Irgendwann holte er den Joint hervor, den ihm der Mann aus El Salvador verkauft hatte, der eine Zeit lang in Alipios Werkstatt angestellt gewesen war. Obwohl er es sich selbst streng verboten hatte, rauchte er ihn im Zimmer, auf den Bildschirm starrend und die Füße auf dem Couchtisch platziert, wo das vom Meerwasser blank polierte Stück Holz lag, das Adela am Strand gefunden hatte. Es erinnerte an den Kopf einer Schildkröte oder einen grandiosen Phallus. Bei dem Anblick vermisste er seine Freundin noch ein wenig mehr.

Auf einmal griff er, ohne weiter nachzudenken, zum Telefon, rief einen Bekannten an, der billige Verbindungen nach Kuba herstellen konnte, und diktierte ihm die Nummer seiner Mutter. Am nächsten Tag würde er dafür acht Dollar vorbeibringen müssen.

Wenig später kündigte ein Klingeln an, dass die Telefonpiraten von Hialeah die Linie nach Havanna bereitgestellt hatten. Marcos zögerte. Sollte er wirklich sein Versprechen gegenüber Adela brechen? Aber der Wunsch, endlich Bescheid zu wissen, war stärker. Außerdem ging es nicht mehr nur um Adela, sondern ebenso sehr um ihn selbst.

Das Gespräch mit Clara begann mit den üblichen Fragen. Es ging ihr so weit gut, das rechte Knie allerdings machte ihr weiterhin zu schaffen, man hatte ihr eine Ultraschalluntersuchung im Krankenhaus von Fontanar angeraten, wo immer noch ein Kollege von Darío arbeitete. Marcos bat sie, sofort Bescheid zu geben, wenn sie ein Medikament benötige, das auf Kuba nicht zu bekommen war. Er könne es in einer Apotheke in Hialeah für sie besorgen, das gehe dort manchmal auch ohne Rezept. Andernfalls könne er seinen Vater in Barcelona darum bitten.

Nicht so gut ging es dagegen Bernardo, fuhr Clara fort. Er vertrug die Zytostatika nicht und litt weiterhin, obwohl er schon lange trocken war, an den Folgen seines früheren Alkoholmissbrauchs. Offenbar hatte er beschlossen, sich den Qualen der Chemotherapie nicht länger auszusetzen. Clara wusste, was das bedeutete. Bernardos Zustand verschlimmerte sich also zusehends, und das bedeutete auch für sie zwangsläufig neue Sorgen und Belastungen.

»Hat Irving deshalb geschrieben, er soll auf sich aufpassen?«, fragte Marcos.

»Weiß ich nicht«, erwiderte Clara schroff. »Von seinem Rückfall weiß Irving jedenfalls nichts.«

»Mama, geht es ihm sehr schlecht?«

»Er wird behandelt, keine Sorge. Ich bin ganz zuversichtlich.«

»Dass ihr immer dermaßen um alles herumreden müsst! Bricht er die Therapie jetzt ab oder nicht? Na gut, einverstanden. Sag Bernardo, dass ich ihn fest drücke. Außerdem schicke ich Geld, noch diese Woche, damit ihr was Anständiges essen könnt, und falls nötig, auch mal ein Taxi nehmen.«

»Immer mit der Ruhe, das ist wirklich nicht nötig.«

»Doch, Mama. Bei euch kann man das immer brauchen.«

»Also gut«, sagte Clara und rief, ohne den Mund vom Hörer abzuwenden: »Bernardo, Marcos sagt, er drückt dich fest. Er dich auch, Marcos … Was?« Clara verstummte und fuhr dann fort: »Bernardo sagt, wenn du Obama siehst, sollst du ihn fragen, warum er ihn nicht besucht hat, als er auf Kuba war. Ach so, und außerdem hast du nichts zu dem Foto geschrieben, das wir auf Facebook gepostet haben.«

Obwohl er immer noch unsicher war, beschloss Marcos, diese Gelegenheit zu nutzen, um sich endlich auf das Gebiet vorzuwagen, dem er bis jetzt ausgewichen war. Seine Mutter erzählte, wie sie vor ein paar Monaten das Foto wiedergefunden hatte. Kurz davor waren Irving, Horacio, Darío und Ramsés zu Besuch gewesen, um Bernardo zu sehen.

»Kannst du dich an den Tag erinnern, an dem das Foto entstanden ist?«, fragte sie Marcos.

»Ich glaube, Walter hat damals eine Menge Fotos gemacht. Vielleicht weiß ich das aber auch nur, weil du mir davon erzählt hast.«

»Weißt du noch, was du damals über Fabiola gesagt hast?«

»Ach ja, stimmt … Ich glaub, die ist auf'm Klo, habe ich gesagt.«

Mutter und Sohn lachten. Marcos kam sich ein wenig schäbig vor, aber jetzt gab es kein Zurück mehr. »Eine Sache auf dem Foto hat mich irgendwie an etwas erinnert, ich bin mir aber nicht ganz sicher. Irgendetwas war da …«

»Was denn, mein Lieber?«

Marcos schloss die Augen. »Kannst du gerade sprechen? Ich meine, ist Bernardo in der Nähe?«

»Was ist denn?«

»Mama, Elisa hat ein Pflaster am Finger.«

Am anderen Ende der Leitung blieb es stumm. »Ja«, sagte Clara schließlich, »sie hatte sich beim Maniok-Schälen geschnitten, das weiß ich noch.«

»Und hast du das Pflaster angebracht?«

»Ja, hab ich.«

»In eurem Schlafzimmer?«

Wieder antwortete Clara erst nach längerem Schweigen. »Ehrlich gesagt, das weiß ich nicht mehr.«

Marcos holte tief Luft. »Ich weiß es noch. Ich bin ins Zimmer gekommen, und da hast du Elisa an der Hand gehalten. Was habe ich damals noch gesehen, Mama?«

»Na, eben dass ich Elisa verarztet habe«, erwiderte Clara.

Jetzt zögerte Marcos eine Weile, bevor er weitersprach. »Und warum glaube ich, dass ich noch etwas gesehen habe?«

»Keine Ahnung. Wie soll ich denn das wissen?«

»Mama, sag du's mir, bitte ...«

Wieder brauchte Clara eine Weile, um zu antworten. Als sie es schließlich tat, sprach sie leise und offenkundig darauf bedacht, kein falsches Wort zu sagen. »Dann hast du uns also gesehen?«

Marco nickte mehrmals, bevor er antwortete. »Das hatte ich offenbar vollkommen verdrängt. Keine Ahnung, warum das jetzt wieder aufgetaucht ist. Ich habe gesehen, wie ihr euch geküsst habt. Auf den Mund.«

Clara schwieg so lange, dass Marcos sich besorgt fragte, ob er nicht doch zu weit gegangen war. »Mein Gott, Marcos. Mehr war da nicht. Ein Augenblick der Schwäche, keine Ahnung. Seltsam, aber so was passiert manchmal. Glaubst du, ich bin lesbisch?«

»Nein, außerdem ist es mir egal. Du bist meine Mutter, und niemanden auf der Welt liebe ich so sehr wie dich. Aber ... Danach ist Elisa verschwunden. Glaubst du, das, was ihr gemacht habt, hatte damit zu tun?«

»Warum fragst du das?«

»Ich kann dir das noch nicht sagen. Aber du könntest mir helfen, etwas herauszufinden.«

»Was kannst du mir nicht sagen? Und was möchtest du herausfinden?«

»Etwas, was ich wissen muss, verdammt.«

»Marcos, du hast kein Recht ...«

»Entschuldige. Ich will mich nicht in dein Privatleben einmischen. Ich weiß, mit Bernardos Krankheit hast du mehr als genug am Hals. Aber sag mir bloß eins, bitte. Hatte Elisas Verschwinden mit dem zu tun, was ihr getan habt? Und auch ... mit Walters Tod?«

Wieder schwieg Clara lange. Marcos wartete geduldig.

»Lass Walter da raus. Die beiden Sachen haben nichts miteinander zu tun. Sieh mal, Elisa war eine ziemlich komplizierte Person. Sie hat viel mit sich herumgeschleppt.«

»Dass sie schwanger war, zum Beispiel.«

»Ja, das war eine ziemlich komplizierte Angelegenheit. Bernardo konnte keine Kinder zeugen.«

»Bist du dir ganz sicher, dass das Kind nicht von Bernardo war?«

»Nicht hundertprozentig. Aber ich glaube es nicht, und er auch nicht.«

»War Bernardo denn schon immer dieser Ansicht? Wusstet ihr damals, dass er unfruchtbar ist?«

»Am Anfang wollte er glauben, dass das Kind von ihm ist. Er hat es mehrfach behauptet. Später hat er mir gesagt, dass er wirklich daran geglaubt hat.«

»Und was hat Elisa gesagt? Wo ihr beiden doch zusammen wart ...«

»Wir waren nicht zusammen«, protestierte Clara. »Das, was da passiert ist, kam nie wieder vor. Wir waren Freundinnen, schon seit Langem. Aber nur Freundinnen, sonst nichts.«

»Okay, okay. Aber hat sie nichts zu der Schwangerschaft gesagt?«

»Das sei ein Geschenk Gottes, hat sie gesagt. Ein Wunder. Allen hat sie das so gesagt. Auch Irving, das hat er mir selbst erzählt. Er wusste ja immer alles über uns, weil wir ihm immer alles erzählt haben.«

Jetzt hätte Marcos liebend gern noch einen Joint geraucht. Oder wenigstens eine Zigarette. Aber er musste weitermachen, es gab kein Zurück mehr. »Hat sich denn keiner gefragt, ob Walters Selbstmord etwas mit Elisa zu tun hatte?«

»Doch, vor allem, als sie Irving verhaftet haben, weil er verdächtigt wurde, in Walters Tod verwickelt zu sein. Nach ein paar Tagen haben sie ihn wieder freigelassen, er hatte offenbar nichts mit Walters Selbstmord zu tun. Und dann ist Elisa verschwunden.«

»Hat sich irgendwer gefragt, ob Elisa irgendwie an Walters Selbstmord beteiligt war?«

»Ich verstehe dich nicht, wie meinst du das? Elisa hatte nichts damit zu tun! Weder sie noch sonst wer. Walter war einfach ziemlich durch den Wind.«

»Elisa hat sich seither nie mehr gemeldet, oder?«

»Ich zumindest habe nie mehr von ihr gehört.«

Plötzlich fühlte Marcos sich erleichtert. »Irving behauptet, dass sie lebt. Was glaubst du? Komm mir jetzt aber nicht mit den alten Geschichten, die ihr euch damals über sie erzählt habt. Sag mir die Wahrheit, bitte. Ich will nicht später von Irving oder Horacio etwas anderes zu hören bekommen. Und erst recht nicht von meinem Vater.«

Aus dem Hörer kam ein Seufzer. »Sprich bloß nicht mit Darío darüber, bitte. Und auch mit sonst niemandem.«

»Natürlich nicht, Mama. Das bleibt unter uns.«

»Also gut. Elisa hat Bernardo irgendwann gestanden, dass sie nicht von ihm schwanger war, Darío und ich waren dabei. Danach hat Bernardo es allen gesagt. Von wem sie schwanger war, hat Elisa allerdings nie verraten.«

»Scheiße!«, rief Marcos. »Wer könnte der Vater gewesen sein? Wen habt ihr damals im Verdacht gehabt? Und was meinte Bernardo selbst?«

»Ach, Marcos.«

»Mama, verdammt …«

»Wir waren der Ansicht, das Kind könne von Horacio sein. Oder von Walter. Oder von einem anderen.«

Marcos stutzte. Was für ein Mensch war diese Elisa? Gab es da böse Geheimnisse? »So ein Schwachsinn.« Mehr fiel ihm dazu nicht ein. »Wer war es denn?«

»Horacio hat zu Irving gesagt, dass er mit ihr geschlafen hat, dass sie aber unmöglich von ihm schwanger geworden sein kann.«

»Mama, verdammt!«

»Ach, Marcos, ich bin mir sicher, dass Elisa noch am Leben ist, warum, weiß ich selbst nicht. Irving sagt, er glaubt, er hat sie einmal in Madrid gesehen, aber Irving sieht ja ständig irgendwelche Gespenster. Sprechen konnte er damals aber offenbar nicht mit ihr. Um eines bitte ich dich jedenfalls, Marcos. Sag mir, sobald du kannst, was du mir jetzt nicht sagen möchtest. Weißt du etwa, ob Elisa noch lebt?«

Wieder in der Hütte, machte Adela sich daran, den Ort, den Loreta Fitzberg mehr als zehn Jahre bewohnt hatte, gründlich zu durchsuchen. Was sie in ihren Rucksack gepackt hatte, wusste sie natürlich nicht, allzu viel konnte es aber nicht sein. So oder so war es bezeichnend, dass die Räume, abgesehen von dem Kruzifix, das sie auf dem Tisch hatte liegen lassen, kaum persönliche Spuren aufwiesen. In all den Jahren war die Hütte offensichtlich nur ein Durchgangsort geblieben. Im Bücherregal fanden sich ausschließlich tierärztliche Fachliteratur sowie allerlei Zeitschriften und Broschüren zu Umweltfragen. Außerdem billige Yoga- und Meditations-Anleitungen. Aber kein einziger Roman, obwohl Adela sich daran erinnerte, dass sie ihre Mutter hier mit Büchern ihrer Lieblingsautoren Philip Roth, Paul Auster, John Fante oder Leonard Elmore gesehen hatte. Neben dem Kleiderschrank stand ein Paar abgetragene Stiefel, im Inneren des Schranks befand sich ein wenig Arbeitskleidung sowie mehrere elegante, jedoch altmodische Kleider, die Loreta bestimmt in einem der von ihr so geliebten Heilsarmee-Läden gekauft hatte. Nirgendwo Unterwäsche, Parfüms, Cremes. Auch kein Schmuck. Ringe oder Ketten hatten ihrer Mutter nie viel bedeutet, das wusste Adela, ein paar schöne Stücke besaß sie trotzdem. Außerdem benötigte sie regelmäßig Feuchtigkeitscreme an Händen und Unterarmen, weil sie bei der Arbeit mit den Tieren Gummihandschuhe tragen und sich häufig die Hände waschen musste. Davon abgesehen, färbte sie sich regelmäßig die Haare blond. Manchmal legte sie auch eine Halskette aus gehämmerten Silberplättchen an, die Bruno ihr aus Argentinien mitgebracht hatte, von der einzigen Reise, die Adela mit ihrem Vater dorthin unternommen hatte.

Auch in der Küche gab es kaum etwas zu entdecken – ein wenig Kochgeschirr, und an Lebensmitteln nur Kaffee, Kräutertee, eine Tüte peruanisches Quinoa und zwei Dosen mit abgelaufenen mexikanischen Bohnen. Bei früheren Besuchen war Loreta mit ihr zum Abendessen meist nach Gig Harbor oder Tacoma gefahren. Mittags hatten sie jeweils mit den anderen das gegessen, was Miss Miller und Mikaela, ihre unfreundliche, aber zum Kochen sehr begabte griechische Helferin, zubereitet hatten. Die Bettwäsche, Handtücher und sorgfältig gefalteten Decken in der Kommode schienen seit Langem nicht benutzt worden zu sein.

Ein Radio oder einen Fernseher gab es in der Hütte nicht, aber das wusste Adela schon. Loreta hatte ja versucht, alles hinter sich zu lassen, was mit ihrem früheren New Yorker Großstadtleben zu tun hatte. Aber hatte sie nicht ab und zu über die Fernsehserie *The Wire* gesprochen? Den Laptop hatte sie bestimmt mitgenommen, und sicherlich auch alle wichtigen persönlichen und möglicherweise aussagekräftigen Dokumente, Ausweise, Fotos, Briefe. Und den kubanischen Pass, von dem Rick erzählt hatte. Falls sie all das nicht kurzerhand ins Meer geworfen hatte, um unbelastet die nächste Etappe ihrer Lebensreise in Angriff zu nehmen. So pflegte sie sich schon immer auszudrücken, wobei sie ein neuerliches Scheitern zweifellos in Kauf nahm. Vielleicht lief das Ganze auch auf eine Wiedergeburt hinaus? Adela erinnerte sich, dass das eins ihrer großen Ziele war, seit sie sich mit dem Buddhismus beschäftigte. Eine spirituelle Reise also? Aber auf der Suche wonach? Wollte sie sich einfach nur leicht fühlen, losgelöst, nirgendwo zugehörig, von allen Wurzeln befreit? Das Wort Freiheit war aus ihrem Mund jedenfalls häufig zu hören. Aber warum brauchte sie für eine solche Reise einen Pass? Wäre sie imstande, wie die Lachse unter Aufbietung all ihrer Kräfte zu ihrem Geburtsort zurückzukehren, auch auf die Gefahr hin, dabei ihr Leben zu verlieren?

Heruntergekommen und anmaßend, anziehend und abstoßend, freundlich und streitsüchtig, exotisch und vertraut, all das schien Havanna ihr zu sein. Und all das gleichzeitig. Ein Ort, der fast alles besaß, was sie sich hätte wünschen können, und der gleichzeitig tausend Fragen und Ängste in ihr hervorrief. Der ihren Erwartungen entsprach und zugleich komplett widerlegte, was sie sich jahrelang im Geist zurechtgelegt hatte. Sie verstand jedes einzelne Wort der Botschaften, die Havanna ihr zukommen ließ, aber kaum je den ganzen Satz. Die Menschen auf den Straßen, in der Universität oder im Gästehaus, in dem sie untergebracht waren, kamen ihr gleichermaßen nah und fremd vor, fast wie Bekannte und dennoch vollkommen unzugänglich. Normale Menschen und doch rätselhafte Außerirdische. Nie war ihr klar, ob jemand die Wahrheit sagte oder log, und erst recht nicht, warum. Dass sie aus den USA kam, schien kein Makel zu sein, da war sie sich sicher, obwohl die Regierung ihres Landes sich diesem Land gegenüber stets abscheulich aggressiv verhalten hatte – so sah sie es. War es möglich, dass sie in dem Land, das ihre Mutter immer nur schlechtmachte, von niemandem gehasst wurde?

Wer die ersten siebzehn Jahre seines Lebens in einer Stadt zugebracht hatte, die so ungreifbar war wie New York, dem sollte sich ein dermaßen widersprüchlicher Ort eigentlich erschließen, samt den seltsamen Verhaltensweisen seiner Bewohner. Wer jedoch, so wie sie, mit einem Vorwissen anreiste, das sich zu gleichen Teilen aus extrem positiven und extrem negativen Klischees und Vorurteilen speiste, und darüber hinaus aus Romanen, akademischen Analysen und modischen Mythen, musste feststellen, dass die Wirklichkeit voller Rätsel war, die sich allen Entschlüsselungsversuchen entzogen. Während der Tage, die sie 2010 in Havanna zubrachte, hatte sie das Gefühl, sich in einer Art Paralleluniversum zu befinden, auf einem Planeten, den man nur verstehen konnte, wenn man hier lebte – auch wenn Marcos, als sie ihm Jahre später von ihrer Erfahrung berichtete, selbst das infrage stellte.

Die zehntägige Reise war von ihrer Universität organisiert worden. Erst als endgültig sicher war, dass sie auch wirklich stattfinden würde, als sämtliche Visa und Flugtickets vorlagen, hatte Adela ihre Mutter in das Vorhaben eingeweiht. Zu ihrer Überraschung kam es zu keiner Explosion. Vielleicht lag es am wohltuenden Einfluss des Lebens auf dem Gestüt, ihrem immer tieferen Eintauchen in den Buddhismus und der mit fünfzig Lebensjahren gereiften Gelassenheit – die Mutter flüsterte bloß ins Telefon: »Was willst du denn in diesem verdammten Kuba, Cosi? Aber wo du schon mal hinfährst, genieß es!« Durch den ausbleibenden Wutanfall aus dem Konzept gebracht, verstummte Adela erst mal. Fuhr sie dorthin, um nach einer unbekannten, ihr von der Mutter vorenthaltenen Vergangenheit zu suchen? War sie von intellektueller und gefühlsmäßiger Neugier getrieben? Wollte sie auf dieser Reise ins Unbekannte etwas über sich selbst herausfinden?

Loreta hatte darauf verwiesen, dass sie schon seit Jahren nichts mehr von ihren dortigen Verwandten gehört habe, falls sie überhaupt noch auf der Insel lebten. Ihre Eltern – Adelas geisterhafte kubanische Großeltern – waren, wie Adela wusste, bei einem Verkehrsunfall gestorben, als Loreta noch studierte. Die Großeltern mütterlicherseits, die Loreta daraufhin bei sich aufgenommen hatten, waren ebenfalls gestorben, schon vor über zwanzig Jahren, kurz nachdem Loreta aus Kuba fortgegangen war. Sie waren die Letzten dort gewesen, zu denen Loreta eine persönliche Beziehung hatte. Da keine Erben greifbar waren, war ihr Haus in staatlichen Besitz übergegangen. Wie Loreta erfahren hatte, beherbergte es inzwischen Büros. Von der ursprünglichen Einrichtung war höchstwahrscheinlich nichts mehr geblieben. Den Vorbereitungskurs auf die Universität hatte sie in El Vedado absolviert, und ihr Lieblingsort war ein Café gewesen, das El Carmelo hieß. Ob Adela diese Orte in ihrem gegenwärtigen Zustand für sie fotografieren sollte, wusste Loreta selbst nicht recht. In jedem Fall verkündete sie nicht nur einmal, dass Adelas Fantasien über dieses Land zweifellos viel schöner waren als das, was sie in der Wirklichkeit vorfinden werde. Eine solche Reise könne nur eine Enttäuschung werden, sei also ein Fehler. Womit sie das Thema für beendet erklärte.

Als Adela Marcos Jahre später von ihren Kuba-Erfahrungen berichtete, lachte der nur. Alles schien einem x-beliebigen Reiseführer entnommen zu sein: Trinidad mit seiner Altstadt aus der Kolonialzeit.

Die Daiquirís im El Floridita. Die Kegelfelsen und Tabakplantagen rund um Pinar del Río. Das Haus, in dem Hemingway lebte. Das baufällige Zentrum Havannas und die unbezwingbare Eleganz des Stadtteils El Vedado, wo Loreta, genau wie Marcos' Mutter Clara, gewohnt und später auch studiert hatte. Als sie hinzufügte, dass jeder, aber auch wirklich jeder Kubaner unter neunzig Jahren versucht habe, sie abzuschleppen, leuchtete das Marcos völlig ein: »Du bist superattraktiv, und außerdem bist du für die Leute dort Ausländerin, Schatz.«

Bei ihren Nachforschungen war Adela jedoch auch auf beunruhigende Dinge gestoßen, deren Bedeutung sie zu diesem Zeitpunkt nicht recht einschätzen konnte. Trotz der schier unüberwindlichen Schwierigkeiten bei der Informationsbeschaffung in einem Land, das von der digitalen Welt noch fast vollkommen abgeschnitten war, abgesehen davon, dass dort alles als Staatsgeheimnis behandelt wurde – selbstverständlich auch sämtliche Zeitschriften, die in den Archiven völlig veralteter Bibliotheken vor sich hinstaubten –, gelang es ihr, über Kontakte ihres Professors verschiedene Register des Bildungsministeriums einzusehen. Im Verzeichnis der Absolventen des Jahrgangs 1982 der veterinärmedizinischen Fakultät der Universität Havanna tauchte der Name Loreta Aguirre Bodes nirgendwo auf. Hatte ihre Mutter tatsächlich recht mit ihrer Klage über die allgemeine Schlamperei und Nachlässigkeit auf der Insel? Ihr Professor schien das keineswegs auszuschließen. Oder hatte man ihrer Mutter den Titel aberkannt, nachdem sie sich aus Kuba abgesetzt hatte? In Kuba sei alles möglich, meinte Marcos dazu und schilderte zum Beweis, wie sein einstiges Idol, der große Baseballspieler Duque Hernández, aus der Geschichte Kubas und des kubanischen Sports gelöscht worden war. »Im Sozialismus weißt du nie, was dich in der Vergangenheit alles erwartet«, fügte er sarkastisch hinzu.

All diese Erfahrungen und die Unmöglichkeit, auch nur eine einzige Spur der früheren Existenz ihrer Mutter aufzufinden, beschäftigten Adela nach ihrer Rückkehr noch monatelang. Schließlich verbuchte sie diese Leerstelle als eine unter den vielen, die ihre Begegnung mit der kubanischen Wirklichkeit kennzeichneten.

Dennoch war die Reise der entscheidende Anstoß für ihren Entschluss, nach dem Bachelor auch ihr Masterstudium dieser seltsamen

Welt zu widmen. Sie fühlte sich ihr trotz allem irgendwie zugehörig. Die Beschäftigung mit den Ursprüngen dieses Landes würde es ihr vielleicht auch ermöglichen, ihre eigene Herkunft besser zu verstehen.

Erst später sollte sie sich vorwurfsvoll fragen, warum sie angesichts der rätselhaften Unauffindbarkeit Loretas nicht gestutzt hatte. Das ganze Ausmaß ihrer Ahnungslosigkeit wurde ihr jedoch erst bewusst, als die Wahrheit sich schließlich wie von selbst Bahn brach und sie mit ihrem grellen Licht blendete.

Sanfte Musik und leise dahingemurmelte Sätze drangen bis in den Vorraum hinaus. In der Hongwanji Buddhist Church von Tacoma, der größten buddhistischen Gemeinschaft der Stadt, gingen der Erleuchtete Chaq und seine Schüler eifrig ihren Versenkungsübungen nach. Eine Frau unbestimmbaren Alters, die Empfangsdame oder Türhüterin des Tempels, erklärte Adela gelassen, falls sie sich der Gruppe anschließen wolle, könne sie gerne hineingehen. Zu bezahlen brauche sie dafür nichts, Geistesfrieden und gute Energien sollten allen Menschen kostenlos zur Verfügung stehen. Adela erwiderte, sie wolle bloß etwas mit Herrn Chaq besprechen, weshalb sie es vorziehe, hier im Vorraum zu warten. Falls es ihr nichts ausmache, würde sie aber gerne eine Zigarette rauchen. Der Frau machte es tatsächlich etwas aus, und so verzichtete Adela auf ihr so gar nicht spirituelles Vergnügen.

Den ganzen Tag schon fragte sie sich, ob es nicht an der Zeit wäre, ihren Vater anzurufen, der, so wie es aussah, offensichtlich gar nicht ihr Vater war, wenigstens nicht ihr biologischer Vater. Was wusste er? Und was wusste er nicht? Was wiederum den Erleuchteten oder »Wegweiser« anging, hatte sie die leise Hoffnung, er könne ihr einen Weg weisen, der sie auf die Spur ihrer Mutter brachte.

Einige Zeit später kamen die Teilnehmer der Meditationssitzung aus dem Inneren des Tempels. Mehr Frauen als Männer, fast alle über vierzig, manche an die achtzig Jahre alt. Leute, die viel erlebt und irgendwann das Bedürfnis verspürt hatten, ihr Verhältnis zur Welt zu verbessern und ihr zweifellos unbefriedigendes Dasein zu verändern. Adela sah ihren entspannten Mienen neidvoll an, dass sie sich im Besitz positiver neuer Energie wähnten. Sie wirkten wie vom Schicksal begünstigt, weil es sie auf den rechten Weg geführt und ihnen nicht nur eine, sondern gleich vier edle Weisheiten offenbart hatte, die ihnen wie auch dem Rest des Universums Erleichterung verschaffen konnten.

Schließlich war es so weit, und die Frau unbestimmbaren Alters sagte, sie könne jetzt reingehen, der Erleuchtete erwarte sie.

Adela betrat einen weiß gestrichenen Raum, der mit rasengrünem Teppichboden ausgelegt war. In einer Ecke stand eine etwa eineinhalb Meter hohe, schmutzig bronzefarben angestrichene Buddhastatue. An der Wand lehnten zusammengeklappte Stühle, vielleicht waren sie von Meditierenden benutzt worden, die nicht mehr imstande waren, den Lotussitz einzunehmen. Auf einem mit einem weißen Tuch bedeckten Tisch standen eine Kaffeekanne und zwei Schälchen mit Keksen. Ein angenehm süßlicher Duft lag in der Luft, ein Räuchergefäß oder eine Duftlampe war jedoch nirgends zu sehen. Im Hintergrund saß ein Mann vor einem zugezogenen Vorhang, durch den leichte Helligkeit drang. Im Gegenlicht schien der Wegweiser mit dem orangefarbenen Umhang und dem glänzenden, kahl geschorenen Schädel weniger erleuchtet denn entflammt. Adela streifte die Schuhe ab und näherte sich ihm barfuß. Erst als sie vor ihm stand, konnte sie erkennen, dass es sich um einen etwa fünfzigjährigen Weißen mit auffallend gleichmäßigen Gesichtszügen handelte, die in der rechten Gesichtshälfte jedoch von einer langen Narbe durchzogen waren.

»Guten Tag. Es tut mir leid, wenn ich störe«, sagte Adela.

»Om Shanti, du störst nicht«, entgegnete der Mann und wies auf eine Stelle auf dem Boden vor ihm. »Oder möchtest du einen Stuhl?«

Ohne lange zu überlegen, ließ Adela sich auf dem Teppich nieder, bemüht, die gleiche Sitzposition einzunehmen wie ihr Gastgeber. »Ich bin auf der Suche nach meiner Mutter, sie ist Ihre Schülerin.«

»Loreta«, sagte der Mann.

Adela nickte. »Ich wohne in Florida und bin gestern gekommen, um sie zu besuchen. Aber vor drei Tagen hat sie offenbar Urlaub genommen, und keiner weiß, wohin sie gefahren ist. Vielleicht wissen Sie etwas? Sie sind sich ja wohl sehr nahe. Meine Mutter hat oft gesagt, sie wolle mal nach Japan oder Tibet oder auch nach Alaska.«

Der Erleuchtete lächelte und präsentierte eine makellose Zahnreihe. »Ja, nach Japan wollte sie gerne. Nach Kioto, um den Sanjusangen-do zu sehen, den Tempel der tausend Buddhas, ein echtes Wunder. Loreta hat einen starken Charakter, wir haben uns viel unterhalten. Sie wollte immer dazulernen, ihre Unwissenheit überwinden, sich befreien, verstehen Sie?«

»Tut mir leid, von Buddhismus habe ich so gut wie keine Ahnung. Hat sie Ihnen gesagt, warum sie weggefahren ist, oder wohin?«

Wieder lächelte der Mann sie an. »Nein. Sie ist vorbeigekommen und hat erklärt, dass sie wegfährt, und ich habe nicht gefragt, wohin, oder ob sie zurückkehrt. Dazu habe ich kein Recht. Wir müssen das Leben der anderen respektieren. Jeder Mensch ist für sein Tun selbst verantwortlich. Ich kann dir nur sagen, dass Loreta mehrfach erklärt hat, dass sie ein anderes Leben leben möchte. Damit meinte sie keine Wiedergeburt im buddhistischen Sinn. Es ging ihr um ihr aktuelles Leben, daran wollte sie etwas ändern. Und dazu könnte gehören, dass sie fortgeht. Nach Japan, oder Tibet. Oder auch nach Seattle, hier um die Ecke.«

»War sie auf dem Gestüt nicht mehr zufrieden?«

»Sie hat gesagt, dass sie sich nirgends so ausgeglichen fühlt wie dort. Trotzdem war sie mit sich selbst nicht im Reinen. Und dann ist dieses Pferd krank geworden, und sie mussten es einschläfern.«

»Ringo.«

»Ja, Ringo. Wir haben am Telefon darüber gesprochen, mehrmals. Das war sehr hart für sie. Leiden ist immer hart.«

»Hat Loreta Ihnen von ihrem früheren Leben erzählt? Es ist nämlich etwas sehr Schwerwiegendes passiert, das mit mir und ihrem früheren Leben zu tun hat.«

Der Erleuchtete fuhr sich mehrmals mit den Händen über die Oberschenkel, bevor er antwortete. »Etwas Schwerwiegendes?«

»Ja. Für mich, aber ich glaube, für sie auch.«

Wieder fuhr sich der Mann über die Oberschenkel. »Ich glaube, wenn ich das sage, missbrauche ich Loretas Vertrauen nicht, du bist schließlich ihre Tochter. Also: Einmal hat sie erzählt, dass sie sich sicher ist, schon andere Inkarnationen durchgemacht zu haben. Viele reden leichtfertig davon, aber in ihrem Fall war es anders. Sie könnte durchaus zu den Leuten gehören, die ein Bewusstsein davon haben. Vielleicht hat sie mich auch angelogen, aber das glaube ich eigentlich nicht. Oder sie ist eine sehr gute Lügnerin …« Erst nach einer Weile sprach er weiter. »Sie glaubt, dass sie in einem ihrer vorausgegangenen Leben etwas mit dem Tod eines anderen Menschen zu tun hatte. Dass sie nach den ersten dreißig Jahren ihres Lebens durch ein schlechtes Karma, das sie sich teilweise selbst zuzuschreiben hatte, ein neues Leben beginnen musste.«

»Der Tod eines anderen Menschen? Hat sie von Kuba erzählt?«

»Nur dass sie von dort stammt. Und dass sie über dieses Land lieber nicht sprechen möchte. Dass ihr das wehtut, und dass sie diese Sache begraben hat. Dieses Land, meine ich, und ihre dortige Vergangenheit. Was durchaus weise sein kann. Die große Lehre des Buddha besagt, dass sich vom Leiden nur befreien kann, wer sich radikal von seinen Wünschen befreit. Der Weg führt über die Erziehung des eigenen Geistes, die Wirklichkeit so zu nehmen, wie sie einem entgegenkommt. Ich weiß, das ist nicht einfach. Eine der schwierigsten Aufgaben, die uns Buddha nennt, ist die Überwindung unserer Vergangenheit. Wir dürfen sie nicht noch einmal durchleben, denn wie auch immer wir gelebt haben, sei es gut oder schlecht, es ist vorbei und lässt sich nicht mehr ändern. Gleichzeitig dürfen wir nicht versuchen, unsere Zukunft vorwegzunehmen, das führt nur zu Ängsten und damit zu Leid. Darum habe ich Loreta empfohlen, ihre spirituelle Reise anzutreten. Und sie hat immer wieder gefragt, ob das, was ihr so wehtut, die Erinnerungen sind, oder die Sehnsucht oder die Schuld. Oder der Hass. Hass scheint auf Kuba ein ewig wiederkehrendes Thema zu sein. Sie hat mir gesagt, dass sie das alles immer noch mit sich herumschleppt und dass sie diese Last gerne loswürde. Und dass sie, bevor sie die Lehren des Buddha entdeckt hat, sich durch

Verneinung oder Zurückweisung davon befreien wollte, ja, manchmal sogar durch Aggression.«

Adela nickte. »Ich glaube nicht, dass Buddha ihr in dieser Hinsicht viel geholfen hat.«

Der Erleuchtete lächelte milde. »Ich glaube schon. Ich würde sagen, ihre Haltung war auch eine Reaktion auf die Tatsache, dass sie im Exil lebt. Das Exil ist eigentlich immer eine traumatische Erfahrung. Man lässt sein früheres Leben hinter sich und muss ein neues beginnen, und das führt zu vielen Konflikten. Aber manchmal habe ich mich auch gefragt, ob sie tatsächlich aus Kuba ist.«

»Warum?«

»Ich habe selbst in Florida gelebt, und ein bisschen was über Kubaner weiß ich seitdem. Das habe ich aus meinem anderen Leben«, sagte er und deutete auf die lange Narbe in seinem Gesicht. »Den Kubanern, die ich kennengelernt habe, ähnelt deine Mutter jedenfalls nicht.«

»Na ja, es gibt verschiedene Arten von Kubanern. Über mich hat sie nichts gesagt?«

»Über dich? Sie hat gesagt, dass sie dich sehr, sehr gernhat.«

»Und sonst noch etwas?«

»Dass sie sich Sorgen wegen dir macht. Sie erzählte nur allgemein von ihren Gefühlen, von den Geschichten dahinter sagte sie nichts. Warum sie sich Sorgen macht, weiß ich nicht. Auch nichts darüber, was sie mit diesem Tod eines anderen Menschen zu tun hatte. Aber die Meditation hilft, besser mit solchen Gefühlen umzugehen und andere Energien aufzubauen, und ich helfe dabei gerne. Ich glaube, deine Mutter versucht, ihre Unwissenheit zu überwinden. Um Weisheit im eigentlichen Sinn geht es ihr dagegen nicht so sehr. Den Anspruch hat sie vielleicht aufgegeben. Sie sucht Freiheit, ja, sie möchte ganz in der Gegenwart aufgehen können. Außerdem träumt sie von ihrer spirituellen Reise …«

Adela nickte. Was ihre Mutter diesem Mann, dem sie vertraute und den sie zu ihrem geistigen Führer erwählt hatte, eröffnet hatte, entsprach dem, was sie selbst von ihr kannte. Wenigstens, soweit sie sie zu kennen glaubte. Nicht nur einmal hatte sie sie sagen hören, das Einzige, was sie in ihrem Leben nicht bedaure, sei die Tatsache, dass sie Mutter geworden sei. Alles Übrige hätte sie gern gegen etwas anderes eingetauscht. Der größte Irrtum ihres Lebens sei sie selbst, sagte sie immer wieder. Und von Freiheit, was immer das für sie bedeutete, sprach sie auch bei jeder sich bietenden Gelegenheit. War sie deshalb ins Exil gegangen?

»Das Verhältnis zwischen meiner Mutter und mir ist ziemlich kompliziert. Ich glaube, Sie kennen sie inzwischen besser als ich. Haben Sie nicht vielleicht doch irgendeine Idee?«

»Tut mir leid, wenigstens nicht in dem Sinn, der dir vorschwebt. Aber wenn du zuhören kannst, hast du bereits eine Menge von mir erfahren.«

Wieder nickte Adela. Was wusste dieser Mann, und was verbarg er vor ihr? Sein buddhistisches Gehabe schien ihr ein bloßer Schutzschild, um sich ihren Fragen zu entziehen. Zögernd erwiderte sie: »Glauben Sie, dass sie für ihre spirituelle Reise, also für eine buddhistische Wiedergeburt, keine Ahnung, also, dass sie imstande sein könnte, dafür einen Selbstmord in Erwägung zu ziehen?«

Der Erleuchtete lächelte. Dieses Lächeln kam Adela spontan und ehrlich vor, unverstellt, sodass sie sogleich Erleichterung verspürte.

»Du kennst deine Mutter wirklich schlecht. An so etwas würde ich nie denken, jedenfalls nicht, wenn es um Loreta geht. Sie sieht sich selbst als eine Überlebende. Was auch immer sie mit sich herumschleppt, einfach so abwerfen wird sie diese Last nicht. Nicht auf die Weise, die du dir vorstellst.«

»Könnte es sein, dass sie nach Kuba zurückgekehrt ist?«, fragte Adela, nachdem sie eine Weile über seine Worte nachgedacht hatte.

»Alles ist möglich«, sagte der Mann und fuhr sich erneut über die Oberschenkel. »Aber wohin man auch geht, seine persönliche Hölle hat man stets mit im Gepäck. Einen Teil der Last kann man abwerfen, an einem anderen Ort kann das Leben besser sein, die Energien weniger schlecht. Buddha ist dafür ein guter Führer. Andere glauben an Gott und den Himmel, manche auch an Gleichheit und Gerechtigkeit. Aber alle müssen Schmerzen und Strafen durchmachen. Lernen kann man bloß, besser damit zurechtzukommen. Das habe ich auch zu Loreta gesagt, gleich bei unserem ersten Gespräch.«

Die meisten ihrer Fragen waren unbeantwortet geblieben. Oder hatte der Erleuchtete sie alle mit seinen letzten Sätzen beantwortet?, fragte sich Adela, als sie sich auf den Rückweg machte. Eins war aber sicher: Der aalglatte Mistkerl wusste viel mehr, als er behauptete.

Wieder auf dem Gestüt, befiel sie erneut große Lust auf eine Zigarette. Ein weiteres Mal schlug sie den Pfad durch den Wald ein, der ans Meer führte. Die Ebbe hatte ihren tiefsten Stand erreicht, sodass die Möwen ungehindert ihrer Jagd nach Fischen und Austern nachgehen konnten. Am unverändert makellos blauen Himmel schwebten zwei Adler, die offenbar nach zwischen den Steinen festsitzenden Lachsen Ausschau hielten.

Adela zündete sich die Zigarette an und überlegte, ob sie, so verwirrt, wie sie in diesem Augenblick war, tatsächlich Bruno Fitzberg anrufen solle. Schließlich wählte sie trotz ihrer Bedenken seine Nummer.

»Papa, können wir sprechen?«

»Ja, natürlich. Ich rufe dich in zehn Minuten zurück.«

»Einverstanden«, sagte Adela und beendete das Gespräch. Sofort begannen ihre Gedanken, um Bruno Fitzberg zu kreisen. Wozu brauchte er diese zehn Minuten? In New York war es jetzt sieben Uhr abends, vielleicht war er gerade auf dem Heimweg von der Arbeit. Seit er allein lebte, ging er, wenn er keine Lust zu kochen hatte, häufig bei dem dominikanischen Restaurant an der Ecke West 157th Street und Broadway vorbei, wo es Maniokknödel, Kipes, Empanadas und natürlich Reis mit Bohnen gab. Außerdem arbeitete dort eine Dominikanerin mit Namen Marisley, die etwa vierzig war, ein spektakuläres Hinterteil besaß, stolz ihre sanft gewellte und offensichtlich chemisch behandelte Mähne präsentierte und Bruno, wie Adela vermutete – erst recht, seit sie bei ihrem letzten Besuch in New York die Packung Viagra in seinem Medizinschrank entdeckt hatte –, auch in anderer Hinsicht beglückte.

In West Harlem, wo Bruno seit dreißig Jahren wohnte, und wo Adela aufgewachsen war, spielte es keinerlei Rolle, ob man Argentinier oder Dominikaner oder Kubaner war. Außer Latinos lebten in diesem Viertel Weiße, Schwarze und Asiaten aus aller Herren Länder, und alle schienen sie hier den Ort ihrer Bestimmung gefunden zu haben. Außer wenn die Dominikaner wieder einmal eines ihrer Feste feierten und das ganze Viertel im Merengue-Rhythmus vibrierte, was bei den übrigen Bewohnern den Wunsch auslöste, entweder selbst zu verschwinden oder aber sämtliche Dominikaner von der Erdoberfläche verschwinden zu lassen. Ob Bruno Fitzberg sich in dieser so belebten Umgebung allein fühlte? Adela nahm es an, und es tat ihr leid für den Mann, der bis vor ein paar Stunden ihr Vater gewesen war und den sie immer noch so liebte, als wäre er ihr Vater. Ja, sagte sie sich, niemanden auf der Welt liebte sie so sehr wie ihn. Bis auf Marcos, den sie jedoch auf andere Weise liebte. Was wusste Bruno Fitzberg? Ob er ihren wirklichen Vater kannte? Das Klingeln des Handys riss sie aus ihren Gedanken.

»Entschuldige, ich war gerade unterwegs«, sagte Bruno. »Was zum Abendessen besorgen. Bei den Dominikanern gabs heute gebratenes Zicklein.«

»Nicht nur Marisleys Zicklein ist für dich unwiderstehlich, stimmts?«

»Erst recht mit dem Malbec, den ich zu Hause habe. Gleich kommen zwei alte Freunde zu Besuch, dann lassen wir es uns gemeinsam schmecken. Schade, dass du nicht mit dabei bist. Ich vermisse dich sehr, meine Liebe.«

»Und ich dich erst!«

»Das weiß ich doch.«

»Aber weißt du auch, wie sehr?«

Bruno antwortete erst nach einer kurzen Pause. »Ja. Aber warum rufst du gerade jetzt an?«

Adela holte tief Luft. »Ich muss wissen, wer Elisa Correa ist. Und warum ihr beide mir nie gesagt habt, dass du nicht mein biologischer Vater bist. Ich bin gerade auf dem Gestüt. Aber Loreta ist kurz vor meiner Ankunft verschwunden. Schon wieder ...«

Von Bruno kam so lange keine Erwiderung, dass Adela schon fürchtete, die Verbindung sei unterbrochen. »Papa? Papa?«

»Ich bin hier. Warte ... Also gut, dann ist es jetzt so weit. Wie immer lässt deine Mutter andere die Sache ausbaden. Sie macht sich davon und glaubt, so lösen sich die Dinge von selbst. Aber darüber können wir nicht am Telefon sprechen, Adela. Ich ruf dich später noch mal an und sage dir, wann mein Flugzeug morgen in Tacoma ankommt.«

Die halbe Nacht lag Adela wach. Was würde Bruno Fitzberg ihr erzählen? Sie hatte große Angst, aber sie musste endlich die Wahrheit erfahren, Klarheit über ihre Vergangenheit erlangen, um ihre Zukunft in Angriff nehmen zu können. Sie wollte ihren Vater in einer möglichst neutralen, vielleicht auch bestärkenden Umgebung treffen, also suchte sie gleich nach dem Aufstehen im Internet nach einem argentinischen Restaurant in Tacoma und reservierte einen Tisch für sieben Uhr.

Auf der gemeinsamen Fahrt vom Flughafen in die Stadt versuchte sie, gelassen zu wirken, fragte bloß nach seiner Arbeit, der näher rückenden Pensionierung und seinem bei den letzten Gesprächen aufgetauchten Wunsch, nach über zehn Jahren wieder einmal nach Argentinien zu fahren. Seit seiner Flucht war er nur ein einziges Mal zurückgekehrt, bei der zweiwöchigen Reise mit seiner heranwachsenden Tochter.

»Wirst du mich auch dieses Mal begleiten? Ich glaube, inzwischen habe ich noch größere Angst davor als früher«, sagte er. »Ich habe das Gefühl, ich bin nicht mehr von dort, aber eine andere Herkunft habe ich ja nicht. In jedem Fall habe ich mehr Tote als Lebende in Argentinien – meine Eltern, und meinen Bruder und meinen Vetter, die beide von den Militärs ermordet worden sind. Und meine Schwester, deine Tante Martina. Deren Herz wollte irgendwann nicht mehr. Aber deine Tante aus Córdoba ist noch am Leben. Erinnerst du dich? Sie zieht beim Sprechen immer das A so in die Länge. Inzwischen ist sie neunzig. Ach, Mist! Hier weiß ich nicht, woher ich bin. Und dort weiß ich es erst recht nicht.«

»Mir gehts manchmal genauso. In deinem Fall verstehe ich das, aber bei mir?«

Um möglichst argentinisch zu wirken, hieß das Restaurant »La Pampa«, was Brunos Misstrauen hervorrief. »Haben Sie hier wirklich Fleisch aus Argentinien?«, fragte er den Kellner auf Spanisch, bemüht, sich anhören zu lassen, dass er selbst aus Buenos Aires war.

»Darauf können Sie sich verlassen«, erwiderte der. Er war ungefähr so alt wie Bruno.

»Sind Sie aus Buenos Aires?«

»Aus La Boca.«

»Habe ich mir gedacht. Nur dass Sie Bescheid wissen, ich bin Fan von River Plate. Wie auch immer, das heißt also, es stimmt nicht, dass die hiesige Regierung schon vor fünfzehn Jahren die Einfuhr von argentinischem Fleisch verboten hat?«

Der Kellner lächelte. »Wenn Sie so gut Bescheid wissen, warum fragen Sie dann? Wissen Sie etwa nicht, dass in diesem Land alles gefälscht wird? Ich verspreche Ihnen, dass Sie in der ganzen Stadt kein besseres Fleisch bekommen. Es ist zwar nicht aus Argentinien, aber es ist trotzdem so gut, als wäre es von dort.«

»Schwören Sie das bei Ihrer Mutter?«

Wieder lächelte der Kellner, und Adela hatte das Gefühl, eine Filmkomödie aus den Vierzigerjahren vor sich ablaufen zu sehen.

»Und bei Carlos Gardel und Maradonas Hand, und beim Papst Francisco, wo wir schon dabei sind. Das ist vielleicht einer, stimmts? Aber wirklich, besseres Fleisch bekommen Sie hier nirgendwo.«

»Also gut, dann eine Grillplatte für zwei. Aber nicht zu klein, ich habe seit heute Morgen nichts gegessen.«

»Auch Chorizo und Blutwurst?«

»Ja, aber keine gebratenen Därme, da müsste das Fleisch schon wirklich aus Argentinien sein. Und einen Malbec aus Mendoza. Den kräftigsten, den Sie haben, der Preis spielt keine Rolle.«

Das Lächeln des Kellners wurde noch breiter. Er warf einen Blick auf Adela. Offenbar hatte er den Eindruck, sein nicht mehr ganz junger Gast habe die Schönheit mit den vollen Lippen gerade irgendwo aufgegabelt. Bruno begriff sofort.

»Die Kleine ist meine Tochter, klar? Also, her mit dem Essen.«

»Ich eile, mein Herr.«

Alle drei lachten. Als der Kellner fort war, sah Bruno seine Tochter an und zuckte die Achseln – nichts zu machen.

»Sobald zwei Argentinier aufeinandertreffen, werden sie gleich noch mal so argentinisch, stimmts?«

»Das ist unser Unglück. Aber Vorsicht, fast niemanden legt ein Argentinier so gerne rein wie einen anderen Argentinier. Noch mehr Spaß macht ihm das bloß mit Leuten aus Uruguay.«

»Ich würde wirklich gern noch mal mit dir dorthin fahren«, sagte Adela.

Bruno nickte seufzend. »Ja, unbedingt, auch wenn das Land total im Arsch ist.« Er schloss die Augen und drückte Daumen und Zeigefinger auf die Lider. Als er die Hand wieder zurückzog, fuhr er fort: »Was ich jetzt sagen werde, versuche ich mir schon seit sechsundzwanzig Jahren zurechtzulegen. Du kannst dir vorstellen, wie viele Varianten ich in der Zeit fabriziert habe. Du bekommst nun die zu hören, an der ich seit gestern arbeite. Sie ist ziemlich bescheiden, aber etwas Besseres kriege ich nicht zustande. Auf jeden Fall ist sie wahr, zumindest, was mich betrifft. Was deine Mutter angeht, kann ich aufgrund meiner Berufserfahrung sagen, dass sie sich manchmal benimmt wie eine zwanghafte Lügnerin. Aus ärztlicher Sicht ist sie das leider tatsächlich.«

Wie die übrigen Teilnehmer an dem Treffen in der Northeastern University war auch Bruno Fitzberg an jenem 6. April 1990 zu einer Tour durch die historische Altstadt Bostons eingeladen. Doch als er gerade in den Bus steigen wollte, überlegte er es sich angesichts der schneidenden Kälte anders und beschloss, die Gelegenheit zu nutzen und endlich dem Museum of Fine Arts einen Besuch abzustatten, was er bei früheren Aufenthalten in der Stadt nie geschafft hatte. Schließlich befand sich dort eine der wichtigsten Sammlungen französischer Malerei des 19. Jahrhunderts, insbesondere des Impressionismus, seiner Lieblingsepoche der Kunstgeschichte. Die Aussicht, auf einen Schlag mehr als dreißig Monets, Degas' sowie Werke von Renoir, Millet und Gauguin betrachten zu können, schien ihm um vieles verlockender, als sich auf der Straße dem eisigen Wind des Nordatlantiks auszusetzen.

So kam es, dass Bruno Fitzberg an diesem Nachmittag vor einem Renoir-Gemälde auf eine ganz in sich versunkene junge Frau mit hellbraunem Haar in einem roten Wollmantel traf, der angesichts ihrer fortgeschrittenen Schwangerschaft eindeutig zu eng war.

Sie war es, die durch einen wie beiläufig gemachten, bewundernden Kommentar über das Bild das Gespräch zwischen ihnen in Gang brachte. Ihm fiel ihr britischer Akzent auf, was ihn dazu bewegte, sie zu fragen, woher sie stamme. Worauf sie antwortete: »Nirgendwoher.« Bei dieser rätselhaften, ein wenig manierierten Antwort – die Bruno trotz allem gefiel, hatte er doch das Gefühl, eine Figur wie von Gabriel García Márquez vor sich zu haben, die gerade in Macondo eingetroffen war – wäre es fast geblieben.

Er wollte schon, über die Bemerkung der jungen Frau lächelnd, weitergehen, da fiel ihm ein Hinweisschild auf, wonach das Renoir-Gemälde, *Le déjeuner des canotiers,* eine temporäre Leihgabe der Washingtoner Phillips Collection war. Dabei hätte er schwören können, das Bild schon einmal im Musée d'Orsay, seinem Lieblingsmuseum, gesehen zu haben. Er schaute nochmals genauer hin und erkannte, dass er es mit einem anderen Meisterwerk des Malers, dem *Bal du moulin de la Galette,* verwechselt hatte, das in der Tat in Paris hing.

Später sollte Bruno sich immer wieder fragen, wie sein Leben wohl verlaufen wäre, wenn er sich an diesem Tag für die Stadttour und nicht für den Museumsbesuch entschieden hätte. Oder wenn dort an diesem Tag nicht die Leihgabe der Phillips Collection zu sehen gewesen wäre, die ihn durch die unfreiwillige Verwechslung dazu gebracht hatte, länger vor dem Bild stehen zu bleiben. Was wiederum dazu geführt hatte, dass die junge Frau in dem zu engen roten Mantel, als er gerade zum zweiten Mal weitergehen wollte, erklärte: »Die Frau, die sich auf das Geländer stützt, das bin ich.«

Er drehte sich um, sah sie an, dann erneut das Gemälde, und lächelte über diese Bemerkung. War das Anmaßung? Ein Versuch, Eindruck zu schinden? Oder Ausdruck von Geistesgestörtheit? Bruno, der sich mit Veränderungen der menschlichen Psyche auskannte, entschied sich für Ersteres und musste sich nach längerem Hinsehen sagen, dass sie der gemeinten Figur tatsächlich ähnlich war.

»Sehen Sie mich nicht so an! Glauben Sie nicht an Wiederverkörperung? Die junge Frau dort, das bin ich, jawohl, in meinem früheren Leben. Und die Männer und Frauen um sie herum waren meine Freunde, und vielen von ihnen bin ich im jetzigen Leben wiederbegegnet.«

Amüsiert ließ Bruno sich auf das Spiel ein. »Erinnern Sie sich so genau an Ihre frühere Existenz?«

»An jede einzelne Minute.«

»Erstaunlich. Wie Ireneo Funes, der Mann mit dem unerbittlichen Gedächtnis, von Borges. Und wie hießen Sie in Ihrem damaligen Leben?«

Nach kurzem Überlegen erwiderte die junge Frau: »Aline, wie das Mädchen, das später Renoir heiratete.«

»Und wie heißen Sie jetzt, in diesem Leben beziehungsweise dieser Inkarnation?«

Wieder dachte die junge Frau eine Weile nach. »Loreta Aguirre Bodes.«

»Das hört sich aber nicht besonders französisch an.«

»Na und, bei jeder Wiederverkörperung oder, besser gesagt, Wiedergeburt ist man der, der man ist, und nicht der, der man einmal war.«

»Mit Ihrem jetzigen Nachnamen sprechen Sie wahrscheinlich auch Spanisch, oder?«

Loreta lächelte. »Ja«, sagte sie, die Sprache wechselnd. »Und Sie?«

»Ich auch. Und ich weiß, woher ich bin: Ich bin Argentinier. Allerdings kein praktizierender Argentinier«, fügte er lachend hinzu. »Ich heiße Bruno Fitzberg. Ob ich eine Wiederverkörperung oder ein Wiedergeborener bin, weiß ich aber nicht.«

Den Rest der Impressionismusabteilung durchwanderten sie gemeinsam, bis Loreta, müde von dem zusätzlichen Gewicht, das sie in sich trug, Brunos Einladung auf einen Kaffee im Museumsrestaurant annahm.

Eine Weile sprachen sie über die Maler, deren Werke sie gesehen hatten – Loreta wusste besser über sie Bescheid als Bruno –, über Buddhismus und Wiedergeburt – hier verfügten beide über Grundkenntnisse. Auf Brunos Drängen, der an diesem Abend nichts mehr vorhatte, blieben sie zum Essen in dem Restaurant. So erfuhr Bruno, dass die schwangere junge Frau auf Kuba geboren war und mehrere Jahre in London gelebt hatte, wo sie unter anderem Kunst studierte und darum die dortigen Museen bestens kannte. Erst seit einem Monat sei sie in den USA und wohne bei einer englischen Freundin, die in Harvard ihren Doktor machte.

»Und Ihr Mann?«

»Es gibt keinen Mann.«

»Und das da?«, sagte Bruno und deutete auf ihren Bauch.

»Eigenanfertigung«, erwiderte Loreta.

»Mithilfe eines der Freunde, die man auf dem Bild von Renoir sieht?« Beide lachten sie.

»Kann sein.«

Als sie auf die dunkle Straße hinaustraten, nieselte es. Obwohl April war, hatte der Frühling noch nicht begonnen. Es war ziemlich kalt, und die kahlen Bäume warteten darauf, dass die Natur ihnen das Zeichen gab, endlich zu knospen. Bruno hielt ein Taxi an, um Loreta zu ihrer Unterkunft zu bringen, es schien ihm gefährlich, sie in ihrem Zustand den rutschigen Gehwegen auszusetzen. Beim Abschied notierte Loreta sich seine Telefonnummer und versprach, sich zu melden, falls sie nach New York käme. Bruno wiederum machte sich mit dem mulmigen Gefühl auf den Weg zu seinem Hotel, soeben mit einer aus einem Gemälde Renoirs entsprungenen Gestalt zu Abend gegessen zu haben, die er im realen Leben wohl kaum je wiedersehen würde.

Ein halbes Jahr danach veranstaltete das New Yorker Metropolitan Museum eine große Impressionisten-Ausstellung. Und am Abend des 8. Oktober klingelte bei Bruno, der nur noch selten an die Begegnung mit der sympathischen, gebildeten, aber auch ein wenig besserwisserischen jungen Frau dachte, das Telefon. Loreta Aguirre Bodes teilte ihm mit, dass sie am nächsten Tag nach New York kommen und gerne mit ihm die Ausstellung im Metropolitan Museum besichtigen würde. Sie verabredeten sich für drei Uhr an der Eingangstreppe. Bruno würde sich darum kümmern, Eintrittskarten zu reservieren, sodass sie nicht würden Schlange stehen müssen.

Loreta erschien zu dem Treffen mit einem Tragesack, in dem sich ihre vier Monate alte Tochter befand. »Darf ich vorstellen, Adela«, sagte sie, als sie vor Bruno stand. Das Baby war schön und gesund, hatte riesige schwarze Augen und scharf konturierte Lippen. Als wäre es nach ihrer einzigen vorausgegangenen Begegnung selbstverständlich, küssten Loreta und Bruno sich zur Begrüßung gegenseitig auf die Wange. Erst da wurde Bruno bewusst, wie sehr er sich nach einem Wiedersehen mit der Frau von dem Renoir-Gemälde gesehnt hatte. Zu gerne hätte er erfahren, wie es ihr in der Zwischenzeit ergangen war, aber er musste sich damit abfinden, dass sie während der eineinhalb Stunden, die sie im Museum zubrachten, fast ausschließlich über die ausgestellten Bilder sprachen. Einmal mehr staunte er über die Kenntnisse der jungen Mutter, die Monet, Renoir und Manet zu ihren Lieblingen erklärte, während sie Gauguin »verachtete«, wie sie sich ausdrückte. Außerdem erfuhr er, dass Loreta nicht nur Kunst studiert hatte, sondern in London auch eine aktive Reiterin gewesen und nach ihrer Rückkehr nach Kuba Tierärztin geworden war. Er wunderte sich, dass eine junge Frau aus dem revolutionären Kuba mehrere Jahre in London gelebt hatte, ohne Exilantin zu sein, worauf Loreta erwiderte, die Verhältnisse auf der Karibikinsel seien nun einmal vielschichtiger als eine Handvoll politischer Parolen. Weiter hierüber sprechen wollte sie jedoch nicht, schließlich sei sie aus ebendiesem Grund in die USA gegangen.

»Bist du aus Kuba geflohen?«, fragte Bruno.

»In gewisser Hinsicht. Mit Adela im Bauch.«

Als sie aus dem Museum kamen, machte Loreta den Vorschlag, zum Dakota Building zu gehen, in dem John Lennon gelebt hatte, bis er vor dessen Eingang ermordet worden war. Dass der neunte Oktober Lennons Geburtstag war, wusste Bruno nicht. Loreta wollte den Ort kennenlernen und fügte der Unmenge dort zu Lennons Gedenken niedergelegter Blumen und Kerzen eine weitere Blume hinzu.

Eins von Brunos Lieblingsrestaurants in Greenwich Village hieß Blue Smoke. Dort gab es argentinisches Fleisch, das tatsächlich aus Argentinien stammte. Außerdem war stets ein freier Tisch für ihn vorhanden. Bruno, Loreta und Adela aßen hier an diesem Abend zusammen, und als das Baby zwischen der Vor- und Hauptspeise gestillt wurde, musste Bruno sich große Mühe geben, den Blick abzuwenden, wie es sich gehörte. Um zehn betraten die drei, ohne dass Bruno und Loreta vorher groß darüber geredet hätten, die Wohnung in West Harlem. Hier schliefen sie in dieser Nacht zum ersten Mal miteinander, und hier sollte auch in den folgenden Jahren Adela aufwachsen.

Loreta bekam wenig später die Stelle in einer Tierarztpraxis, die der eigentliche Anlass für ihre New-York-Reise gewesen war. Zwischen den beiden entwickelte sich eine in jeder Hinsicht erregende wie befriedigende, warme und fantasievolle Beziehung, die ihm schließlich das Gefühl gab, so stark verwurzelt zu sein wie noch nie im Leben.

Im Lauf der Zeit vertraute Loreta ihrem Geliebten eine Reihe von Dingen an, die er jahrelang für wahr halten sollte. Unter anderem erklärte sie ihm, wie aus einer gewissen Elisa Lucinda Correa – Lucinda nach ihrer Großmutter, deren Namen sie allerdings selbst schon früh auf ein bloßes L verkürzt hatte – eines Tages Loreta Aguirre Bodes geworden war. Um Kuba verlassen zu können, hatte sie einen Pass verwendet, der auf den Namen Bodes ausgestellt war und ein englisches Visum enthielt. Diesen Pass hatte sie Jahre davor von ihrem Vater bekommen, und bei der Ankunft in Boston hatte sie damit sofort politisches Asyl beantragt. Ihr Vater war, getarnt als Wirtschaftsattaché der kubanischen Botschaft, für den kubanischen Geheimdienst tätig gewesen. Mit ihm und ihrer Mutter hatte sie sechs Jahre in London gelebt, wo sie enge Beziehungen zu Kindern aus wohlhabenden Familien unterhalten hatte, die wie sie Malerei studierten und begeisterte Reiter waren – eine von ihnen war die Freundin, bei der sie später in Boston Unterschlupf fand. Für den Fall, dass sie unerwartet aus England hätten ausreisen müssen, hatten Elisa und ihre Eltern seinerzeit jene Pässe mit falschen Namen bekommen.

Vor einem Jahr sei ihr Vater nun – zu Unrecht, wie Elisa beziehungsweise Loreta erklärte – in einen Prozess verwickelt worden, in dem Dutzende hoher Militärs und Funktionäre der Insel schwerer Vergehen, bis hin zum Landesverrat, beschuldigt wurden. Man habe ihrem Vater nicht das Geringste nachweisen können, aber ihm dennoch sämtliche Ränge aberkannt, ihn zu Hausarrest verdammt und ihm jegliche Teilnahme am öffentlichen Leben verunmöglicht. Sein Name tauche allerdings an keiner Stelle in den Prozessunterlagen auf. Bruno nahm an, dass die nachsichtige Behandlung das Ergebnis einer Absprache war, die, wie bei derlei Mauscheleien üblich, das Offenlegen von Geheimnissen einschloss, die seine ehemaligen Kollegen oder andere dunkle Geschäfte betrafen. Adelas Vater dagegen, ein junger Offizier der kubanischen Gegenspionage mit Namen Rafael Suárez del Villar, hatte sich unmittelbar vor seiner Verhaftung vom achten Stock eines Hochhauses gestürzt.

Am Ende ihres Berichts hatte Loreta hinzugefügt, dass sie auf diese düstere Geschichte nie wieder zurückkommen werde. Sie sei fest entschlossen, diesen Teil ihres Lebens für immer zu vergessen, von dem ihr nur ihre Tochter geblieben sei. Dieses Kind wolle sie ohne Vater, Vaterland und sonstige Familie aufziehen, damit es niemals mit all dem Verrat und den Betrügereien jener Vergangenheit in Berührung komme. Bruno habe sie bloß deshalb eingeweiht, damit er wisse, worauf er sich einlasse, falls sie beschließen sollten, ihr Leben gemeinsam fortzusetzen.

Wie viel hatte Bruno von dieser Geschichte geglaubt, die sich im Nachhinein als eines John La Carré würdig erwies? Er hatte alles geglaubt, weil er es glauben wollte. Das Jahr 1990 näherte sich seinem Ende, und die Nachrichten aus der Sowjetunion wurden von Tag zu Tag dramatischer und offenbarten den Zerfall des Landes und seines politischen Projekts. Aus den übrigen, bereits ex-sozialistischen Staaten drangen schwer zu glaubende Enthüllungen über Verbrechen, Korruption, Überwachung und rücksichtslose Unterdrückung der Wahrheit durch den KGB, seinen deutschen Musterschüler, die Stasi, oder Ceauşescus Securitate an die Öffentlichkeit. James Bond wirkte dagegen wie ein Waisenknabe, und Orwell hätte sie wohl gern in seinen Roman *1984* aufgenommen, von dem Loreta begeistert war. Nun waren sie jeden Tag in der Zeitung zu lesen. Bruno wollte aber auch deshalb an ihre Geschichte glauben, weil er sich in sie verliebt hatte und mit ihr zusammenleben wollte. Sein professioneller Blick hätte ihn warnen müssen, dass er es mit einer gestörten Persönlichkeit zu tun hatte, aber sein Gefühl und sein Begehren setzten sich darüber hinweg.

Wenige Wochen später nahm Elisa Correa Miranda alias Loreta Aguirre Bodes – alias Aline, wie sie in einer früheren Existenz während der Belle Époque hieß – den ihr angebotenen Ring an und hieß von da an Loreta Fitzberg. Ihre vom frischgebackenen Ehemann als Kind angenommene Tochter Adela wurde mit dem Nachnamen Fitzberg unter dem Datum des 27. Mai 1990 ins Geburtsregister eingetragen.

Bruno Fitzberg konnte nicht bestreiten, dass er jahrelang ein glücklicher Ehemann und Adoptivvater gewesen war. Und dass es sinnvoll, ja, befriedigend war, seiner Tochter eine liebenswerte, unbeschwerte Geschichte zu präsentieren, die sie von düsteren Traumata der Vergangenheit verschonte. Weshalb er Adela gegenüber auch keine Schuld-gefühle hatte. Hatte er nicht zu ihrem Besten gehandelt? Auch als er fünfundzwanzig Jahre später vor der jungen Frau, die schließlich doch einen Teil der Wahrheit – oder der großen Lüge – entdeckt hatte, weitere Teile dieser Wahrheit enthüllte, war er der Ansicht, alles rich-tig gemacht zu haben. Er hoffte, seine Tochter – denn das war sie für ihn – werde ihn verstehen. Falls es etwas zu verzeihen gab, sollte Adela Suárez del Villar Correa, beziehungsweise – für sämtliche US-Behör-den – Adela Fitzberg, geboren in New York, ihm nicht verzeihen, son-dern ihn bloß verstehen. Und falls ihr das möglich war, sollte sie ihn weiterhin als ihren Vater betrachten und wie einen Vater lieben.

Marcos betrachtete sich nicht als einfachen, naiven Menschen, auch wenn er das Einfache und Ausgewogene liebte. Gewiss, als Jugend-licher in Havanna hatte er ein ziemlich verrücktes Leben geführt, ohne allzu viel über die Folgen seines Tuns nachzudenken. Aber das lag vor allem an der Isoliertheit und Selbstbezüglichkeit seiner Umgebung, die es einem schwer machte, die Dinge in größeren Zusammenhängen zu sehen. Der Ingenieur in ihm dagegen vergötterte geradezu den Zu-stand der Stabilität, auch wenn er ihn oft genug nicht erreichte.

Ebendeshalb drängte es ihn, sich aus der Ungewissheit zu befreien, die ihn in diesem Augenblick im Griff hatte. Nicht nur, weil sie seine Stimmung verdüsterte, nein, ebenso wichtig schien es ihm, dafür zu sorgen, dass Adela nicht völlig aus dem Gleichgewicht geriet, und sie aus ihren inneren Kämpfen zurückzuholen. Nur Klarheit konnte jetzt helfen, sowie die Fähigkeit, mit dieser Klarheit angemessen umzugehen.

Dabei war ihm bewusst, dass er Adelas Wunsch zuwiderhandelte. Am Tag nach dem Gespräch mit seiner Mutter ging er erneut auf deren Facebook-Seite mit dem Foto des Clans. Dann rief er Onkel Horacio in Puerto Rico an. Nach ein paar einleitenden Floskeln kam er zielstre-big auf das Thema, um das es ihm eigentlich ging.

»Dann kommst du also morgen, ja?«

»Genau, für zwei Tage. Wir sehen uns doch?«

»Ich kann es kaum erwarten. Hör mal, Horacio, was sagst du zu dem Gruppenfoto, das Mama ins Netz gestellt hat?«

»Es hat einige Erinnerungen geweckt, schöne und weniger schöne.«

»Zum Beispiel?«

»An Walters Tod denke ich nur sehr ungern zurück«, sagte Horacio. »Dass Bernardo so krank ist, ist auch kein schöner Gedanke. Oder der ganze Wahnsinn, den ich damals erlebt habe. Oder wenn ich mir vorstelle, wie ich früher war. Wenn ich mich heute im Spiegel sehe, erkenne ich mich kaum wieder. Ob ich heute besser bin, weiß ich nicht ...«

»Warum sagst du das? Dir gehts doch gut.«

»Ich kann mich wirklich nicht beklagen. Ich führe ein angenehmes Leben, ich kann tun, wozu ich Lust habe. Gott hat es gut mit mir gemeint. Weißt du, dass ich Atheist war, als das Foto gemacht wurde?«

»Jetzt bist du also gläubig?«

»In die Kirche gehe ich nie. Die Physik erklärt ja eigentlich fast alles. Aber eben nur fast. Das weißt du ja selbst.«

»Die Religion erklärt auch nur einen Teil. Offensichtlich hilft sie den Leuten aber eine Menge. Weißt du, dass mein Bruder Ramsés zu den Santería-Leuten übergelaufen ist, bevor er aus Kuba weggegangen ist?«

»Deine Mutter hat mir davon erzählt. Ich konnte es nicht glauben. Aber das scheint dort zurzeit so eine Art Mode zu sein. Alle wollen auf einmal an irgendetwas glauben. Clara und der arme Bernardo sind inzwischen auch gläubig.«

»Ein Haufen anderer Leute glaubt dafür leider an gar nichts mehr.«

»Wenn ich jetzt mit Leuten spreche, die gerade aus Kuba kommen, habe ich das Gefühl, sie waren in einem völlig anderen Land. Und als ich selbst wieder dort war, kam ich mir total verloren vor.«

»Sag mal, entschuldige, dass ich frage. Wie viele Kinder hast du eigentlich?«

Horacio war die Überraschung anzuhören. »Zwei. Meine Zwillingsmädchen. Das weißt du doch.«

»Sicher?«

»Was soll diese Frage? Was ist denn mit dir los?«

Marcos klickte ein Foto auf dem Bildschirm seines Laptops an und sandte es anschließend aus in die Weiten des Internets. »Schau dir mal das Foto an, das ich dir gerade zugemailt habe.«

In seinem gemütlichen Haus in einem Vorort von San Juan, in dessen Garten um diese Uhrzeit die kleinen Coqui-Frösche quakten, öffnete Horacio seinen E-Mail-Account, klickte die Nachricht von Marcos an und anschließend das angehängte Foto.

»Das ist deine Freundin Adela, stimmts?«, sagte er.

»Mehr fällt dir nicht dazu ein?«, erwiderte Marcos.

»Was soll ich sagen, Marquitos? Dass sie wunderschön ist?«

»Schau mal richtig hin, verdammt. Dass du noch eine Tochter hast. Oder meinetwegen, dass ich total verrückt geworden bin.«

»Ja, du bist verrückt. Hör mal, besser, wir unterhalten uns morgen, wenn ich in Miami bin.«

»Ganz wie du meinst. Aber erzähl mir bloß keinen Scheiß, bitte!«

»Ich weiß, du bist nicht auf den Kopf gefallen. Aber weißt du auch, was die Wahrheit ist?«

»Die Wahrheit ist die Wahrheit. Alles, was keine Lüge ist.«

»Gut gesagt. Die Wahrheit ist aber auch das, was man glaubt. Dass Gott existiert, zum Beispiel. Ich werde dir bloß sagen können, was ich glaube. Aber vergiss nicht, was uns guttut, ist nicht automatisch angenehm.«

Adela wollte gerade den fertig gepackten Koffer zudrücken, der auf dem Bett in der Hütte lag, als ihr einfiel, dass sie die Zahnbürste im Bad vergessen hatte. Als sie ans Waschbecken trat und ihr Gesicht im Spiegel sah, fragte sie sich einmal mehr, wer sie eigentlich war.

Quintus Horatius

Kräfte treten immer paarweise auf. Übt ein Körper A
auf einen anderen Körper B eine Kraft aus (actio),
so wirkt eine gleich große, aber entgegen gerichtete
Kraft von Körper B auf Körper A (reactio).

DRITTES NEWTONSCHES GESETZ

Quintín Horacio kam am 8. November 1958 in Havanna zur Welt und wurde auf diesen Namen getauft, weil sein Vater Renato Forquet ein Bewunderer von Horaz und dessen Oden und Episteln war, insbesondere der Epistel an die Pisonen, auch bekannt als Ars Poetica.

Renato war Freidenker, Freimaurer und Buchhalter und arbeitete für ein US-amerikanisches Handelshaus in Havanna, wo er sehr gut verdiente. Am 8. Januar 1960 reiste er, für, wie er meinte, einen kurzen Aufenthalt, in die USA, bis sich in Kuba die Lage beruhigt und das Leben wieder seinen normalen Lauf eingeschlagen hätte, was, wie er unermüdlich wiederholte, unweigerlich geschehen werde. Er sah den Kommunismus als einen politischen Irrweg. Ihm schien klar, dass es für ihn, sosehr er sich selbst für einen friedliebenden Menschen hielt, innerhalb des neuen Systems nur zwei Aussichten gab – im Gefängnis oder an einer Hinrichtungsmauer zu enden.

Seine Frau Eslinda und die beiden Kinder, die vierjährige Laura und den etwas jüngeren Horacio, ließ er zurück, ausgestattet mit einer Summe Geld, die seiner Einschätzung nach für ein bis zwei Jahre reichen sollte. Eslinda war als Mestizin dunkelhäutig genug – oder nicht hellhäutig genug –, um in den USA als Schwarze betrachtet zu werden, und Renato wollte ihr Erfahrungen rassistischer Diskriminierung ersparen. Seine heiß geliebten Bücher ließ er ebenfalls zurück, etwa ein halbes Hundert Bände, darunter Cäsar, Plutarch und Vergil. Nur die Werke des Horaz nahm er mit.

Er sah dies als Auslandsaufenthalt, nicht als Exil. Doch alles entwickelte sich anders als erwartet. Aus Monaten wurden Jahre. In Miami mietete er eine Wohnung und fand, da er in den USA studiert hatte und fließend Englisch sprach, rasch eine Anstellung als Buchhalter. Er richtete sich auf eine längere Wartezeit ein.

Über zehn Jahre hinweg hielten Eslinda und Renato mit Briefen und gelegentlichen Telefongesprächen, so gut es ging, ihre Beziehung aufrecht, bis sie sich schließlich der Ausweg- oder schlicht Sinnlosigkeit ihrer Situation geschlagen gaben.

Auf Anordnung seines Vaters beschäftigte Horacio sich als Kind mit Dingen, die im Kuba jener Jahre kaum jemand in Betracht zog. Um für den Fall einer Emigration besser gewappnet zu sein, erhielt er Privatunterricht in Englisch, Stenografie und US-amerikanischer Geschichte. Was die Mutter ihm über den Vater berichtete, prägte ihn zutiefst. Er las dessen Briefe wieder und wieder und beherzigte alle an ihn gerichteten Ratschläge und Empfehlungen. Als der Vater irgendwann einsah, dass es für ihn keine Rückkehr geben konnte, brach er den Kontakt völlig ab. Alles, was Horacio danach von ihm blieb, war eine Handvoll Fotos aus seinem Leben auf Kuba sowie aus den ersten Jahren des Exils.

Horacio war geradezu erleichtert, als sein Vater gegen Ende der Sechzigerjahre endgültig verstummte. In den regelmäßig auszufüllenden Formularen der Schule konnte er nun die Frage nach Familienangehörigen im Ausland guten Gewissens mit »Vater/USA – kein Kontakt« beantworten. So erwartete man es von einem revolutionären Schüler, denn Exilanten waren Verräter, und das aus dem revolutionären Prozess hervorgegangene Vaterland hatte über allem zu stehen, auch über der Familie.

Als Horacio 1994 selbst in die USA ging, versuchte er, seinem Vater auf die Spur zu kommen. Aber keiner der in Miami lebenden alten Bekannten – manche Freimaurer wie er – konnte ihm Genaueres sagen. Doch dann stand er eines Tages vor einem bescheidenen Grab auf dem Friedhof von Tampa, dessen Inschrift unter einem Freimaurersymbol verkündete, dass Renato Forquet Sánchez, geliebter Vater und Ehemann und Freimaurer-Bruder, im Mai 1994 mit vierundsechzig Jahren verstorben war. Drei Monate vor Horacios Ausreise aus Kuba. Aber wessen geliebter Ehemann und Vater? Physiker durch und durch, musste Horacio für jede Wirkung die dazugehörige Ursache suchen. Hier musste er kapitulieren. Weder konnte er nun den Ursprung der Bewunderung seines Vaters für einen lateinischen Dichter herausfinden noch den wahren Grund seines Verschwindens aus der Familie. Nie würde er wissen, ob sein Vater die Mutter aus Liebe zurückgelassen hatte, weil er sie schützen wollte. Oder weil er sich ihrer – und seines Mischlingssohnes – nicht länger schämen wollte.

Vor dem Grab stehend, kämpfte er mit den Tränen. Im Widerstreit seiner Gefühle, einer Mischung aus Liebe, Hass, Scham und Groll, hätte er dem Stein am liebsten einen heftigen Tritt versetzt.

Aus eigener Erfahrung wusste Horacio also, welch ungewöhnliche Wendungen das Leben nehmen kann. Als hochintelligenter und stets streng logisch denkender Mensch hatte er zeitlebens gegen das Chaos und die Unordnung der Welt angekämpft und jeden Tag aufs Neue versucht, die Verhältnisse ins Gleichgewicht zu bringen.

Ebendeshalb war er Physiker geworden, obgleich schon im Studium seine wahre Leidenschaft der Philosophie galt. In einem Land, wo das Leben gleichermaßen leicht und reglementiert war, führte philosophisches Hinterfragen unangreifbarer, angeblich axiomatischer Wahrheiten jedoch leicht ins gesellschaftliche Abseits. Zumal man hier unverrückbaren historischen Prinzipien huldigte, an denen kein Zweifel angebracht war. Allzu viele eigenständige Gedanken wurden nicht gerne gesehen.

Als nach Walters Tod und Elisas Verschwinden sich schließlich auch noch Guesty aus dem Staub machte und immer deutlicher wurde, dass sie den Clan bespitzelt haben könnte, steigerten sich Horacios Unruhe und Verwirrung ins Unerträgliche. Er musste herausfinden, was, zum Teufel, um ihn herum geschehen war. Hatte er selbst darin eine Rolle? War er selbst eine Ursache darin? Und warum, verdammt noch mal, brachte es ihn dermaßen aus dem Gleichgewicht?

Niemandem hätte er verraten, dass ihn Guestys Verschwinden auch erleichterte. Trotz ihrer unbestreitbar spektakulären Erscheinung war sie im Bett wenig einfallsreich, um nicht zu sagen frustrierend, zumal für ihn mit seiner großen Erfahrung auf diesem Gebiet. War das so, weil sie sich gewissermaßen nur im geheimdienstlichen Auftrag

mit ihm abgab? Und kassierte sie dafür Nacht- und Überstunden-
zuschläge?

Was sie über ihn und den Clan herausgefunden und weitergegeben
haben könnte, beunruhigte ihn dagegen nicht allzu sehr. Sie alle hatten
von früh an gelernt, wie und worüber man sprechen durfte. Weil sein
Vater ins Exil gegangen war, war Horacio ein Experte auf diesem Gebiet. Man konnte sich ja nie sicher sein, mit wem man es bei seinem
Gesprächspartner zu tun hatte. Außerdem waren die meisten von ihnen bemüht, sich nicht allzu verrückt aufzuführen, was einigen auch
tatsächlich gelang. Und falls sie bei ihren Äußerungen die Grenzen
des Erlaubten doch einmal überschritten, versuchten sie immer, nichts
wirklich Strafbares von sich zu geben. (Was strafbar war und was nicht,
konnte sich allerdings schnell ändern.)

Ihre Einschätzungen zur Politik und den realen Verhältnissen erwiesen sich als einigermaßen unschuldig und naiv. Abgesehen von Walters
Eskapaden, Bernardos gelegentlichen alkoholischen Exzessen, Irvings
gewagten Witzen und Elisas galligen Äußerungen gab es über sie nichts
zu rapportieren, was nicht ohnehin allgemein bekannt war. Deshalb
hielt Horacio nicht viel von der Theorie, dass Guesty ein Spitzel war –
warum Leute überwachen, die so wenig Interessantes zu verbergen hatten? Verfügte das »Bürgerüberwachungsheer«, wie Orwell es womöglich
genannt hätte, tatsächlich über so viele professionelle Einsatzkräfte, dass
es für sie allein eine Person abstellen konnte, bezahlt und in Vollzeit?

Während Horacio seinen Freunden also den Verdacht, Guesty habe
sie ausschnüffeln wollen, ausreden wollte, machte er sich dennoch,
ohne auch nur einen von ihnen einzuweihen, auf eigene Faust auf die
Suche nach ihr. Er wollte unbedingt wissen, was sie zu dieser Sache zu
sagen hatte.

Und so begab er sich eines Nachmittags in das am äußersten west-
lichen Stadtrand gelegene Neubauviertel San Agustín. Zwei Mal hatte
er Guesty heimbegleitet, beide Male am späten Abend. Selbst sein gut
ausgebildeter Orientierungssinn half ihm nicht, sich jetzt allein zwischen den eintönigen Betonklötzen zurechtzufinden. Nach langem
Rumfragen stand er endlich vor einer Tür im fünften Stock, hinter
der aller Wahrscheinlichkeit nach Guesty wohnte. Die allerdings, dem

Türschild nach, gar nicht Guesty hieß, sondern María Georgina. Darüber erschrak er dann doch – war Guesty also bloß ein Tarnname? Soweit er wusste, lebte sie bei ihrem Vater. Als die Tür aufging, erschien jedoch eine etwa fünfzigjährige Frau, die ihn darüber informierte, dass die Gesuchte hier nicht mehr wohne. Sie sei zu ihrem Freund gezogen, ans andere Stadtende, nach Alamar. Ein Viertel, das noch öder und seelenloser war. Die Adresse wisse sie nicht, nein, und wolle sie auch gar nicht wissen. Sobald der Kerl sie vor die Tür setze, werde sie sowieso wieder hier aufkreuzen, so sei es noch jedes Mal gewesen. Und den Namen Guesty, erklärte sie auf Horacios Nachfrage, habe sie sich ausgesucht, weil sie ihn modern finde. Diese Schlampe!, fügte sie hinzu und machte Horacio die Tür vor der Nase zu. Auf dem Rückweg war Horacios Selbstwertgefühl doch recht angekratzt, offensichtlich war er nur einer von vielen auf Guestys langer Liste gewesen.

Vielleicht konnte er sie bei der Firma finden, wo sie – angeblich – arbeitete, eins der Unternehmen, die mit den Baumaßnahmen für die Panamerikanischen Spiele 1991 beauftragt waren. Als er am nächsten Tag dort nachfragte, hatte von einer Guesty noch nie jemand gehört, sehr wohl dagegen von der Wirtschaftsassistentin María Georgina.

Er beschloss, sie bei Büroschluss abzupassen, und postierte sich hinter einer Ecke. Als er sie aus der Tür kommen sah, bekam er auf einmal schweißnasse Hände und hätte am liebsten auf dem Absatz kehrtgemacht. Hatte er etwa Angst davor, die Wahrheit zu erfahren? Aber er folgte ihr, er musste Bescheid wissen. Offensichtlich spürte Guesty die Unruhe in ihrem Rücken und drehte sich um. Als sie ihn sah, wurden ihre Kulleraugen noch größer als ohnehin schon.

»Was willst du denn hier? Was soll das, verdammt?«, sagte sie mit kaum unterdrückter Wut.

»Entschuldige, ich wollte bloß fragen, ob …«, stammelte Horacio, aber sie fiel ihm ins Wort.

»Da gibt es nichts zu fragen. Hau ab! Wegen euch saß ich einen ganzen Tag im Knast. Und jetzt haben sie sich meinen Bruder gekrallt, wegen zwei lächerlichen Joints. Ihr Spinner! Von euch Arschlöchern hab ich die Schnauze voll, von dir genau wie von den anderen Schwachköpfen und Schwuchteln.«

»Und was hast du ihnen erzählt, Guesty?«, sagte Horacio ziemlich kleinlaut.

»Alles! Alles, was mir eingefallen ist, und noch eine Menge mehr. Einer von euch hat behauptet, ich würde sagen, dass ich für die Polizei arbeite. Das hat die Bullen erst recht scharfgemacht. Sie haben gesagt, wenn ich mich als eine von ihnen ausgebe …«

»Das verstehe ich nicht. Also gut, Walter hat gemeint, du …«

»Aha, Walter war also diese Drecksau. Kapiere. Und ihr habt ihm natürlich geglaubt. Schwachköpfe! Hau ab, los!«

»Das heißt, du …?«

»Du sollst abhauen, verdammt!«, schrie Guesty, rannte los, und Horacio stellte fest, dass er von den anderen Passanten längst kritisch beäugt wurde.

Eine halbe Stunde später saß er in der Bar des Hotel Colina vor einem Bier, das wundersamerweise an diesem Tag dort tatsächlich ausgeschenkt wurde. Er beschloss, das Kapitel Guesty in seinem Leben zu beenden und für immer den Mantel des Schweigens darüberzubreiten. Beschämt und tief in seinem Stolz verletzt, musste er sich eingestehen, dass durch seine Schuld – durch die mangelnde Keuschheit seines Pimmels, wie Irving sich ausgedrückt hätte – viele intime Geheimnisse seiner Freunde an falsche Ohren gelangt waren. Wenn Guesty letztlich aber doch kein Polizeispitzel war, wer von ihnen war es dann? Walter? Oder etwa Fabio? Noch mehr Gründe, um das Thema möglichst nie wieder anzurühren.

Horacios Sorgen nach Elisas Verschwinden waren dagegen ganz anderer Art. Sie ließen sich nicht so ohne Weiteres ad acta legen, denn es war durchaus denkbar, dass er selbst auf die eine oder andere Weise in diese Geschichte verwickelt war.

Zu dieser Geschichte gehörte auch, dass Horacio sich schon während des Vorbereitungskurses für die Universität von der ungezwungenen

Art Elisas angezogen gefühlt hatte. Vielleicht weil sie stärker und draufgängerischer war als er und fast alle Leute, die er damals kannte. Vielleicht weil er aus ihrem Blick und ihren Bewegungen eine beunruhigende Sinnlichkeit zu lesen glaubte. Vielleicht auch, weil sie ihm bezüglich Erziehung und Kultur haushoch überlegen war. Darüber hinaus verfügte sie über die angeborene Fähigkeit, andere genau einzuschätzen und in ihrem Sinn zu beeinflussen. Darum hatte sie sich für den schönen, intelligenten und wohlsituierten Bernardo entschieden und nicht für einen Hungerleider und Mischling wie ihn, der keinen einflussreichen Vater hatte und auch kein Haus in Altahabana und kein Auto für Wochenendausflüge. Und mit Ferien in den für eine ausgewählte Minderheit reservierten Quartieren in Varadero konnte er auch nicht aufwarten.

Im Lauf der Jahre hatten seine anderweitigen Eroberungen an der Liebesfront die Hitze seines Begehrens etwas abkühlen lassen. Eine verlässliche, stabile Freundschaft war entstanden. Ganz verschwunden aber war seine Leidenschaft für Elisa nicht – wie schon der Energieerhaltungssatz besagt, verschwindet Energie niemals, sondern wird bloß umgewandelt. Und in einem Augenblick ungewöhnlich starker Spannung war der Teufel in Elisa erwacht, und so geschah zwischen ihnen, was auf die eine oder andere Weise wohl geschehen musste.

Horacio war damals schon mit Guesty zusammen, die nicht nur einige Jahre jünger war als die ursprünglichen Clanmitglieder und diese zudem, Männer wie Frauen, durch ihre ungewöhnliche Erscheinung herausforderte – eine blonde Kubanerin mit stets weit aufgerissenen, strahlend blauen Augen und einem überaus knackigen Hintern. Obgleich Horacio im Bett nicht allzu viel Spaß mit ihr hatte, genoss er es, sich vorzustellen, wie die anderen sich sein Zusammensein mit einer so attraktiven, wenn auch in anderen Bereichen ein wenig eingeschränkten jungen Schönheit ausmalten. Später sollte es ihm leidtun, damit der unguten Angewohnheit der Kubaner gefolgt zu sein, für wichtiger zu halten, was die anderen über einen denken, als was einem selbst gefällt.

An einem schwülwarmen Septembertag des Jahres 1989 war Horacio nachmittags gerade aus der Universität gekommen, wo er aufgrund seiner herausragenden akademischen Qualifikation fünf Jahre zuvor zum jüngsten Dozenten der Fakultät für Physik ernannt worden war. Er unterrichtete experimentelle Physik und arbeitete daneben an einer Doktorarbeit in Materialforschung, seinem Spezial- und Lieblingsgebiet. Angesichts der drückenden Hitze und da er gerade nichts anderes zu tun hatte, beschloss er, einmal mehr die von ihm so geschätzte Bar des Hotel Colina aufzusuchen. Vielleicht würde es ihm ja gelingen, dort ein paar Bier zu ergattern. Auf dem Weg dorthin ließ er sich zu einem Abstecher in die Buchhandlung an der Ecke Calle L und Calle 27 verleiten, wo sich möglicherweise die eine oder andere interessante Neuerscheinung auftreiben ließ. Und in der Buchhandlung begegnete er Elisa.

Sie hatten sich schon länger nicht gesehen und begrüßten sich mit der gewohnten Herzlichkeit. Elisa erklärte, eigentlich sei sie auf dem Weg in die Wohnung einer Arbeitskollegin, die für einen Monat verreist sei und sie gebeten habe, in der Zwischenzeit ihre Katze zu füttern. Gemeinsam gingen sie an den Regalen entlang, ohne etwas Erstrebenswertes zu entdecken. Sie plauderten über ihre mehr oder weniger geheimen Lektüren Orwells, Kunderas, Cabrera Infantes und Burroughs'. Da sie danach immer noch Lust hatten, sich zu unterhalten, steuerten sie das gegenüberliegende Hotel Colina an. Horacio hatte angekündigt, die Bezahlung der erhofften Biere zu übernehmen. Und als hätte es das Schicksal ausdrücklich so gewollt, fanden sie im angenehm kühlen Halbdunkel der Bar nicht nur einen freien und etwas abseitsstehenden Tisch, sondern der Barmann verkündete auch lächelnd, dass in der Tat eisgekühltes Bier vorrätig sei.

Hätte er den Mut aufgebracht, wenn Elisa nicht den ersten Schritt getan hätte? Wohl kaum, dachte Horacio später immer wieder. Wirklich quälend wurde diese Frage für ihn jedoch erst nach Walters Selbstmord und als danach Elisa wie vom Erdboden verschwand. Wie dem auch sei, nach dem zweiten Bier fühlten sie sich wunderbar entspannt, obgleich noch keineswegs betrunken. Und jetzt kamen auch die Teufel aus ihren Löchern.

Zunächst redeten sie vor allem über die düsteren Aussichten, die sich vor ihnen auftaten. Soeben waren die beiden Großprozesse des Jahres

1989 zu Ende gegangen. Hinrichtungen eingeschlossen. In deren Folge war Elisas bis dahin so mächtiger Vater – warum auch immer, dieser Frage wich sie aus – in Hausarrest geschickt worden. Vielleicht war das bereits die ganze Strafe, vielleicht wurde sein Fall aber noch weiter untersucht. In der Sowjetunion und der DDR kam es unterdessen zu spektakulären Entwicklungen. Von Gorbatschow geduldet, entluden sich über Jahrzehnte angestaute Spannungen, worüber in Zeitschriften wie *Sputnik* und *Novedades de Moscú* auch berichtet wurde – bis die kubanischen Behörden sie aus dem Verkehr zogen. Natürlich sprachen sie auch über persönlichere Dinge, zum Beispiel Horacios Getändel mit Guesty, die Elisa spöttisch als Miss Superhintern bezeichnete.

Genau in diesem Augenblick erschien der freundliche Kellner mit der dritten Runde Bier, und noch bevor sie den ersten Schluck nahm, sah Elisa Horacio tief in die Augen und sagte: »Hast du immer noch Lust, mit mir zu schlafen?«

Hatte er sich verhört?, fragte sich Horacio überrascht. Vor allem die Worte »immer noch« beunruhigten ihn. »Was sagst du da, Elisa?«, erwiderte er schließlich verwirrt.

»So ist es doch. Du willst das doch seit Jahren. Ich weiß nur nicht, ob es jetzt immer noch so ist. Früher standest du ja mehr auf reife Frauen, aber nachdem du es inzwischen auf möglichst junge abgesehen hast ...«

»Red keinen Scheiß, Elisa.« Horacio trank einen großen Schluck Bier. Natürlich hatte er immer noch Lust, mit Elisa zu schlafen, auch wenn er die Unmöglichkeit, es zu tun, so sehr verinnerlicht hatte, dass er es fast vergessen hatte. Schließlich war Bernardo sein Freund, und Horacios Ehrenkodex schrieb vor, dass man die Frauen von Freunden nicht begehrte. Sie wurden zu bloßen Bestandteilen der Umgebung.

»Ich hatte dich für konsistenter gehalten«, sagte Elisa.

»Konsistenter?«

»Ja, konsistenter. In der Physik gehören Konsistenz und Kohärenz doch zusammen, oder?«

Horacio lächelte. »Nein. Hört sich aber gut an.«

»Im Leben ist das auf jeden Fall so. Und wenn du kohärenter wärst, würdest du immer noch Lust haben. Ich weiß nämlich genau, dass das seit Jahren hier in dir drinsteckt«, sagte sie, tippte ihm an die Stirn und löste damit einen Wirbelsturm aus. Sie strich ihm mit der geöffneten Hand übers Gesicht, dann über Hals und Brust, und ließ die Hand zuletzt auf seinem Oberschenkel liegen. In seinem Kopf schrillte ein Alarmsignal.

Ohne weitere Worte fingen sie an, sich zu küssen und hitzige Zärtlichkeiten auszutauschen. Elisa legte die Hand auf sein Glied und lächelte angesichts von dessen Konsistenz und Dimension. Dann begann ihre gemeinsame Reise in den Dschungel.

»Hast du Kondome?«

Horacio deutete auf seine Aktentasche. »Ich gehe nie unbewaffnet aus dem Haus.«

Beim ersten Mal in der nahe gelegenen Wohnung von Elisas Kollegin lief es wegen ihrer Hast, Gier und mangelnden Vertrautheit überstürzt und eher planlos ab. Horacio wollte die Initiative übernehmen, Elisa wusste jedoch bestens, wie man sich den Gegner gefügig macht, und so entwickelte es sich zu einer Art Ringkampf.

Als sie sich wieder anzogen, fragte Horacio, woher der blaue Fleck an Elisas Arm stamme. So was komme vor bei ihrer Arbeit, erwiderte sie. Ein Pferd, das sie behandeln wollte, habe ausgetreten. Horacio vergaß die Äußerung schon bald wieder. Zumindest schien es zunächst so.

Zwei Tage danach kamen die beiden schon eher auf ihre Kosten. Vor allem Horacio empfand es so. Diesmal überließ er Elisa die Führung, war begeistert über ihre Tricks und Fähigkeiten und wie ausgelassen und hemmungslos sie sein konnte. Sie war imstande, ihm das Kondom mit dem Mund überzustreifen und dabei gleichzeitig seine Hoden zu streicheln und sein Poloch zu erkunden, sodass er vor Lust laut aufstöhnte. An diesem Tag hatten sie zwei so heftige und intensive Begegnungen, dass Horacio sie trotz seines keineswegs spärlichen Sexuallebens nie wieder vergessen würde.

Hinterher redeten sie erschöpft über das, worauf sie sich eingelassen hatten. Horacio jubelte innerlich, hatte aber gleichzeitig ein schlechtes Gewissen – wegen Bernardo – und das Gefühl, manipuliert worden zu sein – von Elisa. Er fühlte sich zutiefst befriedigt und verspürte gleichzeitig Lust auf mehr. Ihm war bewusst, dass er am Rand eines

Abgrunds stand und schon mit dem nächsten Schritt ins Bodenlose stürzen konnte. Vorläufig wollte er Elisa die Entscheidung überlassen, wie es mit ihnen weitergehen sollte.

»Sehen wir uns übermorgen wieder?«, fragte er, als sie sich, noch nackt, über das Schälchen für das Katzenfutter beugte, um es aufzufüllen.

»Wenn du willst«, sagte sie.

»Schau mal, wie schlapp du mich gemacht hast«, sagte er und nutzte die Gelegenheit, dass er hinter ihr stand, um ihre Pobacken auseinanderzuziehen, sein Glied mehrmals über ihren Damm gleiten zu lassen, sanft an ihrer Scham zu reiben und an ihr Poloch zu drücken, bis sie sich lächelnd aufrichtete und einen Schritt vortrat.

»Für heute reichts. Los, wasch dich und zieh dich an. Übermorgen wieder. Warte dann unten auf mich.« Sie drehte sich um, küsste ihn und drängte zum Badezimmer.

Auf dem Weg zu Bushaltestelle hätte er sich am liebsten bei ihr untergehakt, hielt sich aber noch rechtzeitig zurück. Als Elisas Bus kam, verabschiedeten sie sich mit einem freundschaftlichen Wangenkuss. Gleich darauf begann er sie bereits zu vermissen. Dann stellte er plötzlich fest, dass er seine Uhr auf dem Nachttisch in der Wohnung von Elisas Kollegin vergessen hatte. Er schloss die Augen und sah die alte kleine Patek Philippe, ein Erbstück seines Vaters, mutterseelenallein neben der Leselampe aus Bronze liegen. Na ja, bei ihrem nächsten Treffen konnte er sie ja zurückholen.

Zwei Tage später wartete er, wie verabredet, im Hauseingang. Die Sonne ging unter, es wurde dunkel, er glaubte fast umzukommen vor Sehnsucht und Gier, doch von Elisa keine Spur. Irgendwann sagte er sich, dass es genug sei, und wollte sich davonmachen. Da sah er, als er sich noch einmal umdrehte, dass die Balkontüren der Wohnung offen standen und im Inneren Licht brannte. War Elisa etwa die ganze Zeit drinnen gewesen, und er hatte wie ein Idiot unten gestanden und auf sie gewartet? Er stieg die Treppe hoch und klopfte. Die Tür öffnete sich, eine Unbekannte erschien vor ihm. Er bekam den Mund nicht auf. War diese Frau nicht eine Stunde zuvor mit einem Rucksack auf dem Rücken an ihm vorbeigekommen?

Da er kein Wort herausbrachte, ergriff die Frau die Initiative: »Ja, bitte?«

Es dauerte eine Weile, bis er antworten konnte: »Entschuldigung. Ich … Entschuldigung.« Er wollte schon auf dem Absatz kehrtmachen und verschwinden, doch im letzten Augenblick gab er sich einen Ruck und fuhr fort: »Ich bin ein Freund Ihrer Kollegin Elisa. Als ich neulich hier war, weil im Bad der Abfluss getropft hat, habe ich meine Uhr liegen lassen, eine Patek Philippe. Sie ist viereckig und hat ein Armband aus Krokodilleder, es ist schon ziemlich abgewetzt, und …«

Die Frau, offensichtlich die Eigentümerin der Wohnung, schüttelte den Kopf. »Wie heißen Sie?«

»Horacio. Warum?«

»Warten Sie einen Moment«, sagte sie, drehte sich um und kehrte kurz darauf mit einem schnurlosen Telefon am Ohr zurück. »Elisa? Ja, ich bins. Kennst du einen Horacio? … Aha … Er ist hier, weil er seine Uhr sucht, er hat sie offenbar bei mir vergessen … Nein, nein, du brauchst mir nichts zu erklären … Nein, Elisa! Wir unterhalten uns morgen.« Damit beendete sie, offenkundig verärgert, das Gespräch.

Horacio spürte, wie ihm der Schweiß an Stirn und Wangen hinablief, während sich sein Magen verkrampfte und der Hodensack zusammenschrumpelte. Was hatte er bloß angerichtet? Die Frau verschwand erneut im Inneren der Wohnung. Als sie wiederkam, hielt sie eine kleine Plastiktüte in der Hand. »Hier, Ihre Uhr und Ihr Feuerzeug. Beide lagen unter dem Bett.« Sie gab ihm die Tüte, sagte noch: »Guten Abend«, und machte ihm die Tür vor der Nase zu.

Erst an der nächsten Ecke wagte Horacio, dessen Gesicht vor Scham glühte, beim Licht der einzigen Straßenlaterne weit und breit einen Blick in die Tüte. Im Inneren entdeckte er seine Uhr und ein großes langes Feuerzeug. Als er es herausholte, blieb ihm fast das Herz stehen. Es handelte sich um zwei aneinandergeschweißte ockerfarbene Metallzylinder. An mehreren Stellen blitzten noch Reste der ursprünglichen Goldlackierung auf. Außerdem waren am Rand ein paar kyrillische Buchstaben eingraviert. Walters Feuerzeug.

Als er schließlich zu Hause ankam, spürte er, dass seine Enttäuschung und Wut allmählich einer wohltuenden Erleichterung Platz machten. Er begehrte Elisa sehr, aber es war besser, sie verschwand so schnell wie möglich wieder aus seinem Leben, bevor er den tödlichen Fehler beging, sich endgültig in sie zu verlieben. Auf einmal spürte er das drängende Bedürfnis, sich zu entladen. Er rief Guesty an, die seinem Drängen nachgab und ihm half, die Anspannung, so gut es ging, loszuwerden.

Als er Elisa drei Wochen danach wieder über den Weg lief, war sie in Begleitung Bernardos. Zu seiner riesigen Erleichterung ließ sie sich nicht das Geringste anmerken. Einige Monate später aber verschwand sie, und seine Erleichterung verwandelte sich in große Unruhe. Es war offensichtlich: Da Bernardo keine Kinder zeugen konnte und er selbst beim Zusammensein mit Elisa Kondome benutzt hatte, musste sie in jenen Tagen noch mit einem anderen Mann geschlafen haben. Dieser andere konnte nur Walter sein, der Besitzer des Feuerzeugs mit den eingravierten kyrillischen Buchstaben, das unter demselben Bett aufgetaucht war, auf dem Horacio zweimal die Frau geliebt hatte, die sich inzwischen in Luft aufgelöst hatte.

O bwohl alles darauf hinwies und die Polizei ebenfalls zu diesem Schluss kam, glaubte Horacio von Anfang an nicht daran, dass Walter sich umgebracht hatte. Weder sein ungeordnetes Leben noch sein Verfolgungswahn, noch seine angebliche Schaffenskrise, und erst recht nicht die Möglichkeit, dass er ein Kind in die Welt gesetzt haben könnte, kamen ihm als hinreichende Gründe dafür vor, dass Walter etwas derart Schwerwiegendes gegen sich selbst unternommen haben sollte. Einer wie er würde nur so weit gehen, wenn noch etwas anderes vorlag. Aber weder die Clan-Mitglieder noch die Polizei wussten etwas. War er vielleicht doch verrückter gewesen, als es den Anschein hatte? Oder schlichtweg komplett betrunken?

Aber wenn es kein Freitod war, wer hatte ihn dann in die Tiefe gestoßen? Und was war dran an der von der Polizei verbreiteten Geschichte mit der von innen verschlossenen Tür zur Dachterrasse? Dadurch bekam die Sache tatsächlich etwas Unheimliches. War Walter von jemandem geschubst worden, den er zumindest so gut kannte, dass er mit ihm auf die Dachterrasse gestiegen war? Doch falls dem tatsächlich so war – warum hatte der Betreffende dann von innen das verflixte Vorhängeschloss angebracht und so dafür gesorgt, die Selbstmordthese infrage zu stellen? Oder war die Geschichte mit dem Schloss nur eine Finte der Polizei, um die Stimmung anzuheizen und an zusätzliche Informationen zu gelangen? Und warum waren die Polizisten sich so sicher, dass Walter von der Dachterrasse gestürzt war und nicht einfach aus seiner Wohnung, beispielsweise, im obersten Stock, oder auch dem darunter? Nur weil sie auf der Dachterrasse Spuren von ihm gefunden hatten?

All diese Fragen drehten sich in Horacios Kopf und fanden keine auch nur im Mindesten befriedigende Antwort. Also machte er sich selbst auf die Suche nach der richtigen Fährte, auch wenn er sich zugleich vor dem möglichen Ergebnis fürchtete. Denn wenn Walter tatsächlich mit Elisa geschlafen hatte – das gefundene Feuerzeug legte es nahe – und sie außerdem von ihm schwanger geworden war – weder Bernardo noch er selbst kamen dafür in Betracht –, war die Beziehung zwischen den beiden womöglich der Grund für Elisas Verschwinden. Und vielleicht auch für Walters tragisches Ende, egal ob nun Selbstmord oder Mord.

Wie nicht anders zu erwarten, fiel sein Verdacht zuallererst auf Bernardo. Dessen rasant fortschreitender Alkoholismus und die Demütigung, weil er vielleicht etwas von der Beziehung zwischen seiner Frau mit Walter mitbekommen hatte, waren Grund genug für eine maßlose Tat. Doch wer Bernardos Charakter kannte und wusste, wie wenig Stolz und Konsistenz – wie Elisa sich ausgedrückt hätte – ihm geblieben waren, konnte ihm etwas so Brutales wie einen Mord – oder gar zwei – nicht zutrauen. Selbst die Polizei sah das offenbar so und akzeptierte sogar sein Alibi für die Nacht von Walters mutmaßlichem Selbstmord. Ein Alibi, für das ausgerechnet Elisa gesorgt hatte. Oder war es umgekehrt? Hatte Bernardo Elisa ein Alibi verschafft? Und als die Ermittlungen eine für sie bedrohliche Richtung einschlugen, machte sie sich aus dem Staub?

Bei seinen Recherchen stieß er auf beunruhigende Details. Zum Beispiel die düstere Geschichte von Walters Beziehung, während seiner Zeit in Moskau, zu einer jungen Schönheit aus Angola. Sie war die Tochter eines hohen Parteimitglieds ihres Heimatlands. Er hatte sie geschwängert, sie starb an den Folgen der vielleicht sogar illegalen Abtreibung, zu der Walter sie gedrängt hatte. Ein Maler, der zusammen mit Walter an der Moskauer Akademie studiert hatte, erzählte, dass der Vorfall von den sowjetischen Behörden – die sich auf derlei bestens verstehen – unter den Teppich gekehrt worden war, um diplomatische Verwicklungen zu vermeiden. Wegen dieses Vorfalls hatten ihm die Zuständigen in Kuba das Auslandsstipendium entzogen, auch wenn der wahre Anlass in seinen Unterlagen nicht erwähnt wurde. Worauf vielleicht wiederum die Sowjets bestanden hatten, um jede Möglichkeit auszuschließen, dass die Wahrheit ans Licht kommen könnte.

Ebenfalls ziemlich unschön war, was Horacio über Walters enge Beziehung zu einem Marihuanadealer herausfand. Dieser Mann saß wegen Drogenhandels – möglicherweise war auch Kokain mit im Spiel – im Gefängnis. An die Drogen gelangte er offenbar über jemanden, der irgendwie Zugriff auf konfiszierte Ware hatte. Hatte der Mann gestanden, wer ihm die Drogen beschaffte und an wen er sie weitergab? Hatte er in diesem Zusammenhang auch Walter erwähnt? Das war ohne Weiteres vorstellbar.

All diese düsteren Entdeckungen und dazu noch eine Reihe nicht ganz so gravierender Geschichten halfen Horacio, sich ein vollständigeres Bild von Walter zu machen. Die Clanmitglieder hatten geglaubt, ihn gut zu kennen, aber nun tauchte vieles auf, das schwer zu ergründen war. Vielleicht, sagte sich Horacio, hatte der rätselhafte Walter ja doch recht gehabt mit seinem Glauben, er werde verfolgt beziehungsweise überwacht. Aber von wem, wenn man Guesty mit ihrem losen Mundwerk ausschloss? Von der Polizei? Wusste die sehr viel mehr über ihn als Horacio und seine Freunde? Und dennoch hatte sie die Selbstmordthese akzeptiert und die Untersuchung eingestellt? Seltsam, jagte Horacio am Ende einem Hirngespinst nach?

Andererseits jedoch, fragte sich Horacio, was wussten er und seine Freunde wirklich über Walters Vergangenheit wie auch über seine

Zeit mit ihnen? War der Verdacht begründet, dass er auch Kokain nahm, was in Kuba brandgefährlich war? Und all seine abfälligen, gewagten politischen Kommentare, sein Versuch, Darío in sein Fluchtvorhaben einzubeziehen, sein regelmäßiges, dubioses Verschwinden, sein eingestandener Marihuanakonsum – oder hatte er von Drogenkonsum gesprochen? Die Lügen über seine Vergangenheit, dazu sein hartnäckiges Bestehen darauf, er werde von Guesty überwacht und von unbekannten Mächten verfolgt – was von alldem war tatsächlich wahr?

Horacio konnte der Frage nicht mehr ausweichen: War Walter selbst der in den Clan eingeschleuste Spion, der sie anstiften sollte, Verbotenes zu tun? Worauf sich unausweichlich eine weitere Frage aufdrängte: Wusste die verschwundene Elisa Bescheid über diesen Abgrund? Eine unüberwindlich hohe und dicke Mauer tat sich vor Horacio auf. Und er beschloss, sein Schwert einzustecken, zumindest vorläufig.

Das Jüngste Gericht schien immer näher zu rücken, in jedem Augenblick konnte es mit der Welt zu Ende gehen.

Es fehlte an allem, nur Zeit gab es mehr als genug. Eine schreckliche Zeit, die sich auf seltsame Weise ausdehnen konnte, als wollte sie ihre Relativität unter Beweis stellen. Der Abstand zwischen zwei Mahlzeiten transformierte sich zur grenzenlosen, öden Ebene, aus der es manchmal kein Entrinnen zu geben schien. Auch die sich häufenden Stromausfälle dauerten unendlich. Wer sich in der Stadt fortbewegen musste, strampelte sich bis zur Erschöpfung auf seinem chinesischen Fahrrad ab, denn das Warten auf eines der immer seltener vorbeikommenden öffentlichen Verkehrsmittel wurde von Tag zu Tag aussichtsloser. Die Arbeitszeit in Büros und Fabriken wurde verkürzt, ebenso die Sendezeit der zwei staatlichen Fernsehprogramme, die Öffnungszeiten der Kinos und sogar der Schulunterricht. Die Folge war, dass alle Welt zwar mehr Zeit hatte, mit diesem Zugewinn aber nichts anfangen konnte. Die Zeit wurde leer, ziellos, lief aus der Form, wie die, welche Dalís berühmte geschmolzene Uhren anzeigen.

So viele Dinge wurden knapp oder verschwanden vollständig, dass die Leute sie irgendwann gar nicht mehr vermissten, als hätte es sie nie gegeben. Dagegen verschwendeten sie ohne Sinn und Zweck das Einzige, was im Überfluss vorhanden war, sich jedoch weder aufbewahren noch wiedergewinnen und meistens ohnehin zu nichts Gutem verwenden ließ – die zähe, stockende, wie in Zeitlupe verstreichende Zeit. Es schien, als würde dies ewig so bleiben, als würde sie nie wieder zu ihrem gewohnten, exakt bemessenen Gang zurückkehren. Als sei sie ermüdet und erschöpft, als sei eine Epoche zum Stillstand gekommen.

Für Horacio aber erwies sich diese düster sich dehnende Zeit als Segen. Während die anderen in Verzweiflung versanken, nutzte er sie für seine Doktorarbeit in Physik. Er holte eine Untersuchung über Halbleiter wieder hervor, die er als wissenschaftliche Hilfskraft einst begonnen hatte, und stürzte sich nun mit seiner ganzen Leidenschaft, Intelligenz und Begeisterungsfähigkeit darauf. Fast zwei Jahre lang war er damit vollkommen beschäftigt, was ihn auf wohltuende Weise vom Geschehen um ihn herum ablenkte. Was er an Geräten für seine Experimente benötigte, reparierte er selbst, denn die sowjetischen oder deutschen Geräte waren vom vielen Gebrauch oder Missbrauch beschädigt. Mit Bauteilen aus anderen, noch stärker beschädigten Geräten erweckte er sie zu neuem Leben. Er arbeitete mit solchem Eifer, dass er bereits im Frühjahr 1992 fertig war – nahezu in Rekordzeit.

Zusätzlich zur dreihundertseitigen Forschungsarbeit gab er schließlich auch noch zwei fertige Artikel ab, »Abfallprodukte« seiner Untersuchungen nannte er sie. Die Veröffentlichung in einer mexikanischen und spanischen Fachzeitschrift war bereits fest zugesagt. Der Dekan kam nach Lektüre des Textes aus dem Staunen nicht mehr heraus. Der Vorsitzende der Promotionsjury wiederum versprach, weil Horacio zudem die Prüfungen in Marxistischer Philosophie und Englisch bestanden hatte, dass er das Werk der nationalen Kommission für die Vergabe wissenschaftlicher Titel umgehend zur Bewertung vorlegen werde. Eine brillante Untersuchung sei das, verkündete er, die beste, die ihm seit Langem untergekommen sei. Und so kam es, dass die

Universität Havanna Horacio im Studienjahr 1992/1993 zum Doktor der Physik machte. So angetan war der Dekan von der Leistung des jungen Mannes, dass er ihm vorschlug, sich einer von ihm geleiteten Arbeitsgruppe anzuschließen, die zusammen mit brasilianischen Universitäten ein Forschungsprojekt über Halbleiter durchführen werde, und das vor Ort, in Brasilien.

Inmitten der Entbehrungen und Ungewissheiten, Ausfälle und allgemeinen Erschöpfung öffnete sich für Horacio also die Welt. Er würde bald reisen und andere Welten kennenlernen können. Mehrere Monate lang hellte diese Aussicht sein Gemüt auf, bis auch dieses Licht schließlich wieder erlosch.

Nach dem Abschluss der Doktorarbeit hatte er, wie alle anderen, wieder viele freie Stunden. Häufig saß er auf der Ufermauer des Malecón und starrte aufs Meer hinaus. Falls dann und wann seine Neuronen erwachten, dachte er nach. Diese blauen Wassermassen vor ihm wirkten plötzlich so undurchdringlich, unüberwindbar und erstickend. Hatte dieses Wasser tatsächlich die gleiche Farbe, Dichte und sonstigen Eigenschaften wie drei oder vier Jahre früher, wie in den Jahrhunderten zuvor? Wie kam es, dass er sich, am Ufer der Insel sitzend, so eingeschlossen, eingesperrt, ja bestraft fühlte?

Die Tage der fieberhaften Arbeit an seiner Promotion, die endlosen Stunden im erbärmlichen Laboratorium oder im Lesesaal der Zentralbibliothek schienen bereits in weiter Ferne, wie aus einem anderen Leben. Der Traum, gebraucht zu werden, für seine Mühen belohnt zu werden, an einem gemeinsamen Projekt mit Brasilianern teilzunehmen – und das in Brasilien! –, hatte ein niederschmetterndes Ende gefunden. Denn er kam nicht wie vorgesehen zum Einsatz. Bis kurz vor der endgültigen Entscheidung hatten sich sämtliche Beteiligten für ihn ausgesprochen: seine Kollegen, der Dekan und der angesehene Professor, der den Vorsitz der Promotionsjury innegehabt hatte. In letzter

Minute aber wurde »höheren Ortes« beschlossen, einem alten Professor aus Camagüey den Vorzug zu geben, der einige harmlose Publikationen, aber herausragende Verdienste als langjähriger Parteiarbeiter vorzuweisen hatte. Als Trost hatte man ihn von offizieller Seite wissen lassen, dass er bei der nächsten Gelegenheit ganz oben auf der Kandidatenliste stehe. Doch angesichts der allgemeinen Lähmung fragte Horacio sich zu Recht: Was für eine Gelegenheit sollte das sein?

Da er geistige Herausforderungen brauchte, hatte er gleich nach Beendigung der Doktorarbeit angefangen, auf eigene Faust Altgriechisch zu lernen. Schon immer war es sein Traum gewesen, die Texte der Begründer von Philosophie und Physik in ihrer eigenen Sprache lesen zu können. Doch dann obsiegte auch gegen ihn die »Entropie der Welt«, wie er es nannte: die Hitze, die ihn umgebende Niedergeschlagenheit und Erschöpfung, bald sogar auch der Hunger sowie das Fehlen jeglicher Zukunftsperspektive. Sein Vorhaben versandete. Er fühlte schmerzlich sein Scheitern und war bald so gelähmt wie die Menschen um ihn herum. Immer öfter saß er am Malecón, im Rücken die zerfallende Stadt, blickte aufs Meer hinaus und stellte sich die immer gleiche Frage: Was ist nur mit uns los? Bis er irgendwann anfing, dieses Meer herauszufordern. »Ich bin stärker als du, du wirst schon sehen«, rief er in die tosende Brandung. Und er fing an, verworren von dem zu träumen, was sich in der Ferne, am anderen Ufer jenes Meeres befinden mochte. Dann riss er sich wieder zusammen: »Ich halte durch, ich werde nicht verrückt, nein, ich nicht …« Aber die Frage kam wieder und wieder: »Was ist nur mit uns los?« Und schließlich kam auch unabweisbar die Antwort: »Ich muss hier weg, ich muss hier weg, sonst werde ich verrückt.«

An einem der ersten Tage des Jahres 1994 kroch er aus dem Straßengraben, in dem er samt seinem Fahrrad gelandet war, entdeckte an seinen Fingern das Blut aus einer Platzwunde an seiner Stirn und fing an, gegen Gott und die Welt zu lästern. Er war am Ende seiner Widerstandskraft. Der junge, hübsche, wohlgenährte Doktor der Physik hatte sich in einen mageren und depressiven Mann verwandelt, zudem in einem Zustand unfreiwilliger Enthaltsamkeit, der für seine Verhältnisse bereits ungewöhnlich lang anhielt. An diesem Tag beschloss Horacio endgültig, fortzugehen, auf welchem Weg auch immer. Schließlich hatte er nur dieses eine Leben, und das wollte er auch leben. Ganz wie damals Darío: Entweder gehen oder verrückt werden.

Zwei Wochen später fuhr er in einer titanischen Kraftanstrengung mit seinem schwergängigen chinesischen Fahrrad hinaus nach Fontanar. Es war der 21. Januar, Claras vierunddreißigster Geburtstag. Was er dort erlebte, war ein erschütterndes Desaster. Von all den Freunden, die an diesem Ort seit Jahren ihre Freundschaft, ihre Erinnerungen und Hoffnungen gefeiert hatten, war nur noch ein schwer versehrter Rest übrig. Wenige Monate nach Walters Tod und Elisas Verschwinden hatte Darío sich nach Barcelona abgesetzt. Ende 1992 wiederum hatten Fabio und Liuba, die stets zuverlässig, optimistisch und kämpferisch gewesen waren, sich aus dem Staub gemacht. Sie waren als offizielle Delegation zu einem Architekturkongress nach Argentinien geschickt worden, nahmen aber nicht einmal an der Eröffnungsveranstaltung teil. Ein Vetter Liubas, der in Argentinien lebte, verhalf ihnen zur Flucht. Ihre Tochter Fabiola mussten sie auf Kuba zurücklassen, mit dem ungewissen Versprechen, sie so bald wie möglich nachzuholen, obwohl sie nur zu gut wussten, dass man Deserteure unter anderem mit einer jahrelang dauernden Ausreisesperre für ihre Angehörigen bestrafte.

Die Übriggebliebenen hielten hartnäckig an der gemeinsamen Geburtstagsfeier fest. Irving und Joel organisierten sich eine Mitfahrgelegenheit im Personalbus für die Flughafenangestellten. Dafür steckten sie dem Fahrer einen kleinen Geldbetrag zu. Bernardo hatte sich ohnehin schon in Claras Haus zurückgezogen, wo er einmal mehr den Versuch unternahm, seinen Alkoholmissbrauch zu beenden, der ihm inzwischen eine violette Gesichtsfarbe und die Vernichtung Tausender Nervenzellen beschert hatte. Und Clara, die an diesem Tag eigentlich im Mittelpunkt stand, hatte sich mittlerweile ganz in ihr Schneckenhaus zurückgezogen, vollbrachte jedoch regelmäßig alle möglichen Wunder, um die stets knurrenden Mägen ihrer heranwachsenden gertenschlanken Söhne Ramsés und Marcos bei Laune zu halten.

Mit ihren bescheidenen Mitteln hatten diese Überlebenden allerlei zusammengetragen. Die Kroketten ungewissen Inhalts waren Horacios

Beitrag. Die Kekse und eine gelbe Senfsoße, um sie damit zu bestreichen, kamen von Joel. Und den Nudelsalat mit ein paar Fetzen Hühnerfleisch hatte Irving zubereitet. Zu ihrer freudigen Überraschung entdeckten sie außerdem auf dem Terrassentisch mexikanische Würste, ein Stück holländischen Käse, mehrere gefüllte Teigtaschen, einen Topf mit gekochten Maniokknollen aus Claras Garten, angerichtet mit reichlich saurem Orangensaft, und, was ihre größte Freude war, zwei Flaschen anständigen Rum. Um ihre Freunde glücklich zu machen und den Tag zu retten, hatte Clara für diese grandiose Ergänzung ein Fünftel des Jahresend- und Geburtstagsgeschenks verbraucht, das Darío ihr aus Spanien geschickt hatte: Zweihundert Dollar! Umsichtig wie immer, sparte sie den Rest dieses Vermögens für die Ernährung ihrer Söhne auf. Mit eng geschnallten Gürteln müsste es für die nächsten sechs, vielleicht sogar acht Monate reichen. Oder auch bis zu Daríos nächstem Lebenszeichen.

Der dezimierte Clan genoss dieses fürstliche Bankett in vollen Zügen. Dank Bernardos Spezialkenntnissen setzte sich das Fest bis in die frühen Morgenstunden fort, denn er wusste in der Nähe einen Ort, wo hausgebrannter Rum verkauft wurde. Der verätzte einem zwar die Kehle, machte aber mindestens so gut, wenn nicht noch besser betrunken als manch edlerer Tropfen. Darum verkündete Bernardo auch, dass er seine sechs Tage zuvor begonnene Entziehungskur vorübergehend aussetzen werde.

Zeit war das Einzige, was im Überfluss verfügbar war. Also machten sie es sich am Ende des Festes, als niemand mehr auch nur einen Tropfen Alkohol hätte zu sich nehmen können, auf Betten, Sofas und Matratzen bequem, um in aller Ruhe ihren Rausch auszuschlafen.

Kurz bevor sie allesamt satt und selig entschlummerten, setzte Horacio zu seinem periodisch fälligen Überblick über den Stand der Dinge und des Lebens an. Er zog die Bilanz von Jahren geteilter Erfahrungen und Erlebnisse, gedachte der einstigen schwungvollen Träume, als sie mit bedingungslosem Einsatz die Früchte ihrer Ausbildung der Gesellschaft schenken wollten. So viel Hingabe, Reinheit, Zuversicht und Lebenskraft war da gewesen! Unfassbar naiv waren sie gewesen. Hier, auf ebendieser Terrasse, hatten sie unzählige glückliche Stunden verbracht. Nicht einmal der Kritischste, am wenigsten Angepasste von ihnen hätte sich ausmalen können, dass ihre Gruppe sich so auflösen würde, dass sie der Verzweiflung, Antriebslosigkeit und Isolation verfallen würden.

»Was ist nur mit uns passiert, verdammt?«, fragte er zum Abschluss aus tiefster Seele.

Die anderen schüttelten nur die Köpfe. »Muss das jetzt sein, Horacio?«, versetzte Clara, und die anderen stimmten ihr zu.

Da hob Bernardo sein Glas, doch ein letztes Aufblitzen seines Verstands wies ihn warnend darauf hin, dass ein weiterer Schluck Alkohol ihn endgültig ins Nichts der Bewusstlosigkeit befördern würde, weshalb er das Glas auf dem Couchtisch abstellte und lauthals deklamierte: »Alles ist passiert, Horacio, wir haben nichts ausgelassen!«

»Brüll nicht so, um Himmels willen«, flüsterte Irving.

»Alles!«, wiederholte Bernardo, unverändert laut. »Und kein Mensch hat uns um Erlaubnis gefragt. Statt zu träumen, liegen wir nachts wach oder haben Albträume. Wir haben verloren, so ist das. Das ist das Schicksal unserer Generation«, verkündete er, griff mit zitternder Hand nach seinem Glas und leerte es auf einen Zug. »Auf, Genossen! Von Niederlage zu Niederlage! Bis zum endgültigen Sieg!«

»Sei endlich still und hör auf zu trinken, Bernardo«, erwiderte Irving ängstlich.

»Ich trink, solange ich will, Alter«, brummte Bernardo. »Und du, Horacio, hör auf zu jammern. Um uns herum ist alles Scheiße, und wir selbst sind auch voller Scheiße. Aber das ist unsere eigene Scheiße. Für dich gilt das auch, du Arschloch, du hast meine Frau gevögelt.«

Angespannte Stille trat ein, bis Horacio, der in den Garten hinausblickte, sagte: »Vergib mir bloß nicht, Bernardo, niemals! Ja, ich bin ein Arschloch, ein richtig mieser Kerl.«

»Verpiss dich«, brummte Bernardo.

»Ja, ich hau ab, ich hab hier nichts zu suchen.«

»Genau, verschwinde, na los, geh schon«, rief Bernardo und versuchte vergeblich, aufzustehen. Horacio nickte bloß, ja, er schien sich geradezu zu wünschen, dass es Bernardo gelänge, sich aufzurappeln und ihn zu verprügeln, wie er es verdiente.

»Und wo willst du um die Uhrzeit hin, Junge?«, fragte Irving.

Horacio sah ihn kopfschüttelnd an. »Willst du nicht verstehen, oder kannst du es nicht, Irving? Hat dich der ewige Hunger blöd gemacht, wie mich? Oder bist du so besoffen wie der Schwachkopf da, der mich nicht mal anspuckt, obwohl ich es verdient hätte? Ich hau ab aus diesem Land! Ich muss hier weg, verdammt!«

Zur Krise in der Krise kam es im düsteren Sommer 1994, als Horacio bereits den Entschluss gefasst hatte, den er, vielleicht um sich vom Vater abzusetzen, für sich eigentlich immer hatte ausschließen wollen. Mittlerweile aber konnte er an gar nichts anderes mehr denken, er war geradezu krankhaft besessen davon – weggehen, weggehen, weggehen.

Die Verzweiflung der Leute um ihn herum, die um jeden Preis fliehen wollten, lief schließlich völlig aus dem Ruder. Zu Dutzenden stürmten Menschen die Botschaften, um irgendwo auf der Welt Asyl zu beantragen. Doch man verweigerte ihnen die Ausreise. Dann kam es zu ersten Schiffsentführungen. Manche dieser Verzweifelten erreichten die US-amerikanische Küste, andere trieben hilflos auf dem Meer dahin. Andere aber gingen unter, in den schlimmsten Fällen sogar durch Gewalt. Von den vielen Opfern wurde kaum gesprochen. Die wachsenden Gefahren dämmten die Fluchtbewegung nicht ein. Im Gegenteil, es kam zu bewaffneten Aneignungen kleiner Motor-, Segel- oder Ruderboote, und die damit verbundene Gewalt führte zu neuen Opfern.

In dieser aufgeheizten Atmosphäre verbreitete sich am 5. August das Gerücht, in Kürze werde eine kleine Flotte aus Florida auftauchen, um vor der Küste Havannas fluchtwillige Kubaner aufzunehmen.

Niemand machte sich die Mühe, die Wahrheit dieser Ankündigung zu überprüfen. Die Menschen strömten zum Malecón, um die ersehnten Schiffe am Horizont auftauchen zu sehen. Doch nichts war zu sehen. Enttäuschung machte sich breit und führte zu gewalttätigen Ausschreitungen, bei denen auch die Schaufenster der wenigen Läden zu Bruch gingen, in denen es noch etwas zum Fortschleppen gab. Die Heftigkeit der Unruhen überraschte die Polizei. Offenbar erhielt sie den Befehl, sich zurückzuhalten und die Arbeit Sondereinheiten in Zivil zu überlassen. Als Proletarier verkleidet, sorgten sie mit Knüppeln und Eisenstangen brutal für Ordnung. Als plötzlich irgendjemand rief, Fidel persönlich sei unterwegs und werde sogleich vor Ort erscheinen, verwandelten sich viele Protest- spontan in Hochrufe auf den Revolutionsführer. Als die aufgewühlten Massen dann auseinandergetrieben waren, blieb die Anspannung. »Energie kann nicht verschwinden. Sie wird bloß umgewandelt«, sagte Horacio später.

Um Druck aus dem Kessel zu nehmen, ließ die Regierung fünf Tage danach offiziell verkünden, dass die Landesgrenzen ab sofort jedem offenstünden, der fortgehen wolle, wie auch immer. So einfach, per Dekret, wurde also das Unmögliche möglich, durchführbar, real?

Wie auf einen Startschuss hin tauchten nun an der Nordküste Kubas auf wundersame Weise alle nur denkbaren Formen schwimmender Untersätze auf. In aller Eile zusammengezimmerte Flöße aus Benzinfässern und Gummireifen, manchmal auch aus bloßen Brettern und Styroporteilen, wurden ins Meer geschoben. Mit alten Motoren, aus Laken hergestellten Segeln oder improvisierten Rudern wurden sie in Bewegung gesetzt und später der Strömung oder schlichtweg Gottes Gnade anvertraut. Von überallher kamen Leute ans Ufer, um sich Plätze für die Überfahrt zu kaufen oder zu erbetteln oder die Seefahrer zu verabschieden. Die gefürchteten Boote der Küstenwache dagegen, die jahrzehntelang jede Flucht unmöglich gemacht hatten, blieben festgetäut, und die Polizei griff höchstens ein, wenn es irgendwo zu Streitereien kam.

Die wagemutigen Meeresreisenden setzten ihre Hoffnung darauf, nach Erreichen der internationalen Gewässer von der US-Küstenwache an Bord genommen zu werden. Die aber war vom riesigen Ansturm überfordert. Es war schließlich, als hätte man eine Flasche Champagner zunächst kräftig geschüttelt und dann vom Korken befreit …

Als Horacio von der Grenzöffnung erfuhr, überlegte er nicht mehr lange. Noch am selben Nachmittag packte er einige wenige Habseligkeiten in einen Rucksack, darunter das Exemplar von Newtons

Principia Mathematica, das seinem Vater gehört hatte, sowie Walters russisches Feuerzeug – erst einundzwanzig Jahre später sollte ihm klar werden, wozu er es behalten hatte. Er machte sich auf nach Cojímar, wo bereits die ersten Boote und Flöße ablegten. Ein ehemaliger Studienkollege, der sich ebenfalls davonmachen wollte, erwartete ihn schon bei sich zu Hause. Sie gingen zu einem Verwandten des Freundes, der dabei war, sein altes Fischerboot flottzumachen. Die beiden Physiker, die sich mit dem Erhaltungssatz der Energie, den Gesetzen der Mechanik und Entropie auskannten und, wenigstens theoretisch, über sämtliche Möglichkeiten der Energiegewinnung Bescheid wussten, mühten sich ab, einen klapprigen Motor in Gang zu setzen. Als sich schließlich die Schiffsschraube drehte, hatten sie sich einen Platz an Bord des Bootes verdient. Am Nachmittag des 17. August stach es mit acht Mann Besatzung – zwei mehr, als zulässig waren – in See, mit heftig stotterndem Motor und rußige Dieselwolken ausstoßend und nahm auf dem Río Cojimar Fahrt in Richtung Meer auf.

Zwei Tage später kündigte die US-Regierung an, dass auf hoher See aufgenommene Flüchtlinge künftig in Militärbasen in Panama oder auch Guantánamo untergebracht würden. Doch da betraten Horacio und seine Reisegefährten bereits eine Flüchtlingsunterkunft in Homestead in Südflorida. Zu ihrem Glück waren sie gerade noch rechtzeitig von einer vorbeikommenden Segeljacht an Bord genommen worden.

Als sie sich der Verwaltungsbaracke näherten, sah Horacio auf der anderen Seite eines Drahtzauns eine Gruppe von Schwarzen – aus Haiti, wie er wenig später erfahren sollte. Schweigend betrachteten sie ihn und seine Gefährten, als wären die Kubaner etwas ganz Besonderes. Als Haitianer mussten sie erwarten, wieder zurückgeschickt zu werden, anders als die frisch eingetroffenen Kubaner, die, nur weil sie Kubaner waren, unverzüglich Aufnahme fanden, selbst wenn ihre Haut ebenso dunkel war wie die der Leute von der Nachbarinsel.

Als die Nacht kam, lag Horacio auf dem ihm zugewiesenen Feldbett in der Unterkunft und spürte, wie der Adrenalinpegel sank, der ihn fünf Tage fast ohne Schlaf und Essen auf den Beinen gehalten hatte. Überwältigt von Euphorie und Traurigkeit zugleich, fing er zu weinen an, bis die Erschöpfung ihn überwältigte. Er träumte, er begegne seinem Vater, der allerdings der in Kuba allseits verehrten Gestalt des heiligen Lazarus auffallend ähnlich sah – ein von Geschwüren übersäter Greis auf Krücken, umringt von Hunden, die jedoch in diesem Fall nicht seine Wunden leckten, sondern ihn schützten, indem sie zähnefletschend einen Kreis um ihn bildeten. Dem Heiligen und den Hunden folgten mehrere Männer, die den Haitianern vom Nachmittag ähnelten, jedoch keine Augen in ihren schwarzen Gesichtern hatten. Als Horacio erschrocken aus dem Schlaf fuhr, befiel ihn die Vorahnung, dass er seinen Vater niemals wiedersehen und ihm folglich auch die Fragen nicht würde stellen können, über die er sich schon seit so vielen Jahren den Kopf zerbrach.

Marissa begegnete Horacio, als sie im Auftrag der New Yorker Telefongesellschaft, für die sie arbeitete, nach Tampa kam. Sie stammte aus Puerto Rico, war achtundzwanzig Jahre alt, ledig und hatte Informatik studiert. Ihr starker Charakter wirkte auf manche lähmend, aber ihr Lächeln war ansteckend, und ihre tiefschwarzen Augen waren berückend.

Horacio sollte sich später sagen, dass das Schicksal sie zusammengeführt hatte, für einmal ein freundlich gestimmtes Geschick, um sein Emigrantenleben auf einen guten Weg zu bringen. Er war nun seit drei Wochen in Tampa an der Westküste Floridas, ahnte damals aber noch nicht, dass sein Vater hier begraben lag. Die Flüchtlingsbehörde hatte ihm, als klar wurde, dass er Englisch sprach, hier Arbeit bei einer Autovermietung besorgt und ihm darüber hinaus das Geld für eine kleine Mietwohnung zur Verfügung gestellt.

Horacio, der nie ein Auto besessen hatte, ja, nicht einmal die Aussicht darauf, jemals eins zu besitzen, sah sich unversehens von lauter blitzenden neuen Fahrzeugen umgeben und widmete ihnen ab sofort jede freie Sekunde. Jetzt war genau das knapp, wovon er auf Kuba im Überfluss gehabt hatte, die Zeit. Sein Job war das Fegen, Entmüllen,

Abstauben und Polieren der unter freiem Himmel auf Kundschaft wartenden Wagen. War diese Arbeit getan, versank er in der genauen Untersuchung der angebotenen Autos und der Lektüre der Prospekte und Anleitungen. Seine Intelligenz, seine Fachkenntnisse und sein gutes Englisch sorgten in Rekordzeit dafür, dass er in die Kundenbetreuung der Firma wechseln durfte.

Gleich am ersten Arbeitstag auf seiner neuen Stelle stürmte eine junge Frau in eleganter Bürokleidung in die Agentur. In der Hand hielt sie einen Mietvertrag. Lautstark beschwerte sie sich darüber, dass man ihr am Flughafen nicht das von ihrer Firma bestellte Modell übergeben habe. Empört gestikulierend erklärte sie – wobei ihr die prachtvolle schwarze Mähne immer wieder vor das linke Auge fiel –, dass ihre Firma hier Stammkunde sei und dass sie jeden Monat nach Tampa komme, wo sie …

Erst nach einer Weile konnte Horacios Kollege auf ihren Wortschwall reagieren und erwiderte, sie solle sich keine Sorgen machen, sein Kollege werde sich sofort um das Problem kümmern. Horacio gab er mit einer Geste zu verstehen: Bitte schön, jetzt zeig mal, was du kannst.

Auf dem Weg zum Parkplatz sah Horacio die Unterlagen durch und versuchte, der jungen, schönen Frau zu erklären, das ihr übergebene Fahrzeug entspreche sehr wohl der Bestellung. Vielleicht sei ja ihrer Firma in New York ein Fehler unterlaufen, aber es finde sich sicher eine gute Lösung …

»Sorry, where do you come from?«, fiel sie ihm, noch auf Englisch, ins Wort. Offensichtlich war ihr an Horacios Akzent etwas aufgefallen.

»I'm Cuban.«

»Ah, ja, dachte ich mir. Und seit wann bist du hier?«, erwiderte sie, fast schon lächelnd, auf Spanisch.

»Seit zweieinhalb Monaten.«

»Bist du auch auf einem von diesen Flößen hierhergekommen?«

»Nicht auf einem Floß, mit einem kleinen Boot.«

»Ihr seid ja völlig verrückt, ihr Kubaner!«

»Wir sind es mit der Zeit geworden. Und du sprichst ja richtig gut Spanisch.«

»Na klar, ich bin ja aus Puerto Rico. Merkt man das nicht?«

Horacio lächelte sie verschmitzt an: »So wie du gekleidet bist, nicht unbedingt.«

Marissa lächelte ebenfalls. »Mein Vater ist übrigens Kubaner, wie du. Er ist vor dreißig Jahren aus Kuba weggegangen, auch auf einem Boot. Genau wie du.«

Da war Horacio felsenfest überzeugt, dass in diesem Augenblick Gott im Himmel seine Hand durch eine Wolke streckte, um ihn an der Stirn zu berühren und zu segnen.

Sie steuerten das Auto an, das Horacio für sie bestimmt hatte – genau das verlangte Modell. Er berichtete weiter von der Überfahrt in dem kleinen Boot, von seinem Studium und den Englischkursen, die ihm den ersten Sprung auf der Karriereleiter ermöglicht hatten. Aber auch von den Ängsten, die all das Neue in ihm auslöste. »Hier muss man alles neu lernen. In Kuba gehen die Türen, zum Beispiel, normalerweise nach innen auf. Hier ist es umgekehrt.«

Bevor die junge Frau in ihrem Mietwagen davonfuhr, lud sie ihn zum Abendessen ein. Sie wolle sich für seine Freundlichkeit bedanken und ihn außerdem ein wenig durch die Stadt führen, die eine so bedeutende Rolle in der Geschichte des kubanischen Exils gespielt hatte. Ihr Urgroßvater, aus Havanna, hatte hier in Tampa als Tabakhändler gearbeitet und, nach dem, was ihr Vater erzählt hatte, in Ivor City José Martí persönlich reden hören und ihm anschließend die Hand geschüttelt. Unglaublich, was?

Als sie zwei Tage später den Wagen wieder zurückbrachte, hatten beide das seltsame Gefühl, ohne es zu wissen auf der Suche nach einander gewesen zu sein. Marissa machte den entscheidenden Schritt. »Hier, meine Telefonnummer, für alle Fälle, man weiß ja nie. Ich komme jeden Monat für zwei, drei Tage hierher. Sehen wir uns beim nächsten Mal? Und gibst du mir dann wieder dasselbe Auto und erzählst, wie es dir ergangen ist?«

Drei Monate später, im Januar 1995, also mitten im Winter, kam Horacio nach New York. Sein erster Eindruck war, dass er an einem so chaotischen Ort, wo es zudem so kalt werden konnte, nie würde leben können. Doch dann überlegte er es sich anders. Wartete doch in Queens eine junge, zärtliche und lebenslustige Frau auf ihn, wie aus

Aladins Wunderlampe geschlüpft, um an seiner Seite zu sein, wenn er das neue Leben begann. Genau das wollte er, in seinem fünfunddreißigsten Jahr: ein neues Leben beginnen und endlich, falls es so etwas gab, einen normalen Alltag genießen.

Alles fügte sich gut. Horacio Forquet wurde schon ein Jahr später zum Ehemann von Marissa Martínez, und weitere drei Jahre danach Vater von Zwillingen – Alba und Aurora. Nochmals zwei Jahre später trat Horacio, auf Drängen seiner Frau, dank seinem endlich in den USA anerkannten kubanischen Diplom, eine Stelle als Dozent in den Kursen Physik I und Physik II an der Universität von Puerto Rico an. Falls in der üblichen halbjährigen Probezeit seine Unterrichtstätigkeit zufriedenstellend ausfiel, würde der Vertrag automatisch verlängert. So begann sein zunächst hindernisreicher, aber durchaus zu bewältigender Weg im Exil. Zehn Jahre nach dem Aufbruch aus seiner Heimat fand er sich wieder als Physikprofessor an der Universität Río Piedras in Puerto Rico.

Gerne erzählte Horacio die Geschichte seines Schwiegervaters, wie der zum ersten Mal nach San Juan, der Hauptstadt von Puerto Rico, kam.

Der damals vierundzwanzigjährige Felipe Martínez befand sich zum Zeitpunkt der Flucht aus Kuba im vierten Jahr seines Ingenieursstudiums. Er wurde am Flughafen von einem einstigen Mitschüler des Maristen-Kollegs in Havanna abgeholt. Auf dem Weg nach Hause kreuzten sie ein wenig durch die Stadt. Ein waschechter Bewohner Havannas, hatte Felipe eifrig die Nachtclubs an der Rampa frequentiert, er kannte jedes der sechzig Kinos in der Stadt und die prachtvollen Shows im Tropicana. In den Lasterhöhlen am Strand von Marianao hatte er die Mulatas Bronceás tanzen und den mythischen Chori Timbales spielen sehen, der an Hunderten Wänden der Stadt eigenhändig seinen Namenszug hinterließ, um Werbung für sich zu machen.

Deshalb enthielt er sich angesichts der Straßen des Stadtteils Santurce, der bescheidenen Kinos und Restaurants von Río Piedras und der vor sich hin bröckelnden Altstadt jeden Kommentars. Als sie am Ende ihrer Tour jeder mit einem Bier in der Hand vor zwei Portionen Schweinebauch mit Klößen aus Kochbananen in einem Lokal in Alt-San Juan saßen und sein Freund fragte, wie die Stadt ihm gefalle, antwortete der Neuankömmling freimütig: »Tja, mein Junge, wirklich nicht schlecht, ein bisschen wie Bolondrón.« Also wie das sprichwörtliche Kaff in der kubanischen Provinz Matanzas.

Horacio erzählte die Geschichte deshalb so gern, weil es ihm nicht anders ergangen war. Obwohl er bei seiner Ankunft ein Niemand gewesen war und das Havanna, das er hinter sich gelassen hatte, kaum noch etwas von seinem früheren Glanz vorweisen konnte, kam auch er sich in der Hauptstadt von Puerto Rico vor wie in Bolondrón. Ein Bolondrón allerdings mit gut bestückten Supermärkten und Straßenverkäufern, wie sie in Havanna ausgestorben waren – und öden Villenvororten.

Gerechterweise muss man sagen, dass er diese Sichtweise mit vielen Kubanern teilte. So war ihm auch New York als chaotisch, schmutzig und ordinär erschienen mit seinen Billigpornoläden direkt auf dem Broadway, seinen Heerscharen von Obdachlosen, die in den Eingängen protziger Hochhäuser auf dem Boden hockten. Manche Schwarze jagten ihm größere Angst ein als die übelsten Bösewichter von Centrohabana, dem Viertel, wo er geboren war. Und was sollte er erst von Miami sagen, wo sein neues Leben in den USA begonnen hatte? Nein, auch dort würde er sich nie zu Hause fühlen. In dem Viertel, wo man ihn nach seiner Ankunft 1994 zunächst untergebracht hatte, kam er sich vor wie in der Dritten Welt. Hier wohnten hauptsächlich Schwarze, und die Häuser hatten oft nicht einmal Fensterscheiben, an den Straßenecken lungerten Drogensüchtige herum, und in den ehemaligen Vorgärten standen Frauen und kochten. Als ihm die Arbeit in Tampa angeboten wurde, hatte er deshalb sofort zugesagt. Außerdem hatte er in Miami das bedrückende Gefühl, nicht vom Fleck zu kommen, sosehr er sich auch fortbewegte. Als bestünde die Stadt nur aus endlosen Vororten, die auf ihre Gesichtslosigkeit auch noch stolz waren. An jeder Kreuzung wiederholte sich das gleiche Ensemble – auf Tankstelle, McDonald's- und Walgreens-Filiale folgte ein Ensemble aus Tankstelle, Wendy's-Filiale und CVS-Apotheke. Dann folgte Tankstelle, Taco-Bell- und Kentucky-Fried-Chicken-Filiale, und immer so weiter.

Was ihn jedoch an Miami am meisten störte, war die, trotz der gleißenden Sonne, düstere Atmosphäre, als wäre alles von einem dicken Firnis bedeckt, unter dem mehrere Schichten kubanischer Emigration übereinanderlagen, nach Einkommen und Zeit ihres Eintreffens getrennt. Da waren die Einwanderer aus der Epoche der Revolution, aus den Tagen der Mariel-Bootskrise, und die Neuankömmlinge der jüngsten Fluchtwelle auf Flößen und Booten. Allen gemeinsam war, dass sie hier genau jene Intoleranz wiederaufleben ließen, vor der sie angeblich geflohen waren. Der Fundamentalismus so vieler seiner Landsleute bestand hier ungemindert fort, nur unter umgekehrten politischen Vorzeichen. Am schlimmsten drückte sich das für Horacio in dem Gezeter aus, das viele dieser Emigranten angesichts des aktuellen Flüchtlingsstroms anstimmten. Vor einem »drohenden Chaos« warnten sogar manche der Immigranten aus der Mariel-Krise, die seinerzeit selbst Verachtung hatten erfahren müssen. Um ihr schäbiges Verhalten zu rechtfertigen, behaupteten diese Leute, unter den Neuankömmlingen befänden sich jede Menge Geheimagenten des Castro-Regimes. Obgleich Horacio sich bewusst war, dass man sich natürlich gegen solche Stimmungen auch abschirmen konnte, blieb für ihn klar, dass er hier nie bleiben würde. Aber gab es das denn überhaupt, einen Ort seiner Wahl?

Der Vorschlag, nach Puerto Rico zu gehen, kam von Marissa. Effizient wie immer und ohne sich mit ihm abzusprechen, hatte sie bereits ihren Vater, der Ingenieur war, gebeten, bezüglich der Anerkennung seines kubanischen Diploms in den akademischen Kreisen auf der Insel vorzufühlen. Zahlreiche Professoren und sogar Dekane an der dortigen Universität waren nämlich Kubaner. Die ermutigende Antwort veranlasste sie, in ihrer Firma um Versetzung zu bitten. Und so kehrte sie wenig später ins elterliche Haus und auf ihre Heimatinsel zurück. An ihrer Seite der gerade erst angetraute kubanische Ehemann, frischgebackener Doktor der Physik, gerade noch Mechaniker im Reparaturladen für Audiogeräte aller Art eines Kubaners in Queens. Für diese Heimkehr nahm sie sogar eine Gehaltsminderung um zwanzig Prozent in Kauf. Im Gegenzug blieben dem Paar die erbarmungslosen New Yorker Winter künftig erspart, was die beiden als die Tropentiere, die sie nun einmal waren, sehr zu schätzen wussten.

Wie für seinen Schwiegervater war auch für Horacio Puerto Rico der Ort, das neue Leben aufzubauen. Und noch eine Wiederholung: Auch er hatte mit einer Puerto Ricanerin zwei puerto-ricanische Töchter. Doch genau wie jener und aus ganz ähnlichen Gründen litt er an seiner Entwurzelung. Beide hatten alles gegeben, um aus Kuba fortzukommen, beide hatten sich von der dortigen Welt losgesagt und unter Lebensgefahr die Floridastraße überquert. Aber eine immer offene Wunde war geblieben. Sie lebten seitdem gleichsam in einer Zwischenwelt, wie in der Luft, mit bloßgelegten, herausgerissenen Wurzeln. Sie konnten es nicht lassen, die Vergangenheit zu verherrlichen, ihre glückseligen Kindertage, später die endlosen feuchtfröhlich durchfeierten Nächte mit Musik und schönen Frauen. So kamen sie letztlich nie endgültig im Exil an, blieben für immer auf der Flucht. Sie nährten sich von gehätschelten Erinnerungen und träumten das süße Trugbild einer Rückkehr, sei es tot oder lebendig.

Horacio saß angespannt wartend auf einem Stuhl vor dem Eingang zum Haus seiner Schwester in Westchester. Als Marcos endlich erschien, sah Horacio auf die Uhr: zehn Minuten Verspätung. Der junge Mann war ganz in Weiß gekleidet, wie er es am liebsten hatte, und trug auf dem Kopf die marineblaue Mütze der New York Yankees.

»Du kannst dir nicht vorstellen, was auf dem Palmetto wieder los war, verdammt!«, sagte er, als er vor ihm stand.

»Und diese Mütze?«

»Die hast du mir geschenkt, vor inzwischen …«

»Dreizehn Jahren. Als ich zur Beerdigung meiner Mutter da war«, sagte Horacio gerührt.

Die beiden sahen sich zum zweiten Mal, seit Marcos vor fast zwei Jahren Kuba verlassen hatte. Bei der ersten Begegnung, wenige Tage nach Marcos' Ankunft, hatte Horacio zum Beweis seiner großen Zuneigung zu dem jungen Mann mit einer Kraftanstrengung seine Abneigung gegen Miami überwunden und war hingeflogen, um ihm zu gratulieren und jede erdenkliche Hilfe anzubieten.

Marcos wiederum stellte erneut erstaunt fest, dass Horacio, der mittlerweile sechsundfünfzig war, nicht ein einziges graues Haar auf dem Kopf hatte. Ob er es färbte, wie so viele Männer hier in Miami? Anders als seine Mutter Clara und sein Vater Darío und sogar als der sehr auf sein Äußeres bedachte Irving war Horacio außerdem noch genauso schlank wie auf dem Foto von vor sechsundzwanzig Jahren, das den in Fontanar versammelten Clan zeigte. Horacio dagegen konnte den zweiunddreißigjährigen, unbefangenen und sehr stattlichen Mann vor ihm nur schwer mit seinen Erinnerungen in Einklang bringen. War dies tatsächlich der sonnenverbrannte, magere, quirlige Junge von damals, der stets eine Baseballmütze auf dem Kopf und auf der Linken einen abgewetzten Fanghandschuh getragen hatte? Auch mit dem wendigen und leichtfüßigen Jugendlichen, den Horacio bei seinen zwei späteren Besuchen auf der Insel kurz gesehen hatte, schien der heutige Marcos nicht allzu viel gemeinsam zu haben. Geblieben war jedoch der wache intelligente Blick. Als die zwei Männer sich jetzt wiedertrafen, schlossen sie sich, beide mit schlechtem Gewissen wegen ihrer gegenseitigen Zweifel aneinander, fest in die Arme und küssten sich sogar auf die Wangen. Trotz der dunklen Gewitterwolken, die sie am Horizont aufziehen sahen, waren sie überglücklich, sich leibhaftig gegenüberzustehen.

Horacio war am Morgen von San Juan hergeflogen und wie immer, wenn er nach Miami kam, bei seiner Schwester Laura untergeschlüpft, zu der er nicht die beste Beziehung hatte. Gerade deshalb zwang er sich jedoch, bei ihr abzusteigen. Wäre er ins Hotel oder zu einem Freund gegangen, hätte es die Situation noch verschlechtert. Außerdem vergötterte er ihre beiden Söhne, die ein paar Jahre älter als seine puertoricanischen Zwillingstöchter waren. Diese vier Kinder allerdings waren ein Herz und eine Seele und nutzten jede Gelegenheit, um Zeit miteinander zu verbringen, ob in Miami, San Juan oder bei gelegentlichen Treffen in New York.

Eine erste gemeinsame Kaffeerunde mit Horacios Schwester war nicht zu vermeiden; zudem war Marcos nach seiner Flucht ja zunächst bei ihr untergekommen. Doch dann verabschiedeten sich die zwei und fuhren mit Marcos' Auto zu dem peruanischen Restaurant, das Horacio über alles liebte und sich bei keinem Besuch entgehen lassen wollte.

Unterwegs berichtete Marcos, dass Adela zu ihrer Mutter Loreta gefahren war, in die Nähe von Tacoma. Was Adela über ihre Herkunft herausgefunden hatte, verschwieg er dagegen vorläufig. Horacio wiederum unterdrückte seine wachsende Neugier auf Loreta – wer war diese mysteriöse Mutter von Adela? Er gestand stattdessen, dass er zu Hause erklärt hatte, er fahre wegen einer Konferenz nach Miami. Diese Konferenz finde zwar tatsächlich statt, er werde jedoch erst morgen, kurz, dort vorbeischauen. In Wirklichkeit sei er aber gekommen, um die berühmte Adela kennenzulernen und den Unfug aufzuklären, den Marcos am Telefon geäußert habe und der ihm seitdem den Schlaf raube.

Marcos wollte dieses heikle Thema noch nicht vertiefen. Also fragte er, scheinbar verwundert: »Seit meiner Ankunft in Miami vor fast zwei Jahren bist du also nicht mehr hier gewesen?«

»Du weißt doch, dass ich Miami nicht mag. Oder glaubst du, ich wäre da gewesen, ohne dir Bescheid zu geben?«

»Keine Ahnung. Die Leute, die aus Kuba weggehen, machen manchmal die seltsamsten Verwandlungen durch.«

»Ich heiße nicht Darío. Und ich bin immer noch der Alte«, erwiderte Horacio.

»Glaubst du, zumindest«, versetzte Marcos. »Übrigens, weißt du, wie es Bernardo geht?«

»Schlecht gehts ihm. Er büßt schwer für sein früheres Leben.«

»Aber ist da noch was Schlimmeres dazugekommen?«

»Schlimmer als sein Krebs? Was sagt denn deine Mutter?«

»Nichts. Meine Mutter lässt mir gegenüber kaum was raus.«

»Sie will dich bloß beschützen. Clara will immer alle beschützen. Sie weiß, dass du den armen Bernardo sehr, sehr gernhast.«

»Rede du bitte nicht vom armen Bernardo, Horacio …«

»Du hast recht. Bernardo hat allerdings gesagt, dass er mir verziehen hat.«

Als sie schließlich im Restaurant saßen und zwei Portionen Ceviche und danach Garnelensuppe bestellt hatten, ging Horacio zum Angriff über. »Marquitos, was du da neulich gesagt hast, über das Foto von Adela. Was soll das, verdammt?«

Marcos nickte und startete zum Gegenangriff. Er hatte sich den Ablauf des Gesprächs genau zurechtgelegt und war entschlossen, sein Programm durchzuziehen. »Erzähl du mir zuerst alles über Elisa, bitte.«

Horacio präsentierte lächelnd seine makellose Zahnreihe. »Warum willst du das wissen?«

»Weil ich es wissen will.«

Horacio wurde ernst. »Im Augenblick ist mir das, glaube ich, selbst nicht klar. Sie war immer ziemlich eigen. Das weißt du ja selbst. Und du weißt auch andere Sachen. So langsam machst du mich nervös, Marcos. Was ist mit Elisa?«

»Wie war sie?« Marcos ließ nicht locker.

»Ich sage doch, ich frage mich das schon seit Jahren selbst. Hast du Clara schon mal gefragt?«

»Hab ich.«

»Was hat sie gesagt?«

Unwillkürlich musste Marcos lächeln. »Sie hat versucht, mir auszuweichen, so wie du. Dass sie zeitweilig geglaubt hat, ihre beste Freundin wirklich gut zu kennen. Aber später war sie sich nicht mehr so sicher.«

»Warum meinst du, dass ich mehr weiß?«

Marcos zögerte. Es gab mehrere mögliche Antworten auf Horacios Frage. Ob er wusste, was zwischen Elisa und seiner Mutter vorgefallen war? Er beschloss, nicht länger um den heißen Brei herumzureden, obwohl ihm klar war, dass er womöglich die Büchse der Pandora öffnete. Er hatte keine andere Wahl. »Weil du mit ihr geschlafen hast. Und weil du sie geschwängert hast.«

Horacio schüttelte den Kopf und trank einen Schluck Wein. »Wer hat dir denn das erzählt?«

»Niemand«, sagte Marcos, in dem Versuch, seine Mutter zu schützen.

»Na gut, ich habe mit ihr geschlafen. Aber geschwängert habe ich sie nicht, das kannst du mir glauben. Und jetzt sag du mir, von wem du die Geschichte hast.«

»Von niemandem, sag ich doch.«

»Verarsch mich nicht. Bestimmt hast du bei dir zu Hause was gehört.«

»Ich erinnere mich nicht daran. Das schwöre ich dir, bei allem, was mir heilig ist.«

»Was ist dir denn heilig?«

Marcos lächelte. Da war er wieder, sein Onkel Horacio, der Physiker, immer rational, manchmal ein bisschen unterkühlt. Alles wollte er erklären können, Ursache und Wirkung, Reaktion und Gegenreaktion. Die physikalischen Gesetze waren seine Wahrheit.

»Meine Mutter, glaube ich. Seit der Vater weg ist, aber das weißt du ja selbst, hat sie sich wie verrückt ins Zeug gelegt, um uns durchzubringen, Ramsés und mich, auch als es dort am allerschlimmsten war. Ich weiß noch, wie glücklich sie jedes Mal war, wenn du ihr Dollar geschickt hast. Dann konnte sie unsere Wünsche erfüllen. Mir hat sie einen Walkman gekauft, und Ramsés eine Kamera. Das Geld von meinem Vater war fürs Essen bestimmt.«

»Ich hätte euch mehr schicken müssen, und öfter«, sagte Horacio betreten.

»Nein. Sie wird dir für deine Hilfe immer dankbar sein. Ich auch. Entschuldige, dass ich vorhin gesagt habe, dass alle, die aus Kuba weggehen, seltsame Verwandlungen durchmachen. Für dich gilt das nicht, jedenfalls nicht in Bezug auf uns. Du bist sogar zweimal zurückgekommen, nur um uns zu besuchen.«

»Ja und nein. Beim ersten Mal kam ich zur Beerdigung meiner Mutter. Später habe ich versucht, Laura und ihrem Mann bei der Ausreise zu helfen. Und neulich war ich wegen dem armen Bernardo dort. Entschuldige, wegen Bernardo.«

Marcos lächelte. »Im Vergleich zu meinem Vater seid ihr beide, du und Irving, um Längen besser.«

»Nicht unbedingt. Es stimmt schon, man verändert sich nicht zwangsläufig zum Besseren, wenn es einem materiell besser geht.«

»So einfach entkommst du mir nicht. Wie war das also mit dir und Elisa?«

Die Kellnerin kam mit dem Essen, und Horacio nutzte die Unterbrechung, um zu überlegen. Schließlich sagte er: »Ich habe zwei Mal mit ihr geschlafen. Nur zwei Mal. Genauer gesagt: Sie hat mit mir geschlafen. Auf einmal war sie schwanger und wollte das Kind unbedingt bekommen. Da habe ich Irving erzählt, was zwischen uns vorgefallen war. Irgendwann wussten alle Bescheid, auch Bernardo. Eine Katastrophe. Ich schäme mich bis heute, wenn ich an Bernardo denke Aber ich schwöre dir, sie hat die Sache eingefädelt. Das schwöre ich bei meinen Töchtern.«

»Wann habt ihr miteinander geschlafen?«

»Spielt das eine Rolle?«

»Das weißt du selbst. Wegen dem, was danach passiert ist.«

»Das war im September 1989. Aber nur zwei Mal!«

Marcos fing an, an seinen Fingern abzuzählen, offenkundig so, dass Horacio es mitbekommen sollte. »September, Oktober, November, Dezember 1989. Januar, Februar, März, April, Mai 1990. Neun Monate. Adela ist im Mai 1990 geboren. Das sagt Loreta Fitzberg, und so steht es auch in Adelas Geburtsurkunde.«

»Vergiss es, ich habe beide Male ein Kondom benutzt. Ich habe immer welche dabei, für alle Fälle.« Horacio zog seine Brieftasche hervor und zog aus einem Seitenfach eine Packung mit zwei Präservativen. »Aber wovon reden wir eigentlich, verdammt? Wer ist diese Loreta, und wer ist deine Freundin? Du willst doch nicht etwa sagen, dass Loreta und Elisa …?«

»Horacio! Kapierst du immer noch nicht? Schaust du nie in den Spiegel?«

Horacio fuhr sich mit der Hand übers Gesicht und schob sein Weinglas ein Stück weg. »Marcos, soll das heißen, Elisa ist Adelas Mutter, und nicht Loreta Fitzberg?«

»Wenn Adela mitbekommt, dass ich dir das hier erzähle, bringt sie mich um. Loreta Fitzberg ist Elisa Correa.«

»Diese Loreta soll Elisa sein?« Horacio schien kurz vor dem Knock-out. »Die Mutter deiner Freundin?«

Marcos nickte, und Horacio sagte eine ziemliche Weile gar nichts. Er sah Marcos an, sein Weinglas, die Bougainvilleen vor dem Restaurantfenster.

»Wieso, zum Teufel, hast du ausgerechnet Elisas Tochter …«

»So was nennt man eine Konjunktion, ein kosmisches Zusammentreffen.« Marcos lächelte verkrampft. »Karma sagt man, glaube ich, auch dazu.«

»Und Adela hat nicht gewusst, dass ihre Mutter eigentlich Elisa Correa heißt?«

»Nein, für sie war sie immer Loreta Fitzberg, seit sie hier in den USA Bruno Fitzberg geheiratet hat, den Mann, den Adela zeitlebens für ihren Vater gehalten hat.«

»Scheiße«, murmelte Horacio und verstummte erneut. »Da soll einer durchblicken. Wie hat denn Elisa die Sache Adela erklärt?«

»Überhaupt nicht. Die Geschichte ist wirklich ziemlich verrückt. Als Adela die Fotos sah und begriff, wer ihre Mutter ist, ist sie nach Tacoma gefahren, zu dem Gestüt, wo Loreta arbeitet. Aber die war weg.«

»Weg? Wohin denn?«

»Das wusste niemand. Sie ist verschwunden.«

Auf einmal schmunzelte Horacio. »Dieses verdammte Miststück. So ist sie! Einfach abhauen. Sollen die anderen die Kartoffeln aus dem Feuer holen.«

»Die Sache ist also sonnenklar.«

»So einfach ist es nicht, Marquitos«, erwiderte Horacio. »Im Gegenteil, sie ist, gelinde gesagt, ziemlich undurchsichtig. Elisa hat es zwar bestritten, aber ich weiß, dass sie in den Tagen, als sie mit mir geschlafen hat, auch mit Walter ins Bett gegangen ist.« Bei diesen Worten holte Horacio aus seiner Hosentasche ein Feuerzeug hervor. Auf Marcos wirkte es wie ein Relikt aus einer anderen Zeit. Vielleicht, sagte sich Horacio, hatte er es nur deshalb all die Jahre aufbewahrt, um es in diesem Augenblick zur Hand zu haben. »Aber nicht nur in denselben Tagen, auch an demselben Ort. Dort hat sie womöglich auch noch mit einem oder mehreren anderen geschlafen.«

»Und was hat das Ding da mit Walter zu tun?«, fragte Marcos und deutete auf das Feuerzeug.

»Sieh mal, was da steht.«

Marcos nahm das schmutzig goldene Feuerzeug, das aus zwei aneinandergeschweißten Zylindern bestand, und stellte fest, dass an der Seite mehrere Buchstaben eingraviert waren. »Das ist Russisch. Was heißt das denn?«

»Das ist egal. Es ist Russisch, das reicht. Es hat Walter gehört, er hat es aus Moskau mitgebracht, und er hat es in dem Haus liegen lassen, wo Elisa mit mir geschlafen hat. Mit mir und mit ihm. Und ich habe immer Kondome benutzt. Glaub mir!«

Marcos versuchte, diese Worte zu verarbeiten. Warfen sie seine ganzen Theorien und Überzeugungen über den Haufen? »Walter war doch ziemlich hellhäutig, und Elisa ist total weiß, du dagegen bist ein halber Mulatte, und, verdammt, muss ich dir etwa noch mal das Foto von Adela zeigen?«

Horacio leerte sein Glas. »Elisa hat gesagt, ihre Schwangerschaft sei ein Geschenk Gottes. Ein Wunder. Eine unbefleckte Empfängnis, sozusagen. Und Mulatten wie mich gibt es auf Kuba an jeder Ecke.«

»Ich glaube immer noch, dass du das Wunder verursacht hast. Und heutzutage kann man ja mit einem einzigen Haar ganz einfach herausfinden, ob der Zimmermann Josef der Vater von Jesus war oder du Adelas Vater bist …« Bei diesen Worten zog er einen kleinen durchsichtigen Umschlag aus der Hemdtasche, in dem ein schwarzes Haar zu erkennen war. »Man nennt das auch DNA …«

»Verarsch mich nicht, Marcos. Du glaubst doch nicht, dass ich mich testen lasse. Vor ungefähr fünfzehn Jahren hat Irving Elisa einmal in Madrid gesehen, in Begleitung eines Mädchens. Das muss deine Adela gewesen sein. Und Irving, der Sack, hat mir damals den Floh ins Ohr gesetzt, dass dieses Mädchen mir total ähnlich sei. Seitdem sage ich mir, dass das nicht sein kann. Aber ganz losgelassen hat mich der Gedanke trotzdem nie. Jedenfalls, Marquitos, kannst du dir vorstellen, was es bedeuten würde, wenn deine Freundin eine Tochter von mir ist? Und was das womöglich mit Walters Selbstmord, oder was auch immer es war, zu tun hat? Und mit Elisas Entscheidung, abzuhauen und unterzutauchen? Und was es vor allem für mein Leben bedeuten würde, wenn Adela meine Tochter ist? Hast du eine Ahnung, was das heißt, Marcos? Ein Riesenschlamassel.«

»Ein Riesenschlamassel, genau. Adela kommt morgen zurück. Wir drei sollten uns treffen. Und du redest mit ihr!«

Horacio war elf Jahre alt gewesen und, nach Darío, der zweitbeste Schüler der Grundschule Nr. 19 Carlos Manuel de Céspedes in Centrohabana. Er ging in die siebte Klasse und hatte zum ersten Mal Physikunterricht, als er sich an die Lektüre eines von seinem Vater zurückgelassenen Buches mit dem Titel *Philosophiae Naturalis Principia Mathematica* machte. Es stammte von Isaac Newton und lenkte sein Leben in neue Bahnen.

Trotz seiner jungen Jahre wurde Horacio klar, dass sich das Funktionieren des Universums nur begreifen ließ, wenn man die in der materiellen Welt gemachten Beobachtungen zu allgemeingültigen Theorien zusammenfasste.

Vielleicht war Newton zuvor ein Apfel auf den Kopf gefallen, vielleicht auch nicht, jedenfalls veröffentlichte er 1687 dieses Werk, das die Wissenschaft und damit auch die Menschheit verändern sollte. Die drei darin von ihm hergeleiteten Grundsätze machten es möglich, die Bewegungen sämtlicher Himmelskörper zu erklären und vorherzusagen. Dies Horacio in der siebten Klasse zum ersten Mal veranschaulicht zu haben, war das Verdienst seines Physiklehrers. Den Newtonschen Gesetzen zufolge ließ sich also von jedem Gegenstand exakt berechnen, wie schnell er wohin gelangen würde. Ja, mit Newtons Hilfe ließen sich sogar angebliche Wunder oder Geschenke Gottes erklären.

Mit ungewohnt tiefen Ringen unter den Augen bestieg Horacio am nächsten Morgen um zehn Uhr das Taxi, das ihn ins Kendall Regional Medical Center bringen sollte. In dessen Labor wollte er das Haar von Adela Fitzberg, das ihm Marcos am Vorabend übergeben hatte, einer

DNA-Analyse unterziehen. Es musste sein, er brauchte endlich Gewissheit, das Geheimnis musste gelüftet werden. Nur so konnte er sich von der ihm zur Last gelegten Schuld befreien. Oder sie annehmen. Alles vergessen oder aber Verantwortung für etwas übernehmen, was ihm bis gestern Abend als völliger Quatsch erschienen war, trotz der beunruhigenden Tatsache der äußerlichen Ähnlichkeit, auf die Irving wie auch Marcos so hartnäckig hingewiesen hatten.

In der Nacht hatte er kaum ein Auge zugemacht. In allen Einzelheiten hatte er sich die beiden fast siebenundzwanzig Jahre zurückliegenden Treffen mit Elisa vergegenwärtigt – die Heftigkeit der Vereinigungen, die damit einhergehende Mischung aus Scham und Ekstase, die Angriffslust Elisas. Zu keinem Zeitpunkt jedoch sah Horacio sein Glied unbedeckt, ohne Kondom, vor sich.

Beim Essen mit Marcos hatte dieser ihn darauf hingewiesen, dass Präservative bekanntlich nur mit 99,8-prozentiger Sicherheit schützen, und ihn lachend an eine Episode aus der Serie *Friends* erinnert, in der Rachel von Ross just wegen dieses 0,2-prozentigen Risikos schwanger wird. Auf jeder Kondomverpackung wird im Kleingedruckten darauf verwiesen, es sollte zumindest. Horacio hatte ihn erwartungsgemäß beschimpft deswegen. Aber in der Nacht hatte er dennoch die minutiöse Revision seiner Erinnerungen in Angriff genommen, die ihn um den Schlaf gebracht hatte.

Als er gegen drei Uhr morgens endlich dabei war einzuschlummern, war unversehens im Dunkel der Vergangenheit eine Erinnerung aufgeblitzt. Auf einmal waren Elisas Pobacken vor ihm erschienen. Während sie sich vorbeugte, um das Futterschälchen der Katze ihrer Bekannten aufzufüllen, klafften sie leicht auseinander. Horacio sah die behaarte Wölbung der Vulva und das an einen Stern erinnernde Poloch. Er sah, erschreckend deutlich, wie er sich diesen Pobacken näherte, sie mit den Händen noch weiter auseinanderzog, glaubte zu hören, wie Elisa, offensichtlich lächelnd, sagte: »Es reicht, wasch dich jetzt«, oder so ähnlich, woraufhin er auch die süßliche Ausdünstung ihrer beiden Körper zu riechen glaubte. Und da war auch wieder dieses lustvolle Gefühl, das ihn überkommen hatte, als er sein sich erneut langsam aufrichtendes Glied über den Streifen Haut hatte gleiten lassen, der vom Poloch zu der von seinem erhöhten Standpunkt aus nicht zu erkennenden, in ihrer sanften Feuchtigkeit für seine bloß liegende Eichel aber umso deutlicher spürbaren Vulva und den Schamlippen führte. Konnte es sein, dass sich in jenem Augenblick ein letzter schicksalsträchtiger Samentropfen gelöst hatte? Dann wäre er, den universalen, unerbittlichen Gesetzen der Physik folgend, in den Ursprung der Welt geglitten und dort, dank dem hartnäckigen Rudern der Samenzellen, weiter vorgedrungen, bis es zum wundersamen Aufeinandertreffen von flüchtigem Spermium und empfangsbereit verharrender, alles verschlingender Eizelle kommen konnte? Ein Wunder? Ein Geschenk Gottes? Die tiefen Ringe unter Horacios Augen ließen erkennen, wie sehr er sich die Nacht über mit diesen Fragen und Zweifeln herumgequält hatte.

Drei Stunden später landete auf dem Flughafen von Miami die Maschine aus Dallas, in der Adela von der vergeblichen Suche nach ihrer Mutter zurückkehrte. Gleichzeitig ließ Horacio sich erschöpft in den Sitz des Flugzeugs fallen, das ihn wieder nach San Juan bringen sollte. Der Physiker, der so gerne Philosoph geworden wäre, schloss die Augen und versuchte, sich zu entspannen, indem er sich sagte: »Was geschehen soll, geschehe.«

Santa Clara,
die Schutzheilige
der Freundschaft

Clara stand an der Absperrung, die das Labyrinth aus Bändern und Pfosten, das zur Passkontrolle führte, vom Rest der Haupthalle des Flughafens trennte, und sah zu, wie Marcos sich immer weiter von ihr entfernte. »Gott, beschütze ihn«, murmelte sie und verfolgte aus der Ferne beklommen, wie er dem Beamten seinen Pass und das Ticket aushändigte. Dieser brauchte zwei, drei Minuten, um die Dokumente anzusehen, durchzulesen, zu überprüfen – sind Minuten wirklich immer gleich lang? Wie lange dauerte es, bis diese zum Verzweifeln langen Minuten verstrichen waren? Zu ihrer Erleichterung gab der Mann ihrem Sohn die Papiere schließlich zurück und ließ ihn passieren. Da drehte Marcos sich noch einmal lächelnd um und winkte ihr zu, geradezu erschreckend selbstbewusst und unbeirrbar wie immer. Er streckte ihr das Medaillon mit dem Marienbild entgegen, das sie sich wenige Minuten zuvor samt der goldenen Kette vom Hals genommen und ihm umgehängt hatte. Dann ließ er die Passkontrolle hinter sich, wie es zuvor Claras Mann und ihr älterer Sohn, bei zwei anderen Gelegenheiten, schon getan hatten. Und wieder hatte sie das Gefühl, sie verliere einen Menschen aus ihrem Leben, sehe ihn vielleicht nie wieder. Es war, als verliere sie einen weiteren Teil ihres Körpers, der schon so viele grausame Verluste erlitten hatte.

Seit dem Umbau der Halle konnte man sehen, wie es jenseits der Passkontrolle weiterging, und so stellte Clara sich immer wieder auf die Zehenspitzen, um mitzuerleben, wie Marcos, ihr Herzenskind, die Sicherheitsschleuse passierte. Von dort, so glaubte sie zu sehen, lächelte er ihr aus einer Gruppe von Reisenden heraus erneut zu und winkte ein weiteres Mal, nun endgültig. Zuletzt konnte sie ihn nur noch von hinten erkennen, wie er mit seinem Rucksack zu den Flugsteigen verschwand.

Mit klopfendem Herzen blieb sie noch einige endlose Minuten stehen – wie viele genau, hätte sie nicht sagen können. Mit ihrer Trauer wuchs aber auch ihre Erleichterung. Es erleichterte sie, dass ihr Sohn unaufhaltsam in eine ihr unerreichbare Welt unterwegs war, wo er sicher war vor all den Gefahren, die ihn während der letzten Jahre bedroht hatten – vor dem Gefängnis wegen seiner hemmungslosen Ausschweifungen, vor dem Wahnsinn wegen seiner grenzenlosen Sehnsucht, und vor dem Tod wegen seiner selbstmörderischen Fluchtversuche. Clara dankte ihrem Gott, in dessen Hände sie nun schon seit mehreren Jahren ihr Leben gelegt hatte, und bat ihn, ihren Sohn zu begleiten und zu behüten. »Lass ihn das Haus und das Auto bekommen, das er sich wünscht, und die Liebe und eine Familie und Kinder. Und lass ihn glücklich sein!«

Sie musste an frühere Zeiten zurückdenken, in denen andere Menschen das Land verlassen hatten, um ins Exil zu gehen. An die Sechzigerjahre, als man seine Arbeit, seinen Besitz und seine Staatsbürgerschaft verlor und oftmals monatelang wie ein Sträfling bei der Zuckerrohrernte arbeiten musste, bevor man sich wie ein geprügelter Hund davonschleichen durfte. Oder an das Jahr 1980, als die Menschen, die die in Mariel eingetroffenen Boote bestiegen, von ihren eigenen Landsleuten als Abschaum, antisoziale Elemente, Schwule und Nutten beschimpft und manchmal sogar tätlich angegriffen wurden. Zum Glück hatten weder ihr Mann noch ihre beiden Söhne derlei Erniedrigungen durchmachen müssen, ja, Marcos hatte das Land verlassen, als begäbe er sich auf eine Urlaubsreise.

Erst als sie hörte, dass die Passagiere des Flugs von Aeroméxico nach Mexiko City aufgefordert wurden, sich an Bord zu begeben, verließ Clara ihren Beobachtungsposten und machte sich auf den Weg zum Ausgang. Kurz bevor sie die automatischen Türen erreichte, sah sie sich nach Bernardo um, der dort wartete. Sie entdeckte ihn am äußersten Ende einer zerfallenden Stuhlreihe, auf dem einzigen Platz, der noch über eine Sitzfläche verfügte, und sagte sich, dass er, obwohl er bald sechzig wurde und unter verschiedenen Beschwerden litt, immer noch ein schöner, attraktiver Mann war. Die Gelassenheit, die er seit Langem wieder ausstrahlte, hatte ihr sehr geholfen, sich mit ihrem Schicksal zu versöhnen.

»Komm, wir sehen zu, wie er abfliegt«, sagte sie, als sie vor ihm stand.

»Vergiss es, von hier aus gibt es nichts zu sehen, die Passagiere steigen heutzutage durch so eine Art Tunnel ein«, erwiderte Bernardo, folgte ihr jedoch widerstrebend.

»Ich weiß. Aber das Flugzeug kann man sehen. Ich möchte zuschauen, wie es abhebt.«

»Aber er ist doch längst drin. Gleich gehts los, keine Sorge.«

»Ich möchte es trotzdem sehen, verdammt«, versetzte Clara aufgebracht und strebte weiter der Rampe entgegen, die zum Haupteingang des Flughafens hinabführte. Von dort aus konnte man die in diesem Teil des Außenbereichs postierten Flugzeuge beobachten.

Wie zwei Salzsäulen standen sie Hand in Hand da und verfolgten, wie sich die Maschine von Aeroméxico in Bewegung setzte, die Landebahn ansteuerte, dort stehen blieb und auf die Starterlaubnis wartete. Wie ein ferngesteuertes Spielzeuggefährt setzte das Flugzeug sich dann erneut in Bewegung, entfernte sich bis ans hintere Ende der Piste, wo es einen Halbkreis vollzog. Wenig später, bereits im Abheben begriffen, tauchte es erneut vor ihnen auf und verschwand bald darauf zwischen den Wolken.

»Ich begreife bis heute nicht, wie diese Schrottteile fliegen können«, sagte Bernardo.

Clara nickte. »Und ich begreife nicht, wie ich das alles überhaupt aushalte. Ich bin jetzt vierundfünfzig, aber ich habe das Gefühl, als wäre ich tausend Jahre alt. Lass uns gehen, Liebling. Ach, Bernardo, ich könnte laut losheulen.«

Daríos Weggehen, das aller Voraussicht nach endgültig sein würde, ein nicht rückgängig zu machender Bruch, erwies sich für Clara gleichermaßen als Lähmung und Erleichterung.

Zu Beginn empfand sie ein Gefühl der Befreiung, wusste allerdings nicht, was sie mit dieser neuen Freiheit anfangen sollte. Schon bald jedoch entdeckte sie eine neue Klarheit in ihrem Leben. Zweiunddreißig war sie nun, und der Mann, mit dem sie seit dem Ende ihrer Jugend zusammengelebt hatte, war nicht mehr an ihrer Seite. Sie stellte fest, dass sie unversehens einen ganz anderen Blick auf sich selbst entwickelte, der ihr überraschende Einsichten ermöglichte, auch wenn diese mehr beunruhigende Fragen als heilsame Antworten mit sich brachten.

Darío war ohne festlichen Abschied gegangen. Er wollte sich seine Unruhe und quälende Angst nicht anmerken lassen. Fast wie ein Deserteur, der meint, jeden Augenblick in Deckung gehen zu müssen. Er hatte krampfhaft versucht, seinen Entschluss, nicht wieder zurückzukehren, geheim zu halten, wussten er und die Frau, die fünfzehn Jahre seine Begleiterin gewesen war, doch nur zu gut, welche Folgen er haben würde – dadurch verwandelte er sich unweigerlich in einen Deserteur, Überläufer, Vaterlandsverräter. Was den Verlust seiner sämtlichen Rechte nach sich ziehen würde, auch seiner Staatsbürgerschaft und der Möglichkeit, zu Besuch in die alte Heimat zurückzukehren. Letzteres konnte, zur Sühne und als Bestrafung, vorübergehend nach Gutdünken einer über allem stehenden Instanz über ihn verhängt werden. Oder für alle Zeiten, falls es ihr nicht gefiel, den Bann jemals wieder aufzuheben. Seiner Familie wiederum würde die Geisel- beziehungsweise Sippenhaft drohen, von ebenso unbestimmter Dauer, was ein Treffen mit ihm außerhalb des Landes unmöglich machte.

Für sie beide gleichermaßen ging also ihr bisheriges Leben zu Ende. Sie durften, oder vielmehr mussten sich ein neues aufbauen. Darío stand vor der Aufgabe, in der Ferne noch einmal ganz von vorne anzufangen, unter dem Druck der Ungewissheit nur auf seine Zielstrebigkeit und Intelligenz gestützt. Während Clara auf den Ruinen ihres Lebens neu beginnen musste, ein Vielfaches an Verantwortung zu stemmen hatte und dabei ihrer Erschöpfung und dem Mangel trotzen musste. Dafür stand sie zum ersten Mal in ihrem Erwachsenenleben nicht im Schatten eines anderen Menschen und war nur auf sich selbst gestellt. Das Ende des Alten war der Beginn von vielerlei Neuem.

Gerade weil beiden bewusst war, was auf dem Spiel stand, versuchten sie, sich das Drama der Trennung nicht noch schwerer zu machen. »Die Kinder«, sagte Darío unter dem Druck seiner Schuldgefühle, »werden es eines Tages begreifen und mir sogar dankbar sein. Denn sollten sie irgendwann selbst fortgehen wollen, werde ich ihnen helfen können, schließlich werde ich immer ihr Vater sein.« So versuchte er, das hartnäckige Gefühl zu verscheuchen, er entziehe sich seiner Verantwortung und stelle die eigenen Bedürfnisse über die der anderen. War sein Entschluss, auf die Heimat zu verzichten, denn nicht gerechtfertigt? Nur so würde er sich in der verschwindend kurzen Zeit seines Erdendaseins verwirklichen können.

Clara wiederum bohrte nicht in den schmerzhaften Wunden und nahm das Kommende schweigend hin. Sie wusste besser als alle anderen, was ihren Mann bei seiner Entscheidung antrieb – er musste sich von der tief sitzenden Last seines Herkommens aus Gewalt und Elend befreien, diesem Abgrund, dem er entstammte. Er durfte nicht zurückschauen, selbst um den Preis, seine beiden Söhne zurückzulassen, die er, wie Clara sehr wohl wusste, mehr liebte als alles auf der Welt.

In den Monaten nach Daríos Abreise im März 1992 wurde die Lage im Land immer düsterer, und selbst die unverzichtbarsten Dinge verschwanden. Da entdeckte Clara ungeahnte neue Kräfte in sich. Um ihre beiden Söhne durchzubringen, verwandelte sie sich in eine Art Guerillakämpferin, die sämtliche ihr im Überlebenskampf zur Verfügung stehenden Mittel zum Einsatz brachte. Ihre Ingenieursfirma, die nach Ablieferung der letzten für die Panamerikanischen Spiele angefertigten Pläne mehr oder weniger geschlossen wurde, stellte sie »frei«. Sie erhielt nur noch ein reduziertes Ersatzgehalt, das angesichts der ungebremst steigenden Lebenskosten nicht einmal fürs Allernötigste reichte.

Während andere sich auf Jammern und Untätigkeit verlegten, richtete die Ingenieurin Clara Chaple Doñate, die mit einem silbernen Löffel im Mund zur Welt gekommen war und unter anderen Umständen ein sehr privilegiertes Dasein hätte genießen können, ihre gesamte Energie auf die Beschaffung der lebensnotwendigen Dinge. Mit ihrem chinesischen Fahrrad fuhr sie die umliegenden Bauernhöfe ab und kaufte Mangos, Avocados, Guaven und Papayas, die sie anschließend auf der Straße feilbot. Zu Hause kochte sie Marmelade ein. Manchmal, wenn es wieder kein Gas und keinen Strom gab, auf einem Holzfeuer – das dafür nötige Brennmaterial suchte sie sich in der Umgebung zusammen. Die Marmelade verkaufte sie am Tor des nahe gelegenen

Krankenhauses oder, falls es Benzin gab, an der Tankstelle. Mit Horacios Unterstützung schraubte sie jedes irgendwie brauchbare Teil von Daríos Auto ab, bevor die Behörden es beschlagnahmten. Tatsächlich geschah dies elf Monate und neunundzwanzig Tage nach seiner Abreise, als offiziell feststand, dass er desertiert war. Die heimlich gehorteten Ersatzteile verkaufte sie an Automechaniker aus der Umgebung. Außerdem fing sie wieder an, mithilfe Irvings, Joels und der Kinder in ihrem eigenen, einst mit Rasen bedeckten Garten Gemüse anzubauen. Mit der nötigen Portion Glaube und Hartnäckigkeit gelang es so, Kürbisse, Süßkartoffeln, Jamswurzeln, Papayas und Bananen zu ziehen.

Dass der Garten so prächtig gedieh, bestärkte Clara bei ihrem Entschluss, einen streunenden Dobermann aufzunehmen, um Gemüseräuber abzuschrecken. Sie hatte den bedauernswert abgemagerten jungen Hund, dessen Schwanz ebenso wenig kupiert war wie seine Ohren, mehrmals in der Nähe des Krankenhauses gesehen, wo er ziemlich aussichtslos nach Fressen suchte. Offensichtlich war er, wie es leider immer öfter vorkam, von seinen Besitzern ausgesetzt worden, weil sie kein Futter mehr für ihn hatten. Bei ihrer dritten Begegnung gab Clara ihm eins der mit Kroketten belegten Brote, die sie zusätzlich zu ihrer Marmelade verkaufte. Der Hund verschlang es mit zwei gierigen Bissen und sah sie anschließend, auf Nachschub hoffend, erwartungsvoll an. Gerührt gab Clara dem jungen Dobermann, der offensichtlich nicht begriff, wie die Welt funktionierte – oder nur das Entscheidende, nämlich, dass sie erbärmlich schlecht funktionierte –, noch ein Brot und beschloss im selben Augenblick, ihn mit nach Hause zu nehmen. Dort musste er sich allerdings sein Futter als ihr »Fänger im Roggen«, wie sie sich ausdrückte, verdienen. Das gute Tier aber erwies sich als das friedfertigste Wesen der Welt. Um die erhoffte abschreckende Wirkung auf die Gemüsediebe zu unterstreichen, gab Marcos ihm den Namen Danger und kümmerte sich fortan um seine Pflege und sein Futter. Von Anfang an bedeutete das auch, dass der Hund sich das Recht herausnahm, auf dem Sofa im Wohnzimmer zu schlafen. Erst zwölf Jahre später sollte Danger, alt, blind und zahnlos, in den Armen des inzwischen zum jungen Mann herangereiften Marcos sanft entschlummern.

Manchmal wurde Clara inmitten ihrer hektischen Betriebsamkeit aber doch von Erschöpfung und Müdigkeit überwältigt. Dann verließ sie der Glaube, dass sie diese schreckliche Übergangszeit würde durchstehen können, deren Ende nicht absehbar war, nicht einmal in den optimistischsten Reden, die unermüdlich Einsatz, Kampf und Opferbereitschaft einforderten. In solchen Schwächemomenten konnte es vorkommen, dass sie den Mann vermisste, mit dem sie so lange zusammengelebt hatte und der auch der Einzige war, mit dem sie jemals geschlafen hatte. Vielleicht rettete sie gerade dann die Erkenntnis vor der endgültigen Verzweiflung, dass die Abwesenheit dieses Mannes ihr auch einen großen Frieden beschert hatte. Zu viele Streitigkeiten waren schon beim geringsten Anlass zwischen ihnen ausgebrochen. So viel Anspannung hatte Dario ausgestrahlt, seit seine Laufbahn ins Stocken geraten war, und mehr noch, während er seine Reise ohne Rückkehr erwartet und vorbereitet hatte. Das Bedürfnis, mit ihm zu schlafen, war bei ihr mehr und mehr erloschen. Hatte das Alleinsein also nicht auch seine Vorteile? Clara begann, diesen Pyrrhussieg geradezu zu genießen, und das, obwohl sie stets so sehr darum gekämpft hatte, nicht allein sein zu müssen.

Die durch Walters Tod und Elisas Verschwinden ausgelösten Erschütterungen wirkten im Clan noch lange nach. Auf die bohrenden Fragen fanden sich trotz allen Spekulationen der Freunde – oder gerade wegen der Unmenge an Spekulationen – keine befriedigenden Antworten. Zwei so radikale Entscheidungen konnten nicht aus einer bloß momentanen Erregung heraus getroffen worden sein. Dass sie so kurz nacheinander erfolgt waren, dass womöglich eine sexuelle Beziehung dahinterstand, die wiederum der Auslöser von Elisas Schwangerschaft und im Gegenzug von Walters tödlichem Entschluss gewesen sein konnte, befeuerte die Sache zusätzlich und machte es noch schwerer, den Mantel des Vergessens darüberzubreiten.

Kein Wunder also, dass in Claras Träumen monatelang immer wieder Elisa erschien. Manchmal schienen diese Träume vor ihrem Verschwinden zu spielen, andere Male schien Elisa gerade wieder zurückgekehrt. Es waren auch süße Träume darunter, in denen Claras rebellisches Unterbewusstsein sich machtvoll Ausdruck verschaffte, sodass sie verschwitzt und mit feuchter Vagina erwachte. Oder aber die Träume waren bitter, voll brennender Eifersucht und dem drängenden Verlangen nach Inbesitznahme. Von diesen Ausschweifungen und Obsessionen erzählte sie niemandem etwas, denn sie hielt sie für Ausgeburten einer verliebten oder vielleicht auch nur verrückten Fantasie. Nach dem Aufwachen, und auch, wenn sie sich selbst befriedigte, fragte sie sich immer wieder, ob sie wohl lesbisch sei. Aber wieso hatte sie das dann nicht schon früher bemerkt? Und was hieß lesbisch, wenn sie nur eine einzige Frau begehrte und ihr alle anderen gleichgültig waren? War diese versteckte Neigung der Grund dafür, dass ihre Beziehung zu Darío zuletzt so aufgebraucht war, oder handelte es sich nur um die übliche Gewöhnung? Hatte Elisa tatsächlich so viel Macht über sie, dass sie nach Elisas Verschwinden völlig das Gleichgewicht verlor und nur noch Verlust und Leere empfand? In einem Ausmaß, wie sie es nach Daríos Fortgehen nie erlebt hatte?

Wenn sie sich mit all diesen Fragen beschäftigte, kehrte ihre Erinnerung unweigerlich auch zu ihren zwei kurz nacheinander erfolgten Schwangerschaften zurück. Weder vorher noch nachher hatte sie sich je so sehr als Frau empfunden. Das in ihr heranreifende Leben hatte ihr Erfüllung geschenkt, gleichzeitig aber waren ihre erotischen Reaktionen während jener Monate wie in einem wilden hormonellen Durcheinander in ungekannte Höhen geschnellt. Eins ums andere Mal hatte sie Darío geradezu angebettelt, war ständig erregt und voller Liebeshunger. Stets war sie mit einer langen Folge von Orgasmen belohnt worden, was sonst kaum je bei ihr vorkam. Ihre Lust war dermaßen stark gewesen, und Daríos Einsatz so befriedigend, dass das erste schmerzhafte Ziehen, das Marcos' Ankunft ankündigte, sie in einem Augenblick überraschte, in dem sie vornübergebeugt und mit gespreizten Beinen auf dem Bett kauerte, während ihr Ehemann von hinten in sie eindrang. Und diese zügellose Frau sollte dieselbe Person sein, die nach den beiden Geburten ein durchschnittliches Sexualleben geführt und sich bald kaum noch, ja, zuletzt gar nicht mehr von ihrem Mann angezogen gefühlt hatte? Dann aber umso heftiger von ihrer langjährigen Freundin? »Wer bin ich? Was bin ich?«, diese Frage stellte sich Clara wieder und wieder.

Erst sechs Jahre nach Daríos Fortgehen fand sie eine Antwort auf ihre Fragen. Da war sie achtunddreißig und von grenzenloser Müdigkeit erfüllt. Wenn sie sich im Spiegel betrachtete, hatte sie den Eindruck, eine vorzeitig gealterte, dicke Frau vor sich zu haben, obwohl sie in Wirklichkeit mit all ihrer Schufterei und der schlechten Ernährung der letzten Jahre mehrere Kilo abgenommen hatte. In ihrem Haar zeigten sich die ersten verräterischen grauen Strähnen, und wann sie zum letzten Mal beim Friseur gewesen war, wusste sie selbst nicht. Fast ihre gesamte Kleidung stammte aus der Zeit vor 1990, seitdem war bestenfalls das eine oder andere Stück Unterwäsche dazugekommen. Sex hatte sie in der gesamten Zeit kein einziges Mal gehabt – das letzte Mal zwei Tage vor Daríos Abreise; dabei hatte sie sich ihm mehr, um ihn zu befriedigen und zu beruhigen, als aus eigenem Antrieb hingegeben. Und dass sie sich selbst befriedigte, kam mittlerweile so selten vor, dass sie nicht hätte sagen können, wie lange das letzte Mal zurücklag. Und doch war das Gefühl immer deutlicher geworden, dass sie sehr wohl noch über die Fähigkeit verfügte, einen Mann zu lieben.

Ja, es war inzwischen ganz offensichtlich: Sie war wieder in einen Mann verliebt. Dieser süßen Empfindung gab sie sich hin. Sie liebte jetzt anders, war älter geworden, aber ihre Reaktionen waren intensiver geworden. Ihre eingeschlafene Sinnlichkeit erwies sich als höchst lebendig. Sie konnte Lust verschaffen und empfangen. Nicht, indem sie, wie in früheren Träumen, die Klitoris einer anderen Frau leckte, nein, jetzt hielt sie einen Penis in den Händen, umschloss ihn mit den Lippen, empfing ihn zwischen ihren Schenkeln. Oder sie ließ die Zunge eines Mannes ihre Klitoris liebkosen und erfuhr die belebende Kraft des Orgasmus.

Zur gleichen Zeit, als gehöre es zusammen, entdeckte sie, wie beruhigend es sein kann, über sich einen eigenen Gott zu wissen, von dem man Trost erwarten darf, der nirgendwo anders zu erlangen ist.

Sie brauchte es, und sie wünschte es, und sie hatte auch wieder die Kraft für jenes Gefühl, von jemandem begleitet zu werden.

Am 21. Januar 1995 beging Clara mit ihren beiden Söhnen und zwei Freunden ihren fünfunddreißigsten Geburtstag. Der unbezwingbare Irving nahm dafür, mit Joel im Schlepptau und zwei Flaschen halbwegs trinkbarem Wein im Gepäck, die intergalaktische Reise von El Cerro quer durch die sterbende Stadt bis nach Fontanar auf sich, schließlich galt es zu feiern, was man schon immer gefeiert hatte: Ein weiteres Jahr der Freundschaft und des Überlebens.

Clara sah sich angesichts der besonderen Umstände vor die verstörende Frage gestellt, ob sie tatsächlich das einzige ihnen verbliebene Huhn opfern solle, bedeutete das doch, dass sie anschließend für den Rest der Woche nichts zu essen hätten. Von Daríos knapper Jahresendrettungsüberweisung war nichts mehr übrig, um Ersatz zu kaufen. Doch als Ramsés seine Mutter am Vorabend hatte jammern hören, hatte er sich aus Mitleid dazu durchgerungen, ihr beizustehen.

»Aber nur weil du heute Geburtstag hast! Und weil du es bist!«, verkündete er mit krächzendem Stimmbruchfiepen. Er hatte beschlossen, ihr eins der Kaninchen, die er im Hof züchtete, für das Geburtstagsessen zu schenken.

Mit der Kaninchenzucht hatte er vor drei Jahren begonnen, und der Verkauf der Tiere brachte ihm gutes Geld. Allerdings, darin ganz der Sohn seines Vaters, wie Clara spöttelte, genoss Ramsés Geld vor allem, indem er es besaß, und nicht so sehr, indem er es ausgab. Und falls doch, dann um es in etwas zu investieren, was ihm einen noch höheren Gewinn einbrachte, wie etwa die gekaufte Ziege, die er von einem Bock besteigen ließ, um sie anschließend samt den neugeborenen Zicklein für das Dreifache des Kaufpreises weiterzuveräußern. Oder die halb verrostete Getreidemühle mit durchgebranntem Motor, die er für wenige Pesos erstand. Er reparierte eigenhändig den Motor, fettete das Mahlwerk frisch ein, strich das Gehäuse neu und nutzte das Gerät bei der Futterzubereitung für seine Kaninchen, stellte es aber auch den Hühner-, Schweine- und Kaninchenzüchtern der Umgebung gegen ein Entgelt zur Verfügung.

In den drei Jahren seiner Züchtertätigkeit hatte er die Kaninchen jedoch immer nur weiterverkauft, an andere Züchter oder Leute, die es auf einen schmackhaften Braten abgesehen hatten. Nie hatte er bislang ein Tier selbst gegessen oder gar geschlachtet. Deshalb stießen Irving und Joel, als sie am Mittag des 21. Januar in Fontanar eintrafen, auf ein schwer zu lösendes Problem: Die Mahlzeit befand sich immer noch lebendig im Stall, denn weder Clara noch Ramsés und schon gar nicht Marcos brachten den Mut auf, zu tun, was zu tun war, bevor man die Festtagsspeise in den Ofen schieben konnte.

Irving erklärte, er werde sich darum kümmern, und machte sich, gefolgt von Danger, entschlossenen Schritts auf zu den Kaninchenställen. Fünf Minuten später kam er, wiederum gefolgt von Danger, kopfschüttelnd und das immer noch blitzblanke Messer in der Hand, zurück. »Ich glaube, heute gibt es kein Kaninchen«, erklärte er.

Als Joel seinen Geliebten daraufhin wütend ansah, entdeckte Clara ein mordlüsternes Funkeln in seinen Augen, das sich, wie sie hoffte, als Anzeichen zunehmender Durchsetzungsfähigkeit und Tatkraft interpretieren ließ. Und so war es denn auch.

»Immer ist es dasselbe mit dir, Irving!«, schimpfte Joel, entriss ihm das Messer und fragte, welches der Tiere zur Hinrichtung bestimmt sei. Kurz danach stand er am Spülbecken und wusch den langen, rötlichen, bereits seines Fells, seines Kopfes und seiner Extremitäten beraubten Körper des Kaninchens gründlich ab. »Und das Zubereiten muss ich wohl auch noch übernehmen?«, fragte er.

Vom Kaninchenbraten blieben nicht einmal die Knochen übrig, denn um die kümmerte sich Danger. Kaum waren ihre Mägen zufriedengestellt, verabschiedeten Ramsés und Marcos sich von der Mutter und ihren Freunden. Ramsés wollte sich ein paar frisch aus Pinar del Río eingetroffene Kampfhähne ansehen, um vielleicht einige davon zu Zuchtzwecken zu erwerben oder an Hahnenkampfliebhaber weiterzuverkaufen. Marcos wiederum lief los, um sich mit Freunden zu einer Partie Baseball zu treffen, bevor die Nacht hereinbrach und es zu dunkel dafür wurde. Bei diesem Spiel sollte er einen gewaltigen matchentscheidenden Schlag ausführen, einen Kilometerschlag, wie sie es nannten, den er für immer als eine Sternstunde seines Lebens erinnern würde.

Die zweite Flasche Wein war halb leer, und nach dem Abmarsch der Jungen war der Nachmittag still geworden. Eine wohltuende Mattigkeit breitete sich aus. Clara wagte, sich bei Irving nach dem abwesenden Bernardo zu erkundigen. Irving hatte zuvor angekündigt, er habe Neuigkeiten über ihn zu berichten.

»Wo es mir gerade so gut geht … Müssen wir jetzt darüber sprechen?«, seufzte Irving.

Doch Clara nickte. »Nicht nur darüber.«

»Worüber denn noch?«

»Jetzt erzähl du erst mal. Du hast Bernardo gesehen? Was ist denn mit ihm?«

Irving warf Joel einen Blick zu, woraufhin dieser sagte: »Sieh mich nicht so an. Soll ich dieses Kaninchen etwa auch noch umbringen?«

»Ist ja gut«, beschwichtigte Irving und wandte sich wieder Clara zu. »Vor ein paar Tagen haben wir bei ihm in Altahabana vorbeigeschaut und festgestellt, dass er nicht mehr dort wohnt.«

»Was sagst du?«

»Wir waren in der Nähe, in der Calle Perla, weil wir zu dem Laden mussten, der uns immer die Schnüre schickt, mit denen wir diese Makrameearbeiten anfertigen. Da habe ich gesagt, lass uns die Gelegenheit nutzen und bei ihm vorbeischauen, dann können wir ihm auch gleich sagen, dass wir heute zu dir gehen. Als wir geklopft haben, hat eine Frau aufgemacht, die wir nicht kannten. Das hat mich gewundert. Als ich gefragt habe, ob Bernardo da ist, hat sie gesagt, dass er nicht mehr dort wohnt. Er habe die Wohnung mit ihnen getauscht.«

»Bernardo hat die Wohnung mit ihnen getauscht? Was sind das denn für Leute?« Clara traute ihren Ohren nicht. Das Haus in Altahabana hatten Bernardos Eltern zugewiesen bekommen, als die ursprünglichen Eigentümer nach Costa Rica gingen. Es handelte sich um eine Art Villa mit einem sehr gepflegten Innenhof, einer riesigen Eingangstür und großen Fenstern mit getönten Scheiben. Wogegen hatte er sie eingetauscht?

»Er hat mit dieser Familie getauscht, und zwar gegen eine Wohnung in Santos Suárez. Zuerst war ich genauso fassungslos wie du jetzt, aber dann ist mir ziemlich schnell klar geworden, was das zu bedeuten hat. Bernardo wohnt nun in einer kleinen Wohnung im zweiten Stock eines Mietshauses. Und er hat genug Geld, um sich die nächsten fünf oder sechs Jahre volllaufen zu lassen, falls es tatsächlich so lange reicht. Und falls er selbst so lange durchhält. Die Leute müssen ihm jedenfalls eine ganz schöne Stange Geld für seine Villa gegeben haben.«

»O Gott! Und seid ihr auch in seiner neuen Wohnung gewesen?«

»Nein, und ich habe auch gar keine Lust, ihn zu treffen. Was soll ich ihm schon Neues sagen? Bernardo ist nicht zu helfen.«

»Aber das kann doch nicht sein. Warum hast du mir das nicht gleich erzählt? Der Tausch muss rückgängig gemacht werden, diese Leute haben ihn reingelegt.«

»Wenn das rückgängig gemacht wird, tauscht Bernardo nächsten Monat mit jemand anderem. Verstehst du nicht, Clara? Bernardo will sterben. Und dafür braucht er Geld, für viel Alkohol, da lässt er sich von niemandem aufhalten. Er war so schon kaputt genug, aber die Sache mit Elisa hat ihn endgültig fertiggemacht, er will nicht mehr leben. Und ich glaube, wir haben kein Recht, ihn daran zu hindern, sich umzubringen.«

Clara nickte, obwohl sich alles in ihr gegen Irvings Worte sträubte. Dafür ergriff jetzt Joel das Wort: »Irving, echt, ich ertrage es nicht, wenn du die Drama-Queen spielst. ›Er will nicht mehr leben … Wir haben kein Recht …‹ Was Bernardo braucht, ist ein ordentlicher Tritt in den Hintern, und dann ab in die Entzugsklinik.«

»Schon wieder?«, erwiderte Irving sarkastisch. »Wer ist denn hier die Drama-Queen?«

Clara schüttelte den Kopf. »Ich kann ihn nicht einfach sich selbst überlassen. Wir müssen was tun, wie Joel sagt, aber nicht mit Gewalt. Also … Was ist nur mit uns los, verdammt?« Sie stand auf, ging ins Nebenzimmer und verschwand dort hinter der Wand aus unverputzten Ziegeln, in Richtung des ehemaligen Arbeitszimmers ihrer Eltern und später von Darío und ihr.

Als sie zurückkam, hielt sie einen Briefumschlag in der Hand. Sie reichte ihn Irving: »Lies vor. Mal sehen, was ihr dazu sagt.«

»Was ist das? Daríos Testament?«

»Schön wärs«, versetzte Clara. »Ein Erbe könnten wir jetzt gut gebrauchen.«

Als Irving den Absender entdeckte, blickte er erstaunt auf. »Haben sie geschrieben?«

»Los, lies vor ...«

Irving entnahm dem Umschlag mehrere Blätter und fing an zu lesen: »Buenos Aires, 22. Dezember 1994. Liebe Clara, Du Schutzheilige unserer Freundschaft. Das Jahr geht dem Ende entgegen, und Dein Geburtstag nähert sich, und ich empfinde das dringende Bedürfnis, Dir zu schreiben. Wie Du weißt, bin ich im Schreiben noch nie besonders gut gewesen, auch im Sprechen nicht, es ist, wie Liuba sagt, ich denke zu sehr in geraden Linien und rechten Winkeln, und deshalb bin ich auch nicht geworden, was ich gerne geworden wäre, nämlich ein Maler, ein Künstler, Du weißt schon, und so habe ich mich mit der Architektur begnügen müssen. Und ich glaube, das ist richtig so. Nein, das glaube ich nicht, das ist so.

Siehst Du, eigentlich hätte dieser Brief ganz anders beginnen müssen, ich hätte schreiben müssen: Liebe Clara, ich hoffe, Dir, Ramsés und Marcos geht es gut. Und Irving, Joel, Horacio und Bernardo, die Du sicherlich weiterhin siehst, auch.«

»Fabio weiß noch nicht mal, dass Horacio schon seit sechs Monaten weg ist«, unterbrach Clara Irvings Lektüre.

»Von wann ist der Brief noch mal?«, sagte Joel.

»Vom 22. Dezember. Er hat ihn also vor einem Monat geschrieben. Wann ist er angekommen, Clara?«

»Gestern. Aber egal, lies weiter.«

»Ich hoffe, auch dem lieben Darío, dem Verräter«, las Irving weiter, »geht es gut in seinem wunderschönen Katalonien. Außerdem hätte ich natürlich schreiben müssen, wie es sich für einen richtigen Brief gehört, dass es uns gut geht. Aber Dir kann ich nichts vormachen. Es geht mir schlecht, richtig beschissen. Nicht körperlich, nein, im Sterben liege ich nicht, wenigstens vorläufig nicht, ich bin auf eine andere Weise krank, die aber um nichts weniger unangenehm ist. Meine Krankheit sitzt in diesem Hohlraum, den Dein Mann so gerne öffnet, im Kopf, meine ich, in der Birne, im Schädel, im Haupt. Ich leide nämlich unter Heimweh, wie meine Oma es genannt hätte. Ich sehne mich nach meiner Tochter Fabiola, ich kann überhaupt nicht begreifen, dass wir imstande waren, sie allein zurückzulassen. Und nach Euch, meinen Freunden, von denen Liuba und ich uns nicht einmal verabschiedet haben, aus Angst, das mit der Reise könne am Ende doch nicht klappen, Du weißt schon. Und ich vermisse den Glauben an die Dinge, an die ich früher geglaubt habe, und zwar ganz ehrlich, auch wenn ich jetzt nicht mehr daran glaube, wobei ich mir kaum vorstellen kann, dass ich jemals wieder Lust haben sollte, an irgendetwas zu glauben, so schwer es auch ist, an nichts zu glauben. Und ich sehne mich nach der Welt, in der ich der war, der ich bin, und in der ich wusste, wer ich bin, was ich jetzt bemerke, wo ich in einer Welt lebe, in der ich nicht weiß, was ich eines Tages womöglich sein werde. Ganz schön beschissen, was? (Ich bin wirklich ein schlechter Briefeschreiber – jetzt, beim ins Reine Schreiben, stelle ich fest, dass ich drei Tage an diesem Brief hier gesessen habe, weil ich ständig den Eindruck hatte, dass ich was vergessen habe, und jetzt bin ich mir sicher, dass ich immer noch Sachen vergessen habe. Aber das ist die letzte Abschrift, danach geht der Brief so oder so auf die Post.)

Also, weiter: Bei der Ankunft in Buenos Aires konnten wir zum Glück auf Oscars Gastfreundschaft zählen. Oscar ist Liubas Vetter, er lebt schon seit zwanzig Jahren hier. Wir wohnen jetzt in seinem ehemaligen Büro, ein großes Zimmer, das auf den Hof seines Hauses geht, mit eigenem Bad und Heizung und allem, was dazugehört, aber obwohl Oscar und seine Frau Camila immer freundlich zu uns sind, haben wir das Gefühl, hier nur auf der Durchreise zu sein.

Seit unserer Ankunft vor mittlerweile vierzehn Monaten haben wir alles versucht, um legal arbeiten und leben zu können, aber auch hier sind die Dinge nicht einfach. Wenn Du willst, dass Dich jemand anstellt, muss er einen regulären Arbeitsvertrag mit Dir abschließen. Erst mit diesem Vertrag wirst Du gewissermaßen zu einem richtigen Menschen. Dann kannst du nämlich auch eine Aufenthaltserlaubnis beantragen und Deine Situation ›legalisieren‹. (Dieses verflixte Wort, das ich tagtäglich benutze, habe ich erst hier gelernt.) Damit jemand einen Arbeitsvertrag mit Dir abschließt, musst Du ihm jedoch eine Aufenthaltserlaubnis vorlegen. So steckst Du von Anfang an in einem

Teufelskreis. Na gut, dass das so ist, wussten wir vorher, allerdings nicht, dass es so schwierig sein würde und dass wir vielleicht nie wieder als richtige Architekten werden arbeiten können. Deshalb haben wir bislang auch nur ein paar Mal als Bauzeichner gearbeitet, schwarz natürlich, obwohl es nicht schlecht bezahlt war. Außerdem hat ein mit Oscar befreundeter Architekt versprochen, uns schon bald einen von diesen verdammten Verträgen auszustellen, und sei es bloß als Zeichner. Dann können wir endlich legal loslegen, wie die Baseballspieler in den USA, die von Anfang an voll zum Einsatz kommen. Mein Gott, was für ein Durcheinander. Und wie ich unsere Baseballspiele vermisse!

Sobald wir die nötigen Papiere zusammenhaben und ein bisschen mehr verdienen, wollen wir unbedingt in eine eigene Wohnung ziehen. Und dann werden wir auch versuchen, unsere Diplome anerkennen zu lassen, das ist ein Wahnsinnspapierkrieg, aber es ist nicht ausgeschlossen, dass es klappen könnte. Und wenn wir das geschafft haben, wollen wir wieder als Architekten arbeiten, aber als richtige Architekten, zum ersten Mal in unserem Leben. Schön wäre es natürlich, es wäre schon so weit. Du weißt ja, man wünscht sich immer, diese Dinge würden sich so schnell wie möglich erledigen lassen, damit man endlich in die Spur kommt und ein konkretes Ziel ansteuern kann. Verstehst Du? Im Augenblick arbeiten wir zum Beispiel auf einer Baustelle am ehemaligen Hafen von Buenos Aires, in Puerto Madero. Dort wird ein zwölfstöckiges Hochhaus errichtet, und der Bauunternehmer, ein Freund von Oscars Freund, beschäftigt uns dabei als eine Art Vorarbeiter oder Baumeister, obwohl wir natürlich höher qualifiziert sind. Dafür bekommen wir weniger, als ein normaler Baumeister hierzulande bekommt. Aber wir sind trotzdem froh, etwas verdienen zu können, bis wir unsere Situation endlich ›legalisiert‹ haben …«

»Mussten die denn weggehen?«, fragte Clara.

»Einen Scheiß mussten die«, murmelte Joel.

Irving nickte und las weiter. »Was Buenos Aires angeht, also, das ist eine wirklich grandiose Stadt. Wenn wir Zeit haben, das heißt, des Öfteren haben wir tatsächlich viel Zeit, und Städte an und für sich mögen wir ja sehr gern, ziehen wir los und sehen uns die Umgebung an, manchmal legen wir richtig weite Strecken zurück, und wir nehmen auch die

U-Bahn oder den Bus, und so haben wir einmal auch entdeckt, dass in der Calle Corrientes Nummer dreihundertachtundvierzig, anders als in dem Tango von Carlos Gardel, gar keine Wohnung im zweiten Stock mit Blick auf den Hof existiert, von wegen: Alles, was es unter dieser Adresse zu sehen gibt, ist eine Wand mit der berühmten Nummer darauf.«

»Na, das ist ja eine schöne Überraschung!«, schnaubte Joel.

»Dafür gibt es in der Calle Corrientes großartige Buchhandlungen, die bis Mitternacht geöffnet haben und wo man auch Kaffee trinken kann. In eine davon habe ich mich richtig verliebt, schon allein der Name: ›Clásica y Moderna‹. Genau genommen ist die zwar in der Calle Callao und nicht in Corrientes, aber deswegen ist sie um nichts weniger großartig, und dort gibt es all die Bücher, die Ihr beiden, Du und Horacio, gerne lesen würdet. Und gleich bei der Calle Corrientes ist die Calle Lavalle, da gibt es jede Menge Kinos und Theater, und in Letzteren laufen manche Stücke schon seit zehn Jahren und noch länger (den Luxus, uns eins davon anzusehen, können wir uns leider nicht erlauben). Und in der Calle Callao, die ich gerade erwähnt habe, gibt es, ich weiß nicht, wie viele Pizzerien, wo man supergute Pizza essen kann, mit einem Berg Käse darauf, und es sind immer genug da und man braucht nicht zwei Stunden anzustehen, wenn man eine kaufen möchte. Wenn man die Calle Callao runtergeht, kommt man nach La Recoleta, das ist eins von den eleganten Vierteln hier, und auf dem Friedhof dort ist das Grab von Evita Perón und noch lauter Berühmtheiten (sogar Sarmiento liegt dort, von dem dieses Motto stammt, ›Zivilisation oder Barbarei‹, weißt Du noch?). Und ganz in der Nähe ist das Café La Biela, wo angeblich Borges immer hingegangen ist.

Wenn wir durch Buenos Aires spazieren und all diese schönen Orte sehen (am Stadtrand gibt es natürlich auch Slums, wo die Leute buchstäblich in der Scheiße leben, wie Du weißt), fragen wir uns jedes Mal, wie es sein kann, dass in einer so grandiosen Stadt, mit so vielen Buchhandlungen und Kinos und Theatern und Tanzlokalen, die Leute jahrelang dermaßen Angst hatten, dass man sie verschwinden lassen könnte, und foltern und umbringen. Das alles ist ja nur wenige Jahre her. Erinnerst Du Dich an den Film ›Unten stehen welche‹, mit Luis Brandoni, wo ein Mann immer vor dem Haus, in dem er wohnt, irgendwelche Männer sieht, die er nicht kennt, und er hat nichts getan, aber er macht sich vor Angst fast in die Hosen, weil er glaubt, sie wollen ihn verhaften? Diese Angst ist hier in gewisser Weise immer noch zu spüren, andererseits versöhnt sie einen aber auch geradezu mit den Ängsten, die wir auf Kuba hatten, weil die im Vergleich dazu fast schon harmlos wirken. Obwohl, je länger ich darüber nachdenke, desto klarer scheint mir, dass es diese Ängste nicht hätte geben dürfen und auch jetzt nicht geben dürfte. Wenn Du Angst hast, ruiniert Dir das Dein Leben. Und wer anderen Angst einflößt, würdigt sich damit selbst herab. Hat das José Martí gesagt? Was hat Martí nicht alles gesagt …«

»Hatte der etwa auch Angst?« Irving ließ die Papiere sinken und sah auf den Hof hinaus, wo es allmählich dunkel wurde.

»Behauptet er jedenfalls«, sagte Clara. »Lies weiter, du wirst schon sehen.«

»Er wirkte doch immer so überzeugt, als würde er mit der einen Hand die rote Fahne schwenken und die andere zur Faust ballen und in die Höhe recken. Und ständig sprach er davon, dass wir einer leuchtenden Zukunft entgegengehen …«, sagte Irving.

»Warum muss er die eine Angst gegen die andere ausspielen?«, fragte Joel, mehr sich selbst als die anderen. »Angst ist immer schrecklich.«

»Wisst ihr noch, wie er sich vor Angst fast in die Hosen gemacht hat, als er erfahren hat, dass Guesty ein Spitzel sein könnte?«, sagte Irving.

»Verdammt, Guesty, die hatte ich über all dem, was passiert ist, fast völlig vergessen«, gestand Joel. Und als Irving ihn daraufhin ansah, fuhr er fort: »Mir ist es mit ihr ja auch nicht so ergangen wie dir …«

»Diese Drecksnutte«, murmelte Irving. »Und Horacio hat behauptet, das könne nicht sein. Dabei habe ich sie an diesem schrecklichen Ort selbst gesehen!«

»Vergiss es, Irving. Lies weiter, das Beste kommt noch«, versetzte Clara.

»Das Beste? Was war hier denn bislang gut? Aber meinetwegen, dann mache ich jetzt weiter. Also: Martí hat auch geschrieben: Lieber bin ich in anderen Ländern ein Fremder als in meiner eigenen Heimat. Und lieber ein Fremder als zu Hause ein Sklave. Grandios, oder?«

»Das stimmt allerdings«, räumte Joel ein.

»Will Fabio sagen, dass er sich hier wie ein Sklave vorgekommen ist? Fabio?« Irving holte mehrmals tief Luft. »Also wirklich, ich kapiere überhaupt nichts mehr.«

»Manche Leute werden einfach komisch, wenn sie weggehen«, versetzte Joel, und die anderen nickten. »Als Nächstes behauptet er, er sei ein politischer Gefangener gewesen.«

Clara sah ihn mit leuchtenden Augen an, sie liebte Joel für seinen trockenen Humor.

»Komisch bei unseren Stadtspaziergängen ist auch, dass wir zwar immer etwas Neues entdecken, klar, aber dabei nie das Gefühl haben – so geht es uns beiden, wir haben darüber gesprochen –, dass es jemals wirklich zu uns gehören wird. Vielleicht ist es so klarer: Das, was wir vor uns sehen, ist da, und wir sind auch da und sehen es ja, aber trotzdem sind wir nicht von hier. Es ist, als würden wir nicht existieren oder wären unsichtbar. Und zugleich ist klar, dass uns hier niemals irgendwer anrufen wird, um zu fragen, wie es geht, wo wir waren, was wir machen. Es ist, als wären wir da und gleichzeitig nicht da, und es wird bestimmt noch viele, viele Jahre dauern, bis wir hier etwas anderes sind als Gespenster. Ich weiß nicht, ob Du das verstehen kannst. Wichtig ist mir aber vor allem dies: Hier sind wir nicht die, die wir dort waren.

Aber wenn ich Dir jetzt nach zehn Monaten zum zweiten Mal schreibe, und zum ersten Mal lang und ausführlich, hat das noch einen anderen Grund. Ich wollte Dich nämlich um Entschuldigung bitten. Das heißt, eigentlich Euch alle – alle meine Freunde.«

Irving unterbrach die Lektüre. »Was soll das, verdammt?«

»Ich hab gesagt, du sollst weiterlesen.«

»Na denn«, murmelte Irving und richtete den Blick wieder auf den Brief. »Dass wir uns, nach dem, was mit Walter und später mit Elisa passiert ist, so zurückgezogen haben, liegt nämlich daran, dass der Vizeminister, mit dem wir durch unsere Arbeit zu tun hatten, ungefähr einen Monat nach Elisas Verschwinden Liuba zu sich ins Büro gerufen hat. Als sie dort eintraf, war noch jemand da, der sich nicht vorgestellt hat – Liuba wusste aber trotzdem sofort, um wen es sich handelte, beziehungsweise was das für einer war. Und der hat sie nach Walter befragt und nach Elisa und Darío und nach Daríos Beziehung zu einem tschechischen Diplomaten und nach Horacio und auch nach Dir, Clara. Tausend Sachen wollte er wissen. Liuba sagt, er hat alles über uns gewusst. Und bevor er gegangen ist, hat er zu ihr gesagt, sie und ich, wir sollten aufpassen, mit wem wir Umgang haben, die Lage im Land sei sehr schwierig, und es könne nicht zugelassen werden ...« Irving schluckte, holte tief Luft und las weiter: »... dass irgendwelche Weichlinge ihr Unwesen treiben.«

»Das Wort habe ich schon seit Jahren nicht mehr gehört!«, rief Joel.

»Grässlich, was? Ständig haben sie früher irgendwelche Leute als Weichlinge bezeichnet«, kommentierte Clara.

»Ich war das Paradebeispiel eines Weicheis«, sagte Irving. »Wenn Elisa nicht gewesen wäre ... Und nach mir haben sie Liuba nicht befragt? Komisch.«

»Aber er schreibt doch, dass sie alles über uns gewusst hätten«, erwiderte Clara. »Ich frage mich allerdings, was an uns so interessant sein könnte.«

»Mir war schon immer klar, dass über mich eine Akte geführt wird. Seht ihr, dass ich recht hatte? Aber egal, ich lese erst mal zu Ende, viel ist es nicht mehr«, sagte Irving und fuhr fort: »Du kannst Dir vorstellen, wie ich mich aufgeregt habe, als Liuba mir das erzählt hat. Am liebsten wäre ich zu dem Typen gegangen und hätte ihn gefragt, was er sich eigentlich einbildet, so was vor unserem Chef zu Liuba zu sagen. Sollte das eine Warnung sein? Oder sogar eine Drohung? Aber Liuba war total eingeschüchtert und hat gesagt, wir sollten uns lieber nicht noch mehr Probleme einhandeln. Und die Möglichkeit bestand tatsächlich.

Stell Dir vor, das habe ich noch nie jemandem erzählt, Liuba auch erst viel später. Jedenfalls, was meinst Du, was ist mir in dem Augenblick durch den Kopf gegangen? Zwei oder drei Monate vor der Sache mit Walter hatte der mir nämlich einmal gesagt, dass ein Bekannter von ihm (um wen es sich handelte, hat er nicht gesagt, und ich wollte es damals, glaube ich, auch gar nicht wissen, genauso wenig, wie ich Walter glauben wollte), dass dieser Bekannte ihn gewarnt habe, er solle vorsichtig sein, ›weil sie hinter dir her sind‹. Das hat Walter damals gesagt, und Du weißt ja selbst, was er später gemacht hat. Ich glaube jedenfalls, dass er sich trotz seiner ständigen Großtuerei und seinem rebellischen Getue vor Angst fast in die Hosen gemacht hat. Oder er war tatsächlich halb verrückt.«

»Das stimmt«, verkündete Clara, »zu Darío hat Walter das auch gesagt. Mit Walter sind wirklich eine Menge seltsame Sachen passiert.«

»Na gut, ich lese weiter«, sagte Irving: »Wegen all dem, was dieser Typ gesagt hat, haben wir dann doch beschlossen, uns von Euch zurückzuziehen. Es hat uns in der Seele wehgetan, aber etwas anderes war nicht möglich. Ich glaube, jeder andere hätte genauso gehandelt, oder? Liebe Clara, ich hoffe, Du kannst mich verstehen, beziehungsweise uns. Etwas anderes konnten wir nicht tun. Und deshalb hatten wir von da an immer das Gefühl, dass ›unten welche stehen‹, wie in diesem argentinischen Film. Vor allem Liuba. Die wirkt immer so stark und gefestigt, das stimmt aber eigentlich nicht. Die Ärmste konnte auf einmal gar nicht mehr richtig einschlafen. Das Problem hat sie immer noch. So wirkt Angst eben, wie Du weißt … Und deshalb haben wir dann auch, ohne genauer darüber nachzudenken, beschlossen, hier in Argentinien zu bleiben, selbst auf die Gefahr hin, dass wir Fabiola wer weiß wie lange nicht wiedersehen werden. Natürlich hoffen wir, dass es nicht allzu lange dauert, Du weißt ja gar nicht, wie sehr wir sie vermissen. Kannst Du uns verzeihen? Ich hoffe, ja. Und die anderen hoffentlich auch.

Jetzt sende ich Dir von hier, wo wir immer noch nicht legalisiert sind und noch lange unsichtbar sein werden, oder vielleicht auch nicht, vielleicht gelingt es uns ja irgendwann, etwas aufzubauen. Wie auch immer, Schreiben ist jedenfalls eindeutig nicht meine Stärke, dauernd verrenne ich mich in irgendwelchen umständlichen Sätzen. Also, wir senden Euch viele Küsse und unsere besten Wünsche zum Jahresende und dass Du einen schönen Geburtstag hast, so wie Du es verdienst, mit Deinen Söhnen und unseren Freunden. Ich drücke Dich fest. Dein Fabio.«

Schweigend faltete Irving die Blätter zusammen. Joel war aufgestanden und hatte offensichtlich Mühe, sich zu beherrschen. Clara blickte zu Boden. Als Irving die Blätter wieder in den Umschlag gesteckt hatte und ihn Clara zurückgeben wollte, brach es aus ihm heraus: »Ein Riesenarschloch ist das! Wisst ihr was? Alles erstunken und erlogen! Das hat er sich komplett ausgedacht.«

»Warum sollte er, Irving? Warum sollte er behaupten, dass uns jemand bespitzelt hat, Guesty, Walter, oder wer auch immer? Nein, kein Mensch hat ihn gezwungen, diesen Brief zu schreiben.«

»Doch, Clara, Gründe hat er mehr als genug. Es ist besser, jemand anderem die Schuld zuzuschieben, als selbst der Schuldige zu sein. Sie hatten am meisten Angst von uns allen, weil sie fürchteten, man könnte ihnen die beschissenen paar Sachen wegnehmen, die man ihnen zugeschustert hatte. Und dass sie dann nicht mehr die wichtigen Persönlichkeiten sein würden, für die sie sich gehalten haben. Als sie kapiert haben, dass es mit ihren beschissenen paar Privilegien vorbei war, und dass ihr tolles russisches Auto auch nur eine Blechkiste ist, die massenhaft Benzin schluckt und ständig kaputtgeht, und dass in ihrem Fall von wichtigen Persönlichkeiten nicht die Rede sein kann, da sind sie abgehauen. So einfach ist das, Clara. Die beiden sind ekelhafte Zyniker wie all die anderen, die wie sie immer munter die Internationale angestimmt haben. Beim ersten ernsthaften Problem haben sie sich aus dem Staub gemacht. Scheiße, ich habe es immer gewusst! Ich habe es gewusst! Jetzt glaube ich auch, dass sie die Spitzel waren. Und sie sind auch noch so dreist und behaupten, sie seien abgehauen, weil irgend so eine Geheimdiensttype ihnen Angst eingejagt hat … Pah!«

Clara sah ihn hilflos an. Wie sollten sie jemals herausfinden, ob Irving recht hatte?

Vier Monate später rief unversehens Fabios Schwester María del Carmen bei Clara an. Mit schmerzerfüllter Stimme teilte sie mit, dass Liuba und Fabio in Buenos Aires bei einem Unfall ums Leben gekommen waren. Das Baugerüst, auf dem sie gearbeitet hatten, war eingestürzt. Eine Entschädigung würde nicht bezahlt werden – da Fabio und Liuba nicht »legal« gearbeitet hatten, bestand für sie keinerlei Versicherungsschutz. Als hätten sie nicht existiert.

In seinem Krankenhausbett liegend, sah Bernardo, wie sie herein-
kamen. Tränen traten ihm in die Augen, und er fing an zu husten,
sodass er die Sauerstoffmaske abnehmen musste. Wortlos stellten sich
Clara und Irving auf je eine Seite des Betts. Bernardo ergriff beider
Hände, Clara streichelte seine Brust, die, obwohl Bernardo völlig abgemagert war, von dem zwei Nummern zu kleinen Pyjama kaum bedeckt wurde.

»Ach, Bernardo«, flüsterte Clara, während sie die Tränen fortwischte,
die aus seinen immer noch vom Blut und Gas geröteten Augen liefen.
Bernardo hatte Mühe, einen klaren Gedanken zu fassen, und flehte die
Besucher förmlich an, ihm jetzt bloß keine Vorwürfe zu machen.

Wie das Ganze eigentlich passiert war, sollte er selbst nie genau sagen können. Für ihn stand jedoch fest, dass Gott und die entzündete
Prostata seines Wohnungsnachbarn ihm das Leben gerettet hatten. Als
hätte der Himmel ihn geschickt, war der Mann nachts um drei ins Bad
gegangen, um seine Blase zu entleeren, und hatte einen ungewöhnlichen Gasgeruch wahrgenommen. Er vergewisserte sich, dass sämtliche Flammen seines Küchenherdes zugedreht waren, ging auf den
Flur hinaus und stellte fest, dass der schweflige Gestank aus der angrenzenden Wohnung drang, in der seit einigen Monaten dieser Säufer wohnte. Dort brannte außerdem das Licht, wie man durch den
Spalt unter der Tür sehen konnte. Der Nachbar klopfte, und als sich
nichts tat, trat er gegen die Tür und fing an, laut zu rufen. Vom Lärm
aufgeschreckt, erschien der Bewohner einer anderen Wohnung. Mit
vereinten Kräften konnten sie schließlich die Tür aufbrechen, was Bernardo das Leben rettete. Auf seinem Küchenherd entdeckten sie einen
halb leeren Topf, der auf dem offensichtlich erloschenen, aber immer
noch aufgedrehten Herd stand, aus dem ungehindert Gas entströmte.
Auf dem Sofa daneben lag bewusstlos, vielleicht auch bereits tot, der
unselige neue Nachbar.

Bernardo konnte sich an nichts erinnern. Wie er versicherte, hatte er
jedoch nicht vorgehabt, sich umzubringen – dafür sei er an dem Abend
viel zu weggetreten gewesen. Warum er dann mitten in der Nacht

Wasser aufgesetzt hatte, das offenbar übergekocht war und die Flamme zum Erlöschen gebracht hatte, konnte er sich nicht erklären. Wie er es sturzbetrunken von seiner Stammkneipe zurück in die Wohnung geschafft hatte, war ihm ebenso wenig klar. Das Letzte, was er wusste, war, dass er sich gegen Mittag, noch zu Hause, vor dem Fortgehen die Taschen mit Geldscheinen vollgestopft hatte, die von dem Tauschgeschäft stammten und die er bei sich in einer Truhe aufbewahrte.

Dies war das Schlusskapitel von Bernardos Säuferkarriere. Schon in seinen Studententagen hatte er sich den Ruf erworben, Unmengen von Alkohol zu vertragen, ohne dass sein Denkvermögen erkennbar eingeschränkt wurde. Im Lauf der Jahre hatte sich seine Abhängigkeit so sehr verschlimmert, dass Elisa ihn mehrfach in Entzugskliniken einweisen ließ. Das wirkte jedoch nie länger als ein paar Monate, und die Rückfälle verliefen nur umso drastischer.

Seinen Freunden war klar, dass sich sein Abstieg nach Elisas Schwangerschaft – an der er, wie er wusste, nicht beteiligt gewesen sein konnte – noch beschleunigt hatte. Dazu kamen Walters Tod und, gleich darauf, Elisas Verschwinden. Nach einer weiteren fruchtlosen Entziehungskur verlor er seine Arbeit, seinen Computer, seine Platten- und Musikkassetten-Sammlung, das von den Eltern geerbte Auto und zuletzt auch das grandiose Haus und einen Großteil des beim Wohnungstausch erhaltenen Geldes. Am frühen Morgen des 18. September 1995 wurde er in völlig heruntergekommenem Zustand, und mit schweren, von Alkohol und Gas hervorgerufenen Vergiftungserscheinungen ins Krankenhaus eingeliefert. Tiefer konnte er nicht mehr fallen.

Als er am Tag nach dem Besuch seiner Freunde aus dem Krankenhaus entlassen wurde, fügte er sich deren unwiderruflichem Beschluss und zog nach Fontanar, um von dort aus einen neuerlichen Aufenthalt in einer Entzugsklinik anzutreten. Feierlich schwor er bei dem Gott, der ihm seiner Ansicht nach das Leben gerettet hatte, wie auch bei seinen Freunden, die dieses Gelübde von ihm verlangten, sich von dem Teufel in Flaschengestalt für immer fernzuhalten.

Mit der Hilfe eines Beamten aus dem Gesundheitsministerium, der ein Freund von Bernardos Eltern gewesen war, gelang es Irving, ihn in einer neu eröffneten und ziemlich exklusiven Entzugsklinik am

Stadtrand unterzubringen. Weil er die Behandlung nicht mit Dollars bezahlen konnte, musste er allerdings eine zweiwöchige Wartezeit in Kauf nehmen. Aber Bernardo war überzeugt, dass Gott ihm den letzten Rettungsring zugeworfen hatte. Dieses Mal würde er es schaffen. Clara wurde Zeugin dieses Übergangs in einen Zustand dauerhafter Nüchternheit. Jeden Morgen musste sie ihren Söhnen das Frühstück mit dem zubereiten, was gerade zur Verfügung stand. Ein Stück Brot war so gut wie immer vorhanden, manchmal Milch, manchmal Sojajoghurt – den Marcos, weil sein Magen die Aufnahme verweigerte, heimlich in den Napf des alles verschlingenden Danger kippte. Gelegentlich gab es geschmolzenes Speiseeis, ein Ei pro Kopf, falls die jedem zustehende Ration eingetroffen war oder Ramsés irgendwo Eier hatte ergattern können. Ab und zu tauchte sogar ein Hotdog auf, aber nur, solange Geld von Daríos regelmäßigen und Horacios gelegentlichen Überweisungen übrig war. Ein Teil von Horacios Zuwendungen war allerdings immer für Irving und Joel bestimmt.

Wenn Clara beim ersten Morgenlicht in die Küche kam, sah sie Bernardo bereits draußen auf der Terrasse sitzen, entweder völlig reglos oder aber den Oberkörper gleichmäßig vor- und zurückschaukelnd wie eine Ölförderpumpe bei der Arbeit. Dabei kratzte er sich mit den blutig gebissenen Fingernägeln an den Armen und im Nacken. Auf der grauen Haut zeigten sich immer mehr bläuliche Flecken, als stünde er erneut kurz vor dem Ersticken. Stets mit dabei, aufgeschlagen in seinen Händen oder zugeklappt auf dem Schoß liegend, war die Bibel, die er sich aus seiner Wohnung in der Calle La Sola hatte bringen lassen. Sie begleitete ihn an den schwierigen Tagen seiner Rückverwandlung in einen Menschen.

Nach der Zubereitung des Frühstücks ging Clara in den Garten, um zu gießen und Ramsés' Kaninchen und Kampfhähne zu füttern. Dabei schloss Bernardo sich ihr an, bemüht, ihr zu helfen, was ihm jedoch meistens nicht gelang, weil er sich in Ausführungen zu den zwei, drei Themen verlor, die ihn obsessiv beschäftigten.

»Weißt du, was am schlimmsten für mich ist?«, fragte er zum Beispiel und legte eine dramatische Pause ein. »Die Zeit«, fuhr er schließlich fort. »Die Zeit, die mir immer länger vorkommt, die sich immer mehr ausdehnt, sodass der Tag kein Ende nimmt. Wenn ich betrunken war, haben die Tage nicht so lange gedauert. Jetzt ziehen sie sich dermaßen hin, dass ich es kaum aushalte. Ich sehne mich nach der Nacht, um schlafen zu können, aber wenn ich mich dann hinlege, wache ich zwei Stunden später wieder auf, bin hellwach und starr vor Angst, weil ich schon wieder unendlich viel Zeit zum Nachdenken vor mir habe. Und das, wo ich keine Ahnung habe, was ich mit meinem verdammten Leben anfangen soll.«

»Wenn du geheilt bist, wirst du diese Zeit nutzen können«, erwiderte Clara.

»Irgendwann werde ich bestimmt geheilt sein, das ist mir klar. Aber was ich dann tun soll? Als Wissenschaftler bin ich schon lange nicht mehr auf dem Stand der Dinge. Eine Wohnung habe ich nicht mehr. Und auch keine Frau, und Kinder sowieso nicht. Ich bin sechsunddreißig, aber ich fühle mich uralt. Und innerlich völlig leer. Wie soll ich diese Leere jemals ausfüllen? Womit?« Dann fing er manchmal an zu weinen.

»Wenn du geheilt bist, wird dir schon etwas einfallen«, erwiderte Clara. »Sieh mich an, ich baue Maniok an und füttere Kaninchen, und das, wo ich mich fünf Jahre mit einem Ingenieursstudium herumgequält habe. Du und Horacio und Darío, ihr habt dagegen immer zu den besten Studenten gehört. Deshalb arbeitet Darío heute im Krankenhaus und bekommt bald sein Facharztdiplom. Und Horacio ist auch auf dem besten Weg, schon bald wird er in Puerto Rico leben. Wieso sollte dir so etwas nicht auch gelingen, Bernardo?«

»Mein einziger Trost ist, dass ich jetzt weiß, dass Gott existiert. Erinnerst du dich noch an die Seminare in wissenschaftlichem Atheismus an der Uni?« Clara nickte, und wenn Irving und Joel bei einem dieser Gespräche anwesend waren, nickten auch sie oder machten scherzhafte Bemerkungen. »Damals war ich überzeugt, Atheist zu sein, oder Agnostiker. Inzwischen habe ich entdeckt, dass ich mich nur deshalb für einen Atheisten gehalten habe, weil mir der Glaube an Gott fehlte, nicht aus Überzeugung. Jetzt weiß ich, dass Gott existiert.«

»Hast du Beweise?«, fragte Irving dann, um den Freund herauszufordern.

»Dass ich alles unternommen habe, um mich umzubringen. Und ausgerechnet an dem Tag, wo ich einmal nicht daran gedacht habe, wäre ich fast umgekommen und habe zuletzt doch überlebt. Ist das nicht Beweis genug?«

»Hat Gott dich vor dem Gas gerettet? Hat er einen Engel geschickt, oder einen Putto mit rosa Popo?«

»Mach dich nicht über mich lustig! Es waren meine Nachbarn, aber geschickt hat sie Gott. Und glaubt jetzt nicht, ich wäre verrückt, auch wenn es sich so anhört. Ich weiß, dass der Alkohol die Hälfte meiner Hirnzellen zerstört hat, aber mit dem Rest kann ich noch ziemlich gut denken. Darum sage ich mir, dass die Dinge passieren, weil sie passieren sollen, und dass wir nichts dagegen tun können. Irgendwer oder irgendwas sorgt dafür, dass die Welt so ist, wie sie ist.«

»Beziehungsweise, er oder es sorgt für ein Riesendurcheinander«, erwiderte Joel. »Sieh dir doch an, wie es auf der Welt zugeht.«

»Stimmt«, ergänzte Irving. »Habt ihr mitgekriegt, was in Jugoslawien los ist? Und was ist mit der Sowjetunion und der russischen Mafia?«

»Das ist was anderes, Irving. Glaub mir. Man kann den Unterschied nicht erklären, aber das zeigt doch gerade, dass da eine höhere Macht am Werk ist, die keine Erklärungen nötig hat. Es ist, wie es ist, darum.«

»Du machst es dir ganz schön leicht, Bernardo. Es ist, wie es ist, pah!«

»Warum akzeptierst du es nicht einfach, wenn es so leicht ist, wie du gerade selbst gesagt hast?«

»Weil ich nicht an Gott glaube. Weil ich nicht glaube, dass Gott existiert.«

»Und dass ich jetzt daran glaube, stört dich, ja?«

»Natürlich nicht. Ich will dich bloß ein bisschen ärgern. Ich freue mich jedenfalls, dass du Gott jetzt an deiner Seite hast, und dass er dich nicht nur vor dem Tod gerettet hat, sondern dir auch hilft, weiterzuleben. Bei all dem Scheiß um uns herum ist das doch wenigstens etwas.«

»So ist es. Hier liegt das Geheimnis. Ihr wisst ja, dass ich schon immer gerne in Kirchen gegangen bin und mich dort eine Weile hingesetzt und umgeschaut habe. Als ich wegen meiner Arbeit in Mexiko war, habe ich das reichlich ausgekostet, dort waren die Kirchen immer voller Leute, und die Heiligenfiguren hätte man auch für lebendige Menschen halten können. In Moskau habe ich mir ebenfalls ein paar von den Kirchen angesehen, die dort noch übrig sind, da waren allerdings jedes Mal bloß ein paar Alte drin. Schön waren sie trotzdem, wenn auch natürlich ganz anders. Jetzt glaube ich, dass mich die Kirchen angezogen haben, weil tief in mir etwas wie geschlafen hat. Eine böse Kraft hat es damals nicht hervorkommen lassen und meinen Wunsch, zu glauben, unterdrückt.«

»Der Teufel?«, fragte Joel.

»Der Teufel ist bloß das Symbol für alles Böse. Mehr nicht. Deshalb kann man ihm auch die Schuld an allem geben. Aber der Teufel ist nicht allein, die Menschen sind auch noch da. Ich habe mal gelesen, dass die Manichäer behaupten, die Welt sei ein großes Schlachtfeld, auf dem das Gute und das Böse gegeneinander kämpfen. Sie sagen, dass eine böse Kraft die Materie erschaffen hat, und eine gute den Geist. Die Menschen sind zwischen diesen beiden Polen gefangen und müssen wählen. Zu diesen Menschen gehören auch die Leute, die uns manipulieren und unterdrücken und uns aufzwingen, was sie wollen und was wir denken sollen. Ich kenne eine Menge solcher Leute, dafür braucht man kein Manichäer zu sein. Und es gibt Menschen, die das Böse verinnerlicht haben und seinen Anweisungen folgen. Walter, zum Beispiel. Oder Elisa … Meine zwei persönlichen Teufel. Findet ihr, dass ich immer noch wie ein Betrunkener daherrede?«

Bernardos Klinikaufenthalt zog sich länger hin als gedacht, denn die betreuenden Psychologen waren der Ansicht, ihr Patient habe einen tief reichenden Schaden davongetragen. Sie wollten ihn so lange dabehalten, bis sie sicher sein konnten, dass die Therapie tatsächlich gewirkt hatte.

»Ist er denn jetzt verrückt?«, fragte Irving, als er mit Clara zu einem Gespräch in der Klinik war.

Der Psychologe lachte. »Nein, nicht verrückt. Aber schwer traumatisiert, körperlich und seelisch. Die menschliche Seele ist ein Rätsel. Manchmal geht sie die seltsamsten Wege, um eine Krise durchzustehen.«

Als Bernardos Entlassung bevorstand, betonten die Ärzte, wie wichtig es sei, dass er künftig ein gut durchorganisiertes Leben führe und so wenigen seelischen Schwankungen wie möglich ausgesetzt sei. Clara erklärte sofort, dass sie alles tun werde, um dafür zu sorgen. Sie werde Bernardo wieder bei sich zu Hause aufnehmen, dort könne er, trotz der alltäglichen Belastungen, denen sie alle seit Jahren ausgesetzt seien, mit ihrer und der Hilfe ihrer Söhne in einer weitgehend normalen, ja geradezu familiären Atmosphäre leben.

Als Bernardo schließlich Anfang Dezember nach Fontanar zurückkehrte, konnten Ramsés und Marcos ihr Erstaunen nicht verbergen: Anstelle des Mannes, den sie früher fast nur betrunken und depressiv oder ordinär vor sich hinplappernd erlebt hatten, der wie ein Zombie abgemagert in der Gegend herumstreunte, stand nun ein leicht fülliger, augenscheinlich ausgeglichener und friedlicher Bernardo vor ihnen, der zudem, wie sich zeigte, jeden Morgen Sport machte, sonntags in der alten Kirche von Calabazar die Messe besuchte – begleitet von Clara, die ihn sicherheitshalber vorläufig nicht aus den Augen ließ. Neben der Bibel las er Bücher über Computer und Informatik und rief alte Kollegen an, um zu erkunden, ob Aussicht bestand, wieder in seinem früheren Beruf unterzukommen.

Weihnachten und Silvester feierten sie, Irving und Joel eingeschlossen, in familiärem Rahmen und bewusst ohne Alkohol oder sonstige Ausschweifungen, auch wenn Bernardo protestierte und versicherte, er werde ganz bestimmt nicht wieder trinken und er störe sich auch nicht daran, wenn die anderen es in seiner Gegenwart machten. Wer wie er die Hölle kennengelernt habe, komme nicht so leicht in Versuchung, sich wieder dorthin zu begeben.

Als Ramsés und Marcos sich in der Silvesternacht nach dem Essen auf den Weg zu einer Party bei Ramsés' Freundin gemacht hatten, setzten die letzten vier Vertreter des arg zusammengeschmolzenen Clans sich auf die Terrasse, gegenüber von Claras Gemüsegarten. Dem gewohnten Ritual folgend, erwarteten sie gemeinsam die Ankunft des neuen Jahres, das, wie sie hofften, unweigerlich besser – oder zumindest nicht schlechter – werden würde als das zu Ende gehende. Auf Bernardos Drängen hatte Clara eine Flasche Cidre kalt gestellt, mit der sie, Irving und Joel anstoßen würden. Bernardo wollte sich mit Wasser begnügen, das, wovon er fest überzeugt war, in dem besseren Leben, dem er entgegenging, irgendwann jemand für ihn in Wein verwandeln würde.

»Das sag ich nicht bloß aus Quatsch. Ich weiß, dass ich ein anderes Leben führen werde. Nicht im Jenseits, und auch nicht im Himmel – ich spreche von den Jahren, die mir noch bleiben. Mir werden gute Dinge passieren. Das spüre ich hier.« Bei diesen Worten klopfte er sich auf die Brust.

»Umso besser«, versetzte Irving. »Hoffentlich bekommen auch wir Atheisten etwas davon ab.«

»Mach dich ruhig über mich lustig, du Arsch.«

»Mir will einfach nicht in den Kopf, dass du tatsächlich an Engel glaubst, die Jungfrauen schwängern, und an den heiligen Petrus, der mit dem Schlüssel vor dem Himmelstor steht, und solche Sachen.«

»An so was glaube ich nicht. Ich glaube, dass es eine höhere Macht gibt, die wir Gott nennen, ein Wesen mit einem Willen und einer Kraft, die uns überlegen sind, das ist alles.«

»Aber du liest ständig in der Bibel«, sagte Joel, wie immer zurückhaltend.

»Weil sie eine große Wahrheit enthält, nur dass die verschlüsselt erzählt wird, mit der Weisheit von Leuten, die die Wahrheit kannten, als die Welt noch einfacher war, auch wenn die Menschen damals schon genauso waren wie wir heute – dieselben Fehler, dieselben Tugenden, dasselbe Bedürfnis nach etwas, worauf man sich stützen kann.« Bernardo wirkte von seiner Entdeckung überzeugt, und die anderen beschlossen, ihm seine Überzeugung zu lassen. Hatte seine kritische Denkfähigkeit durch den Alkohol doch mehr Schaden genommen, als sie glaubten?

»Als ich in der Klinik war, und auch in der Zeit danach, habe ich viel über mein bisheriges Leben nachgedacht und wie es damit weitergehen könnte. Wisst ihr, worauf ich dabei vor allem gekommen bin?«

»Dass wir uns von Niederlage zu Niederlage schleppen«, zitierte Irving eine von Bernardos Lieblingssentenzen.

»Dass wir *Dust in the Wind* sind?«, ergänzte Clara.

»Das auch, natürlich«, sagte Bernardo nachdenklich. »Jedenfalls ist all das, was ich mir früher immer zurechtlegen wollte, schiefgegangen. Wisst ihr, warum? Wegen dem, was ich gerade gesagt habe, oder versucht habe, euch zu sagen, über meine Entdeckung, meine ich. Beziehungsweise, ich würde es gerne sagen, falls ihr mich endlich mal lasst.« Er richtete den Blick auf Irving, der seine Lippen bekreuzigte, um anzuzeigen, dass sie ab sofort versiegelt waren. »Also, ich habe entdeckt, dass ich mich vor allem deshalb ständig habe volllaufen lassen, weil ich nicht nachdenken wollte. So simpel ist das. Ich wollte nicht nachdenken, weil das in nüchternem Zustand ziemlich schrecklich sein kann, wenn man so wie ich festgestellt hat, dass es nichts gibt, woran man sich halten kann. Drum habe ich nach und nach fast alles verloren, bis auf eure treue Freundschaft, und die von Darío, ja, sogar die von Fabio, dem Ärmsten. Wusstet ihr, dass Fabio einmal versucht hat, mich an einen Baum zu fesseln, wie Aureliano Buendía, damit ich nicht losziehen und mich betrinken kann? Für einen Teil meiner Verluste bin ich selbst verantwortlich, für andere habe ich jede Menge Schuldige. Meine Eltern, zum Beispiel, die sich kaum um mich gekümmert haben, Hauptsache, sie konnten die ganze Zeit die tollen Revolutionäre spielen. Bis sie irgendwann zu Fall gekommen sind, wegen ihrer Anmaßung und Eitelkeit und der Art, wie sie die Menschen in ihrer Umgebung tyrannisiert haben. Obendrein waren sie bestechlich, aber immer nur für irgendwelche Lappalien, sie haben sich hundert oder zweihundert Dollar Reisekosten zu viel erstatten lassen, oder sich den Tank ein bisschen voller machen lassen, als ihnen berechnet wurde, oder sie haben für kleine Geschenke oder Reisen ihre Beziehungen spielen lassen. Was glaubt ihr, warum hat man ausgerechnet mich damals zur Arbeit nach Mexiko geschickt, obwohl ich gerade erst angefangen hatte? Lauter solche Sachen. Ihr habt davon nie etwas erfahren, ich hatte panische

Angst davor, dass es rauskommen könnte. Darum seht ihr mich jetzt auch so erstaunt an. Klar, ihr hattet ja keine Ahnung, dass die beiden, die so verbittert und mit der ganzen Welt verfeindet gestorben sind, in Wirklichkeit überhaupt nicht so waren, wie sie sich in der Öffentlichkeit immer gegeben haben, mit ihren tollen roten Ausweisen in der Tasche. Am grässlichsten war es aber, mitzuerleben, wie sie und ihresgleichen sich gebrüstet haben mit dem, was sie zusammengerafft hatten. Und gleich danach setzten sie ihre Kommunistenmasken auf und spazierten als Wohltäter durch die Welt. Und traten dabei so vielen wie möglich vors Schienbein. Darum wurden sie am Ende von allen geschnitten und gehasst und waren selbst voller Hass. Für Leute wie sie gibt es so was wie Treue und Rücksichtnahme nicht, sie fressen sich gegenseitig auf, wer höher steht, scheißt auf die, die unter ihm sind.«

»Bernardo, muss das jetzt sein?«, sagte Clara besänftigend. Ihr war klar, was dieses Geständnis alles in ihm auslösen konnte.

»Es muss sein. Einem Priester, den ich nicht kenne, werde ich all das nämlich nicht erzählen, am Ende ist der auch nur ein Arschloch und sagt, mit ein paar Bußgebeten hat sich die Sache erledigt. Ich kann das bloß euch erzählen. Von meinen Eltern habe ich so einiges zu hören und zu sehen bekommen, aber was in Wirklichkeit abläuft, habe ich erst bei meinem Schwiegervater kapiert, bei dem allmächtigen Roberto Correa. Wenn jemand hierzulande ein Zyniker und Arschloch war, dann dieser alte Schuft. Er war von Grund auf verdorben. Seine Frau, Elisas Mutter, ist darüber verrückt geworden, das wisst ihr ja. Er hat ihr das Leben dermaßen zur Hölle gemacht, dass sie sich irgendwann selbst nur noch wie ein Schwein benommen hat. Aber mit sich ist Roberto auch nicht gerade sanft umgegangen, am Ende hat er sich eine Kugel in den Kopf gejagt. Jetzt hilft er wahrscheinlich dem Teufel in der Hölle dabei, die anderen ordentlich auszupeitschen. Andere fertigmachen war nämlich schon zu Lebzeiten seine Lieblingsbeschäftigung. Und seine Tochter hat er auch fertiggemacht. Obwohl Elisa immer versucht hat, sich der verlogenen und angeberischen Welt ihres Vaters zu entziehen, mit seinen Heldensprüchen und den ganzen Medaillen, ist sie immer wieder davon eingeholt worden. Das hat sie verändert. Irgendwann hat sie angefangen, sich alles Mögliche einzubilden, wie man heute so sagt. Die rebellische Elisa, die allen eine so gute Freundin war, hat begonnen, andere zu manipulieren, und am Ende hat sie eine Menge Schweinereien gemacht. Schaut mich nicht so an, verdammt! Hat sie die anderen etwa nicht manipuliert? War sie nicht die geborene Chefin? Ich weiß, wovon ich spreche! Deshalb habe ich auch nie herausfinden können, was wirklich zwischen ihr und Walter passiert ist. Hat sie mit ihm geschlafen? Ich kann es nicht behaupten, noch kann ich es bestreiten. Ob sie von ihm schwanger geworden ist oder nicht, weiß ich auch nicht. Ich habe immer gedacht, dass sie nicht so weit gegangen sind, obwohl es natürlich durchaus möglich ist. Auch wenn du, Irving, sagst, dass zwischen ihnen nichts war, weil Elisa dir das geschworen hat und du ihr immer geglaubt hast. Aber es gibt noch etwas anderes. Davon habe ich euch nie erzählt. Es hat mit den beiden und mit Elisas Vater zu tun. Und mit mir. Glaubt jetzt bloß nicht, dass ich so ein Paranoiker geworden bin wie Darío, oder dass ich irgendwas rechtfertigen will. Ich weiß bloß, dass zwischen den dreien etwas war. Was genau, habe ich nie herausgefunden, aber ich bin mir sicher, dass es mit dem, was damals passiert ist, zu tun hatte.«

»Entschuldige, Bernardo, jetzt muss ich dich doch unterbrechen. Ich verstehe nicht, worauf du hinauswillst. Etwas ist also zwischen den dreien passiert, und deswegen hat Walter sich umgebracht?«

»Das habe ich nicht gesagt, Irving, versteh mich nicht falsch. Ich habe gesagt, dass es zwischen Walter und Roberto Correa eine besondere Beziehung gab. Und daran war auch Elisa auf irgendeine Weise beteiligt.«

Irving hob die Hand. »Moment. Ich weiß noch, dass Elisa Walter ihrem Vater vorgestellt hat, weil der etwas über ein Bild wissen wollte. Ob es echt war oder eine Fälschung.«

»Nein, das war viel früher, als Walter gerade erst zu uns gestoßen war. Ich spreche von etwas anderem, von einer anderen Art Beziehung«, erwiderte Bernardo. »Die bestand, als das mit Walter passierte.«

»War das, als Roberto Correa in Ungnade fiel?«, fragte Joel.

»Ja. Elisa wollte nicht wissen, was ihr Vater alles angestellt hatte, auch nicht, wie weit er in diese Sache mit den Drogendollars verwickelt war, die 89 aufgeflogen ist. Ich glaube, sie hat sich dafür geschämt. Irgendwo in dem ganzen Schmutz tauchte auch Walters Visage auf, und da muss sie das Gefühl gehabt haben, dass das so gravierend war, dass sie vielleicht deshalb nach Walters Selbstmord abgehauen ist. Um sich vor Verfolgung zu schützen, hat sie dabei allen möglichen Staub aufgewirbelt. Und einen Teil davon habe ich geschluckt. Weil ich so schwach war, oder aber weil ich nicht so schwach sein wollte, oder was weiß ich. Das heißt, vielleicht weiß ich es doch: Weil sie mich manipuliert hat. Aber so oder so hat es genügt, um sie und die anderen dahinter verschwinden zu lassen. Manche Sachen habe ich deshalb nie herausbekommen, andere schon, die werde ich aber nie verraten, selbst wenn sie mich auf einen Scheiterhaufen stellen. Aber jetzt habe ich genug geredet. Schluss, ich bin nicht mehr der Bernardo von früher.«

An diesem Silvesterabend 1995 taten Irving, Joel und Clara, als würden sie alles, was Bernardo erzählt hatte, widerspruchslos glauben. Sie waren sich einig, dass es vor allem darum ging, ihn zu schützen, auch vor sich selbst, und ihn bei seiner Gesundung zu unterstützen. Darum fragte auch keiner, welche Rolle Bernardo selbst in der Sache gespielt hatte. Oder was Walter und Elisas Vater außer der Begutachtung eines Gemäldes noch miteinander zu tun gehabt hatten. Ob es tatsächlich stimmte, dass Walter, wie Fabio erzählt hatte, überwacht wurde? Von wem und warum? Und worüber weigerte Bernardo sich zu sprechen? War das genau der Teil, der alles erklärte? Obwohl sie über die schmutzige Sphäre der unsichtbaren Mächte kaum etwas wussten, war ihnen klar, dass deren Fangarme weit reichten und einen auch einholen konnten, ohne dass man es darauf anlegte.

»Dass Elisa sich immer mehr von ihrem Vater zurückgezogen hat, weiß ich«, sagte Irving bloß. »Sie wusste, dass er verschlagen genug war, um selbst den groß angelegten Ermittlungen gegen Geheimdienstleute und Militärs zu entkommen, die damals eingeleitet wurden. Als ich aus der Haft entlassen wurde und ihr erzählte, wie es mir ergangen war, hat sie gesagt, sie habe auch Angst, das weiß ich noch genau. Wovor, hat sie allerdings nicht gesagt. Und sie hat geschworen, dass sie nicht mit Walter geschlafen hatte. Das habe ich ihr auch geglaubt, Bernardo. Mich hätte sie schließlich nicht anzulügen brauchen.«

»Eine Schwangerschaft ist außerdem keine Kleinigkeit«, sprang Joel ihm bei. »Elisa war ziemlich durcheinander. Dazu hatte sie Angst, glaube ich, die Kontrolle über sich zu verlieren, wie ihre Mutter, die Ärmste. Lebt die eigentlich noch?«

»Weiß ich nicht«, sagte Bernardo. »Zuletzt war sie völlig verrückt.«

Nun wagte Clara doch einen Vorstoß: »Trotzdem verstehe ich nicht, warum ihr euch damals nicht getrennt habt, Bernardo. Du warst in sie verliebt, klar, aber nachdem sie dir dermaßen wehgetan hatte …«

»Heute verstehe ich das selbst nicht. Aber damals war ich dermaßen durch den Wind, dass ich alles ihr überlassen habe. Warum sie einfach weitergemacht hat, statt einen radikalen Schnitt zu machen, was am besten gewesen wäre, zumindest für mich, weiß ich auch nicht. Dann wäre ich wenigstens nicht in ihre anderen Geschichten verwickelt worden, worum auch immer es dabei letztlich gegangen ist. Herausfinden werden wir das in jedem Fall nie mehr«, erwiderte Bernardo. »Wobei offenbar nicht mal Elisa die ganze Wahrheit kannte. Und Walter ebenso wenig. Wenn einer Bescheid wusste, dann Roberto Correa, glaube ich.«

»Warum lässt du den ganzen Mist dann nicht einfach auf sich beruhen?«, meldete sich Joel zu Wort. »Correa, das Schwein, hat sich umgebracht, und das ist auch gut so. Und wegen Elisa und Walter brauchst du dir keine Gedanken mehr zu machen.«

Bernardo sah ihn lächelnd an. »Du hast recht, wie immer. Nachdem ich jetzt mit euch darüber gesprochen habe, ist die Sache für mich erledigt. Diese alten Geschichten werde ich nie mehr hervorholen, das verspreche ich. Ja, ich werde versuchen, sie vollständig zu vergessen. Ich konzentriere mich darauf, nüchtern zu bleiben und gut ins neue Jahr zu kommen. Das übrigens in zehn Minuten anfängt.«

»Stimmt, das habe ich gar nicht bemerkt«, rief Irving.

»Es muss ein gutes Jahr werden«, fuhr Bernardo fort. »Das haben wir verdient.«

Joel holte den Cidre aus dem Kühlschrank und füllte drei Gläser, während Clara für Bernardo ein Glas Wasser brachte. Ein Nachbar gab zur Begrüßung des neuen Jahres einen Schuss in die Luft ab, und die vier Freunde stießen an, umarmten sich, küssten sich und wünschten sich ein glückliches Jahr 1996. Ja, das hatten sie verdient.

Ein paar Tage danach unterhielten sich Clara und Irving, als sie allein waren, über Bernardos Geständnis. Beide kamen zu demselben Schluss: Der einst von Elisa betrogene, gedemütigte und verlassene Bernardo brauchte einen ganzen Wall aus Argumenten, die vielleicht stimmten, vielleicht auch nicht ganz vollständig waren, um sich vor den Erinnerungen zu schützen. Bei dem schwierigen Versuch, sich ein neues Leben aufzubauen, musste er sich auf etwas stützen können. Und sei es die Vorstellung von einer Welt, in der das Gute und das Böse gegeneinander kämpften. Wobei er dem Bösen zum Opfer gefallen war, wie seine Freunde, auch die, die nicht mehr am Leben waren.

Dass sich für Irving bereits zwei Wochen nach Beginn des neuen Jahres endlich die Möglichkeit auftat, zu reisen und seine Ängste hinter sich zu lassen, war ein erstes Anzeichen dafür, dass 1996, wie erhofft, ein gutes Jahr werden könnte.

Kaum hatte er die Nachricht erhalten, rief er Clara an, die schon sehnlichst auf Neuigkeiten wartete. Das spanische Konsulat hatte tatsächlich die durch Darío vermittelte falsche Einladung zu einem Design-Seminar in Madrid akzeptiert. Endlich würde er das verflixte Visum erhalten, rief er in den Hörer. Clara teilte seine Freude, empfand aber zugleich einen stechenden Schmerz – schon wieder würde sie das Verschwinden eines Menschen aus ihrem engsten Freundeskreis verkraften müssen.

Wie immer taten sich zunächst jede Menge Hindernisse auf. Als Irving und Joel ihre Barschaft durchzählten, die sie sich am Munde abgespart hatten, war klar, dass der hoffnungsfrohe Reisende gerade einmal die Hälfte der Kosten für das billigste Ticket beisammenhatte, das die Freundin einer Freundin von Joel mit Kontakten zu Air Europa auftreiben konnte. Immer noch fehlten dreihundertzehn der siebenhundertneunundvierzig Dollar. Und sie wurden in wenigen Tagen fällig.

Als Erstes verkaufte Irving seine gesamten Habseligkeiten, wohl wissend, dass dies, da er kaum etwas besaß, nur wenig einbringen würde. Die hundert Dollar, die Bernardo umgehend vom Rest aus dem Wohnungstausch beisteuerte, halfen schon weiter. Noch immer fehlten an die zweihundert Dollar. In den Augen aller die vernünftigste Lösung schien es da, Horacio wie auch Darío um einen Kredit von jeweils einhundert Dollar zu bitten.

Doch dann geschah etwas, was Clara, Bernardo und Irving, die im Esszimmer des Hauses in Fontanar einmal mehr mit Geldzählen und Kalkulationen beschäftigt waren, nur als Wunder bezeichnen konnten. Ramsés schien ganz auf seine Mathematikhausaufgaben konzentriert und hatte anfangs sogar Bernardo um Hilfe gebeten. Plötzlich stand er auf, ging aus dem Zimmer und kehrte einige Minuten später mit einem Umschlag in der Hand zurück, den er Irving überreichte.

»Hier sind kubanische Pesos, die musst du umtauschen. Das Geld habe ich von dem Geschäft mit den Kaninchen und den Hähnen. Es sind ungefähr hundert Dollar. Dann brauchst du nicht so viel Kredit aufzunehmen. Oder du hast ein bisschen was, wenn du in Spanien ankommst.«

Sie alle waren völlig verblüfft. Irving öffnete den Umschlag und holte ein dickes Bündel abgegriffener, mit einem Gummiband zusammengehaltener Scheine hervor. Die Rührung machte ihn sprachlos. Als er die Fassung zurückgewonnen hatte, sagte er: »Ich bin dir unendlich dankbar, aber das kann ich nicht annehmen. Bitte, steck es wieder ein.«

»Nein, dieses Geld gehört jetzt dir«, erwiderte Ramsés und setzte sich wieder.

Auch Clara versuchte, ihn zur Vernunft zu bringen. Doch da meldete Bernardo sich zu Wort: »Was ist denn mit euch los? Ihr wollt Darío und Horacio anpumpen, aber ein Geschenk von Ramsés könnt ihr nicht annehmen? Er ist fünfzehn und weiß, was er macht. Also behandelt ihn nicht wie ein Kind!«

»Das ist aber ungerecht, Bernardo«, versetzte Irving. »Es gibt tausend Dinge, die er braucht, dafür hat er dieses Geld gespart.«

»Alles, was er braucht, bekommt er von seiner Mutter, garantiert: ein Dach überm Kopf, drei Mahlzeiten pro Tag, saubere Kleidung, um zur Schule zu gehen. Was hatten wir denn, als wir noch im Vorkurs waren? Sind wir deshalb gescheitert? Ich hatte am meisten von allen, und gescheitert bin ich trotzdem, aber das lag an anderen Dingen, wie ihr wisst. Begreift doch endlich, dass Ramsés nicht Darío ist. Er ist der Sohn von Darío und Clara.«

Sichtlich bewegt von Bernardos Worten, spürte Clara, wie eine Welle des Stolzes in ihr aufstieg, während Irving gerührt aufstand, Ramsés' Kopf zwischen die Hände nahm und ihn auf die Stirn küsste. »Ich danke dir.«

»Gerne«, murmelte der Junge und beugte sich wieder über seine Geometrieaufgabe, als gäbe es in diesem Augenblick nichts Interessanteres auf der Welt.

Wieder fragte sich Clara, warum so viele ihr nahestehende Menschen sich fürs Fortgehen entschieden hatten. Aus ihrem engsten Umkreis hatten sich bereits ihr Ex-Mann Darío, dann Fabio und Liuba und kurz darauf Horacio davongemacht. Jetzt war Irving an der Reihe, und Joel würde ihm so bald wie möglich folgen. Und Elisa? Ganz bestimmt war Elisa ebenfalls weggegangen.

Alle diese Menschen waren doch hier, in dieser Welt, zu Hause. Jahrelang hatten sie sich bemüht, die Möglichkeiten, die ihr Land ihnen bot, zu nutzen und ihr Bestes zu geben. Bis sie eines Tages beschlossen, ihr Leben im Exil fortzusetzen, wo sie, wie man ja von Fabio hörte, nie wirklich Wurzeln schlagen konnten, immer nur Fremde, Flüchtlinge, Außenseiter, Exilanten, Heimatlose sein würden.

Mehrere von ihnen hatten sich von früh auf in durchaus schlüssiger und nachvollziehbarer Weise zur herrschenden Ideologie bekannt, waren für ihren Einsatz und ihre Verdienste belohnt worden, durften Mitglieder der exklusiven Gruppierungen werden, die sich als Avantgarde verstanden. Zunächst in der kommunistischen Jugend und später in der Partei. Darío zum Beispiel hatte stets anerkannt, dass jemand wie er in einer anderen Gesellschaftsordnung nie die Gelegenheiten gehabt hätte, in deren Genuss er gekommen war. Liuba und Fabio waren geradezu dogmatische Eiferer gewesen, bis sie eines Tages den Glauben verloren hatten. Oder aufgehört hatten, zu glauben, dass sie glaubten. Oder die anderen glauben zu machen, dass sie glaubten. Der rebellische Horacio hatte sich mindestens drei Mal öffentlich von seinem im US-Exil lebenden Vater losgesagt. Jetzt lebte er selbst dort. Und Elisa? Frisch aus England zurückgekehrt, hatte sie ständig von der »Entmenschlichung« und »Entfremdung« der dortigen Konsumgesellschaft gesprochen, wo der größte Feind des Menschen der Mensch sei und einige wenige viele andere ausbeuteten. Und sie alle, erinnerte sich Clara, hatten ihr damals aus vollem Herzen zugestimmt. Dabei waren sie keineswegs verbohrte Dogmatiker, die Politik über alles stellten. Und sie hatten es auch nicht, vielleicht mit Ausnahme von Fabio und Liuba, in erster Linie auf Macht und Reichtum abgesehen. Warum aber waren dann so viele von ihnen fortgegangen? Sicher nicht, um draußen reich und mächtig zu werden. Sie wussten ja, dass das nicht klappen würde.

Ihre Gründe konnte Clara trotzdem in jedem einzelnen Fall nachvollziehen. Darío war vom tief sitzenden Bedürfnis getrieben, mit seiner düsteren Herkunft zu brechen. Fabio und Liuba wiederum waren so lange Maskenträger und Opportunisten gewesen, die sich und anderen etwas vorspielten, dass sie nicht mehr zurechtkamen, als diese Fassade zusammenbrach. Bei Horacio spielte Überdruss die entscheidende Rolle. Er brauchte Luft zum Atmen, Raum, um ungehindert nachzudenken und zu arbeiten. Im Fall ihres geliebten Irving dagegen gab es wenig zu deuten: Er floh vor der Angst, die seine chronische Krankheit war, auch wenn ihm das Fliehen ebenfalls Angst bereitete – weshalb ihn Clara für den Mutigsten von allen hielt.

Ebenso obsessiv, ja, manchmal noch stärker, beschäftigte sie die entgegengesetzte Frage, die alles noch komplizierter machte: Warum blieben andere da? Warum harrten Hunderttausende aus, wo doch so viele fortgingen? Warum blieb Bernardo? Warum sie selbst und andere wie sie? Manche beharrten darauf, dass sie zufrieden seien und auf die Zukunft vertrauten – auch wenn es gerade unter diesen Leuten immer wieder zu spektakulärer Fahnenflucht kam. Andere gaben zu, sich einfach nicht entscheiden zu können. Wieder andere verwiesen auf ihr unüberwindliches Bedürfnis nach Zugehörigkeit. So hatte jede und jeder seine Antwort. Manche konnte man nachvollziehen, über andere schüttelte man den Kopf. Manche waren ehrlich, andere bloß vorgetäuscht.

Bernardos wiederholtes Straucheln hatte zweifellos dazu beigetragen, ihn von der Flucht abzuhalten, falls er überhaupt jemals mit dem Gedanken gespielt hatte. Offensichtlich hatte er sich mit seiner jeweiligen Situation abgefunden – früher hatte der Alkohol sein Leben bestimmt, nun tat dies sein ganz auf ihn zurechtgeschnittener, fast schon heterodoxer, halb manichäischer und mehr materialistischer denn metaphysischer Gott. Was sie selbst betraf: Sie blieb einfach, wo sie immer schon gewesen war, weil sich hier ihre Söhne, ihr Haus, ihre Erinnerungen befanden, und das seit mehr als dreißig Jahren. Hier, in den Windungen ihres Schneckenhauses. Oder wurde sie von der Anziehungskraft jenes kupferhaltigen Steins festgehalten, der eines Tages vom heiligsten Ort der Insel hergeschafft und im Fundament dieses Hauses vergraben worden war? Des Hauses, dem sie einst um jeden Preis hatte entfliehen wollen, nur um sich zuletzt wieder ganz von ihm umfangen zu lassen? Möglich war es. Vielleicht blieb sie aber auch, weil ihr Gefühl ihr jedes Mal wieder sagte, dass es trotz allem leichter sei, durchzuhalten und zu widerstehen, als von Grund auf neu zu beginnen. Selbst in den Momenten der größten Erschöpfung. Oder wenn sie sich doch einmal den Gedanken erlaubte, anderswo könnten der allgegenwärtige Mangel an nahezu allem und die beruflichen Einschränkungen, unter denen sie nun schon so lange litt, ein Ende finden. Die bloße Vorstellung, an einem anderen Ort eine andere werden zu müssen, erfüllte sie mit lähmender Furcht. Also vertraute sie darauf, dass die Verhältnisse sich ändern, das Leben sich verbessern würden. Hatten jene, die durchhielten und ausharrten und sich weiterquälten, es nicht verdient, weil sie es sich erarbeitet hatten, für sich und für ihre Kinder?

Dass es ihre Generation so hart getroffen hatte, schien ihr grausam und unverdient. (Oder im Gegenteil nur zu verdient?) Denn noch nie hatten so viele Menschen in diesem Land versucht, ihr Bestes zu geben. Noch nie hatten so viele Menschen mit reinen und festen Überzeugungen alle Vorzüge genossen, die ihre Gesellschaft bot. Vielleicht hatten sie sich gerade deshalb mit dem geforderten und eingeplanten Gehorsam einverstanden erklärt und auf so vieles verzichtet: auf materielle Güter, auf abweichende Meinungen, auf politischen Streit. Aber auch auf so individuelle Angelegenheiten wie das Bekenntnis zu Gott, lange Haare, schwulen Sex oder die Fernsehübertragung eines Konzerts von The Mamas and the Papas. Letzteres, weil ein Jemand an höchster Stelle beschlossen hatte, ihre Musik sei ideologisch zersetzend, weshalb dieser Jemand seine Entscheidung als Schutzmaßnahme darstellte, ohne dass ihn jemand um Schutz gebeten hatte.

Zum Verzicht kam die Opferbereitschaft: Einsätze bei der Zuckerrohrernte, Schlange stehen, Kämpfen und Sterben in fernen Kriegen. So viele, eigentlich fast alle, sagte sich Clara, hatten den Gesellschaftsentwurf, an dem sie teilhatten, nicht nur akzeptiert. Sie glaubten daran, arbeiteten an seiner Verbesserung und trugen die geforderte Einstimmigkeit ohne erkennbaren Widerstand mit. Sie waren überzeugt von alldem, weil ihnen nur so, wie Bernardo verkündete, eines Tages der endgültige Sieg beschert würde. Das Ende der Geschichte in Gestalt der vollkommenen Gesellschaft, ein wundervolles Universum aus lauter Gleichen.

Als dieses als Normalität verkleidete prekäre Gleichgewicht, an das sie sich gewöhnt hatten, zusammenbrach, wurden sie auf äußerst unsanfte Weise aus der Bahn geworfen. Auf einmal sahen sie ihr Leben und ihre Welt mit ganz anderen Augen. Jahrzehntelang waren sie folgsam immer nur in ein und dieselbe, von anderen vorgegebene Richtung gegangen. Nun wurden sie in alle Winde auseinandergetrieben.

Deshalb konnte Clara die, welche fortgingen, verstehen, selbst wenn sie nach dem Abnehmen der Masken ihren früheren Überzeugungen abschworen, um schon bald neue, manchmal genau entgegengesetzte zu verkünden. War das nicht menschlich? Chamäleonhafter Farbwechsel, Verrat, Opportunismus, aber auch durch die Enttäuschung bewirkter ehrlicher, offenherziger Wandel …

Ebenso sehr wollte sie jedoch auch die verstehen, die sich fürs Bleiben entschieden und ihr mehr oder weniger ruiniertes Leben fortsetzten, wobei sie sich manchmal sogar überzeugt gaben – oder überzeugt waren –, das große Glück zu genießen, im Zentrum der besten aller Welten zu leben, der sie Dankbarkeit und Treue schuldeten.

Sie verstand letztlich alle. Die Verweigerer, die Mitmacher, die Zweifler. Jene, die nicht zurückblickten, und jene, die der Anblick dessen, was sie beim Umwenden zu sehen bekamen, schmerzte, was sie offen bekundeten. Oder verschwiegen. Jene, die beharrten und applaudierten, genauso wie die Erschöpften, die Stillen und die wütend Protestierenden. Und auch jene, die sich einfach nur treiben ließen.

Clara betrachtete sich nicht als politischen Menschen, wie es vielleicht Elisa gewesen war. Auch nicht als Philosophin wie Horacio. Sie verfolgte kein festes Ziel wie Darío. War keine Mystikerin wie der neue Bernardo. Sie anerkannte die dramatische Vielschichtigkeit der historischen Umstände, unter denen sie herangewachsen und gereift waren. Alles, was geschehen war, schien ihr nachvollziehbar. Genau darin, sagte sie sich, bestand schließlich das grundlegende Prinzip der Freiheit: Jeder Einzelne hat das Recht, zu wählen. Und die Pflicht, die Wahl der anderen zu respektieren. Mit der eigenen Stimme seine Gedanken zum Ausdruck bringen. Und zu fordern, dass die Entscheidungen jedes Einzelnen zu respektieren sind, es sei denn, diese berauben die anderen der Möglichkeit, ihrerseits Entscheidungen zu treffen, oder führen dazu, dass das, was für den Einzelnen oder eine Gemeinschaft gut ist, für einen anderen Einzelnen oder eine andere Gemeinschaft schlecht ist. So verlangten es die ehrwürdigen Zehn Gebote genau wie der nicht weniger ehrwürdige Contrat Social, der die Menschen vor dem Gesetz der Wildnis, dem Recht des Stärkeren oder Mächtigeren schützen sollte.

War es wirklich so einfach? Nein, so einfach war es nicht, würde es niemals sein. Immer würde es, auf beiden Seiten, Leute geben, die ihren Glauben für den einzig wahren hielten, weshalb sie alle, die die Welt nicht aus ihrer Perspektive betrachteten, bis aufs Blut bekämpften. Ja, in diesem Sinne war tatsächlich alles sehr einfach, um nicht zu sagen, manichäisch. Wie Bernardo erklärt hätte: Bist du nicht für mich, so bist du gegen mich.

So sah und dachte es Clara 1996. 1986, als sie noch in einer ganz anderen Wirklichkeit lebte, wäre sie wohl über eine solche Sichtweise erschrocken und hätte sie sogar als Verweigerungshaltung und selbstgerechtes Abweichlertum bezeichnet. 2006 würde sie es wiederum anders sehen, denn die Welt drehte sich weiter, die Menschen veränderten sich, und ihre Söhne würden ihr irgendwann sagen, dass sie nicht so sein wollten wie sie. Und falls sie 2016 erlebte? Oder gar 2026?

Aber all diese Einsichten, Rechtfertigungen und Überzeugungen bewahrten sie nicht vor dem Schmerz. Sie wusste, dass sie unter Irvings Abwesenheit heftig leiden würde, dass er eine Leerstelle in ihrem Leben hinterlassen würde, die sich vielleicht nie schließen würde. Deshalb verkündete sie an dem Nachmittag seiner Abreise, als sie alle noch einmal in Fontanar zusammenkamen, dass sie nicht zum Flughafen kommen werde. Angeblich, weil sie Irving und Joel unter sich lassen wollte, in Wirklichkeit jedoch, auch wenn sie es nicht eingestehen wollte, weil sie solche Trennungsszenen nicht wieder und wieder ertragen konnte. Denn sie ahnte, dass das Leben ihr noch mehr und noch schmerzhaftere Trennungen bescheren würde.

Sie und der liebste ihrer Freunde umarmten sich, küssten sich, weinten, versprachen, sich Briefe zu schicken und anzurufen. Warum verfolgte sie das Schicksal mit solchen Qualen? Am liebsten hätte sie geklagt: »Warum gehst du fort? Warum bleibst du nicht hier bei mir? Was soll ich mit meiner Einsamkeit anfangen?« Aber sie wusste, dass sie nicht das Recht dazu hatte, weil sie die Antwort kannte und respektieren musste.

Kaum zwei Monate nach Irvings Abreise wurde Clara an ihren früheren Arbeitsplatz zurückgerufen. Immerhin ein Lichtblick. Das löste nicht ihre Geldprobleme, aber die Aussicht, sich wieder ein wenig nützlich machen zu können, lenkte sie von einer Menge anderer Sorgen ab. Als Erstes ging sie ihre seit Jahren eingemottete Garderobe durch und trug einige Stücke zur Schneiderin zum Umarbeiten und Modernisieren. Außerdem leistete sie sich einen Besuch beim Friseur und ließ sich nicht nur die Haare schneiden, sondern zum ersten Mal auch färben, um die in den letzten Jahren aufgetauchten grauen Strähnen zu kaschieren. Sie holte Bücher, Zeitschriften und Vortragsmitschriften hervor, in die sie seit Langem keinen Blick mehr geworfen hatte. Die Lektüre sollte ihr Hirn auffrischen. Durch all dies gewann sie nicht nur Selbstachtung zurück, sie wagte es sogar, sich wieder im Spiegel anzusehen.

Dass Clara wieder zur Arbeit ging, brachte das eingespielte häusliche Gleichgewicht durcheinander. An einer Familiensitzung, an der auch Bernardo als voll gültiges Mitglied teilnahm, beschlossen die vier Bewohner des Hauses in Fontanar verschiedene Maßnahmen, um das Überleben sicherzustellen. Claras Gehalt reichte nicht aus, erst recht, als Darío über seiner neuen Beziehung zu einer jungen Katalanin mit Namen Montse, die ihn bald ganz in Beschlag nahm, seine väterlichen Pflichten aus den Augen verlor.

Bernardo hatte festgestellt, dass er mit dem Reparieren und Einrichten von Computern viel mehr Geld verdienen konnte als in seinem eigentlichen Beruf. Er konnte ziemlich frei über seine Zeit verfügen und bot an, die morgendliche Versorgung der Kaninchen und Kampfhähne zu übernehmen. Außerdem würde er sich, wann immer es ging, nachmittags um das Gießen und die Pflege des Gemüsegartens kümmern, der durch Claras Abwesenheit ohnehin kleiner wurde. Marcos, das jüngste und am wenigsten häusliche Mitglied der Familie, versprach seinem Bruder Ramsés hoch und heilig, dass auch er mithelfen würde. Ramsés wiederum, dessen Zulassung zum Universitätsvorbereitungsjahr inzwischen feststand, verkaufte seine Getreidemühle wie auch die Hälfte seines Tierbestands, um sich mit dem Erlös von einem Nachbarn, der als Pilot bei der staatlichen Fluggesellschaft arbeitete, seinen ersten eigenen Computer zu kaufen.

Im Lauf des Sommers 1996 spürten die Leute, obwohl weiterhin viele Schwierigkeiten bestanden, eine gewisse Besserung der Lebensverhältnisse. Die Stromausfälle wurden seltener, und wer Geld hatte, konnte auf den wieder eröffneten Bauernmärkten lange nicht mehr gesehene Lebensmittel erstehen. Das war jetzt überhaupt etwas Neues: Je mehr Geld man hatte, desto besser konnte man leben.

Für Clara, die auf praktischen und emotionalen Beistand angewiesen war, stellte Bernardo inzwischen eine wichtige Stütze dar. Ja, durch das Zusammenleben bekamen die Mauern, die sie um sich herum errichtet hatte – ihr Schneckenhaus –, erste feine Risse. Am Tag, als Clara mit elegant geschnittenem und diskret gefärbtem Haar und einem frisch umgearbeiteten Rock nach Hause zurückkam, der ihre Knie sehen ließ und ihre Hüften betonte, konnte Bernardo nicht widerstehen und tat seine Bewunderung kund.

»Hübsch siehst du aus, Clara, wirklich …«

»Danke. Da ich eigentlich nicht hübsch bin, danke ich dir umso mehr.«

Womit die Karten auf dem Tisch lagen, bereit zum Spielen.

Es war jener Sonntag im Frühjahr 1997, an dem Irving seinen ersten Morgenspaziergang im Parque del Retiro in Madrid unternahm und dabei die Skulptur des Gefallenen Engels entdeckte, die ihn so seltsam – mystisch oder ästhetisch oder auch beides zugleich – anzog.

Sechs Stunden später, am späten Vormittag, jetzt aber in Havanna, kamen Bernardo und Clara gerade aus der Messe in der alten Kirche von Calabazar. Sie beschlossen, nicht gleich nach Hause zurückzukehren und zu machen, was sie sonntags immer machten – die Tiere und Pflanzen versorgen, kochen, putzen, Computerprogramme installieren oder von Viren befreien. Sie gingen in den nahe gelegenen Lenin-Park, wo beide schon seit Jahren nicht mehr gewesen waren. Ramsés und Marcos verbrachten das Wochenende im Haus der Familie von Ramsés' neuer Freundin in Playas del Este, weshalb Clara sich keine Sorgen machen musste, wie sie die unersättlichen Mägen ihrer heranwachsenden Söhne zufriedenstellen konnte. Auch deshalb hatte sie

vorgeschlagen, in den Park zu gehen. Sie hatte Lust auf einen Spaziergang. Oder hatte sie es noch auf etwas anderes abgesehen?

Auch der Lenin-Park hatte unter den Verheerungen der letzten Jahre
gelitten, von der einstigen Pracht war nicht mehr allzu viel übrig. In
den Restaurants und Cafés gab es so gut wie nichts, und das Aquarium
war bloß noch ein trauriges Abbild seiner selbst. Von der schwimmen-
den Bühne, auf der sie an einem denkwürdigen Abend ein Konzert von
Joan Manuel Serrat erlebt hatten, war gar nichts mehr zu sehen. Dafür
hatte das Grün mehr oder weniger ungehemmt wuchern und wachsen können. Der Park wirkte menschenfreundlicher als früher, er war
zu einer riesigen grünen Lunge im Süden der Stadt geworden. Während sie auf den asphaltierten Wegen spazierten oder ungemähte Wiesen durchquerten, empfanden sie ein wohltuendes Gefühl des Friedens
inmitten des nun schon so lange anhaltenden Krieges, der in diesem
Land stattfand, ohne dass ein einziger Schuss fiel.

Im Schatten eines in der leichten Brise leise vor sich hin rauschenden Pfahlrohrwäldchens ließen sie sich nieder.

Bis dahin hatten sie immer nur über mehr oder weniger banale All-
tagsdinge gesprochen. Clara über die Schwierigkeiten ihrer Firma,
neue Projekte in Angriff zu nehmen, über Ramsés' neue Freundin,
über die Notwendigkeit, dem Haus in Fontanar einen frischen Anstrich zukommen zu lassen. Bernardo hatte verkündet, er werde ab
sofort mehr als nur Freiübungen machen müssen, um sich in Form zu
halten, er werde allmählich dick, außerdem habe er Knieschmerzen,
weshalb er überlege, sich den jungen Leuten anzuschließen, die auf
einem selbst angelegten Basketballplatz in der Nähe regelmäßig spielten. Er wolle es allerdings ruhig angehen, immerhin sei er mittlerweile
fast vierzig.

»Wir werden langsam alt«, sagte er.

»So jung sind wir nun mal nicht mehr«, erwiderte Clara, und beide
lächelten.

Entspannt und schweigend ließen sie die Blicke über den fast menschenleeren Park schweifen, der sich vor ihnen ausbreitete. Ein lange
vermisstes Glücksgefühl breitete sich in ihnen aus. Da war es wieder,
das Leben …

Auf ihre Art fasste es Clara schließlich in Worte und fragte: »Woran denkst du?«

Bernardo drehte ihr den Kopf zu. »Das wollte ich dich gerade fragen. Also, woran denkst du?«

»Kommt nicht infrage, ich habe zuerst gefragt.«

»Okay, okay. Ich habe grad gedacht, wie gut es mir geht. Und dass ich das dir zu verdanken habe.«

»Wieso mir?«

»Weil du mich gerettet hast.«

»Ich dachte, das war Gott.«

»Von ihm kam die Idee, der Plan. Aber umgesetzt hast du ihn. Und ich schwöre dir, für mich gibt es kein Zurück. Wenn du mich also nicht mehr in die Kirche begleiten möchtest, schaffe ich es jetzt alleine. Du brauchst nicht mehr auf mich aufzupassen.«

»Das ist schon lange vorbei. Ich gehe mit, weil ich möchte.«

»Eigentlich traue ich mich nicht, dich das zu fragen, aber glaubst du inzwischen etwa an Gott?«

»Ich glaube, ja, wenigstens manchmal. Aber darum geht es nicht. Ich komme mit, weil ich gerne mit dir dort bin, und mit den anderen Leuten, die glauben, ob sie damit nun recht haben oder nicht. Ich habe auch das Bedürfnis, an etwas zu glauben, und inzwischen glaube ich eben an dich, Bernardo. Und ich bin mir sicher, dass du nicht wieder rückfällig wirst.«

Bernardos Lächeln wurde breiter. »Da bist du aber ganz schön leichtgläubig. Dabei bin ich doch der Leichtgläubige von uns beiden ...«

Clara musste schmunzeln. »Du machst Witze ...«

»Von wegen. Die Frage, ob man glaubt oder nicht glaubt, an Gott oder die anderen oder an sich selbst, das ist kein Witz. Du glaubst also an mich. Weißt du, woran ich glaube?«

»An den Allmächtigen, der alles ordnet, oder alles durcheinanderbringt.«

»Ja, aber inzwischen sehe ich es etwas anders. Ich sehe es wie einen Weg.«

»In den Himmel? Ins Paradies?«

»Ja, aber hier auf der Erde. Manche Leute haben Glück und finden diesen Weg, andere dagegen finden ihn nicht. Ich stelle gerade fest, dass ich nicht mal wusste, dass es diesen Weg gibt, obwohl er direkt vor mir liegt.«

»Wie meinst du das?«

Er sah hinauf in die Spitzen des Schilfrohrs, dann ließ er den Blick über die Wiese gleiten, und erst danach entschloss er sich, Clara anzusehen. »Ich glaube, dass das alles passiert ist, damit du und ich heute hier sitzen, genau heute. Damit wir in diesem Augenblick beide dasselbe denken. Wir denken nämlich gerade beide dasselbe.«

»Woher weißt du das?«

»Das weiß ich nicht, Clara, das fühle ich«, sagte er, fasste sie mit der Rechten sanft am Kinn, näherte sein Gesicht dem ihren und küsste sie auf die Lippen.

Obwohl auch Clara wusste, dass es geschehen würde, hätte sie nie gewagt, sich vorzustellen, was nach diesem Augenblick – wie lange dauert ein solcher Augenblick? – geschah. Dass ihr Herz so heftig schlagen konnte, hatte sie völlig vergessen. Oder erlebte sie es zum ersten Mal? Sie wusste, dass sie immer noch imstande war, anderen Liebe zu schenken, aber sie zweifelte schon seit Langem, dass sie ebenso imstande wäre, Liebe zu empfangen. Sie hatte ihre Freunde geliebt, und die hatten sie verlassen. Sie liebte ihre Söhne, wusste aber, dass diese bald andere Menschen stärker lieben würden als sie und sie ebenfalls verlassen würden. Sie hatte auch Darío geliebt, hatte ihn aber im Verdacht, er habe sie nicht wirklich wahrgenommen und mehr wegen ihres Besitzes geliebt. Sie hatte Elisa geliebt – da war sie sich sicher gewesen –, hatte dabei aber das bedrückende Gefühl gehabt, dass sie von ihr nie so etwas wie Liebe zurückbekommen werde. Sagte Elisa nicht selbst, sie sei unfähig zur Liebe? Und ihre Eltern, hatten die sie geliebt? Und ihre Großeltern? Hatten sie sie bloß aufgenommen, weil es nun mal sein musste, oder hatten sie sie tatsächlich geliebt? Die Antworten schienen unklar, vielleicht schmerzhaft. Und jetzt, mit fast vierzig und nach langem Alleinsein, wo sie sich verlassen, ermüdet, verwirrt gefühlt hatte, nach all den Zweifeln über ihre Sexualität, entdeckte sie nach so langer Zeit den goldenen Schatz des Liebesglücks. War das die Liebe ihres Lebens? Jene Liebe, die gleichermaßen gibt und empfängt, eine

Liebe voller Überraschungen, aber nie böser Überraschungen. Eine Spur zum Paradies auf Erden? Jener Flecken des Glücks von Körper und Seele, auf dem zwei Menschen Platz finden, wenn sie, und nur sie miteinander, das Bedürfnis verspüren, füreinander und ineinander zu leben. Zwei Menschen, die sich besiegt glaubten, aber durch die Nähe entdeckten, dass sie noch imstande waren, zu kämpfen und ihren Weg gemeinsam fortzusetzen.

In der Aufbahrungshalle roch es nach welken Blumen, menschlichen Ausdünstungen, Trauer, Verlassenheit und Tod. Clara spürte, wie ein Gefühl der Übelkeit in ihr aufstieg, und musste an die ersten Wochen ihrer bereits weit zurückliegenden Schwangerschaften denken. Wieder sah sie nervös und angespannt auf die Uhr. Spätestens in einer Stunde musste der Aufbruch zum Friedhof erfolgen. Doch Horacio war immer noch nicht da. Verstohlen berührte sie Bernardo am Arm und gab ihm durch einen Blick zu verstehen, dass er ihr nach draußen folgen solle.

»Du bist ja käsebleich ...«

»Der Geruch bringt mich um«, sagte Clara, atmete tief durch und sah erneut auf die Uhr. »Und dazu diese Hitze. In knapp einer Stunde müssen wir los, aber er ist nicht da.«

»Der kommt schon, keine Sorge.« Bernardo fuhr ihr zärtlich über die Wange. »Lehn dich hier an.« Er deutete auf die Wand, die die Zufahrt für die Leichenwagen von einer mit Zigarettenstummeln, leeren Dosen und Papierfetzen übersäten Grünfläche trennte, auf der eine mickrige Bougainvillea der sie umgebenden Verwüstung hartnäckig ein paar Blüten entgegenhielt.

Clara war bewusst, dass ihr nicht nur der Kummer und der Gestank zusetzten. Auch nach so vielen Jahren und obwohl ihr Geliebter sich grundlegend verändert hatte, bestand die Gefahr, dass es beim Zusammentreffen von Bernardo und Horacio zur Explosion kam. Zu ihrer großen Beruhigung hatte der neue Bernardo, wie sie selbst erlebt hatte, sich rührend um Horacios sterbenskranke Mutter gekümmert. Und, wie am Silvesterabend des Jahres 1995 versprochen, nie wieder über die aufwühlende Zeit von Elisas Schwangerschaft und Verschwinden ein Wort verloren. Sein schlimmer Absturz und die wundersame Wiederauferstehung hatten die schreckliche Wunde vernarben lassen. Ja, er war ein neuer Mensch geworden, und, zumindest für Clara, der beste aller Menschen. Das Leben war voller Geheimnisse, und die menschliche Seele unergründlich tief.

Die Leute von der Bestattungsagentur hatten deutlich darauf hingewiesen, dass es hier keinen Leichenkühlraum gab und die Totengräber, egal was geschah, um fünf Uhr nach Hause gehen würden. Da endlich fuhr das Taxi vor, das Horacio am Flughafen bestiegen hatte. Als er ausstieg und auf sie zukam, war es mit Claras Selbstbeherrschung endgültig vorbei. Von Weinkrämpfen geschüttelt, fiel sie dem Freund, den sie vor sieben Jahren zum letzten Mal gesehen hatte, um den Hals. Horacio legte wortlos die Arme um sie und fing seinerseits an zu weinen. Nach einer Weile lösten sie sich voneinander, und Horacio trat zu Bernardo, um auch ihn zu umarmen, wobei der eine flüsternd sein Beileid bekundete, während der andere ihm, ebenfalls flüsternd, seinen Dank aussprach.

Mehrere Monate davor hatte Laura Horacio mitgeteilt, dass der Tod ihrer Mutter unmittelbar bevorstand. Ganz so schnell war es dann doch nicht gegangen, sodass Horacio Zeit blieb für das mühselige Vorhaben, beim kubanischen Konsulat in Washington eine Einreiseerlaubnis in sein Geburtsland zu beantragen. Die wurde nur gewährt, wenn an höchster Stelle der Eindruck herrschte, der Antragsteller habe so viel Entgegenkommen auch verdient. Dazu mussten Gesinnung und Verhalten vor und nach dem Verlassen des Heimatlandes geprüft werden. Sechs Tage vor dem endgültigen Hinscheiden der Mutter hatte er das Dokument mit allen erforderlichen Stempeln und Beglaubigungen erhalten und sich in aller Eile an die letzten Reisevorbereitungen gemacht.

Die Bestattung in der Familiengrabstätte auf dem Colón-Friedhof dauerte nicht lange, und es nahmen nur wenige Leute teil – eine Handvoll Freundinnen und Nachbarn der Verstorbenen, mehrere Arbeitskollegen und Freunde Lauras und ihres Mannes sowie die letzten

Horacio wirklich nahestehenden Inselbewohner, nämlich: Clara, Bernardo und Marcos. Ramsés befand sich auf einem Studentenzeltlager, das Teil seines Militärdienstes war.

Um die angespannte Beziehung zu seiner Schwester nicht noch zusätzlich zu belasten, verbrachte Horacio den ersten Abend mit ihr. Dass er seine Mutter während ihres letzten Lebensabschnittes nicht begleitet hatte, lag als dunkler Schatten auf seinem Gewissen. Mit einer Reihe kaum verhüllter Bemerkungen hatte die Schwester zusätzlich Salz in die Wunde gestreut. Zu seiner Entlastung konnte er lediglich die Tatsache anführen – was er jedoch nur vor sich selbst tat –, dass das jahrelange Siechtum seiner Mutter dank seiner finanziellen Unterstützung zumindest nicht ganz so qualvoll verlaufen war. Die von ihm aus New York und später aus Puerto Rico geschickten Hilfssendungen hatten zudem einen beträchtlichen Teil seiner ohnehin schon knappen Mittel aufgezehrt. Aber auch das erwähnte er seiner Schwester gegenüber nicht. Zum Glück hatte Marissa ihn verständnisvoll unterstützt, wie es auch sein Schwiegervater Felipe Martínez auf diskrete Weise getan hatte, als nach der Geburt der Zwillinge der Geldbedarf der jungen Familie zunahm.

Horacio wollte nicht länger als fünf Tage auf Kuba bleiben, denn sein erstes Semester als Dozent für Physik war in vollem Gange, und er hoffte auf eine feste Professorenstelle.

Am zweiten Abend lud Horacio Clara, Bernardo und Marcos in eins der Privatrestaurants ein, die im Lauf der letzten Jahre entstanden waren und die dank der Anstrengungen und Hartnäckigkeit ihrer Betreiber überlebt hatten. Denn viele Politiker konnten der Tatsache wenig abgewinnen, dass derlei Unternehmungen im sogenannten Arbeiter-und-Bauern-Staat florierten.

Bei dieser Gelegenheit erzählte Horacio seinen Freunden, wie er das Grab seines Vaters in Tampa entdeckt hatte, und erinnerte daran, wie er sich als Kind und Jugendlicher für seinen als »vaterlandslosen Gesellen« geschmähten Vater geschämt hatte.

Als Marcos seine riesige Portion Schweinespieße mit Reis, schwarzen Bohnen, Kochbananen und gekochten Tannia-Knollen verschlungen hatte, entschuldigte er sich bei seinem Onkel Horacio und sagte, er gehe jetzt zu einem Schulfreund, um sich bei ihm die Übertragung eines Baseballspiels anzuschauen. Woraufhin Horacio fragte, wie es denn inzwischen um seine eigenen Baseballkünste stehe, um gleich darauf die Mütze der New York Yankees aus seinem Rucksack zu ziehen, die er ihm als Geschenk mitgebracht hatte.

Marcos riss begeistert die Augen auf und setzte die Mütze sofort auf. »Cool, Onkel Horacio! Aber woher wusstest du, dass ich Fan von den Yankees bin?«, fragte er.

»Das hat mir der Duque Hernández gesagt«, erwiderte Horacio augenzwinkernd.

Vor dem Essen hatte er Bernardo gefragt, ob es ihn stören würde, wenn er und Clara Wein tränken, worauf Bernardo erwidert hatte, er könne der Versuchung inzwischen widerstehen. Allerdings beneide er Menschen, die unbeschwert Alkohol genießen könnten – so wie er Astronauten darum beneide, im Weltall umherfliegen zu können. Also hatte Horacio eine Flasche ziemlich anständigen chilenischen Rotweins bestellt.

»Ich brauche jetzt nämlich einen Schluck«, sagte er, als er den Wein probierte. »Seit meiner Ankunft habe ich das Gefühl, als würde ich neben mir herlaufen, beziehungsweise, als wüsste ich nicht mehr, wer ich eigentlich bin.«

»Weil du von hier weggegangen bist oder weil du zurückgekehrt bist?«, stichelte Clara.

»Ich musste weg, Clara. Ihr wisst selbst, wie es hier war, als ich fortgegangen bin, und in welchem Zustand ich war. Inzwischen sind wir beide ein bisschen zur Ruhe gekommen, unser Land und ich, würde ich sagen. Trotzdem ist es ein komisches Gefühl. Als meine Schwester angerufen hat und gesagt hat, dass unsere Mutter tot ist, kam es mir vor, als würde ein völlig neuer Abschnitt meines Lebens anfangen. Auf einmal war ich niemandes Kind mehr. Meine Mutter hat zu viel Platz in meinem Leben eingenommen, das wisst ihr ja. Darío hat davon am meisten mitbekommen.«

»Darío hat immer gesagt, dass er dich um deine Mutter beneidet. Aber zum Glück hast du jetzt ja deine Frau und deine Töchter«, sagte Clara. »Und eine Arbeit, die dir gefällt.«

»Ja, da habe ich wirklich Glück. Aber trotzdem, ich habe auch sehr viel verloren.«

»Wenn es hier Verlierer gibt, dann sind wir das«, versetzte Bernardo.

»Aber du hast doch auch gewonnen«, erwiderte Horacio und ergriff eine von Claras Händen. »Wer hätte das gedacht? Ihr wisst gar nicht, wie ich mich freue, dass ihr beiden …«

»Irgendwas Gutes musste mir schließlich auch mal passieren. Nach der Hölle, die ich durchgemacht hatte«, sagte Bernardo.

Das Gespräch drohte eine gefährliche Wendung zu nehmen, weshalb alle Beteiligten verstummten.

Schließlich brach Horacio das Schweigen. »Als ich vorgestern ins Flugzeug gestiegen bin, habe ich mich hundeelend gefühlt. Ich habe an meine letzten Jahre hier zurückgedacht, damals stand ich kurz vor dem Durchdrehen. Ich hatte nichts, woran ich mich hätte halten können. Auch ich habe damals für meine Fehler bezahlt«, sagte er und sah Bernardo an. »Meinen Vater habe ich nie richtig kennengelernt. Und als Mutter starb, konnte ich nicht bei ihr sein. Im Flugzeug ging es mir wirklich scheiße. Aber dann hat der Gott, an den du inzwischen glaubst, Bernardo, mir offensichtlich eine Falle gestellt. Die Frau neben mir, eine hübsche junge Person, hat irgendwann gefragt, ob ich sie mal durchlassen kann, sie wollte auf die Toilette. Auf ihrem Sitz hat sie ein paar bedruckte Seiten liegen lassen, und da konnte ich nicht widerstehen und habe draufgeschaut. Die Frau, oder vielleicht auch jemand anders, hatte mehrere Stellen unterstrichen, wo es hieß, dass auf dieser Welt zweihundertfünfzig Millionen Kinder zwischen fünf und vierzehn Jahren unter elenden Bedingungen arbeiten müssen. Dass zweihundert Millionen dieser Kinder auf der Straße leben. Dass zwei Komma acht Milliarden Menschen arm sind, und eins Komma drei Milliarden überhaupt nichts besitzen. Sind das nicht schreckliche Zahlen? Ich habe mir gesagt, dass das Menschen sind wie du und ich, denen es aber noch viel beschissener geht als uns. Warum musste ich genau in diesem Augenblick auf diese furchtbaren Zahlen stoßen? Als hätte das jemand extra so für mich vorbereitet! Da sind mir auf einmal zwei Dinge wieder eingefallen. Zum einen der Blick eines Mannes aus Haiti, im Flüchtlingslager, als ich gerade in den USA angekommen war. Er hat mich angesehen, als wäre ich unglaublich privilegiert. Das war ich auch, weil ich aus Kuba kam und nicht aus Haiti, wie er. Zum anderen habe ich mir gesagt, dass meine Mutter dafür gesorgt hat, dass ich jeden Tag etwas zu essen bekam, und dass ich in diesem Land hier sogar in Physik promovieren konnte, was ein Riesenvorteil für mich war, als ich von hier weggegangen bin. Da habe ich mir gesagt, dass wir uns zwar als Verlierer betrachten, und wir sind ja Verlierer, aber gleichzeitig haben wir doch auch Glück, oder nicht?«

Horacios Worte waren für die anderen schwer zu ertragen. Sie starrten auf ihre Teller mit den Essensresten, die sie nicht mehr geschafft hatten, worüber Danger sich freuen würde. Clara fragte sich, wann sie wohl zum letzten Mal in einem Restaurant gewesen war. Sie musste daran denken, wie oft sie und viele Leute um sie herum in den letzten Jahren gehungert hatten, und was sie alles unternommen hatte, um ihren Söhnen das Hungern zu ersparen. Ihren Söhnen, die, um ihrer Mutter das Leben zu erleichtern, wie erwachsene Männer gearbeitet hatten, die Bananen und Maniok anbauten, Kaninchen und Hühner züchteten, Säcke voller Mangos und Avocados schleppten oder in der Umgebung Holz sammelten, damit die Mutter Marmelade einkochen und verkaufen konnte, mit der andere ihren Hunger zu stillen versuchten.

»Wir haben allerlei durchgemacht, Horacio. Vielleicht war es nicht ganz so schlimm, aber beschissen war es trotzdem«, sagte sie stockend und trank einen Schluck Wein.

»Du hast schon recht«, sagte Horacio betreten. »Übrigens, Irving hat mich angerufen, um mir sein Beileid auszusprechen. Habt ihr ihm Bescheid gegeben?«

Clara und Bernardo schüttelten die Köpfe und sahen sich mit schlechtem Gewissen an. Tatsächlich, sie hätten Irving eine Nachricht zukommen lassen können, hatten das aber nicht getan.

»Irving bekommt sowieso immer alles mit«, sagte Bernardo, als wäre die Sache damit erklärt.

»Und ihm passieren auch die verrücktesten Dinge«, erwiderte Horacio. »Hat er euch erzählt, dass er neulich Elisa gesehen hat?«

Was sagte er da? Warum erwähnte er Elisa, obwohl Clara ihn ausdrücklich gebeten hatte, in Bernardos Anwesenheit nicht von ihr zu sprechen? Als wüsste er nicht, was für alte Wunden er damit aufreißen konnte.

Bernardo reagierte jedoch bloß, indem er aufgeregt fragte: »Irving hat Elisa gesehen, sagst du? In Spanien?«

Horacio senkte schuldbewusst den Blick. Offensichtlich hatte er seine Zunge nicht im Zaum halten können. »Tja, eine komische Geschichte.« Er berichtete, was Irving ihm über die Begegnung im Madrider Parque del Retiro erzählt hatte. Was er dabei jedoch tunlichst verschwieg, war die Tatsache, dass Irving von einem Mädchen an Elisas Seite erzählt hatte, einem Mädchen mit schwarzem Haar, dunkler Haut und vollen Lippen, das – Irving hatte fast angefangen zu schreien, als er bei diesem Punkt ankam – einem gewissen Quintín Horacio Forquet wie aus dem Gesicht geschnitten schien.

Das lichtdurchflutete Zwischenreich des April, wenn es weder zu kalt noch zu heiß ist, keine Stürme drohen, wenn die ersten Mangos reifen und die Flammenbäume aufblühen, ist ein Geschenk der Natur. Trotz oder gerade wegen der allgegenwärtigen Hetze und Anspannung, muss man dieses Geschenk genießen. Eindeutig, in den Tropen ist April nicht der grausamste Monat.

Wie schön ein Aprilmorgen sein kann, war Clara seit jeher bewusst, und sie machte es sich zur unbedingten Pflicht, diese Schönheit auszukosten. Mit einer großen Tasse Kaffee und der einzigen Zigarette, die sie sich inzwischen am Tag noch erlaubte, saß sie auf der Terrasse und genoss das Schauspiel, wie sich inmitten der zurückweichenden Schatten das neue Licht Bahn brach, bis der glühende Widerschein der Sonne sich am Horizont abzuzeichnen begann und den wolkenlosen Aprilhimmel mit Farbe überzog.

Selbst zur schlimmsten Zeit der Krise, mitten im täglichen Überlebenskampf, tat Clara alles, um auf diese fünfzehn oder zwanzig magischen morgendlichen Minuten nicht verzichten zu müssen. Aller so lange angestauten und nie ganz überwundenen Müdigkeit zum Trotz konnte sie in dieser Spanne Zeit die angenehme Seite ihrer Einsamkeit auskosten, dieses geradezu harmonische Gefühl, das nicht nur ihr Gemüt besänftigte, sondern ihr auch Kraft und Mut verlieh. Was sie eines Tages auf den Gedanken brachte, dass man sich Gott, falls er tatsächlich existierte, in seiner ganzen Schönheit und Macht am besten wie einen Aprilmorgen auf der Insel vorstellte, die das Schicksal ihr zum Geburts- und Lebensort und, wie sie annahm, wahrscheinlich auch Todesort auserkoren hatte.

Die ersten Jahre des neuen Jahrhunderts verstrichen langsam und zäh. Eine neue, bessere Normalität verfestigte sich, auch wenn sich noch kein endgültiger Ausweg aus der angespannten wirtschaftlichen Situation des Landes abzeichnete. Durch die Wiederaufnahme ihrer früheren Arbeit und die befriedigende neue und reife Beziehung mit Bernardo waren viele Dinge leichter geworden. Dass ihre Söhne zielstrebig studierten, Bernardo sich als der beste Liebhaber und Gefährte erwies, den sie sich je hätte erträumen können, und ihr Haus nicht nur Zuflucht bot, sondern inzwischen auch endlich neu gestrichen war – zu viert waren seine Bewohner mit dicken Pinseln und grün gefärbtem Kalk der Fassade zu Leibe gerückt –, versöhnte sie zusehends mit sich selbst und ihrem Schicksal. Den alten und inzwischen fast blinden Danger an ihrer Seite, konnte sie diese Morgenstunden des Aprils in vollen Zügen genießen. So war es auch an diesem herrlichen Tagesanbruch des 18. April 2004.

Die Sonne erhob sich schließlich zwischen den Königspalmen über dem Horizont. Clara hatte ihren Morgenkaffee getrunken und die dazugehörige Zigarette geraucht und rüstete sich für den neuen Tag.

In dem vor einiger Zeit erstandenen Toaster steckten mehrere Scheiben Brot. Die drei Männer des Hauses würden sie später in ihre Frühstücksmilch tauchen – es gab wieder Milch, wenn auch bloß in pulverisierter Form. Sie setzte gerade die zweite Kanne Kaffee dieses Morgens auf – Kaffee war ausreichend vorhanden –, als sie auf der Holztreppe die sicheren Schritte von Marcos hörte, der morgens immer als Erster zum Frühstück erschien. Heute war er allerdings eine Viertelstunde früher dran als sonst. Zu ihrer Überraschung war es aber

Ramsés, der in die Küche trat, bekleidet mit den Shorts und dem alten Pullover, die ihm als Pyjama-Ersatz dienten.

»Bist du aus dem Bett gefallen?«, fragte sie.

Ramsés lächelte, ging neben Danger in die Hocke und kraulte ihn liebevoll hinter den Ohren. Dann stand er wieder auf, sah nach, ob noch Kaffee da war, und trank einen Schluck direkt aus der Kanne.

»Ich wollte dir was sagen«, verkündete er schließlich.

»Willst du schon frühstücken?«, fragte Clara.

»Später, jetzt noch nicht.«

»Wann musst du denn heute in die Universität?«

Erst nach einer Weile antwortete Ramsés: »Genau darüber wollte ich mit dir sprechen. Ich gehe heute nämlich nicht.«

»Hast du ein Praktikum?«

Ramsés schüttelte den Kopf. »Kann ich jetzt mal reden?«

An seinem Tonfall merkte Clara, dass etwas in der Luft lag. Sie wollte schon fragen, was los sei, verkniff es sich aber im letzten Moment.

»Ich wollte dir sagen, dass ich nicht mehr zur Universität gehen werde. Moment, Moment …«, fügte er hinzu, als er merkte, dass seine Mutter zu einer Erwiderung ansetzte. »Ich werde mich exmatrikulieren. Weil ich beschlossen habe, zu gehen.«

Clara versuchte, sich einzureden, sie habe nicht richtig verstanden. Aber sie wusste nur zu gut, was ihr Sohn ihr sagen wollte.

»Mama, wenn ich hier zu Ende studiere, muss ich mindestens zwei oder drei Jahre warten, bis sie mich ausreisen lassen. Wenn ich aber keinen Abschluss mache, kann ich gehen, wann ich will. Dieser Augenblick ist jetzt gekommen.«

Clara sah ihren Sohn an und blickte dann auf den Hof hinaus, auf dem in all den Jahren so viel passiert war. »Hast du mit deinem Vater darüber gesprochen?«

»Er hilft mir, ja.«

»Warum hast du mir nichts gesagt?«

»Das wollte ich erst so spät wie möglich machen, damit du dich nicht noch mehr damit herumquälst.«

Clara nickte. Wieder blickte sie auf den Hof hinaus. Gerne hätte sie sich noch eine Zigarette angezündet. Sie spürte, wie die Dinge in ihrem Inneren durcheinandergerieten. Mit der entspannten Morgenstimmung war es vorbei. Aber ihr war auch klar, dass sie kein Recht hatte, ihrem Sohn Vorwürfe zu machen, ja, nicht einmal nach seinen Beweggründen durfte sie fragen. Es gab so viele, und alle waren auf die eine oder andere Weise berechtigt. Ramsés war ja nicht der Einzige, der beschloss, fortzugehen. Aber er war ihr Sohn, und er war begabt, verantwortungsbewusst und hatte sein Ziel immer klar vor Augen.

Der Geruch, der vom Toaster aufstieg, zog ihre Aufmerksamkeit auf sich. »Wie wirst du es anstellen? Wohin wirst du gehen?«, fragte sie, während sie die gerösteten Brotscheiben auf einen Teller legte und anschließend den bereits sprudelnden Kaffee vom Herd nahm.

»Das weiß ich noch nicht, Mama.«

»Hast du es dir gut überlegt? Du hast nur noch ein Jahr bis zum Abschluss.«

»Den mache ich auch. Ich weiß bloß noch nicht, wo und wie, aber meinen Abschluss mache ich. Das schwöre ich dir. Vorläufig weiß ich nur, dass ich fortgehen werde. Und weißt du, warum?«

»Ich kann es mir vorstellen. Weil du besser leben möchtest als hier, oder?«

»Ja, das auch. Vor allem möchte ich aber weg, weil ich, wenn ich hier meinen Abschluss mache, mehr oder weniger das gleiche Diplom bekomme wie du. Von der Universität, an der auch du studiert hast. Ich will aber nicht mit vierzig das Gefühl haben, dass ich das gleiche Leben gelebt habe wie du, Mama.«

»Aber …«

»Entschuldige, wenn ich dich beleidigt habe. Du bist die beste Mutter, die man sich vorstellen kann. Du denkst immer zuerst an die anderen und erst dann an dich, und du hast uns immer alles gegeben, auch wenn es eigentlich gar nichts gab. Ich kenne keinen besseren Menschen als dich. Trotzdem führst du ein beschissenes Leben.«

»Also hör mal!«, rief Clara empört. »Woher nimmst du das Recht …?«

»Natürlich habe ich kein Recht, über dein Leben zu urteilen. Aber du hast auch nicht das Recht, über mein Leben zu entscheiden. So einfach ist das. Was wäre gewesen, wenn mein Vater, dieser Arsch, uns nicht regelmäßig diese von dir selbst sogenannten Rettungspakete geschickt hätte? Und wenn Horacio und Irving nicht auch immer wieder an uns gedacht hätten?« Clara machte sich verzweifelt klar, dass sie seinen Worten nichts entgegenzusetzen hatte. »Das Einzige, worum ich dich bitte, ist, dass du es nicht so schwer nimmst, und dass du mich weiterhin lieb hast und mir verzeihst, falls ich etwas Unrechtes gesagt habe. Ich weiß, es wird dir schwerfallen, und du wirst leiden, du leidest jetzt schon. Aber du verstehst mich auch, und du unterstützt mich, weil du so bist, wie du bist, und weil du meine Mama bist, stimmts?«

Die Frau, die mit den Pferden sprach

»You're gonna carry that weight …
a long time …«

PAUL MCCARTNEY

Die Wolke streckte sich horizontal über den Himmel. Sie war wie mit einem einzigen nachlässigen Pinselstrich ins Blau gesetzt, als hätte jemand ihren flüchtigen Charakter hervorheben wollen. Ihr Weiß verschmolz mit dem Weiß des ewigen Schnees, während sie sich, als wäre nichts dabei, auf der Spitze des Berges im Gleichgewicht hielt, der, wie die Leute behaupteten, einst Gott gewesen war. Ringsherum breitete sich endlos weit der tiefblaue Himmel aus.

Jedes einzelne Blatt der Bäume am unberührten Westufer des Puget-Sound schien mit einer anderen Farbe koloriert, in den gewagtesten Tönen der Palette eines Cézanne und mit der rasenden Leidenschaft eines van Gogh, so dachte sie, von Dunkelviolett bis Rot, von Orange bis Blau, und in allen nur denkbaren Variationen von Grün und Ocker. Zusätzlich wurde das Ganze von dem still daliegenden Wasser wie von einem riesigen Silberspiegel zurückgeworfen.

Ein überwältigender Eindruck von urzeitlicher Kraft, als sei er geschaffen, um sie auf etwas Kommendes hinzuweisen, so wie es Jahre später auch ihre Tochter empfinden sollte. Den Glauben an Gott hatte sie schon lange verloren, ja, ihn vielleicht nie besessen. Doch nun stand sie unversehens vor seinem Werk, wenn nicht, wie die Menschen früherer Zeiten gedacht hatten, vor ihm selbst – vor »Tahoma«. Sie wusste, vor diesem harmonisch versöhnlichen Schauspiel: Jetzt hatte sie ihren Bestimmungsort erreicht.

Acht Tage hatte die Reise von New York bis in diese abgelegene Ecke gedauert. Acht Tage und mehrere Tausend Kilometer, immer gen Nordwesten, die meiste Zeit irgendwelche Lokalsender hörend, die sich irgendwann im Äther wieder verabschiedeten und durch andere ersetzt wurden. Gegessen hatte sie in Restaurants, die an der Straße lagen, gepinkelt auf Tankstellentoiletten, geschlafen in Fernfahrermotels.

Acht Tage, an denen all das, was sie schon so viele Jahre mit sich herumschleppte, ihr einziger Begleiter gewesen war, wieder auf der

Flucht, diesmal jedoch ohne Zeitdruck und dafür mit einem genau bestimmten Ziel.

Die Reise hatte bei einem Gebrauchtwagenhändler in Union City begonnen. Sie hatte nichts mitgenommen außer zwei Rucksäcke mit Kleidung, eine Kiste Bücher und ein paar wenige Gegenstände aus den siebenundvierzig Jahren ihres bisherigen Lebens. Ihre mageren Bankkonten hatte sie geleert, das Handy ausgeschaltet. Es tat so gut, zu wissen, dass niemand auf der Welt wusste, wo sie sich befand und wohin sie unterwegs war. Bis vor wenigen Minuten hatte nicht einmal sie selbst gewusst, ob sie ihr Ziel tatsächlich erreichen und was sie dort tun würde.

Als sie jedoch den bewegenden Anblick des viertausendvierhundert Meter hohen Mount Rainier vor sich hatte – der in der Indigenensprache Lushootseed Tahoma hieß, der Berg, »der einst Gott war« –, wusste Loreta Fitzberg, dass sie angekommen war und hier auch bleiben würde. Bis sie eines Tages erneut auf der Flucht sein würde … Buddha hatte es gelehrt, und sie wusste es: Die drei unumstößlichen Wahrheiten des Universums sind, dass alles sich unaufhörlich verändert, dass kein Zustand für immer anhält und dass den Menschen auf der unendlichen Weite der Erdoberfläche wie auch im winzigen Raum seines Herzens nichts jemals völlig zufriedenstellt.

Loreta hatte Margaret Miller im Dezember 2001 auf einem Gestüt nördlich von New York kennengelernt. Der Leiter der Tierarztpraxis, in der sie arbeitete, hatte sie dorthin geschickt, um einen Cleveland-Bay-Zuchthengst zu untersuchen, der für eine sehr hohe Summe verkauft werden sollte. Weil ihr kubanisches Diplom in den USA nicht anerkannt war, war sie in der Praxis nur als Hilfskraft angestellt und wurde auch bloß entsprechend bezahlt. Trotzdem betreute sie die Pferde der betuchten Kundschaft, denen manchmal als einziger Auslauf die asphaltierten Wege des Central Park zur Verfügung standen, wo sie, von weiten Wiesen träumend, verstört ihre Kreise zogen. Auch in diesem Fall würde sie die Untersuchung durchführen, die Bescheinigung darüber würde jedoch der leitende Arzt unterschreiben. Da es um einen Verkauf ging, würde sie allerdings, falls der Abschluss zustande kam, eine Prämie erhalten. Einem Cleveland-Bay war sie noch nie begegnet, was auch daran lag, dass es weltweit nur noch wenige Exemplare dieser Rasse gab.

Als sie gegen zehn Uhr auf dem Gestüt eintraf, führte der Besitzer sie direkt zum Pferdestall. Unterwegs erklärte er, dass das Tier zehn Jahre alt sei, sich in hervorragendem Zustand befinde und er es nur verkaufe, weil Miss Margaret Miller, die Betreiberin eines Gestüts in der Nähe von Tacoma, ihm ein unwiderstehliches Angebot gemacht habe. Der Cleveland-Bay-Hengst mit Namen Ringo Starr sei ein Sohn von Sea Breeze, einem aus England importierten Zuchthengst, mit dem ebenjene Margaret Miller und ihr englischer Ehemann eine Reihe von Tieren dieser exklusiven Rasse gezüchtet hätten, was sich offensichtlich als hervorragendes Geschäft erwiesen hatte. Ringo, der als Fohlen gegen den Willen Miss Millers verkauft worden war, war zweifellos der schönste Abkömmling von Sea Breeze, allerdings auch, wie sein Besitzer bezeugen konnte, der widerspenstigste und eigensinnigste, was für diese Rasse eigentlich untypisch war.

»Außerdem weiß er, wie schön er ist«, fügte er hinzu, »und darauf bildet er sich eine Menge ein. Er ist sehr intelligent und macht immer, wozu er Lust hat. Sie werden ihn mögen oder hassen. Oder umgekehrt, er wird Sie mögen oder aber hassen.« Er deutete zum Stall hinüber: »Die Frau, die da gerade rauskommt, ist Miss Miller. Warum sie Miss genannt werden will, ist mir nicht ganz klar.«

Loreta nickte. Die kräftige Frau vor ihnen war um die fünfzig, hatte langes offenes, nicht gefärbtes Haar und trug ein Jeanskleid und Stiefel, die nicht dazu passten. Vor ihrer Brust baumelte an einer Schnur ein Peace-Zeichen.

»Miss Miller«, sagte der Gutsbesitzer und zeigte auf Loreta. »Hier kommt Ihre Spezialistin.«

Loreta trat auf sie zu und stellte sich vor: »Loreta Fitzberg.«

»Margaret Miller, zwei Mal verheiratet, aber nennen Sie mich einfach Miss Miller«, erwiderte die Angesprochene freundlich.

Sie traten in den Stall, aus dem Loreta der geliebte und so vertraute Geruch entgegenschlug. Als ginge eine magnetische Anziehungskraft von ihm aus, erkannte sie den Hengst mit seinem vollkommenen Kopf in der zweiten Box sofort. Er war tiefbraun und hatte einen scharf umrissenen, weißen Stern auf der Stirn.

Lächelnd näherte sie sich dem prächtigen Tier. Der Hengst sah sie an, sein Blick war von geradezu Furcht einflößender Eindringlichkeit. In ihrer mehr als zwanzigjährigen Berufstätigkeit hatte sie unzählige Pferde gesehen und untersucht, aber so aufgewühlt wie diesmal hatte sie sich dabei noch nie gefühlt. In den feucht glänzenden Augen des Tieres lag eine leise Traurigkeit, aus der jedoch die Kraft einer ungewöhnlichen, zweifellos überlegenen Intelligenz strahlte. Diese Augen konnten sprechen, und Loreta spürte sofort, dass sie imstande war, diese Sprache zu verstehen.

»Na, mein Schöner«, sagte sie zur Begrüßung und berührte zunächst mit dem rechten Zeigefinger den weißen Stern auf der Stirn. Dann strich sie mit der ausgebreiteten Hand über die eine Hälfte seines Kopfes, um das Tier mit ihrem Geruch vertraut zu machen. Als der Hengst den Moment für gekommen hielt, reckte er den Hals, um am Kopf seiner Besucherin zu schnuppern. Dann wandte er sich wieder ihrer Hand zu und drückte nach kurzem Überlegen die Nüstern darauf, als wollte er sie küssen. Loreta gab einen wohlig zustimmenden Laut von sich und ließ die Hand dann, ausgehend vom Kinn, über den Hals des Tieres und wieder zurück und anschließend weiter bis zum Stern auf der Stirn wandern.

»Wie ist Ihr erster Eindruck?«, fragte Miss Miller, die hinter ihr stand.

Loreta streichelte Ringo noch eine Weile und sagte dann: »Er ist gestresst und leicht dehydriert, die Nüstern sind ziemlich trocken. Er weiß, dass ihm eine Veränderung bevorsteht. Sehen Sie mal, wie er atmet. Das zeigt, dass er Angst hat. Er fühlt sich nicht gut, wie ein Kind unter lauter Fremden. Er braucht Wasser und Hydrierungsmittel. Und Zuwendung. Wenn ich könnte, würde ich ihn von hier fortbringen und behalten … Hier gefällt es ihm offensichtlich nicht.«

»Gut, dann machen Sie sich mal an die Arbeit, und erzählen sie mir dabei, was Ihnen sonst noch alles auffällt.« Und an den Gutsbesitzer gewandt: »Könnten Sie uns bitte eine Weile allein lassen?«

Der Mann murmelte verdrossen: »Wie Sie möchten.« Offensichtlich unwillig verließ er den Stall. Loreta schmunzelte, mit dieser Miss Miller war nicht zu spaßen, auch wenn sie ein Peacezeichen zur Schau trug.

»Sagen Sie mir bitte noch einmal Ihren Namen, Frau Doktor?«, fragte diese nun.

»Loreta Fitzberg. Aber Doktor bin ich nicht, das heißt, ich war es mal, in meinem früheren Leben.«

»Darf ich einfach Loreta zu Ihnen sagen?«

»Gerne.«

»Danke, Loreta. Wissen Sie, wie viel er für das Pferd haben will?«

»Eine Menge, nehme ich an«, antwortete Loreta und machte sich daran, ein Hydrierungsmittel anzusetzen.

»So ist es. Trotzdem möchte ich dieses Tier unbedingt mitnehmen. Es ist jetzt genau im richtigen Alter, und ihm fehlt offensichtlich nicht das Geringste. Außerdem ist es ein Abkömmling des besten Pferdes, das ich je besessen habe, von Sea Breeze, einem Hengst, der mir sehr viel bedeutet hat. Ich kaufe es nur dann nicht, wenn Sie mir sagen, dass irgendetwas wirklich Schlimmes bei ihm vorliegt. Wissen Sie, warum?«

»Ich glaube, ja, Miss Miller. Weil Ringo etwas Besonderes hat.«

Miss Miller nickte. »Ja, er ist etwas Besonderes. Wenigstens für mich.«

»Warum haben Sie ihn damals verkauft?«

»Ich wollte es nicht, aber wir brauchten Geld. Jetzt habe ich Geld und möchte ihn zurückkaufen. Soll ich rausgehen, damit Sie ihn ungestört untersuchen können?«

»Nein, bleiben Sie ruhig. Nur um eins möchte ich Sie bitten. Bitte unterbrechen Sie mich nicht. Ich werde jetzt mit ihm sprechen.«

»Abgemacht«, sagte Miss Miller, ging zu einer Bank am Ausgang des Stalls, etwa fünfzehn Meter von Ringos Box entfernt, und setzte sich.

Später sollte sie zu Loreta sagen, dass sie in den ungefähr dreißig Jahren ihrer Beschäftigung mit der Pferdezucht nie etwas Vergleichbares erlebt hatte.

Loreta betrat Ringos Box, der sich daraufhin in eine Ecke zurückzog. In den Händen hielt sie eine saubere Schüssel und eine Kanne mit dem mit Hydrierungsmittel angereicherten Wasser. Während der ganzen Zeit redete sie leise und ruhig, aber dennoch gut hörbar, auf das Tier ein, als spräche sie ein Gebet. Sie goss das Wasser in die saubere Trinkschale, stellte die benutzte Schüssel an die Seite und schob das Stroh zusammen. Schließlich standen sie und das Pferd einander gegenüber, das Tier beschnupperte sie ein weiteres Mal, und die beiden sahen sich erneut eine ziemliche Weile an. Jetzt wurde klar, was für ein Wunder sich hier vollzog. Der Hengst senkte den Kopf und fing an, geradezu gierig aus der Schüssel zu trinken. Als er sie zur Hälfte leer getrunken hatte, blickte er auf, sah Loreta an, die weiter auf ihn einsprach, und näherte die Stirn dann der Frau, bis beider Köpfe sich berührten. So verharrten die zwei mehrere Minuten. Loreta sprach unterdessen unaufhörlich weiter, während Ringo schnaubte und die Nüstern bewegte, sodass ein paar Tropfen zu Boden fielen. Die Frau und das Tier schienen sich, nur sie zwei ganz allein, in einer anderen Welt zu befinden. Miss Miller wurde zur Zeugin einer so glühenden wie bewegenden Liebeserklärung. Noch Jahre später erzählte Loreta von diesem, wie sie sagte, magischen Zusammentreffen zweier Zwillingsseelen, die sofort Verbindung aufgenommen hätten.

Zwei Stunden später las Miss Miller den von Loreta verfassten Bericht. Sie begleitete sie zunächst noch einmal zu dem Pferd, damit sie sich von ihm verabschieden konnte. Auf dem Weg zu Loretas Auto erzählte Miss Miller von ihrer bewegten Jugendzeit, der zu Ehren sie bis heute den Nachnamen Miller wie auch das Peace-Zeichen an ihrem Hals trage. Loreta wiederum berichtete von der Zeit in England, wo sie reiten gelernt habe und zur Pferdeliebhaberin geworden sei, weshalb sie nach ihrer Rückkehr nach Kuba Tiermedizin studiert habe. In den USA sei ihr Titel allerdings bis jetzt nicht anerkannt.

Bevor sie sich endgültig verabschiedeten, übergab Miss Miller ihr einen Zettel. »Hier, meine Adresse und meine Telefonnummer. Falls Sie mal vorbeischauen wollen – Sie sind jederzeit herzlich willkommen. Es ist herrlich ruhig bei mir, ich kann mir keinen besseren Ort zum Leben vorstellen. Falls Sie eines Tages Lust bekommen sollten, für mich zu arbeiten und sich um Ringo und die anderen Pferde zu kümmern, lässt sich bestimmt etwas machen.«

»Es ist immer gut, zu wissen, dass solch eine Möglichkeit besteht. Vielen Dank!«

»Ich habe zu danken, für das, was ich heute miterleben durfte. Sie haben wirklich eine besondere Gabe.«

»Das ist pure Routine, machen Sie sich da nichts vor. Eine besondere Gabe hat bloß Ringo. Ich freue mich, dass er bei jemandem wie Ihnen wird leben können. Passen Sie gut auf ihn auf! Ich verspreche, dass ich Sie irgendwann besuchen komme, Sie und Ringo. Und achten Sie darauf, dass er immer viel trinkt, bitte.« Loreta hielt der kräftigen Frau zum Abschied die Hand hin.

Fünf Jahre später sollte diese Frau, an ihrer Seite einen Cleveland-Bay-Hengst mit einem weißen Stern auf der Stirn, am Eingang ihres Gutes The Sea Breeze Farm stehen und Loreta willkommen heißen.

In den Tagen nach der Ankunft auf dem Gestüt fragte sich Loreta immer wieder, wie sie ihrer Tochter Adela ihr plötzliches Verschwinden erklären sollte. Sie war aufgebrochen, ohne sich von irgendwem zu verabschieden, nicht einmal ihrer geliebten Kleinen hatte sie gesagt, wohin sie fuhr. Aber sie hatte ja selbst nicht gewusst, was genau sie zu alldem bewogen hatte. Dass sie, am Ziel angekommen, das Gefühl hatte, endlich ihren Platz auf dieser Welt gefunden zu haben, ihr ganz persönliches Paradies, davon hatte sie beim Aufbruch nicht ausgehen können. Dann war es also ihr Karma gewesen. Die Folge, die sich aus den Ursachen ergeben hatte.

Schließlich telefonierte sie dann doch mit Adela und begründete die Entscheidung mit ihrem Überdruss am chaotischen Großstadtleben und der Schönheit dieses Ortes. Und mit dem großzügigen Gehalt, mehr hatte sie noch nie verdient. Von den eigentlichen Beweggründen aber sagte sie nichts. Ein bisschen fühlte sie sich wie ein Taucher, dem am Grund des Meeres allmählich die Luft ausgegangen war, weshalb er sich, um zu überleben, auf den Weg an die Wasseroberfläche machte.

2005, ein Jahr vor ihrem Aufbruch, hatten Loreta und Bruno Fitzberg sich endgültig getrennt. Ohne viel Drama, schließlich hatte sich ihre Beziehung schon seit Längerem abgekühlt. Vielleicht lag es an Loretas Unfähigkeit, einem Partner allzu lange treu zu sein. Auch wenn sie es nie zugab, wusste Bruno, dass sie seit unbestimmter Zeit ein Verhältnis mit einem anderen Mann hatte, vielleicht auch mit mehreren. Fast sicher gehörte der Leiter der Tierarztpraxis dazu, in der sie arbeitete.

Solche Abenteuer waren jedoch nicht der eigentliche Grund, sie waren nur der Ausdruck ihres tief sitzenden Bedürfnisses nach Auflehnung und Veränderung, sobald sich ein stabiler Zustand von Gleichgewicht in ihrem Leben einzustellen schien. Das Zusammensein mit Bruno Fitzberg war ihr immer mehr zu einer Last geworden, die sie schließlich um jeden Preis abschütteln musste.

Sie einigten sich darauf, dass Adela beim Vater bleiben würde, in der Nähe der Schule, wo sie sich für die Universität qualifizieren konnte. Von der Wohnung in Union City aus, die Loreta bezog, wäre das nur schwer möglich gewesen. Zu Loretas Erleichterung schien dies auch Adela die beste Lösung. Wie sie unumwunden zugab, hatte sie nicht die geringste Lust, die gewohnte Umgebung zu verlassen. Hier hatte sie ihre Freunde, hier waren die Diskotheken, in denen Salsa und Merengue getanzt wurde, und auf dem Softballplatz trainierte sie jeden Sonntag.

»Meinetwegen, Cosi, wenn dir das so wichtig ist. Aber nicht, dass du mir anfängst, irgendwelches komisches Zeug zu schlucken …«

Im ersten Jahr nach der Trennung gelang es Loreta, eine zivilisierte Beziehung zu ihrem Ex-Mann und die Nähe zu ihrer Tochter aufrechtzuerhalten. Drei oder vier Mal die Woche kam sie nachmittags zu ihnen in die Wohnung in Hamilton Heights. Manchmal kochte sie sogar für alle. Wenn sie gut drauf war, wagte sie sich sogar ins Zimmer ihrer Tochter, das sich in eine Raubtierhöhle verwandelt hatte. Sie räumte auf, so gut es ging, und stopfte eine Ladung Wäsche in die Waschmaschine. Sie half Adela bei den vielen Hausaufgaben und suchte gemeinsam mit ihr im Internet nach staatlichen Förderprogrammen für begabte junge Schüler wie sie. Bald schien ihr diese neue Form von Familienleben geradezu normal – Arbeitstage in der Tierarztpraxis im Wechsel mit den Stunden bei ihrer Tochter, dazu das tägliche Hin und Her mit Bus und U-Bahn zwischen Union City und Manhattan. Im Stillen aber wusste sie, dass sie sich etwas vormachte.

Der entscheidende Anstoß zu einem Neubeginn stellte sich während einer Nachtwache in der Praxis ein. Sie war inzwischen sechsundvierzig, spürte die ersten Attacken eines verfrühten Klimakteriums und verdiente immer noch ziemlich mittelmäßig – daran hatte die Tatsache, dass sie mit ihrem Chef ins Bett ging, nichts geändert. Von den vielfältigen Möglichkeiten einer Stadt wie New York konnte sie nicht wirklich profitieren. Zudem wurde das Verhältnis zu Adela schwieriger. Die steigerte sich zur Verzweiflung der Mutter in eine zunehmende Kubabegeisterung hinein. Loreta fühlte die Unzufriedenheit in sich wachsen und wusste, dass dies früher oder später unweigerlich die schlechtesten Seiten ihres Charakters zum Vorschein bringen würde. Es wurde also Zeit, das Ruder herumzureißen und endlich mit sich ins Reine zu kommen. Sie beschloss, nicht länger zu warten, und brach auf, in ihrem Leben wieder Neuland zu suchen.

Zwei Wochen nach der Ankunft auf der Sea Breeze Farm hielt sie den Moment für gekommen, ihr Handy wieder zum Leben zu erwecken. Wie sie feststellte, hatte Adela mehrfach versucht, sie zu erreichen, Bruno auch, und ebenso ihr letzter Liebhaber, ein österreichischer Küchenchef, der zwei Schlangen besaß und wie sie regelmäßig Yoga machte. Sie rief ihre Tochter an und berichtete, wo sie war, aber über die Gründe der plötzlichen Abreise sagte sie nichts.

Ihr war bewusst, dass ihr abruptes Verschwinden schlichtweg inakzeptabel und unverantwortlich war. War sie tatsächlich bloß fortgegangen, weil sie auf der Suche nach sich selbst war? Oder weil sie eigentlich lieber von Tieren umgeben war, die ihr ihre Anwesenheit und Fürsorglichkeit dankten, als von Menschen, die Zuneigung, gute Worte, Treue und Verlässlichkeit von ihr forderten? Oder nicht vielmehr, weil sie mit sich selbst nicht im Reinen war? Weil sie mit dem Leben, das sie führte, haderte? Genauso wie viele Jahre davor Elisa Correa, als sie am Tiefpunkt ihrer bisherigen Existenz angekommen war, Ekel vor Elisa Correa empfunden hatte, und ihre gefährlich gewordene und sich auflösende Umgebung nicht mehr ertragen hatte? Versuchte sie es deshalb mit einer neuerlichen Inkarnation? Oder gar mit einer Wiedergeburt?

Etwas mehr als ein Jahr nach Loretas Ankunft auf der Sea Breeze Farm starb Miss Millers sympathischer zweiter Mann Dan Carlson völlig unerwartet an einem Schlaganfall. Die beiden waren zwölf Jahre verheiratet gewesen.

Margaret Millers erster Ehemann Thomas Foster, der Vater ihrer zwei Töchter, war in volltrunkenem Zustand bei einem Autounfall ums Leben gekommen. Mit dem vermögenden Pferdeliebhaber Thomas hatte Miss Miller am Ende der aufgewühlten Siebzigerjahre die Zucht begründet, indem sie ihren ersten Cleveland-Bay-Hengst aus England importierten.

Doch schon 1972, fünf Jahre vor ihrer ersten Heirat, hatte die damals dreiundzwanzigjährige Miss Miller, die zu diesem Zeitpunkt noch Margaret Sanders hieß, bereits einmal den Lebensgefährten verloren. Mit dem ungestümen Robert beziehungsweise Bob Miller hatte sie vier wilde Jugendjahre verbracht. Als er, um nicht nach Vietnam in den Krieg ziehen zu müssen, nach Kanada floh und dort ums Leben kam, nahm Margaret Sanders den Nachnamen ihres verstorbenen Geliebten an. Er blieb der Mann ihres Lebens. Sie ließ sich aber weiterhin mit »Miss« anreden, weil die beiden nie geheiratet hatten.

Nach Dans Tod verfiel die sonst so unternehmungslustige Miss Miller in Lethargie. Sie schien jedes Interesse an ihrer Umgebung, auch dem grandiosen Gestüt, verloren zu haben. Das Angebot der Töchter – die sie zeitweilig als kleinbürgerliche Hausfrauen beschimpfte –, zu ihr zu kommen, lehnte sie ab. Und zu einer der beiden in die Stadt zu ziehen, kam sowieso nicht infrage. Beide Töchter lebten, mit erfolgreichen Anwälten verheiratet, in Chicago beziehungsweise Pittsburgh.

In dieser für das Gestüt kritischen Situation entschloss sich Loreta, ihre verschütteten Führungsqualitäten zu reaktivieren. Unterstützt von den beiden langjährigen Knechten der Farm, dem Puyallup-Indigenen Wapo und dem Mexikaner Andrés, hielt sie den aufwendigen Betrieb in Gang. Indem sie das Gut vor dem Verfall rettete, rettete sie auch sich selbst, hier hatte sie tatsächlich endlich ihren Platz auf der Welt gefunden. Den Cowboy Rick stellte sie zusätzlich ein, er sollte sich fortan um die Pflege und das Training der Pferde kümmern – mit Ausnahme von Ringo. Außerdem fiel Rick die schwierige Aufgabe zu, das Zureiten und die heiklen Besamungsprozesse durchzuführen. Sie selbst kümmerte sich von da an vorrangig ums Geld, die Gesundheit der Tiere und die Verwaltung.

Im Sommer 2007, kurz vor dem Beginn ihres Studiums in Miami, kam Adela zum ersten Mal zu Besuch auf die Sea Breeze Farm. Mutter und Tochter hatten sich über ein Jahr nicht gesehen. Als sie sich auf dem Flughafen Seattle-Tacoma gegenüberstanden, stellten beide fest, wie sehr sie sich verändert hatten. Mit ihren inzwischen siebzehn Jahren war Adela eine wunderschöne junge Erwachsene, während Loreta schlanker, dunkler und muskulöser geworden war und sich unübersehbar wohl in ihrer Haut fühlte.

»Hübsch bist du geworden, Cosi!«, rief Loreta beim Anblick ihrer Tochter.

»Und du erst!«, erwiderte Adela.

»Danke! Und jetzt Schluss mit der Grabesmiene, du bist heil gelandet«, lachte Loreta, die wusste, welche Ängste ihre Tochter seit dem September 2001 auf Flugreisen ausstand.

Als sie schließlich vor der Blockhütte hielten, die Miss Miller Loreta als Unterkunft überlassen hatte, sah Adela sich überwältigt um. Die einladenden Gebäude schienen alle frisch gestrichen, auf den weiten

Rasenflächen stolzierten Pfaue, zwei prachtvolle Labrador Retriever tummelten sich auf dem Gelände, und im Hintergrund der dichte Wald – das reinste Paradies, genau wie die Mutter gesagt hatte.

»Lass deine Sachen im Auto. Ich stelle dich erst mal vor«, befahl Loreta, und Adela folgte ihr zu einer Gruppe lang gestreckter Ställe mit Ziegeldächern.

Von dort kamen ihnen Andrés und Wapo entgegen. Loreta legte ihrer Tochter den Arm um die Schulter und stellte sie den beiden vor: »Hab ich gut gemacht, was?«

Dann führte sie Adela in den größten Stall. Die kastanienbraunen Köpfe von vier Stuten und einem jungen Hengst mit Namen Cuore, der sich dem Fleck auf seiner Brust verdankte, sahen aus ihren Boxen hervor. Beim Klang ihrer Stimmen hielten die Tiere – allesamt Cleveland-Bay-Pferde – neugierig nach ihrer Trainerin und der Unbekannten an ihrer Seite Ausschau. Loreta rief ein jedes Pferd bei seinem Namen, streichelte es, stellte ihm Adela vor und erzählte dieser ein wenig über den Charakter des jeweiligen Tieres. Zwischendrin ließ sie wie beiläufig die eine oder andere Bemerkung über einen gewissen ziemlich eigensinnigen Herrn fallen – sie bezeichnete ihn mit lupenreinem britischen Akzent als »Sir« –, der ganz genau wisse, dass er das schönste Pferd der Welt sei und manchmal ganz schön arrogant sein könne. »Na ja, er ist eben ein echter Aristokrat.«

Adela war klar, worauf die Mutter anspielte. Sie fragte nicht weiter nach und ging auf eigene Faust weiter zur letzten und zugleich geräumigsten Box. Das Tier stand mit dem Rücken zu ihr, sodass Adela vorerst nur die imposante frisch gestriegelte Kruppe bewundern konnte, und einen glänzenden schwarzen Schweif.

»Was sagst du zu diesem Königssohn?«, fragte Loreta, als sie ihre Tochter eingeholt hatte.

Das Tier rührte sich nicht, als hätte es nichts gehört.

»Heute hat er keinen guten Tag …«, fügte Loreta hinzu, woraufhin das Tier mehrmals sanft, aber entschieden ausschlug. »Er ist sauer, weil heute noch niemand mit ihm ausgeritten ist. Aber, aber, Sir Ringo, wollen Sie unserem Besuch nicht Guten Tag sagen?«

Als sie Adela mit einer Handbewegung aufforderte, mit ihm zu sprechen, sagte die: »Guten Abend, Sir Ringo.« Beim Klang der unbekannten Stimme konnte das Tier nicht länger widerstehen und wandte den Kopf. Der weiße Stern auf seiner Stirn wurde sichtbar.

Der Hengst schnaubte mehrmals, bevor er sich in Bewegung setzte und schließlich voller Herablassung an den Rand der Box trat. Er näherte seinen Kopf dem Adelas und beschnupperte sie ausgiebig.

»Du kennst ihn ja schon von Fotos«, sagte Loreta schließlich. »Aber jetzt hast du ihn in seiner ganzen Pracht und Herrlichkeit vor dir. Darf ich vorstellen: Ringo Starr, der König von Sea Breeze.«

Nachdem Loreta eine Weile mit ihm über die Wiesen jenseits der Trainingspiste geritten war, durfte Adela zum ersten Mal auf dem breiten und kräftigen Rücken des Pferdes sitzen, das ihr die Liebe der Mutter streitig machte, und das durchaus mit Erfolg.

Als sie abstieg, erschien Mikela, Miss Millers griechische Haushälterin und Köchin, um mitzuteilen, dass die Herrin des Hauses sie zum Abendessen erwarte. Während Mutter und Tochter sich in ihrer Hütte umzogen, erzählte Loreta von den kosmischen Einflüssen, die sie an diesen Ort geführt hatten. Und wieder verkündete sie, dass sie sich hier so gut fühle wie noch nie in ihrem ganzen Leben. Was natürlich auch mit Ringo zu tun habe. Zwischen ihr und dem Pferd bestehe eine Art geistige Beziehung, als seien sie und Ringo füreinander bestimmt, wie Zwillingsseelen. Vielleicht ist das Tier in einem früheren Leben eine außergewöhnliche Persönlichkeit gewesen …

Adela hörte derlei nicht zum ersten Mal von ihr. Seit Jahren beschäftigte sich Loreta mit dem Buddhismus und hatte ihre Tochter schon des Öfteren mit Äußerungen über angebliche frühere oder noch bevorstehende Leben erschreckt. Genaueres sagte sie nicht, nur dass immer wieder Bilder daraus vor ihrem inneren Auge aufblitzten. Wenn Adela aber nach ihrer Vergangenheit im gleichermaßen nahen wie fernen Kuba fragte, was sie viel mehr interessierte, erwiderte Loreta regelmäßig in völligem Ernst, daran habe sie keinerlei Erinnerungen. Und das sei ihr auch ganz recht so …

Um sieben betraten die beiden das Haupthaus, wo Loreta, ohne abzuwarten, dass jemand zu ihrem Empfang erschien, ihre Tochter in einen großen Salon führte. Durch dessen riesiges Glasfenster hatte man einen weiten Blick über den Wald des Gutes und den dahinter liegenden Meeresarm.

Miss Miller saß behaglich in einem grünen Ledersessel und war offensichtlich in die prachtvolle Aussicht versunken. Sie trug eins ihrer Hemdkleider, das schon von vielen grauen Strähnen durchzogene Haar fiel ihr locker auf die Schultern. Obwohl sie, wie Adela durch ihre Mutter wusste, in der letzten Zeit bedrückt war, wirkte sie lebhaft, und nie hätte man gedacht, dass sie bald sechzig wurde.

»Schön, dass ihr gekommen seid. Heute essen wir zum ersten Mal seit Monaten wieder am großen Tisch«, sagte sie und deutete auf das angrenzende Esszimmer. Warum erst heute, wirst du dir vorstellen können ...«

»Ja. Mein herzliches Beileid«, sagte Adela.

»Aber wir wollen jetzt nicht über traurige Dinge reden.« Miss Miller lenkte das Gespräch auf ein anderes Thema. »Deine Mutter hat mir erzählt, dass du schon bald zum Studieren nach Florida gehst. Ich habe fast unser gesamtes Land bereist, aber in Florida war ich nie. Warum willst du ausgerechnet dorthin?«

Adela fühlte sich unwohl bei diesem Thema, weshalb sie so knapp wie möglich antwortete: ein gutes Stipendium, ihr Interesse an Kuba und Lateinamerika im Allgemeinen, der Wunsch, eine Welt kennenzulernen, die komplexer sein musste als die Klischees, die normalerweise darüber verbreitet wurden.

Da schaltete sich Loreta ein, die bis dahin geschwiegen hatte. »Wärs nicht langsam Zeit für ein Gläschen von deinem Ouzo?« Sie wies auf die Glaskaraffe auf dem Tisch. Miss Miller war wohl die Einzige im Staate Washington, die nicht griechischer Herkunft war und regelmäßig Ouzo trank. Sie hatte ihn durch die tüchtige Mikela kennen- und schätzen gelernt, die sich den Schnaps von ihrer griechischen Heimatinsel schicken ließ.

Die Stimmung war herzlich, das Essen köstlich. Adela, die normalerweise nicht mehr trank als ein Bier oder ein Glas Wein, war von dem hochprozentigen Ouzo angenehm beschwingt, den sie, wie Miss Miller erklärte, unbedingt zu den von Mikela zubereiteten griechischen Köstlichkeiten trinken mussten. Offensichtlich befreite sich Miss Miller allmählich aus dem dunklen Loch, in das sie nach dem Tod Dan Carlsons gefallen war, und wurde wieder fröhlich und unternehmungslustig wie zuvor.

Adela staunte, wie zurückhaltend ihre Mutter sich verhielt. Sie nahm es als Zeichen dafür, dass ihr der Umzug in diesen abgelegenen Winkel des Landes wirklich gutgetan hatte. So blieb denn auch ihre Beziehung zu Loreta während der folgenden drei Tage so entspannt und gleichzeitig intensiv, wie sie es bislang kaum je erlebt hatte. Loreta gab ihr Arbeitskleidung aus dem eigenen Schrank und nahm sie kurzerhand in ihr Team auf, was Adela als einen Vertrauensbeweis sah. Sie half beim Füttern der Pferde, beim Ausmisten und Streuverteilen in den Boxen.

Jeden Abend spazierte sie, während die Mutter noch ein paar letzte Arbeiten erledigte, erschöpft, aber zufrieden mit Miss Miller durch den Wald bis ans Meer. In ihren Gesprächen erfuhr Adela viel Unbekanntes über ihre Mutter.

»Über sich selbst spricht sie so gut wie nie«, sagte Miss Miller bei einem dieser Spaziergänge. »Sie kam, weil sie etwas hinter sich lassen wollte. Mehrfach hat sie gesagt, dass sie sich hier zum ersten Mal richtig wohlfühlt. Mir geht es ja genauso, und das schon seit vierzig Jahren. Wenn ich unterwegs bin, packt mich irgendwann der unwiderstehliche Drang, so schnell wie möglich zurückzukehren. Was ich anderswo zu sehen bekomme, interessiert mich dann auf einmal nicht mehr. Und deine Mutter hat offenbar überhaupt keine Lust mehr, zu verreisen. Seit sie Rick eingestellt hat, fährt sie nicht mal mehr nach Seattle. Bestenfalls nach Tacoma, aber auch das nur, wenn es um ihre Meditationskurse geht. Inzwischen sind wir richtige Freundinnen geworden, ohne sie hätte ich den Tod meines zweiten Mannes kaum verkraftet. Trotzdem habe ich kein Recht, sie über ihr Leben auszuquetschen. Warum sie hierhergezogen ist und was sie hier für sich gefunden hat, ist und bleibt ihre Sache. Auf jeden Fall war es kein oberflächlicher Entscheid. Es musste sein. Ich weiß, wovon ich spreche.«

Der Tag der Abreise war gekommen. Erst an diesem Morgen durfte Adela Ringo sogar eigenhändig waschen, seine Hufe reinigen, Mähne und Schweif striegeln und ihn abschließend komplett abbürsten.

Um fünf Uhr nachmittags verabschiedete sie sich von Miss Miller, Andrés, Wapo und Rick, während ihre Mutter das Gepäck verstaute. Auf dem Weg zum Flughafen machten sie noch einen Zwischenhalt in Gig Harbor, für ein Abschiedsessen in einem Restaurant am Meer. Loreta hatte das so verfügt.

Beim Essen fragte Adela ihre Mutter, ob Rick ihr neuer Liebhaber sei. Loreta schüttelte nur heiter den Kopf, für solche Geschichten sei sie mittlerweile zu alt. Während sie auf den Nachtisch warteten, schaute Adela auf die Uhr, um sicher zu sein, dass sie gut in der Zeit waren, doch das löste bei ihrer Mutter einen heftigen Ausbruch aus.

»Was soll das, Cosi, wir verpassen diesen Flug sicher nicht. Du kommst schon rechtzeitig zurück nach New York. Und vier Wochen später schmeißt du dein Leben dann auf den Müllhaufen …«

»Was soll das jetzt? Ich werde an einer Universität studieren, die genauso gut ist wie andere«, widersetzte sich Adela. »Aber lass uns jetzt nicht streiten, bitte.«

Doch Loreta konnte es nicht lassen. »Sosehr ich mir auch den Kopf zerbreche, ich verstehe es einfach nicht. Was denkst du dir bloß dabei, Cosi?«

Adela seufzte. Es war also wieder so weit. Der Frieden auf der Sea Breeze Farm hatte Loretas Charakter offensichtlich nicht verändert.

»Ich könnte mir diese Frage genauso stellen. Was denkt sich eigentlich eine Mutter, die ihre fünfzehnjährige Tochter verlässt, ohne zu sagen, wohin sie geht, und warum. Hast du jemals gefragt, wie es meinem Vater geht? Möchtest du wissen, wie ich mich gefühlt habe, als du verschwunden bist? Du bist ja so perfekt, die Umweltbewusste, die Demokratin, die Humanistin, die Frau, die mit den Pferden spricht, die ihre Seele versteht … Gibt es außer den Pferden und dir selbst irgendjemanden, der dir etwas bedeutet?«

»Du weißt, dass mir an niemandem so viel liegt wie an dir. Mein Leben ist eine einzige Katastrophe. Du darfst es nicht mit deinem vergleichen, Adela. Ich habe es gerade noch geschafft, mich aus meinem großen Loch herauszuarbeiten. Ich bin immer noch dabei, wieder einen Platz im Leben zu finden. Du hast doch ganz andere Voraussetzungen. Dir stehen alle Türen offen! Und nun gehst du freiwillig nach

Miami, wo es nichts gibt als Kubaner. Ein Provinznest in einem Provinzstaat! Habe ich dir schon mal gesagt, dass der Geruch nach Scheiße ansteckend ist? Sieh mich an, ich rieche inzwischen nach Pferd …«

»Was haben dir die Kubaner getan? Warum redest du so über sie? Kannst du mir das vielleicht mal erklären?«

»Das hab ich dir schon tausend Mal erklärt. Kuba ist ein verfluchtes Land, und sein größter Fluch sind wir Kubaner. Nichts tun wir lieber als uns gegenseitig hassen und beneiden. Gerne verzichten wir auf ein Auge, wenn dafür unser Nachbar blind wird. So sind die Menschen dort, einer wie der andere.«

»Das glaube ich nicht, Loreta.«

»Weil du das Glück hattest, nicht in Kuba zur Welt zu kommen, und weil du nicht dein halbes Leben dort hast zubringen müssen. Vielleicht trifft es nicht auf alle zu, die dort leben. Aber die, die den Ton angeben und Parolen brüllen und Fahnen schwenken, für die gibt es nichts Größeres als Hass und Neid. Und sie sind die Mehrheit, glaub mir. Wenn sie erst in Miami sind, wird es noch schlimmer. Dort verpesten sie die ganze Umgebung und stecken alle an. Willst du wissen, warum wir hier den Präsidenten haben, den wir nun mal haben? Wegen den Kubanern.«

»Überall gibt es Zyniker und Heuchler. Aber auch normale Menschen, und sogar richtig gute. Oder etwa nicht?«

»Stimmt. Ein paar von ihnen habe ich gekannt. Ich habe sie geliebt. Und sie haben mich geliebt. Manche haben sich mir zuliebe sogar auf ziemlich heikle Sachen eingelassen.«

»Jetzt verstehe ich dich erst recht nicht.«

»Es reicht völlig, wenn du verstehst, dass ich wie verrückt darum gekämpft habe, dass du nicht so wirst wie ich. Du hast keine Ahnung, was ich dafür alles auf mich genommen habe.«

»Ich habe tatsächlich keine Ahnung. Was ist dir denn so Schlimmes passiert? Hat das alles mit dem Kommunismus zu tun?«

»Schön wärs«, rief Loreta. »Es wäre viel einfacher, wenn man dem Kommunismus die Schuld an allem geben könnte. Aber der ist ja bloß die Folge, und nicht die Ursache. Er macht bestimmte Dinge vielleicht noch schlimmer, aber die Menschen bleiben, wie sie sind, egal in welchem System. Was sie eigentlich antreibt, ist Eitelkeit, die schlimmste Form von Stolz, und eine grenzenlose Fähigkeit, anderen Übles anzutun. Daran krankt das ganze Land.«

»Und du? Bist du nicht selbst eine Kubanerin? Also bist du selbst auch so! Deshalb hast du meinen Vater betrogen, und deshalb hattest du irgendwann kein Interesse mehr an mir und bist abgehauen, ohne Rücksicht auf Verluste, richtig?« Als Adela merkte, wie ihre Mutter sie daraufhin ansah, hatte sie das Gefühl, sie sei womöglich zu weit gegangen. Aber ihre Mutter hatte es nicht anders verdient.

Loreta schob den Nachtisch zur Seite, den man gerade vor sie hingestellt hatte. Auf diesen Angriff ihrer Tochter gab es verschiedene Antworten. Sie überlegte, welche sie wohl am härtesten treffen würde, auch wenn es nicht die war, die Adela, ohne sich dessen bewusst zu sein, einforderte und die auf einen Schlag so vieles erklärt hätte. Doch damit würde sie nur herausrücken, wenn der Weltuntergang unmittelbar bevorstand.

»Adela Fitzberg«, setzte sie an, »du hast kein Recht, über mich zu urteilen. Du weißt wirklich gar nichts über mein Leben, du kennst gerade mal die Spitze des Eisbergs …«

»Dann zeig mir den Rest, schließlich bist du meine Mutter«, unterbrach sie Adela.

»Hätte ich nur die Hälfte, ach was, ein Viertel dessen gesagt, was du gerade zu mir gesagt hast, hätte mein Vater, dieses Arschloch, mir eine Ohrfeige verpasst, und meine beschissene Mutter hätte Beifall geklatscht. Und dann hätten sie gemeinsam die Nationalhymne angestimmt, oder Guantanamera. Wie ich dieses Lied hasse! Nein, mehr werde ich darüber nicht sagen. Du hast riesiges Glück gehabt, und ich will nur eins: dass du dieses Glück nicht verschleuderst. Weißt du, warum? Weil ich dich liebe, Adela. Vielleicht bin ich nicht die Mutter, die du gerne hättest, aber ich liebe dich. Und dir zuliebe habe ich manchmal auch schreckliche Dinge getan.«

»Komm mir nicht schon wieder damit, verdammt! Ich halts nicht aus. Und sag bloß nicht noch einmal, dass wir bessere Menschen als die anderen sind. Einen Scheiß sind wir besser!«, rief Adela und stand auf. Mehrere Gäste sahen zu den beiden Frauen hinüber und fragten sich offensichtlich, was die zwei sich soeben in dieser unverständlichen Sprache an den Kopf geworfen hatten. Redeten sie Mexikanisch?

Loreta blieb sitzen und sah Adela hinterher, die davonging. Sie schloss einen Moment die Augen, dann nahm sie sich den Nachtisch vor, aß einen Löffel, schob ihn aber wieder beiseite und gab dem Kellner ein Zeichen, um zu bezahlen. Warum hatte sie sich ihre Worte nicht verkneifen können, fragte sie sich. Warum war sie außerstande gewesen, den Besuch ihrer Tochter friedlich ausklingen zu lassen? Warum musste sie sich immer wieder wie ein Skorpion verhalten, der sich mit dem eigenen Stachel eine tödliche Verletzung zufügt? Sie konnte vor sich selbst und den anderen fliehen, sie konnte ihre Vergangenheit leugnen, sie konnte meditieren, um den Kopf freizubekommen – aber sie würde immer die Kubanerin Elisa Correa bleiben. Das war ihr Karma, und darin, in dieser Herkunft, lag ihr Fluch begründet.

Als sie schließlich aus dem Restaurant kam, sah sie sich suchend nach ihrer Tochter um, doch die war nirgendwo zu entdecken. Sie ging zum Auto und stellte fest, dass Adelas Rucksack verschwunden war. Sie hatte sich davongemacht, auf welche Weise auch immer. Letzten Endes war sie eben ihre Tochter, sagte sie sich. Da bemerkte sie, dass soeben eine Nachricht auf ihrem Handy eingegangen war: »Warum ist es bloß so schwer, dich zu lieben, Loreta Fitzberg?«

M iss Miller hatte immer wieder darüber gesprochen, dass sie Loretas fünfzigsten Geburtstag – am 20. April 2009 – gebührend feiern mussten. Für Loreta aber war es eine schreckliche Zahl, die ihren letzten Lebensabschnitt ankündigte. Dass es ihr allerdings so gut gehen würde, hätte sie sich niemals träumen lassen. Dass sie die Sea Breeze Farm als Lebensmittelpunkt gefunden hatte, war eine unerwartete Erfüllung. In den mittlerweile drei Jahren auf dem Gestüt hatte sie den Glauben an menschliche Güte, so schwer sie für gewöhnlich zu finden war, wieder etwas zurückgewonnen. Die geistige Übereinstimmung mit

Miss Miller machte sie unendlich dankbar. Jeden Tag und jede Stunde wollte sie bewusst erleben, ganz wie Buddha es gelehrt hatte.

Zwei Wochen davor, gewissermaßen als kleines Vorspiel, war Adela zum zweiten Mal zu Besuch auf die Farm gekommen. Seit dem bitteren Streit vor zwei Jahren waren sie sich nicht mehr begegnet. Bei mehreren anschließenden Telefonaten hatte sich das Zerwürfnis fortgesetzt, bis Loreta beschloss, so zu tun, als gäbe sie sich geschlagen. Beide wussten, dass zwischen ihnen noch viele Rechnungen offen waren, aber sie verzichteten während des viertägigen Besuchs darauf, die alten Streitpunkte hervorzuholen. Stattdessen spielten sie die sich liebende Mutter und Tochter, was sie beide so gerne gewesen wären.

Zum Beweis der Aussöhnung überließ Loreta Adela sogar jeden Morgen ihren geliebten Ringo beim morgendlichen Ausritt.

Ringo war inzwischen fast zwanzig, hatte aber von seiner Potenz noch nichts verloren. Regelmäßig wurde ihm Samen entnommen, und dann entweder zu einem sehr guten Preis verkauft oder in einer Samenbank in Tacoma aufbewahrt. Außerdem deckte er jedes Frühjahr einen Großteil der Stuten auf dem Gut. Die anderen übernahm inzwischen sein jugendlicher Nachfolger Cuore. Doch Ringo war sanftmütiger geworden, sein Blick tiefer und melancholischer. Seine schwarze Mähne durchzogen erste graue Strähnen, als folgte er auch in dieser Hinsicht der Entwicklung seiner Zwillingsseele.

Beim Abschied am Flughafen war Loreta unendlich erleichtert und hochzufrieden mit sich selbst. Diesmal war es ihr gelungen, ruhig zu bleiben, als Adela davon gesprochen hatte, nach dem Bachelor in Miami das Studium fortzusetzen. Die Begeisterung für die »Lateinamerikastudien« und insbesondere die kubanische Kultur, die sie an den Tag legte, hatte offensichtlich die Mutter provozieren sollen. Aber Loreta war nicht darauf eingegangen. Sie war auch gelassen geblieben, als Adela gestanden hatte, dass sie eine Zeit lang einen kolumbianischen Geliebten gehabt hatte und inzwischen dabei war, sich auf eine Beziehung mit einem Kubaner einzulassen. Um Himmels willen, Adela Fitzberg, hatte sie gedacht, aber sich jede Bemerkung verkniffen. Sogar als Adela von einer geplanten Studienreise nach Kuba erzählte, hatte sie geschwiegen. War sie tatsächlich so alt und sanftmütig geworden wie ihr geliebtes Pferd? Oder verdankte sich ihre Selbstbeherrschung den Lehren des Buddha beziehungsweise dem wohltuenden Einfluss ihres neuen »Wegweisers«, des erleuchteten Chaq?

Zur Feier ihres fünfzigsten Geburtstags lud Miss Miller sie in ein italienisches Restaurant in Tacoma ein. Um anstoßen zu können, fuhren sie mit dem Taxi. Das Essen war mehr als anständig, der kalifornische Pinot Noir fast hervorragend, und der französische Champagner machte seiner Herkunft alle Ehre. Von zwei abschließenden Gläsern Grappa zusätzlich beschwingt, beschlossen sie, noch einen Spaziergang zum Park des Museums für Glasskulpturen zu machen. Dort rauchten sie die zwei Zigaretten, die Miss Miller sich von dem Kellner erbeten hatte, als sie ihm das Trinkgeld überreichte.

Kurz vor Mitternacht stiegen sie wieder ins Taxi. Während sie durch die menschenleeren Straßen der Stadt fuhren, dann über die erleuchtete Hängebrücke und schließlich durch die dichten Wälder rings um Gig Harbor, verstummte das Gespräch. In die Betrachtung der nächtlichen Landschaft versunken, spürte Loreta plötzlich, dass sich eine feste, warme Hand auf ihren Oberschenkel legte.

Zunächst zeigte sie keinerlei Reaktion. Doch dann schien sich Miss Millers Hand in ein Stück glühender Kohle zu verwandeln. Loreta legte, den Blick weiterhin nach draußen gerichtet, ihre eigene auf Miss Millers Hand. Vereint glitten ihrer beider Hände in Loretas Schoß, der sich bis eben noch in tiefem Schlaf befunden hatte, jetzt jedoch, auf ein leises Streicheln hin, schlagartig feucht wurde. Nun erst wandte sie Miss Miller das Gesicht zu. Die beiden Frauen küssten sich, schmeckten den Alkohol im Mund der anderen und fühlten sich lebendiger denn je und bereit zu Hingabe und Leidenschaft. Für Worte und Erklärungen war später noch Zeit genug.

Miss Miller – Loreta nannte sie jetzt »Mag« – bot ihr mehrfach an, zu ihr ins Haupthaus zu ziehen, wo sie mittlerweile ohnehin die meisten Nächte zubrachte. Sie zog es jedoch vor, die Hütte als ihren persönlichen Bereich zu behalten. Die Angestellten des Gutes merkten schon bald, was zwischen den beiden vorging, wunderten sich ein wenig, beließen es aber dabei.

Anfangs stellte Loreta sich eine Menge Fragen. Schon immer hatte sie sich Miss Miller sehr nahe gefühlt und die vielen Gespräche mit ihr genossen. Aber darüber hinaus hatte sie nie eine andere Art von Anziehung empfunden. Miss Miller hatte zudem erwähnt, dass sie lesbische Beziehungen nicht recht nachvollziehen konnte. Für sie sei das Männliche eine notwendige Ergänzung, nicht nur auf sexuellem Gebiet – auf dem Dan Carlson, wie sie zu verstehen gab, in seiner letzten Zeit nur mehr wenig zu bieten gehabt hatte. Dies auch im Sinne eines »Widerlagers«. Sie habe an einer Art weiblichen Abhängigkeit stets Gefallen gefunden, sosehr sie sonst den Eindruck von Stärke und Selbstsicherheit vermittelte.

Loreta wiederum musste unweigerlich an den zwanzig Jahre zurückliegenden Vorfall mit ihrer Freundin Clara zurückdenken, auch wenn die Erinnerung daran, wie alles aus ihrer kubanischen Vergangenheit, unscharf und dunkel geworden war. Damals hatte sie sich eingestanden, tatsächlich starke lesbische Neigungen zu haben, was sie aber keineswegs daran gehindert hatte, weiterhin mit Männern zu schlafen und im Gegenzug von diesen, zumindest körperlich, befriedigt zu werden. Noch immer fragte sie sich also: War sie nun lesbisch oder nicht?

Eine Reihe heikler und aufwühlender Ereignisse hatten damals verhindert, dass sich aus diesem einmaligen Vorfall mit Clara eine weiter reichende erotische Beziehung entwickelte. Loreta hätte sich das nicht nur sehr gewünscht, jetzt gestand sie sich zudem ein: Sie hatte zuvor insgeheim alles dafür getan, dass Clara den ersten Schritt wagte, so wie es nun auch mit Miss Miller geschehen war. Offensichtlich existierte in ihrem Inneren, sosehr sie sich stets als Frau fühlte, ganz offensichtlich ein, vielleicht männlicher, Drang nach Dominanz. Mit Clara hatte sie ihn nicht ausleben können. Nun hatte er sich mit Miss Miller umso heftiger Bahn gebrochen.

»Wir sind eben bisexuell, meine Liebe«, sagte Miss Miller lachend, als Loreta ihr von ihren Zweifeln erzählte. »Und dass du das Alphatier in unserer Geschichte bist, gefällt mir. Geht es dabei nur um Sex und Lust? Oder um Zusammensein und sich Ergänzen? Oder gar um Liebe?«

Aus der fast jugendlichen Zügellosigkeit ihrer ersten Nächte entwickelte sich im Lauf der Monate eine lustvolle Paarbeziehung, in der beide sich perfekt ergänzten und sich keine Grenzen setzten. Konnte man am Ende tatsächlich von Liebe sprechen? Wenn sie nackt auf dem riesigen Bett in Miss Millers Schlafzimmer lagen, fühlten sie sich im Vollbesitz ihrer Kräfte, rauchten gemeinsam Joints – was Loreta bis dahin nie gewagt hatte – und experimentierten mit Pornofilmen und Dildos. Beide gaben zu, dass sie noch nie so heftige Orgasmen erlebt oder sich auf ähnlich radikale Weise Lust verschafft hatten. Das bedeutete auch, dass die Männer, mit denen sie es bis dahin zu tun gehabt hatten, zwar stark und ausdauernd gewesen waren, bei alldem jedoch offenbar wenig einfallsreich, letztlich eben bloß Männer.

»Vielleicht hat dir ja tatsächlich der eine oder andere Mann gefallen«, erklärte Miss Miller eines Nachts. »Aber einfach nur bisexuell bist du wohl doch nicht. Ich würde eher von einem Verhältnis dreißig zu siebzig sprechen.«

Loreta gab ihre Hütte nicht auf, benutzte sie aber fast nur noch als Büro, abgesehen von den Tagen, an denen sie ein unbedingtes Bedürfnis nach Alleinsein verspürte. Mittags aß sie weiterhin mit den Angestellten des Gestüts, abends dagegen mit Miss Miller. Anschließend setzten sich die beiden, manchmal mit einem Glas Ouzo, wie ein gut eingespieltes Ehepaar vor den Fernseher, um sich ihre Lieblingsserien anzusehen – *The Wire*, *Breaking Bad* oder *Fargo*. Bei ihren ausgiebigen Gesprächen erzählte Loreta vorzugsweise über Adela. Sie hatte Miss Miller gebeten, der Tochter nichts von ihrer Verbindung zu sagen. Nicht weil sie sich schämte oder es für unpassend hielt, aber ihr Verhältnis zu Adela sei schon kompliziert genug, sie wolle ihrer Tochter keine zusätzlichen Angriffspunkte bieten.

»Je mehr ich mich bemüht habe, sie vor ihrer Leidenschaft für alles Kubanische zu schützen, desto entschlossener hat sie sich darauf gestürzt«, erklärte sie eines Nachts, mehrere Monate nach dem Beginn ihrer Beziehung.

»Warum schützen?«, fragte Miss Miller. »Das hört sich an, als ginge es um eine Krankheit.«

»So ist es auch. Die Welt dort ist krank, und ich möchte nicht, dass sie sich ansteckt.«

»Was ist denn so schlimm an diesem Kuba? Was hat es dir getan?«

»Ich habe dir doch schon so viel davon erzählt. Dass ich schwanger von dort weg bin, dass ich in Boston bei einer englischen Freundin untergeschlüpft bin, dass ich dann Bruno kennengelernt habe, und so weiter.«

»Ja, aber nichts aus der Zeit davor. Bist du weg, weil du von einem Mitglied des kubanischen Geheimdiensts schwanger warst? Musstest du deshalb fliehen?«

Loreta wollte die Frau, der sie so viel verdankte, nicht anlügen, aber manche Dinge konnte sie einfach nicht preisgeben, zumindest jetzt noch nicht. Darum erzählte sie ihrer Geliebten dieselbe Version ihres Lebens wie seinerzeit Bruno Fitzberg, wenn auch mit mehr Einzelheiten und längst nicht so fragmentarisch und zurechtgestutzt wie das, was ihre Tochter zu hören bekommen hatte. Aber Miss Miller war schlau genug, um zu merken, dass da allerlei nicht recht zusammenpasste. So war Loreta gezwungen, als sie das nächste Mal nackt beieinanderlagen, noch mehr von ihrem Lebensweg zu offenbaren, der sie zuletzt an die Seite dieser Frau geführt hatte.

»Was ich dir jetzt erzähle, weiß sonst niemand auf der Welt, Adela am allerwenigsten. Auch Bruno hat keine Ahnung davon. Und meine früheren Freunde haben nur ein ganz bisschen was mitbekommen. Dir erzähle ich es nur ein einziges Mal, ein zweites Mal wäre ich nicht dazu imstande, es tut viel zu weh …«

»Nein, lass es, du brauchst mir nichts zu erzählen«, erwiderte Miss Miller bestürzt.

»Doch, besser, du weißt es. Mir ist wichtig, dass du Bescheid weißt. Keine Angst, so schlimm ist es nicht. Na ja, ein bisschen vielleicht.

Es ist nun mal so: Wenn eine Welt zusammenbricht, gibt es zwei Möglichkeiten. Man kann versuchen, sie wieder aufzubauen, oder man überlässt sie ihrem Schicksal und errichtet später, wenn man dazu imstande ist, eine neue. So habe ich es gemacht, oder ich habe es wenigstens versucht.« Dann brach alles aus ihr heraus. Sie gestand ihrer Geliebten, dass sie in Wirklichkeit weder Loreta Fitzberg noch Loreta Aguirre Bodes hieß, sondern Elisa, Elisa Correa. Und dass Adelas Vater nicht für den Geheimdienst gearbeitet hatte, sondern ein gemeinsamer Freund von ihr und ihrem damaligen Ehemann war, der wiederum, was damals bereits feststand, selbst keine Kinder zeugen konnte. Durch diese unerwartete Schwangerschaft, auf die sie, das schwor sie, es keineswegs abgesehen hatte, war alles erst sehr kompliziert geworden. Abbrechen wollte sie die Schwangerschaft jedoch nicht, weil eine innere Stimme ihr sagte, dass dies vielleicht für immer die einzige Gelegenheit war, Mutter zu werden. Denn damals spürte sie sich von Tag zu Tag stärker zu ihrer Freundin Clara hingezogen, zu der sie schon als Jugendliche eine sehr enge Beziehung gehabt hatte. Die Schwangerschaft allerdings hatte sie, anders als andere Frauen, nicht stärker gemacht, nie hatte sie sich so verletzlich und angreifbar gefühlt wie damals.

Das war allerdings noch längst nicht alles, was Loreta berichtete. Schon bevor ihre Schwangerschaft feststand, hatte sie entdeckt, dass ein anderer Freund aus dem Clan eine äußerst seltsame Beziehung zu ihrem Vater unterhielt. Er hieß Walter, war Maler, vor allem aber ein ziemlich durchgedrehter und kaputter Typ. Ihr Vater dagegen war jahrelang Diplomat und danach Leiter eines wichtigen staatlichen Unternehmens gewesen. Irgendwann hatte sie die unselige Idee, die beiden miteinander bekannt zu machen. Ihr Vater suchte damals jemanden, der die Echtheit eines Bildes von einem wenige Jahre zuvor verstorbenen kubanischen Maler bestätigen konnte. Walter hatte diesen Künstler gekannt, dessen Werke inzwischen immer höhere Preise erzielten.

Über die Verbindung der beiden hatte sie ungewollt Einblick in eine Welt erhalten, in der mit Drogen gehandelt, Kunstwerke illegal außer Landes geschafft und tatsächlich oder auch nur vermeintlich alle möglichen Leute bespitzelt wurden, was Erpressungen und sogar Todesdrohungen nach sich zog. All dies hatte möglicherweise – ganz sicher war sie sich nicht – Walter in den Selbstmord getrieben. Und ihren Vater, einige Zeit danach, wahrscheinlich auch. Doch da war sie bereits mit einem gefälschten Pass aus Kuba geflohen. Seitdem hatte sie zu keinem ihrer Freunde oder Verwandten dort jemals wieder Kontakt aufgenommen. Auch von Adela wussten diese Leute nichts, auch nicht ihr biologischer Vater. Loreta Fitzberg hatte Elisa Correa getötet und ihre Asche in alle vier Himmelsrichtungen verstreut.

»*Like dust in the wind*«, sagte sie und musste an Bernardo denken. »Seitdem lebe ich als ein anderer Mensch. Unter ständiger Anspannung, wie du dir vorstellen kannst. Ein falsches Wort kann jederzeit eine Katastrophe auslösen.«

»Das ist schrecklich«, flüsterte Miss Miller. »Musste das wirklich so sein?«

»Damals kam es mir so vor. Heute bin ich mir nicht mehr sicher. Aber ich glaube, ich würde wieder so handeln. Ich hatte solche Angst.«

»In jedem Fall hast du teuer dafür bezahlt.«

»Vielleicht war es das wert. Anders wäre ich kaum aus dem dreckigen Loch wieder herausgekommen, in dem ich gelandet war. Oder in das die anderen mich gestoßen hatten. Verstehst du jetzt, warum ich über all das nie habe sprechen wollen? Und warum ich von hier nicht mehr wegwill?«

»Bei mir war es ähnlich«, sagte Miss Miller, »ich habe auch nie jemandem erzählt, dass mein Freund Bob irgendwann beschloss, doch nach Vietnam zu gehen. Ja, er war bereit, in den Krieg zu ziehen. Er sagte, er habe nicht das Recht, sich aus dem Staub zu machen, wenn andere, auch Freunde von ihm, und sogar sein Bruder Fred, den er so bewunderte, den Kopf hinhielten. Ich habe ihn am Ende fast zwingen müssen, nach Kanada zu gehen. Ich wollte ihn beschützen, wie du gesagt hast. Und dann ist er in Vancouver auf so absurde Weise ums Leben gekommen. Während er auf mich wartete. Vielleicht wäre er aus Vietnam heil zurückgekehrt … Ich hatte große Schuldgefühle, und musste lernen, damit zu leben, bis heute.«

Jede gute Tat ist eine Reaktion auf etwas und zieht ihrerseits etwas Gutes nach sich. Von allen Lehren Buddhas beeindruckte Loreta diese am meisten. Dies gilt selbstverständlich auch für schlechte Taten, für Bosheiten, Egoismen, Hass. Diese Verknüpfung von Ursachen und Wirkungen nennen viele gemeinhin Schicksal oder Bestimmung. In Wirklichkeit handelt es sich um Karma. Loreta lebte also in dem Bewusstsein, dass Dunkles Dunkles hervorbringt, und Glänzendes Glänzendes, und, was weder dunkel noch glänzend ist, folglich weder das eine noch das andere. So einfach und zugleich kompliziert war das. Also würden die dunklen und schändlichen Anteile ihres Lebens sie trotz der Fülle, die sie im Augenblick genoss, irgendwann unweigerlich in eine dunkle Situation führen. Und all das nur, weil sie einen Maler, den sie nie als wirklichen Freund betrachtet hatte, mit ihrem Vater, der stets eine unheilvolle Gestalt gewesen war, in Verbindung gebracht hatte?

Wie fast alle aus ihrer Generation war Loreta nach den eisernen Regeln des offiziellen Atheismus erzogen worden und hatte in den ersten dreißig Jahren ihres Lebens keinerlei Berührung mit egal welcher Form von Religiosität gehabt. Aus voller Überzeugung hatte sie das Credo geteilt, wonach der historisch-dialektische Materialismus die einzige wissenschaftlich gültige Erklärung des Universums, der Gesellschaft, der Geschichte, ja, sogar des Verhaltens jedes einzelnen Bewohners dieses Planeten darstellt. Und dass die wirtschaftliche Basis den Überbau bestimmt, der Klassenkampf der Motor der geschichtlichen Entwicklung ist, die Religion das Opium des Volkes, und was es an derlei unhinterfragbaren und in Stein gemeißelten Wahrheiten mehr gab.

Obwohl sie im Denken und Urteilen immer liberal gewesen war, hatte sie zu den schärfsten Kritikern einer Studentin gehört, der man draufgekommen war, dass sie sich infolge einer Erkrankung an einen Santería-Heiler gewandt hatte. Damit Changó ihr half, bitte schön? Oder Yemayá? Oder Elegguá? Das waren doch offenkundig bloß rückständige afrikanische Rituale armer Schwarzer, die einst von reichen Kapitalisten als Sklaven nach Kuba verschleppt worden waren.

Wie konnte man nur auf die Idee verfallen, auf diesem Wege Hilfe zu erhalten? Die Kommilitonin legte damit trotz ihrer guten Noten und ihres ansonsten einwandfreien gesellschaftlichen Verhaltens eine bedenkliche ideologische Schwäche an den Tag, weshalb sie eine Auszeichnung als »Musterschülerin« keinesfalls verdiente. Elisas engagierter Redebeitrag hatte den Ausschlag gegeben, dies zu verhindern. Noch schlimmer, erinnerte Loreta sich jetzt, war der Fall eines jungen Malers gewesen, von dem Walter berichtet hatte: Der Mann hatte Yoga und Meditation betrieben und war daraufhin von der Kunsthochschule verstoßen worden, an der er zunächst studiert und anschließend auch unterrichtet hatte. Wie sollte so jemand ein vertrauenswürdiger Lehrer sein?

So also war sie gegen jede Art religiösen Glaubens oder sonstige transzendentale Vorstellungen imprägniert, als ihr die Begegnung mit dem Buddhismus offenbarte – zunächst in Gestalt einiger Bücher, die in Kuba normalerweise nicht zu bekommen waren, was Horacio jedoch nicht daran gehindert hatte, sie sich zu beschaffen und ihr zu leihen –, dass es auch ohne Annahme eines allmächtigen Gottes möglich war, an etwas zu glauben, das am Materiellen, aber auch an etwas darüber Hinausgehendem teilhat und insbesondere das Ziel verfolgt, universelle Wahrheiten zu erkennen und unsere individuellen Beschränkungen zu überwinden.

Ein Kollege aus der Tierarztpraxis in New York, für die sie arbeitete, führte sie schließlich noch näher an das Thema heran, mit dem sie sich zu diesem Zeitpunkt schon seit mehreren Jahren auf eigene Faust beschäftigt hatte. Aufgewühlt durch die schrecklichen Ereignisse des 11. September 2001, begleitete sie den Mann, der, wie einst der geschasste kubanische Kunstprofessor, regelmäßig Yogaübungen machte und meditierte, hin und wieder in ein Meditationszentrum in Rutherford, wo sich wöchentlich eine buddhistische Gemeinschaft versammelte. Schon bald spürte sie die wohltuende Wirkung des Zusammenseins mit dieser Gruppe, die fast alle in der einen oder anderen Weise mit sich selbst und der aus den Fugen geratenen und in Auflösung begriffenen Welt kämpften. In ihrer Gesellschaft konnte sie für zwei Stunden das sie umgebende wie auch das innere Chaos hinter sich lassen, durchatmen, entspannen, ihren Gedanken nachgehen und zum Abschluss eine Tasse grünen Tee trinken.

Einige Monate nach der Ankunft auf der Sea Breeze Farm erhielt sie einen überraschenden Beweis, was die Macht ihres Karmas anging. Bei einem ihrer gelegentlichen Ausflüge nach Tacoma bog Loreta, eigentlich bloß, um dem dichten Verkehr auf der Hauptstraße zu entgehen, in eine Seitenstraße ab. Unversehens fuhr sie an der Hongwanji Buddhist Church vorbei, an deren Eingang ein Schild einen Vortrag des Erleuchteten Stephen Kim über buddhistische Ethik am folgenden Sonntag ankündigte. Im Anschluss an den Vortrag Kims, der in Berkeley asiatische Religionen und Sprachen studiert hatte, sollte außerdem der neue Leiter der örtlichen Gemeinschaft, der ebenfalls erleuchtete Chaq, vorgestellt werden.

In ihrem besten Kleid traf Loreta am Sonntagmorgen um zehn vor der Kirche ein. Die Leute, die aus vielen umliegenden Orten, ja, sogar aus Seattle zusammengekommen waren, drängten sich bereits, denn Doktor Kim war bei den Anhängern des Buddhismus an der amerikanischen Westküste weithin bekannt. Loreta hatte das im Internet recherchiert. Sie saß auf einem der letzten freien Plätze ganz hinten im Raum und folgte aufmerksam den Ausführungen des berühmten Doktors aus Berkeley über den Buddhismus, die für sie jedoch nicht allzu viel Neues enthielten.

Umso berührender war die Wirkung, die das Erscheinen des Erleuchteten Chaq in ihr auslöste. Er war Anfang vierzig, hatte blondes, oder vielmehr farbloses Haar und eine auffällige dunkle Narbe auf der linken Wange, trug ein langes weißes Hemd, eine ebenfalls weiße Hose, und war barfuß. Dieser offensichtlich lebenserfahrene Mann, der mit keinerlei akademischen Titeln glänzen konnte, sprach über die Wunder der Meditation und machte dabei – wenigstens für Loreta – einen Eindruck von Losgelöstheit, der ein Gefühl großer Nähe und Verbundenheit in ihr hervorrief.

»Indem wir die von Buddha gegebenen Lehren beherzigen, schützen wir uns gegen das Leid«, verkündete Chaq mit einer Stimme, deren sanft melodiöser Klang nicht recht zu seinem verwegenen Äußeren zu passen schien. »Buddha hat es gezeigt: Die drei unumstößlichen

Wahrheiten des Universums sind, dass alles sich unaufhörlich verändert, dass kein Zustand für immer anhält und dass den Menschen in der unendlichen Weite der Erdoberfläche wie auch im winzigen Raum seines Herzens nichts jemals völlig zufriedenstellt. Er hat darauf hingewiesen, dass immer dann, wenn wir diese Wahrheiten ignorieren, das Leid erscheint. Für gewöhnlich suchen die Menschen nach etwas Dauerhaftem und Festem, nach etwas, was sie als Stabilität bezeichnen. Sie sehen es in der Gestalt Gottes oder in einer Nation oder im Reichtum – lauter Erfindungen. Da all diese Erfindungen uns aber nie wirklich zufriedenstellen, wünschen wir uns ständig mehr und mehr und sind unglücklich und leiden.

Unsere Unwissenheit ist also der Ursprung all unserer Probleme. Gegen diese Unwissenheit hilft einzig und allein das Dharma. Dharma bedeutet Schutz. Schutz«, wiederholte er, und Loreta fühlte sich unmittelbar angesprochen. »Wir alle brauchen Schutz, weil wir schwach und verletzlich sind, auch wenn wir uns stark fühlen. Deshalb legen sich viele von uns Waffen zu. Und so bin auch ich in meinem früheren Leben im Gefängnis gelandet, wegen verabscheuungswürdiger Verbrechen. Ich habe mit Drogen gehandelt, die möglicherweise viele andere Menschen das Leben gekostet haben. Ich war ...« Ihm versagte die Stimme, er schlug sich die Hände vors Gesicht, fuhr dann aber entschlossen fort: »Wir leben in einer kranken Gesellschaft, die uns den Blick aufs Wesentliche verstellt. Unsere Lebensqualität hängt nicht nur vom materiellen Fortschritt ab, sondern auch vom Frieden und der Harmonie, die wir in unserem Inneren erzeugen und an unsere Umgebung weitergeben. Ja, wir alle haben Schuld auf uns geladen. Wir alle haben Fehler begangen und dabei andere Menschen verletzt. Absichtlich oder aus Versehen, das spielt keine Rolle. Dennoch kann jeder von uns in seinem Inneren etwas Besseres finden und darauf hoffen, weniger unwissend und näher an der Wahrheit wiedergeboren zu werden.

Meditierend über das Dharma, erkannte Gautama Buddha, dass es eine Möglichkeit gibt, uns zu befreien. Unsere Freiheit hängt davon ab, ob wir imstande sind, die Dinge so hinzunehmen, wie sie sind. Und dass wir lernen, dass das Leben keinerlei Sinn hat und es folglich absurd ist, nach einem Sinn zu suchen. Wenn wir das begreifen und annehmen, gibt es kein Leid mehr.« Er endete mit den Worten: »Om Shanti.« Dann setzte er sich wieder auf seinen Stuhl, einen seltsamen Glanz in den Augen und wie verloren vor sich hinstarrend, als wäre er in Trance.

Noch in derselben Woche bat Loreta um Aufnahme in die buddhistische Gemeinschaft von Tacoma. Die meisten Mitglieder waren über fünfzig, und wie Loreta im Lauf der Zeit herausfinden sollte, schleppten viele, ähnlich wie Chaq, eine dramatische Vorgeschichte mit sich herum.

Beim fünften oder sechsten gemeinsamen Meditationsabend bat der Erleuchtete Loreta, nach dem Ende noch zu bleiben, er wolle sich mit ihr unterhalten. Sie wunderte sich nicht darüber. Ihr war gleich bei der ersten Begegnung klar gewesen, dass dies irgendwann geschehen würde.

Obwohl es ein kühler Herbstabend war, setzten die beiden sich vor den Eingang des Zentrums. Ein Mitarbeiter des Erleuchteten servierte ihnen Bancha-Tee, Chaqs Lieblingsgetränk, und zog sich diskret zurück. Unaufgefordert begann Chaq, Loreta aus seinem Leben zu erzählen. Er hatte als Infanterieunteroffizier am Golfkrieg teilgenommen und Tod, Angst und Hass aus nächster Nähe erlebt. Später hatte er sich auf Drogengeschichten eingelassen, was letztlich dazu führte, dass er seine Familie und seinen gesamten Besitz verlor. Seinen Beziehungen zu kolumbianischen und kubanischen Dealern hatte er nicht nur die große Narbe im Gesicht, sondern auch eine lange Haftstrafe zu verdanken. Fünf Jahre im tiefsten Abgrund, dem er zu entkommen versuchte, indem er sich in eine Entzugsklinik begab. Dort lernte er einen Mann kennen, der ihm den Zugang zu den Lehren Buddhas eröffnete. Fast eine halbe Stunde schilderte er so seinen Werdegang. Dies alles erzähle er ihr, sagte er zum Schluss, damit ihr bewusst werde, dass sich mit der inneren Kraft fast jedes Hindernis überwinden lasse. Auch die Lasten der Vergangenheit, von denen sie, das sei ihm klar, eine Menge mit sich herumschleppe.

Loreta sah ihn an, nickte stumm und verspürte zum ersten Mal, seit sie aus Kuba fortgegangen war, das Bedürfnis, jemandem die Wahrheit über sich anzuvertrauen.

Diese neue Beziehung half ihr, ein besseres Verhältnis zu sich selbst aufzubauen. Anfangs verfolgte sie der hartnäckige Verdacht, sie und der Erleuchtete würden irgendwann miteinander im Bett landen. Doch weder sie noch er unternahmen einen Schritt in diese Richtung, was ihr nur recht war. So konnte sie ungestört weiter an sich arbeiten und mit Chaqs Hilfe versuchen, allmählich ihre Dämonen loszuwerden.

Als dann ihr Liebesverhältnis mit Miss Miller begann und sie auf einmal ungeahnte neue Energien in sich entdeckte, nahm sie das als Zeichen spiritueller Entwicklung. Bald war sie auch fähig, zuzugeben, dass ihre Tochter das Recht hatte, nach ihren Vorstellungen zu leben. Ihre inneren Spannungen ließen nach, eine Frucht ihrer Arbeit an der Verbesserung ihres Selbst, wie sie annahm. Schließlich war sie sogar imstande, Ringo über das Ziel und die Geschwindigkeit ihrer gemeinsamen Ausritte entscheiden zu lassen, während sie es sich einfach im Sattel bequem machte. Da sagte sie sich, dass sie möglicherweise tatsächlich dabei war, den Fluch abzuschütteln, der auf ihr lag, und der Erleuchtung näher kam. Und dennoch musste sie zuletzt feststellen, dass Buddha recht behielt: So viel Licht sie sich auch zu verbreiten bemühte, das Dunkle ließ sich davon nicht beeindrucken und sorgte weiterhin für Dunkelheit.

Acht Tage, bevor Clara das im Januar 1990 aufgenommene Foto des Clans auf ihre Facebook-Seite lud und der Sturm losbrach, dem Loreta Fitzberg sechsundzwanzig Jahre ausweichen wollte, musste sie sich eingestehen, dass kein Gleichgewicht ewig Bestand hat und die Möglichkeit, ins Nirwana zu gelangen, wohl doch jenseits ihrer Reichweite lag. Wie Horacio sie vor dreißig Jahren gelehrt hatte, behalten am Ende stets Chaos und Verwirrung die Oberhand. Jede Ursache sorgt für eine Wirkung, und wir Menschen sind das Ergebnis eines riesigen Durcheinanders. Wir sitzen in einem Karussell, das sich unaufhörlich dreht und versucht, uns in hohem Bogen fortzuschleudern. Was immer wir tun, die Vergangenheit holt uns zuletzt unweigerlich ein.

Zu dieser bedrückenden Einsicht kam auch Loreta, als sie erleben musste, dass ihr Karma es durch das Zusammenspiel einer Reihe unvorhersehbarer Wendungen tatsächlich so weit hatte kommen lassen, dass ihre Tochter Adela in Miami niemand anderen als Marcos Martínez Chaple – Marquitos, ausgerechnet! – kennengelernt und sich auch noch Hals über Kopf in ihn verliebt hatte. Die Mauer, die sie durch ihre radikale Flucht errichtet hatte, bröckelte und würde früher oder später unausweichlich zusammenbrechen.

Ihr abweisendes Verhalten bei der zufälligen Begegnung mit ihrem guten alten Freund Irving im Madrider Parque del Retiro verursachte ihr bis heute schwere Gewissensbisse. Andererseits hatte es jedoch dafür gesorgt, dass ihr Geheimnis vor Adela gegenüber gewahrt blieb. Die nächste große Herausforderung war Adelas Aufenthalt in Havanna gewesen, doch Loreta hatte mit ihren Halbwahrheiten und teilweise komplett erfundenen beziehungsweise falschen Angaben bereits im Vorfeld dafür gesorgt, dass ihre Tochter mit leeren Händen zurückkehrte. Jetzt aber läuteten die Glocken das Ende ihrer wackligen Konstruktion ein. Um dies alles noch schmerzhafter zu machen, gab Ringo dabei den Auftakt.

Als sie am Morgen in den Stall kam, sah sie sofort, dass etwas nicht in Ordnung war. Ringo trat langsam mit den Hinterhufen auf der Stelle und versuchte gleichzeitig immer wieder, mit dem Maul seine Flanke zu berühren, wobei er die Lippen hochzog und die Zähne sehen ließ. Das waren die klassischen Anzeichen einer bei Pferden so gefürchteten Darmkolik. Schon seit mehreren Tagen hatte sie das Tier nur mit Mühe dazu gebracht, die notwendige Menge Wasser zu trinken. Ringo war inzwischen sechsundzwanzig, und Loreta wusste, dass er mit etwas Glück noch zwei oder drei, bestenfalls vier Jahre zu leben hatte. Sein guter Gesamtzustand und die Fürsorge, die sie ihm zukommen ließ, hatten sie jedoch im Glauben gewiegt, er könne womöglich noch länger durchhalten. Sein Charakter hatte sich, wie zu erwarten, mit zunehmendem Alter gewandelt, er war eigensinniger, aber auch folgsamer geworden, an manchen Tagen unberechenbar, an anderen allzu behäbig. Aber dass er nicht so recht trinken wollte, war in jedem Fall ein Alarmsignal.

Loreta tat, was in solchen Fällen zu tun war. Sie sprach mit Ringo, fragte, was los sei, streichelte sein Gesicht, seine Ohren, seinen Hals, ließ sich von ihm küssen und versuchte, ihn zu beruhigen. Dann begann sie die Untersuchung: Sie hielt ihr Ohr an den Bauch des Tieres und atmete erleichtert auf, als sie die üblichen Darmgeräusche vernahm. Bevor sie weitere Maßnahmen ergriff, führte sie Ringo hinaus auf den Übungsplatz und ließ ihn eine geschlagene Stunde im Kreis traben, bis ihm der Schweiß über das braune Fell lief. Dann wusch sie ihn mit Ricks Hilfe, striegelte ihn gründlich, goss ihm frisches und mit einem verdauungsfördernden und krampflindernden Mittel versetztes Wasser in den Trog, gab ihm jedoch keinerlei Futter. Falls es seinem Organismus gelang, die Verstopfung aufzulösen, die der Grund für die Krämpfe sein musste, würde er sich vielleicht schon bald erholen. Sie hoffte inständig, dass es sich nicht um eine allgemeine Schwächung seiner Darmtätigkeit handelte.

Im Verlauf des Tages führte er nur noch ein paar Mal das Maul an die Flanke. Doch am nächsten Morgen fing er wieder damit an, jetzt noch häufiger als am Vortag. Außerdem trat er sich immer wieder selbst gegen den Magen. Besorgt führte Loreta daraufhin mit der Unterstützung Miss Millers und Ricks einen Schlauch in Ringos Nasenloch ein, um ihm auf diese Weise eine Mischung aus Wasser und einem mineralhaltigen Öl zuzuführen, die die Auflösung der Verstopfung unterstützen sollte. Dass das Tier die unangenehme Prozedur dermaßen fügsam über sich ergehen ließ, war kein gutes Zeichen. Außerdem hatte sein feuchter Blick an Glanz verloren, er wirkte trauriger als gewöhnlich, was allerdings nur Loreta wahrnahm.

Die Behandlung schien gut anzuschlagen. Am nächsten Tag hatte Ringo offensichtlich keine Beschwerden mehr, was sich beim erneuten Abhören seines Bauches bestätigte. Loreta ließ ihn erneut eine Weile traben, wusch ihn anschließend und sprach danach noch lange mit ihm. Beim Abendessen gestand sie Miss Miller jedoch, dass sie trotz allem ein ungutes Gefühl habe. Miss Miller versuchte, ihr Mut zu machen, indem sie auf die eiserne Gesundheit des Hengstes verwies.

Koliken seien ja nicht ungewöhnlich bei Pferden. Loreta schien halbwegs beruhigt, beschloss aber, diese Nacht in ihrer Hütte zu verbringen. Sie wollte allein sein, nachdenken und meditieren.

Als sie früh am nächsten Morgen in den Stall kam, lag Ringo in seiner Box und wand sich vor Schmerzen. Sie tastete seinen Bauch ab, er fühlte sich hart und entzündet an. Als sie ihr Ohr daran hielt, war nichts zu hören. Sie nahm das Stethoskop zu Hilfe, und es bestätigte sich, dass sein Zustand sich verschlimmert hatte. Sollte Ringos Verdauungsapparat tatsächlich die Tätigkeit eingestellt haben, sah es schlecht für ihn aus, sehr schlecht.

Als Miss Miller in den Stall kam, saß Loreta auf einem Bänkchen neben Ringo, hatte Tränen in den Augen und massierte ihm den Bauch. Als sie die Freundin sah, stand sie auf, verließ die Box und fiel ihr wortlos um den Hals.

In ihrer Verzweiflung beschloss sie, eine zweite Meinung einzuholen. Sie beauftragte Rick, den besten Tierarzt von Tacoma zu benachrichtigen. Als er kam, stellte er fest, dass Ringos Zahnfleisch fast weiß war, er tastete seinen Unterleib ab und untersuchte ihn gründlich mit dem Stethoskop. Dann beschloss er, eine Bauchpunktion durchzuführen, was Loreta bis dahin hatte vermeiden wollen. Sein abschließender Befund war nicht überraschend: Ringos Darmtätigkeit war vollständig zum Erliegen gekommen, schon bald würde die Nekrose einsetzen. Eine Operation hielt er angesichts von Ringos Alter für wenig empfehlenswert. Selbst wenn das Tier sich davon erhole, werde die Nekrose erneut beginnen. Die damit verbundenen Schmerzen rechtfertigten den Aufwand in keiner Weise. Man konnte noch das eine oder andere Heilmittel versuchen, bevor nur die endgültige Lösung blieb. Loreta entschied sich für den Einsatz der Heilmittel, zu denen auch ein Puyallup-Ritual gehörte. Ein Schamane führte es durch, den Wapo kommen ließ.

Drei Tage und Nächte harrte Loreta an der Seite ihres kranken Pferdes aus. Sie stellte neben der Box eine Liege in den Gang, schlief aber nur ab und zu eine kurze Weile. Sie versuchte, sich auf das Unausweichliche einzustimmen. Das Tier sedierte sie, sodass es keine allzu starken Schmerzen empfand. Vielleicht stellte sich ja auch ein Wunder ein …

Aber es schien, als habe ihr Karma noch nicht für genügend Düsternis gesorgt. Am Morgen des dritten Tages suchte Loreta nach der entmutigenden Diagnose ihres Kollegen wider besseres Wissen im Internet nach weiteren Behandlungsmöglichkeiten. Aus einem plötzlichen Antrieb heraus öffnete sie Adelas Facebook-Seite. Seit Wochen hatte sie mit ihr nicht mehr gesprochen. Sie entdeckte das von Marcos weitergeleitete Foto des Clans, das Clara am Abend zuvor ins Netz gestellt hatte.

Es war, als würde der so lange aufrechterhaltene Schutzwall vor ihren Augen endgültig in sich zusammenbrechen. Es war nur noch eine Frage der Zeit. Adela hatte das Foto bestimmt schon gesehen und sich daraufhin an Marcos gewandt. Zumindest ein Teil der Wahrheit, die sie ihr so lange vorenthalten hatte, war ihr wohl schon bekannt. Loreta begriff, dass es, wie bei Ringo, besser war, jetzt den Sprung in den Abgrund zu wagen, auf die Gefahr hin, am Boden zu zerschellen, statt sich auf eine unendliche Agonie einzulassen. Kurz entschlossen wählte sie zum ersten Mal seit langer Zeit die Telefonnummer ihrer Tochter.

Mit wild klopfendem Herzen hörte sie, wie es immer wieder läutete, bis schließlich am anderen Ende des Landes jemand den Anruf annahm.

»Loreta?«, hörte sie Adela fragen, die allerdings schon an der Nummer auf ihrem Display erkannt haben musste, wer anrief. Trotzdem war Loreta erleichtert. Dass Adela bloß erstaunt klang, bedeutete, dass die Bombe noch nicht explodiert war.

»Na, Cosi, wie gehts?«

»Alles gut hier … Soeben bei der Arbeit angekommen.«

An Adelas Gestammel merkte Loreta, dass sie nicht die Wahrheit sagte, aber offensichtlich tat sie das nicht aus dem befürchteten Grund. Weshalb sie erwiderte: »Schön für dich. Mir gehts miserabel.«

»Bist du krank? Was ist passiert? Wie spät ist es denn bei euch?«

»Jetzt? Sechs Uhr achtzehn. Aber es ist noch dunkel. Stockdunkel und ziemlich kalt … Nein, ich bin nicht krank. Jedenfalls nicht körperlich … Ich rufe bloß an, weil ich deine Mutter bin und dich lieb habe, Cosi. Und weil ich mit dir reden muss. Glaubst du, das ginge?«

»Natürlich. Was hast du denn, Loreta?«

»Wie läufts mit deinem Freund?«, sagte sie in ihrer Verwirrung.

»Hast du nicht schon längst klargestellt, dass du darüber nichts wissen willst? Nein, deswegen rufst du nicht an, gibs zu.«

Loreta spürte, dass sie kurz davor war, in Tränen auszubrechen, und ließ einen langen Seufzer vernehmen, fast ein Schluchzen. Auf einmal war sie wieder die so leicht verletzbare Frau, die sie während ihrer Schwangerschaft gewesen war – mehr als ein Vierteljahrhundert war das jetzt her.

»Ringos Zeit ist abgelaufen«, verkündigte sie, als sie wieder sprechen konnte.

»Was sagst du da, Mama?«

»Zwing mich nicht, es zu wiederholen, Cosi.«

Loreta spürte, wie ihr die ersten Tränen über die Wangen liefen. Sie biss sich auf die Lippen, presste so fest die Zähne zusammen, dass es schmerzte. Wie würde ihre Tochter reagieren? Wie sollte sie es ihr erzählen, mit welchen Worten sollte sie anfangen?

»Aber was ist mit ihm? Als wir das letzte Mal telefoniert haben … Na ja, das ist natürlich schon eine Weile her«, sagte Adela, offensichtlich beunruhigt und aufgewühlt.

Loreta riss sich zusammen. »Er hat Koliken. Rick und ich, wir versuchen schon seit Tagen alles Mögliche. Auch der beste Tierarzt aus der Gegend war hier und hat ihn sich angesehen. Vor zwei Tagen gab es dann eine endgültige Diagnose. Sein Bauch ist punktiert worden. Für eine Operation ist er zu alt, andererseits ist er immer noch sehr stark, und wir wollen nicht, dass er … Mir war es sowieso klar, aber der Tierarzt hat noch einmal bestätigt, dass es bloß eine Lösung gibt.«

»O Gott. Hat er schlimme Schmerzen?«

»Schon seit Tagen. Ich habe ihn stark sediert.«

Nach kurzem Schweigen fragte Adela: »Kann man gar nichts mehr machen?«

»Nein. Wunder gibt es nicht.«

»Wie alt ist er jetzt?«

»So alt wie du, sechsundzwanzig. Er sieht nicht so aus, aber er ist tatsächlich ein Greis …«

Adela zögerte, bevor sie fortfuhr. »Dann hilf ihm, Loreta.«

Wieder stieß Loreta einen tiefen Seufzer aus. »Ja, das werde ich tun. Aber ich weiß nicht, ob ich es selbst machen oder Rick überlassen soll. Oder dem Tierarzt.«

»Mach du das. Aber liebevoll.«

»Das wird hart ...«

»Natürlich. Du bist schließlich wie eine Mutter für ihn«, versetzte Adela.

»Das ist ja gerade das Schlimme. Du hast keine Vorstellung davon, was es heißt, Mutter zu sein. Was man als Mutter alles durchmachen muss.«

»Du hast viel mit mir durchgemacht, stimmts?«, erwiderte Adela, und Loreta wurde klar, dass nicht nur sie innerlich tief aufgewühlt war. Offensichtlich war ihre Tochter über diese Bemerkung verärgert, genau das hatte sie vermeiden wollen. Erst recht jetzt, wo jeden Augenblick die Bombe platzen konnte.

Nur mit Mühe brachte sie hervor: »Mehr wollte ich eigentlich gar nicht. Ich wollte bloß wissen, dass es dir gut geht. Und ich wollte dir sagen, dass ich dich sehr, sehr lieb habe, und ... Cosi, ich kann jetzt nicht weitersprechen. Ich glaube, ich ...« Sie brach das Gespräch ab.

Gleich darauf, wie automatisch, zog sie die SIM-Karte aus ihrem Handy und warf es auf die Liege, wo schon ihr Laptop stand. Weinend betrat sie Ringos Box. Das sediert auf dem Boden liegende Pferd sah sie an und bewegte die Oberlippe, als wollte es lächeln und sie beruhigen, ihr gut zureden. Sie kniete sich neben Ringo, der daraufhin mit großer Anstrengung versuchte, auf die Beine zu kommen. Da begriff Loreta, dass er Bescheid wusste. So gut sie konnte, half Loreta ihm auf, und als er schließlich zitternd und angespannt dastand, streichelte sie sein Gesicht, bis das Pferd irgendwann die Stirn mit dem Stern darauf an die ihre legte. So verharrten sie mehrere Minuten, bis die Beine des völlig erschöpften Tieres plötzlich einzuknicken drohten.

Immer noch weinend, klammerte Loreta sich an Ringo und schaffte es gerade noch, ihn zu stützen. Dann verließ sie die Box und holte die Spritze, die der Tierarzt aus Tacoma vor drei Tagen fertig vorbereitet zurückgelassen hatte. Sie kehrte zurück, stellte sich neben Ringo und lehnte den Kopf an seinen Kiefer. Sie roch den warmen trockenen

Atem des Tieres und wartete, bis ihre Hände nicht mehr zitterten. Mit der einen Hand drückte sie Ringos Haupt ein Stück nach unten und sagte ihm etwas ins Ohr. Sie küsste ihn auf die Stirn, die Augen und die ausgedörrten Nüstern und legte zuerst einen Venenzugang am Hals des Pferdes. In aller Ruhe gab sie ihm jetzt die Spritze, warf sie dann zur Seite und half dem riesigen Tier unter einer ungeheuren Kraftanstrengung, sich auf die Knie der Vorderbeine niederzulassen, woraufhin die Hinterbeine versagten und Ringo seitwärts zu Boden fiel. Loreta streckte sich neben ihm aus und sprach weiter in sein Ohr, während ihre Tränen über das Gesicht des Pferdes liefen. Das Tier schloss seine feuchten melancholischen Augen. Ein leiser Schauder lief durch Ringos Körper, er hörte auf zu atmen. Sie redete weiter auf ihn ein.

Zehn, fünfzehn, zwanzig Minuten blieb Loreta neben ihm liegen und streichelte seinen Kopf. Sie weinte um Ringo und die Sea Breeze Farm, wo sie, dem Pferd und Miss Miller sei Dank, das Paradies gefunden hatte. Dies alles löste sich nun auf. Und sie weinte um die Gegenwart Loreta Fitzbergs und die Vergangenheit Elisa Correas und die Zukunft einer Frau, von der sie selbst nicht wusste, wie sie sein und wo sie leben würde. Und sie weinte beim Gedanken an ihre Tochter, die sie um jeden Preis hatte beschützen wollen.

Irgendwann hatte sie keine Tränen mehr und stand auf. Mit einer Schere schnitt sie eine Strähne von der Mähne ab und küsste noch einmal den Stern auf der Stirn.

Sie griff nach Ringos Decke. »Machs gut, mein wunderschöner Prinz«, flüsterte sie und breitete die Decke über seinen Kopf.

Ohne einen Blick zurück verließ sie den Stall. Nie wieder, dachte sie jetzt, werde ich ihn betreten. Auch diesmal blieb ihr nur noch die Flucht. Das war ihr Karma. Die Folge ihrer Taten. Die Dunkelheit, die unfehlbar neue Dunkelheit hervorbringt. Doch bevor sie verschwand, musste sie noch etwas gutmachen.

Sie betrat das Haupthaus, verkündete Miss Miller, dass Ringo tot sei, weinte lange an ihrer Schulter und bat sie schließlich, sich mit ihr ins Wohnzimmer zu setzen. Sie werde fortgehen, sagte sie, wohin und für wie lange, wisse sie nicht. Davor habe sie aber noch eine Schuld zu begleichen, aus Dankbarkeit, Liebe und um der Wahrheit willen.

Auf einmal wurde möglich, was immer unmöglich erschienen war. Überall, an allen Fronten. Die Welt spielte verrückt, die Regeln änderten sich, es vollzogen sich Wunder. Die Deutschen rissen die Mauer ein, und niemand hinderte sie daran. Es fiel nicht ein einziger Schuss, und keine russischen Panzer rollten wie einst in Budapest und Prag. Die Menschen von beiden Seiten der Grenze, die zwei scheinbar unversöhnliche Welten getrennt hatte, fielen einander jubelnd in die Arme. Und jetzt? Würde alles anders? Besser? Schlechter? Und was war mit Kuba?

Auch Elisa dachte im November 1989, dass es nicht sein konnte, dass es schlichtweg unmöglich war. Doch ihr Körper bewies ihr das Gegenteil. Zu diesem Zeitpunkt konnte man nicht mehr von Verzögerung sprechen. Die ungewohnte Empfindlichkeit ihrer Brustwarzen ließ sich nicht durch eine Allergie oder ein Ekzem erklären. Der plötzliche Widerwille gegen bestimmte Gerüche oder Geschmäcker war keine bloße Laune. Aber wie war es nur dazu gekommen?

Vielleicht hatten die Ärzte sich ja getäuscht, vielleicht war Bernardo doch nicht unfruchtbar. Aber sie und ihr Mann hatten in den letzten Monaten kaum je miteinander geschlafen. In den Jahren, als sie sich häufig liebten, war sie niemals schwanger von Bernardo geworden. Konnte es also just bei der einzigen Vereinigung während ihrer letzten fruchtbaren Tage passiert sein? Die andere Erklärung schien allerdings auch nicht besonders glaubwürdig: Horacio und sie hatten alle nötigen Vorkehrungen getroffen, beide Male hatte sie selbst ihrem Liebhaber das Kondom übergestreift.

Trotzdem ließ Elisa die Bilder ihrer beiden Begegnungen immer wieder vor sich ablaufen. Und sah sich dabei irgendwann nackt aus dem Bett steigen und in die kleine Küche gehen, wo die Katze ihrer Freundin bereits laut miauend Futter verlangte. In Ermangelung eines Öffners hatte Horacio die Dose mit Fisch in Tomatensoße – die den Weg nach Kuba gefunden hatte, obwohl der sozialistische Handel in seinen letzten Zügen lag – auf Elisas Bitte hin schon eine halbe Stunde zuvor mit seinem Taschenmesser aufgemacht, und der sich ausbreitende

Geruch hatte das Tier herbeigelockt. Angewidert hatte Elisa sich vorgebeugt und den Inhalt in ein am Boden bereitstehendes Plastikschälchen gegeben. Und da hatte sich Horacio von hinten genähert, ihr die eine Hand an die Hüfte gelegt und mit der anderen sein immer noch oder schon wieder steifes Glied ergriffen und die bronzefarbene Eichel sanft, aber hartnäckig über ihren feuchten Damm gleiten lassen, vom Poloch zur Scham, immer hin und her. »Für heute reichts«, hatte sie gesagt. »Ich will mehr«, hatte er gefordert. Doch sie hatte lächelnd erwidert: »Los, wasch dich und zieh dich an.« Ob sich dabei ein letzter Samentropfen auf die lange Reise zur Begründung eines neuen Lebens gemacht hatte? War das möglich?

Es war nicht auszuschließen. Eine andere Erklärung gab es jedenfalls nicht, als man ihr am Ende des Monats – die Menstruation hatte immer noch nicht eingesetzt – verkündete, sie sei in der zehnten Woche schwanger. Nun geriet nicht nur die Welt um sie herum aus den Fugen, der Sturm in ihrem Inneren war noch um vieles heftiger.

Sie sprach mit niemandem darüber und bat einen Frauenarzt, einen Bekannten aus Studientagen, um eine Abtreibung. Einen anderen Ausweg gebe es nicht, sagte sie ihm. Sie sei sich ganz sicher. Der Arzt wies sie darauf hin, dass nicht nur Bernardo kaum je Kinder zeugen konnte. Auch bei ihr seien die körperlichen Voraussetzungen einigermaßen kompliziert. Sie solle noch einmal darüber nachdenken. Das Risiko bestand, dass dies ihre einzige Gelegenheit war, Mutter zu werden, warnte er und gab ihr einen neuen Termin, zum spätestmöglichen Zeitpunkt für einen Eingriff. Er wollte ihr genug Zeit geben, um sich allenfalls zu dem Entschluss durchzuringen, das Kind tatsächlich zur Welt zu bringen.

So geschah es denn auch. Weil sich offensichtlich eine Art Wunder ereignet hatte, ja, Gott selbst, trotz der sündigen Empfängnis, die Hände im Spiel gehabt hatte. Oder weil sie zum ersten Mal im Leben schwanger war und niemand ihr garantieren konnte, dass dies noch einmal geschehen werde. Jedenfalls teilte sie beim nächsten Besuch dem Arzt mit, dass sie die Schwangerschaft fortsetzen werde. Sie bat ihn, die Sache geheim zu halten. Worauf sie sich verlassen könne, erwiderte er.

Vor den heraufziehenden Stürmen hatte sie keine Angst, sie war imstande, ihnen zu trotzen. Ihre Beziehung zu Bernardo war ohnehin tot. Der schöne, intelligente, ehrgeizige Bernardo hatte sich als mutloser Kleingeist erwiesen und drohte im Alkoholismus zu enden. Horacio wiederum würde niemals auf die Idee kommen, dass das Kind von ihm sein könnte. Was ihn aber, obwohl er mit ihr geschlafen und damit seinen Freund Bernardo betrogen hatte, möglicherweise nicht davon abhalten würde, sie als Hure zu betrachten und ihr die Freundschaft aufzukündigen. Denn er würde zu dem Schluss kommen, sie habe gleichzeitig mit mindestens drei Männern gevögelt: mit ihm, mit Bernardo und dem, der sie geschwängert hatte. Auch das werde ich überstehen, sagte sie sich. Wegen der anderen Menschen, an denen ihr gelegen war – vor allem Irving und Clara –, machte sie sich keine Sorgen. Die würden sie nicht verurteilen, weil sie ein Kind von einem Vater bekam, den sie nicht kannte. Sogar dann nicht, wenn sie ihn kennen würden. Im Gegenteil, sie würden sie unterstützen. Die Welt geriet aus den Fugen, ja, aber untergehen würde sie nicht.

Als ihr Entschluss feststand, weihte sie endlich auch Bernardo ein und ließ ihn wissen, wie sie damit umzugehen gedachte. Da kam es zur zweiten wundersamen Fügung in dieser Geschichte. Auf Bernardos Frage, von wem sie schwanger sei, erwiderte sie, dass sie ihm das niemals sagen werde. Es handle sich um jemanden, den sie selbst kaum kenne, ein klassischer Fehltritt. Nach langem Schweigen und offensichtlich im Versuch, einen letzten Rest Würde zu bewahren, sagte Bernardo, sie sei nun mal seine Frau, und falls sie es annehmen könne, werde er das Kind als das seine betrachten. Ganz auszuschließen sei das ja außerdem nicht, fügte er hinzu. Ein Wunder, wie sie selbst gesagt habe.

Gleichermaßen gerührt und verwirrt, musste Elisa sich eingestehen, dass dieser Mann ihr ein Rätsel war. Wäre es nicht angemessener gewesen, sich der Wahrheit zu stellen und sich von der Frau zu trennen, die ihn betrogen und gedemütigt hatte? Erst recht, da alle wussten, dass er keine Kinder zeugen konnte? Hatte seine fundamentale Charakterschwäche mittlerweile solche Ausmaße angenommen? Hatte der Alkohol ihm auch noch den letzten Rest Verstand geraubt? Zum Glück kam er offensichtlich nicht auf den Gedanken, dass einer seiner engsten

Freunde beteiligt sein könnte. So kam es, dass Elisa, in ihrer Schwäche und von der Haltung ihres Mannes überrascht, sich, anders als von ihr geplant, auf seinen Vorschlag einließ. Er hatte gezeigt, wie sehr er sie liebte, und dass er, selbst als schwer angeschlagener Alkoholiker, immer noch einen guten Kern hatte. Ein Mensch, fast wie nicht von dieser Welt …

Walter dagegen – als Loreta beziehungsweise Elisa auf ihn zu sprechen kam, änderte sich ihr Tonfall – war einer der selbstbewusstesten oder vielmehr selbstverliebtesten Menschen, denen sie je begegnet war. Ständig sprach er davon, wie begabt und was für ein origineller und gewitzter Typ er doch sei. Ein supercooler Kubaner, der sich den Anstrich des verfemten Genies gab und einen schneidenden Zynismus an den Tag legte.

Fabio hatte ihn in den Freundeskreis eingeführt. Er vergötterte ihn, vielleicht weil er allem und jedem gegenüber so respektlos war, wie er selbst es gerne gewesen wäre. Elisa war damals kaum weniger selbstbewusst und in sich verliebt. Also traten die beiden in eine Art Wettstreit, der es ihnen ermöglichte, einander nicht nur auszuhalten, sondern sogar eine gewisse Verbundenheit zu entwickeln, umso mehr, als sie beide Kunstkenner waren. Dieser Zustand war jedoch nicht von langer Dauer. Schon bald wuchs Elisas Widerwillen, aber nicht wegen Walters Selbstgefälligkeit, sondern weil sie die Leere hinter seiner eitlen Pose erkannte. Alles an ihm, von den gelegentlichen Farbflecken auf seiner Kleidung bis zu seiner Art, zu sprechen, war offenkundig Teil einer bewussten Inszenierung.

Elisa stellte damals Authentizität über alles. Alles, was in ihren Augen auch nur den Hauch von Unaufrichtigkeit hatte, wies sie zurück. Die Wahrheit aussprechen und die Wahrheit leben schien ihr die einzig moralisch akzeptable und folglich revolutionäre Haltung. Diese Botschaft hatte ihr Vater, dem sie zu dieser Zeit noch vertraute, immer wieder bei seinen öffentlichen Auftritten verbreitet. Dies war auch der Geist der Zeit. Weshalb sie, wenn sie sich im Recht sah, heftigen Auseinandersetzungen mit Studienkollegen, Professoren oder politischen Ratgebern nicht aus dem Weg ging. Ihre Freunde respektierten oder bewunderten sie dafür. Fabio und Liuba beneideten sie sogar.

Nur Walter gab nichts darauf, er machte sich sogar über sie lustig. »Kannst du damit auch nur ein einziges Problem lösen?«, fragte er. »Wird davon irgendetwas besser? Willst du, dass sie dir eine Medaille anstecken? Oder hast du es auf einen Tritt in den Hintern abgesehen?« Vielleicht sorgte gerade Walters zynische Attitüde dafür, dass der Burgfrieden zwischen beiden vorläufig Bestand hatte. In dieser Zeit ließ Elisas Vater Roberto Correa seine Tochter eines Tages wissen, dass er auf der Suche nach jemandem war, der sich mit dem Werk des Malers Servando Cabrera auskannte. Er wolle eins seiner Gemälde begutachten lassen, das, wie auch immer, in seine Hände gelangt war. Da hatte Elisa die verhängnisvolle Idee, ihn mit Walter bekannt zu machen. Der brüstete sich, mit dem Meister eng befreundet gewesen zu sein, der an den Rand gedrängt und nahezu mittellos gestorben war.

Mitte der Achtzigerjahre verschwand Walter für fast drei Jahre von der Bildfläche. Zunächst, weil er einen Vorbereitungskurs weit draußen am Stadtrand absolvierte, der Unterricht in russischer Sprache und Kultur sowie jede Menge marxistische Philosophie und Geschichte der Kommunistischen Partei der Sowjetunion einschloss. Danach begann sein von den anderen sogenannter Sibirienaufenthalt. Nach dem Rauswurf aus der Moskauer Kunstakademie und der Rückkehr mussten seine Freunde feststellen, dass er sich nicht zum Besseren gewandelt hatte, im Gegenteil: Sein Selbstbewusstsein präsentierte sich jetzt als übergriffige, manchmal sogar gewalttätige Präpotenz. Weiterhin spielte er den Verfemten, Rebellen und jetzt auch noch zu Unrecht Abgestraften, der unbedingt und zu jeder Zeit im Zentrum der Aufmerksamkeit stehen musste. Sein Zynismus und seine Respektlosigkeit waren ungebrochen. Vor aller Augen pflegte er ein ganzes Glas Wodka hinunterzustürzen, laut damit zu gurgeln und gleich das nächste zu verlangen. Sein großes Vorbild als unbequemer sozialistischer Künstler war ein halb verrückter russischer Maler mit Namen Eduard Limonow, von dem er wichtigtuerisch schwärmte. Als Elisa Jahre später ein ganzes Buch über dessen Leben las, kam sie zu dem Schluss, dass er psychisch schwer gestört war.

Was Walter eigentlich von ihnen wollte, warum er sich in dieser Weise aufdrängte, war Elisa schon damals nicht recht klar. Brauchte er bloß ein Publikum? Oder suchte er den Kontakt zu ihnen, weil man ihm den Auftrag dazu erteilt hatte?

In der verschworenen Gemeinschaft des Clans spielte aber auch Elisa eine Sonderrolle. Sie war aufsässiger als die anderen, vielleicht wegen ihres Drangs, sich vor anderen auszuzeichnen. Vielleicht wegen ihrer besonderen Erfahrungen, die sie gern zur Schau stellte, hatte sie doch erlebt, wovon die anderen nur träumen konnten. Ein Rolling-Stones-Konzert am Trafalgar Square zum Beispiel. Sie war im Theater gewesen, an dem Shakespeare gearbeitet hatte. Hatte die geheimnisvollen Megalithen von Stonehenge gesehen. Oder den berühmten Zebrastreifen in der Abbey Road. Manchmal tat oder sagte sie Dinge, die an die Grenze des Erlaubten rührten, was sie, wie sie zugeben musste, riskierte, weil sie sich des Schutzes ihres mächtigen Vaters und seiner vielen Freunde sicher sein konnte. Ansonsten schwieg sie sich über diesen Vater aus. Er war die Anmaßung in Person und so einflussreich, dass er Leben zerstören konnte. Ein Wort von ihm genügte, und die Existenz eines anderen veränderte sich von Grund auf. Was er mehrfach praktiziert hatte, fast immer zum Nachteil der Betroffenen. So auch bei seiner Frau, Elisas Mutter, die nervlich zerrüttet und ohne jede Selbstachtung endete.

Auf seinem neuen Posten als Leiter eines staatlichen Handelsunternehmens gehörte Roberto Correa schon bald einem exklusiven Kreis von Leuten an, deren Aufgabe darin bestand, mithilfe aller möglichen mehr oder weniger verdeckten Operationen die US-amerikanische Wirtschaftsblockade zu umgehen. Dabei kamen Dinge in die Hände von Menschen, die niemals Zugriff auf sie hätten haben dürfen. Zunächst handelte es sich um mehr oder weniger sauberes Geld, von dem sich jeder seinen Teil in Form kleiner Annehmlichkeiten abzweigte – Whisky, Musikanlagen und dergleichen. Als das folgenlos blieb, begannen sie, größere Beträge und andere Vorteile einzustreichen. Immer schmutziger wurden die damit verbundenen Geschäfte, bis sie über den illegalen Export von Kunstgegenständen und den Schwarzhandel mit Elfenbein und angolanischen Diamanten schließlich ins Drogengeschäft einstiegen, das noch mehr einbrachte. Sehr viel mehr. Je mehr Geld durch ihre Hände ging, desto unangreifbarer fühlten sie sich, wie Korsaren im Besitz eines Kaperbriefs.

Trotzdem flog die Sache irgendwann auf. In einem ersten Schritt kam es zu Hinrichtungen und langjährigen Haftstrafen, unter anderem wegen »Vaterlandsverrats«.

Wie viele andere wurde auch Roberto Correa seiner Posten und Ämter enthoben und sämtlicher Privilegien beraubt. Dennoch wurde nie Anklage gegen ihn erhoben. Sollte auf diese Weise verhindert werden, dass die Verwicklung noch höherer Kreise aufflog? Oder hatte er, wie er seiner Tochter gegenüber schwor, sich selbst nicht mit Drogenhandel die Hände schmutzig gemacht, sondern bloß Befehle ausgeführt, und zahlte jetzt dafür, dass er so nachlässig und unaufmerksam gewesen war? Oder handelte es sich um eines dieser Tauschgeschäfte, wie man sie aus Hollywoodfilmen wie auch aus der US-amerikanischen Wirklichkeit kannte? Letzteres schien Elisa die nächstliegende Erklärung: Roberto Correa hatte gesungen und seine ehemaligen Kollegen ans Messer geliefert. Im Gegenzug war er von einer Haftstrafe verschont worden. Ihr Vater, der Meisterspion? Aber war er in den Drogenhandel verwickelt oder nicht? Elisa wusste es nicht und würde es auch nie erfahren, genauso wenig wie viele andere Einzelheiten dieser abscheulichen Angelegenheit, von der sie sich um jeden Preis fernhalten wollte. Jede der immer wieder neuen Enthüllungen verstärkte in ihr das Gefühl von Beschämung, Schmerz und Ekel.

Auf welche Weise die makabre Verbindung zwischen Walter Macías und Roberto Correa wiederauflebte, wusste Elisa auch nicht. Irgendwie war Walter zu der Einschätzung gelangt, dass ihr Vater angreifbar geworden war, und er wollte sich diesen Umstand zunutze machen. In seiner Angst und Verzweiflung redete sich der kleine Wichtigtuer ein, er könne es mit einem kampferprobten Schwergewicht dieses Kalibers aufnehmen, was sich jedoch als grobe Fehleinschätzung erwies.

Nach der Rückkehr aus der Sowjetunion verriet Walter den Mitgliedern des Clans eines Tages wie nebenbei, dass er ab und zu Marihuana rauche, was ihn in eine ganz besondere kreative Stimmung versetze. Die anderen wollten ihm zunächst nicht glauben, aber ihre Neugier war geweckt. Als Einziger von ihnen teilte bloß Fabio einmal einen Joint mit ihm, seinem Idol. In Fontanar wurde kein einziges Mal gekifft, keiner von ihnen hätte sich so etwas erlaubt.

Umso größer war die Verblüffung, als sie später erfuhren, dass Walter auch Kokain nahm. Dass diese Droge in Kuba erhältlich sein sollte, war kaum vorstellbar. In einer durchzechten Nacht erzählte Walter, er habe damit in Moskau angefangen, in der Gesellschaft seiner Freunde, reicher Araber, lebenslustiger Brasilianer, freizügiger Franzosen und diverser Sprösslinge von mit der Sowjetunion verbündeten afrikanischen Präsidenten und Diktatoren. Nach seiner Rückkehr sei es ihm gelungen, sich den Stoff auch hier zu beschaffen. Was er damals nicht erzählte: dass er herausgefunden hatte oder es zumindest glaubte, dass diese Quelle letztlich mit dem Kreis um Roberto Correa verbunden war.

Als sich im Sommer 1989 die Schlinge immer enger zog, spürte Walter, dass es auch ihn erwischen könne. Er wollte sich so schnell wie möglich aus dem Staub machen. Eine Flucht auf einem Floß oder Boot war zum damaligen Zeitpunkt nahezu undenkbar, denn die Überwachungsmaßnahmen waren noch einmal verschärft worden. In seiner Verzweiflung versuchte er jedes noch so abwegige Mittel. Seine Freunde sahen darin letztlich bloß den Ausdruck eines krankhaften Verfolgungswahns. In Wirklichkeit handelte es sich um nackte Angst.

Endgültig aus dem Ruder lief das Ganze, als Walter Elisa eines Tages um ein geheimes Treffen bat. Er müsse etwas Dringendes mit ihr besprechen. Elisa kümmerte sich damals um die Katze ihrer verreisten Arbeitskollegin und hatte deshalb Zugang zu deren Wohnung.

Als sie sich im September 1989 dort trafen, war Walter ziemlich neben der Spur, sei es, weil er Drogen brauchte, sei es aus Angst. Elisa wusste damals nicht, ob zwischen Walter und ihrem Vater eine Beziehung bestand, die über die von ihr einige Jahre zuvor in die Wege geleitete hinausging. Dafür fragte sie sich, ob Walter sie nicht im Auftrag von wem auch immer auf die Probe stellen sollte, und über sie ihren Vater. Denn Walter drängte darauf, dass Roberto Correa ihm bei der Flucht außer Landes helfen solle. Das machte sie höchst misstrauisch, und sie weigerte sich rundheraus, Walter ein Gespräch mit ihrem Vater zu vermitteln. Drohend fügte sie hinzu, dass sie die Polizei benachrichtigen werde, sollte Walter noch einmal versuchen, sie wegen dieser Sache anzugehen.

Das löste bei Walter eine überaus heftige Reaktion aus. Er packte sie an den Armen, schüttelte sie, rief, falls sie es wagen sollte, ihn anzuzeigen, werde er seinerseits Roberto Correa wegen Kokainhandels anzeigen. Dann stieß er sie aufs Bett und verließ laut fluchend die Wohnung. Kurz darauf kehrte er, noch immer völlig außer sich und eine Zigarette zwischen den Fingern drehend, zurück und fragte, ob sie sein verdammtes Feuerzeug gesehen habe, das er offensichtlich vergessen hatte. Worauf sie ihn anschrie, er solle sofort verschwinden, sie wolle seine Fresse nie wieder zu Gesicht bekommen.

Anschließend beging sie einen noch viel gravierenderen Fehler. Auf Bernardos Frage nach dem Ursprung der blauen Flecken an ihren Armen erzählte sie ihm von dem Vorfall mit Walter. Ohne dass sie es beabsichtigt hätte, weckte das in Bernardo das Raubtier. Der sonst so mutlose Alkoholiker machte sich auf die Suche nach Walter und stellte ihn zur Rede. Falls er es wage, seine Frau noch einmal anzurühren, sagte er, werde er, Bernardo, ihn umbringen. Walter lachte ihn aus, doch Bernardo erwiderte: »Probiers aus, wenn du dich traust.«

Vielleicht, weil man ihn beauftragt hatte, sie alle auszuspionieren und zu verbotenen Aktivitäten anzustiften, vielleicht auch nur aufgrund seiner verzweifelten Lage, näherte Walter sich dem Clan jetzt erst recht an. Er begann, auch Darío zu bedrängen, ihm zu einem Visum zu verhelfen. Immer wieder behauptete er, überwacht zu werden, und stellte irgendwann die Behauptung auf, Guesty spioniere sie aus, was vielen von ihnen durchaus plausibel erschien. Bis es schließlich, als abscheulicher Höhepunkt, zu der Schlägerei mit Irving kam, die einen noch weit schlimmeren Ausgang hätte nehmen können. So weit die Dinge, die sie wussten, miterlebten und unter sich besprachen.

Daneben kam es jedoch zu Vorfällen, von denen Elisas Freunde nichts erfuhren. Sie wagte es, ihren Vater auf Walter anzusprechen. Roberto Correa geriet außer sich vor Wut und eröffnete ihr, dass Walter Macías wegen seiner Moskauer Eskapaden von der Polizei erpresst worden war. Dafür, dass sie ihn nicht ins Gefängnis steckten, gab er schon seit Jahren Informationen über sämtliche Leute weiter, die mit ihm zu tun hatten. Er sei ein erbärmlicher Spitzel, der, ohne mit der Wimper zu zucken, andere verpfiff, weshalb man sich ihn tunlichst vom Leib hielt.

Ebenfalls nichts mit bekamen die anderen davon, dass Elisa im Januar 1990, drei Tage nach Claras Geburtstag, bei der Rückkehr ins Haus ihrer Eltern ausgerechnet auf Walter stieß. Seine rechte Braue war mit einem Pflaster bedeckt, das Auge darunter blauviolett. Er und Roberto Correa befanden sich mitten in einer heftigen Diskussion. Zu Elisas Überraschung verkündete ihr Vater, Walter habe bei seinem Erscheinen behauptet, sie habe ihn hergeschickt, damit er ihm helfe, aus Kuba zu verschwinden. Was ihr eigentlich einfalle?, brüllte er sie an. Elisa brüllte zurück, sie habe niemanden irgendwohin geschickt, woraufhin Walter ebenfalls brüllend bekannt gab, er wisse, dass Roberto Correa von irgendwoher Kokain beziehe und es über einen Mittelsmann weiterverkaufe. Bei dem habe er selbst Kokain gekauft. Roberto Correa schnauzte ihn an, er solle keinen Scheiß erzählen, und von einem wie ihm lasse er sich sowieso nicht einschüchtern. Und jetzt solle er sofort abhauen und sich nie wieder hier blicken lassen. Andernfalls werde er, Roberto Correa, ihn eigenhändig abknallen, und niemand werde ihn jemals dafür zur Rechenschaft ziehen. Die Polizei kenne Walter genau, und Spitzeln wie ihm weine niemand auch nur eine Träne nach.

Immer heftiger beschimpften sich die beiden Männer, bis die Sache außer Kontrolle geriet. Elisa stürzte sich auf Walter, um ihn aus dem Haus zu drängen, woraufhin Walter sie zum zweiten Mal körperlich attackierte. Er stieß sie so heftig zu Boden, dass sie fürchtete, der Aufprall könne einen spontanen Abort auslösen. Doch dann stand auf einmal ihr Vater mit einer Pistole vor Walter und sagte leise, aber unmissverständlich drohend, dass er ihn auf der Stelle erschießen werde, wenn er nicht augenblicklich verschwinde. Zur Bekräftigung stieß er den Lauf der Waffe zweimal gegen die Wunde über Walters Auge. Da brach Walter in Tränen aus und bettelte winselnd um Verzeihung.

Erst später erfuhr Elisa von der vorausgegangenen Schlägerei zwischen Irving und Walter, der dieser das blaue Auge und die Platzwunde verdankte. Elisa war das letzte Mitglied des Clans, das den Maler zu Gesicht bekam – in dem Moment, als ihr Vater ihn mit der Pistole bedrohte.

Zwei Tage danach wurde Walter, dem innerhalb kurzer Zeit zweimal der Tod angedroht worden war, zerschmettert auf dem Gehweg vor einem achtzehnstöckigen Hochhaus aufgefunden, von dessen Dachterrasse er gestürzt oder gestoßen worden war. Was das Leben der Clanmitglieder, die ihn, so unangepasst und schwierig er auch war, in ihre Reihen aufgenommen hatten, nicht gerade einfacher machen sollte.

»Vor allem aber ruinierte er das Leben von Elisa Correa«, sagte Elisa, als wäre sie in Wirklichkeit Loreta Fitzberg, die ihrer Freundin und Geliebten Margaret Miller die Geschichte von jemandem erzählte, den sie in einer früheren Inkarnation gekannt hatte, in einer fernen, düsteren Zeit. Einer Zeit der Dunkelheit.

Die Flüsse des Lebens

Einundzwanzig Wege hat Elegguá,
und seine Schnecken sind einundzwanzig an der Zahl.

NATALIA BOLÍVAR,
Los Orishas en Cuba

Überwältigt stand Darío vor der Fassade von Santa Maria del Fiore, der Kathedrale von Florenz. Ähnlich war es ihm beim Anblick von Gaudís Sagrada Familia gegangen, kurz nach der Ankunft in Barcelona. Auch im Madrider Museo del Prado hatte es ihm fast den Atem verschlagen, als er unversehens vor den Gemälden eines Hieronymus Bosch, Velázquez, Rubens und Goya stand. Wie er sich auch auf dem Ölberg in Jerusalem, vor dem Parthenontempel in Athen oder auf dem Forum Romanum immer wieder gefragt hatte: Bin ich wirklich hier? Bin das wirklich ich, der hier herumspaziert?

Acht Jahre waren jetzt vergangen seit seiner Ausreise aus Kuba im heißen Frühling 1992. Und noch immer fühlte er sich in einer anderen Welt, wie Alice, nachdem sie durch den Spiegel gegangen war. Die dreiunddreißig Jahre auf der Insel schienen ihm unendlich fern, wie eine längst abgeschlossene Epoche, in der er seine ganze Kraft darauf hatte richten müssen, zu überleben und nicht in einem fauligen Morast zu versinken. Aber auch das neue Leben hatte ständige Kampfbereitschaft von ihm gefordert, er musste ein anderer werden, ohne sich selbst aufzugeben. Warum er jetzt hier vor diesem Wunderwerk stand, sollte er jedoch erst ein paar Stunden später erfahren, als er den für seinen Geschmack besten Espresso seines Lebens getrunken hatte.

Montse hatte ihm die neuntägige Italienreise zum vierzigsten Geburtstag geschenkt, dazu eine Rolex und einen Montblanc-Füller. Die Reise war sorgfältig durchgeplant, deshalb musste sie ihn geradezu gewaltsam weiterschleppen, schließlich standen an ihrem ersten Tag in Florenz noch der Palazzo Strozzi und die Accademia di Belle Arti auf dem Programm. Dass er dermaßen hingerissen war, amüsierte sie. Sie schob es darauf, dass er aus der Karibik stammte und folglich wenig Ahnung hatte von den Zeugnissen der europäischen Kunstgeschichte. Was ihn in diesem Augenblick in Wirklichkeit so aufwühlte, ahnte sie nicht.

Als sie aus dem Palazzo Strozzi kamen, war es höchste Zeit fürs

Mittagessen. Sie steuerten das für seine Bistecca alla fiorentina berühmte Restaurant Il Latino an, wo Montse bereits einen Monat zuvor einen Tisch reserviert hatte. Sie aßen und tranken ausgiebig, unter anderem eine Flasche Brunello di Montalcino für achtzig Euro und zum Abschluss zwei Grappe. Für den Kaffee wollten sie weiterziehen und nahmen schließlich Platz auf einer Terrasse mit weitem Blick über den Arno und den Ponte Vecchio. Darío genoss einen umwerfend guten Espresso. Lautstark bekundete er seine Begeisterung darüber. Da tauchte plötzlich etwas in seinem Sichtfeld auf, das ihn stutzen ließ.

Eine etwa fünfunddreißigjährige Frau mit kurzem blondem Haar spazierte am Arm eines etwas älteren Mannes, der in seinem tomatenroten Lacoste-Poloshirt mit aufgestelltem Kragen unverkennbar italienisch wirkte. Um die Hüften herum schien sie etwas fülliger geworden, war aber immer noch höchst attraktiv. Was sich hingegen auch in den zehn Jahren, seit Darío sie zum letzten Mal gesehen hatte, nicht verändert hatte, war der staunende Blick aus den riesigen Puppenaugen, der an ihr sofort auffiel.

»Verdammt, das gibts doch nicht!«, rief Darío, sprang auf und ging auf das Paar zu, während Montse ihm überrascht hinterhersah. Er drängte sich durch eine Gruppe japanischer Touristen, bis er schließlich vor den beiden stand. Der Mann betrachtete ihn neugierig, vielleicht ein wenig irritiert, während sie die Augen noch ein bisschen weiter aufriss und lächelnd fragte: »Darío?«

»Guesty?«, erwiderte er. Nach kurzem Zögern traten die beiden aufeinander zu. Wie waschechte Südeuropäer küssten sie sich auf die Wangen und konnten beide nicht fassen, dass sie sich hier so unerwartet wiederbegegneten.

Darío lud Guesty und ihren Mann, der in der Tat Italiener war und Giovanni hieß, zu Montse und sich an den Tisch ein. Woraufhin die Katalanin und der Italiener nach kurzer gegenseitiger Vorstellung eine geschlagene Viertelstunde lang miterleben mussten, wie ihre kubanischen Partner, als hätten ihre Begleiter sich in Luft aufgelöst, sich äußerst angeregt über Dinge unterhielten, die ihnen verschlossen blieben, weil sie sich in einem anderen Leben, einer ihnen unbekannten, nostalgisch verklärten Vergangenheit zugetragen hatten.

Dario berichtete, wie gut es ihm seit seinem Fortgang aus Kuba ergangen war. Guesty wiederum erklärte, dass sie Giovanni vor sechs Jahren auf Kuba kennengelernt habe, als die Situation dort am allerschlimmsten gewesen sei. Er habe ihr damals vorgeschlagen, mit ihm nach Italien zu gehen, nun lebe sie in der nahe gelegenen Stadt Prato, wo ihr Liebster eine in der ganzen Toskana für ihre Biscotti berühmte Konditorei betreibe. Danach ließ Guesty sich von Darío ausführlich schildern, was aus den übrigen Clan-Mitgliedern geworden war. Und dabei kam Darío auf einen Punkt zu sprechen, der ihr unverhofftes Wiedersehen in ein völlig neues Licht tauchen sollte.

»Dass ausgerechnet du aus Kuba weggehst, hätte ich ja nie gedacht«, sagte er.

»Das tun doch alle. Dort ist es einfach nicht mehr auszuhalten. Von dir hätte ich es aber auch nicht erwartet«, versetzte Guesty. »Du hattest doch ein Haus, ein Auto, eine Familie, und soweit ich mich erinnere, haben deine Patienten dir ständig Sachen geschenkt. Warst du nicht auch in der Partei?«

»Ja, stimmt«, räumte Darío ein.

»Außerdem hast du immer gesagt, dass du der Revolution so viel zu verdanken hast, dass du sehr arm warst und trotzdem studieren konntest. Du bist also nicht fortgegangen, du bist desertiert. Das hätte ich nie von dir gedacht.«

»Das geht vielen so«, verteidigte sich Darío. »Die meisten von denen, die von einer Auslandsreise nicht zurückgekehrt sind, waren Parteimitglieder, oder Leute, denen man vertraut hat, so wie ich, oder du. Denn du warst doch beim Geheimdienst, oder? Oder warst du bei der Polizei?«

Guestys Blick wirkte unverändert naiv erstaunt. »Das hat mich dein Freund Horacio damals auch gefragt. Habt ihr das wirklich geglaubt? Das hat sich Walter ausgedacht, und du weißt ja, wie es mit ihm ausgegangen ist. Ich war weder bei den einen noch den anderen. Na gut, in der Grundschule war ich bei den Pionieren.« Lächelnd ahmte sie den Pioniergruß nach.

»Walter war sich sicher, dass du uns überwachen wolltest. Ihn vor allem.«

»Walter überwachen? Wozu? Walter hat überall rausposaunt, was ihm gerade durch den Kopf ging. Aber er war bloß ein armer Spinner. Und ein schlechter Maler, oder?«

»Das habe ich genauso gesehen. Aber auch Irving hat gesagt, dass du von der Polizei bist.«

»Irving?«

»Ja, er hat dich in dem Gebäude gesehen, wo er inhaftiert war. Nach Walters Selbstmord. Irving haben sie damals eingelocht, verdammt lange, und ihn ausgequetscht.«

»Stimmt, das hat Horacio mir erzählt.«

»Irving hat dich dort in einem Büro gesehen.«

»In einem Büro? Mich? Ach komm, Irving war hysterisch. Er hatte Angst vor allem.«

»Aber gelogen hat er nicht. Und nachdem du verschwunden bist, als Walter sich umgebracht hat …«

»Hat Horacio euch das denn nicht erzählt? Hat er euch nicht gesagt, dass sie auch mich in dieser scheußlichen Kaserne verhört haben? Und dass sie im Zusammenhang mit der Sache mit Walter meinen Bruder verhaftet haben, wegen einem Joint? Wegen einem einzigen Joint haben sie ihm zwei Jahre aufgebrummt!«

»Was erzählst du da für Geschichten, Guesty?«

»Das sind keine Geschichten. Dieser Horacio ist ja echt der letzte Arsch. Hat er euch wirklich nichts davon gesagt?«

Montse und Giovanni verfolgten die Unterhaltung mit wachsender Ratlosigkeit. Selbstmord? Verhöre? Geheimpolizei? Zwei Jahre Gefängnis für einen Joint? Selbst die sonst so gesprächige Montse war verstummt, während Giovanni unbehaglich auf seinem Stuhl hin und her rutschte und auf seiner Zigarre herumkaute.

»Und warum bist du einfach so verschwunden, ohne jede Erklärung?«

»Weil mir die Sache zu heiß wurde. Alle haben damals Angst bekommen, zu Recht. Auf einmal gab es einen Toten, damit war für mich der Spaß vorbei.«

»Ja, Walters Tod hat eine Menge Dreck aufgewirbelt. Aber der Dreck war nicht von selbst entstanden.«

»Keine Ahnung. Walter und Elisa haben doch ständig Scheiß gebaut. Horacio hat am Ende fast nur noch darüber gesprochen. Irgendwas war da jedenfalls zwischen denen. Bernardo, Elisa und Walter,
irgendein Riesenscheiß. Bei mir ist die Polizei auch erschienen, wie gesagt. Sie haben mich in diese Kaserne mitgenommen und ausgefragt.
Und ich hatte keine Lust, mir das Leben unnötig schwer zu machen.«
Bei den letzten Worten ergriff sie Giovannis Hand und deutete an, dass
sie aufstehen wollte. »Tja, das sind wirklich traurige Geschichten. Aber
wie auch immer, wir …«

»Hör mal, Guesty, warum hat dein Mann mich so komisch angesehen, als ich dich Guesty genannt habe?«

Breit lächelnd stand Guesty jetzt tatsächlich auf. »Guesty war dort
mein Spitzname, das fand ich lässiger. Wer will schon María Georgina
heißen? Aber für meinen Schatz hier bin ich einfach María …«

»War Guesty nicht eher ein Tarnname? So haben sie es doch immer
gemacht, Spitzel bekamen andere Namen.«

»Mannomann, jetzt reichts aber. Du kannst mir echt gestohlen bleiben mit deinen Geschichten. Ihr hattet alle schon immer einen totalen
Verfolgungswahn, einer wie der andere.«

»Damals hatte ich meine Zweifel. Ich habe es nicht glauben wollen.
Aber jetzt bin ich mir sicher, dass du eine Scheißinformantin warst«,
stieß Darío hervor. Nach einem kurzen Blick auf Giovanni wandte er
sich wieder an Guesty: »Bist du inzwischen in Rente? Oder gehörst du
immer noch dazu?«

»Du Scheißspinner, du bist ja echt völlig durchgeknallt. Genau wie
Walter, der hatte sie auch nicht alle. Komm, Schatz, gehen wir, ich hab
genug von dem Idioten.«

Jetzt stand auch Darío auf. Innerlich kochte er, die alten Reflexe des
stets kampfbereiten Kindes wurden wieder wach. Als Scheißspinner
hatte diese Frau ihn gerade bezeichnet. Was wusste sie über sein Leben?
Besänftigend ergriff Montse seine Hand.

»Ja, hau ab«, murmelte er nur und wunderte sich fast über die
Selbstkontrolle, zu der er inzwischen imstande war. »Vielleicht bin ich
wirklich bloß ein Spinner und bilde mir Dinge ein. Aber wenn du uns
damals doch bespitzelt hast, bist du echt das Allerletzte. Herausfinden

werde ich es wahrscheinlich nie. Aber wenn du das warst, was ich meine, und eigentlich bin ich mir da so gut wie sicher, dann scheiße ich auf deine verfickte Mutter, du Arsch!« Diese letzten Worte schrie er fast, aber sie prallten an Guestys Rücken ab, die sich mit hastigen Schritten entfernte, gefolgt von ihrem Mann, der sich immer wieder verdattert nach ihm umsah.

Weder Giovanni noch Guesty, die in Wirklichkeit María Georgina hieß, hörten, was Darío, mit wieder gesenkter Stimme, hinterherschickte: »Und wenn du es doch nicht warst, scheiße ich trotzdem auf deine Mutter, du Drecksnutte.«

Katalane werden. Wie ein Katalane denken und leben. Katalanisch sprechen. Bei jeder Partie des FC Barcelona mitfiebern, am liebsten katalanische Spezialitäten essen. Den unterdrückerischen spanischen Staat hassen. Der Meinung sein, dass die fleißigen Katalanen nicht den faulen Rest der Spanier finanzieren müssen. Katalanischer als die Katalanen sein und die eigene schäbige Herkunft vor sich selbst verstecken. Sich bei alldem niemals eingestehen, dass er nie ein echter Katalane sein würde, weder für sich selbst noch für die radikalen Rebellen, mit denen Montse verkehrte. Was ihm eigentlich egal war – Hauptsache, er wurde ein anderer Darío, der mit dem ursprünglichen Darío so wenig wie möglich zu tun hatte. Die Vergangenheit begraben, nur die Gewinne im Auge haben, niemals die Verluste. Jeden Anflug von Heimweh unterdrücken. Was soll das, Heimweh? Wozu braucht der Mensch Heimweh?

War er denn nicht seines Glückes Schmied? War sein finanzieller Erfolg nicht der Lohn für seine eiserne Hartnäckigkeit und seine herausragende Intelligenz? Bürgerlicher Wohlstand war ihm kein Selbstzweck, aber die angenehmen Seiten, die er mit sich brachte, genoss er in vollen Zügen – die wechselnden Wohnungen, Autos und die vielen anderen exquisiten Dinge, mit denen er sich umgab. Er war ein angesehener

Arzt, der respektvoll als »Herr Doktor« oder »Herr Professor« angesprochen wurde und seine Gutachten mit dem Montblanc-Modell unterschrieb, das seinerzeit eigens für Toscanini entworfen worden war. All das erfüllte ihn mit Stolz und Befriedigung. Um die historischen Ursachen von Nationalbewegungen (wie der katalanischen) zu verstehen, las er allerdings Stalins Aufsatz über den Marxismus und die nationale Frage. Immer noch griff er manchmal zu Gramsci und fühlte sich dann sogleich wieder als revolutionärer Intellektueller.

Ein potenter BMW 2003 war an die Stelle des ausgemusterten Citroën Xantia getreten – der Lada, den er einst in Kuba mühsam wieder zum Laufen gebracht hatte, war der reinste Witz dagegen. Hin und wieder steuerte er abends ein Café am Hafen oder auch am Strand von Sitges an, um sich nach einem langen Arbeitstag ein wenig zu entspannen. Vor allem aber wollte er sich eine Weile der besitzergreifenden Liebe seiner Frau entziehen, für sich sein und ungestört seinen Gedanken nachhängen. Zudem stand der Besuch seines Sohnes Ramsés bevor, den er fünfzehn Jahre nicht mehr gesehen hatte. Bei ihrer letzten Begegnung war Ramsés gerade einmal zehn gewesen.

Mit einem Glas kubanischem Rum und einer guten Zigarre – Direktimport von der Insel (gut bleibt gut, egal, woher es stammt) und oftmals, wie früher auf Kuba, das Geschenk eines Patienten – saß er dann da, versunken in den Anblick des Mittelmeers, und zog Bilanz seines Lebens im Exil. Zumindest in materieller Hinsicht fiel sie dermaßen positiv aus, dass er es manchmal selbst kaum glauben konnte. Das half, die vielen hässlichen Seiten seines früheren Lebens zu verdecken und genüsslich an der Zigarre zu ziehen, den Rum zu genießen und den eigenen Erfolg zu feiern.

Über die wirklich schlimmen Einzelheiten seiner ersten Lebensjahre hatte er nie gesprochen, nicht einmal mit Horacio, seinem Freund aus Kindertagen. Auch nicht mit Clara, die fünfzehn Jahre seine Frau gewesen war und ihm das Tor in die paradiesische Welt von Fontanar geöffnet hatte. Ebenso wenig mit seinen Söhnen Ramsés und Marcos, die das Glück gehabt hatten, dort aufzuwachsen. Und erst recht nicht mit Montse, die mit einem silbernen Löffel im Mund geboren war. Niemals und niemandem würde er die Schrecken seiner Kindheit offenbaren, das winzige Zimmer, dessen Wände und Decke voller Risse waren, inmitten von Menschen, die durch Elend und Armut jeden Halt verloren hatten und zu keinerlei Mitgefühl imstande waren. Die Willkür und Grausamkeit seiner Mutter, der er ausgeliefert war und die ihn hasste, weil sie in ihm das Ergebnis der ihr zugefügten Demütigung sah.

Immer wieder hatte er sich damals gefragt, warum ausgerechnet er zu einem solchen Leben verdammt war. Seine Mutter Olga war mit sechzehn Jahren vergewaltigt worden. Von wem, und wer also sein Vater war, erfuhr er nie. Warum seine Mutter, die kaum lesen und schreiben konnte, damals nicht abgetrieben hatte, wusste er ebenso wenig, er schrieb es ihrer Ahnungslosigkeit, Angst oder auch völliger Verantwortungslosigkeit zu.

Das Schlimmste blieb jedoch, dass sie in ihm die Verkörperung ihres Unglücks sah und ihn erbarmungslos dafür büßen ließ. Sie ließ keine Gelegenheit aus, ihm ins Gesicht zu sagen, er sehe haargenau so aus wie dieses Dreckschwein. Wieder und wieder prügelte sie auf ihn ein, oft ohne jeden erkennbaren Anlass, bis der kleine Darío irgendwann einfach aufhörte, Schmerz zu empfinden, und sich taub machte für ihr Geschimpfe. Hunger wurde ihm ein täglicher Begleiter, gegen den er sich mit Zuckerwasser, einem Kanten Brot und den Essensresten behalf, die seine Mutter manchmal aus der schäbigen Kantine mitbrachte, in der sie arbeitete.

Am perfidesten aber waren die Quälereien, die sich seine Mutter für ihn ausdachte. Sie zwang ihn zum Beispiel, nackt auf einer Bank im Hof des Hauses zu sitzen, bei jedem Wetter, bis sie den Grund für die Bestrafung vergessen hatte. Und wenn er darauf bestand, zur Schule zu gehen, und sie anflehte, ihm die dafür nötige Uniform zu besorgen, beschimpfte sie ihn so, dass es durchs Haus hallte. Wenn er sie bat, sein Pionierhalstuch nicht zum Tischabwischen zu benutzen, machte sie sich lautstark über ihn lustig: »Was willst du eigentlich, du Schwachkopf? Du bist genauso bescheuert wie dein Vater.« Das tat mehr weh als alles Übrige. So kam es, dass er später, wenn jemand ihn provozierte, tatsächlich wie ein Verrückter reagierte.

Eine alte Schwarze und ihr ebenfalls sehr alter Mann aus Galicien – so erinnerte sich Darío an die beiden, obwohl sie nicht einmal sechzig waren – boten ihm Zuflucht. Sie wohnten im selben Stockwerk und ließen ihn erleben, dass es auf dieser Welt auch menschliche Güte gab. Manchmal aß er bei ihnen, und wenn seine Mutter wieder einmal auf die Idee gekommen war, ihn, womöglich nackt, vor verschlossener Tür im Hausgang sich selbst zu überlassen, nahmen sie ihn auf wie einen streunenden Hund. Und jahrelang verwahrten sie die Schulhefte und Stifte für ihn.

Als er acht war, tauchte, wie von der Vorsehung geschickt, ein gewisser Lázaro Morúa bei ihnen auf. Er arbeitete als Busfahrer und war Anhänger der Santería-Religion. Er wurde der neue Lebensgefährte seiner Mutter und sorgte dafür, dass sie ihn nicht mehr nackt im Hausflur stehen ließ. In den drei Jahren, die er bei ihnen blieb, schützte er ihn, so gut er konnte. Dieser wortkarge Mann, der seine Zuneigung durch keinerlei äußerliche Zeichen zu erkennen gab, führte ihn in die Welt des Judo und die damit verbundene Philosophie ein. Eines Tages sagte er zu Darío, er sei unverkennbar ein Sohn des Gottes Elegguá, des Hüters der einundzwanzig irdischen Wege. Dieser Orisha sei im Besitz der Schlüssel des Schicksals, mit denen man die Türen zum Glück wie auch zum Unglück öffnen oder verschließen könne. Man müsse nur wissen, wie man sie benutzt.

Als Darío alt genug war, um über seinen Lebensweg nachdenken zu können, sagte er sich immer wieder, dass es ein Wunder war, dass er nicht so geendet hatte wie seine Mutter und die übrigen Hausbewohner oder seine Freunde aus dem Viertel. Etwa Pepo, der mit zwölf in einer Besserungsanstalt landete, oder Beto, der wegen Mordes zu dreißig Jahren Haft verurteilt und mit zweiundzwanzig seinerseits im Gefängnis ermordet wurde. Lag es daran, dass er sich, sooft und solange es ging, in der Schule oder deren bescheidener Bibliothek aufhielt, wo er sich vor seinem anderen Leben sicher fühlte? Oder war es sein rätselhaftes Talent, dass er einen Text nur einmal zu hören oder zu lesen brauchte, um ihn sich einzuprägen? Oder lag es daran, dass er das Herz der sonst so unerbittlich strengen Grundschuldirektorin erweichte, weil er so abgemagert und voller blauer Flecken zum Unterricht erschien? Als er eines Tages in Schuhen daherkam, deren Sohlen mit Draht befestigt waren, überließ sie ihm danach regelmäßig die Schuhe und Kleider ihrer eigenen Kinder, wenn sie diesen zu klein geworden waren. Eine Rolle spielte aber gewiss auch, dass er in einem Land geboren war, wo selbst ein Unberührbarer wie er das Anrecht auf eine gute Grundschule und eine noch bessere Sekundarschule und anschließend, bei entsprechenden Noten, auch die Möglichkeit zu einem Universitätsstudium hatte. Darío machte sich das nach Kräften zunutze.

Erstaunlich früh war ihm klar, dass der Schlüssel – Elegguás? – zu seiner Rettung in ihm selbst lag, und er ließ dieser Erkenntnis energisch Taten folgen. Von der dritten Grundschulklasse bis zum Abschluss seines Medizinstudiums war er stets der Jahrgangsbeste. Dieses »magere Kerlchen« erlangte nicht nur aufgrund seiner Lernleistung Respekt. Mit den paar Judogriffen, die er beherrschte, verschaffte er sich Geltung. Und weil er keinerlei Angst vor Schmerzen hatte, schien er schlicht unbesiegbar, und niemand wollte sich mit ihm anlegen.

In der Schulbibliothek lernte er den anderen Außenseiter kennen, den hellhäutigen Mischling Horacio, der schon damals Romane las und nachmittags Privatunterricht in Englisch und Stenografie hatte. Sie tauschten sich über Bücher aus, lernten zusammen und wurden Freunde. Die Wohnung, in der Horacio mit seiner Mutter und seiner Schwester lebte, verfügte nicht nur über ein eigenes Badezimmer, sondern war auch weitgehend frei von Kakerlaken. Sie wurde zu Daríos neuer Zuflucht, vor allem nach der Trennung seiner Mutter von Lázaro Morúa. Als diese ihre bittere Wut wieder einmal besonders gewalttätig an Darío auslassen wollte, setzte der sich so erfolgreich zur Wehr, dass er ihr die Nasenscheidewand brach. Elf Jahre war er da alt. Von nun an war ihr klar, dass sie auf diese Weise nichts mehr gegen ihn ausrichten konnte. Er war inzwischen schlichtweg stärker als sie. Seltsamerweise führte gerade diese Erfahrung dazu, dass es zu einer Art gegenseitiger Duldung zwischen Mutter und Sohn kam. Ohnehin hatte Darío niemals Hass auf seine Mutter empfunden, er konnte sie allerdings auch nie lieben, geschweige denn ihr verzeihen.

Und jetzt war aus dem nackten Kind aus der schäbigen Mietskaserne in Havanna ein wohlsituierter Arzt geworden. Hatte er es nicht weit gebracht? Musste er sich vorhalten lassen, dass er getan hatte, was in seiner Macht stand, um sich aus all dem Elend zu befreien? Er zog an seiner Zigarre, nahm einen Schluck von dem in Santiago de Cuba abgefüllten Rum, ließ seinen Blick übers Mittelmeer schweifen und sagte sich: Der Welt konnte er etwas vormachen, aber nicht sich selbst. Er würde für allezeit ein Fremder sein, ein Emporkömmling. Einer, der überlebt hat. Und das letztlich nur durch Glück. Aber vielleicht hatte ihm ja tatsächlich ein Gott die Schlüssel des Schicksals zugesteckt. Und er hatte das nötige Geschick besessen, selbst die kompliziertesten Schlösser damit zu öffnen.

D as Letzte, was Ramsés Martínez Chaple sah, bevor sich die Eisentür des Ausreiseschalters am Flughafen von Havanna hinter ihm schloss, war das tränenüberströmte Gesicht seiner Mutter. Zwölf Stunden danach öffneten sich die Ausgangstüren am Flughafen Madrid vor ihm, und er sah als Erstes das tränennasse Gesicht von Irving. Am Freitag hatte er bei sechsundzwanzig Grad Außentemperatur in Havanna das Flugzeug bestiegen, am Samstag war er bei zehn Grad in Madrid wieder ausgestiegen. Trotzdem hatte er das seltsame Gefühl, sich nicht vom Fleck bewegt zu haben.

Vierzehn mühselige Monate hatte es gedauert, bis er all die für seine Ausreise nötigen Behördengänge und Zahlungen erledigt hatte. Als Erstes hatte er seinen Vater gefragt, ob er bereit sei, eine Familienzusammenführung zu beantragen, was die beste Art war, sein Vorhaben umzusetzen. Der schuldbewusste Darío hatte sofort zugesagt. Danach hatte er an der Technischen Hochschule, wo er sich zum Elektroingenieur ausbilden ließ, seine Exmatrikulation beantragt. Sämtliche beteiligten Behörden – das kubanische Bildungsministerium, das Migrationsamt wie auch das spanische Konsulat – hatten ihm dennoch unaufhörlich neue Unterlagen, Stempel und Bescheinigungen abverlangt, als hätten sie sich verschworen, es dem jungen Ausreisewilligen so schwer wie möglich zu machen, sein Heimatland »endgültig« zu verlassen, wie es zuletzt so schön in seinem Reisepass hieß.

Irving hatte mit Darío vereinbart, den ausgewanderten Sohn in Madrid am Flughafen abzuholen und zehn Tage bei sich und Joel zu beherbergen, um ihm ein wenig die Stadt zu zeigen. Danach sollte er mit dem Zug nach Barcelona weiterreisen. Da gerade Winter war, hatte er, ebenfalls in Absprache mit Darío, warme Kleidung und Stiefel für ihn besorgt.

In Irvings und Joels Wohnung in Chueca angekommen, zog Ramsés die bereitliegenden Sachen an, und die drei brachen unverzüglich zu einem kleinen Rundgang durchs Viertel auf. Dabei kehrten sie auch in Joels Lieblingsbar in der Calle Pelayo ein. Den ganzen Abend über zeigte Ramsés sich erstaunlich unbeeindruckt von der quirligen und für ihn doch völlig unbekannten Umgebung. Wenn Irving ihn, glücklich, ihm sein neues Territorium vorführen zu können, fragte, wie er etwas finde – die Madrider Metro, einen Laden, eine Konditorei, eine Bar, den neuen Schal, ein Kleidungsstück, das Ramsés zum ersten Mal im Leben trug –, kam als Antwort nichts als ein »gut« oder »schön«. Dabei blieb es. Als wäre all das, was seinerzeit Irving so begeistert hatte, für den jungen Mann nichts Besonderes, ja, geradezu ein alter Hut.

Am Sonntagmorgen musste Joel arbeiten, weshalb Irving beschloss, bei seinem üblichen Ritual eine Ausnahme zu machen und den Neuankömmling in den Parque del Retiro mitzunehmen. Anschließend wollte er ihn in das – vor allem für Neuankömmlinge aus Kuba – so beeindruckende »Schinkenmuseum« einladen, eine Tapas-Bar in der Nähe der Puerta del Sol.

Durch die Calle de Fuencarral gingen sie zur Gran Vía und von dort zur Calle de Alcalá, einmal um den Cibeles-Brunnen herum. Sie warfen einen Blick auf den Paseo de Recoletos und den Paseo del Prado und liefen anschließend weiter die Calle de Alcalá entlang und durchs Tor in den Park. Doch auf jede begeisterte Frage von Irving antwortete Ramsés, genau wie in der Nacht zuvor, bloß mit einem einsilbigen »schön«.

Auf der Bank mit Blick auf die Fuente del Ángel Caído setzte Irving, zunehmend verzweifelt über Ramsés' Einsilbigkeit, seinen Fremdenführer-Monolog fort. Er erklärte die Bedeutung der Brunnenfigur, schilderte die Entstehung des Parks und zählte unermüdlich die Wunder der Stadt Madrid auf, in der er sein Paradies gefunden habe – auch wenn es im Winter gerne ein wenig wärmer und im Sommer ein wenig kühler sein dürfe. Zu alledem nickte Ramsés lächelnd und sagte wieder nur: »Gut ... Schön ...«

»Ich gebs auf«, sagte Irving schließlich. »Was zum Teufel ist mit dir los, Junge? Macht dir das alles überhaupt keinen Eindruck? Gibt es hier nichts, was du sehen oder unternehmen willst? Du scheinst ja nicht mal zu frieren.«

»Natürlich friere ich, und wie«, erwiderte Ramsés ungerührt. »All die schönen Sachen hier sind wirklich beeindruckend. In Kuba ist ja alles dabei, in Stücke zu gehen ... Es stimmt, ich bin fünfundzwanzig und in meinem ganzen Leben nie verreist. Ich war noch nicht mal auf der Isla de Pinos.«

»Das heißt, du vermisst Kuba jetzt schon?«

»Nein, und ich werde es, glaube ich, auch nie vermissen. Ich bin ja nicht aus Kuba geflohen. Ich bin auch nicht traumatisiert, nicht mal wegen dem, was ich als kleiner Knirps dort durchmachen musste. Ich bin weggegangen, weil ich wollte, und ob ich jemals zurückkehre, weiß ich nicht.«

»Sag niemals nie«, versetzte Irving und kam sich wegen der banalen Phrase sofort lächerlich vor. »Ganz egal, wie gut du es dir einrichtest, im Exil leben zu müssen, ist und bleibt ein Desaster.«

»Ich weiß, was ich will. Und ich glaube, ich weiß auch, wie ich es bekommen kann. Ich bin nicht ins Exil gegangen, sondern einfach ins Ausland. Was Kuba betrifft, werde ich meine Mutter vermissen, und meinen Bruder, und Bernardo, natürlich. Und den alten Danger ... Aber sonst nichts. In der Hinsicht ist die Sache für mich klar. Dafür weiß ich, was ich erreichen möchte. Ich werde mich verdammt anstrengen müssen, aber das kriege ich hin. Und dafür ist es besser, wenn ich mich durch nichts belaste. In Kuba hatte ich nicht mal mehr eine Freundin, von der letzten habe ich mich rechtzeitig getrennt. Bei mir ist es nicht wie bei dir, oder bei euch beiden.«

Irving sah ihn beklommen an. Er kannte Ramsés seit seiner Geburt und hatte mitbekommen, wie er aufgewachsen war. Bei seinem

Abschied aus Kuba war er ein Teenager gewesen. Immer ernst, vielleicht übertrieben ernst, verantwortungsbewusst und konzentriert, das genaue Gegenteil seines leichtlebigen Bruders Marcos. Außerdem schien Ramsés der geborene Unternehmer, nie verlor er sein Ziel aus den Augen. Er konnte aber auch sehr großzügig sein, wie damals, als er ihm, Irving, seine gesamten Ersparnisse übergab, damit er sein Flugticket bezahlen konnte. Jetzt aber musste er sich eingestehen, dass er diesen Jungen offensichtlich nie richtig gekannt hatte. Dass ein junger Kubaner imstande war, so zu denken, erschreckte ihn. Wie hatte es so weit kommen können? War diese junge Generation wirklich so pragmatisch und kalt? Und galt das nur für Kuba oder für die ganze Welt?

»Dein Vater wird dir helfen. Ich kann nicht viel für dich tun. Joel und ich, wir kommen gerade so durch. Das Leben hier ist nicht so einfach, wie viele Leute dort annehmen. Du hast unsere kleine Wohnung ja gesehen.«

»Ich bin dir sehr dankbar für alles, was du getan hast. Und was meinen Vater angeht, ja, vielleicht unterstützt er mich. Aber eigentlich hat er seine Pflicht schon getan, schließlich hat er mich aus Kuba rausgeholt.«

»Dein Vater ist ein Arsch, aber er liebt euch sehr.«

»Ich weiß. Trotzdem werde ich bloß ein paar Tage bei ihm in Barcelona bleiben. Mir ist klar, dass ich nicht mit ihm zusammenleben kann. Erst recht nicht mit seiner durchgeknallten Frau.«

Irving musste lachen. »Montse ist nett. Ein bisschen überdreht, aber großzügig. Und kein bisschen durchgeknallt, vom Geschäftemachen scheint sie wirklich was zu verstehen. Sie hat Darío sehr geholfen. Das mit dem Separatismus ist ein Spleen von den beiden, aber im Grunde harmlos, letztlich nimmt sie niemand ernst. Schon komisch, klar. Da kommt einer aus Kuba, wo sich die Politik in alles einmischt, und dann fängt er hier auf einmal an, ständig über Politik zu reden.«

»Was jemand denkt, sollte man jedem selbst überlassen. Mir ist es egal, solange sie mir keine Vorschriften machen. Das habe ich nicht mal meiner Mutter erlaubt. Und auch sonst niemandem in Kuba. Weißt du, dass ich, seit ich zehn bin, von meiner eigenen Arbeit lebe, von dem, was ich selbst verdiene?«

Irving nickte und fragte nach kurzem Zögern: »Und dieses Armband?« Bei diesen Worten schob er Ramsés' Mantelärmel ein Stück hinauf, sodass eine kleine Kette aus preußischblauen und korallenfarbenen Perlen besser zu sehen war.

»Vor einem halben Jahr bin ich Mitglied bei den Santería-Leuten geworden. Mein Gott ist Ochosi, der Zauberer, Wahrsager, Jäger, Fischer. Vor allem aber der Kämpfer.«

»Das wusste ich nicht.«

»Man soll es auch nicht rausposaunen«, erwiderte Ramsés.

»Verdammt, auf einmal glauben auf Kuba alle an irgendwelche Sachen, an die wir früher nicht glauben durften. Glaubst du an Wunder?«

»Ich erwarte mir keine Wunder. Aber an etwas zu glauben, gibt einem Vertrauen. Ochosi gibt mir Kraft. Und ich weiß, dass ich die brauchen werde.«

Irving, der es nie geschafft hatte, an etwas zu glauben, nickte nur und richtete den Blick auf die Figur des gefallenen Engels. Wie hatte Elisa sich damals, neben dem Mädchen, das zweifellos ihre Tochter war, auf der anderen Seite des Brunnens stehend, bloß weigern können, sich ihm zu erkennen zu geben? Beabsichtigte Ramsés etwa auch, die Beziehungen zu ihnen allen zu kappen?

»Manchmal denke ich, dass es am besten wäre, mich so zu verhalten, wie du es offenbar vorhast. Einfach alles vergessen, nichts mehr vermissen. Aber das kann ich nicht. Ich muss jeden Tag an Kuba denken, schon seit zehn Jahren.«

»Und was hat es dir gebracht?«

Irving sah ihn bedrückt an. War Ramsés wirklich bloß ein kühler Rechner, der den Wert der Dinge genau kalkulierte? »Ehrlich gesagt, nichts. Manchmal kommt es mir wie ein Fluch vor. Und wie sehen deine Pläne aus?«

»Zuerst einmal werde ich mein Ingenieursstudium beenden. Dafür muss ich zunächst ein paar Dinge herausfinden und verschiedene Leute kontaktieren.«

»Einfach wird das nicht.«

»Es braucht nicht einfach zu sein. Hauptsache, es ist möglich. Ich mache es aber. Auf jeden Fall.«

»Du bist dir deiner ja sehr sicher.«

»Mein Kopf und meine Gewissheit, mehr habe ich nicht. Als mein Vater damals weggegangen ist und wir ohne alles dastanden, sind wir auch nicht verhungert. Wovor soll ich jetzt also Angst haben?«

»Hast du Darío nicht verziehen, dass er weggegangen ist?«

»Ich brauche ihm nicht zu verzeihen. Er hat gemacht, was er für nötig hielt. Was er tun musste. Ich weiß, dass er seine Gründe hatte. Es geht nicht um Schuld oder Vergebung. Es geht um Verantwortung, das ist nicht dasselbe, oder?«

»Ja, ich glaube, du hast recht«, murmelte Irving. Er bedauerte, das Gespräch auf so heikle Dinge gebracht zu haben. Ramsés war jedenfalls eindeutig anders als er oder Darío oder Horacio, seine Beziehung zu Kuba war offensichtlich längst nicht so traumatisch wie ihre. Trotzdem war ihm dieser junge Mann, zumindest vorläufig, ein Rätsel. Weshalb er sich ein zweites Mal geschlagen gab und fragte: »Hast du jetzt Hunger?«

Ramsés sah ihn mit zusammengekniffenen Augen an, als könnte er ihn nicht richtig sehen. »Was soll die Frage, verdammt? Mann, wo kommst du denn her? Ich hab immer Hunger, Alter!«

Als sie sich das letzte Mal gesehen hatten, war Ramsés zehn und Darío zweiunddreißig. Der fünfundzwanzigjährige Sohn und der siebenundvierzigjährige Vater, die sich in Barcelona am Bahnhof umarmten, kannten sich fast nur noch von Briefen, E-Mails, Fotos und Telefonaten, deren Häufigkeit allerdings in den letzten eineinhalb Jahren wegen Ramsés' Ausreiseantrag zugenommen hatte. Darío weinte beschämt, als er mit beiden Händen das Gesicht seines Sohns umfasste und ihn auf Wangen und Stirn küsste. Ramsés wiederum schloss einen reifen und leicht übergewichtigen Erwachsenen mit kahl geschorenem Schädel in die Arme, der ein sportliches Jackett aus feiner Wolle mit unübersehbarem Markenzeichen an der Brust trug und sich deutlich von der mageren und kantigen Gestalt unterschied, die ihm fünfzehn Jahre davor zum Abschied eingeschärft hatte, dass er sich um seine Mutter, seinen Bruder und die kleine Bananenpflanzung im Hof von Fontanar kümmern solle.

Während sie noch am Bahnhof einen Kaffee tranken, wie auch danach in Daríos BMW, auf dem Weg in die Wohnung im Stadtteil Eixample, quetschte der Vater den Sohn über dessen erste Spanieneindrücke aus. Ramsés reagierte auf die gleiche einsilbige Weise wie in Madrid gegenüber Irving. Woraufhin Darío seine Anspannung loszuwerden versuchte, indem er eine Flut touristischer Informationen und nationalistisch-katalanistischer Parolen über Ramsés niedergehen ließ. Er listete sämtliche Vorzüge Barcelonas und Kataloniens auf und kündigte an, dass Ramsés sie allesamt kennenlernen werde, denn es sei ihm gelungen, im Krankenhaus für eine ganze Woche freizunehmen.

Montse empfing sie, feiertäglich herausgeputzt, in der geräumigen und, für Ramsés' Maßstäbe, unglaublich luxuriösen Wohnung, von deren Salon man einen Blick auf die Turmspitzen von Gaudís berühmter Kathedrale hatte. Das von der rumänischen Hausangestellten gekochte Essen stand schon bereit. Zunächst wolle sie ihm aber unbedingt noch die Wohnung zeigen, kündigte Montse an und hakte sich bei Darío unter. Der Rundgang endete in dem für Ramsés bestimmten Zimmer, das über ein eigenes Bad und einen Balkon verfügte. Wenn man sich ein wenig vorbeugte, konnte man von dort aus ebenfalls die Sagrada Familia sehen.

»Du rauchst nicht, oder?«, fragte Montse schließlich.

»Nein, ich rauche nicht.«

»Ein Glück. Ich bin nämlich allergisch gegen Rauch. Und gegen Raucher«, fügte sie mit einem schelmischen Seitenblick auf ihren Mann hinzu.

Die folgende Woche war ausgefüllt mit Stadttouren, Ausflügen und opulenten Mahlzeiten in Restaurants. Das alles wurde zeitweilig ein wenig anstrengend, denn Darío wollte keine Minute ungenutzt lassen. Ramsés bekam sämtliche Sehenswürdigkeiten Barcelonas vorgeführt, konnte ein Fußballspiel im mythischen Camp Nou miterleben und durfte zwei Tage mit seinen Gastgebern in deren Wohnung in Calafell verbringen, die der große Stolz der beiden war. Der Neuankömmling wurde im luxuriösen Kaufhaus Corte Inglés neu eingekleidet. Dazu schenkten sie ihm sein erstes Handy. Ramsés bestand darauf, nur zu kaufen, was »wirklich nötig« sei. Und seine Dankbarkeit und Begeisterung beschränkte sich auch hier auf ein knappes »gut« oder »schön«.

Als hätten sie es so verabredet, waren Vater und Sohn in diesen Tagen bemüht, die heiklen Punkte aus der Vergangenheit möglichst nicht zu berühren. Darío unterließ es auch tunlichst, Ramsés auf sein buntes Armband anzusprechen. Dann kam das Gespräch aber doch auf die Familie. Im Versuch, seinen Sohn besser kennenzulernen, fragte Darío nach dessen Vorlieben und Erwartungen und erkundigte sich auch nach Marcos. Dass Clara und Bernardo ein Paar geworden waren, kam ihm immer noch wie ein Wunder vor.

Ramsés hörte aus seinen Worten einen ironischen Unterton heraus und bedachte ihn mit einem vernichtenden Blick. »Etwas Besseres hätte den beiden nicht passieren können. Mama ist, glaube ich, glücklich, und dafür werde ich Bernardo immer dankbar sein. Bernardo ist sowieso der beste Mensch, den ich kenne, nach Mama, natürlich.«

Ramsés versuchte seinerseits, herauszufinden, was aus dem Mann geworden war, den er als gleichermaßen großmütig und tatkräftig in Erinnerung hatte. Nie war er grob zu seinen Kindern gewesen, selbst wenn sie den schlimmsten Unsinn angestellt hatten. Dieses vorteilhafte Bild hatte sich trotz der Entfremdung über die Jahre in ihm gehalten, was insbesondere Clara zu verdanken war. Schon bald sollte er jedoch feststellen, dass es mit der Realität nur noch wenig zu tun hatte.

Sein Vater, der inzwischen bei jeder sich bietenden Gelegenheit Katalanisch sprach, kam ihm irgendwann wie eine schlechte Kopie seines früheren Selbst vor. Dass er sich ständig über irgendwelche lokalpolitischen Themen ereiferte und dann unweigerlich bei dem Kampf für eine eigenständige Republik landete, den aufrechte Linke wie er und Montse angeblich führten, fand er einigermaßen lächerlich, eine reine Inszenierung. Wer so viele Entbehrungen und Opfer hatte auf sich nehmen müssen wie Ramsés, musste die großbürgerliche Lebensweise dieses Paares als geradezu beleidigend empfinden. Diese selbst ernannten Revolutionäre wischten sich den Hintern mit dem teuersten Toilettenpapier ab, das in der Stadt zu finden war. Sie tranken Wein von einem superexklusiven Gut in der Rioja, benutzten nur das feinste Olivenöl aus Jaén und aßen ausschließlich Schinken von frei lebenden Schweinen der Marke Isidro González Revilla. Dass weder die Rioja noch Jaén, noch Salamanca – woher der Schinken stammte – auf heiligem katalanischem Gebiet lagen, kümmerte sie wiederum nicht.

Aber Ramsés wollte nicht darüber urteilen. Sein Vater und Montse hatten ihre eigenen Köpfe, um nachzudenken und die Entscheidungen zu treffen, die ihnen richtig erschienen. Außerdem wirkte sein Vater glücklich. Und zudem verdankte er alles, was er besaß, seiner herausragenden Intelligenz. Die Beziehung mit Montse war möglicherweise ebenfalls das Beste, was ihm hatte passieren können. Ramsés wusste ja, dass seine Kindheit es an Tragik durchaus mit den Romanfiguren eines Charles Dickens hätte aufnehmen können.

An Daríos letztem freien Abend aßen Vater und Sohn allein in einem Restaurant im olympischen Dorf von Barcelona. Montse hatte sie unter dem Vorwand, sie habe Kopfschmerzen, alleine ausgehen lassen. Vor den Fenstern des hell erleuchteten Speiseraums waren die Masten der im Jachthafen liegenden Boote und die dunkle Weite des Mittelmeers mehr zu erahnen als zu sehen. Schon auf dem Hinweg hatte Ramsés sich gesagt, dass es mit dem entspannten Beisammensein bald vorbei sein werde. Bei diesem Gedanken hatte er fast schon Erleichterung verspürt. Schließlich konnte dieser ewige Ferienzustand inmitten von all dem »Guten« und »Schönen«, das Madrid und Barcelona zu bieten hatten, nicht ewig anhalten. Es war höchste Zeit, dass er in der Gegenwart ankam und die Planung seiner Zukunft in Angriff nahm. Davor, das war ihm nur zu klar, galt es jedoch, noch eine Reihe offener Rechnungen aus der Vergangenheit zu begleichen.

Darío bestellte zwei Portionen sündhaft teurer Meeresfrüchte, riesige rote Schalentiere – Ramsés hatte keine Ahnung, dass es solche überhaupt gab – und dazu eine Flasche eiskalten weißen Albariño. Für das Geld, das dieser Luxus kostete, hätte man in Fontanar mindestens einen ganzen Monat leben können.

Als sie fast aufgegessen hatten, wies Darío ihn darauf hin, dass er ab dem nächsten Tag nicht mehr so viel Zeit für ihn haben werde. Die Arbeit im Krankenhaus rufe. »Ich habe keinen Grund, mich zu beklagen, ich mache das gern. Genau deshalb bin ich ja damals aus Kuba weg«, sagte er, und damit war das Stichwort gefallen.

»Auf Kuba hast du dieselbe Arbeit gemacht«, erwiderte Ramsés.

»Aber dort war ich an einem toten Punkt angelangt. Nichts ging mehr vorwärts. Und es hätte noch schlimmer kommen können. Sieh dir deine Mutter an, oder Bernardo. Aus demselben Grund ist Horacio damals weggegangen. Und Liuba und Fabio auch, die Ärmsten ...«

»Jeder hat seine Gründe. Ich kritisiere niemanden dafür.«

»Man lebt nur einmal, Ramsés, das weißt du selbst. Mit meinem Leben ging es den Bach runter, unaufhaltsam. Ich habe mich bloß noch verfolgt gefühlt und war total desillusioniert.«

»Warum desillusioniert?«

Darío überlegte. »Von meinem ganzen Leben. Davon, dass ich ständig von den Entscheidungen anderer abhängig war. Ich hatte endgültig genug davon.«

Ramsés nickte. »Du weißt, dass ich mich nicht für Politik interessiere. Ich bin nicht aus irgendwelchen politischen Gründen weggegangen. Ich hatte nicht mal einen Grund, um desillusioniert zu sein. Darum kann ich die, die dortbleiben und tun, was sie als ihre Aufgabe ansehen, gut verstehen. Aber jetzt möchte ich dich doch etwas anderes fragen, entschuldige. Was für Probleme hattest du mit Mama? Ich weiß noch, dass ihr damals viel gestritten habt. Wenn du nicht möchtest, brauchst du nichts dazu zu sagen.«

Darío sah ihn schweigend an. Als schuldete er seinem Sohn keine Antwort, säuberte er sich die Finger in einem Schälchen mit Zitronenwasser, das der Kellner gebracht hatte, und trocknete sie anschließend mit einer duftenden Serviette ab. Als er danach an seinen Fingern roch, schien er nicht zufrieden, weshalb er eine zweite Serviette nahm und sich gründlich die Fingerspitzen abrieb. Als er erneut an den Fingern schnupperte, war er offensichtlich halbwegs zufrieden.

»Es gab natürlich Dinge zwischen ihr und mir, von denen ich dir nichts erzählen werde. Aber in jedem Fall war die Leidenschaft weg, sozusagen. Wir haben immer noch zusammengelebt und im selben Bett geschlafen, aber ein Paar waren wir eigentlich nicht mehr.«

»Mama hat mir darüber nie etwas erzählt. Jetzt habe ich natürlich nur deine Version ...«

»Soll ich erzählen oder nicht?«

»Von mir aus gern. Bist du auch wegen ihr fortgegangen?«

Darío wandte den Blick ab. »Ja, auch wegen ihr. Es hätte nicht mehr allzu lange gehalten. Wir hätten uns bald getrennt.«

»Weil die Leidenschaft weg war?«

»Auch aus anderen Gründen, die mir erst später klar geworden sind. Aber darüber werde ich nicht mit dir sprechen. Das waren Sachen zwischen Mann und Frau. Ich will dir dazu nur sagen, dass Clara, glaube ich, nicht mehr in mich verliebt war. Manchmal denke ich, dass sie das vielleicht nie war. So richtig verliebt. Wie offenbar jetzt, mit Bernardo. Wir haben viel gestritten, ja, und wir haben uns gegenseitig wehgetan. Ich hatte bloß noch meinen Abschluss im Kopf, dass ich dafür weggehen müsste, und dass alles Übrige sich danach erledigen würde.«

»Mit einer anderen Frau?«

»Da war nichts Konkretes in Sicht. Klar war mir nur, dass ich aus dem Haus in Fontanar hätte ausziehen müssen, wenn ich in Kuba geblieben wäre und mich von deiner Mutter getrennt hätte.«

»Du bist also nur bei ihr geblieben, um nicht aus dem Haus ausziehen zu müssen?«

»Ja«, murmelte Darío. »Hört sich nicht gerade schön an, aber so war es. Hätte ich mich von ihr getrennt, hätte ich nicht gewusst, wo ich wohnen soll. Du weißt ja, wie es dort ist.«

»Tja, dass du wieder bei Oma Olga einziehst, wäre wirklich schwer vorstellbar gewesen.«

»Da hätte ich mich lieber am nächsten Baum aufgehängt. Die Scheiße hätte ich mir nicht noch einmal angetan. Aber stell bitte keine weiteren Fragen mehr, mit manchen Sachen habe ich endgültig abgeschlossen. Lass uns lieber über dich sprechen.«

»Ein paar Dinge muss ich trotzdem noch wissen. Über dich und mich und über die Entscheidungen, die du damals getroffen hast.

Ich verurteile dich nicht, das schwöre ich dir. Ich möchte bloß verstehen.«

»Du hättest miterleben müssen, was ich damals mit meiner Mutter durchgemacht habe. Heute flößt sie einem vielleicht Respekt ein, oder sogar Mitleid, weil sie eine alte Frau ist, deine Großmutter. Dass sie noch am Leben ist, hat sie dem Geld zu verdanken, das ich ihr jeden Monat schicke. So gut ist es ihr noch nie gegangen. Aber du wirst das nicht verstehen können. Du musstest zwar mit zehn Jahren Süßkartoffeln und Bananen anbauen und Kaninchen züchten und dieses grauenvolle Sojahack essen, das es damals in Kuba gab. Aber das ist bloß, keine Ahnung, eine Art Spiel im Vergleich zu dem, wie es mir ergangen ist. Ich weiß, was es heißt, in der Hölle zu leben. Das kannst du mir glauben. Du und Marcos, ihr habt schlimmstenfalls das Fegefeuer durchgemacht, aber dabei hat euch immer Clara an der Hand gehalten.«

Seiner Stimme war anzuhören, dass mit den Erinnerungen uralte Wunden in ihm aufbrachen. Ramsés musterte ihn wortlos.

»Gehen wir raus«, schlug der Vater vor, rief den Kellner und bat ihn in fließendem Katalanisch, ihnen auf der Terrasse zwei Espresso und zwei Kräuterlikör zu servieren.

Als sie draußen Platz genommen hatten, zündete Darío sich eine eigens für diese Gelegenheit mitgenommene Montecristo-Zigarre an.

»Weiß Montse, dass du rauchst?«

»Sie weiß, dass ich mir ab und zu eine Zigarre gönne. Die muss dann aber wirklich gut sein, am besten aus Kuba. Die aus der Dominikanischen Republik sind ja nicht schlecht, aber …«

Ramsés unterbrach ihn lächelnd: »Danach hast du mich noch gar nicht gefragt.« Er hob den linken Arm mit dem bunten Band ums Handgelenk.

»Das ist deine Sache. Wenn du mich fragst, sind das allerdings lauter Ammenmärchen. Mir will auch nicht in den Kopf, dass Clara und Bernardo inzwischen regelmäßig in die Kirche gehen und auf die Knie sinken, um zu beten.«

»Vielleicht sind es auch bloß Märchen. Das denken allerdings vor allem die, die an nichts glauben. Aber weißt du überhaupt, wer mein Santería-Pate ist?«

Darío lachte. »Am Ende Bernardo? Hat er sich jetzt auch noch auf Folklore verlegt?«

»Papa, ich habe den Eindruck, im Grunde bist du auf Bernardo eifersüchtig. Nein, natürlich ist Bernardo nicht mein Pate. Mein Pate ist Lázaro Morúa.«

Bei dem Namen des Mannes, der drei Jahre mit seiner Mutter zusammengelebt, ihn vor ihren schlimmsten Demütigungen und Bestrafungen beschützt und ihm so wichtige Anregungen gegeben hatte, zuckte Darío zusammen. »Lebt er noch?«, fragte er.

»Ja, er ist jetzt um die siebzig.«

»Weiß er, dass ich dein Vater bin?«

»Ja. Und er hat mir viel erzählt. Er dachte, ich wüsste Bescheid.«

Beklommen sah Darío sich selbst als Kind vor sich, nackt im Flur einer Mietskaserne in Havanna, überall krabbelten Kakerlaken, und aus einem Radio kam dröhnend laut die Stimme des blinden José Tejedor und seines Begleiters Luis. Das Lied, ein Bolero, hatte ihn jahrelang verfolgt: »In dunkler Nacht hast du mich ganz allein gelassen, da stand ich nun und wusste nicht, wohin …« Nur dass er jetzt das Gefühl hatte, sein Sohn sei Zeuge dieser Erniedrigung.

»Verdammte Scheiße«, murmelte er. »Aber nachdem du jetzt Bescheid weißt, kannst du mich vielleicht verstehen. Seit ich denken konnte, habe ich versucht, dieser Hölle zu entkommen. Lázaro Morúa ist ein guter Mensch, er hat mir sehr geholfen. Und Horacio und seine Mutter haben mir gezeigt, was eine Familie ist und was anständig sein bedeutet. Und dann hat Clara mich gerettet, deine Mutter. Dafür werde ich immer dankbar sein. Wären diese Menschen nicht gewesen, keine Ahnung … Clara hat mir außerdem zwei wunderbare Söhne geschenkt, obwohl sie mich vielleicht gar nicht wirklich geliebt hat.«

»Wie kommst du darauf?«

»Das werde ich dir nicht sagen. Frag das besser deine Mutter. Oder deine Heiligen, vielleicht wissen die ja die Antwort.«

»Trotzdem verstehe ich nicht, wie jemand, der durchgemacht hat, was du durchgemacht hast, uns allein zurücklassen konnte, als es uns am allerdreckigsten ging. Das ist jetzt kein Vorwurf, das ist eine Tatsache.«

»Ja, eine Tatsache. Ich musste einfach weg. So wie du jetzt weggehen musstest und Clara zurückgelassen hast. Stimmts, Ramsés?«

Ramsés nickte. Wirf niemals den ersten Stein … »Ja, und ich bin dir sehr dankbar dafür, dass du mir geholfen hast. Als es wirklich nötig war, warst du wieder da.«

»Ich war immer da. So wird es auch künftig sein. Auch wenn ich nicht immer getan habe, was ich hätte tun müssen. Und auch wenn ich dir manchmal nicht gefalle.«

»Das habe ich nicht gesagt.«

»Aber das denkst du. Und was denkst du noch?«

Ramsés sah seinen Vater an. Clara und Bernardo hatten immer behauptet, er sei der hartnäckigste, intelligenteste und neurotischste Mensch, den sie kannten. Lázaro Morúa wiederum hatte gesagt, Darío sei das stärkste Kind gewesen, das ihm je begegnet sei. Es war sinnlos, zu versuchen, ihm etwas vorzumachen oder zu verheimlichen.

»Ich bleibe eine Weile in Barcelona, bis mein offizieller Status geklärt ist. So lange werde ich auch deine republikanische Linksnationalistin ertragen, mit ihren Luxusschuhen und Seidenschals. Ich werde mich mit mehreren ehemaligen Professoren von der Universität in Verbindung setzen. Die haben sich auch aus Kuba abgesetzt, weil sie es dort nicht mehr ausgehalten haben. Irgendwann werde ich dann das Tor finden, um dahin zu gelangen, wo ich hinwill. Aber dafür brauche ich etwas Zeit und die Papiere. Dann lege ich los.«

»Ich helfe dir. Darauf kannst du dich verlassen.«

»Danke. Aber mit den Ferien ist es vorbei, jetzt wird in die Hände gespuckt. Besorg mir eine Arbeit, egal was, und egal, was sie bezahlen. Und hilf mir, irgendwo ein Zimmer zu finden. Es kann noch so klein sein, ich muss alleine leben und von meinem eigenen Geld. Und frag deine Freunde, wie ich am schnellsten an eine Aufenthaltsgenehmigung komme. Ich bin jetzt fünfundzwanzig. Bevor ich dreißig bin, will ich mein Ingenieursdiplom in der Tasche haben. Ist das zu viel verlangt?«

Darío schaute seinen Sohn an. Dann die erloschene Zigarre. Dann erneut seinen Sohn und danach erneut die Zigarre, deren duftende, kunstvoll gerollte Tabakblätter sich in ein stinkendes Etwas verwandelt hatten.

»Die haben mich reingelegt, das ist kein kubanischer Tabak. Nein, du verlangst nicht zu viel. Wir kennen uns wirklich kaum, Ramsés, und manchmal kommst du mir ziemlich seltsam vor. Aber eins ist sicher, du bist mein Sohn.«

Es dauerte fast eineinhalb Jahre, bis Ramsés alle nötigen Papiere zusammenhatte. Auch wenn er sich dessen nicht bis in alle Einzelheiten bewusst war, war die Unterstützung durch Montse und ihre Freunde und die Freunde ihrer Freunde im Kampf mit der Bürokratie eine große Hilfe. Dem Rat eines ehemaligen Professors folgend, hatte er außerdem jede freie Minute genutzt, um Französisch zu lernen, und sich zu Beginn des Jahres an der Universität Toulouse für einen Studiengang beworben, dessen Gebühren entfielen, wenn man im Wechsel mit dem Unterricht eine praktische Arbeitsleistung erbrachte. Voraussetzung dafür war jedoch, dass man bereits über bestimmte Fähigkeiten und Kenntnisse verfügte. Aufgrund seiner guten Zeugnisse wurde er nicht nur angenommen, die Universität erkannte außerdem einen Teil seiner auf Kuba abgeleisteten Studien an und stellte ihm die Möglichkeit in Aussicht, innerhalb von drei Jahren ein Diplom in Halbleitertechnik zu erhalten. Da die Nachfrage nach Fachkräften auf diesem Gebiet in der Region sehr hoch war, würde er anschließend schnell eine Anstellung finden.

Um von seinem eigenen Geld leben zu können, nahm Ramsés in dieser Zeit alle möglichen Arbeiten und Jobs an. Er kellnerte bis drei Uhr morgens in einer Strandbar, assistierte einem portugiesischen Elektriker und einem andalusischen Anstreicher und betreute daneben die Immobilienwebseiten mehrerer Bekannter von Montse. Das Geld reichte kaum für die Miete seines kleinen Zimmers im Stadtteil Barceloneta und gelegentliche Reisen nach Madrid, wo er bürokratische Angelegenheiten zu erledigen hatte. Aber er beklagte sich nie. In Madrid übernachtete er jedes Mal auf der Schlafcouch in Irvings und Joels

Wohnung in Chueca und ließ es sich nicht nehmen, die beiden in ein billiges Restaurant einzuladen und anschließend in Joels Lieblingskneipe in der Calle Pelayo noch etwas zu trinken. Außerdem schaffte er es, wovon jedoch niemand erfuhr, jeden Monat vierzig oder fünfzig Euro seiner bescheidenen Einkünfte an seine Mutter zu überweisen.

Inmitten all dieser anstrengenden Arbeiten und der nervenzehrenden Warterei, die noch verschärft wurde durch beunruhigende Nachrichten über eine sich anbahnende Wirtschaftskrise, die zu einem rasanten Anstieg der Arbeitslosigkeit führen könne, fand Ramsés einen körperlichen wie emotionalen Ausgleich in der Beziehung mit Lena, einer jungen Dänin, die in Barcelona einen Erasmus-Studienaufenthalt absolvierte. Lena war eine lebenslustige Blondine mit viel Spaß am Sex und mindestens so viel Spaß an intellektuellen Herausforderungen. Die beiden hatten sich in der Strandbar kennengelernt, wo Ramsés seinen ersten, halb offiziellen Job gefunden hatte. Mithilfe ihres steifen, aber korrekten Spanisch fand die Dänin bald heraus, dass der junge Kellner mit den pechschwarzen Locken und den geradezu feminin langen Wimpern aus Kuba stammte und zudem ein fast komplettes Ingenieursstudium absolviert hatte.

Sie selbst studierte lateinamerikanische Literatur, hatte eine ganze Reihe von Werken kubanischer Autoren gelesen und plante, die Insel eines Tages zu bereisen. Vom Hörensagen wusste sie einiges über das Leben auf Kuba, schleppte aber einen Wust widersprüchlicher positiver wie negativer Klischees mit sich herum, die nicht so recht zusammenpassen wollten.

Bei ihren ersten Unterhaltungen zwang sie Ramsés geradezu, ihr zu erklären, warum ein junger Mann wie er sein Ingenieursstudium wenige Monate vor dem Abschluss abgebrochen und seiner Heimat für immer den Rücken gekehrt hatte. Nach dem Abschluss würde man ihn nicht außer Landes lassen, es sei denn mit einem offiziellen Arbeitsauftrag, wie gehe das denn? Und verdienen würde er als Ingenieur auf Kuba gerade einmal zwanzig oder dreißig Dollar, nicht anders als seine Mutter, die ebenfalls Ingenieurin war? Ebenso wenig verstand sie, wie man von solchen Gehältern leben konnte, wenn schon ein Liter Speiseöl zwei Dollar kostete. Andererseits: Kostete das Studium wirklich nichts? Und der Strom bloß vier Dollar im Monat, vorausgesetzt natürlich, man verzichtete darauf, die Klimaanlage zu benutzen? Und für das Telefon gerade einmal zwei Dollar? All dies kostete in Dänemark ein Vermögen. Allerdings besaßen viele Leute weder eine Klimaanlage noch ein Telefon, da jemand verfügt hatte, Kubaner brauchten derlei Dinge nicht, genauso wenig wie freien Internetzugang. Ein Leben ohne Handy, Computer und Internet? Für Lena unvorstellbar. Wenn es nicht genug zu essen gab und die staatlichen Gehälter für neunzig Prozent der Bevölkerung nicht zum Leben reichten, was ja offiziell zugegeben wurde, warum verhungerten die Leute nicht und trieben sogar Sport, um abzunehmen? In einer Zeitschrift hatte sie gelesen, dass zur letzten 1.-Mai-Kundgebung über eine Million Menschen erschienen waren, aber nicht, um wie sonst überall auf der Welt zu protestieren, sondern um die Regierung zu unterstützen! Seltsam, dass auf Kuba die Gewerkschaften stets die Regierung unterstützten. Gab es wirklich Leute, die stolz darauf waren, täglich zwölf, wenn nicht vierzehn Stunden zu schuften, wie die dänischen Bauern und Bergarbeiter im 19. Jahrhundert, die ebenso wenig von ihrem Lohn hatten leben können? Alle Kubaner hatten zwar Zugang zu einem umfassenden und leistungsfähigen staatlichen Gesundheitssystem, aber warum konnten sie dann in der nächstgelegenen Apotheke meistens nicht einmal Aspirin kaufen? Und verbrachten trotzdem den Tag singend und tanzend, wenn sie nicht gerade freiwillige Arbeitseinsätze leisteten oder revolutionäre Parolen gegen das verbrecherische US-amerikanische Wirtschaftsembargo skandierten. Warum bestiegen diese Leute dann unversehens Boote und Flöße, um die Insel zu verlassen? – Nein, Lena konnte das nicht begreifen.

Ramsés bemühte sich, derartigen Diskussionen aus dem Weg zu gehen, und sagte nur, nicht einmal Gott sei in der Lage, die seltsamen Verhältnisse auf der Insel zu verstehen, geschweige denn sie in Ordnung zu bringen. Gleichzeitig wurde ihm durch die Beziehung mit Lena und ihr hartnäckiges Nachfragen klar, dass seine Herkunft für immer an ihm haften würde, wie das Schneckenhaus, von dem seine Mutter Clara gesprochen hatte. Auch wenn er selbst den Blick lieber ausschließlich nach vorne, auf seine geplante Zukunft gerichtet hätte.

Zu den Vorzügen, die diese Herkunft mit sich brachte, gehörten allerdings auch Gewandtheit und Einfallsreichtum im Bett. Seit seinem dreizehnten Lebensjahr hatte er auf dem Feld der Liebe intensiv geübt. Seine Wikingerin hatte derart vielfältige Genüsse in ihren nördlichen Breitengraden offenbar bislang nicht kennengelernt und fand großen Gefallen daran.

Begonnen hatte seine Einführung in die Liebeskunst mit einer gleichaltrigen Freundin. Deren ältere Schwester hatte dann die Ausbildung fortgesetzt, eine tatkräftige Achtzehnjährige, der jedes Mittel recht war, um sich Lust zu verschaffen. Längst hatte er den Überblick über die vielen Frauen verloren, denen er in all den Jahren begegnet war. Frauen aller Hautfarben, im Alter von fünfzehn bis zweiundfünfzig und mit den unterschiedlichsten Vorlieben. Die meisten dieser Frauen schienen Sex als eine Sportart zu betrachten, der sie mit einem Eifer nachgingen, als ginge es darum, eines Tages eine olympische Medaille zu erringen. Besonders beglückend war seine mehrmonatige Beziehung mit Fabiola gewesen, deren Eltern Liuba und Fabio mit seinen Eltern befreundet waren.

Die körperliche Beziehung mit Lena funktionierte hervorragend, aber ihre unterschiedlichen Einstellungen auf anderen Gebieten führten zu häufigen Zusammenstößen. Zum Glück konnten sie immerhin auf Spanisch miteinander reden. Als Lena schließlich bei ihm einzog – wobei sie darauf bestand, die Hälfte der Miete zu übernehmen –, musste Ramsés feststellen, dass seine dänische Geliebte niemals ihre Slips wusch. Sie ging vielmehr einmal im Monat zu H&M und kaufte fünf Packungen zu jeweils sechs Stück. In Spanien seien die spottbillig, erklärte sie. Jeden Tag benutzte sie eines und ließ es abends im Mülleimer verschwinden. Was auf Kuba natürlich völlig undenkbar gewesen wäre. Ramsés war jahrelang in geflickten Unterhosen herumgelaufen, während seine Mutter regelmäßig neue Gummis in ihre Slips einzog. Andererseits sagte er sich, als er sie einmal die in Kopenhagen – natürlich bei einem kubanischen Tanzlehrer – erlernten Salsaschritte ausführen sah, dass ihre nordische Hüfte und ihre nordischen Ohren das Geheimnis dieses Tanzes wohl niemals ganz lüften würden.

Aber die grenzenlose intellektuelle Neugier und finanzielle Ungebundenheit seiner dänischen Freundin kam ihm zugute. Er ließ sich von ihr in Museen und zu unzähligen Sehenswürdigkeiten führen. Lena kaufte ihm die Bücher der Autoren, die Horacio und Irving empfahlen, und er beschäftigte sich intensiv mit den Werken Gaudís, erst recht, als er erfuhr, dass dessen Mäzen Eusebio Güell seinen unermesslichen Reichtum den kubanischen Besitztümern seines Vaters verdankte, der seinen wirtschaftlichen Aufstieg als Sklavenhändler begonnen hatte.

Sooft er freie Zeit hatte, reiste er mit ihr durch Katalonien, Aragón und das Baskenland. In die Stadt San Sebastián verliebte er sich geradezu und nahm sich vor, falls die Umstände es eines Tages erlaubten, sich dort niederzulassen.

Aber es gab Hürden, die weder Lena noch er überwinden konnten. Beiden war klar, dass ihnen das auch künftig nie gelingen würde. So kam es, dass Ramsés seine schöne, großzügige und intelligente Freundin eines Tages zum Flughafen von Barcelona begleitete, wo sie die Rückreise nach Kopenhagen antrat. Beim Abschied standen ihnen beiden Tränen in den Augen. Am liebsten wären sie an Ort und Stelle ein weiteres Mal übereinander hergefallen. Aber sie machten sich nichts vor. Ihnen war klar, dass sie, die weltläufige dänische Literaturwissenschaftlerin, und er, der heimatlose Kubaner mit der eingepflanzten Kompassnadel, die stets dieselbe Richtung anzeigte – immer geradeaus, bis er seinen Weg womöglich eines Tages in San Sebastián beendete –, einander nicht wiedersehen würden.

In der letzten Woche vor der Abreise nach Toulouse wohnte Ramsés noch einmal bei Darío und Montse. Am ersten Abend zog er sich gleich nach dem Essen auf sein Zimmer zurück, da er seiner Mutter eine längere E-Mail schreiben wollte.

Als er den Laptop hochfuhr, den Montse ihm geschenkt hatte, fand er zwei neue Nachrichten von Lena vor, die er, wie schon die vorausgegangenen, ungelesen löschte. Was diese Beziehung anging, hatte er beschlossen, sich so zu verhalten, als wollte er mit dem Rauchen aufhören, also auf einen Schlag und radikal Schluss zu machen, bevor das Ganze zu schmerzhaft wurde.

Dann öffnete er die Nachricht, die seine Mutter ihm an diesem Nachmittag von der Arbeit aus gesendet hatte:

Mein lieber Ramsés,

in ein paar Tagen brichst du also nach Frankreich auf. Bei dem bloßen Gedanken fange ich an, vor Aufregung zu zittern. Du weißt ja, wie ich bin. Andererseits komme ich nicht aus dem Staunen heraus, wenn ich erlebe, wie mutig du bist. Du hast wirklich vor nichts Angst! Und du weißt immer, was du willst und wie du es erreichen kannst. Du bist nun mal ganz der Sohn deines Vaters. Grüße ihn von mir, ich hoffe, es geht ihm gut, und seiner Montse auch, der ich für alles, was sie für dich getan hat, unendlich dankbar bin. Gott schütze die beiden.

Da ich, wie du weißt, hier in der Arbeit lieber nicht ins Internet gehe, hat Bernardo für mich die Gelegenheit genutzt, als er neulich bei jemandem den Computer auf Vordermann gebracht hat, und ein paar Seiten über die Universität Toulouse ausgedruckt. Du hast ja wirklich Glück, mein Junge! Das Niveau dieser Uni ist sehr hoch und anspruchsvoll. Aber für dich ist das ja kein Problem. In dieser Stadt gibt es über hunderttausend Studenten! Nirgendwo in Frankreich wächst die Bevölkerung so schnell wie dort. Und in der Region gibt es eine riesige Nachfrage nach IT-Spezialisten. Aber das weißt du natürlich schon längst. Wenn du inzwischen wirklich so gut Französisch sprichst, wie du sagst, hast du bestimmt in drei Jahren deinen Titel und damit ausgesorgt. Du hast es verdient, und wie! Nicht nur, weil du so intelligent bist – noch intelligenter als Darío, glaube ich –, sondern auch, weil du so zielstrebig und energisch bist, dass ich manchmal fast neidisch werde.

Heute schreibe ich aber vor allem, weil ich eine schlechte Nachricht loswerden muss. Wir haben es ja erwartet, aber weh tut es trotzdem: Gestern Abend ist der alte Danger gestorben. Ich hatte dir schon geschrieben, dass es ihm seit mehreren Tagen sehr schlecht ging. Seine Nieren funktionierten nicht mehr, und ein Freund von uns, der Tierarzt ist – er hat seinerzeit mit Elisa studiert, ich glaube, ich habe dir mal von ihm erzählt –, hat ihm Spritzen gegeben. Aber er hat auch gesagt, dass wir die Sache lieber nicht länger hinziehen sollten. Schließlich sei Danger über zwölf Jahre alt, was bei einem fast reinrassigen Dobermann selten vorkommt. Vorgestern kam der Mann noch einmal und sagte, wir sollten ihn besser einschläfern. Aber Marquitos hat sich geweigert, und da hat der Arzt uns ein paar Tabletten dagelassen, um Danger zu sedieren und ihm die Schmerzen zu nehmen. So ging es bis gestern Nachmittag.

Ich habe ihn versorgt, so gut ich konnte – du kennst mich ja –, und ihm sogar noch eine Spritze gegeben. Marquitos hat ihm mit einem Fläschchen Wasser eingeflößt und dazu eine Tablette und ein paar Stückchen Hühnerfleisch. Das hatten wir von den Euros gekauft, die du geschickt hast. Er hat ihm auch immer wieder ein Tuch unter dem Bauch durchgeschoben und ihn in den Garten getragen und ihn dort mit den Tuchenden an einem Zweig von dem Mangobaum aufgehängt, damit er pinkeln konnte. Das bisschen, was er noch zu pinkeln hatte. Bis er schließlich gestern Nachmittag auf dem Wohnzimmersofa gestorben ist, auf den Knien deines Bruders. Der hat geweint wie ein Kind, der Ärmste. Und ich erst ... Dann hat Marquitos ihn in die Überdecke gewickelt, die wir für Danger immer aufs Sofa gelegt hatten. Im Garten hat er ein Loch gegraben, da, wo du deine Kaninchenställe hattest. Und Marcos, Bernardo und ich haben ihn begraben.

Entschuldige, dass ich dir das erzähle, aber ich weiß, wie sehr du Danger geliebt hast. Weißt du noch, wie du dich jedes Mal aufgeregt hast, wenn deine Freunde sich über ihn lustig gemacht haben, weil seine Ohren und sein Schwanz nicht gestutzt waren? Und wie sich die Leute angestellt haben, wenn du ihn zum Grasschneiden für die Kaninchen mitgenommen hast? Sie hatten Angst wegen der finsteren Miene, die er manchmal gemacht hat. Du hast dann immer gesagt, dieser Dobermann tue keinem Menschen etwas zuleide. Einmal bist du fast durchgedreht, weil er hinter einer läufigen Hündin her ist und danach nicht mehr aufgetaucht ist ...

Ramsés traten Tränen in die Augen. Mit dem Handrücken wischte er sie immer wieder weg, bis ein tiefer Schluchzer in ihm aufstieg. Er brach die Lektüre ab und begann zu weinen. Auf einen Schlag war es mit seiner ganzen Selbstgewissheit vorbei. Der Bericht vom bereits erwarteten Ende eines Hundes – seines Hundes, der Teil seines Lebens gewesen war – ließ den Damm brechen. Bilder aus der Vergangenheit stiegen in ihm auf, vermischt mit einer Gegenwart, die er nicht miterlebt hatte. Er sah vor sich, wie Marquitos Danger zu trinken gab, ihn, als er tot war, hinaustrug und im Garten auf die Erde legte. Ich hätte dabei sein müssen, dachte er. Nicht, um dem Hund beim Sterben zuzusehen, sondern weil dort sein Platz war. Warum bloß war er fortgelaufen? Und wurde nun gezwungen, sich umzuwenden und zurückzublicken?

Darío, der im Flur an seinem Zimmer vorbeikam, hörte ihn schluchzen und öffnete erschrocken die Tür. »Weinst du?«, fragte er und trat auf Ramsés zu, der sich die Tränen abwischte und den Kopf schüttelte. »Ist was? Mit Clara? Oder Marquitos?«

Ramsés schüttelte immer noch den Kopf und klappte den Laptop zu. »Danger ist gestorben«, stammelte er.

»Uff, geschehe nichts Schlimmeres«, rief Darío erleichtert aus.

»Was soll das, nichts Schlimmeres! Verdammt!«

»Nicht so laut, Montse schläft schon. Der Hund war doch uralt. Es war klar, dass er jederzeit … Aber entschuldige, war nicht so gemeint. Komm, wir trinken was zusammen, ich sehe schon, das brauchst du jetzt. Los, komm!«, sagte er fast befehlend und küsste Ramsés auf den Kopf, wie früher, als er ein kleiner Junge war.

Ramsés schnäuzte sich und folgte Darío ins Wohnzimmer. Sein Vater nahm eine Flasche Johnnie Walker Black Label aus einem Glasschrank und stellte sie vor Ramsés auf den Couchtisch. Dann ging er in die Küche und kehrte mit zwei Gläsern und einem Eisbehälter zurück. »Wirklich, entschuldige, dass ich das vorhin gesagt habe«, setzte er an.

»Egal, keine Sorge«, erwiderte Ramsés.

Darío schwenkte den Whisky in seinem Glas und trank den ersten Schluck. »Möchtest du Clara anrufen? Du kannst gerne mein Telefon nehmen, dann verbrauchst du nichts von deinem Guthaben.«

Ramsés nickte. »Danke, Papa. Ja, nachher ruf ich sie an. Jetzt ist es dort ja erst vier. Vielleicht ist sie noch nicht von der Arbeit zurück. Und Marquitos vielleicht auch nicht.« Wieder wischte er sich über die Augen.

Darío nahm noch einen Schluck. »Weißt du, dass ich manchmal träume, ich wäre auf Kuba, in Fontanar?«

»Ich auch, ständig.«

»Das, was hier drin ist«, sagte Darío und tippte sich an die Stirn, »lässt uns keine Ruhe. Es macht, wozu es Lust hat, erbarmungslos. Manchmal frage ich mich, wie lange ich mich mit all dem, was ich erlebt habe, noch herumschlagen soll. Es taucht immer wieder auf. Was ich davon halte, ist scheißegal. Für die guten Sachen gilt das allerdings auch. In meinem Traum sind wir jedenfalls bei euch zu Hause.«

»Bei uns zu Hause, meinst du!«

»Einverstanden. Wir sind alle im Hof. Manchmal seid ihr dabei, du und Marquitos, manchmal aber auch nur der Clan deiner Mutter.«

»Ist das ein schöner Traum? Oder ein Albtraum?«

»Beides ... Aber weißt du was? Ich kann mich an ein paar von den Sachen, die in dem Traum passieren, anschließend nicht erinnern. Das scheint so eine Art Selbstschutzmechanismus zu sein. Irgendwas ist da noch, und es lässt mir keine Ruhe. Ob es wirklich stimmt, dass Claras Eltern einen Magnetstein im Fundament des Hauses vergraben haben? Ob es daran liegt, an dem Magnet?«

»Keine Ahnung. Vielleicht liegt es ja auch nur daran, dass du so lange dort gewohnt hast.«

Darío warf einen Blick durchs Fenster auf die immer noch erleuchteten Turmspitzen von Gaudís Kathedrale. »Das war vielleicht die beste Zeit meines Lebens. Hier wohne ich jetzt schon seit sechzehn Jahren, und weißt du, wie viele Freunde ich in dieser Zeit gefunden habe? Keinen einzigen. Ich kenne viele Leute, du hast es ja gesehen, ständig treffen wir uns mit irgendwem, Arbeitskollegen, Freunde von Montse und so weiter. Aber keiner davon ist mein Freund. Meine Freunde sind Irving, Joel, Horacio, Bernardo, und, solange sie lebten, Fabio und Liuba, die Ärmsten. Mit den Leuten hier kann ich mich nicht über Familiengeschichten austauschen, ich weiß ja nicht, was für Nachspeisen ihre Mama immer gemacht hat und so. Und ich war mit ihnen nie beim Baseball. Sie haben keine Ahnung, wer Rey Vicente Anglada ist, oder Agustín Marquetti.«

»Und Mama? Von ihr hast du nicht gesprochen.«

»Clara ist was anderes. Clara und Horacio sind was Besonderes. Für mich ist das mit ihnen ein bisschen wie bei den Juden mit Gott. Seinen Namen sprechen sie niemals aus. Die beiden sind heilig.«

Ramsés musste schmunzeln. »Das ist gut«, sagte er. Und fuhr nach einer kurzen Pause fort: »Und Elisa und Walter?«

Darío trank den letzten Schluck aus seinem Glas. »Ich würde gerne weitertrinken, aber morgen habe ich zwei Operationen. Lass dich aber nicht abhalten. Also, was Elisa angeht, die war ein ziemlich komplizierter Mensch. So richtig durchgeblickt habe ich bei ihr nie, obwohl wir sehr viel Zeit miteinander verbracht haben. Clara hatte eine Schwäche für sie. Vielleicht war ich deshalb auch eifersüchtig. Davon abgesehen, war Elisa imstande, alles für dich zu geben, um dir im nächsten Augenblick mit voller Wucht gegen das Schienbein zu treten. Und gelogen hat sie manchmal, dass es nur so krachte. Nein, ob sie meine Freundin war, weiß ich nicht. Und Walter ist mir bis heute ein Rätsel.«

»Weil er sich umgebracht hat?«

»Deshalb auch. Horacio behauptet allerdings, er habe sich nicht umgebracht, und es sei auch kein Unfall gewesen. Er glaubt, dass er ermordet worden ist. Walter hatte etwas von Grund auf Verdorbenes an sich. Er konnte nett sein, lustig, spendabel, aber auch grausam, vor allem zu Leuten, denen er sich überlegen fühlte. Das hat mir an ihm nicht gefallen. Vielleicht weil ich weiß, was es heißt, unterlegen zu sein, anderen ausgeliefert. Außerdem waren da noch allerlei düstere Geschichten …«

»Diese Sachen aus Moskau, die Horacio rausgefunden hat?«

»Das war längst nicht alles.«

»Die Schlägerei mit Irving hast du ihm nie verziehen?«

»Nein. Obwohl Irving ihn herausgefordert hat, das stimmt. Irving hat es darauf angelegt, weil er mich verteidigen wollte. Oder beschützen. An dem Tag habe ich jedenfalls sehen können, dass Walter der Teufel im Leib steckt. Dieser Teufel hat ihn auch das Leben gekostet, glaube ich.«

»Hat er sich umgebracht, oder wurde er umgebracht?«

»Das weiß ich nicht. Aber es gibt eine Geschichte, die du nicht kennst und die vielleicht damit zu tun hat. Niemand kennt die Geschichte, weil ich sie noch nie erzählt habe. Erinnerst du dich noch an Guesty, Horacios blonde Freundin?«

»Das war die, die als Spitzel gearbeitet hat. Marquitos war in sie verliebt.«

»Vor ungefähr zehn Jahren bin ich ihr einmal zufällig in Florenz begegnet.«

»Ist sie aus Kuba weg?«

»Das habe ich sie auch gefragt. Na ja, sie hatte sich mit einem Italiener zusammengetan, und lebte jetzt in Italien. Ich habe mich getraut, sie zu fragen, ob sie uns tatsächlich observiert hat.«

»Und was hat sie gesagt? Nein, natürlich.«

»Nein und noch mal nein, klar. Ich kann es ja nicht beweisen, aber ich glaube trotzdem, dass sie Sachen über uns weitergegeben hat. Vielleicht war sie kein richtiger Spitzel, sondern bloß eine dumme Nuss, die sich dazu hergegeben hat, das eine oder andere über ihre Mitmenschen auszuplaudern. Was für ein Scheiß!«

»Das musst du Horacio erzählen. Und Irving.«

»Das ist ja genau das Problem. Guesty hat behauptet, Horacio wisse über alles Bescheid, auch, dass sie uns nicht observiert hat. Horacio aber hat nie wieder über Guesty gesprochen. Er war wohl der Ansicht, es sei am besten, die Sache zu begraben. Ich glaube, er hat recht. Schwamm drüber!« Darío betrachtete nachdenklich sein Glas und schenkte sich noch einen Fingerbreit Whisky ein. »Und gleichzeitig denk ich: Das geht einfach nicht … Wenn du gleich zu Hause anrufst, grüße deine Mutter und Bernardo von mir. Und sag Marquitos, dass ich ihn am Wochenende anrufe. Ich habe schon seit zwei Monaten nicht mehr mit ihm gesprochen.«

Ramsés nickte. »Warum bist du so, Papa?«

Bevor er antwortete, leerte Darío sein Glas. »Weil ich mich schützen muss, und das hat manchmal einen hohen Preis. Aber was anderes – wann genau fährst du nach Toulouse?«

»Am Freitag.«

»Würde es dir was ausmachen, erst am Samstag zu fahren?«

»Eigentlich nicht. Warum?«

»Ich habe überlegt, ich könnte dich hinbringen. Wir fahren mit meinem Auto, nur du und ich, essen irgendwo schön zu Mittag, nehmen uns dann ein Zimmer für eine Siesta, das liebe ich, wie du weißt. Dann duschen wir und fahren weiter nach Toulouse. Dort essen wir in einem guten Restaurant zu Abend, mit französischem Wein und französischem Käse, und telefonieren mit Marquitos. Danach bringe ich dich ins Studentenwohnheim und übernachte im Hotel. Am Sonntag frühstücken wir zusammen, mit echten Croissants, und dann fahre ich zurück und bin am Abend wieder hier.«

»Da musst du aber ganz schön lang fahren.«

»Und wir haben richtig schön Zeit, um uns zu unterhalten.«

»Wenn du möchtest … Der Spaß kostet dich einen Haufen Geld.«

»Dafür habe ich es ja.« Darío lächelte. »Unterwegs schauen wir beim Grab von Antonio Machado vorbei. Außerdem möchte ich dir ein paar Sachen erzählen, von denen du bestimmt keine Ahnung hast. Du bist doch jetzt bei den Santería-Leuten. Ochosi, oder? Der Kämpfer, ja? Du weißt aber nicht, wer mein Heiliger ist. Ich habe einundzwanzig Wege und kann die Türen zu ihnen allen öffnen oder verschließen. Ich bin ein Sohn von Elegguá und besitze die Schlüssel des Schicksals.«

Oui?«

»Oui, oui … Ich bins, Idiot!«

»Verdammt! Von wo rufst du an? Das ist ja eine spanische Nummer.«

»Von meinem Platz aus, von der Piazza San Marquitos! In Venedig. Das Telefon gehört einer kleinen Spanierin, die ich gestern Abend aufgerissen habe. Sie hat es mir geliehen, um dich anzurufen.«

»Aber was machst du denn in Venedig, Marquitos? Bist du abgehauen?«

»Immer mit der Ruhe, Alter. Non ancora, ragazzo. So sagt man das doch, oder? Ich bin als Tourist hier.«

»Wie? Spinnst du?«

»Sag mal, Brüderchen, wie gehts dem Neffen? Und dir und der ›armen Fabiola‹?«

»Dem Kleinen gehts super. Tobt den ganzen Tag rum. Und wir, immer am Arbeiten, aber okay.«

»Hier auch alles bestens. Ich lass es hier so richtig krachen. Sag mal, hast du gerade Zeit zum Telefonieren? Es gäbe einiges zu erzählen.«

Ramsés sah auf die Uhr. Es war zwanzig nach elf. Im Forschungslabor für Halbleitertechnik, wo er seit drei Jahren angestellt war, sah man es nicht gern, wenn jemand während der Arbeit private Gespräche führte.

»Ich rufe dich in einer Dreiviertelstunde zurück, einverstanden?«

»Gut, vorausgesetzt, ich halte es so lange bei der Kleinen hier aus. Sonst rufe ich dich von einer Telefonzelle an. Bis dann, Brüderchen.«

Ramsés steckte das Handy wieder in seine Jackentasche. Er starrte geistesabwesend auf das Gewirr aus Zahlen, Formeln und Daten auf dem Bildschirm seines Computers, dann auf das gerahmte Foto von Fabiola und Adán, das daneben auf seinem Schreibtisch stand. »Total durchgeknallt, der Spinner ...«, murmelte er. Obwohl er wusste, dass es aussichtslos war, versuchte er, sich wieder auf seine Arbeit zu konzentrieren. Dafür warf er zunächst einen Blick auf den unteren Rand seines Bildschirms und las: 22. April 2014. 11.24 Uhr.

Magnetentrümmer

»Mehrere sind verletzt und warten auf ein Zeichen, ich weiß.
Was soll ich dir sagen? Du hast es selbst längst erlebt.
Was soll ich erzählen? Du hast es selbst längst geträumt.«

ANA BELÉN

Wie würde er sein? Nein, so ein Unsinn, das war nicht die Frage, dachte sie vorwurfsvoll. Er würde ein Mensch sein wie alle – mit einem Kopf, zwei Augen, einem Mund, er würde sprechen, gehen, vielleicht singen. Was würde er singen? Lieder von Joan Manuel Serrat, Pablo Milanés, Ana Belén? La vie en rose – in der Version der Piaf oder der von Bola de Nieve? Wichtig war – das war wirklich wichtig –, dass er es bestimmt besser haben würde als die vielen Millionen unglücklicher Menschen, von denen Horacio einmal gesprochen hatte. Denn er war unter einem guten Stern geboren, da war sie sich sicher – ersehnt, erwartet. Und er würde geliebt werden. Er würde bekommen, was ein Mensch braucht, um vollständig zu sein und in Würde zu leben. Er würde wenig oder viel bekommen, aber jedenfalls das Entscheidende. Wie ihre eigenen Kinder, die das ihrem Geburtsland zu verdanken hatten, das manchmal so anstrengend und manchmal so großzügig sein konnte. In dem sie es selbst in den dunkelsten Tagen geschafft hatte, das Wichtigste zu erkämpfen: eine warme Mahlzeit, ein Dach über dem Kopf, ein Paar Schuhe, Schutz und Liebe. Und der Neuankömmling würde noch viel mehr bekommen.

Also, verbesserte sie sich, also musste die Frage lauten: Was würde er sein? Obwohl die Antwort völlig klar war, fiel ihr die Vorstellung schwer, hatte sie Mühe, sie zuzulassen. Ja, er würde ihr Enkel sein, der Sohn ihres Sohnes, Blut ihres Blutes, wie man so sagte, DNA ihrer DNA. Außerdem stand bereits fest, dass er Adam heißen würde, wie der erste Mensch auf Erden. Beziehungsweise der erste, dessen Name überliefert war. Oder war es doch anders? Schließlich wusste sie, dass Adán Martínez Fornés, ihr Enkel, Franzose sein würde. Ja, Franzose! Wie hatte das geschehen können, fragte sie sich immer wieder. Wie hatten ihre Lebenswege – der von Fabio, Liuba, Darío und ihr – so verlaufen können, dass sie nicht nur einen gemeinsamen Enkel bekamen, sondern dieser Enkel auch noch Franzose war?

War sie, ausgerechnet sie, dafür verantwortlich? Unter den gegebenen

Umständen – Ramsés lebte nun einmal in Frankreich und beabsichtigte nicht, zurückzukehren – wäre es so oder so irgendwann geschehen. Aber womöglich hatte sie doch entscheidenden Anteil daran, dass Adán Martínez Fornés zustande gekommen war. Vielleicht war das auch gerade gut so, sagte sie sich hartnäckig. Wenigstens eine gute Sache inmitten von so viel Scheitern und Niederlagen.

Jahrelang hatten Clara, Bernardo, Ramsés und Marcos – und, solange sie noch auf Kuba lebten, auch Horacio, Joel und Irving – sich beständig, wenn auch nicht übermäßig intensiv um die »arme Fabiola« gekümmert. So hatten sie sie anfangs alle genannt. Die »arme Fabiola« war sechs Jahre jünger als Ramsés und vier Jahre jünger als Marcos, vor allem aber erst fünf, als ihre Eltern Fabio und Liuba nach Argentinien fuhren. Und sieben, als sie dort ums Leben kamen, bei einem ähnlich absurden Unfall wie einst Claras Eltern, die ja auch Architekten gewesen waren.

Seit der Abreise ihrer Eltern hatte Fabiola bei ihrer Tante María del Carmen, der Schwester ihres Vaters, gelebt. Sie und ihr Mann Arturo nahmen sie wie ein weiteres Kind in ihre Familie auf und konnten dabei auf die uneingeschränkte Unterstützung durch Liubas Eltern zählen, beide hochrangige Militärangehörige, die vorzeitig in Pension gegangen waren.

Nach Fabios und Liubas Tod versuchten deren noch auf Kuba verbliebene Freunde, die Beziehung zur »armen Fabiola« aufrechtzuerhalten. Ausgerechnet Clara, die sich so schwer damit tat, sich selbst feiern zu lassen, machte es sich zur Gewohnheit, mit ihren Söhnen und wer sonst noch zur Verfügung stand, der »armen Fabiola« an ihrem Geburtstag einen Besuch abzustatten und ihr etwas zu schenken. Mit den Jahren verwandelte sich die Kleine in ein etwas sprödes und bleistiftdünnes Mädchen mit Zähnen voller Drähten und später in einen schlanken Teenager mit geradezu männlich dichten Brauen, die ihren Augen eine geheimnisvolle Tiefe verliehen. Glaubte man den Adoptiveltern und Großeltern, hatte Fabiola die hohe Intelligenz ihrer Eltern geerbt, während sie nach Aussage des stets bissigen Ramsés bloß ein nerviges Gör mit vorstehenden Zähnen und buschigen Brauen war.

Als sie 2003 fünfzehn wurde, erschienen Clara und ihre Truppe zur Geburtstagsfeier mit einem riesigen Kuchen sowie einem Umschlag, der ein kleines Vermögen enthielt: insgesamt zweihundertvierzig Dollar, die Darío, Irving, Horacio und Joel auf Druck Claras geschickt hatten. Danach sahen sie das junge Mädchen – das von Jahr zu Jahr immer mehr aufblühte und inzwischen einfach Fabiola genannt wurde – nur noch gelegentlich. Clara vergaß allerdings nie, sie um ihren Geburtstag herum anzurufen, und sie sah auch ab und zu bei ihr vorbei, wenn sie in der Nähe unterwegs war. So erfuhr sie, dass Fabiola 2006 an der Universität Havanna ein Französisch-Studium begann. 2011 schloss sie mit sehr guten Noten ab und erhielt mit viel Glück ein Stipendium der EU für eine zweijährige Fortbildung zur Simultandolmetscherin an der Sorbonne. Was wiederum Clara zu einer schicksalsträchtigen Handlung verleitete. Ohne sich etwas Besonderes dabei zu denken, gab sie Fabiola Ramsés' Telefonnummer und E-Mail-Adresse, für den Fall, dass sie ihn, der damals bereits in Toulouse studierte, kontaktieren oder um Rat fragen wollte. Als Fabiola danach aus ihrem Umkreis verschwand, vergaß Clara die Sache.

Ein Jahr und mehrere Monate später erhielt sie eines Tages einen Anruf des stets so verschlossenen Ramsés, der mit der Nachricht herausplatzte, er und Fabiola, die schon auf Kuba eine Weile ein Paar gewesen waren, lebten inzwischen zusammen. Vor einem Jahr hätten sie sich nach einem Treffen in Paris wieder »zusammengetan«, wie Ramsés sich ausdrückte. Fabiola sei es gelungen, die Erlaubnis zu erhalten, ihre Ausbildung in Toulouse fortzusetzen. Nun sei sie schwanger und habe beschlossen, bei ihm in Frankreich zu bleiben. Am nächsten Wochenende würden sie heiraten, und »das Kleine« wollten sie natürlich unbedingt haben. Das Kleine – Claras, Daríos, Liubas und Fabios französischen Enkel oder Enkelin!

Bald darauf machte Clara sich, immer noch ziemlich verwirrt durch diese unerwartete Wendung, an die Reisevorbereitungen. Fabiola und Ramsés hatten vorgeschlagen, dass sie bei ihnen sein solle, wenn der Kleine zur Welt kam – dass es ein Junge werden würde, war inzwischen klar. Die Aussicht, zum ersten Mal im Leben die Insel zu verlassen und sich unvorhersehbaren Situationen aussetzen zu müssen, beunruhigte sie. Aber es war zu verlockend, Ramsés nach sieben Jahren wiederzusehen und seinen Jubel angesichts des bevorstehenden großen Ereignisses teilen zu können. Würde der französische Adam jemals lernen, wie man Mangos von einem Baum holt, indem man mit Steinen danach wirft? Oder losziehen, um Gras für seine Kaninchen zu schneiden, wie einst sein Vater? Würde er begeistert Baseball spielen und mit aufgeschlagenen Knien und schmutzigen Ohren in der Gegend umherstreunen wie sein Onkel Marcos?

Vier Monate dauerte es, bis die werdende Großmutter die Freistellung von der Arbeit und den ersten Reisepass ihres Lebens in Händen hielt. Noch fehlte die Beglaubigung des von Ramsés geschickten und mit allen nötigen französischen Stempeln versehenen Einladungsbriefes durch die kubanischen Behörden. Nach nervenzehrender Warterei wurde ihr schließlich die schriftliche Bescheinigung ausgehändigt: Sie durfte für maximal elf Monate und neunundzwanzig Tage das Land verlassen. Falls sie länger fortblieb, verlor sie die Möglichkeit zur Rückkehr in ihr Heimatland.

Hierauf begann der kaum weniger anspruchsvolle Kampf um das französische Visum, das man ihr erst zugestand, als sie im Konsulat ein Air-France-Ticket vorlegte. Es durfte von keiner anderen Fluglinie sein, und der Rückflug hatte spätestens nach Ablauf von zwei Monaten zu erfolgen.

Zwei Tage vor dem Abflugdatum kehrte Clara schließlich mit gültigem Pass und Visum nach Fontanar zurück.

Marcos und Bernardo erwarteten sie schon aufgeregt. »Das gibts ja nicht!«, rief Marcos, als er den Pass durchblätterte. »Jetzt fährst du also tatsächlich ins süße Frankreich! Mann, bin ich neidisch. Und du kommst nicht mehr zurück, stimmts?«

»Was sagst du da? Natürlich komme ich wieder.«

»Am schwierigsten wird es sein, meinen nervigen Bruder auszuhalten. Ansonsten brauchst du aber wirklich nicht zurückzukehren, nicht meinetwegen«, versetzte Marcos.

»Auch nicht meinetwegen«, sagte Bernardo.

»Wenn es euch dermaßen egal ist, bleibe ich vielleicht doch in Frankreich.«

»Natürlich ist es mir nicht egal«, sagte Bernardo. »Das weißt du doch.«

Clara trat auf ihn zu, nahm sein Gesicht zwischen die Hände und küsste ihn auf den Mund.

»He, he«, protestierte Marcos.

»Du weißt, dass ich dich niemals hier zurücklassen würde«, sagte Clara. Dann wandte sie sich ihrem Sohn zu und holte wie zum Schlag mit der Hand aus. »Dieser freche Kerl mit seinem dummen Gerede!«

Marcos ergriff die Hand seiner Mutter und drückte einen Kuss darauf. »Ach, Mama, du spinnst doch. Kannst du dir vorstellen, was das für einen Auflauf gibt in Toulouse? Mein Vater und seine Katalanin, eingehüllt in die katalanische Fahne, und dazu Irving und Joel, und offenbar sogar Horacio und Marissa. Da werden wir was verpassen, Bernardo. Ich möchte auch dabei sein, verdammt!«

»Es wird bestimmt schön, Clara«, sagte Bernardo und umarmte sie. »Du hast das so was von verdient! Du wirst deinen Sohn sehen, und deinen Enkel!«

»Meinen französischen Enkel.«

Clara sah hinaus in den Hof, wo die Papayabäume und Bananenstauden wuchsen, die Darío mit Ramsés' Hilfe und trotz Marquitos' Störmanövern vor fast fünfundzwanzig Jahren gepflanzt hatte. Würde ihr französischer Enkel eines Tages auch Papayabäume und Bananenstauden pflanzen? »Nach all dem, was passiert ist, frage ich mich manchmal, wie wir es bloß bis hierher geschafft haben«, sagte sie nachdenklich.

»Ist doch klar«, sagte Marcos. »Und merk dir das gleich mal für dort: C'est la vie!«

»Tja, das Leben ... In diesem Leben haben jetzt drei Leute einen Riesenhunger und nichts zu essen. Weil nämlich mein Sohn und mein Mann, die zwei Versager, nicht imstande waren, den verflixten Topf auf den Herd zu stellen. Wenn ich in Frankreich bin, um meinen französischen Enkel kennenzulernen, werdet ihr verhungern! Ein französischer Enkel, nicht zu fassen!«

In den ersten Tagen des Jahres 2015 – das Jahr davor war ihnen einmal mehr wie Sand zwischen den Fingern zerronnen – erschien Yassier in Fontanar. Yassier war ein Freund von Marcos aus seiner Zeit als Baseballspieler. Clara hatte ihn schon als Kind gekannt – manchmal musste sie ihn ermahnen, weil er immer so laut sprach. Yassier küsste sie auf die Wange und wünschte ihr ein gutes neues Jahr, ein besseres als das vorausgegangene. Dann fragte er, wie es Ramsés, dem Verräter, in Frankreich gehe. Er schreibe ihm nicht mal auf Facebook. Nach diesen Worten überreichte er ihr hundert Dollar, die Marquitos ihm auf wer weiß welchen Wegen von Hialeah aus für sie hatte zukommen lassen. Mit dem Geld sollten sie und Bernardo essen gehen und Claras sechsundfünfzigsten Geburtstag gebührend feiern.

Beim Anblick der Geldscheine zog sich Clara das Herz zusammen. »Warum macht Marcos so was? Ich habe ihm doch gesagt … Er ist gerade erst angekommen und hat nichts zu verschenken.«

»Du weißt doch, wie er ist«, verkündete Yassier lautstark. »Der Magier Mandrake!«

»Das weiß ich, deswegen brauchst du aber nicht so zu schreien. Und auf die alten Spitznamen kannst du auch gern verzichten«, entgegnete sie heiter und lud den Geldboten auf einen Kaffee ein. Er berichtete ihr, dass er sich beruflich neu orientiert hatte. Seine Arbeit als Soziologe habe er aufgegeben, und auch den Nebenerwerb mit Nachhilfestunden in Geschichte und spanischer Sprache und Literatur. Inzwischen war er als Immobilienmakler tätig. Er verkaufte Häuser und verdiente mehr als in seinem ganzen bisherigen Leben. Bis es auch mit diesem Geschäft irgendwann vorbei sein würde, wie immer hierzulande, wenn etwas mal gut lief. Wie sagte noch einer von Claras Freunden immer: Heute ist ein schöner Tag, aber gleich kommt bestimmt jemand und ruiniert ihn. Beide lachten.

Zwei Wochen später, an ihrem sechsundfünfzigsten Geburtstag, verspürte Clara jedoch nicht die geringste Feierlaune. Die Gratulationsanrufe von Marcos, Ramsés, Horacio, Darío und Irving und Joel nahm sie auf einem Stuhl neben Bernardos Bett im Krankenhaus entgegen.

Drei Tage zuvor war er eingeliefert worden. Um den anderen nicht die Laune zu verderben, tat sie, als spräche sie von zu Hause aus – es reichte, wenn sie sich Sorgen machte.

Schon ein ganzes Weilchen hatte Bernardo Probleme mit der Atmung, starkem Husten und Luftknappheit. Dazu hatte er sich müde und zerschlagen gefühlt, mit Gliederschmerzen wie bei einer Grippe. Die Symptome hatten sich im Lauf der Zeit immer mehr verstärkt. Außerdem hatte er Gewicht verloren und eine ungesunde Gesichtsfarbe entwickelt. Erst als auch noch hartnäckiges Fieber dazugekommen war, hatte er Claras Flehen nachgegeben und war ins Krankenhaus gegangen. Man stellte eine schwere Lungenentzündung fest und behielt ihn da, um ihn mit Antibiotika zu behandeln. Nach Aussage der Ärzte hätte die Sache auf diese Weise in ein paar Tagen erledigt sein müssen, aber Clara hatte ein ungutes Gefühl.

Gegen Bernardos Willen, der behauptete, es gehe ihm von Tag zu Tag besser, wandte sie sich an einen Vetter Bernardos, der Onkologe war, und schilderte ihm ihre Befürchtungen.

Goyo, so der Spitzname des Vetters, sorgte sofort dafür, dass Bernardo in die Krebsklinik überwiesen wurde, in der er arbeitete. Nachdem er ihn dort gründlich untersucht hatte, bestellte er Clara am 6. Februar ein und teilte ihr die Diagnose mit: Bernardo hatte Lungenkrebs. Einige Untersuchungen standen noch aus, aber die Aussichten waren nicht günstig. Bernardo müsse eine Reihe von Bestrahlungen über sich ergehen lassen, in jedem Fall aber sofort operiert werden. Erst danach würde sich Genaueres sagen lassen, soweit dies bei Krebs überhaupt möglich war.

»Bernardo ist ja auch nicht gerade schonend mit sich umgegangen«, sagte der Arzt.

»Er trinkt seit fast zwanzig Jahren nicht mehr«, verteidigte ihn Clara. »Und geraucht hat er nie.«

»Was sollen wir machen?«

»Was ihr Ärzte entscheidet, natürlich.«

»Nein, ich meine, mit Bernardo. Sollen wir es ihm sagen oder noch warten?«

Nach kurzem Zögern erwiderte Clara: »Besser, wir sagen es ihm gleich. Bernardo ist nicht dumm und wird es sowieso merken. Morgen spreche ich mit ihm.«

Sie war selbst überrascht, wie gefasst sie es aufnahm. Vielleicht, weil sie etwas Derartiges schon geahnt hatte. Als sie aus Goyos Büro trat, merkte sie aber, wie ihre Sicherheit sich aufzulösen begann. Sie empfand das dringende Bedürfnis, diesem bedrückenden Ort, an dem schon so viele Kämpfe gegen den Tod verloren wurden, zu entfliehen, samt seinen kalten Fliesen, grellen Lichtern und widerlich aseptischen Gerüchen.

Ohne nochmals bei Bernardo vorbeizuschauen, ging sie hinaus. Sie ließ sich durch die Straßen treiben, bis sie unversehens vor dem alten Gebäude stand, in dem sie vor vierzig Jahren den Vorbereitungskurs für die Universität absolviert hatte. Hier hatte sie jene jungen Leute kennengelernt, die schließlich, ihren gemeinsamen Neigungen und ihrer gegenseitigen Anziehung folgend, den Clan begründet hatten. Auch Elisa war zu ihnen gestoßen, mit ihrem kastanienbraunen Haar, eine geborene Anführerin. Zu Beginn des zweiten Kursjahrs hatte sie ihnen ihren neuen Freund vorgestellt, einen groß gewachsenen gut aussehenden, fröhlichen und begabten jungen Mann mit auffallend hellen Augen – den schönen Bernardo.

Das altehrwürdige Gebäude hatte den Glanz verloren, den es in ihren Studienjahren noch aufwies, als Clara sich mit dem intelligentesten Kommilitonen zusammentat, einem gewissen Darío. Mit ihm machte sie ihre ersten sexuellen Erfahrungen und sollte dann fünfzehn Jahre mit ihm zusammenleben und zwei wunderbare Söhne bekommen. Von denen sie sich später mit Tränen in den Augen verabschiedete, als beide sich, erst der eine, dann der andere, im Zuge der Auflösung, der sie alle ausgeliefert waren, davonmachten.

Die Fassade des Lehrgebäudes war verblasst, die Fenster waren verwittert, ein Abbild der schwierigen Entwicklung, die das Land, aber mehr noch sie selbst, durchgemacht hatten. So verlassen, wie es vor ihr stand, fühlte auch sie sich in diesem Augenblick. Damals war sie in kakifarbenem Rock und weißer Polyesterbluse unbekümmert durchs Tor gegangen, ganz der Gegenwart hingegeben und im festen Vertrauen, dass ihnen allen eine Zukunft mit tausend Möglichkeiten offenstand.

Fast nichts davon war übrig geblieben. Die Jahre, das Leben, die Geschichte hatten zu vieles untergraben und zerstört. Selbst die Erinnerung litt unter der allgemeinen Auflösung, die zugleich kaum noch Bilder einer möglichen Zukunft zuließ.

Die Clara, die einst hier studiert hatte, und die, die in diesem Augenblick an dieser Stelle stand, hatten kaum mehr etwas gemeinsam. Die Einsamkeit, vor der sie stets auf der Flucht gewesen war, ihre Insichgekehrtheit, die sie zwischen den Wänden dieses Gebäudes mithilfe ihrer Freunde, Vertrauten, Geliebten hatte überwinden wollen, drohte sie endgültig zu verschlingen. Elisa, Darío, Irving, Horacio und Joel, die ihr beinahe Geschwister geworden waren – sie waren fort. Liuba, Fabio und Walter – tot. Ramsés lebte in seiner eigenen Welt, als Vater eines französischen Kindes, dessen Aufwachsen sie nicht miterleben würde. Marquitos würde kaum je zurückkehren, er genoss das Leben in Hialeah, mit einer Freundin aus New York, die ihm offenbar völlig den Kopf verdreht hatte. Und nun lag Bernardo, ihre letzte Verbindung zur Welt, vom Tod bedroht in einem Krankenhausbett.

In Madrid wollte der Winter einfach nicht aufhören. An diesem sonnenlosen Sonntag Ende März zupfte Irving in seiner Verzweiflung einmal mehr seinen dicken geblümten Schal zurecht und versuchte, den bereits bis ganz oben zugezogenen Reißverschluss seiner Daunenjacke noch ein Stück weiter hochzuzerren. Wie lange würde diese gottverdammte Scheißkälte denn noch anhalten?

Seit er in Spanien lebte, war der Winter für ihn eine Qual. Die trockene Hitze im Sommer konnte ebenfalls ganz schön auf die Nerven gehen, aber als Kubaner war er an hohe Temperaturen gewöhnt. Die Kälte aber machte ihn wehrlos. Die dicke Kleidung zwang ihn, gebückt zu gehen, wovon ihm abends Hals und Rücken schmerzten. Andererseits hieß es sich umgehend ausziehen, sobald er einen beheizten Raum betrat, fing er doch andernfalls an zu schwitzen wie verrückt. Noch schlimmer war es, sich anschließend erneut den arktischen Außentemperaturen aussetzen zu müssen ... Oder lag es am Älterwerden, dass ihm all dies so viel ausmachte? Oder es war ein weiterer Beleg dafür, dass der Ort, der ihn so großzügig aufgenommen hatte und an dem sich so viele seiner Hoffnungen erfüllt hatten, auch nach zwanzig Jahren nicht sein Zuhause war? War er letztlich eben doch nur eine Art umherirrendes Gespenst, das niemals seinen Bestimmungsort erreichen würde?

Trotz der Kälte und seiner gedrückten Stimmung war er losgezogen, um eine Weile allein sein zu können und eine Gewohnheit aufrechtzuerhalten, die ihn wenigstens ein klein wenig in der Welt verankerte. Als er schließlich vor der Skulptur des gefallenen Engels saß und mit seinen dicken Lederhandschuhen mühsam das Handy hervorzog, um nachzusehen, wie spät es war, sagte er sich, dass es noch nicht der richtige Zeitpunkt war. Ein Uhr mittags in Madrid, sieben Uhr morgens in Havanna. Ob sie wohl in dieser Nacht geschlafen hatte? Besser, er wartete noch eine Stunde. Aber würde er es so lange aushalten? Von dem bevorstehenden Telefonat hingen viele Entscheidungen ab, alle wichtig, manche unumkehrbar. All das war so verwirrend, kompliziert und widersprüchlich und brachte ihn in jedem Fall aus der Ruhe. Ramsés hatte es hier, an diesem Ort, schon vor zehn Jahren zu ihm gesagt: Es ging um Verantwortung, sonst nichts. Für andere war es vielleicht eine Frage von Schuld und Vergebung. Für ihn jedoch ging es nur um eines: um Verantwortung.

Die letzten Jahre waren schwierig und angespannt gewesen, für ihn wie für alle im Land. Die Immobilienblase war geplatzt, der Dominoeffekt hatte für Millionen Menschen, ihn eingeschlossen, gravierende Auswirkungen. Die Druckerei, in der er arbeitete, hatte zuvor begeistert in neue Technologien investiert und musste nun feststellen, dass die Aufträge einbrachen und es viel länger dauern würde als geplant, bis das Geld wieder eingespielt war. Der Besitzer hatte ein Viertel der Angestellten entlassen. Irving gehörte zu ihnen. Für zwei Jahre hatte er Anspruch auf Arbeitslosengeld. Das war zwar eine Erleichterung, aber keine Lösung, zumal sich bereits abzeichnete, dass die wirtschaftliche Erholung sich hinauszögern würde und das Land lange nicht zum früheren Wohlstand zurückkehren würde. Nach Ansicht einiger war er ohnehin nur eingebildet, aber für viele, Irving eingeschlossen, war er durchaus real gewesen.

Trotz intensiver Suche gelang es ihm bloß, eine Reihe zeitlich begrenzter Aufträge an Land zu ziehen. Das verschaffte ihm in finanzieller Hinsicht vorläufig etwas Luft, vertiefte aber nur seine grundlegende Verunsicherung. Eine neue Art von Angst saß ihm nun im Nacken. Sie raubte ihm den Schlaf und machte ihn gereizt. Früher hatte er Angst vor der Gegenwart gehabt, nun versetzte ihn der Gedanke an die Zukunft in Schrecken, denn nirgends konnte er etwas Konkretes ausmachen. Wie würde es mit ihm weitergehen, wie würde das alles enden? Erlebten sie gerade die endgültige Krise des kapitalistischen Systems, wie die Apokalyptiker verkündeten? Er fühlte sich verloren und verletzlich. Für einen arbeitslosen Migranten, der zudem schon zum alten Eisen gehörte, wirkte die Zukunft düster.

In seiner Verzweiflung hatte er einmal sogar mit Joel überlegt, ob sie nicht, wie andere kubanische Emigranten, ihre Sachen packen und in die USA gehen sollten, um dort nach Arbeit zu suchen. Ihm war klar, dass das einer Selbstaufgabe gleichkam, und er war geradezu erleichtert, als Joel darüber nicht einmal nachdenken wollte. Mit Irvings Arbeitslosengeld und dem, was Joel beim Telefondienst der Madrider Kommunalverwaltung verdiente, kamen sie knapp durch – aber sie kamen durch. Zudem hielt Joel nicht mit seiner Meinung hinterm Berg, wonach die USA, obwohl inzwischen von einem Afroamerikaner, wie sie dort sagten, regiert, kein guter Ort für Schwarze waren. Nicht einmal für schwarze Kubaner, und erst recht nicht für Schwarze ohne Geld. »Wenn es ganz schlimm kommt, können wir ja noch einmal darüber reden«, sagte er abschließend. »Aber, ehrlich gesagt, ich habe einfach nicht die Kraft, um noch einmal von vorn anzufangen. Noch einmal würde ich das alles nicht überstehen.«

Ende 2014 fand Irving mit viel Glück eine Stelle als Lehrer an einer Designschule, die ein Freund eines Freundes eines Freundes aufgemacht hatte. Einen festen Vertrag bekam er vorläufig nicht, schließlich musste sich erst zeigen, ob das Unternehmen Erfolg hatte. Aber die Bezahlung war anständig. Dazu kamen, ebenfalls über Verbindungen,

Aufträge für diverse Abteilungen der Madrider Stadtverwaltung, durch die er noch etwas hinzuverdienen konnte.

Seine wirtschaftliche Lage hatte sich also stabilisiert, als eines Tages Marcos anrief, um mitzuteilen, dass bei Bernardo ein Krebs festgestellt worden sei. Sofort rief Irving Clara an, um sich noch einmal alle Einzelheiten erklären zu lassen. Er machte Clara Vorwürfe, weil sie ihn nicht schon längst benachrichtigt hatte, und fragte, was Bernardo jetzt am dringendsten brauche. »Gesundheit«, erwiderte Clara, woraufhin Irving beschloss, den beiden zunächst einmal Geld zu überweisen – wie es auch Ramsés, Darío und Horacio taten.

Obwohl es sehr teuer war, telefonierte er regelmäßig zwei Mal pro Woche mit Clara, um immer auf dem neuesten Stand zu sein. Mehrmals sprach er auch mit Bernardo selbst, der ihm bald hoffnungslos, bald zuversichtlich vorkam, in jedem Fall aber zu gleichen Teilen auf Gott und das Wissen der Ärzte zu vertrauen schien. »Unkraut vergeht nicht«, wurde dabei zu ihrer gegenseitigen, augenzwinkernd ermutigenden Abschiedsformel.

Als er nun dasaß, gedankenverloren die Skulptur des gefallenen Engels betrachtend, fiel ihm wieder ein, was Clara vor einiger Zeit zu ihm gesagt hatte, als er von hier aus mit ihr telefoniert hatte.

Es war kurz nach der Geburt des kleinen Adam gewesen, der inzwischen zwei Jahre alt war. Alle hatten sich in Toulouse eingefunden und gemeinsam in einer von Darío angemieteten Unterkunft übernachtet – Horacio, Darío, Irving, Joel und Clara. Als hätten sie es vorab so verabredet, vermieden sie während der fröhlich durchgefeierten Tage und Nächte alle schmerzhaften und heiklen Themen in ihren Gesprächen und genossen einfach das Wiedersehen und Beisammensein. Vor der Rückreise nach Kuba hatte Clara dann noch zehn Tage bei Irving und Joel in Madrid Station gemacht. Natürlich gingen sie eines Tages auch in den Parque del Retiro, wo Irving Clara, vor der Skulptur des gefallenen Engels stehend, in allen Einzelheiten seine fast zehn Jahre zurückliegende seltsame Begegnung mit Elisa an diesem Ort schilderte.

Diesmal fügte er jedoch noch etwas hinzu: »Das Mädchen, das Elisa begleitete, sah haargenau aus wie Horacio.«

»Was sagst du da, Irving, um Himmels willen?«

»Dass dieses Mädchen, falls es tatsächlich Elisas Tochter ist, meiner Meinung nach auch Horacios Tochter sein muss.«

Clara starrte nachdenklich die Brunnenfigur an, bis ihr eine plötzliche Offenbarung kam: »Verschwinden war das Beste, was Elisa tun konnte. Ja, genau, sieh mich nicht so an. Natürlich war das für alle von uns ein Schlag in die Magengrube. Für mich, für Bernardo, für dich, ihren Herzensfreund. Und auch für Horacio, falls er wirklich der Vater ist, weil sie ihm so die Möglichkeit nahm, davon zu erfahren und seine Tochter kennenzulernen. Andererseits hat sich uns durch ihr Verschwinden auch eine Art Raum aufgetan. Und den haben wir doch alle in der einen oder anderen Weise nutzen können. Stell dir nur mal vor, was gewesen wäre, falls noch mehr von dem passiert wäre, was einem in ihrer Gesellschaft passieren konnte. Überleg mal, was ohne sie alles passiert ist, und dann sag mir, wie das zusammen mit ihr gewesen wäre. In meinen Gedanken war sie ständig gegenwärtig, ich habe sogar geglaubt, na ja, du weißt schon, was … Und jetzt sag mir, aus heutiger Sicht: Was von dem, was Elisa erzählte, konnte man glauben? Wenn man jung ist, wirkt so was wie ein Spiel. Später wird es zur Krankheit.«

Damals hatte Irving nicht gewusst, was er Clara erwidern sollte. Und jetzt, an diesem eisigen Märztag, wusste er es immer noch nicht. Vielleicht war es tatsächlich gut für sie alle, dass Elisa weg war, in der Hölle, die sie selbst geschaffen hatte, oder im Himmel, falls sie ihn sich durch ihr Fortgehen verdient hatte.

Inzwischen war es zehn vor zwei, länger konnte er die Kälte, Ungewissheit und die sich in ihm überstürzenden Gedanken nicht aushalten. Er wählte Claras Nummer.

»Hallo Irving, mein Lieber«, hörte er Claras Stimme, gleich nach dem zweiten Klingelton.

»Hast du auf meinen Anruf gewartet?«

»Schon seit einer Stunde, mindestens.«

Irving musste lächeln. »Und ich friere mir hier den Arsch ab … Wie stehts?«

»Am Freitag haben sie ihn operiert. Gestern durfte ich ihn auf der Intensivstation ein paar Minuten sehen. Wenn alles weiter gut geht, kommt er morgen wieder in sein Zimmer.«

»Wie fühlt er sich?«

»Total kaputt, das kannst du dir ja vorstellen.«

»Und was sagen die Ärzte?«

»Dass die Operation gut verlaufen ist. Alles Fiese haben sie offenbar rausgeschnitten. Sie sagen, es war noch weitgehend auf eine Stelle beschränkt. Großreinemachen, wie Goyo es nennt. Jetzt kommen Biopsien und alle möglichen anderen Untersuchungen. Eins nach dem anderen, man muss Geduld haben.«

»Der Arme«, murmelte Irving. »Und du? Wie geht es dir?«

»Todmüde, aber gut, glaube ich«, sagte Clara. Und nach einer kurzen Pause: »Nein, es geht mir nicht gut. Diese Geschichte macht mich fertig, ich fühle mich hundeelend.«

»Pass auf dich auf. Du musst stark sein«, sagte Irving und kam sich lächerlich vor, ja, schuldig. Er hätte jetzt dort sein müssen, an ihrer Seite. Und warum gab er immer wieder solche nichtssagenden Sätze von sich?

»Eins habe ich dir noch nicht erzählt«, sagte Clara nach kurzem Schweigen. »Als sie Bernardo am Donnerstag für die Operation vorbereitet haben, erschien auf einmal ein alter Mann, er war so um die achtzig. Offenbar hatte Ramsés ihn geschickt.«

»Wie?«

»Ja, Ramsés' Santería-Pate. Sein Babalao. Lázaro Morúa. Ramsés hatte mit ihm gesprochen, und jetzt kam er, um zu fragen, ob er an Bernardo ein Ritual vollziehen dürfe. Ein Reinigungsritual. Kopfgebet heißt das, oder so ähnlich. Ich habe mit Bernardo gesprochen, und dann haben wir ihn machen lassen. Im Augenblick ist jede Hilfe willkommen, oder?«

»Recht habt ihr. Du weißt, dass ich nicht an solche Sachen glaube, aber helfen tun sie, glaube ich, trotzdem. Wie, weiß ich nicht, aber sie helfen.«

»Der Alte hat mehrere Gebete gesprochen, auf Yoruba, außerdem das Vaterunser. Er hat Bernardo mit einem kleinen weißen Stoffbeutelchen mit irgendwas drin über den Körper gestrichen und ihm den Rücken mit Blüten eingerieben. Danach hat er ihn ein Glas Wasser mit Honig und Kräutern trinken lassen. Und zuletzt hat er zerriebene

Eierschale unter sein Kissen gestreut und ein Heiligenbild dazugelegt. Wie heißt noch mal der, der den Drachen tötet?«

»Der heilige Georg.« Irving sah das Ritual vor sich ablaufen, er kannte es, wie alle Kubaner.

»Ja, natürlich, der heilige Georg! Dann hat er ihm ein weißes Tuch um den Kopf gebunden. Als er fertig war, hat er erklärt, jetzt sei Bernardo in der Hand Gottes und der Ärzte.«

»In besten Händen also, verdammt«, rief Irving, der die Kälte um sich herum vergessen hatte. »Der Mann ist ja ein echter Weiser ... Und wo bist du jetzt?«

»Im Krankenhaus. Um neun ist Visite, und Goyo versucht, dafür zu sorgen, dass ich dabei sein kann. Geschlafen habe ich letzte Nacht zu Hause, nur wenig, aber immerhin habe ich geschlafen. Das Problem ist, Irving, das Problem ist, wenn Bernardo stirbt, weiß ich nicht, was ich machen soll. Ich habe schon so viel verloren.«

»Er wird wieder gesund, Clarita, keine Sorge. Sag, womit kann man euch jetzt helfen?«

Keine Reaktion.

»Bist du noch dran?«, fragte Irving. »Weinst du?«

»Nein, ich weine nicht. Noch nicht. Wozu auch? Ich habe geweint, als du fortgegangen bist, und als Ramsés weg ist, und danach Marquitos. Aber das alles habe ich mit Bernardos Hilfe überstanden. Er hat mich jedes Mal gerettet. Und er hat mir Dinge wiedergegeben, die ich verloren hatte. Er hat mich versöhnt, mit Gott oder mit wem auch immer, und er hat mir Lebensmut geschenkt. Und weißt du was? Er hat sich immer wieder bei mir bedankt, weil angeblich ich ihn gerettet habe. Der Ärmste, hoffentlich kann ich ihn jetzt retten. Mit Gottes Hilfe, und der der Ärzte und Babalaos ... Und weißt du, was noch? Helfen müssen uns jetzt unsere Freunde. Ihr alle, ihr seid doch unsere Familie.«

Irving nickte. »Clara, du machst mich fertig, verdammt«, sagte er und konnte seinen Blick nicht von dem gefallenen Engel lösen.

Jeden Morgen, wenn Clara loszog, um die zum Leben notwendigen Dinge zu ergattern, kam ihr die Welt feindlicher und abweisender vor, als hätte man beschlossen, auf unbegrenzte Zeit den Ausnahmezustand auszurufen. In den Neunzigerjahren des vergangenen Jahrhunderts, in der schlimmsten Zeit der sogenannten Sonderperiode, als es nichts gab und das Dasein sich auf reinen Überlebenskampf beschränkte, nahm ein Teil der Leute die Herausforderung an, während andere sich widerstandslos in ihr Schicksal ergaben. Dieser Extremzustand hielt so lange an, dass die Menschen, als sich die wirtschaftliche Lage irgendwann ein wenig besserte, feststellten, dass inzwischen neue, viel härtere Regeln galten. Zu diesen gehörte, dass es jetzt schlicht eine Frage von Glück oder Pech war, ob man etwas besaß oder nichts. Auch wurde neuerdings offiziell verkündet, dass unter Gleichheit keineswegs Gleichmacherei zu verstehen sei, weshalb man es also hinzunehmen habe, dass manche anders waren als andere und dass es manchen schlechter ging als anderen. Das lange Dasein unter solch elenden wirtschaftlichen Bedingungen hatte zu menschlichen und moralischen Verwerfungen geführt, die zweifellos schwerer zu beheben waren als alle materiellen Entbehrungen.

Wenn Clara jetzt Läden, Märkte oder Apotheken aufsuchte – zum Glück immer mit ein paar Dollar von ihren Söhnen und Freunden im Portemonnaie –, schien alles bloß noch der Regel zu folgen: Rette sich, wer kann. Brauchte man etwa einen neuen Absperrhahn, bekam man diesen nicht im Fachgeschäft, aber es fand sich bestimmt jemand auf der Straße, der einem das passende Modell anbot, das sich bei der Rückkehr nach Hause allerdings durchaus als unpassend erweisen konnte. Wer bei der Suche nach Öl vor einem leeren Ladenregal stand, konnte es überteuert an der nächsten Straßenecke erwerben. Egal was man kaufte, zu unaufhörlich steigenden Preisen, bei gleichzeitig sinkender Produktion – Schweinefleisch, Tanniaknollen, Süßkartoffeln oder Tomaten –, immer, immer war die Ware falsch ausgewogen, und man bekam weniger eingepackt, als man bezahlt hatte. In staatlichen wie privaten Geschäften, stets hatten die Verkäufer geheime

Absprachen mit den Lieferanten, die Lieferanten mit den Inspekteuren, und die Inspekteure mit den übrigen Mitarbeitern der Verwaltung, und so weiter und so fort. Wem sich die Gelegenheit bot, der zweigte sich etwas in die eigene Tasche ab. Wer genug Geld hatte, konnte kaufen, was er wollte. Wer jedoch über kein Geld und keine Gelegenheit zu stehlen verfügte, musste sehen, wie er zurechtkam. Clara brach es jedes Mal fast das Herz, wenn sie miterlebte, wie Leute in den Abfalleimern wühlten, in einem Land, wo es so gut wie nichts zum Wegwerfen gab.

Dazu wurden Sachen bekannt, oder ließen sich wenigstens erahnen, die für Claras romantische und opferbereite Generation schlichtweg unvorstellbar gewesen waren. Selbst mit Medikamenten wurde zynischer Handel getrieben. Von Einzelnen oder ganzen Gruppen wurden staatliche Prüfungen und Abschlüsse gekauft. Wo es herauskam, wurden in besonders drastischen Fällen publikumswirksam drakonische Strafen angekündigt. Aber letztlich blieb der Eindruck, dass nur die sprichwörtliche Spitze des Eisbergs ans Licht kam.

Ein absoluter Tiefpunkt schien schließlich durch einen Vorfall erreicht, der sich in dem psychiatrischen Krankenhaus unweit von Fontanar ereignet hatte. An die dreißig Patienten, oder waren es vierzig?, waren in einer – für kubanische, keineswegs sibirische Verhältnisse – ungewöhnlich kalten Nacht gestorben. Die eisige Zugluft war durch die kaputten oder schlichtweg nicht mehr vorhandenen Fensterscheiben gedrungen und hatte sich über ihre unterernährten und auch sonst in jeder Hinsicht unversorgten Körper hergemacht. Das eines Hieronymus Bosch würdige albtraumhafte Szenario hatte sich über Monate vor den Augen der Verantwortlichen abgezeichnet, viele von ihnen Mitglieder der kommunistischen Partei, manche von ihnen Ärzte, die einst den hippokratischen Eid abgelegt hatten. Ist das wirklich mein Land?, fragte Clara sich damals. Wie hatte es nur so weit kommen können?

Als in diesem Fall tatsächlich drastische Strafen verhängt worden waren, kehrte vorläufig Ruhe ein. Oder war die Gleichgültigkeit mittlerweile bloß so groß, dass sich niemand mehr um derlei scherte? Letzteres schien sich für Clara zu bestätigen, als sie sich eines Tages im

Krankenhaus einer Untersuchung unterziehen sollte. Man eröffnete ihr, dass das Reaktionsmittel für die Tests ausgegangen sei. Als sie daraufhin wieder gehen wollte, begegnete sie im Gang einer Bekannten aus ihrem Viertel, die von einer Blutentnahme kam. Sie flüsterte Clara zu, dass die fehlenden Mittel sich nach Vorlage einer Dollarnote bestimmt unverzüglich finden würden. So war es dann auch.

Manche kämpften jetzt also ums nackte Überleben, viele um ein halbwegs erträgliches Dasein, und einige wenige stellten ihren Erfolg in Gestalt von Autos, Häusern und spektakulären Abendessen zur Schau. Trotz dieses unerklärten Krieges aller gegen alle wurden weiterhin die altbekannten triumphierenden Reden geschwungen und das richtige politische Bewusstsein eingefordert. Sollte dieser Sumpf aus Gleichgültigkeit und verlogener Anpassung das Ergebnis von so viel Kampf, Opfer und Einsatzbereitschaft sein? Klangvolle Worte sollten der empörenden neuen Ungleichheit Einhalt gebieten. Kontrollen wurden angekündigt, die selbst nur zu bald außer Kontrolle gerieten. Und was war mit der Korruption, die inzwischen in öffentlichen Ansprachen und Zeitungsartikeln thematisiert wurde, zusammen mit dem Versprechen, energisch dagegen vorzugehen? Gab es nichts mehr, was die Anständigen von den Würdelosen unterschied?

So erschreckend die moralische Verwahrlosung war, noch schlimmer empfand Clara die Tatsache, dass so viele nicht einmal die Möglichkeit hatten, sich überhaupt an dem schmutzigen Spiel zu beteiligen. Nur wenige konnten wie sie auf Unterstützung von außen zurückgreifen. Sie sah sie, wie in einem Buñuel-Film, erbittert um einige Packungen minderwertiger Kekse streiten, die zu einem herabgesetzten Preis angeboten wurden. Sie sah sie ihr Geld abzählen für eine Handvoll Hühnerhälse und -füße, um wenigstens ein paar Proteine zu sich nehmen zu können. An normalen Tagen mussten sie sich mit bröseligen Nudeln begnügen, die sich beim Kochen fast auflösten. An Festtagen reicherten sie sie mit ein wenig übel riechendem Fleischpulver an.

Noch elender erging es jenen, die in armseligen Hütten mit Zinkdächern und ohne Kanalisation vegetierten. Nicht allzu weit entfernt von ihrem Haus hatte sie derartige Siedlungen gesehen. Sie hatte an die Träume ihrer Architekteneltern denken müssen, mit ihren Hoffnungen und Versprechungen von würdigem Wohnraum für alle. Oder hatte sie sich da bloß verhört? Aber nahm überhaupt jemand die neue Wirklichkeit wahr? Merkte jemand, dass unter den am stärksten Betroffenen mehr Schwarze als Weiße waren? Nein, verbesserte sie sich: Konnte jemand ernsthaft behaupten, er sehe dies alles nicht?

2015 wurde ein angespanntes und schmerzhaftes Jahr für Clara. Noch schwer angeschlagen von Marquitos' Fortgehen, forderte ihr Bernardos Erkrankung die letzten körperlichen und geistigen Kräfte ab. Angetrieben von der hartnäckigen Hoffnung auf die Rettung ihres geliebten Mannes wie auch von der Furcht vor der endgültigen Niederlage, nahm sie den Kampf auf.

Dabei war Ende 2014 ein leiser Hoffnungsschimmer aufgetaucht. Erste Anzeichen von Entspannung machten sich bemerkbar in der schier unendlichen Auseinandersetzung, die das gesamte Leben der in der Fünfzigerjahren geborenen Generation geprägt hatte. Die Regierungen Kubas und der USA hatten Gespräche aufgenommen, sich gegenseitige Besuche abgestattet und schließlich die diplomatischen Beziehungen wieder aufgenommen, was schon bald zur Eröffnung von Botschaften in Havanna und Washington führen sollte. Ja, es war sogar die Rede von einer Aufhebung des Handelsembargos, das vor über fünfzig Jahren, auf dem Höhepunkt des Kalten (oder auch nicht ganz so kalten) Krieges verfügt worden war.

Im Alltag von Leuten wie Clara und Bernardo hatte das keine unmittelbaren Folgen, aber es war, als würden sie aus dem kollektiven Albtraum erwachen, der sie all die Jahre gefangen hielt. Aber ob die über alle Welt verstreuten Kubaner und die, die auf der Insel geblieben waren, ihrerseits imstande wären, zu einer Versöhnung zu gelangen? Das wäre zu schön, sagte sie sich, aber dafür hatten sich wohl alle schon viel zu sehr mit dem jetzigen Zustand abgefunden, ja, sich perfekt darin eingerichtet.

Zu Claras Erleichterung sorgten die Anstrengungen der Ärzte und vielleicht auch die esoterischen Eingriffe ihres afrokubanischen Heilers samt Gebeten zur Heiligen Jungfrau und Verabreichung eines Tranks aus Bananenstaude und Skorpiongift dafür, dass Bernardos Zustand sich stabilisierte, was die Spezialisten vorsichtig optimistisch bestätigten. Um Bernardo jederzeit zur Seite stehen zu können, nahm Clara unbezahlten Urlaub. Die Gehaltseinbuße war ohnehin kaum spürbar, sie und ihre Familie lebten schon lange von den Überweisungen aus dem Ausland. Ohne diese »Rettungsringe«, wie Clara sie nannte, hätte sie sich die Fahrt mit dem Auto zum Krankenhaus und wieder zurück gar nicht leisten können. Sie kostete so viel, wie die Ingenieurin Clara Chaple in einem ganzen Monat verdiente – wenn sie ein privates Auto benutzte. Ein staatliches Taxi, so es denn kam, kostete – es sei denn, man fiel unter die Kategorie »Sozialbedürftiger« – das Doppelte, ja, genau: zwei Monatsgehälter.

Vier Monate nach der Operation war Bernardo sogar wieder fähig, den einen oder anderen Computer instand zu setzen, wenn seine Kunden ihm das Gerät nach Fontanar brachten. Clara beschloss trotzdem, die Arbeit bei ihrer Firma vorläufig noch nicht wieder aufzunehmen. Ein ungutes Gefühl sagte ihr, dass es zu früh war, sich auf die neue Wirklichkeit zu verlassen.

Im Oktober schien es Bernardo wieder richtig gut zu gehen. Da kam es bei einer der regelmäßigen Kontrollen zur grausamen Ernüchterung: Der Krebs war zurück. Glaubte man den Voraussagen, würde seine verheerende Wirkung der des berüchtigten Hurrikans Flora in nichts nachstehen.

An jenem Tag hatte Clara mit Marcos telefoniert und dabei die ganze Zeit mit den Tränen gekämpft. Am Abend saß sie auf der Terrasse und hatte das Gefühl, dass ihr endgültiger Zusammenbruch unmittelbar bevorstand. Es war tatsächlich, wie Bernardo immer sagte: Sie schleppten sich von Niederlage zu Niederlage, aber der endgültige Sieg war nirgendwo zu sehen.

Gehen, vier, fünf, sechs Kilometer. Gehen, nachmittags, sooft er Zeit hatte. Gehen, gut fürs Herz, für die alt gewordenen Knie, noch besser für den Kopf. Gehen, am liebsten allein. Mit seiner Frau war es aber auch schön. Quintín Horacio näherte sich unaufhaltsam der Sturmhöhe der sechzig Jahre, auf deren Rückseite es unweigerlich bergab gehen würde. Am besten erreichte man diesen Gipfel gehend, zügigen Schritts, den Puls irgendwo zwischen hundert und hundertzwanzig, hatte der Arzt gesagt. Wenn alles gut ging, ging es danach weiter, im Idealfall in angenehmer Begleitung.

Gedankenversunken wanderte Horacio also allein vor sich hin. Anders als die übrigen Spaziergänger, die mittlerweile an jeder Ecke wie die Pilze aus dem Boden schossen, als wäre Stadtwandern plötzlich der letzte Schrei, trug er dabei jedoch keine Kopfhörer. So konnte er die Gedanken ungehemmt schweifen lassen. Zeitweilig nutzte er die nachmittäglichen Gänge auch, um seine Altgriechisch-Lektionen zu wiederholen. Er hatte das Studium dieser Sprache erneut aufgenommen, um sich doch noch den alten Traum zu erfüllen, die präsokratischen und sokratischen Philosophen, Plato, Aristoteles, vor allem aber Epikurs Tetrapharmakos, in ihrer Sprache zu lesen und so zu den Feinheiten und Nuancen vorzudringen, die nur auf diesem Wege zu erschließen sind.

Ein rotes Tuch um die Stirn gebunden, verließ er die Siedlung und ging an der Küste entlang bis Isla Verde. Bei gutem Wetter – in Puerto Rico also nahezu täglich – legte er auf halbem Weg am kleinen Strand beim Hilton Hotel eine Pause ein und schwamm eine Runde in dem stets angenehm warmen Wasser. Auch beim Schwimmen dachte er nach. Immer gab es etwas, worüber er nachdenken wollte. Manchmal wurde es ein bisschen zu viel.

Wenn Marissa ihn begleitete, unterhielten sie sich. Die Themen gingen ihnen nie aus, was einer der Gründe dafür war, dass ihre Beziehung seit bald zwanzig Jahren auf einem soliden Fundament ruhte. Über Kuba, Horacios früheres Leben und die teils idealisierenden Vorstellungen, die seine Frau sich von der Insel machte, sprachen sie allerdings schon seit Längerem nur noch selten. Da der April in den Tropen für gewöhnlich der schönste Monat des Jahres ist, begleitete Marissa ihn in dieser Zeit öfter als sonst. Dabei landeten sie jedes Mal unweigerlich irgendwann an dem kleinen Strand beim Hilton, wo sie sich genüsslich ausstreckten – und ausgiebig unterhielten.

Marissa allerdings waren die Stunden im nahe gelegenen Fitnessstudio lieber als Spaziergänge. Dadurch war sie mit ihren inzwischen neunundvierzig Jahren immer noch sehr gut in Form, was Horacio zu schätzen wusste. Dieser Frau begegnet zu sein, betrachtete er weiterhin als einen der großen Glücksfälle seines Lebens, obgleich er die alte Gewohnheit, bei sich bietenden Gelegenheiten von fremden Tellern zu naschen, nicht völlig abgelegt hatte. Inzwischen war er aber längst nicht mehr so zügellos darauf versessen, er hatte seinen Epikur schließlich gründlich studiert.

Seit Horacio von Bernardos schwerer Erkrankung erfahren hatte, kreisten seine Gedanken wieder intensiv um Kuba. Sooft er konnte, setzte er sich mit Bernardo und vor allem Clara in Verbindung und schickte Geld, um ihre Lage wenigstens in finanzieller Hinsicht zu erleichtern. Doch Horacio machte sich nichts vor. Neben der alten Freundschaft und dem Gefühl, sich solidarisch zeigen zu müssen, trieben ihn vor allem zwei Dinge an. Das eine hatte mit dem Altern zu tun, das sie inzwischen alle betraf: Bei Darío war Diabetes festgestellt worden. Irving würde sich wegen dem Bluthochdruck, unter dem er schon so lange litt, möglicherweise einer Operation unterziehen müssen. Clara klagte über häufige Nackenschmerzen und Durchblutungsstörungen. Und Horacio selbst hatte Meniskusprobleme, die ihm inzwischen das Spazierengehen erschwerten, und dazu seit Neuestem auch Schwierigkeiten mit der Verdauung.

Das andere waren seine Schuldgefühle, die, stets mühsam verdrängt, vor sich hin geschlummert hatten. Jahrelang hatte er versucht, sich vor sich selbst zu rechtfertigen, indem er Elisa als die treibende Kraft ausmachte und sich sagte, er sei in diesem Fall weniger Subjekt als Objekt des Handelns gewesen. Die Schwierigkeiten zwischen Elisa und Bernardo hatten ja auch schon länger bestanden. Was natürlich nichts an der Tatsache änderte, dass er seinen Freund mit dessen Frau betrogen hatte.

Insgeheim hatte er aber noch einen dritten Grund, einen Verdacht, der sich vielleicht bloß einer vorschnellen Schlussfolgerung verdankte, deshalb aber um nichts weniger beunruhigend war. Einen Zweifel, der durchaus begründet schien und in den letzten Wochen mit verstärkter Kraft sein Gewissen aufwühlte.

Anfang April hatte Marcos ihm ein Geburtstagsfoto zugemailt. Darauf sah man ihn mit seiner Industriales-Basecap auf dem Kopf, den Arm um die Schulter einer jungen Frau gelegt, die er als seine Freundin vorstellte. Bei ihrem Anblick durchfuhr es Horacio: Sie war das leibhaftige Abbild seiner Zwillingstöchter Alba und Aurora. Die Haut war vielleicht ein wenig heller, aber Augen, Nase und vor allem der Mund mit den vollen Lippen waren dermaßen ähnlich, dass kein Zufall vorliegen konnte – außer es handelte sich um ein echtes Wunder der Natur.

Aufgewühlt öffnete Horacio die Bilddatei einer Aufnahme seiner Mutter im Alter von zwanzig Jahren und entdeckte auch in ihrem, wesentlich dunkleren, Gesicht genau die Gesichtszüge, die so typisch für Alba, Aurora – und diese Adela waren.

Als Erstes fragte er sich daraufhin, ob Marcos ihm das Foto in aller Unschuld oder nicht doch mit einem geheimen Hintergedanken zugeschickt hatte. »Das ist meine Freundin«, hatte er dazugeschrieben. »Sie heißt Adela. Wie gefällt sie dir?«

Horacio versuchte es zunächst mit Selbsttäuschung und erlaubte sich nicht, das Unglaubliche auch nur zu denken. Er beschloss, den Unschuldsengel zu spielen, und schrieb zurück: »Herzlichen Glückwunsch. Sehr hübsch.« In einer späteren Mail fragte er wie beiläufig, wo und wie Marcos sie kennengelernt habe. So erfuhr er einen Teil von Adelas Geschichte – dass sie in New York geboren und die Tochter einer Kubanerin mit Namen Loreta und eines Argentiniers war, was ihm fürs Erste eine Riesenerleichterung verschaffte. Die Neugier ließ ihn jedoch nicht los, und so sah er sich auf Marcos' Facebook-Seite noch andere Fotos dieser Adela an. Wie war es nur möglich, dass sie, ohne dass eine Blutsverwandtschaft bestand, seinen Töchtern, seiner Mutter und ihm selbst dermaßen ähnlich war? Hatte er es bei seinen Abenteuern als junger Mann womöglich irgendwann mit einer Loreta zu tun gehabt, und sei es nur ein einziges Mal? Doch sosehr er sein Gedächtnis durchforstete, er fand nichts, auch nicht bei Google, und Marcos um weitere Einzelheiten über Adelas Mutter zu bitten, wagte er nicht.

Er verbot sich alle weiteren paranoiden Gedankenspiele. Es musste sich einfach um einen Zufall handeln. So wie bei Leuten, die nicht nur mühelos als Doppelgänger von Elvis Presley durchgehen, sondern sich sogar mit anderen Elvis-Doubles Wettkämpfe darum liefern, wer ihm am allerähnlichsten ist. Alles andere war dermaßen abwegig, dass man es ausschließen durfte. Was ihm jedoch nicht gelang, im Gegenteil, Adelas Bild ging ihm nicht aus dem Kopf und damit auch nicht die romanhafte Vorstellung, hinter dieser Loreta Fitzberg verberge sich in Wirklichkeit Elisa Correa. Und er sei der Vater des Kindes, das Elisa vor fünfundzwanzig Jahren erwartete, bei dem es sich folglich um niemand anderen handelte als – Adela. Aber das war doch totaler Wahnsinn! Er musste es sich eingestehen: Auch er war endgültig und vollständig durchgedreht.

Deshalb gewann Irvings Bericht von der Begegnung in Madrid mit einer Frau, die Elisa sein musste, und einem jungen Mädchen, das offensichtlich ihre Tochter war und ihm, Horacio, erstaunlich ähnlich sah, auf beunruhigende Weise an Bedeutung. Nach langem Grübeln schickte er Irving schließlich das Foto von Marcos und Adela weiter, verbunden mit der scheinheiligen Frage, ob Marcos ihm seine neue Freundin auch schon »vorgestellt« habe und ob diese ihm von irgendwoher bekannt vorkomme.

Worauf Irving, ohne mit der Wimper zu zucken, zurückschrieb: »Du willst wissen, ob sie mir bekannt vorkommt? Sie sieht aus wie das Mädchen aus dem Parque del Retiro, von dem ich dir vor ein paar Jahren erzählt habe. Du hast mich damals ausgelacht, weißt du noch?«

Horacio hatte hierauf erst einmal nicht reagiert. Vorläufig sah er sich dazu nicht imstande.

Ein paar Tage danach saß er wieder mit Marissa am kleinen Strand beim Hilton und sah aufs Meer hinaus. Spätestens in zwanzig Minuten würde die Sonne hinter dem Horizont versinken, und die beiden würden den Rückweg antreten. Da merkte Horacio, dass er die Last nicht länger allein mit sich herumschleppen konnte. Endlich wagte er sich aus der Deckung.

»Was würdest du sagen, wenn auf einmal rauskäme, dass ich noch eine Tochter habe?«

»Was redest du da, Horacio?«

»Das war ein schlechter Einstieg, entschuldige. Aber die Sache ist so verrückt, dass ich nicht weiß, wie ich es angehen soll. Also, eine Tochter, die zur Welt gekommen ist, bevor wir beide uns kennengelernt haben. Und die ich selbst nicht kenne, beziehungsweise von deren Existenz ich keine Ahnung hatte. Beziehungsweise, ich weiß nicht mal, ob sie tatsächlich existiert.«

Nach einer kurzen Weile fand Marissa ihre Fassung wieder. »Moment, Moment, da komme ich nicht mit. Du hast eine Tochter auf Kuba? Warum hast du mir das nie erzählt?«

»Weil ich es nicht wusste. Das heißt, ich weiß es immer noch nicht wirklich. Beziehungsweise, ich glaube es nicht …«

»Was ist los, Horacio? Was soll dieses Hin und Her? Ich kapiere gar nichts, ehrlich.«

»Ich auch nicht. Es kann eben sein, dass ich eine Tochter habe, von deren Existenz ich nichts wusste. Eine Tochter, von der mir niemand jemals etwas gesagt hat. Und falls sie tatsächlich meine Tochter ist, weiß ich trotzdem nicht, wie das möglich sein soll …«

Jetzt erzählte er seiner Frau die ganze Geschichte. Wie er seinerzeit seinen Freund verraten hatte, und dass es mit einer Wahrscheinlichkeit von eins zu einer Million sein konnte, dass er, obwohl er ein Kondom benutzt hatte, eine Freundin geschwängert hatte, genauer gesagt, die Frau seines zeugungsunfähigen Freundes.

»Meinst du eure Freundin Elisa, die Frau von Bernardo, die eines Tages verschwunden ist?«

Horacio nickte. »Als sie verschwand, war sie schwanger. Falls sie später eine Tochter zur Welt gebracht hat, müsste die heute fünfundzwanzig sein. Soweit ich weiß, konnte sie von Bernardo nicht schwanger werden, und ich habe sie auch nicht geschwängert. Also muss es jemand anders gewesen sein, und aus einem bestimmten Grund war ich mir immer sicher, dass diese Person Walter gewesen ist.«

»Der, der sich umgebracht hat?«

»Oder umgebracht worden ist. Genau der. Marquitos' Freundin, von der ich ein Foto habe, sieht allerdings weder Elisa noch Bernardo, noch Walter ähnlich. Dafür aber mir. Und meiner Mutter. Und den Zwillingen.«

»Horacio, um Himmels willen!«

»Ganz schön verrückt, was?« Er zog sein Handy hervor, wählte ein Foto aus, vergrößerte einen Ausschnitt und hielt ihn Marissa entgegen.

»O Gott, Horacio!«, rief Marissa.

»Glaubst du immer noch, dass ich mir das alles bloß einbilde?«

Marissa schüttelte den Kopf. »Und was hast du jetzt vor?«

Die Sonne stand bereits knapp über dem Horizont. Horacio wusste, dass es in Havanna noch eine ganze Stunde hell sein würde. Er sah Clara und Bernardo vor sich, sie saßen auf der Terrasse in Fontanar und beobachteten, wie der Nachmittag verging. In Wirklichkeit warteten sie jedoch darauf, dass die Karte aufgedeckt würde, die über Tod oder Leben entschied. Horacio fühlte sich hundeelend.

»Keine Ahnung. Soll ich einen DNA-Test machen und Marcos' Freundin auffordern, auch einen zu machen? Weil sie mir und meinen Töchtern so ähnlich ist? Habe ich überhaupt das Recht, womöglich das Leben von jemandem auf den Kopf zu stellen, der mich in keiner Weise darum gebeten hat? Ich selbst würde sagen, dass es besser ist, Bescheid zu wissen, als sich die ganze Zeit mit Zweifeln herumzuquälen. Aber ich glaube, ganz egal, was ich in dieser Situation mache, es kommt so oder so nur Mist dabei heraus. Kein Mensch hat je wieder von Elisa gehört. Niemand weiß, warum sie damals verschwunden ist. War es wegen mir? Aber wer ist Loreta Fitzberg, verdammt, Adelas Mutter? Ich kenne keine Loreta, verflucht noch mal! Nein, das kann einfach nicht sein«, sagte er, obwohl er sich innerlich immer sicherer war, dass er sich nur auf erbärmliche Weise etwas vormachte.

Marissa nahm seine Hand und zwang ihn, sie anzusehen. »Was hast du vor, Horacio?«

Jetzt werde ich wirklich verrückt, dachte Clara und wäre am liebsten losgelaufen, unters Bett gekrochen, ja, in Tränen ausgebrochen. Gleichzeitig spürte sie eine von Tag zu Tag wachsende Freude, denn was nun bevorstand, hatte sie nie mehr für möglich gehalten. Völlig unvorstellbar war ihr das erschienen! Dieses Wunder zwang sie allerdings, sich ihrer fast vergessenen Abneigung gegen das Festefeiern zu stellen. Und schade, dass der Anlass eher mit einem Ende verbunden war als mit einer wie auch immer gearteten Versöhnung oder Wiedergutmachung. Aber sie fühlte sich getröstet und bestärkt – dass man ihr so viel Liebe und Freundschaft entgegenbrachte, zeigte, dass eine Reihe wesentlicher Dinge trotz allem Bestand hatte. Nein, es war nicht alles verloren.

Als Bernardo erfuhr, was sich anbahnte, wollte er ihr die Sache ausreden. Er habe nicht vor, an seiner eigenen Totenfeier teilzunehmen. Die Depression, in die er nach Verkündigung der endgültigen Diagnose verfallen war, hatte er überwunden und sich vorgenommen, sich diesem elenden Thema in Würde zu stellen. Aber es ging bergab mit ihm, er war zunehmend erschöpft und wollte mit Clara allein sein, der wichtigsten Person in seinem nun zur Neige gehenden Leben.

Immer wieder hatte er in der letzten Zeit über die schrecklichen Jahre seines Verfalls nachgedacht. Wäre es nicht besser gewesen, er hätte schon früher Schluss gemacht? Fast wäre es ihm damals gelungen, ausgerechnet an einem Tag, an dem er zu betrunken gewesen war, um diesen Wunsch auch nur in Worte zu fassen. Gott und seine Nachbarn hatten ihn damals gerettet. Er hatte eine Verlängerung gewährt bekommen, die sich als die beste Zeit seines Aufenthaltes auf Erden erwies. Eine zweite Verlängerung konnte ihm weder menschliches noch göttliches Eingreifen gewähren, das war ihm klar. Am meisten schmerzte ihn, dass er Clara bald verlassen musste, dass er nicht mehr mit ihr zusammen sein konnte.

Seine Freunde stellten sich dem, was sie als ihre Verantwortung empfanden. Sie setzten sich über den Willen des Kranken wie auch über Claras Bedenken hinweg. Sie alle wussten, dass Clara diese Zusammenkunft brauchte, und ihnen selbst ging es genauso. Und Bernardo war es allemal wert, ja, er hätte noch viel Besseres verdient.

So kam es, dass zwischen dem 21. und dem 23. Dezember erst Darío und Ramsés, dann Irving und Joel, und zuletzt auch Horacio und Marissa in Fontanar eintrafen. Für Marissa war es der erste Besuch im Heimatland ihres Urgroßvaters, der einst in Tampa José Martí begegnet war, und ihres Vaters, der sich schon in den Sechzigerjahren auf einem Boot davongemacht und seitdem nie wieder zurückgewagt hatte. Trotz des traurigen Anlasses herrschte im Haus schon bald eine geradezu festliche Stimmung. Was so weit ging, dass Bernardo, nach Rücksprache mit Clara, die natürlich ihren Segen dazu gab, nach zweiundzwanzigjähriger Unterbrechung zum ersten Mal wieder ein Glas Rum an den Mund führte. Das konnte ihm jetzt nicht mehr schaden, dachten die anderen, als er am Glas schnupperte und schließlich den ersten Schluck nahm. »Verdammter Mist«, brach es aus ihm heraus. Seufzend schaute er ins halb volle Glas mit dem gut abgelagerten, alten Rum. »Wie ich dich vermisst habe!« Dann stürzte er den Rest in einem Zug hinunter.

Darío, der genau wie sein Sohn Ramsés zum ersten Mal nach Kuba zurückkehrte, nahm bestürzt wahr, in welchem Zustand sich das Haus befand, das er einst so liebevoll instand gesetzt und gepflegt hatte. Tief bewegt stellte er außerdem fest, dass sich in seinem ehemaligen Arbeitszimmer immer noch die beiden Gefäße mit den dunkel gewordenen Studienhirnen am alten Platz befanden. Er war also all die Jahre im Haus gegenwärtig geblieben.

Unverzüglich machte er sich auf den Weg zu dem Nachbarn, der ihm vor dreißig Jahren geholfen hatte, den klapprigen Lada wieder fahrtüchtig zu machen, den man ihm im Krankenhaus überlassen hatte. Er fragte ihn, ob er es übernehmen wolle, die Farben und die nötigen Helfer zu besorgen, um dem Haus innen und außen einen neuen Anstrich zu verpassen. »Egal, was es kostet«, fügte er unvorsichtigerweise hinzu, woraufhin der Mann einen erschreckend hohen Betrag nannte. Offensichtlich hatte sich in Kuba inzwischen nicht nur der Preis für ein Erfrischungsgetränk verzwanzigfacht. Ein Hausanstrich kostete genauso viel wie in Spanien. Trotzdem bat Darío den Mann, mit der Arbeit zu beginnen, sobald alle wieder abgereist seien, und Clara und Bernardo dabei möglichst nicht zu stören.

Ramsés wunderte sich, wie klein ihm alles im Haus auf einmal vorkam, als wären die Dinge über die Jahre des Fernseins geschrumpft. Es traf ihn unerwartet heftig, als er unter dem Avocadobaum, den er als Kind gepflanzt hatte, eine weiße Grabplatte mit der bereits ein wenig verblassten schwarzen Inschrift Danger entdeckte.

Irving und Joel waren nach der Landung zunächst mit einem Mietwagen zu Joels Verwandten in Pinar del Río gefahren. Sie kamen mit einem halben Schwein, einem Sack voller Tanniaknollen, Maniokknollen und Süßkartoffeln sowie einer großen Tüte kleiner glänzender schwarzer Bohnen zurück, die, lange genug gekocht und mit der unerlässlichen Prise Kümmel gewürzt, wunderbar weich und schmackhaft zu werden versprachen. Dies war ja Bernardos letztes Weihnachtsessen, also taten sie alles dafür, dass es so gut geriet wie irgend möglich. Ramsés steuerte französischen Rotwein bei. Darío hatte in seinen Reisekoffern Manchego-Käse, Turrones und katalanische Paprikawürste mitgebracht. Horacio und Marissa besorgten Rum und Bier und kauften außerdem bei einem Nachbarn einen großen Topf geraspelte Kokosnuss mit Sirup und übergaben Clara mehrere Päckchen ihrer Lieblingskaffeesorte La Llave, die Marcos ihnen am Flughafen Miami zugesteckt hatte.

So kam es, dass am Abend des 24. Dezember 2015 in Fontanar zum ersten Mal nach fünfundzwanzig Jahren wieder ein standesgemäßes Weihnachtsessen stattfand. Auf der Terrasse bauten sie den langen Tisch auf, um den sie sich schon immer versammelt hatten. Der Abend war angenehm warm, nur die Puerto Ricanerin Marissa befand, es könne ruhig noch etwas wärmer sein. Sie aßen, tranken, lachten und redeten … Wie schade, dass Marcos und Fabiola nicht dabei waren – Marcos aus den bekannten Gründen, Fabiola, weil sie dem kleinen Adam die lange Reise nicht zumuten wollte. Wie gerne hätte Clara auch ihren zweiten Sohn, die »arme Fabiola« und ihren französischen Enkel bei sich gehabt!

Als hätten sie es so verabredet, hielten die verbliebenen Clan-Mitglieder an diesem Abend sämtliche Dämonen unter Verschluss.

Dieser Abend war ausschließlich der Feier ihrer Freundschaft gewidmet. Dazu passte, dass Bernardo, schon leicht beschwipst, das Glas erhob und in seinem unverwechselbaren Stil verkündete: »Wir feiern heute also wieder einmal zusammen Weihnachten ... Wisst ihr noch, wie sie uns damals immer nahelegen wollten, Weihnachten und die Geburt Christi nicht zu feiern? Scheiß drauf, auch auf den übrigen Quatsch, den sie uns eingeredet und gleich wieder ausgeredet, befohlen und anschließend verboten haben. Stimmts? Zum Teufel mit all diesen Dialektikern!« Er legte eine Pause ein, um Luft zu holen. »Heute bin ich der glücklichste Mensch der Welt, ehrlich. Darum möchte ich mit euch anstoßen, mit euch, die ihr nicht mehr dieselben seid, und trotzdem immer noch dieselben, wie José Martí gesagt hat. Sieh mich nicht so an, Irving, ja, das hat Martí gesagt! Der hat überhaupt alles gesagt.« Er lächelte, hustete und musste warten, bis er wieder halbwegs Luft bekam. »Ihr werdet jetzt alle bald sechzig, und damit ganz schön klapprige Opas und Omas. Aber ihr seid immer noch dieselben, weil sich eine Sache bei uns allen nie verändert hat, und die kann uns auch niemand streitig machen. Obwohl wir sie selbst manchmal aufs Spiel gesetzt haben, haben wir danach immer darum gekämpft, sie zu retten.« Bei diesen Worten sah er Horacio an. »Diese Sache, dieser große Gewinn, war die Freundschaft. Dass sie uns trotz allem erhalten geblieben ist, haben wir vor allem einer Person zu verdanken, dieser Frau hier, der Frau meines Lebens, Clara. Sie war das stärkste Stück des Magneten unter diesem Haus, der uns immer wieder hierhergeholt hat, dieses magischen kupferhaltigen Steins unter diesem Haus, das viel mehr ist als ein Haus. Dieses Haus ist und bleibt unsere Zuflucht, unser Schneckenhaus. Auf Clara, verdammt!«, rief er, so laut er konnte.

»Auf Clara!«, erwiderten die anderen, zunächst lachend, und tranken. Doch dann brachen sie alle in Tränen aus, Irving als Erster, als Ramsés, genau wie vor fünfundzwanzig Jahren, das Stück von Kansas auflegte, das Bernardo so gut gefiel und das ihnen ins Gedächtnis rief, was sie alle waren, was das ganze Leben ist: *Dust in the Wind.*

Alle hatten ihre Rückflugtickets für den 2. Januar gebucht und verbrachten den ersten Tag des neuen Jahres damit, sich von dem in jeder Hinsicht ausufernden Festmahl zu erholen, mit dem sie das Jahr 2015 verabschiedet hatten.

Statt ein Taxi zu rufen, lieh sich Darío – der damit, wie Horacio anmerkte, bewies, dass er inzwischen ein richtiger Katalane geworden war – am Nachmittag Irvings und Joels Mietwagen aus, um mit Ramsés eine Stadtrundfahrt zu machen. Bei der Rückkehr erklärten Vater und Sohn, sie hätten eine kleine Nostalgie-Tour entlang dem Malecón und durch Alt-Havanna absolviert. Nur Clara hatte den Verdacht, dass ihr Ex-Mann und ihr Sohn nicht die Wahrheit sagten.

Tatsächlich hatten sie gelogen. In Wirklichkeit hatten die beiden die Calle Perseverancia im verfallenden Stadtzentrum angesteuert. Darío hatte nämlich beschlossen, sich einem endgültigen Exorzismus zu unterziehen. In Begleitung seines Sohnes wollte er den Ort seiner Kindheit aufsuchen. Vor nicht ganz drei Jahren war hier seine Mutter, also Ramsés' Großmutter, gestorben. Er hatte es erst erfahren, als die Bank ihm eine Geldsumme zurücküberwies, die er ihr hatte zukommen lassen.

Alles war genauso schäbig und elend wie früher, wenn nicht noch schäbiger. Die Spalten und Risse im Betonboden. Die wie Tentakel aus den Stromzählern hervorkommenden Kabel, die in wildem Durcheinander an den Wänden entlangliefen. Die wie eine Einladung, übereinander herzufallen, offen stehenden Zimmertüren. Die verdreckten, seit Urzeiten vor sich hin bröckelnden und schimmelnden Wände. Alles durchzogen von dem so intensiven wie trostlosen Gestank der Armut. An der Wohnungstür empfing sie eine überquellende Tüte voller Bierdosen, daneben leere Rumflaschen. Trotz allem wurde hier also offensichtlich ausgiebig gefeiert. Wovon auch die brüllend lauten Klänge eines stampfenden Reggaetons samt völlig unverständlichem Text zeugten, die aus dem Innern drangen.

Darío hatte keine Ahnung, wer jetzt hier wohnte, am Ort, wo er aufgewachsen war und seine Mutter ihr gesamtes Leben verbracht hatte.

Es war ihm aber auch egal. Oder vielmehr, es war ohnehin klar: Dort lebte jetzt der nächste Unglücksrabe ohne jede Aussicht, eine menschenwürdigere Unterkunft zu ergattern. Er selbst, inzwischen erfolgreicher Neurochirurg, der sich gerade das neueste BMW-Modell zugelegt hatte und mit Planungen für einen Japan-Urlaub beschäftigt war, verspürte in diesem Augenblick trotzdem das unwiderstehliche Bedürfnis, seinem Sohn diese Hölle vorzuführen. Er sollte mit eigenen Augen den rissigen Betonboden sehen und die Stelle, wo er regelmäßig, oftmals nackt, auf einem Hocker hatte sitzen müssen, als Strafe dafür, dass er existierte. Meistens hatte seine Mutter ihn davor mit einem Gürtel oder Besenstiel oder Schaumlöffel gezüchtigt und ihn dabei als Spinner, einen totalen Spinner, beschimpft. Auch die verdreckte Ecke neben der Waschküche wollte Darío ihm zeigen, wo er sich zusammengekauert und mit dem Erstbesten bedeckt hatte, was gerade zur Hand war, einem Jutesack, einem Putzlumpen oder einer alten Zeitung, wenn seine Mutter sich im Zimmer einschloss, um allein oder mit einem Mann Siesta zu halten. Als ihn dort einmal die Müdigkeit überwältigt hatte, war er irgendwann wie ein Verrückter schreiend aufgewacht, weil er plötzlich spürte, dass eine Männerhand über seine mageren Pobacken strich, während vor seinem Gesicht ein blutrotes erigiertes Glied zur Schau gestellt war. Sein Sohn sollte den Schauplatz seiner Demütigungen und Erniedrigungen kennenlernen, vor denen ihn eines Tages die Güte eines Busfahrers und Anhängers der Santería-Religion und einige Jahre später die Mutter ebendieses Sohnes gerettet hatte.

»Furchtbar. So gut wie nichts hat sich geändert, seit ich das letzte Mal hier war. Vielleicht ist es sogar noch schlimmer geworden«, sagte Darío gleichermaßen wütend und bekümmert. »Seit Ewigkeiten vegetieren die Leute hier vor sich hin. Ändert sich hier denn überhaupt nie etwas? Was für ein Wunder, dass ich heute der bin, der ich bin. Andererseits gebe ich zu, dass ich diesem Land dankbar dafür sein muss, dass es mir dieses Wunder ermöglicht hat. Auch wenn hier immer noch so viele Menschen in der Scheiße leben.«

»Da hast du recht«, murmelte Ramsés, in die Betrachtung einer Frau versunken, die auf den Gang hinausgetreten war, um ein Tuch, vielleicht eine Tischdecke, auszuschütteln, wobei sie den Eindringlingen feindselige Blicke zuwarf. »Wie ist denn deine Mutter hier gelandet?«

»Die ist hier zur Welt gekommen. Ihr Vater auch. Da ist noch etwas, was du nicht weißt. Der Vater meines Großvaters, also mein Urgroßvater, war offenbar Sklave. Er ist von einer Zuckerrohrplantage in die Stadt gekommen und hat hier am Hafen eine Arbeit als Stauer gefunden.«

»Mein Ururgroßvater war Sklave und ein Schwarzer?«

»Anscheinend ja. Dein Urgroßvater wiederum war ein Mischling, und deine Urgroßmutter eine Weiße. Meine Mutter sah auch ganz wie eine Weiße aus. Und mein Vater muss ebenfalls ein Weißer gewesen sein, deshalb sehe ich auch wie ein Weißer aus, genau wie du. Aber wir sind keine echten Weißen, so wenig, wie ich ein echter Katalane bin ...«

Ramsés musste unwillkürlich lachen. Eine seiner früheren Freundinnen hatte einmal behauptet, sein Schwanz und seine Eier seien wie bei einem Schwarzen. Nicht nur wegen der Größe, sondern auch wegen der Farbe der Eichel und weil sich der Hodensack so rau anfühle. Offenbar hatte sie recht gehabt.

»Warum hast du nie über all das gesprochen? Weil wir schwarze Vorfahren haben?«

»Nein, weil es für mich die Hölle ist, über diesen Ort zu reden.«

»Wo wohnten denn die Schwarze und der Galicier, die dich manchmal bei sich aufgenommen haben?«

»Dahinten, ganz am Ende, hinter der grünen Tür.«

»Was ist aus ihnen geworden?«

»Keine Ahnung. Seit ich bei deiner Mutter eingezogen bin, habe ich mich hier so gut wie nie mehr blicken lassen. Deiner Großmutter habe ich das Geld per Postanweisung zukommen lassen. Und wenn ich ihr sonst irgendwas geben wollte, bin ich in die Kantine gegangen, wo sie in der Küche gearbeitet hat. Dahin habe ich dich ein paar Mal mitgenommen, erinnerst du dich?«

Ramsés nickte. Er sah das verschwommene Bild einer Frau vor sich, die sein Vater ihm mit den Worten vorgestellt hatte, dies sei seine Mutter.

»Und wie viel weiß Mama von alldem?«

»So gut wie nichts. Besser so. Und erzähl bitte auch Marquitos nichts«, sagte Darío und machte kehrt, um zum Auto zurückzugehen. Er wollte so schnell wie möglich von hier verschwinden. »Dir habe ich das bloß gezeigt, weil du sowieso schon ein bisschen was gehört hattest. Und damit du manches von dem, was ich gemacht habe, verstehen kannst.«

Der sonst so zurückhaltende Ramsés ergriff eine Hand seines Vaters. »Danke für alles, was du für uns getan hast. Und jetzt lass uns gehen, ja.«

»Ich habe getan, was ich tun musste. Das war bestimmt nicht immer schön … Wenn du dich noch mit deinem Santería-Paten triffst, sag ihm, dass ich ihn immer als guten Menschen in Erinnerung haben werde. Aber weil er für mich ein Teil von dem hier ist, möchte ich ihm lieber nicht persönlich begegnen.«

Wieder nickte Ramsés, und als das Gebäude bereits hinter ihnen lag, fragte er: »Darf ich meinem Sohn Adam irgendwann davon erzählen? Vielleicht bedeutet es ihm nichts, aber ich finde, er sollte wissen, woher sein Großvater stammt und was seinem Vater erspart geblieben ist. Und was er niemals durchmachen soll, dafür sorge ich.«

Inzwischen waschechte Madrider, beschlossen Irving und Joel, sich eine ausgiebige Siesta zu gönnen. Die von all den Aufregungen und Verantwortlichkeiten so vieler intensiver Tage erschöpfte Clara flüchtete sich in die Einsamkeit des Arbeitszimmers, wo sie fünf Minuten später vor dem vor sich hin flimmernden Fernsehbildschirm einschlief. Marissa hatte am Vormittag die einzigen noch in Kuba verbliebenen Verwandten ihres Vaters besucht und brach, als die Sonne ein wenig tiefer stand, zu einem als dringend nötig erachteten ausgiebigen Fußmarsch auf. Sie wollte unbedingt etwas gegen die Folgen der unmäßigen Gelage der letzten Tage unternehmen. Außer ihr konnte sich jedoch niemand dazu aufschwingen.

Bernardo und Horacio blieben, jeder mit einem Glas Rum in der Hand, allein auf der Terrasse zurück. Offensichtlich war der Moment gekommen, dem sie fünfundzwanzig Jahre lang ausgewichen waren.

Bernardo wagte schließlich den ersten Schritt. »Danke, dass du gekommen bist. Und danke auch dafür, dass du Marissa mitgebracht hast. Mit dieser Frau hast du wirklich großes Glück gehabt.«

»Ja, unverhofft kommt oft. Anscheinend hat die Vorsehung es so gewollt. Du hast aber auch Glück gehabt, wie du selbst weißt. Ich kenne keinen besseren Menschen als Clara. Und das mit deiner Krankheit tut mir so leid, Bernardo. Eigentlich wollte ich die Sache gar nicht ansprechen, also ... Ich glaube, ich sollte dich endlich mal um Entschuldigung bitten. Bis jetzt habe ich den Mut dazu nicht aufgebracht.«

»Aber nachdem ich jetzt ja sterbe ... Nein, du brauchst dich für nichts zu entschuldigen.«

»Red keinen Scheiß, Bernardo. Du brauchst dich für nichts zu entschuldigen, aber ich sehr wohl. Was ich damals gemacht habe, war eine richtige Sauerei, ein Verrat. Da gibt es nichts zu beschönigen. Elisa war deine Frau.«

»Eigentlich war sie es schon so gut wie nicht mehr. In sexueller Hinsicht, meine ich. Falls dir das hilft. Früher oder später wäre sowieso etwas in der Art passiert, mit dir oder einem anderen.«

»Das hilft mir nicht, weil ich das damals nicht wusste«, sagte Horacio und trank einen Schluck Rum. »Für mich war sie deine Frau. Und damit hätte sie für mich unantastbar sein müssen.«

»Es gibt noch viel mehr, was du damals nicht wusstest. Manches davon hätte ich dir nie gesagt, und einen Teil davon werde ich auch jetzt nicht verraten. Nachdem meine Abreise aber sozusagen kurz bevorsteht ...«

»Sag so was nicht!«

»Ich sterbe bald, Horacio, das ist nun mal so. Seid ihr alle nicht genau deshalb gekommen?«

Horacio wagte nicht, etwas zu erwidern.

Bernardo trank ebenfalls einen Schluck Rum und gab sich einen Ruck.

»Also, falls du noch daran zweifeln solltest … Das Mädchen, das Irving vor ein paar Jahren zusammen mit Elisa in Madrid gesehen hat,
falls es wirklich Elisa und ihre Tochter waren … Dieses Mädchen kann
sehr wohl deine Tochter sein. Du wolltest dir einreden, dass Walter ihr
Vater sein muss, weil du der Ansicht warst und immer noch bist, dass
Elisa von dir nicht schwanger geworden sein kann, und dass sie auch
mit Walter geschlafen hatte.«

»Woher weißt du das alles?«

»Ist doch egal«, entgegnete Bernardo, fast heiter. »Na gut, von Irving, von wem sonst? Ich weiß jedenfalls, dass sie mit Walter nicht
geschlafen hat. Aber nicht, weil sie es vor mir bestritten hat. Dass irgendwas wahr ist von dem, was Elisa behauptet hat, könnte ich niemals
versprechen. Aber ich weiß ganz sicher, dass sie nicht mit Walter geschlafen hat.«

»Verdammt, Bernardo, müssen wir wirklich über diesen Scheiß
reden?«

»Ja, weil du das Recht hast, die Wahrheit zu erfahren. Elisa hat nicht
mit Walter geschlafen, weil sie wusste, was für ein Arschloch er war.
Durchaus möglich, dass er sogar ein Spitzel war. Deshalb hat Elisa versucht, sich ihn vom Leib zu halten, genau wie ihren Vater, der genauso
ein Arschloch war.«

»Das heißt, Walter hat uns ausspioniert? Und Guesty?«

»Was Guesty angeht, keine Ahnung. Kann sein, kann auch nicht
sein, du weißt ja, wie das ist. Du sagst Nein, Irving und Darío sagen Ja.
Allerdings kommt es mir ein bisschen übertrieben vor, dass sie damals
gleich zwei Spitzel auf uns Idioten angesetzt haben sollten. Was Walter
angeht, bin ich mir aber auch nicht ganz sicher. Elisas Vater hat damals
behauptet, er sei ein Spitzel, aber dem konnte man schon gar nichts
glauben. Sicher bin ich mir nur, dass Walter kurz vor dem Durchdrehen stand. Er wollte unbedingt weg, weil er wusste, dass sie in dieser Kokaingeschichte irgendwann auch ihm auf die Spur kommen
würden, falls das nicht schon passiert war. Dass er überwacht wurde,
scheint mir klar. Aber sicher werden wir das nie wissen. Eins weiß ich
dafür, und darum geht es mir eigentlich: Elisa und Walter haben sich
einmal in der Wohnung einer Freundin von Elisa getroffen, und da ist

es zwischen ihnen zum Streit gekommen. Walter hat sich eingebildet, er könnte Elisas Vater erpressen. Bei dem Streit hat er irgendwann die Kontrolle verloren und er hat Elisa gepackt und geschüttelt. Das hat sie mir erzählt, als ich später die blauen Flecken an ihren Armen entdeckt habe.«

»Blaue Flecken an den Armen?« Etwas blitzte in Horacios Erinnerung auf. Er hatte diese Flecken gesehen. Was hatte Elisa damals zu ihm gesagt? Eine Kuh habe ausgeschlagen. Oder ein Pferd?

»Verdammt, Bernardo, das gibts doch nicht«, sagte er, während die Bilder in seinem Gedächtnis immer wilder durcheinanderwirbelten.

»Ich bin anschließend zu Walter gegangen und habe gesagt, wenn er sich noch mal bei Elisa blicken lässt, bringe ich ihn um. Für alle Fälle hatte ich eine Eisenstange eingesteckt. Zum Glück ist er, soweit ich weiß, nie wieder bei ihr aufgetaucht. Er hat das Problem gelöst, indem er von diesem Hochhaus gesprungen ist ... So viel dazu. Verstehst du jetzt, warum ich dir das unbedingt erzählen wollte, bevor ich sterbe? Und ist dir auch klar, dass du niemandem auch nur ein Wort davon verraten darfst, erst recht nicht Clara?«

Am 16. April 2016 postete Clara auf ihrer Facebook-Seite das am 21. März 1990, ihrem dreißigsten Geburtstag, aufgenommene Foto des Clans. Und wie damals überstürzten sich daraufhin die Ereignisse, als hätten sie bloß auf dieses Startsignal gewartet.

Die erste Reaktion erreichte sie drei Tage später. Marcos rief aus Hialeah an und bedrängte sie wegen einer Erinnerung, die beim Betrachten des Clan-Fotos in ihm aufgestiegen war und jetzt hartnäckig nach Aufklärung verlangte, was Clara in eine unangenehme Lage brachte. Es ging um den Kuss, den sie und Elisa sich in dem Zimmer gegeben hatten, in dem Marcos und natürlich auch Ramsés gezeugt worden waren und das sie insgesamt zwölf Jahre mit Darío und später fast zwanzig Jahre mit Bernardo geteilt hatte.

Nur neun Tage danach, am Morgen des 25. April, kurz vor elf, starb Bernardo, nach einer qualvollen, mit Husten, Blutspucken und keuchenden Atemzügen unter der Sauerstoffmaske verbrachten Nacht, in der er nur dank einer von Doktor Goyo verabreichten extrastarken Morphin-Gabe ein klein wenig zur Ruhe kam. Zwei Stunden vor seinem Tod erhielt er durch den Priester der Pfarrei Calabazar die Letzte Ölung, wovon er möglicherweise gar nichts mehr mitbekam. Wenn es Gott gab und er ihn gerettet hatte, sollte er ihn nun auch von seinem Leiden erlösen, hatte Clara sich in diesem Augenblick gesagt.

Am Nachmittag desselben Tages nahm sie – allein, wie es ihr Wunsch war – an der Einäscherung des Leichnams teil. Wie Bernardo sich erbeten hatte, wurde die Asche in einer einfachen Ton-Urne deponiert, die von Töpfern aus dem nahe von Fontanar gelegenen Ort El Cano angefertigt worden war.

Goyo brachte Clara anschließend nach Hause, wo sie, die Urne an sich pressend, sogleich den Raum ansteuerte, der einst das Arbeitszimmer ihrer Eltern gewesen war. Später hatten sie, Darío und gelegentlich der eine oder andere ihrer Freunde ihn zum Lernen genutzt, so wie danach ihre Söhne und deren Schulkameraden. Sie überlegte eine Weile, welche der Nischen in der Ziegelwand, die den Raum vom Rest des Erdgeschosses abtrennte, sich am besten eignete, und traf eine Entscheidung. Sie setzte die Urne auf dem Schreibtisch ab, auf dem bereits der von Marcos geerbte Laptop stand, und nahm einen der dicken Glasbehälter, in denen Daríos inzwischen halb zerfallene Studienhirne in Formaldehyd trieben, von seinem Platz. Sie ging damit zur Glastür, die in den Garten führte, und warf das Gefäß hinaus ins hohe Gras. Das Gleiche machte sie mit dem zweiten Gefäß. Danach deponierte sie Bernardos Urne an der frei gewordenen Stelle. Die Urne und die Ziegel hatten dieselbe Farbe. Hier würde sie bleiben, bis sie Bernardos Überreste, seinem Letzten Willen folgend, an ihren endgültigen Bestimmungsort brachte.

Unter Aufbietung ihrer letzten Kraft verließ sie mit dem Laptop unterm Arm das Haus und ging zu der Stelle in dem kleinen, mehrere Querstraßen entfernten Park, wo man vor einiger Zeit eine WLAN-Zone eingerichtet hatte. Dort verfasste sie sorgfältig einen kurzen Text und postete ihn samt der Nachricht von Bernardos Tod auf ihrer Facebook-Seite. Sie bat ihre Söhne und Freunde, in den nächsten Tagen nicht anzurufen. Zu ihrer Beruhigung schrieb sie, Bernardo sei im Frieden mit Gott und ohne Schmerzen gestorben. Ihr gehe es gut, sie sei nur sehr müde und sehr traurig und müsse jetzt eine Weile allein sein. Außerdem dankte sie allen für die während des letzten Jahres empfangene, so vielfältige Unterstützung. Bevor sie den Text freigab, setzte sie ein von Marissa am Weihnachtsabend aufgenommenes Foto darüber, auf dem Bernardo lächelnd ein Glas Rum erhob. Zuletzt fügte sie noch hinzu: »Wir sind Staub im Wind, bis zum endgültigen Sieg.«

Dann kehrte sie ins Haus zurück, duschte, ging in die Küche und trank den Rest Mangosaft, den sie drei Tage davor für Bernardo gemacht hatte. Aus dem obersten Fach des Regals über der Spüle holte sie das von ihr selbst dort versteckte Päckchen Zigaretten hervor und zündete sich eine der zwei verbliebenen an. Der alte Tabak schmeckte wie Gras. Fast so beschissen wie ihr Leben. Warum ausgerechnet Bernardo und nicht eins der unendlich vielen Arschlöcher, die auf der Welt herumliefen? Gott möge mir verzeihen, dachte sie, aber es ist doch so.

Sie ging ins Schlafzimmer. Als sie den Kopf aufs Kissen sinken ließ und im Augenwinkel das Krankenbett und den Sauerstoffbehälter sah, die immer noch in einer Ecke des geräumigen Zimmers standen, überfiel sie mit voller Wucht das Gefühl ihrer Einsamkeit. Sie brach in Tränen aus und weinte, bis sie einschlief.

Der endgültige Sieg

Same old song
Just a drop of water in an endless sea
All we do
Crumbles to the ground, though we refuse to see
Dust in the wind
All we are is dust in the wind

Durchs Restaurantfenster beobachtete sie die Hauptstraße der Stadt, soweit sie sie von hier aus überblicken konnte: Ein Wendy's, eine Walgreen-Apotheke, zwei Tankstellen, zwei Banken, ein McDonald's und zwei einander sehr ähnliche Kirchen von beeindruckenden Ausmaßen, die zu unterschiedlichen protestantischen Glaubensrichtungen gehörten, die sie beide nicht kannte. Gegen Mittag war sie angekommen und hatte sich in einem nahe gelegenen Motel ein Zimmer genommen. Dann war sie aufgebrochen, um sich ein wenig die Beine zu vertreten und in einem Starbucks einen doppelten Espresso zu trinken. Auf diesem kurzen Weg war sie an acht weiteren, einander zum Verwechseln ähnlichen und allesamt protestantischen Kirchen, sechs Apotheken, fünf Tankstellen und ebenso vielen Bankfilialen vorbeigekommen. Wer es in diesem grässlichen Provinzkaff zu etwas bringen wollte, beschäftigte sich offensichtlich vorzugsweise mit dem Glauben, Geldverleih, Medikamenten oder Benzin.

Wie sie hierhergelangt war, war ihr selbst nicht recht klar. Klar war jedoch, dass sie beim Aufbruch sehr wohl diese Gegend im Sinn gehabt hatte. Vor ein paar Monaten hatte sie einen Roman von Elmore Leonard gelesen, an dessen Titel sie sich nicht erinnerte. Er spielte in Oklahoma, zur Zeit des Erdölbooms, der Prohibition und der großen Weltwirtschaftskrise. Die Hauptfigur war ein Hilfssheriff, der dafür bekannt war, dass er es beim Schießen immer darauf anlegte, sein Gegenüber zu töten. Sein Vater, ein Halbindianer, hatte dem Roman zufolge am sogenannten »Kuba-Krieg« teilgenommen, zu dem Washington sich bemüßigt gefühlt hatte, nachdem im Februar 1898 der Panzerkreuzer Maine im Hafen von Havanna explodiert war. Der nie ganz aufgeklärte Zwischenfall führte zum Eingreifen der US-Marine in den Konflikt zwischen den aufständischen Kubanern und dem spanischen Kolonialheer und verfolgte das Ziel, Spanier und Kubaner gleichermaßen in die Pfanne zu hauen, was in jeder Hinsicht gelang.

Der Vater des Hilfssheriffs hatte zu den wenigen Überlebenden der Explosion gehört und heiratete vor der Rückkehr nach Oklahoma eine Kubanerin, die den unglaublichen Namen Graciaplena trug – wer, zum Teufel, wäre in Kuba auf die Idee verfallen, sein Kind so zu nennen? Graciaplena war bei der Geburt des berühmten Hilfssheriffs gestorben, der zu Ehren seines kubanischen Großvaters auf den Namen Carlos getauft, später jedoch von den anderen hartnäckig Carl genannt wurde. Bis auf Carlos, seinen Vater, der eine Walnussplantage besaß, und die Ku-Klux-Klan-Anhänger beschäftigten sich sämtliche männliche Romanfiguren mit Schwarzbrennerei oder Banküberfällen, während die Frauen von der Prostitution lebten. Jeder, der in diesem sympathischen Roman zur Waffe griff, legte es darauf an, sein Gegenüber zu töten. Wobei all die amüsanten und völlig durchgeknallten Gestalten, sobald Gefahr im Verzug war, zugaben, dass sie sich »vor Angst fast in die Hosen machten«. Genau wie sie in den letzten Wochen.

Vielleicht war das der Grund dafür, dass Loreta Fitzberg bei ihrem Aufbruch nach Nirgendwo letztlich in diesem seelenlosen Städtchen Norman gelandet war, etwa vierzig Meilen entfernt von Oklahoma City, der Hauptstadt des Bundesstaates Oklahoma, die, nach allem, was sie bislang von dieser Gegend zu sehen bekommen hatte, eine mindestens ebenso schauerliche Stadt sein musste. Wer außer den Studenten und Professoren der Universität, die des Geldes – ihrer Stipendien und Gehälter – wegen hier ausharrten, lebte freiwillig an solch einem Ort?

Der Hunger hatte Loreta schließlich in das Restaurant geführt, in dem sie jetzt saß. Außer dem Frühstück in dem Motel am Highway, wo sie die vorausgegangene Nacht verbracht hatte, und dem doppelten Espresso bei Starbucks hatte sie den ganzen Tag nichts zu sich genommen. Nach raschem Überfliegen der ohnehin schwach bestückten Speisekarte entschied sie sich für ein sechzehn Unzen schweres Hüftsteak, medium, mit Pommes frites, eine doppelte Portion Salat und ein großes Glas frisch gepressten Orangensaft, ohne Eis und ohne Strohhalm. Denn wenn etwas gut war an diesen endlosen Weiten – gottverlassen konnte man sie angesichts der Unmenge protestantischer Kirchen, die es hier gab, nicht nennen –, dann das Rindfleisch, das sie produzierten. Selbst Bruno, in dieser Frage ein kompromissloser Nationalist, räumte ein, dass es – fast – mit dem aus heimischer, sprich: argentinischer Produktion mithalten konnte. Letzteres war zudem wegen des Importverbots hierzulande ja nicht mehr zu bekommen.

Auf der Speisekarte entdeckte sie auch das WLAN-Passwort des Restaurants, das sie auf ihrem Laptop eingab. Seit dem Aufbruch von der Sea Breeze Farm hatte sie sich nur zwei Mal ins Internet begeben. Dabei hatte sie, via Facebook, erfahren, dass Adela, wie erwartet, auf dem Gestüt gewesen und anschließend – sicher mit noch mehr und berechtigtem Hass – in ihr verkommenes Hialeah zurückgekehrt war.

Außerdem hatte sie der Versuchung nicht widerstehen können, auch die Seiten von Clara, Irving, Darío, Horacio und Marcos aufzurufen. Dass Darío inzwischen nicht nur eine Menge Haare verloren und umso mehr Speck angesetzt hatte und ein erfolgreicher Neurochirurg geworden war, überraschte sie nicht. Auch nicht, dass er sich als heißblütiger Befürworter der katalanischen Unabhängigkeit präsentierte. Er war nicht der erste Kubaner, der auf der Insel nie den Mund aufbekommen hatte, um, kaum war er auf und davon, umso lauter zu brüllen, ja, zusätzlich die eigene Biografie umzuschreiben und sich alle möglichen heldenhaften Widerstandstaten anzudichten. Dass Irving und Joel weiterhin in Madrid lebten, freute sie dagegen. Die Stadt gefiel ihr sehr, und bis zu dem unseligen Moment, in dem sie Irving über den Weg gelaufen war, hatte sie sich dort äußerst wohlgefühlt. Wie sie feststellte, verfügte Irving immer noch über eine spitze Zunge, hatte sich daneben aber auch in eine Art digitalen Exhibitionisten verwandelt, der Sätze postete, die ihm besonders intelligent oder witzig vorkamen, und aktuelle wie auch alte Fotos hochlud.

Größere Schwierigkeiten hatte sie, sich Horacio als verheirateten Puerto Ricaner und Vater von Zwillingstöchtern vorzustellen. In den vergangenen Monaten hatte er sich mehrfach leidenschaftlich (aber zwecklos, wie Elisa befand) in Posts gegen Landsleute innerhalb und außerhalb Kubas gewandt, die Präsident Obama wegen seiner Reise nach Havanna kritisierten. Die einen, weil sie ihn als Eindringling, die anderen, weil sie ihn als Verräter ansahen. Horacio bezeichnete sie alle als von krankhaftem Hass getriebene Vertreter der schlimmsten Seite des kubanischen Nationalcharakters oder so ähnlich. Letztlich fühlte sie sich dadurch jedoch bestätigt: Horacio war ganz der Alte, naiv wie eh und je. Bildete er sich am Ende ein, seine Landsleute seien normale Menschen? Glaubte er tatsächlich an so etwas wie nationale Aussöhnung, nach all den gegenseitig zugefügten Verletzungen und trotz all dem aufgestauten und wohlkonservierten Hass? Armer Horacio, dachte sie und betrachtete aufmerksam das Porträt des einst so gut aussehenden Physikers und Philosophen. Er war würdevoller gealtert als Darío, ja, sogar Irving. Sie verglich sein Bild mit dem von Adela und – was sie nur noch mehr aufwühlte – mit seinen Zwillingstöchtern. Niemand konnte bestreiten, dass die drei Schwestern waren. Es sei denn, es handelte sich um Replikanten. Nannte man das so?

Sie war nicht überrascht, dass Clara und Bernardo ein glückliches Paar waren, an Gott glaubten und hartnäckig am Haus in Fontanar – dem Schneckenhaus, wie Clara es immer genannt hatte – festhielten. Sie erinnerte sich noch daran, dass Clara sich schon immer von Bernardo angezogen gefühlt hatte. Sie, Elisa, war ihr seinerzeit allerdings zuvorgekommen. Sie erfuhr erst jetzt, dass Bernardo offenbar schwer krank war, was genau er hatte, blieb jedoch unklar. Dass Ramsés und Fabiola geheiratet hatten und in Frankreich lebten, wo sie sich nach vielen Jahren wiederbegegnet waren und ineinander verliebt hatten, fand sie erstaunlich. Was es nicht alles gibt im Leben! Aber warum war nie von Fabio und Liuba die Rede? Hatten sie sich aus politischen Gründen von der Gruppe getrennt? Sehnsüchtig – so sehr, dass es sie selbst erstaunte – betrachtete sie die Fotos des Treffens in Toulouse kurz nach der Geburt von Ramsés' und Fabiolas Sohn und von den späteren gemeinsamen Spaziergängen der Freunde durch Paris, Madrid, Barcelona und Aix-en-Provence. In einem der Kommentare dazu stieß sie dann auch auf die Erklärung für Fabios und Liubas Abwesenheit – sie waren vor über zwanzig Jahren bei einem Unfall in Buenos Aires ums Leben gekommen. »O Gott …«, flüsterte sie.

Als sie nun, in diesem grauenvollen Städtchen Norman im Restaurant sitzend, Claras Facebook-Seite öffnete, sah sie zunächst das Foto des einst so schönen Bernardo vor sich. Ausgezehrt, nur noch ein paar spärliche Strähnen auf dem Kopf, erhob er ein Glas, das zur Hälfte mit, wie konnte es anders sein, Rum gefüllt war. Darunter las sie, dass er am 25. April 2016, im Alter von siebenundfünfzig Jahren, an Lungenkrebs gestorben war. »In Fontanar, wie er es sich gewünscht hatte, ohne Schmerzen und im Frieden mit Gott, den Menschen und sich selbst.« Clara dankte den Freunden für die Bernardo und ihr während der Krankheit erwiesene Hilfe und fügte zuletzt hinzu: »Wir sind Staub im Wind, bis zum endgültigen Sieg.«

Als das Steak gebracht wurde, war ihr der Appetit vergangen. Das Fleisch war hervorragend, wie sie zugeben musste. Aber irgendetwas in ihr war durcheinandergeraten, während sie über die Oberfläche einer Welt dahinglitt, die einst auch ihre eigene, vollkommen vertraute Welt gewesen war. Jetzt war sie wie verschlüsselt, ja, schien ihr fremd und fern.

Draußen näherte sich die Sonne dem Horizont, doch selbst im sanften Abendlicht bekam diese Stadt nichts Einladendes. Wer, verdammt, bin ich eigentlich?, fragte sie sich, als sie den Blick vom Laptop hob und durchs Fenster hinausblickte. Und was, zum Teufel, will ich eigentlich an diesem Ort mitten im Nichts?

Zum ersten Mal in den zwei Jahren, die er inzwischen in den USA lebte, hatte Marcos das Gefühl, dass die Fremde, Entwurzelung und Verlassenheit ihm die Luft zum Atmen nahmen. Er kannte seine Schwächen, aber Heimweh hatte er bislang nicht dazu gezählt.

Bei der Lektüre von Claras Facebook-Nachricht stieg ihr Bild vor seinem inneren Auge auf. Bald würde sie sechzig, ihre Einsamkeit wuchs, an Gewicht hatte sie dafür verloren. Er sah sie vor dem Ofen stehen, in dem Bernardos Leichnam verbrannte. Später würde die noch warme Asche mit einer Art Maurerkelle in die tönerne Urne gegeben, deren Beschaffenheit und Farbe an die Blumentöpfe erinnerte, in denen seine Mutter immer wieder versucht hatte, Veilchen zu ziehen, was ihr jedoch nie so recht gelungen war, während sie für Papayas,

Süßkartoffeln und Tomaten stets ein Händchen gehabt hatte. Jetzt sah er sie mit dem bräunlichen Gefäß aus dem Gebäude mit dem Zinkdach kommen, dem Krematorium, dessen Ofen an den der Töpfer aus El Cano erinnerte. Seit mindestens zweihundert Jahren fertigten sie darin ihre Tonwaren an. Die Tränen kamen ihm hoch, weil er nicht an ihrer Seite sein konnte, während sie von dem Mann Abschied nahm, der offensichtlich die große Liebe ihres Lebens gewesen war, vielleicht schon seit der fernen Zeit, als sie sich im Vorbereitungskurs für die Universität kennengelernt hatten. Allerdings hatte Elisa sich damals vorgedrängt, dann war Darío ins Spiel gekommen – und schließlich hatten er und Ramsés das Licht der Welt erblickt. Hatte das so kommen müssen?

Er konnte sich leicht vorstellen, wie sie in die Einsamkeit des Hauses zurückkehrte, wie sie von einer Parkbank aus die Nachricht von Bernardos Tod abschickte und den Laptop zuklappte, wie sie einem Flugzeug hinterherblickte, das sich am Himmel über ihr entfernte. Bestimmt hatte es mehrere Kubaner an Bord, die sich auf den Weg machten, anderswo ein neues Leben zu beginnen. Während sie, die er vor einigen Wochen erbarmungslos gezwungen hatte, sich ihm gegenüber einer Vergangenheit zu stellen, die doch einzig und allein ihre Sache war, immer einsamer zurückblieb, sich immer tiefer in ihr Schneckenhaus verkroch.

»Letzte Nacht hast du im Schlaf gesprochen und dich wild hin und her gewälzt«, sagte Adela, als sie am nächsten Morgen in die Küche kam, wo Marcos gerade mit der Kaffeemaschine hantierte.

»Am liebsten hätte ich laut losgeschrien«, erwiderte Marcos. »Verstehst du? Ich bräuchte bloß ins Flugzeug zu steigen und wäre in einer Dreiviertelstunde fast vor unserer Haustür. Die Warteschlangen und die Formalitäten eingerechnet, könnte ich in vier oder fünf Stunden bei meiner Mutter sein. Trotzdem kommt es mir vor, als lebte sie in einer anderen, für mich unerreichbaren Galaxie. Schuld daran bin bloß ich selbst, hätte ich nicht damals so viel Scheiß gebaut …«

»Von wegen Schuld, vergiss es!«

»Aber weißt du was? Jetzt muss sie sich endlich ein Visum besorgen und eine Weile herkommen. Vielleicht will sie ja auch für immer hierbleiben, wer weiß. Und das Scheißschneckenhaus endlich aufgeben.«

»Was für ein Schneckenhaus?«

»Das, in dem sie wohnt«, sagte er.

Während Adela wie jeden Morgen den angeblich original griechischen Joghurt – dafür stimmte vielleicht wirklich, dass er wenig Kalorien hatte – in ihr Schälchen gab, dann Haferflocken und Obst dazutat und dabei den belebenden Duft des Kaffees einsog, spürte sie deutlich, wie sehr sie ihren Geliebten um seinen Schmerz, ja, sogar um seine Schuldgefühle beneidete. Diese Gefühle kamen aus seinem tiefsten Innern, waren in der Liebe zu seiner Mutter begründet und eine Folge eigener Entscheidungen und nicht nur irgendwelcher äußerer Umstände. Eine unermessliche und unbezwingbare Liebe, die zu ihm gehörte und ihn mit einer geradezu ins Mythische überhöhten und auf sehr kubanische Weise heiligen Mutter verband, aber auch mit einer Welt aus realen Beziehungen, echten Menschen und konkreten Erinnerungen. Lauter Dinge, die ihr dadurch, dass ihre Mutter so war, wie sie nun einmal war, verwehrt geblieben waren.

Als Adela von ihrem erfolglosen Versuch, die Mutter auf dem Gestüt in Tacoma aufzuspüren, nach Hialeah zurückgekehrt war, hatte Marcos sie mit einer offensichtlich unwiderlegbaren Tatsache konfrontiert: Sein »Onkel« Horacio musste ihr Vater sein, auch wenn Horacio darauf bestand, dass dafür nur ein Produktionsfehler – ein nicht hundertprozentig dichtes Kondom – oder ein Wunder verantwortlich sein konnte.

War das tatsächlich möglich? Und was für Weiterungen ergaben sich daraus?

Marcos hatte ihr vorgeschlagen, nach Puerto Rico zu fahren und mit ihrem vermutlichen leiblichen Vater zu sprechen. Sie hatte das abgelehnt, auch wenn es zugegebenermaßen sinnvoll gewesen wäre. Sie hatte Marcos darauf verwiesen, dass er selbst ihr erzählt habe, dass Horacio mindestens so verwirrt wirke wie sie und jede Verantwortung für die Entscheidungen ihrer Mutter zurückweise. Außerdem hatte sie zugegeben, dass die bloße Vorstellung einer solchen Begegnung panische Angst in ihr auslöse und sie sich dieser Sache vorläufig in keiner Weise gewachsen fühle.

»Vor seiner Rückreise nach San Juan hat Horacio einen DNA-Test machen lassen«, erklärte Marcos daraufhin. »Er wollte aber nicht warten, bis du wieder da bist. Den Zettel, mit dem man sich das Ergebnis aushändigen lassen kann, hat er bei seiner Schwester hier in Miami hinterlegt. Er ist für dich, hat er gesagt, falls du die Wahrheit herausfinden möchtest.«

»Ich habe nicht vor, mich irgendwelchen Tests zu unterziehen.«

Marcos hatte es vorgezogen, nichts davon zu sagen, dass Horacio bei dem Test auch ein Haar Adelas vorgelegt hatte. »Was hast du dabei zu verlieren?«

»Was gewinne ich dadurch?«

»Die Wahrheit, vielleicht, mein Schatz.«

W ie nicht anders zu erwarten, kündigte Irving an, dass er ihn am Flughafen abholen werde, und Horacio war klar, dass er ihn nicht davon würde abbringen können. All seinen Protesten zum Trotz versprach Irving auch, ihm einen Schal – natürlich keinen geblümten – und eine dicke Jacke mitzubringen, für den Fall, dass der Besucher nicht warm genug gekleidet sein sollte. Und das – so bequeme! – Schlafsofa im Arbeitszimmer stünde selbstverständlich auch für ihn bereit. Der Madrider Winter zog sich dieses Jahr in die Länge. Obwohl eigentlich bereits angenehme Frühlingstemperaturen zu erwarten gewesen wären, herrschte weiterhin »diese verfickte Scheißkälte, die mich um den Verstand bringt«, wie Irving sich ausdrückte.

Vor vier Monaten hatten sie sich in Havanna gesehen. Horacio hatte angekündigt, dass er an einem wissenschaftlichen Kongress in der Universidad Rey Juan Carlos teilnehmen werde. Seither befand sich Irving im Wartezustand. Er hatte Horacio ermuntert, seine Ankunft vorzuverlegen, damit sie ein wenig Zeit für sich hätten. Horacio war auf den Vorschlag eingegangen und traf bereits am 26. April 2016, zwei Tage vor Kongressbeginn, auf dem Madrider Flughafen ein. Wie versprochen, empfing Irving ihn mit Jacke, Schal und zusätzlich einer warmen Mütze. Kaum hatte er Horacio umarmt, teilte er ihm allerdings mit, dass Bernardo am Vortag, als Horacio bereits im Flugzeug saß, in Fontanar gestorben war.

»Armer Bernardo.«

»Arme Clara, so ganz allein …«

»Komm, rufen wir sie an.«

»Nein, sie möchte nicht, dass jetzt irgendwer anruft.«

Horacio hasste lange Flüge, nie gelang es ihm, dabei auch nur eine Minute zu schlafen. Im Flugzeug hatte er sich mehrere spanische Zeitungen besorgt und war auf einen Artikel gestoßen, der sich mit dem »historischen« Kuba-Besuch Präsident Obamas vom 20. April 2016 beschäftigte. Der Autor warf die Frage auf, ob es, nach Obamas Vorstoß, im Fall eines Wahlsieges von Hillary Clinton womöglich zu einer Aufhebung der seit Ewigkeiten geltenden Handelsblockade kommen könne.

Horacio hatte die Ereignisse während der letzten Wochen aufmerksam verfolgt und fühlte sich durch den unaufgeregten und rationalen Ton des spanischen Journalisten bestätigt: Aus den unterschiedlichsten Gründen waren viele gegen den von Obama eingeschlagenen Kurs und bemühten sich nach Kräften, ihm Steine in den Weg zu legen. Der Autor sprach von tief sitzendem Hass, bedrohten Pfründen und den innerhalb wie außerhalb der Insel hochkochenden Fundamentalismen all jener, die sich seit jeher in ihren Schützengräben eingegraben hatten und nicht bereit waren, ihr Kriegsgeschrei einzustellen. Was er nicht erwähnte, waren die Reaktionen all jener auf beiden Seiten der Floridastraße, die die Meinungen dieser Scharfmacher nicht teilten.

Den Mittag des in seinen Augen tatsächlich historischen 14. Dezember 2014 sollte Horacio niemals vergessen. Er hatte den Auftakt zu allem gegeben, was sich anschließend ereignen sollte. Er war so aufgewühlt, dass er zwar jedes einzelne Wort der Deklarationen verstand, und dennoch außerstande war, sie in ihrer ganzen Tragweite zu erfassen. Trotzdem trieb ihm das, was er, wie auch immer, aufnahm, die Tränen in die Augen. War es tatsächlich möglich?, hatte er sich gefragt. Marissa hatte ihn am Morgen vorgewarnt: Das Weiße Haus werde gegen Mittag etwas Wichtiges im Zusammenhang mit Kuba bekannt geben. Als die Stunde kam, ging Horacio ins Dekanat, wo sich bereits mehrere Professoren, unter ihnen auch einige Kubaner, eingefunden hatten. Alle starrten auf den Fernseher, in dem CNN lief. Pünktlich um zwölf kam die Meldung, die alle Erwartungen weit übertraf: Die Regierungen der USA und Kubas würden nicht nur gefangene Spione austauschen – das war vorauszusehen gewesen –, es würde vielmehr auch erste Gespräche mit dem Ziel geben, die seit 1960 abgebrochenen diplomatischen Beziehungen wieder aufzunehmen.

Horacio war wie vor den Kopf gestoßen. Das Bild der ärmlichen Grabstelle seines Vaters Renato Forquet stieg vor ihm auf, die vergessen auf einem schattigen Friedhof in Tampa zerfiel. Darüber schob sich die Erinnerung an den Moment, als man auf dem prunkvollen Friedhof von Havanna den schäbigen, mit grauem Stoff ausgeschlagenen Sarg seiner Mutter im bescheidenen Familiengrab beisetzte. Dass die Liebesbeziehung dieser beiden Menschen der Geschichte zum Opfer gefallen war, hatte auch auf sein Leben voller Angst und Verstellung großen Einfluss gehabt. All der damit verbundene Schmerz schien ihm jetzt das tragische, ja, makabre Ergebnis eines Streits, der nun, fast zum ersten Mal, auf andere Weise ausgetragen werden sollte – indem man miteinander sprach und womöglich, beiderseits, Zugeständnisse machte. Würde es tatsächlich dazu kommen? Würde er der Letzte sein, der sich als Waise fühlen musste, obwohl sein Vater lebte? Würde keine Frau sich mehr als Witwe betrachten müssen, nur weil ihr Mann seine Existenz in einem anderen Land fortsetzte?

Würde es den Menschen endlich gelingen, friedlich zusammenzuleben? Ein neues Kapitel aufzuschlagen? Allzu optimistisch war Horacio nicht gewesen.

Im Dekanat wie auch am Abend im Haus seiner Schwiegereltern musste er feststellen, dass die einen, so wie er, bereit waren, den Versuch zu unternehmen, die alten Verletzungen heilen zu lassen und einen Schritt nach vorn zu wagen. Für andere dagegen war es, als streute man Salz auf ihre Wunden. Die Kränkungen der Vergangenheit kamen wieder aufs Heftigste hoch und machten jede Aussicht auf Versöhnung zunichte. Wie immer, wenn die Lage kritisch wurde, zerfielen die Kubaner in zwei Lager. Auf deren Größe kam es nicht an – entscheidend war die Tatsache der Lagerbildung und alles, was damit zusammenhing: die Verächtlichmachung der Gegenseite, der Hass und die Aggressivität des Umgangs. Bist du nicht für mich, so bist du gegen mich. Wer würde nachgeben? Wie zu erwarten, waren die lautesten Schreier auch diejenigen, die hartnäckig forderten, dass man niemals, um keinen Preis, nachgeben dürfe.

Zu seiner Überraschung bezeichnete sein stets so liebenswürdiger – und urkubanischer – Schwiegervater, der einstige Bootsflüchtling Felipe Martínez, den amerikanischen Präsidenten auf einmal als »kommunistischen Drecksneger und Verräter«. Wie konnte Obama sich auf ein Bündnis mit einer brutalen Diktatur einlassen! Im Gegenzug erwiderte seine in Puerto Rico geborene und mit dem kubanischen Bootsflüchtling Horacio Forquet verheiratete Tochter – die zudem die Urenkelin eines kubanischen Tabakhändlers war, der seinerzeit dem friedliebenden José Martí persönlich die Hand geschüttelt hatte –, er, ihr Vater, benehme sich wie ein rassistischer, fundamentalistischer Steinzeitmensch, um nichts besser als andere kubanische Exilanten, die genauso beschränkt daherredeten und auf dieselbe Weise verstockt waren wie die Hardliner auf der Insel. Verkündeten die, vor Wut schäumend, nicht genau wie er, es gebe nichts zu verhandeln und jedes Zugeständnis stelle unweigerlich einen Verrat dar? Außerdem erinnerte sie ihn daran, dass sie, seine Tochter, mit einem Schwarzen verheiratet sei und seine Enkelinnen folglich ebenfalls Schwarze seien.

»Ständig dieser gegenseitige Hass. Manchmal habe ich den Eindruck, uns Kubanern ist einfach nicht zu helfen«, sagte Horacio nach diesem aufwühlenden Tag beim Zubettgehen zu Marissa. »Und das war eigentlich schon immer so …«

Doch diesmal wollte er nicht zu alldem schweigen. Das hatte er in seinem Leben schon viel zu oft getan, auf Kuba und später auch außerhalb Kubas. Er war jetzt sechsundfünfzig und wollte in den Spiegel schauen können, ohne sich zu schämen. In den folgenden Tagen nutzte er alle ihm im Netz zur Verfügung stehenden Kanäle, um seine Meinung zu den Verhandlungen zu äußern, seine Freude über die Ankündigung der Wiederaufnahme der diplomatischen Beziehungen zu bekunden und um, kurz vor der Abreise nach Spanien, der Hoffnung Ausdruck zu verleihen, die der Kuba-Besuch Präsident Obamas und dessen dort gehaltene Rede in ihm geweckt hatten.

Wie es offenbar nicht anders sein konnte, wurde Horacio daraufhin als Naivling oder Hurensohn, als geheimer Castro-Unterstützer oder aber CIA-Agent, als Kommunist wie auch als Anhänger einer Annexion Kubas durch die USA verunglimpft. Leute, die ihn offensichtlich kannten, aber anonym blieben, beschimpften ihn aufs Übelste und drohten ihm Prügel an. Weil er kubanischer Flüchtling war, hatte man ihm eine Professorenstelle an einer amerikanischen Universität zugestanden, und nun erweise er sich als undankbarer vaterlandsloser Geselle! Aber er ließ sich nicht einschüchtern. Diesmal durfte er einfach nicht schweigen.

Als Horacio und Irving in der Wohnung in Chueca ankamen, bekundete Joel, schon auf dem Sprung zur Arbeit, ihm ungewöhnlich bewegt sein Mitgefühl wegen Bernardos Tod – als wäre Horacio von ihnen allen am stärksten betroffen. Nach einer kleinen Siesta machte er sich schließlich mit Irving auf den Weg in ein nahe gelegenes Restaurant, das für seine Reisspezialitäten bekannt war.

Als sie um kurz nach acht dort eintrafen, wies der Kellner, der gerade die Tische eindeckte, sie darauf hin, dass es – für spanische Verhältnisse – noch sehr früh war, um zu Abend zu essen. Der Koch sei gerade erst gekommen, weshalb es mindestens eine Dreiviertelstunde dauern werde, bis die von ihnen gewünschte Paella so weit sei.

»Kein Problem«, sagte Horacio. »Dann bringen Sie uns erst mal eine Portion Schinken und eine Flasche guten Rioja. Mehr als dreißig Euro sollte er allerdings nicht kosten.«

»Ich habe einen für zweiunddreißig, aber ich gebe Ihnen einen kleinen Nachlass und bringe Ihnen außerdem ein paar Tapas dazu. Auf Kosten des Hauses«, erwiderte der Kellner in warmem singendem Tonfall.

»Woher kommen Sie?«, fragte Horacio. »Von den Kanarischen Inseln?«

»Aus Kuba, genau wie Sie beide. Aus Pinar del Río. Sieht man mir das nicht an? Ich habe aber vier Jahre auf Teneriffa gelebt.«

Alle drei lachten.

»Was haben Sie auf Kuba gemacht?«

»Das Gleiche wie hier, gekellnert.«

Als der Wein serviert war, stießen Horacio und Irving auf Bernardo an und stellten fest, dass der Rioja tatsächlich hervorragend war. Horacio stürzte das erste Glas hinunter, als wäre er kurz vor dem Verdursten, und schenkte sich sofort nach.

»Sag mal«, verkündete er, als hätte er nur auf diesen ruhigen Moment gewartet, »hast du die Bilder von Marcos' Freundin gesehen?«

Irving nickte. »Ich weiß, worauf du hinauswillst, Quintus Horatius. Natürlich habe ich die Fotos gesehen, die von ihr und Marcos. In Miami war ich zwar noch nie, aber vielleicht bin ich ihr trotzdem schon persönlich begegnet, das weißt du ja. Ich habe dir vor Jahren davon erzählt. Und seit Adela Marcos' Freundin ist, denke ich immer wieder darüber nach.«

Horacio griff nach seinem Glas und trank erneut einen großen Schluck Wein. »Glaubst du das wirklich? Dass Adela Elisas Tochter ist und zugleich, warum auch immer, meine Tochter?«

»Das wäre wahnsinnig, was?«, sagte Irving und wich der Antwort aus, die der andere immer drängender einforderte und die vielleicht der wahre Grund dafür war, dass er zwei Tage früher als nötig nach Madrid gekommen war.

»Glaubst du denn, dass diese Loreta Elisa ist?«, fragte Horacio und zog kopfschüttelnd sein Handy aus der Tasche. Er tippte darauf herum, bis auf dem Display das Foto zu sehen war, das Marco ihm, zusammen mit einer zweifellos verfänglichen Frage, geschickt hatte. »Marcos meint auch, dass Adela meine Tochter ist. Ich war vor ein paar Tagen bei ihm in Miami. Adela war gerade nicht in der Stadt ...«

»Ja, Marquitos hat mir davon erzählt.«

»Adela war weggefahren, um ihre Mutter zu suchen. Ich bin mir jedenfalls sicher, dass Marcos etwas weiß, was er mir nicht gesagt hat. Er wollte einfach nicht damit herausrücken. Bestimmt hat es mit Adelas Mutter zu tun, mit dieser Loreta Fitzberg, von der du behauptest, sie sei Elisa.«

»Hör mal, ich weiß nichts über diese Loreta. Ich weiß bloß, dass die Frau, die ich hier gesehen habe, Elisa war. Und dass das hübsche Mädchen an ihrer Seite Adela gewesen sein könnte. Adela und Marcos wiederum sind der Ansicht, Loreta könnte Elisa sein, auch wenn sie es nicht sagen.«

Horacio schüttelte den Kopf. »Wo hat Elisa denn all die Jahre gesteckt, verdammt? Und Loreta Fitzberg? Ist das nicht einfach alles totaler Quatsch?«

»Nicht unbedingt ...«

»Das sagst du, weil Elisa dir, bevor sie verschwunden ist, etwas verraten hat, was du mir nie hast sagen wollen, du Arsch. Raus mit der Sprache: Hat sie dir gesagt, dass sie von mir schwanger ist?«

»Da irrst du dich, Schlaumeier. Das hat mir nicht Elisa gesagt, sondern Bernardo, als wir alle zu Silvester auf Kuba waren.«

»Bernardo? Ich habe lange mit ihm geredet. Er hat gesagt, dass Elisa niemals mit Walter ins Bett gegangen ist. Was hat er dir denn erzählt?«

»Das von Walter wusste ich. Das andere kann ich dir nicht sagen.«

»Verarsch mich nicht, Irving.«

»Wirklich nicht.«

»Also hör mal, Bernardo ist tot, Adela lebt, und Elisa ist offenbar auch noch am Leben. Du hast doch nicht umsonst damit angefangen.«

»Natürlich wollte ich dir davon erzählen. Aber zuerst wollte ich dich ein bisschen zappeln lassen. Das heißt, ich wollte es dir von Angesicht zu Angesicht erzählen, face to face, wie man heute so sagt. Darum habe ich dich gebeten, ein paar Tage früher zu kommen. Und zu Joel habe ich gesagt, er soll sich bei der Arbeit heute für die Spätschicht einteilen lassen, damit wir uns allein unterhalten können.«

»Du bist vielleicht ein Schlaumeier!«

»Ich kann noch ganz anders …«

»Weiß ich doch. Aber los jetzt, raus damit.«

Irving leerte sein Glas und schenkte sich nach. »Du musst noch eine Flasche bestellen, sonst bleibt uns der Reis im Hals stecken«, sagte er und hielt die fast leere Flasche gegen das Licht. »Dafür brauchst du nachher keine Tabletten zum Einschlafen.«

»Einverstanden, verdammt«, knurrte Horacio. »Aber vergiss nicht, ich bin nicht Darío.«

»Der hat sich durchaus verändert, nur dass du Bescheid weißt.«

»Jetzt erzähl endlich, Junge!«

Irving seufzte theatralisch. Er und Elisa waren schon immer Spezialisten für solche Tricksereien gewesen. »Also gut … Bernardo war in der Nacht, als das mit Walter passiert ist, zusammen mit ihm oben auf dem Hochhaus.«

Horacio starrte ihn mit aufgerissenem Mund an. »Bernardo hat Walter umgebracht?«

»Das habe ich nicht gesagt, du Holzkopf. Hör doch erst mal zu. Bernardo hatte rausgefunden, dass zwischen Elisa und Walter etwas Komisches ablief. Etwas, was mit Elisas Vater zu tun hatte, und mit den Drogen, die Walter nahm, und mit seinem Gerede, sie würden ihn überwachen und er müsse unbedingt aus Kuba weg. Und als Bernardo die blauen Flecken an Elisas Arm entdeckt hat, konnte sie nicht anders und musste ihm von dem Streit mit Walter erzählen. Da ist Bernardo zu Walter gegangen. Uns allen war damals klar, dass Bernardo dabei war, sich um den Verstand zu saufen, aber wir wussten auch, dass er ein guter Mensch war.«

»Besser als ich bestimmt«, versetzte Horacio. »Trotzdem, ich schwöre dir, Elisa hat die Sache damals provoziert. Wie auch immer, den Teil der Geschichte kenne ich jedenfalls, das hat Bernardo mir auch erzählt. Aber weiter, Irving, los! Was ist damals mit Walter passiert?«

»Bernardo ist zu ihm hin und hat gesagt, wenn er Elisa noch mal attackiert, wenn er sich auch nur noch einmal bei ihr blicken lässt, bringt er ihn um. Dazu hat er ihm die Machete gezeigt, die er dabeihatte. Er hatte sie in ein Tuch eingewickelt.«

»Scheiße, Irving, das hat er mir auch erzählt. Aber mir hat er gesagt, er hätte eine Eisenstange dabeigehabt, keine Machete. Komm jetzt endlich zur Sache, verdammt.«

»Immer mit der Ruhe. Zu mir hat Bernardo gesagt, er habe dir das erzählt, damit du nicht das Gefühl hast, du wärst schuld an allem. Er hat dir allerdings nicht erzählt, dass er später herausgefunden hat, dass Walter sich noch einmal mit Elisa treffen wollte. Zwei Tage nach der Schlägerei zwischen Walter und mir. Sie hatten sich in dem Hochhaus verabredet.«

»Warum denn dort?«

»Vielleicht, weil es nicht weit weg von Elisas Wohnung war. Außerdem hatte Walter den Schlüssel für den Hauseingang und den für den Zugang zur Dachterrasse, verstehst du? Dort hat er sich jedenfalls mit Elisa verabredet, und Bernardo ist auch hin.«

»Das gibts doch nicht! Wer ist so verrückt und verabredet sich mit einem halb durchgedrehten Typen wie Walter auf einer Dachterrasse?«

»Irgendwas muss Walter zu Elisa gesagt haben, um sie dazu zu bringen. Wahrscheinlich hatte es mit ihrem Vater zu tun, das nehme ich wenigstens an.«

»Wusste sie, dass Bernardo Walter bedroht hatte? Wusste sie das mit der Machete oder Eisenstange?«

»Ich denke, ja.«

»Warum hat sie Bernardo dann gesagt, dass sie sich noch mal mit Walter trifft? Was ist da abgelaufen, Irving?«

»Nein, sie hat ihm nichts davon gesagt. Bernardo hat gehört, wie sie mit Walter telefoniert hat. Jedenfalls ist er daraufhin hinter ihr her. Und als er auf die Dachterrasse kommt, steht Elisa da und schreit Walter an, er soll sie in Ruhe lassen und endlich verschwinden. Du weißt ja, dass Walter wollte, dass Elisas Vater ihm hilft, aus Kuba abzuhauen. Walter war offenbar angetrunken, oder auch komplett betrunken. Jedenfalls ...«

»Jedenfalls was?«

»Als Elisa Bernardo entdeckt hat, hat sie geschrien, er solle abhauen, das sei eine Sache zwischen ihr und dem Dreckschwein Walter, er solle sich da nicht einmischen. Und dann, hat Bernardo gesagt, springt Walter auf einmal vom Dach. Ohne ein Wort zu sagen, stürzt er sich runter.«

Horacio stellte sein Glas ab, als stünde es plötzlich unter Strom. »Er hat sich umgebracht? Einfach so? Vor den beiden?«

»Ja. Er hat sich vom Dach gestürzt. So hat Bernardo es mir erzählt. Auf einmal ist er gesprungen. Und dann sind er und Elisa fortgelaufen. Ohne die Türen zuzumachen. Unten auf der Straße sind schon Leute gewesen, es hat ein Riesengeschrei gegeben, du kannst es dir ja vorstellen. Sie sind davongerannt, zu sich nach Hause. Schließlich konnten sie niemandem erzählen, was sie gerade erlebt hatten, damit hätten sie sich bloß verdächtig gemacht.«

Horacio starrte ihn fassungslos an. »Glaubst du wirklich, dass es so abgelaufen ist? Dass ein Typ wie Walter sich einfach so umbringt? Könnte es nicht sein, dass Bernardo Elisa trotz allem beschützen wollte?«

»Er hat sie ja beschützt, aber ich glaube nicht, dass er mich angelogen hat. Schließlich war er kurz davor zu sterben, als er mir das erzählt hat. Warum hätte er mir noch was vormachen sollen? Du meinst, er könnte gesehen haben, wie Elisa Walter vom Dach stößt? Und deshalb wäre sie anschließend verschwunden? Oder er selbst hat Walter vom Dach gestoßen?«

Horacio griff wieder nach seinem Glas und trank. »Nein, nein ... Aber irgendwas ist seltsam an der Geschichte.«

»Verdammt, Horacio, was heißt hier seltsam? Reicht es nicht, wenn du mit ansehen musst, wie sich vor dir jemand vom Dach eines Hochhauses stürzt?«

»Aber wenn er sich tatsächlich umbringen wollte, warum vor Elisa? Außerdem war dann ja auch noch Bernardo dabei, der gedroht hatte, ihn umzubringen.«

»Für mich ist das völlig klar. Walter stand das Wasser bis zum Hals. Er schaffte es nicht, aus Kuba abzuhauen. Er war besoffen oder kurz vor dem Durchdrehen, weil er kein Kokain mehr hatte, was weiß ich.

Jedenfalls wollte dieser verdammte Egoist sein Ende unbedingt vor Publikum in Szene setzen.«

»Nein, Irving, ich glaube, es war noch viel schlimmer. Falls es tatsächlich so war, wie du sagst – ich bin mir da keineswegs sicher –, wollte Walter Elisa und Bernardo in eine beschissene Lage bringen. Sie sollten sich schuldig fühlen. Und vielleicht auch in Verdacht geraten.«

»Ja, das hört sich schon eher nach Walter Macías an. Weißt du, als Bernardo mir das alles erzählt hat, gingen mir plötzlich einige Lichter auf. Warum Elisa verschwunden ist, zum Beispiel. Sie hatte Angst, ganz einfach. Wenn die Polizei sie so in die Mangel genommen hätte wie mich, hätte sie schon nach kürzester Zeit erzählt, dass sie mit Walter auf der Dachterrasse war, und dass Bernardo auch dabei war, und dass der Walter mit dem Tod bedroht hatte. Das mit Bernardos Sauferei habe ich auch besser verstanden. Warum es von da an immer schlimmer geworden ist, bis zu seinem völligen Absturz. Und natürlich habe ich da auch verstanden, warum er später so gläubig geworden ist und immer in die Kirche gegangen ist und sogar gebeichtet hat. Das habe ich anfangs überhaupt nicht nachvollziehen können. Es muss schon eine schlimme Schuld oder ein sehr schlechtes Gewissen vorliegen, damit jemand wie Bernardo …«

Horacio nickte, trank sein Glas aus, schenkte sich den Rest Wein ein und hob die Flasche in Richtung des Kellners. Noch eine, bitte.

»Hast du Bernardo gefragt, ob er Walter vom Dach gestoßen hat? Einfach so, ganz direkt?«

»Nein, wie wäre ich denn dazu gekommen?«

»Du hast ihn auch nicht gefragt, ob Elisa ihn gestoßen hat?«

»Er hat bloß erzählt, was ich dir erzählt habe.«

»Er wollte sie eben beschützen. Trotz allem. Erst recht in so einem Fall, glaubst du nicht?«

»Doch, das glaube ich auch«, räumte Irving ein.

»Warum hat Elisa sich bloß mit Walter auf dieser Dachterrasse getroffen? Was hat sie zu ihm gesagt, dass er sich daraufhin in die Tiefe gestürzt hat? Und warum hat Bernardo dir die Geschichte erzählt, obwohl er todkrank war und niemand jemals davon erfahren hätte? Er hat dir das alles erzählt, damit du es weitererzählst. Verstehst du?«

483

»Er hat gesagt, ich soll sie niemandem erzählen!«

»Er wusste, dass du das weitererzählen würdest, verdammt! Oder wärst du imstande, weiterzuleben und den ganzen Scheiß für dich zu behalten?«

»Wie auch immer, eins muss klar sein: Außer uns darf niemand davon erfahren, erst recht nicht Clara. Auch nicht Joel. Und Adela schon gar nicht, falls sie tatsächlich Elisas Tochter ist.«

Der Kellner brachte die zweite Flasche Wein, mit der Bemerkung, die Paella komme in fünf Minuten. Der Genosse Koch habe sich ins Zeug gelegt, schließlich trage er nicht umsonst den Ehrentitel Held der Arbeit dieses gastronomischen Kombinats. Der Witz war nicht schlecht, aber die beiden lachten trotzdem nicht, woraufhin der Kellner ohne weitere Kommentare verschwand.

»Warum hast du die Geschichte dann mir erzählt?«, fragte Horacio.

»Weil du immer der Ansicht warst, Walter sei ermordet worden. Und weil Elisa immer noch irgendwo auf dieser Welt unterwegs ist, vor allem aber ihre Tochter, die zweifellos auch deine Tochter ist. Und weil durch diese Geschichte vielleicht doch eine ganze Menge klar wird. Und weil du jetzt etwas machen musst.«

»Ich habe schon gemacht, was ich machen konnte, einen DNA-Test. Marcos müsste dieser Tage das Ergebnis abholen.«

»Und Adela?«

»Ich habe meinen Teil getan. Das andere ist ihre Entscheidung. Falls ihre Mutter Elisa ist. Verdammt, Irving, und wenn Adelas Mutter eine von den Frauen ist, mit denen ich auf Kuba zusammen war? Eine von den verheirateten Frauen, zum Beispiel?«

»Ach komm, Horacio, jetzt tu nicht so. Ihre Mutter ist Elisa!«, erwiderte Irving. »Schau mich nicht so an. Falls Adela also …«

»Irving!«, fiel Horacio ihm ins Wort. »Diese Geschichte von Walters Selbstmord ist Mist. Da stimmt irgendwas nicht. Ich denke schon so lange darüber nach. Aber egal, ob er nun gestoßen wurde oder von selbst gesprungen ist, weißt du, wie lange er in der Luft bis zum Aufschlag unterwegs war?«

»Was soll das denn jetzt? Woher soll ich so was wissen?«

»Ich habe es ausgerechnet. Ich bin zum Hochhaus und habe nachgemessen. Es sind ungefähr vierzig Meter. Walter war mager, also lassen wir den Luftwiderstand jetzt mal weg. Wenn er nicht gestoßen wurde, sondern von sich aus gesprungen ist, war die Startgeschwindigkeit sozusagen null. Für den Rest reichen ein paar quadratische Gleichungen. Schau nicht so blöd, das ist ganz einfach.« Horacio nahm sein Messer und krakelte damit auf dem Tischtuch herum wie mit einem Bleistift, Formeln, die nur er entziffern konnte. Dann verkündete er: »Wenn das Gebäude vierzig Meter hoch ist und die Fallbeschleunigung 9,81 m/s² beträgt, hat es 2,86 Sekunden gedauert.« Er kritzelte noch ein Weilchen und schaute dann auf. »Am Ende hatte er eine Geschwindigkeit von achtundzwanzig Metern pro Sekunde erreicht. Anders gesagt, er ist mit einer Geschwindigkeit von fast genau einhundert Kilometern pro Stunde aufgeschlagen.«

Irving, der sich an keine einzige der in der Schule gelernten mathematischen Gleichungen erinnern konnte, strich sich mit der Hand übers Gesicht. »Wie eine Kugel …«, flüsterte er.

»Knapp drei Sekunden. Er ist knapp drei Sekunden geflogen. Ich habe mich immer gefragt, was er davon wohl noch mitbekommen hat.«

Freitags, vor allem samstags, manchmal auch sonntags gingen Marcos und Adela aus. Meistens zu Freunden, für gewöhnlich Kubaner, in Hialeah, South Miami, Westchester. Oder »an den Strand«, wie sie sagten, wenn Miami Beach ihr Ziel war. Dort tranken sie Bier, grillten oder machten eine Paella. Oder sie ließen sich von Restaurants wie El Rinconcito Latino, Islas Canarias, La Carreta oder – falls sie in Hialeah unterwegs waren – von Santas Imbiss Essen liefern. Manchmal gingen sie mit ihren Freunden auch in eine Diskothek, tanzten bis in die frühen Morgenstunden, tranken und unterhielten sich über Gott und die Welt.

Die meisten Freunde von Marcos hatten noch auf Kuba einen Universitätsabschluss gemacht. Manchen war es mit viel Mühe gelungen, diesen anerkennen zu lassen und in ihrem Beruf Arbeit zu finden. Andere, wie Marcos, mussten sich mit dem bestmöglichen Ersatz zufriedengeben. Mehrere dieser Freunde kannte er noch aus seinem früheren Leben, andere hatte er neu kennengelernt. Alle waren sie verbunden durch die gemeinsame Herkunft und die Zugehörigkeit zur selben Generation. Manchen ging es finanziell sehr gut, andere schlugen sich durch. Manche vermissten die Insel und träumten davon, im Alter zurückzukehren und in einem Haus am Strand zu wohnen. Andere dagegen schworen, keine zehn Pferde würden sie wieder dorthin bringen. Wer es auf Strandleben abgesehen habe, der könne sich ja in Miami Beach vergnügen. Die Politik lag fast keinem von ihnen übermäßig am Herzen, meist nur als fernes, aber hartnäckiges Hintergrundrauschen. Falls sie jedoch, und sei es wider Willen, doch einmal darauf zu sprechen kamen, konnte es leicht passieren, dass ihnen das den Abend verdarb oder ihre Freundschaft Schaden davontrug.

Marcos hatte gerne Leute um sich, genoss diese Zusammenkünfte und trug engagiert zu ihrem Zustandekommen bei. Hier fühlte er sich auf vertrautem Terrain. Zudem waren diese Begegnungen für ihn und seine Freunde, ohne dass sie sich dessen bewusst waren, geradezu heilsam. Sie befriedigten ihr Bedürfnis nach Zugehörigkeit, hielten Erinnerungen wach und halfen, sich ihrer kubanischen Identität zu versichern, die sie um keinen Preis aufgeben wollten.

Die in den USA geborene Adela äußerte sich manchmal ziemlich kritisch über die Kuba-Politik ihres Landes. Sie bezeichnete sie als überheblich, rücksichtslos und ungeschickt. Von Obamas neuem Kurs aber war sie begeistert, weshalb einige von Marcos' Freunden sie als Kommunistin bezeichneten. Andererseits beglückte sie das Gefühl, immer fester mit dieser verschworenen Gemeinschaft zu verwachsen, auch wenn ihr klar war, dass es ihr nie gelingen würde, ganz in ihr Innerstes vorzudringen. Die anderen redeten etwa von den »Pissesaugern«, also den billigen Turnschuhen, die sie als Kinder hatten tragen müssen, oder von den an der Außenseite immerzu feuchten chinesischen Kühlschränken oder vom furchterregenden »Jahrhundertsturm« – alles auf Kuba war aus irgendeinem Grund größer und beeindruckender als anderswo, auch die männlichen und weiblichen

Geschlechtsmerkmale. Dann wusste sie oft zunächst nicht, was gemeint war, und in manchen Fällen blieb es auch dabei: Nicht einmal Marcos konnte ihr erklären, was es bedeuten sollte, »einen Hund ohne Eingeweide« zu essen.

Es kam aber auch vor, dass sie nur zu zweit zum Essen in ein nicht allzu teures Restaurant in Brickell oder Miami Beach gingen. Denn manchmal wollten sie ungestört reden, sich ansehen, unterm Tisch liebkosen, sich anschließend auf Spaziergängen entlang dem Ocean Drive oder am Strand küssen. Und dann, zurück in ihrer Wohnung in Hialeah, miteinander schlafen. Schließlich waren sie verliebt und wussten das zu genießen.

An diesem Samstagabend wollten sie zu Hause bleiben. Adelas Periode war am Morgen zu Ende gegangen, woraufhin sie sich am Nachmittag, als wäre es das erste Mal, eine intensive Runde Sex gönnten, um das nach vier Tagen Enthaltsamkeit aufgestaute Begehren loszuwerden. Aber auch den schlechten Einfluss anderer Geister wollten sie auf diese Weise abschütteln. Danach fiel es Marcos leicht, seine Geliebte, während sie immer noch keuchend nebeneinanderlagen, zu überreden, den nächsten Tag am Strand zu verbringen. Eigentlich blieb Adela sonntags am liebsten zu Hause, wenigstens am Vormittag, um zu putzen und aufzuräumen, was die Woche über liegen geblieben war. Noch lieber war es ihr, auch den Nachmittag zur Verfügung zu haben. Dann konnte sie sich in Ruhe die Finger- und Fußnägel lackieren und dabei alte argentinische oder kubanische Filme ansehen. Marcos spielte vormittags mit seinen Jungs Baseball und hielt dann eine ausgiebige Siesta. Er wusste wohl, dass Adela nach dem Sex jedes Mal so erfüllt und zugleich so empfindsam war, dass sie ihm schwer etwas abschlagen konnte. Und Marcos liebte nun einmal den Golden Beach in Hallandale. Dort sei das Meer, behauptete er, wie in Kuba. Außerdem gebe es dort in einem Restaurant den besten gebratenen Fisch von ganz Süd-Florida. Für danach standen Liegestühle am Strand bereit, in denen er mit Blick aufs Meer Siesta halten konnte. Mit anderen Worten: Er hatte dort sein Paradies gefunden.

Am Sonntagmorgen ging Adela also nach dem Frühstück ins Bad, um sich zurechtzumachen und den Badeanzug anzuziehen. Anschließend wollte sie die Strandtasche bestücken, mit Handtüchern, Sonnencreme, Taucherbrille und was sie sonst noch benötigten. Marcos war schon ausgehfertig und wusste, wie lange seine Freundin für derlei Vorbereitungen brauchte. Also legte er pflichtbewusst zunächst das Tuch auf den Esstisch, um anschließend den Laptop daraufzustellen und im Internet die Ergebnisse der Baseballpartien vom Vorabend zu suchen. Vor allem interessierte ihn, wie die Kansas City Royals gespielt hatten. Bei denen war seit dem Vorjahr auch Kendrys Morales unter Vertrag, weshalb Marcos Anhänger dieses Teams war, was eigentlich auf jedes Team einer der großen Ligen zutraf, das einen Kubaner in seinen Reihen hatte, der einst auf der Insel gespielt hatte. Als Kendrys noch Kendry hieß, hatte Marcos ihn auf Kuba bei den Industriales aus Havanna spielen sehen, seinem eigentlichen Lieblingsteam. Wie Hunderttausende, wenn nicht Millionen anderer kubanischer Fans hatte er sich in dieses Ausnahmetalent verliebt, das damals geradezu eine Kendrymanie ausgelöst hatte. Was für ein Wahnsinns-Baseballspieler!

Kaum hatte Marcos »Spielergebnisse« angeklickt, klingelte es an der Tür. Wer konnte das sein, an einem Sonntag, um diese Uhrzeit? Er rief in Richtung Badezimmer: »Erwartest du jemanden, Liebling?«

Adela rief zurück: »Nein, ich nicht. Sieh doch mal nach.«

Marcos warf einen Blick auf den Bildschirm: Kendrys hatte zwei Strikeouts geschafft, wow! »Na gut, aber egal, wer da ist, wir fahren an den Strand, wie verabredet. Verdammte Kacke, die Leute kapieren einfach nicht, dass man erst anruft, bevor man bei jemandem vorbeischaut. Diese verfickten Kubaner leben jetzt schon seit mindestens tausend Jahren hier und haben es immer noch nicht begriffen.«

Er klappte den Laptop zu und machte sich schimpfend auf den Weg zur Tür, als es erneut klingelte, worauf er missmutig blaffte: »Ich komm ja schon.« Fest entschlossen, sich von niemandem den Badeausflug vermiesen zu lassen, riss er die Tür auf.

Und starrte fassungslos sein Gegenüber an. »Elisa?«

Worauf die vor ihm stehende Frau erwiderte: »Um Himmels willen, Marquitos, du siehst ja haargenau wie deine Mutter aus!«

»Elisa«, wiederholte Marcos verdattert.

»Darf ich nicht reinkommen?«

Marcos trat zur Seite. »Natürlich, bitte.«

Im selben Augenblick war Adelas Stimme zu hören: »Wer ist denn da, Schatz?«

Marcos' Antwort wäre ihr unter anderen Umständen wie ein Witz vorgekommen: »Deine Mutter!«

Seit dem Morgen, an dem ihre Mutter angerufen hatte, um ihr von dem unvermeidlichen Opfer Ringos zu erzählen, hatte Adela nichts mehr von ihr gehört. An ebendiesem Tag hatte sie schließlich auch erfahren, dass Loreta Fitzberg in Wirklichkeit Elisa Correa hieß. Seitdem waren siebenunddreißig Tage vergangen, an denen Adela Morgen für Morgen in der Erwartung erwacht war, einen Hinweis zu erhalten, der ihre Unruhe zumindest ein wenig besänftigen würde. Sie hatte versucht, sich mithilfe der Berichte Miss Millers und des Erleuchteten Chaq, der Informationen ihres Vaters, vor allem aber der vielfältigen Erinnerungen Marcos', ergänzt durch die Beiträge Claras, Daríos und Horacios, ein ungefähres Bild dieser Elisa Correa zu machen. Besonders aufschlussreich waren außerdem mehrere durch Marcos vermittelte Gespräche via Skype mit Irving, zu denen sie sich irgendwann durchgerungen hatte. Dabei hatte sie auch eine gewisse Vorstellung von jenem Clan gewonnen, der inzwischen in alle Winde verstreut oder durch den Tod reduziert, im Kern aber offensichtlich unzerstörbar war.

Nur in Badeanzug und Bademantel erschien nun auch Adela an der Tür. Am Klang von Marcos' Stimme hatte sie erkannt, dass er keineswegs einen Witz hatte machen wollen.

»Ja, Cosi, ich bins. Ich habe mich so nach dir gesehnt«, sagte Elisa mit ihrer unverwechselbaren ernsten Stimme.

Adela wich einen Schritt zurück. Doch ihre Mutter kam auf sie zu, umarmte sie, küsste sie auf die Wange und streichelte ihr Gesicht. Adela stand stocksteif da, wie unter Schock. Sie kam sich ein wenig lächerlich vor in ihrer Badekleidung und mit dem Strohhut auf dem Kopf. Widerstandslos ließ sie sich von ihrer Mutter zum Sofa führen.

»Möchtest du einen Kaffee?«, fragte Marcos, als er halbwegs die Fassung wiedererlangt hatte.

»Danke, Marquitos«, sagte Elisa. »Ich habe schon hier in der Nähe gefrühstückt, ich wollte euch nicht zu früh aufscheuchen. Heute ist schließlich Sonntag.«

»Wo hast du denn die ganze Zeit gesteckt?«, fiel ihr Adela ins Wort.

»Gestern habe ich in Naples übernachtet, ich war völlig erschöpft. Ich bin den ganzen Weg von Tacoma bis hierher mit dem Auto gefahren. Zuerst wusste ich gar nicht, wohin ich wollte, Hauptsache, ich war allein und konnte nachdenken. Vor ein paar Tagen bin ich dann in einer Stadt in Oklahoma gelandet, Norman. Einen hässlicheren Ort gibt es auf der ganzen Welt nicht. Obwohl, Hialeah kann in der Hinsicht durchaus mithalten.«

»Loreta!«, rief Adela wütend.

»Entschuldige, Cosi, entschuldige. Aber es ist doch so.«

»Schön wärs, wenn das für das, was du sonst immer erzählst, auch gelten würde.«

»In Norman habe ich von Bernardos Tod erfahren. Da habe ich mich geschlagen gegeben und mich auf den Weg hierher gemacht.«

»Der arme Bernardo«, sagte Marcos.

Elisa nickte. »Hat er wirklich seit zwanzig Jahren nichts mehr getrunken?«

»Ja, meine Mutter hat ihm geholfen, und so hat er es geschafft, damit aufzuhören.«

»Clara …«, sagte Elisa und lächelte versonnen. »Wie gehts deiner Mutter?«

»Schlecht, sie hat Bernardo sehr geliebt.«

Unvermittelt wandte Elisa sich an Adela: »Vor zwei Tagen habe ich mit deinem Vater gesprochen, mit Bruno. Ich habe ihm gesagt, dass ich auf dem Weg hierher bin, um mit dir zu sprechen. Ich habe ihn gebeten, mir zu sagen, was er dir erzählt hat.«

»Papa weiß nichts über dich, jedenfalls nicht die Wahrheit.«

»Er weiß, was er dir erzählt hat. Aber was wirklich alles passiert ist, weiß im Augenblick, glaube ich, niemand. Bernardo ist ja nicht mehr da.«

»Wie konntest du so mit Papa zusammenleben, all die Jahre?«

Elisa wandte den Blick ab. Dann sagte sie, an Marcos gewandt:

»Kannst du mir ein Glas Wasser bringen? Und ein Kaffee wäre jetzt auch nicht schlecht.«

»Na klar«, murmelte Marcos und verschwand in die Küche. Während er Kaffee kochte, versuchte er, mitzuhören, was Mutter und Tochter im anderen Zimmer einander zu sagen hatten.

»Hast du sonst noch mit jemandem gesprochen? Mit Horacio oder Irving?«

»Nein, und das möchte ich auch nicht. Ich möchte bloß mit dir reden.«

»Ich verstehe immer noch nicht, warum du dich so verhalten hast.«

»Lass mich erst mal erzählen. Dann wird dir, glaube ich, manches klarer werden«, sagte Elisa und nahm ihrer Tochter behutsam den Hut vom Kopf. »Riecht gut, dein Kaffee«, verkündete sie, wieder selbstbewusst, als Marcos mit einem Tablett im Zimmer erschien.

Adela wartete, bis Elisa ihren Kaffee getrunken hatte, und sagte dann: »Zuallererst möchte ich jetzt eine Sache wissen: Wer ist mein wirklicher Vater?«

»Horacio. Ich dachte, das wäre dir inzwischen klar.«

»Und warum hast du ihm nie etwas davon gesagt? Er hätte das Recht gehabt, zu erfahren, dass er ein Kind …« Adela verstummte, als ihr bewusst wurde, dass sie von sich selbst sprach.

»Vor sechsundzwanzig Jahren hätte ich es ihm fast erzählt. Übrigens, in zwölf Tagen hast du Geburtstag, liebe Cosi.« Adela nickte, ging aber nicht darauf ein. »Wie auch immer, ich hätte damals gern von ihm gewusst, wo er diese Schrottkondome herhatte. Bestimmt waren sie aus der Sowjetunion, die Russen haben einfach nichts als Schrott produziert. Vielleicht hat er aber auch selbst ein Loch reingemacht, der Schuft. Ich wollte jedenfalls wissen, wie es dazu hatte kommen können, dass passiert war, was nun einmal passiert war.« Bei den letzten Worten deutete sie auf Adela, den lebenden Beweis dafür. »Durch Bernardos Verhalten ist die Sache dann aber noch komplizierter geworden. Er hat tatsächlich beschlossen, sich selbst zu belügen. Wie hätte ich ihn da demütigen sollen und ihm die Wahrheit verraten.«

»Irving behauptet aber, du hättest vor Clara und Darío zu ihm gesagt, dass du nicht von ihm schwanger bist.«

»Das war später. Als alles noch viel komplizierter wurde. Wegen Walter. Da musste ich einfach bestimmte Dinge sagen und tun. Adela, was ich euch zu erzählen habe, ist verdammt hart. So hart, dass es mein Leben ruiniert hat.«

Marcos beschloss, die beiden Frauen allein zu lassen. Was Elisa zu erzählen hatte, ging vor allem sie beide an. »Ich glaube, ich gehe jetzt lieber«, verkündete er.

»Nein, bleib hier«, bat Adela.

»Danke, Marcos, ich glaube auch, dass du uns besser allein lässt«, sagte Elisa. »Da ich nachher wahrscheinlich gleich wieder gehe, möchte ich dir jetzt gerne noch sagen, dass ich froh bin, dass ihr beide euch gefunden habt. Unter all diesen Kubanern bist zum Glück du aufgetaucht. Sag deiner Mutter bitte, dass sie mir vergeben soll, wenn sie kann. Und dass es mir sehr leidtut, dass Bernardo gestorben ist. Und dass Bernardo wirklich immer der Beste von uns allen gewesen ist.«

Eine Linie. Fast immer weiß. Manchmal rot oder schwarz. Aber kam es auf die Farbe an? Nein, nur auf die Linie.

War das ihr Karma? Elisa Correa sollte sich immer wieder fragen, warum ihr das passiert war. Wie hatte sie so dumm sein können, auf Walters Forderung einzugehen? Manchmal erlaubte sie sich die Antwort: Weil sie sich ihrer so sicher gewesen war, um nicht zu sagen, hochmütig.

Von Anfang an hatte sie versucht, die ganze so verwickelte Angelegenheit rückblickend vor sich selbst auf eine simple Entscheidung zu reduzieren: Der Maler hatte mit einem Pinsel vor ihr eine Linie auf dem Boden gezogen. Es hatte an ihr gelegen, sie zu überschreiten oder auch nicht. So einfach war das. Da sie nun einmal war, wie sie war, hatte sie, um sich einen Rest Würde zu bewahren – oder war es doch nur ihr verfluchter Hochmut gewesen? –, die Herausforderung angenommen und die Linie überquert. Wäre danach nicht passiert, was passiert war, wäre sie nie auf die Idee mit der Linie gekommen und hätte auch niemals darüber nachgedacht, was es bedeutete, dass sie sie überschritten hatte. Doch es war geschehen. Und ihr Entschluss hatte dem schlimmsten Bestandteil ihres Karmas Tür und Tor geöffnet, jener Dunkelheit, die bloß neue Dunkelheit hervorbringen kann. So hatte sich alles Weitere ergeben, und sie sah sich immer wieder vor die Frage gestellt: Warum ist mir das passiert?

Walter rief sie am Mittag des 26. Januar 1990 an. Elisa fragte, was zum Teufel er von ihr wolle, sie hätten sich nichts mehr zu sagen.

»Schämst du dich eigentlich nicht? Worüber willst du noch mit mir reden, nach dem Auftritt, den du dir bei meinem Vater geleistet hast? Hast du vergessen, dass du mich zu Boden gestoßen hast, obwohl du weißt, dass ich schwanger bin? Weißt du nicht mehr, was mein Vater zu dir gesagt hat? Und die Sache mit Irving? Für wen hältst du dich, Walter? Mich beeindrucken deine Krokodilstränen nicht im Geringsten.«

»Es tut mir so leid, ich bin zurzeit völlig durch den Wind. Ich weiß nicht, wie es weitergehen soll. Ich glaube, im Augenblick bin ich zu allem imstande.«

»Willst du mir etwa drohen? Womit denn? Willst du meinen Vater anzeigen? Mach doch, und wenn er sich etwas hat zuschulden kommen lassen, soll er dafür bezahlen. Ich habe damit nichts zu tun, komm mir bloß nicht mit so was. Aber überleg dir gut, worauf du dich einlässt. Wenn du was gegen meinen Vater ausheckst, möchte ich anschließend nicht in deiner Haut stecken, glaub mir. Du hast keine Ahnung, wer mein Vater eigentlich ist. Die Leute, die er kennt, haben wirklich Einfluss. Und Typen wie dich können sie nicht ausstehen.«

»Über deinen Vater werde ich kein Wort sagen, das verspreche ich dir. Aber wir beide müssen reden. Bei allem, was dir lieb ist, Elisa, du bist jetzt die Einzige, die mir noch helfen kann«, sagte der Maler und zog dabei die Linie auf dem Boden. »Darüber kann ich aber nicht am Telefon sprechen. Bitte, Elisa …«

»Vergiss es.«

»Es dauert bloß zehn Minuten. Außerdem glaube ich, dass du durchaus Grund hast, mit mir zu sprechen. Ich weiß Sachen, Elisa, ziemlich unschöne Sachen. Ja, ich glaube wirklich, es wäre zu deinem Vorteil,

Also, ich erwarte dich heute um acht im Eingang von dem Haus an der Ecke Calle E und Calle 9. Ich habe die Schlüssel von einer Wohnung dort. Bitte! Man geht von der Calle E aus rein. Von dir sind es gerade mal sieben Querstraßen bis dahin.«

Was meinte Walter mit »unschöne Sachen«? Ging es um ihren Vater oder um sie? Konnte es noch schlimmere Sachen geben als die, deretwegen sie ohnehin schon überlegte, sich davonzumachen? Aber sie beschloss, sich nicht verleiten zu lassen, sie würde die Linie nicht überschreiten. Was auf der anderen Seite war, ging sie nichts an und interessierte sie auch nicht. Warum auch? Walter und der Vater mussten sich selbst um ihre Probleme kümmern. Sie hatte mehr als genug mit sich selbst zu tun. Wie sollte sie da noch Walter helfen, der ohnehin keinerlei Mitleid verdiente?

»Nein, Walter, nicht mit mir«, sagte sie und legte auf, während aus dem Hörer weiterhin Walters flehende Stimme drang.

Aber die Elisa Correa des Jahres 1990, soll heißen, die Frau, die sie damals war – beziehungsweise bis zu dem Moment, in dem sie auf denkbar absurde Weise und unter Beteiligung eines denkbar unpassenden Mannes schwanger geworden war, woraufhin sie sich wider alle Vernunft entschlossen hatte, das Kind in ihrem Bauch zur Welt zu bringen, mit der Folge, dass nicht nur in ihrem Organismus, sondern auch in ihrem Verstand einiges durcheinandergeraten war –, diese Elisa Correa also reagierte genau, wie Walter vorhergesehen hatte. Sie hatte ein schlechtes Gewissen, weil sie ihren Vater und Walter einige Jahre davor miteinander bekannt gemacht hatte. Zugleich schämte sie sich, Bernardo betrogen und Darío und Clara in ihr Chaos verwickelt zu haben. Hinzu kamen verschiedene noch unbestimmte, aber bereits durchaus wirksame Ängste, ferner ihre an Hochmut grenzende Selbstgewissheit. Von alldem getrieben, fand sie sich um kurz nach acht an der verabredeten Stelle ein. Das Scheusal erwartete sie bereits. Und da war auch die von ihm gezogene Linie.

»Na so was! Danke, dass du gekommen bist«, sagte Walter, als sie vor ihm auftauchte.

»Viel Zeit habe ich nicht. Jetzt sag schon, was möchtest du?«

»Hast du Bernardo gesagt, dass du dich hier mit mir triffst?«

»Natürlich nicht, was denkst du denn? Bernardo hat schließlich gedroht, er bringt dich um. Oder hast du das schon wieder vergessen? Hör mal, bist du betrunken?«

»Nein. Ich habe gerade mal zwei Bier gehabt. Zuallererst wollte ich mich wegen der Sache mit Irving entschuldigen. Ich bin einfach mit den Nerven völlig am Ende, und als er an dem Tag …«

»Du bist jedenfalls dabei, dich überall so richtig beliebt zu machen. Inzwischen gibt es jede Menge Leute, die dir am liebsten den Hals umdrehen würden.«

Walter grinste. »Oje, oje. Dafür, wie ich mich bei deinem Vater aufgeführt habe, will ich mich aber auch entschuldigen.«

»Was willst du?«

Walter sah sich um. »Komm, gehen wir nach oben. Hier sind zu viele Leute unterwegs. Die Sache ist heikel.«

»Was heißt, nach oben?«

»Auf die Dachterrasse. Da steht eine Bank. Ich habe den Schlüssel.« Er zeigte ihr das Schlüsselbund, das er schon die ganze Zeit in der Hand gehalten hatte. Es bestand aus einem kleinen Hund aus Metall, von dessen Rücken eine Kette mit einem Ring am anderen Ende ausging, an dem drei gelbe Schlüssel baumelten. War das der Moment, in dem Walter vor ihr die Linie zog?

»Auf keinen Fall gehe ich mit dir da rauf. Ich bin doch nicht verrückt.«

Walter ließ die Schlüssel klimpern. »Willst du nicht wissen, mit wem ich dich aus der Wohnung deiner Freundin mit der Katze habe kommen sehen? Ist es dir egal, wenn ich das rumerzähle?«

Elisa versuchte, sich die Aufregung nicht anmerken zu lassen. Was wusste Walter? Hatte er sie mit Horacio gesehen? Wollte dieses Arschloch sie erpressen?

Als sie beschlossen hatte, die Schwangerschaft nicht abzubrechen, war ihr klar gewesen, auf welches Risiko sie sich einließ. Doch nur sie wusste, wer für ihren Zustand verantwortlich sein konnte. Solange sie das für sich behielt, würde es niemand erfahren, nicht einmal Horacio. Auf diese Weise fiele die Demütigung Bernardos beziehungsweise ihr schändlicher Verrat nicht ganz so kränkend aus. Bluffte Walter in diesem Augenblick bloß, oder setzte er ihr tatsächlich eine Pistole auf die Brust? Alles sprach für Letzteres, gestand sie sich ein. Trotzdem musste sie stärker sein als er und wieder die Oberhand gewinnen. Die Tür war offen, im Eingangsraum kein Mensch zu sehen. Vielleicht wurde hier immer erst spätabends abgeschlossen. Sie betraten den Aufzug, ein Modell aus den Fünfzigerjahren, genau wie das Haus. Langsam und ruckelnd bewegte er sich aufwärts.

»Was soll das alles?« Elisa versuchte, stark und überlegen zu wirken. »Was mach ich hier eigentlich?«

»Einem Freund helfen«, erwiderte Walter.

»Ach ja? Und wie, bitte schön?«

Im achtzehnten Stock angekommen, öffneten sich knarrend die Aufzugstüren. Walter verließ vor ihr die Kabine und näherte sich im trüben Licht einer einsamen Glühbirne der Treppe, die zur Dachterrasse hinaufführte. Um dorthin zu gelangen, musste man eine in demselben wässrigen Gelb wie das Treppenhaus gestrichene Eisentür durchqueren. Sie war durch ein Vorhängeschloss gesichert. Erst nach längerem Gefummel, das ihn zu nervösem Fluchen veranlasste, gelang es Walter, mit einem der Schlüssel, die er ihr gezeigt hatte, das Schloss aufzusperren. Er öffnete die Tür, trat zur Seite, um Elisa diesmal vorzulassen, und machte sich hinter ihr an den Aufstieg. Das Vorhängeschloss und das Schlüsselbund deponierte er auf einem Mauervorsprung neben der Tür. Im Vorbeigehen warf Elisa einen Blick darauf. Gleich neben Schloss und Schlüsselbund lag eine kurze verrostete Eisenstange.

Von der Dachterrasse hatte man einen weiten Blick über das nächtliche Havanna. Elisa sah die immer noch hell erleuchteten Hochhäuser von El Vedado, die Blöcke zwei- oder dreistöckiger Villen und die Reihen der Laternen zu beiden Seiten der Avenida de los Presidentes, die aufs dunkle Meer zuführte. Der abnehmende Mond am Himmelsrand verbreitete ein schimmerndes Licht. Hier oben war man weit entfernt von den Sorgen und Kümmernissen einer Stadt, die, während anderswo Mauern fielen und die Geschichte eine neue Richtung einschlug, schwierigen, unbekannten Zeiten entgegenging.

Nicht allzu weit von der Dachkante zur Calle 9 hin, mit Blick auf die vom Malecón bezeichnete Küstenlinie, stand eine alte Bank mit einem Eisengerüst und Holzlatten, die offensichtlich aus einem der nahe gelegenen Parks hierhergeschafft worden war. Wer hier saß, hatte die Stadt im Rücken und konnte sich ungehindert der Betrachtung des Meers hingeben, in dem Abend für Abend die Sonne versank. Als Elisa sich darauf niederließ, stellte sie fest, dass die etwa einen Meter hohe durchbrochene Brüstungsmauer, die die Dachterrasse auf allen Seiten umfasste, das Panorama ein wenig einschränkte.

»Woher hast du die Schlüssel?«, fragte sie Walter, den sie im Dunkeln nur noch als unbestimmte Silhouette neben sich wahrnahm.

»Von einer Freundin aus dem zwölften Stock. Wir waren bis vor ungefähr einem Jahr zusammen. Manchmal sind wir zum Kiffen hier rauf. Die Schlüssel habe ich ihr nie zurückgegeben. Wenn ich in der Gegend unterwegs bin und einen schlechten Tag habe, gehe ich manchmal hier hoch und genieße die Aussicht. Das beruhigt mich.«

Seine Stimme klang jetzt unbeschwert. Er nahm eine Zigarette aus der Packung und legte sie auf die Bank, um in seinen Taschen nach dem Feuerzeug zu kramen.

»Leg los, ich habe nicht die ganze Nacht Zeit.«

Walter starrte aufs dunkle Meer hinaus. Dann wandte er das Gesicht Elisa zu. »Wie läufts bei dir so? Mit Bernardo?«

»Das geht dich nichts an. Sag endlich, was du willst, oder ich gehe. Worauf wolltest du hinaus mit dem Scheiß, den du unten angedeutet hast?«

»Ich habe euch aus der Wohnung kommen sehen. Rein zufällig. An der Ecke gegenüber wohnt ein Bekannter von mir, ein Maler. Wir saßen auf seinem Balkon und haben was getrunken, als ihr rausgekommen seid.«

Elisa wusste, dass er die Wahrheit sagte. Den Maler hatte er gelegentlich erwähnt, und Horacio wäre keinesfalls so dämlich gewesen, irgendjemandem von der Geschichte zu erzählen. Walter drohte ihr also damit, die Sache auszuplaudern. Wollte er sie wirklich erpressen? In jedem Fall wollte er sich mit ihr anlegen. Aber da kannte er sie schlecht.

»Gut zu wissen, dass du Bescheid weißt. Mir ist das allerdings scheißegal. Ich habe getan, was ich tun wollte.« Sie legte die Hand auf ihren Bauch. »Aber wie auch immer, was meinst du, wem werden die Leute glauben? Einem Lügner wie dir oder mir? Dass du so ein Arschloch sein könntest, hätte ich mir jedenfalls nie vorstellen können, du Dreckschwein.«

»Verdammt, ich will dich doch nicht erpressen. Ich will bloß, dass du Bescheid weißt. Und dass du mir hilfst. Ich habe niemandem etwas erzählt, das schwöre ich dir.«

Elisa nahm ihm das nicht ab. Aber sie musste sich auf sein Spiel einlassen, um Zeit zu gewinnen, mehr herauszufinden, die Kontrolle zu übernehmen. »Du bist und bleibst ein Riesenarschloch.«

»Ist ja gut. Aber hör mich bitte erst mal an, und wenn's geht, lass mich ausreden. Was ich zu sagen habe, ergibt durchaus Sinn.«

»Ich versuchs«, schnaubte Elisa.

»Also, für fünftausend Dollar bringt mich jemand von hier weg.«

»Toll!«, fiel sie ihm ins Wort.

Im selben Augenblick fand Walter endlich sein Feuerzeug, zündete sich die Zigarette an und steckte es wieder ein. »Lass mich doch ausreden, verdammt. Nächste Woche kann ich auf einem Boot abhauen. Für fünftausend Dollar. Dreitausend habe ich fast zusammen. Fehlen noch zweitausend. So viel Geld hat dein Vater bestimmt, ganz sicher. Warte, warte, hör mir zu. Ist doch nur logisch: Für ihn ist es am besten, wenn ich verschwinde, und zwar für immer. Wenn sie mich verhaften und in die Mangel nehmen, singe ich, ganz bestimmt. Wenn die entsprechenden Leute dich in der Mangel haben, ist es genau wie in dieser Fernsehsendung. Da gibt es niemanden, der nicht singt.«

»Wie kommst du auf die Idee, dass mein Vater so viel Geld hat?«

»Weil ich es weiß.« Obwohl er sie im Grunde anflehte, ihm einen Gefallen zu tun, war seiner Stimme die gewohnte Überheblichkeit schon wieder anzuhören. »Durch seine Hände ist schon immer viel Geld geflossen. Ich habe mehrere Bilder für ihn geschätzt, die er ins Ausland verhökert hat. Zum Teil waren es Fälschungen, verstehst du? Und Drogen hat er auch importiert, da bin ich mir sicher.«

»Und du meinst, jetzt, wo sie sich dermaßen auf diese Drogengeschichte gestürzt haben, würde er immer noch frei auf der Straße rumlaufen? Mit all seinen Dollars? Vergiss es, Kleiner. Vielleicht hat mein Vater ja Scheiß gebaut, aber nicht so, wie du glaubst. Dafür weiß er viel zu viel.«

»Ich weiß auch viel. Und ich weiß, dass er Geld hat, viel Geld.«

»Ich gehe also zu ihm und sage, er soll dir zweitausend Dollar schenken, weil du sonst singst und ihn anzeigst? Nach all dem, was vorgefallen ist? Wenn sie dich hätten einlochen wollen, hätten sie das längst getan.«

»Na ja, ich habe ihnen schließlich auch was zu bieten. Ich erzähle ihnen dies und das, über bestimmte Leute …«

»Das heißt, du bist ein Spitzel«, versetzte Elisa, die durch seine Worte wenig überrascht war. »Mein Vater hat recht gehabt.«

»Ja. Na und? Du hast ja keine Ahnung, was …«

»Über uns berichtest du auch?«

»Nein, für euch interessieren sie sich nicht.«

»Für wen denn dann?«

»Darum geht es jetzt nicht. Ich habe jedenfalls die Möglichkeit, abzuhauen, und dabei musst du mir helfen!«, rief er, ließ die Zigarette zu Boden fallen und trat sie nervös aus.

»Na toll, ich gehe also zu meinem Vater und sage, dass du zweitausend Dollar brauchst, und fertig.«

»Klau sie ihm doch!«

Elisa lachte auf. Später sollte sie sich fragen, wie sie in diesem Augenblick noch hatte lachen können.

»Kommt nicht infrage!«, versetzte sie und wollte sich von der Bank erheben. Vielleicht war es ja noch nicht zu spät, um wieder auf die andere Seite der Linie zurückzukehren. »Du bist wirklich durchgeknallt.«

Walter packte sie am Arm und zwang sie, sitzen zu bleiben. Damit löschte er die Linie aus, es gab keine sichere Seite mehr, auf die sie hätte zurückkehren können.

»Verdammt, Elisa, hilf mir, dann helfe ich dir auch. Ich kann dir das Leben ganz schön schwer machen, glaub mir!«

»Lass mich los!«

»Für deinen Vater ist das kein Geld. Aber mir hilft es, hier rauszukommen.«

»Du sollst mich loslassen, verdammt«, rief Elisa und versuchte, sich aus Walters Klammergriff zu lösen. Es gelang ihr, aufzustehen, aber Walter erhob sich ebenfalls und packte sie erneut am Arm.

»Es reicht, verdammt«, rief sie. »Verpiss dich! Erzähl den Leuten von mir, was du willst, du Arsch, aber lass mich los!«

In der Tür zur Treppe erschien plötzlich eine dunkle, von hinten beleuchtete Gestalt. Elisa erkannte sie sofort. Als sie hastig auf sie zukam, erstarrte Walter, ließ Elisa los und trat einen Schritt zurück, um hinter ihr in Deckung zu gehen.

»Was willst du hier?«, schrie Elisa. »Verschwinde, Bernardo, das ist nicht dein Problem!«

»Komm her, du beschissenes Dreckschwein«, brüllte Bernardo, ohne sie auch nur anzusehen. Er war keine zwei Meter mehr von ihr entfernt und hatte den Blick auf Walter gerichtet. In der Rechten hielt er etwas, das wie eine Eisenstange aussah. Die Stange, die Elisa im Vorbeigehen neben der Tür zur Dachterrasse gesehen hatte.

Wie Elisa später erfuhr, hatte Bernardo am Mittag einen Teil ihres Telefonats mit Walter mitgehört. Er war überzeugt gewesen, dass sie sich, nach allem, was zwischen ihnen vorgefallen war, keinesfalls mit ihm treffen würde. Als sie dann aber am Abend fortging, wurde ihm klar, dass er sich getäuscht hatte. Er beschloss, ihr zu folgen. Keine gute Entscheidung, auch weil er zu diesem Zeitpunkt schon einiges getrunken hatte. Bei seiner Ankunft war der Eingang zum Hochhaus verschlossen, weshalb er eine Weile warten musste, bis jemand herauskam. Der Mann hatte es zum Glück offensichtlich eilig, denn er ließ die Tür offen, sodass Bernardo ungesehen hineingehen konnte. Auf der Anzeige über der Aufzugtür leuchtete die Zahl Achtzehn.

Der Rest lief innerhalb weniger Sekunden ab. Mit der Eisenstange in der Hand kam Bernardo, der völlig außer sich schien, näher und näher. Walter hielt sich weiterhin hinter Elisa verschanzt, die von diesem Augenblick später nur noch den säuerlichen Alkoholgeruch erinnern sollte, der Walters Mund entströmte. Warum sie sich als Nächstes, statt Bernardo entgegenzugehen, zu Walter umdrehte, konnte sie sich später nie erklären.

Walter streckte die Hände nach ihr aus, um sich erneut an sie zu klammern. Bei dem Versuch, ihn abzuwehren, stieß sie ihn gegen Brust und Schulter, woraufhin er ins Wanken geriet und, sie unverwandt ansehend, einen und dann noch einen Schritt zurückwich. Als er gleich darauf noch einen Schritt machte, stieß er an die Balustrade, kippte nach hinten und stürzte rücklings in die Tiefe, hilflos der Erdanziehung ausgeliefert.

Mit angehaltenem Atem starrte Adela ihre Mutter an und versuchte angestrengt, das Gehörte zu verarbeiten.

»Verstehst du jetzt, warum ich immer gesagt habe, dass du ein gutes Leben gehabt hast, viel besser als meins, Cosi? Kannst du das jetzt ein bisschen nachvollziehen?«

»Stimmt das denn alles, Mama? Wirklich?«

»Glaubst du mir nicht?«, sagte Elisa, kramte in ihrer Tasche, zog langsam die Hand daraus hervor und hielt ihr ein Schlüsselbund entgegen. An dessen einem Ende baumelte ein Ring mit drei gelben Schlüsseln, der durch eine kurze Kette mit einem kleinen Hund aus Metall verbunden war. »So leid es mir tut, Adela, genau so ist es gewesen. Ich schwöre es dir. Deinetwegen.«

Adela stöhnte leise. »Wegen der Sache mit Walter bist du also …«

Elisa nickte und sagte nach einer Weile: »Ja. Es ging alles viel zu schnell, um auch nur einen Augenblick zu überlegen. Ich war wie gelähmt. Bernardo hat mich dann an der Hand gepackt und zur Treppe gezerrt. Er hat gefragt, ob ich irgendwas angefasst hätte, und ich habe gesagt, nein. Als wir durch die Tür gingen, hat er das Schlüsselbund eingesteckt.«

»Und das Vorhängeschloss?«

»Das ist dort geblieben. Ich weiß nicht, ob wirklich später jemand die Tür wieder damit verriegelt hat, keine Ahnung. Behauptet haben sie das jedenfalls. Bernardo wusste nachher selbst nicht, warum er das Schlüsselbund an sich genommen hatte. Als wir aus dem Haus kamen, war die Straße schon voller Leute, die laut geschrien haben. Uns hat keiner beachtet. Bernardo hat meine Hand nicht losgelassen. Wir sind um die Ecke gelaufen, in die Calle E. Erst da habe ich gesehen, was Bernardo tatsächlich in der Hand hielt.«

»Die Eisenstange, oder?«

»Eine zusammengerollte Zeitung. Er hatte sie unterwegs gekauft. Ich glaube nicht, dass Bernardo imstande gewesen wäre, jemanden mit einer richtigen Waffe zu attackieren.«

»Warum seid ihr weggelaufen? Es war doch ein Unfall!«

»Versetz dich doch mal in unsere Lage. Bernardo war unfähig, einen klaren Gedanken zu fassen, ich genauso wenig. Wir hatten bloß wahnsinnige Angst. War es wirklich ein Unfall gewesen? Wer war schuld? Niemand war schuld. Wenn, dann Walter selbst, wegen seinem Verfolgungswahn. Weil er halb besoffen da hinaufgegangen ist. Weil er mich bedroht hat. Weil er ein Arschloch war. Trotzdem hat die Sache mich nie mehr losgelassen. Bis heute habe ich immer wieder Albträume, in denen ich sehe, wie er stolpert und rücklings über die Brüstung in die Tiefe stürzt. Ich sehe seine Augen.«

Adela starrte ihre Mutter an, die sich verzweifelt die Augen rieb, als wollte sie den Anblick für immer verscheuchen.

»Als wir wieder zu Hause waren, hat Bernardo gesagt, ich solle einfach alles vergessen, und so tun, als wäre nichts geschehen. Falls doch rauskommen sollte, dass wir auf der Dachterrasse waren, sollten wir beide sagen, Walter habe bei uns angerufen und gesagt, er werde sich umbringen, woraufhin wir uns sofort auf den Weg gemacht hätten, um ihn zu retten. Aber bei unserer Ankunft sei er vom Dach gesprungen. Und wir seien danach aus Angst einfach davongelaufen. Was ja auch mehr oder weniger stimmte. Aber wer hätte uns geglaubt? Zu mir selbst habe ich immer wieder gesagt, dass ich auf jeden Fall nicht schuld war, dass ich aber trotzdem nichts riskieren dürfe, weil ich mich retten müsse, mich und mein Kind. Meine Tochter … Das ist aber noch nicht alles. Als ich mir vorgestellt habe, wie es wäre, wenn sie mich verhören, ist mir klar geworden, dass ich im schlimmsten Fall imstande sein würde, zu behaupten, Bernardo habe Walter vom Dach gestoßen. Ja, Cosi, um mich zu retten, wäre ich womöglich so weit gegangen. Und da habe ich begriffen, dass ich so schnell wie möglich verschwinden musste.«

Wie gut, dass Marcos beschlossen hatte, sie bei dieser Unterhaltung allein zu lassen, dachte Adela erleichtert, während Elisa fortfuhr. »Diesen Gedanken hatte ich ja schon vorher. Weißt du, wer mir letztlich geholfen hat, meinen Plan umzusetzen?«

»Dein Vater, mein Großvater«, sagte Adela.

»Nein. Den hatten sie damals schon aus dem Verkehr gezogen, viel weitreichender, als Walter sich hätte denken können. Mit Drogenhandel hatte er allerdings, glaube ich, nichts zu tun. Dafür wohl mit anderen Sachen, Geschäfte mit Diamanten und Elfenbein aus Angola, illegale Kunstexporte und so weiter. Dabei hat er offenbar immer einen Teil für sich abgezweigt. Genaueres wusste ich nicht, und wollte auch gar nichts davon wissen.«

»Wer hat dir dann geholfen?«

»Bernardo. Ohne es zu wissen. Als ich schon alles für meine Flucht vorbereitet hatte, habe ich ihm vor Clara und Darío ins Gesicht gesagt, dass ich nicht von ihm schwanger war. Auf diese Weise wollte ich alle Verbindungen zwischen ihm und dem, was davor geschehen war, kappen. Dass er womöglich doch der Vater meines Kindes war, war einfach absurd. Außerdem sollte er sich meinen weiteren Plänen nicht in den Weg stellen. Nach Walters Tod hat er schlimmer getrunken als je zuvor. Er hat versucht, seine Schuldgefühle in Alkohol zu ertränken. Trotzdem hatte ich ihn fast so weit, noch einmal einen Entzug zu versuchen. Zwei oder drei Tage, bevor ich ihn dann vor Clara und Darío bloßstellte, habe ich ihn außerdem von seinem Rumnachschub abgeschnitten. Ich hatte nämlich den Rest von den gut zweitausend Dollar versteckt, die sein Vater ihm nach seiner Entlassung aus dem Amt zur Aufbewahrung anvertraut hatte. Bernardo hat sich, ohne mit der Wimper zu zucken, an dem Geld bedient, um Rum zu kaufen. ›Wer einem Räuber etwas klaut, braucht sich vor Verfolgung nicht zu fürchten‹, hat er dazu verkündet.«

Wie Elisa weiter erklärte, hatte sie sich anschließend mithilfe ihres gefälschten Reisepasses, der auf den Namen Loreta Aguirre ausgestellt war und ein noch gültiges britisches Visum enthielt, einer ebenfalls gefälschten Einladung zu einem Veterinärkongress in London und mit einem Teil des Geldes von Bernardos Vater ein Flugticket besorgt.

Für die erste Zeit im Ausland hatte sie sich außerdem Geld von ihrem eigenen Vater genommen, genau die Summe, die Walter für seine Flucht gebraucht hätte ...

»Und Bernardo hat von alldem nie etwas verraten?«, fragte Adela.

»Nein. Ich war mir sicher, dass er alles für sich behalten würde. Habe ich nicht schon gesagt, dass er der Beste von uns allen war? Ich habe ihn betrogen und wäre sogar imstande gewesen, ihn bei einem Verhör zu verleumden. Er aber hat mich immer geschützt. Dass ich einen Teil seines Geldes benutzt hatte, um zu verschwinden, muss ihm irgendwann klar geworden sein. Außer dem Geld habe ich damals auch das Schlüsselbund und das Kruzifix mitgenommen, das du von zu Hause kennst. Auf diese Weise wollte ich ihm zu verstehen geben, dass er mich und alles, was mit uns zu tun hatte, vergessen soll. Als ich dann in Norman von seinem Tod erfahren habe, war mir klar, dass ich nicht weiter ziellos umherfahren kann. Deshalb bin ich jetzt hier und habe dir all das erzählt, was ich noch nie jemandem erzählt habe und auch dir eigentlich niemals erzählen wollte. Und – ich möchte dich um Verzeihung bitten, Adela. Wenn du mir nicht verzeihen kannst, versuche wenigstens, mich zu verstehen. Bitte.«

Adela sah ihre Mutter lange schweigend an. »Das ist nicht so einfach. Ich verstehe, dass du Angst hattest und verzweifelt warst. Und auch, dass du aus Kuba weg bist, ohne jemandem was zu sagen. Aber musstest du deshalb mein Leben auf den Kopf stellen und mir die ganze Zeit etwas vorlügen? Kannst du dir vorstellen, wie ich mich jetzt fühle? Was ich in der letzten Zeit durchgemacht habe?«

Elisa nickte. Auch sie antwortete erst nach einer langen Pause. Ihre Worte aber hatte sie sich wohl schon vor langer Zeit zurechtgelegt. »Ich bin damals weg, weil ich Angst hatte, das habe ich ja schon gesagt. Vor allem aber wegen dem Leben hier in mir drin«, flüsterte sie und berührte ihren Bauch. »Das hat den Ausschlag gegeben. Was mich später angetrieben hat, waren der Ekel und der Widerwille. Ich wollte nichts mehr mit meinem früheren Leben zu tun haben, mit der, die ich gewesen war. Durch Zufall, oder auch nicht, war ich in den Tod dieses unseligen Menschen verwickelt. Ich musste weg, aber ich durfte niemandem etwas sagen, auf keinen Fall. Weder Irving noch Clara noch sonst wem. Nicht einmal Bernardo. Ein Wort konnte alles zunichtemachen. Ich durfte nicht einmal meinen liebsten Menschen trauen. Jeder konnte ein Spitzel sein, das war zu der Zeit klar. Wer das Land verlassen wollte, galt als Verbrecher. Dass Walter ein Spitzel geworden war, war nichts Besonderes. Marcos weiß, wovon ich spreche, frag ihn. Er kann dir sagen, zu wie vielen Leuten Darío gesagt hat, dass er vorhatte, in Spanien zu bleiben. Vielleicht nicht einmal zu Clara. Ich musste einfach alle Verbindungen abbrechen, radikal. Ich musste diese ganze Scheiße unbedingt von dir fernhalten. Vielleicht war das alles Wahnsinn, keine Ahnung. Jedenfalls musste ich mich in einen anderen Menschen verwandeln, mit einer anderen Vergangenheit. Meine wirkliche Vergangenheit durfte ich dir nicht aufbürden. Das habe ich dann auch gemacht. Als ich einmal damit angefangen hatte, gab es kein Zurück mehr. Du kannst dir nicht vorstellen, unter welcher Anspannung ich all die Jahre gelebt habe.«

Adela spürte, dass ihr die Tränen übers Gesicht liefen. »Am schlimmsten hast du mich und meinen Vater betrogen, Bruno.«

»Was hätte ich denn tun sollen, Cosi? Bruno war ein Engel, den mir der Himmel geschickt hat. Und du ein Wunder.«

»Loreta …«, sagte Adela und verstummte. »Mama, und wie soll es jetzt weitergehen?«

»Das weiß ich nicht. Du kennst jetzt jedenfalls die Wahrheit. Ich weiß dagegen bloß, dass es dich gibt und dass du hier bist, Cosi. Ein Wunder der Natur, wie ich mir schon immer gesagt habe. Mit meiner Geschichte, die auch deine Geschichte ist, kannst du machen, was du willst. Oder dir eine bessere ausdenken. Irgendwas solltest du schließlich von mir gelernt haben, oder?«

Adela wandte den Blick ab. Ihre Mutter war und blieb ihr ein Rätsel. Hatte sie wirklich die Wahrheit gesagt?, fragte sie sich und würde sich das vielleicht bis ans Ende ihres Lebens fragen. Erschöpft fragte sie schließlich: »Warum hast du mich Adela genannt? Milagros wäre passender gewesen, findest du nicht?«

»Du hast recht. Oder Graciaplena.«

»Graciaplena?«

»Ja. Es gibt eine Menge Sachen, von denen ich dir nie erzählt habe.

Manche sind ganz schön seltsam. Wo wir gerade dabei sind. Ich bin zum Beispiel bisexuell, oder vielmehr lesbisch.«

»Miss Miller?«, sagte Adela erstaunt.

»Ja, wir sind seit sieben Jahren ein Paar. Diese Beziehung hat mir sehr geholfen. Und Buddha auch.«

»Aber warum hast du mich Adela genannt? Sag schon.«

»Weil ich niemanden kannte, der so heißt. Niemand aus meiner Familie, keiner meiner Freunde oder Bekannten. Nur du. Der Name erinnerte mich an niemanden. Nachdem ich in Boston Bruno kennengelernt hatte, habe ich überlegt, dich Aline zu nennen. Wie die Frau von Renoir, das junge Mädchen auf dem Bild Le déjeuner des canotiers. Aber dann habe ich mich doch für Adela entschieden. Und zum Glück nicht für Graciaplena.« Zum ersten Mal seit ihrer Ankunft lächelte sie. »Übrigens, in ein paar Tagen hast du ja Geburtstag, darf ich dir da jetzt schon einen Kuss geben, meine Cosipreciosa?«

Am zweiten Juni war es abends um neun immer noch heiß und stickig. Immer wieder zuckten Blitze über den dunklen Himmel. Wahrscheinlich würde es in dieser Nacht regnen. Und wenn es in Havanna irgendwo regnete, dann in Fontanar. Durch die Gittertür, die zur Straße führte, schaute Clara in den Himmel, an dem sich bedrohlich die Wolken ballten. Trotzdem fühlte sie sich jetzt ruhiger. Endlich hatte sie mit dem Nachbarn sprechen können, der ein Auto besaß und sie, solange Bernardo krank war, öfters ins Krankenhaus gebracht hatte. Sie hatten sich für den nächsten Tag um neun Uhr verabredet.

Um zehn nahm Clara das Antihistaminikum, das man ihr als Einschlafhilfe verordnet hatte, und legte sich ins Bett. Während sie darauf wartete, dass das Mittel wirkte – die Lektüre von *Die unerträgliche Leichtigkeit des Seins* fortzusetzen, hatte sie in diesem Augenblick keine Lust –, dachte sie darüber nach, was Marcos ihr an diesem Nachmittag am Telefon mitgeteilt hatte. Offensichtlich war seine Freundin schwanger. Ganz sicher waren sie sich noch nicht, aber falls tatsächlich ein Kind unterwegs war, wollten sie es unbedingt haben. Clara würde also auch ein US-amerikanisches Enkelkind bekommen! Aber sind die Kinder von Kubanern aus Hialeah wirklich echte US-Amerikaner? Wenn es ein Junge war, würde er jedenfalls bestimmt Baseball spielen, wie sein Vater, und eines Tages vielleicht sogar ein Star werden wie der große Duque Hernández ... Endlich einmal keine Unglücksnachricht.

Ein französisches und ein US-amerikanisches Enkelkind – wie hatten sie sich nur dermaßen über die Welt verstreuen können? Irving hatte erst vor wenigen Tagen einen prophetischen Ausspruch Virgilio Piñeras auf seiner Facebook-Seite gepostet. Er hatte ihn in einem Band mit dem Briefwechsel des Schriftstellers mit dem Kritiker und Autor Jaime Soriano entdeckt:»1965 sagte Virgilio Piñera eines Abends, auf einer Bank am Paseo del Prado in Havanna sitzend, bekümmert zu dem Dichter Orlando Pozo:›Wir werden jetzt in alle Winde zerstreut, sei dir im Klaren darüber, dass wir uns nie wiedersehen werden.‹« Ja, verdammt!

Am Telefon hatte ihr Sohn sie aufgefordert, sich gleich an die Reisevorbereitungen zu machen. Sie hatte die Gelegenheit genutzt und sich nach Elisa erkundigt. Dass diese bei Marcos und Adela aufgetaucht war und was sie dort erzählt hatte, wusste sie bereits. Marcos hatte ihr berichtet, dass seine»liebe Schwiegermutter« nach Adelas Geburtstag wieder auf das Gestüt bei Tacoma zurückgekehrt sei. Dort meditiere sie nun täglich, bis vielleicht irgendwann der Zeitpunkt gekommen sei, an dem sie sich fähig fühle, Adelas Forderung Folge zu leisten, sich mit den alten Freunden in Verbindung zu setzen und sich mit ihnen auszusprechen. Dass dies tatsächlich geschehen werde, schien Marcos allerdings wenig wahrscheinlich.

»Soweit ich gesehen habe, verspricht Elisa heute das eine, und am nächsten Tag macht sie etwas ganz anderes«, erklärte er.

»Ja, so ist Elisa«, sagte Clara.

»Würdest du sie gern wiedersehen?«

»Ich weiß es nicht. Bernardo hat ihr verziehen. Ich weiß nicht, ob ich dazu imstande bin. Ich bin nicht Bernardo.«

»Falls sie dir ein Visum für die USA geben, und du dann zu uns kommst, triffst du sie möglicherweise hier, verstehst du? Elisa wird nun mal die andere Großmutter sein. Ich weiß, es geht mich nichts an. Aber ist damals noch mehr zwischen euch passiert?«

Dass Elisa Adela auch von ihren sexuellen Neigungen erzählt hatte, hatte Marcos in den vorausgegangenen Telefonaten mit seiner Mutter nicht erwähnt.

»Nein«, sagte Clara nach einer Pause. »Nur das, was du gesehen hast. Mehr ist nicht passiert.«

»Vielleicht trefft ihr euch besser nicht. Nur wenn du möchtest. Als Onkel Horacio vor ein paar Tagen noch einmal hier war und endlich mit Adela gesprochen hat, hat er zu ihr gesagt, dass er Elisa nicht wiedersehen will. Wer sie dagegen unbedingt treffen möchte, ist …«

»Irving.«

»Genau, Irving. Also gut, Mama, vergiss das mit Elisa. Hauptsache, du bist hier, wenn mein Kind zur Welt kommt. Als mein Bruder, der Idiot, sein Kind bekommen hat, warst du dabei. Es wäre wirklich fies, wenn das in meinem Fall nicht so wäre. Stimmts?«

Clara lächelte. Marcos würde immer Marcos bleiben.

»Ja, das wäre schön. Und auch, wenn dein Vater käme. Hast du mit ihm schon gesprochen?«

»Nein, bis jetzt nur mit dir.«

»Schade, dass Bernardo nicht dabei sein kann.«

»Ja, schade. Wann ist es denn so weit, Mama?«

»Morgen«, sagte Clara.

»Ich müsste eigentlich dabei sein, an deiner Seite.«

»Nein. Hier, hier ist bloß der Tod, das Leben findet bei euch statt. O Gott, jetzt rede ich schon wie Irving. Aber gib nicht so viel Geld fürs Telefonieren aus. Sag Adela herzlichen Glückwunsch und gib ihr und eurem Kind einen Kuss von mir. Ciao.«

»Mama, Moment. Falls du herkommst, willst du dann nicht vielleicht doch für immer hierbleiben? Zu Hause bist du doch ganz allein. Inzwischen darf man in Kuba doch sein Haus verkaufen, und mit dem Geld könntest du …«

»Sag nicht so was, Marcos. Ich muss hierbleiben.«

»Warum? Überleg doch mal, wie viele schon weggegangen sind. Ich bin hier, deine Enkelin …«

»Ich muss hierbleiben. Das ist nun mal so. Hast du gerade Enkelin gesagt?«

»Na ja, wir hätten gern eine Tochter. Und die würden wir Clara nennen.«

»Nein, bitte nicht. Sucht euch einen schönen Namen aus. Aber jetzt ist erst mal gut, ciao, ciao.«

Clara legte aufgewühlt auf. Würde auch sie am Ende weggehen, zu ihren Kindern und Enkeln, weil sie die Einsamkeit nicht aushielt? Das ist doch verrückt, sagte sie sich.

Als sie um sechs aufwachte, sah sie, wie die Regentropfen an der Fensterscheibe hinabliefen. Sie musste an den Morgen ihres dreißigsten Geburtstags zurückdenken, da war es genauso gewesen. Die Erinnerung an den Kuss, den sie und Elisa sich damals gegeben hatten, ließ ihr keine Ruhe. Irgendwann sagte sie sich: Auch wenn es richtig schüttet, ich muss es machen.

Am 3. Juni 2016 lag Bernardos Tod vierzig Tage zurück. Um neun Uhr hörte es auf zu regnen, und die Sonne kam hervor. Es würde wieder ein heißer Tag werden, außerdem schwül, wegen der Feuchtigkeit, die sich angesammelt hatte. In schweren Stiefeln, die nicht zu dem geradezu eleganten Kleid passten, das sie zu diesem Anlass angezogen hatte, stellte sich Clara vors Haus und wartete auf ihren Fahrer. Der erschien wie gewohnt mit zehn Minuten Verspätung und einer vagen Ausrede.

Die Urne mit Bernardos Asche in der Hand, stieg sie ein und nannte dem Fahrer ein seltsames Ziel: Die unter dem Namen Lomas de Tapaste bekannten Hügel in der Nähe des Ortes Managua.

»Tapaste? Was willst du denn da, Clara?«, fragte der Nachbar.

»Das ist ein guter Ort.«

Als sie Managua hinter sich gelassen hatten, übernahm Clara die Führung und gab irgendwann die Anweisung, rechts in einen nicht asphaltierten Feldweg einzubiegen. Die Proteste ihres Fahrers beschwichtigte sie mit der Bemerkung, der Wagen sei ohnehin reichlich verdreckt, und stellte zusätzliche fünf Dollar in Aussicht. Hauptsache, er fuhr weiter.

»Halt an. Ich glaube, hier ist es«, sagte sie schließlich.

Sie stieg aus, öffnete ein Gatter im Stacheldrahtzaun eines verlassen daliegenden Bauernhofs und ging von dort auf ein niedriges Gehölz zu, aus dem sich mehrere Königspalmen, ein Kapokbaum und ein Flammenbaum mit orangefarbenen Blüten erhoben. Ihre Stiefel wurden vom Schlamm immer schwerer. Sie drang ins Dickicht ein und erstieg auf dem rutschigen Boden eine Anhöhe. Unvermutet stand sie vor einem kleinen Teich, der sich offenbar aus mehreren Quellen speiste, deren Wasser von den umliegenden Hügeln herabfloss. Hier war es.

Vor einigen Wochen hatte sie sich mithilfe eines auf Hydrologie spezialisierten ehemaligen Studienkollegen die nötigen Informationen beschafft, um an diesen Ort zu gelangen. Hier war einer der Ausgangspunkte des Río Almendares, der Havanna von Süden nach Norden durchquert, um zuletzt stinkend und verdreckt ins Meer zu münden. Das kristallklare Rinnsal, das sich von hier abwärtsschlängelte, vereinigte sich auf seinem Weg mit weiteren Bächen, um sich dann in einen bescheidenen, für die Bewohner Havannas jedoch mythischen Fluss zu verwandeln, den Fluss, der die Stadt mehrere Jahrhunderte lang über den kurz nach ihrer Gründung angelegten königlichen Kanal mit Wasser versorgt hat.

Clara atmete tief durch. In einem Busch nicht weit von ihr zwitscherte eine Spottdrossel. Die Sonne brannte inzwischen kräftig vom Himmel. Sie überlegte, ob sie, davor oder danach, beten solle, verwarf den Gedanken aber. Kein Gott würde sie beachten, ja, ihr zuhören. Oder doch? Sie schloss die Augen und lauschte auf das Vogelgezwitscher. Da stieg in ihr das Bild eines anderen Waldes auf, eines leise vor sich hin rauschenden Pfahlrohrwäldchens, und sie spürte Bernardos Hand, die ihr Gesicht streichelte, kurz bevor sie sich zum ersten Mal küssten. Ohne noch irgendetwas von der Zukunft zu erwarten, hatten sie damals festgestellt, dass sie allen Katastrophen und Entbehrungen, ja, allen Verlusten und allem Verrat zum Trotz glücklich sein konnten. Weil sie es verdient hatten. Und es war ihnen gelungen.

Sie schlug die Augen wieder auf. Die Drossel war zu einem anderen Busch geflogen, begleitete sie aber hartnäckig weiter mit ihrem Gesang.

Da schüttete sie, wie Bernardo gebeten hatte, die Asche des besten Menschen, dem sie in ihrem Leben begegnet war, in das klare

Wasser. Die Strömung löste sie auf und trug sie fort. Einen Teil Bernardos würde der Boden der Insel aufnehmen und für immer damit verschmelzen. Den anderen würden die Flüsse des Lebens ins Meer und von dort in die weite Welt tragen. Bis zum endgültigen Sieg. »*Dust in the wind*«, flüsterte Clara. »*All we are is dust in the wind.*« Als sie wieder in Fontanar waren, gab Clara ihrem Chauffeur fünfundzwanzig konvertierbare Pesos. Auch damit noch nicht zufrieden, fuhr der Mann mürrisch davon. Die leere Urne in der einen Hand, kramte Clara mit der anderen in ihrer Tasche, holte den Schlüssel hervor, schloss die Tür auf und betrat das Haus. Einsamkeit, Schweigen und Erinnerungen nahmen sie in Empfang. Clara und ihr Schneckenhaus.

Anmerkung und Dank

Wie Staub im Wind ist ein Roman und als solcher zu lesen. Die historischen Ereignisse, auf die das Buch Bezug nimmt, sind real, aber im Roman werden sie aus fiktionaler Perspektive in den Blick genommen. Viele der geschilderten gesellschaftlichen Umstände sind ebenfalls der Wirklichkeit, wie auch persönlicher und der Erfahrung einer ganzen Generation entnommen. Allerdings wurden sie im Interesse der fiktionalen Handlung abgewandelt. Die Figuren und ihre Geschichten beruhen auf wahren Personen, manchmal auch auf der Bündelung von Eigenschaften mehrerer Personen, ihre Lebensläufe sind jedoch fiktiv. Die Schauplätze der Handlung – von dem zu Havanna gehörenden Stadtteil Fontanar bis zu dem Gestüt in der Nähe der Stadt Tacoma – existieren wirklich, wurden aber von mir den Bedürfnissen des Romans angepasst. Die Einbildungskraft hat im vorliegenden Fall bloß die Aufgabe übernommen, all diese historischen, menschlichen und materiellen Elemente der Epoche an unterschiedlichen Schauplätzen zusammenzuführen, damit daraus ein Roman Gestalt annehmen kann. Als Schriftsteller ziehe ich meinen Stoff aus der Wirklichkeit. Für diese allerdings bin ich – als Bürger und Zeuge mit eigener Stimme, der nicht mehr beabsichtigt, als persönlich Zeugnis seines irdischen Daseins abzulegen – nicht über meine diversen Avatare und mein gesellschaftliches Engagement hinaus verantwortlich.

Alle meine Romane sind in gewisser Hinsicht Gemeinschaftswerke. Ohne die mit mir befreundeten Leser und Lektoren wäre ich nicht imstande gewesen, sie zu schreiben und in den angemessenen und für mich befriedigenden Zustand zu bringen, in dem sie veröffentlicht wurden. Im vorliegenden Fall ist die Liste der Beteiligten, wie mir scheint, jedoch länger denn je.

Bestimmte Schauplätze wie die kubanisch geprägten Teile von Miami und Hialeah habe ich nur mithilfe meiner so lieben und großzügigen Freunde Miguel und Nilda Vasallo in unmittelbarer Anschauung kennenlernen können. Ebenso wertvoll für diesen Zweck waren ausgiebige Spaziergänge mit dem Maler Orestes Gaulhiac und mit Rafael Collazo, meinem alten Freund aus Mantilla, sowie die Informationen, die mir der Historiker Waldo Acebes zukommen ließ. Meinem Freund Wilfredo Cancio verdanke ich eine sorgfältige Lektüre des Textes wie auch die Verbindung zu Raúl Martínez, »El Alcalde«, dem ersten kubanischen Bürgermeister Hialeahs, der ein wandelndes Lexikon des Lebens dieser Stadt verkörpert. Nicht weniger wichtig waren die Unterhaltungen mit Javier Figueroa und seiner Frau Silvia sowie die von ihnen vermittelten Kontakte, vor allem aber ihre Lektüre des Textes, der ihnen entscheidende Hinweise insbesondere in Bezug auf die akademische Welt der USA verdankt.

Ohne die Unterstützung von Professor John Lear und seiner kubanischen Frau Marisela Fuentes-Lear hätte ich das Gestüt in der Nähe von Tacoma nicht zu einem Schauplatz dieses Romans machen können. Sie führten mich dorthin und machten mich mit dem Besitzer Michael Wall und der so liebenswürdigen Pferdetrainerin Asia Thayer bekannt. Sie haben mir eine Vielzahl von Geheimnissen ihres Berufs und Informationen über die Gewohnheiten und Eigenarten der Pferde eröffnet, unter denen sie ihr gesamtes Leben zugebracht haben. Marisela unterzog den Text außerdem einer strengen Lektüre, die viel dazu beigetragen hat, ihm seine endgültige Gestalt zu verleihen.

Eine Gruppe von Lesern hilft mir jedes Mal großzügig beim Aufspüren von Irrtümern, Übertreibungen und allzu ausufernder Begeisterung in meinen Texten. Zu ihnen gehören meine lieben Freundinnen Vivian Lechuga und Lourdes Gómez. Ebenso mein griechischer Übersetzer Kostas Athanassiou und mein alter Freund Alex Fleites, der mich auf viele Einzelheiten hingewiesen und mir geholfen hat, sie zu korrigieren. Meinem Kollegen Arturo Arango verdanke ich treffende Präzisierungen. Wichtig waren ebenfalls die Ratschläge meiner Freunde José Antonio Michelena und seiner Frau Ana María. Ebenso die von Mario Fidel García, alias El Ruso, Doktor der Physik.

Meine gründlichste Leserin ist stets Elena Zayas, die mehrere meiner Romane ins Französische übersetzt hat und überhaupt eine unendlich großzügige Freundin ist. Zweimal, in verschiedenen Phasen seiner

Abfassung, hat sie das Manuskript ihrer so scharfsinnigen Lektüre unterzogen, die mir sehr dabei hilft, mein Schreiben zu verbessern.

Meine Lektoren Anne-Marie Métailié und Juan Cerezo (Tusquets) haben mir ihre begeisterte Unterstützung gewährt, und Juan hat das Original einer gnadenlos strengen Lektüre unterzogen, die viel dazu beigetragen hat, ihm gewisse stilistische Unarten auszutreiben, zu denen ich neige.

Am Anfang, in der Mitte, am Ende, oben und unten und zu beiden Seiten meiner Arbeit steht immer Lucía. Ich kann nur stets aufs Neue wiederholen, dass dieser Roman (wie alle meine Bücher) ohne sie nie geschrieben worden wäre und ohne ihre Lektüren nicht der wäre, der er ist. Mehr noch: Ohne sie wäre ich nicht der, der ich bin.

Mantilla, April 2018 bis April 2020

Leonardo Padura im Unionsverlag

DAS HAVANNA-QUARTETT
Havanna im Jahr 1989: Im Paradies der Revolution steht nicht
alles zum Besten. Schicht um Schicht legt der Polizist Mario
Conde die kubanische Realität frei und misst sie an den Illusionen und Träumen seiner Jugend.

Ein perfektes Leben (Winter)
Handel der Gefühle (Frühling)
Labyrinth der Masken (Sommer)
Das Meer der Illusionen (Herbst)

WEITERE WERKE
Adiós Hemingway
Der Nebel von gestern
Der Mann, der Hunde liebte
Der Schwanz der Schlange
Ketzer
Die Palme und der Stern
Neun Nächte mit Violeta
Die Durchlässigkeit der Zeit

»Leonardo Paduras Romane sind kritische Liebeserklärungen
an Kuba, die oft weit in die Vergangenheit zurückreichen,
aber doch in der Gegenwart ankommen. In ihnen erweist sich
Padura als einer der großen Autoren der gegenwärtigen Welt-
literatur.« *Wilhelm Roth, Die Welt*

»Padura hält nichts von der Schwarz-Weiß-Malerei, die in Kuba
und anderswo so beliebt ist; er verdammt die über sein Land kur-
sierenden Stereotype in Bausch und Bogen und freut sich über
den angekündigten Wandel.« *Knut Henkel, Neue Zürcher Zeitung*

Mehr über Autor und Werk auf *www.unionsverlag.com*

Wendy Guerra im Unionsverlag

Alle gehen fort

Nieve wächst auf Kuba bei ihrer schrägen Hippie-Mutter auf und erzählt nur ihrem Tagebuch, was sie wirklich denkt. Als sie zu ihrem alkoholkranken und gewalttätigen Vater ziehen muss, wird ihr Tagebuch zu ihrem einzigen Rückzugsort, zu dem Ort, an dem sie vor den Schlägen und Demütigungen sicher ist. Hier darf sie sich fürchten, hier darf sie zweifeln, lieben, streiken. Über die Jahre hinweg bleibt ihr Tagebuch ihr treuester Begleiter, denn nach und nach verlassen alle um sie herum die Insel – Freunde, Familie, Geliebte. Sie wollen fort, den Enttäuschungen Kubas entkommen. Nur Nieve bleibt zurück, auf der Suche nach sich selbst und ihrem Platz im Leben.

»›Alle gehen fort‹ ist ein glänzender Roman, er füllt eine Lücke. Guerra ist sich durchaus bewusst, dass sie mit ihrem Werk eine gut überwachte Grenze überschreitet.« *Le Monde*

»Wendy Guerra vermag es, spezifisch kubanischen Themen eine internationale Dimension einzuschreiben.« *Neue Zürcher Zeitung*

Mehr über Autorin und Werk auf *www.unionsverlag.com*

Claudia Piñeiro im Unionsverlag

Ein wenig Glück
Ein psychologischer Spannungsroman um die Frage »Was ist Glück?«

Ein Kommunist in Unterhosen
Der Roman einer Kindheit, einer Epoche, einer Klasse und eines ganzen Landes.

Betibú
Ein filmreifer Thriller um Medien, Macht und Manipulation.

Der Riss
Eine Midlife-Crisis, ein Immobilienprojekt und eine Leiche.

Die Donnerstagswitwen
Die Reichen und Schönen der Gated Community und ihre tödlichen Geheimnisse.

Elena weiß Bescheid
Das Drama einer Mutter-Tochter-Beziehung und eine überraschende Wahrheit.

Ganz die Deine
Ein perfider Rachefeldzug gegen einen undankbaren Ehemann.

Der Privatsekretär
Románs rasanter Aufstieg führt ihn mitten in den Politiksumpf aus Machthunger und Intrigen.

Wer nicht?
Geheimnisse, Abgründe und gewöhnlich seltsame Menschen, denen das Leben eine Falle stellt.

Mehr über Autorin und Werk auf *www.unionsverlag.com*

Mercedes Rosende im Unionsverlag

DIE MONTEVIDEO-ROMANE
»Ohne Erbarmen, dafür mit viel schwarzem Humor: sehr böse, im besten Sinn, wie Mercedes Rosende hier die Gesellschaft Uruguays und speziell der Hauptstadt Montevideo fies aufs Korn nimmt. Und: Krimi kann sie auch – vom Feinsten.«
Ulrich Noller, WDR

Falsche Ursula
Ursula ist unzufrieden. Zu hässlich, zu hungrig, zu allein. Da kommt ihr der mysteriöse Erpresseranruf eigentlich ganz gelegen: Man habe ihren Ehemann entführt, eine Million Lösegeld. Nur: Ursula hat gar keinen Ehemann. Grund genug, ihr kriminalistisches Talent auszuschöpfen und sich in ein abstrus herrliches Abenteuer zu stürzen.

Krokodilstränen
Der Schauplatz: die Altstadt von Montevideo. Der Coup: ein Überfall auf einen gepanzerten Geldtransporter. Die Besetzung: Germán, gescheiterter Entführer. Ursula López, resolute Hobbykriminelle. Doktor Antinucci, zwielichtiger Anwalt. Und schließlich Leonilda Lima, erfolglose Kommissarin mit einem letzten Rest von Glauben an die Gerechtigkeit.

Der Ursula-Effekt
Die resolute Ursula hat kurzerhand einen vermasselten Raubüberfall übernommen und sich die gesamte Beute unter den Nagel gerissen. Nur sind ihr jetzt die eigentlichen Verbrecher auf den Fersen. Aber Ursula ist in kriminalistischen Dingen verflucht begabt, und mit ein wenig Glauben an die Dummheit der anderen wird sie das Ding doch wohl schaukeln?

Mehr über Autorin und Werk auf *www.unionsverlag.com*

Der Mönch, das Kind und die Stadt
In einem Bordell von San José kommt ein einäugiges Kind zur Welt, das folgerichtig auf den Namen Polyphem getauft wird. Die Huren verstecken den Jungen, und Jerónimo, Ex-Mönch und Bruder der Bordellköchin, kümmert sich um ihn und bringt ihm die Welt bei, wie er sie aus den gelehrten Büchern kennt. Mit einer Baseballkappe über dem Auge bricht Polyphem aus in die Stadt und spielt mit den Straßenkindern. Jetzt ist auch Jerónimo bereit, sich von Polyphem mitnehmen zu lassen, und gemeinsam ziehen sie durch die Straßen und Märkte, der Mönch und das Kind.

»Fernando Contreras Castro vermischt auf geschickte Weise fantastische Elemente und eine äußerst bildhafte Sprache mit der nüchternen Realität einer heutigen Millionen-Stadt. Das Buch lässt einen mit seiner hoffnungsvollen Traurigkeit und seinen wunderbaren kleinen Geschichten am Rande bis zur letzten Seite nicht los. Mit Jerónimo glauben wir daran, dass alles seinen Sinn hat.« *Interkultur*

Kuba fürs Handgepäck *Geschichten und Berichte*
Leonardo Padura erforscht die Geheimnisse des besten Rums ·
José Miguel Sánchez mimt den perfekten Begleiter · Eva Kar-
nofsky lässt sich von den Verheißungen der Revolution treiben ·
Silvia Caunedo erläutert die Vielfalt der kubanischen Speisekarte · Héctor Zumbado ist Zeuge einer lebhaften Schach-
partie · Dies und vieles mehr über Kuba …

Brasilien fürs Handgepäck *Geschichten und Berichte*
Lygia Fagundes Telles spürt Vorfreude auf den Karneval · João
Antônio nimmt mit Ahnengeistern Kontakt auf · John Updike
lässt Arm und Reich aufeinandertreffen · Stefan Zweig erliegt
der Schönheit Rio de Janeiros · Carmen Stephan zieht durch
die Baustellen Brasílias · Dies und vieles mehr über Brasilien …

Mexiko fürs Handgepäck *Geschichten und Berichte*
Octavio Paz feiert Fiesta · Juan José Arreola wartet auf sei-
nen Zug · Egon Erwin Kisch weiß über Kakteen Bescheid ·
Pablo Neruda schlendert durch Mexikos Geschichte · Gabriel
Trujillo Muñoz geht in Tijuana auf den Spuren von William
Burroughs · B. Traven trifft auf einen gewieften Indianer · Dies
und vieles mehr über Mexiko …

Kolumbien fürs Handgepäck *Geschichten und Berichte*
William S. Burroughs sucht in Kolumbien nach neuen Drogen ·
Leoluca Orlando fühlt sich sicher in Bogotá · Íngrid Betancourt
schreibt aus der grünen Hölle · Álvaro Mutis lauscht den Geschichten eines Abenteurers · Henri Charrière lebt sich bei den
Indianern ein · Ingolf Bruckner besucht ein Rodeo · Dies und
vieles mehr über Kolumbien …

Mehr über alle Bücher und Autoren auf *www.unionsverlag.com*

John Burdett im Unionsverlag

JITPLEECHEEP ERMITTELT IN BANGKOK

Der Jadereiter
Im brodelnden Bangkok jagt der buddhistische Polizist Sonchai
die Mörder von William Bradley, einem skrupellosen amerikanischen Jadehändler. Die Suche gerät zu einer Reise in die
eigene Vergangenheit, in die Unterwelt Bangkoks, in die Bor-
delle des berüchtigten achten Bezirks bis hinein in die Vorzim-
mer der amerikanischen Botschaft.

Bangkok Tattoo
Die Prostituierte Chanya ist überzeugt, einen Mord begangen
zu haben. In ihrem Bett: ein toter Amerikaner, grausam zuge-
richtet, Mitarbeiter der CIA. Doch Sonchai Jitpleecheep glaubt
nicht daran, dass Chanya mit dem Mord etwas zu tun hat. Ein
Schuldiger muss her. Da trifft es sich bestens, dass die CIA nur
zu gern an einen Terrorakt glaubt.

Der buddhistische Mönch
Nie zuvor hat Sonchai, der Polizist des berüchtigten achten
Bezirks von Bangkok, ein Verbrechen mit ansehen müssen, das
ihn so erschütterte. In einem Snuff-Video wird eine junge Frau
ermordet – die Prostituierte und Sonchais ehemalige Geliebte
Damrong. Auf der Suche nach ihren Mördern sieht er sich
weitaus größeren Gegnern gegenüber als erwartet.

»Burdetts Stil sorgt für ein ungetrübtes Lesevergnügen – der
oft subtile und manchmal auch offene Humor, die eleganten
Sätze, die das schillernde Bangkok und seine Bewohner plas-
tisch und drastisch und immer mit einer grandiosen Zärtlich-
keit beschreiben.« *Focus*

Mehr über Autor und Werk auf *www.unionsverlag.com*

Garry Disher im Unionsverlag

INSPECTOR-CHALLIS-ROMANE

»Disher ist ein Meister der modernen Krimikomposition. Er entwickelt ein faszinierendes Erzähltempo, das flott und schnell, aber niemals atemlos oder gehetzt erscheint. Disher zu lesen, ist ein literarischer Genuss erster Güte.« *krimiblog.de*

Drachenmann
Flugrausch
Schnappschuss
Beweiskette
Rostmond
Leiser Tod

CONSTABLE-HIRSCHHAUSEN-ROMANE

»Hirsch (fast) allein gegen Sheriff, Vorgesetzte, Dorfbonzen. Weizen, Wolle, früher Kupfer, leeres Land. Ganz, ganz fein, staubtrocken und herzenswarm.« *Tobias Gohlis, KrimiZeit-Bestenliste*

Bitter Wash Road
Hope Hill Drive
Barrier Highway

Hinter den Inseln
Liebe, Krieg und Verrat vor dem Hintergrund der zusammenbrechenden Kolonialreiche in Südostasien.

Kaltes Licht
Ein Skelett, ein jahrealter Mordfall und vergessene Geheimnisse – ein Fall für Sergeant Alan Auhl.

Mehr über Autor und Werk auf *www.unionsverlag.com*

Sylvain Prudhomme im Unionsverlag

Ein Lied für Dulce
Couto, Gitarrist von Super Mama Djombo, erfährt vom Tod seiner großen Liebe und ehemaligen Sängerin der Band, Dulce. Die Nachricht erschlägt ihn. Couto zieht von Bar zu Bar, denkt zurück an die erfolgreichen Jahre mit seiner Band in Guinea-Bissau und fällt eine Entscheidung: ein Treffen mit den alten Kollegen, ein Konzert in der Hauptstadt zu Ehren Dulces.

Legenden
Die Crau, eine Steinwüste bei Arles, Heimat der Freunde Matt und Nel. Als Matt die Vergangenheit der Region erforscht, stößt er auf zwei Brüder: Enfants terribles, intelligent und voller Verachtung für Gefahren. Matt versucht, das Lebensgefühl jener Jahre einzufangen und scheucht dabei gnadenlose Echos auf.

Allerorten
Müde vom lauten Paris, zieht Sacha in die Provence. Dort trifft er auf einen Jugendfreund, der oft ohne Vorwarnung für Monate verschwindet, per Anhalter quer durch Frankreich reist. Sacha hingegen knüpft ein immer engeres Band zur Familie seines Freundes. Eine zarte Geschichte über Sehnsüchte und die Frage, was ein erfülltes Leben ausmacht.

»Ein wahrer Geschichtenerzähler, intuitiv und reflektiert. Seine einzigartige Erzählstimme ist so fest in ihm verankert wie der Drang, Luft zu holen.« *L'or des Livres*

Mehr über Autor und Werk auf *www.unionsverlag.com*

Francisco Coloane im Unionsverlag

Feuerland
Schauplatz von Coloanes Werken ist die Südspitze des amerikanischen Kontinents – Feuerland, Patagonien, Kap Hoorn. In unvergesslichen Porträts skizziert er jene Goldsucher, Walfänger, Robbenjäger, verlorene Gauchos, gestrandete Matrosen, Aufständische und Desperados, die auf der Suche nach Glück und Reichtum durch die endlose Weite streifen.

Kap Hoorn
In diesen Erzählungen vor dem Hintergrund der trostlosesten und gleichzeitig großartigsten Landschaft im äußerten Süden Amerikas berichtet Coloane von Jägern und Seeleuten, Farmersfrauen und Verlierern, die es hierher verschlagen hat. Die Landschaft nimmt Gestalt an, ist Schauspielerin in einem Stück ohne Ende, das sich nie wiederholt, nie ermüdet.

Der letzte Schiffsjunge der Baquedano
Zu Anfang des 20. Jahrhunderts verlässt das Schulschiff der chilenischen Marine den Hafen von Talcahuano. An Bord ist ein blinder Passagier, der fünfzehnjährige Alejandro, der um jeden Preis Matrose werden will. Auf der Reise lernt er das harte Leben auf See und eine unbekannte Welt an der Südspitze der bewohnten Welt kennen.

»Geschichten, die von Gischt durchdrungen sind, die unsere Ruhe stören und die kristallenen Lüster an der Decke erzittern lassen.« *Luis Sepúlveda*

Mehr über Autor und Werk auf *www.unionsverlag.com*

Das Lachen des Geckos
Félix Ventura geht einer ungewöhnlichen Tätigkeit nach: Er handelt mit erfundenen Vergangenheiten. Er erstellt neue Stammbäume, besorgt Fotografien von illustren Vorfahren und erfindet glückliche Erinnerungen. Ein Kunde ist von Venturas Schöpfung so fasziniert, dass er sich auf die Suche nach den Figuren seiner gekauften Vergangenheit begibt.

Die Frauen meines Vaters
Faustino Manso, ein berühmter angolanischer Musiker, hinterlässt sieben Frauen und achtzehn Kinder. Als seine jüngste Tochter Laurentina von ihrem leiblichen Vater erfährt, fliegt sie nach Angola, um mehr über ihn herauszufinden. Die Spurensuche führt sie auf eine abenteuerliche Reise, in eine Welt voller Musik, Poesie und Leidenschaft.

Barroco Tropical
Bartolomeu Falcato fällt eine Frau buchstäblich vor die Füße. Allerdings nicht aus heiterem Himmel, und nicht freiwillig – sie ist tot. Es folgt eine rasante Odyssee durch den Untergrund der angolanischen Hauptstadt Luanda. Vierundzwanzig Stunden, in denen Falcato in einen Strudel aus skrupelloser Gewalt, Liebe, Leidenschaft und Eifersucht gerät.

»Agualusa ist ein Virtuose vielfacher Perspektiven. Das Ergebnis ist ein gigantischer Schmelztiegel, aus dem der betörende Duft von Liebe und Tod aufsteigt, durchdrungen vom Schwung des südlichen Afrika.« *The Guardian*

Andrea Barrett im Unionsverlag

Die Reise der Narwhal
Der eigenbrötlerische Erasmus Wells ist Teil einer ehrgeizigen Arktisexpedition. Doch die großen Ziele rücken in immer weitere Ferne, als sich der krachende Winter um das Schiff schließt. Barrett erzählt vom Verstehen und Missverstehen einer anderen Kultur und nicht zuletzt von der Bedeutung der Frauen im Schatten der gefeierten Entdecker.

Die Luft zum Atmen
Im Sanatorium am nebelverhangenen Tamarack Lake, weitab von den Wirren des Ersten Weltkriegs, herrscht ein eintöniger Alltag. Bis ein Neuankömmling vorschlägt, sich gegenseitig zu unterrichten – und die Bewohner bald nicht nur die Welt Einsteins und Madame Curies erobern, sondern auch die verloren geglaubte Schönheit des Lebens wiederentdecken.

Schiffsfieber
Das heisere Gezänk nistender Möwen, Vögel ohne Füße und nachtschwarze Jaguare befeuern den Drang, forschend die Welt zu durchdringen. Doch ob Mendel oder Linné, immer wieder locken falsche Fährten, vergehen Chancen. Einfühlsam erzählt Barrett von revolutionären Erkenntnissen, brennenden Zweifeln und der Frage was bleibt, wenn es still wird.

»Barretts Fähigkeit, die tiefsten Geheimnisse des Universums mit so leichter Hand zu behandeln, ist ein Wunder für sich.«
The Washington Post

Mehr über Autorin und Werk auf *www.unionsverlag.com*